【传世经典 文白对照】

资治通鉴

五

魏纪 晋纪

〔宋〕司马光　编撰

沈志华　张宏儒　主编

中华书局

目录

世祖文皇帝上
魏文帝黄初元年(庚子,公元 220 年)

1　春季,正月,魏武王曹操抵达洛阳;庚子(二十三日),曹操去世。魏王知人善任,善于洞察别人,很难被假象所迷惑。能够发掘和提拔有特殊才能的人,不论地位多么低下,都按照才能加以任用,使他们充分发挥自己的才智。和敌人对阵时,他神态安详,似乎不愿意打仗;可是一旦制定好策略,向敌人发动攻击,便气势充沛,斗志昂扬。对有功的将士和官吏,赏赐时不吝千金;而对没有功劳却希望受到赏赐的人,则分文不给。执法时严峻急切,违法必究,在犯法者被处死时,他即使伤心落泪,也不加赦免。生活俭朴,不崇尚富丽奢华。所以能够消灭各个强大的割据势力,几乎统一全国。

此时,太子曹丕正在邺城,驻洛阳的军队骚动不安。大臣们想先保守秘密,暂时不公布曹操去世的消息,谏议大夫贾逵认为不应该保密,才把丧事公之于众。有人说,应当把各个城池的守将都换上曹操家乡的谯县人和沛国人。魏郡太守、广陵人徐宣大声说:"如今各地都归于一统,每个人都怀有效忠之心,何必专用谯县人和沛国人,以伤害那些守卫将士的感情!"撤换之事才不再提起。青州籍的原黄巾军士兵擅自击鼓离去,大家认为应加制止,对不服从命令者派兵征讨。贾逵说:"不可以这样做。"于是他写了一篇很长的文告,命令青州兵所到之处的地方官府,要给他们提供粮食。鄢陵侯曹彰从长安赶来,询问贾逵魏王的印玺在何处,贾逵严肃地说:"国家已经确定了魏王的继承人,先王的印玺,不是君侯您应当询问的。"噩耗传到邺城,太子曹丕恸哭不已。中庶子司马孚劝谏说:"魏王去世,举国上下都仰仗殿下您的号令。您应上为祖宗的基业着想,下为全国的百姓考虑,怎么能效法普通人尽孝的方式呢?"

太子良久乃止,曰:"卿言是也。"时群臣初闻王薨,相聚哭,无复行列。孚厉声于朝曰:"今君王违世,天下震动,当早拜嗣君,以镇万国,而但哭邪!"乃罢群臣,备禁卫,治丧事。孚,懿之弟也。群臣以为太子即位,当须诏命。尚书陈矫曰:"王薨于外,天下惶惧。太子宜割哀即位,以系远近之望。且又爱子在侧,彼此生变,则社稷危矣。"即具官备礼,一日皆办。明旦,以王后令,策太子即王位,大赦。汉帝寻遣御史大夫华歆奉策诏,授太子丞相印、绶,魏王玺、绶,领冀州牧。于是尊王后曰王太后。

2　改元延康。

3　二月丁未朔,日有食之。

4　壬戌,以太中大夫贾诩为太尉,御史大夫华歆为相国,大理王朗为御史大夫。

5　丁卯,葬武王于高陵。

6　王弟鄢陵侯彰等皆就国。临淄监国谒者灌均,希指奏:"临淄侯植醉酒悖慢,劫胁使者。"王贬植为安乡侯,诛右刺奸掾沛国丁仪及弟黄门侍郎廙并其男口,皆植之党也。

　　鱼豢论曰:谚言:"贫不学俭,卑不学恭。"非人性分殊也,势使然耳。假令太祖防遏植等在于畴昔,此贤之心,何缘有窥望乎! 彰之挟恨,尚无所至;至于植者,岂能兴难! 乃令杨脩以倚注遇害,丁仪以希意族灭,哀夫!

曹丕很久以后才止住哭声，对司马孚说："你说得对。"当时，大臣们刚刚听到曹操去世的消息，相聚痛哭，一片混乱。司马孚在朝堂上大声说："如今君王去世，全国震动，当务之急是拜立新君，以镇抚全国，难道你们只会哭泣吗？"于是命令群臣退出朝堂，安排好宫廷警卫，处理丧事。司马孚是司马懿的弟弟。大臣们认为太子曹丕即魏王位，应该有汉献帝的诏令。尚书陈矫说："魏王在外去世，全国惊惶恐惧。太子应节哀即位，以安定全国上下的人心。况且魏王钟爱的儿子曹彰正守在灵柩旁边，他若在此时有不智之举，生出变故，国家就危险了。"当即召集百官，安排礼仪，一天之内，全部办理完毕。第二天清晨，以魏王后的命令，拜立太子曹丕继承曹操之位为魏王，下令大赦天下罪犯。不久，汉献帝派御史大夫华歆带着诏书，授予曹丕丞相印绶和魏王玺绶，仍兼任冀州牧。于是曹丕尊奉母后卞氏为王太后。

2　改年号为延康。

3　二月丁未朔（初一），出现日食。

4　壬戌（十六日），任命太中大夫贾诩为太尉，御史大夫华歆为相国，大理王朗为御史大夫。

5　丁卯（二十一日），安葬魏王曹操的遗体在邺城西面的高陵。

6　魏王曹丕的弟弟鄢陵侯曹彰等人都回到自己的封地。临淄侯曹植的监国谒者灌均，迎合曹丕的意图，上奏说："临淄侯曹植酒后言辞轻狂傲慢，劫持并胁迫魏王的使者。"曹丕贬曹植为安乡侯，将曹植的党羽，右刺奸掾、沛国人丁仪，黄门侍郎丁廙兄弟二人及两家男子全部处死。

　　鱼豢评论说：有句谚语："贫不学俭，卑不学恭。"这并不是说人的性格有差别，而是环境造成的。如果曹操很早就管束曹植等人的举止，有这样贤明的用心，曹植等人怎么会有非分的想法呢？曹彰心怀怨恨，尚且没有到达作乱这一地步；至于曹植，又怎么会遭到曹丕的处罚！以致使杨修因依附曹植而遇害，丁仪因逢迎曹植而全家被杀，太令人哀叹了！

7 初置散骑常侍、侍郎各四人。其宦人为官者不得过诸署令;为金策,藏之石室。时当选侍中、常侍,王左右旧人讽主者,便欲就用,不调馀人。司马孚曰:"今嗣王新立,当进用海内英贤,如何欲因际会,自相荐举邪!官失其任,得者亦不足贵也。"遂他选。

8 尚书陈群,以天朝选用不尽人才,乃立九品官人之法:州、郡皆置中正以定其选,择州郡之贤有识鉴者为之,区别人物,第其高下。

9 夏,五月戊寅,汉帝追尊王祖太尉曰太王,夫人丁氏曰太王后。

10 王以安定太守邹岐为凉州刺史。西平麹演结旁郡作乱以拒岐;张掖张进执太守杜通,酒泉黄华不受太守辛机,皆自称太守以应演。武威三种胡复叛。武威太守毌丘兴告急于金城太守、护羌校尉扶风苏则,则将救之,郡人皆以为贼势方盛,宜须大军。时将军郝昭、魏平先屯金城,受诏不得西渡。则乃见郡中大吏及昭等谋曰:"今贼虽盛,然皆新合,或有胁从,未必同心。因衅击之,善恶必离,离而归我,我增而彼损矣。既获益众之实,且有倍气之势,率以进讨,破之必矣。若待大军,旷日弥久,善人无归,必合于恶,善恶既合,势难卒离。虽有诏命,违而合权,专之可也。"昭等从之,乃发兵救武威,降其三种胡,与毌丘兴击张进于张掖。麹演闻之,将步骑三千迎则,

7 开始设置散骑常侍、侍郎各四人。宫中的宦官任官不得超过各署的署令;并将这一规定用金写在策书上,存放在宗庙的石函里。当时,正在选拔侍中、常侍等官员,曹丕准备就便任用身边经常为他出谋划策的人,不再从他处选调。司马孚说:"您刚刚登上王位,应该征召和任用全国各地的人才,怎么能够凭借这种机遇,举荐自己身边的人呢? 任职不根据才能,做了官也并不尊贵。"因此,曹丕才从他处进行选拔。

8 尚书陈群认为,汉朝任用的官员,并没有把人才都选举出来,于是设立九品官人的制度:在州和郡都设置中正的职位,以确定应该选用哪些人;中正由各州、郡中贤德、能够鉴别人才的人担任,由他们鉴别人物品行、能力,分出高低不同等级。

9 夏季,五月戊寅(初三),汉献帝追封曹丕的祖父太尉曹嵩为魏太王,曹嵩的夫人丁氏为魏太王后。

10 曹丕提升安定太守邹岐为凉州刺史。西平人麹演勾结附近的郡制造动乱,抗拒邹岐;张掖郡的张进把太守杜通抓了起来,酒泉郡的黄华则拒绝太守辛机赴郡就任,他们都自称太守响应麹演。武威郡的三个部落的胡人也再度反叛。武威太守毌丘兴,向金城太守、护羌校尉扶风人苏则告急,苏则要率兵相救,郡中官员认为贼人的势力正盛,救援武威需要大批军队。当时将军郝昭、魏平,原来即驻扎在金城,但奉令不得西渡黄河。苏则召集郡中主要官员以及郝昭等人计议说:"如今贼人气焰虽盛,然而都是刚刚拼凑起来的,其中有些人被坏人裹胁,未必和贼人一条心。应该利用贼人的内部矛盾,乘机进攻,他们中的善良之辈必然脱离那些邪恶之徒,归附我们,这样,我们增强了力量,贼人的势力也就减弱了。我们既获得增加兵员的实力,又使气势倍增,率兵进讨,一定能够将贼人击溃。如果等待大军到来,需要很长时间,敌军中善良的人没有归宿,必然与邪恶之徒同流合污,善、恶两种人混合在一起,在短期内很难分开。虽然有命令不得西渡,为权宜之计而暂时违背,自己做决定也是可以的。"郝昭等人同意了,于是调集军队救援武威,三个部落的胡人被降服了,苏则、郝昭等人又和毌丘兴一起进攻张掖郡的张进。麹演听说这一消息,率领步、骑兵三千人来迎苏则,

辞来助军,实欲为变,则诱而斩之,出以徇军,其党皆散走。则遂与诸军围张掖,破之,斩进。黄华惧,乞降。河西平。

初,敦煌太守马艾卒官,郡人推功曹张恭行长史事;恭遣其子就诣朝廷请太守。会黄华、张进叛,欲与敦煌并势,执就,劫以白刃,就终不回,私与恭疏曰:"大人率厉敦煌,忠义显然,岂以就在困厄之中而替之哉!今大军垂至,但当促兵以掎之耳。愿不以下流之爱,使就有恨于黄壤也。"恭即引兵攻酒泉,别遣铁骑二百及官属,缘酒泉北塞,东迎太守尹奉。黄华欲救张进,而西顾恭兵,恐击其后,故不得往而降。就卒平安,奉得之郡,诏赐恭爵关内侯。

11　六月庚午,王引军南巡。

12　秋,七月,孙权遣使奉献。

13　蜀将军孟达屯上庸,与副军中郎将刘封不协,封侵陵之,达率部曲四千馀家来降。达有容止才观,王甚器爱之,引与同辇,以达为散骑常侍、建武将军,封平阳亭侯。合房陵、上庸、西城三郡为新城,以达领新城太守,委以西南之任。行军长史刘晔曰:"达有苟得之心,而恃才好术,必不能感恩怀义。新城与孙、刘接连,若有变态,为国生患。"王不听。遣征南将军夏侯尚、右将军徐晃与达共袭刘封。上庸太守申耽叛封来降,封破,走还成都。

初,封本罗侯寇氏之子,汉中王初至荆州,以未有继嗣,养之为子。诸葛亮虑封刚猛,易世之后,终难制御,劝汉中王因此际除之;遂赐封死。

声称前来助战，实际上是准备发动突然袭击，苏则借机引诱麴演会面，将其斩首，并把尸体拖出来展示给他的部属，麴演的党羽便都散走了。于是，苏则率兵和各路军队包围了张掖，攻克张掖城，杀了张进。黄华恐惧，请求投降。河西各郡全部平定了。

当初，敦煌太守马艾在任上去世，郡中的人推举功曹张恭暂代长史职务；张恭派儿子张就到朝廷请求派太守赴敦煌郡就任。正赶上黄华、张进叛乱，企图与敦煌郡联合，因此劫持了张就，把钢刀架在他脖子上，胁迫他答应结盟，张就誓死不从，秘密送信给张恭说："您治理敦煌郡，忠义之心，昭示天下，岂能因为我在困境中而改变初衷呢！如今大军很快就要抵达这里，您应率兵从后面牵制黄华。希望父亲不要因为爱儿子，而使儿子饮恨黄泉。"张恭立即率兵攻打酒泉，另派铁甲骑兵二百人及敦煌的官属，沿着酒泉北塞，向东迎接新任郡太守尹奉。黄华企图救援张进，又顾忌西部张恭的部队攻击后路，所以不敢前去救援，只好投降了。张就也因此保全了性命，尹奉得以到郡就任，献帝下诏，赐张恭关内侯的爵位。

11　六月庚午（二十六日），魏王曹丕率军南下巡查。

12　秋季，七月，孙权派使者至汉朝廷奉献贡物。

13　蜀将军孟达驻军上庸，与副军中郎将刘封不和，受到刘封欺辱，一气之下，率部下及家属四千多家降魏。孟达仪表堂堂，气质不凡，深受曹丕器重和钟爱，曹丕与他同乘一辆车子，任命他为散骑常侍、建武将军，封平阳亭侯。又合并房陵、上庸、西城三郡为新城郡，由孟达兼任太守，负责西南面军政事务。行军长史刘晔对曹丕说："孟达有侥幸取利之心，而且依恃才智，喜欢权术，肯定不会对您感恩报答。新城郡与孙权、刘备的地盘相接，一旦发生变故，恐怕会对国家产生危害。"魏王曹丕不听。派征南将军夏侯尚、右将军徐晃和孟达一起袭击刘封。蜀上庸太守申耽背叛刘封，投降了曹军，刘封被击败，逃回成都。

当初，刘封本来是罗侯寇姓人家的儿子，汉中王刘备刚到荆州时，没有儿子，收刘封为养子。诸葛亮认为刘封傲慢固执，性情凶悍，顾虑在刘备去世后，无人能控制他，劝刘备借此机会，将他除掉；刘备便命令刘封自杀了。

14　武都氐王杨仆率种人内附。

15　甲午，王次于谯，大飨六军及谯父老于邑东，设伎乐百戏，吏民卜寿，日夕而罢。

　　孙盛曰：三年之丧，自天子达于庶人。故虽三季之末，七雄之敝，犹未有废衰斩于旬朔之间，释麻杖于反哭之日者也。逮于汉文，变易古制，人道之纪，一旦而废，固已道薄于当年，风颓于百代矣。魏王既追汉制，替其大礼，处莫重之哀而设飨宴之乐，居谅闇之始而堕王化之基，及至受禅，显纳二女，是以知王龄之不遐，卜世之期促也。

16　王以丞相祭酒贾逵为豫州刺史。是时天下初定，刺史多不能摄郡。逵曰："州本以六条诏书察二千石以下，故其状皆言严能鹰扬，有督察之才，不言安静宽仁，有恺悌之德也。今长吏慢法，盗贼公行，州知而不纠，天下复何取正乎！"其二千石以下，阿纵不如法者，皆举奏免之。外修军旅，内治民事，兴陂田，通运渠，吏民称之。王曰："逵真刺史矣。"布告天下，当以豫州为法；赐逵爵关内侯。

17　左中郎将李伏、太史丞许芝表言："魏当代汉，见于图纬，其事众甚。"群臣因上表劝王顺天人之望，王不许。

14　武都氏族酋长杨仆率部落依附汉朝廷。

15　甲午(二十日),魏王曹丕驻谯县,在谯县城东大摆宴席,犒劳军队将士,招待谯县父老,并有歌舞百戏,官员和百姓前来祝魏王万寿无疆,直到日落才散去。

　　孙盛说:父母去世,子女要守丧三年,上自皇帝,下至百姓,都应如此。所以尽管夏、商、周三代的风气已经衰落,及至战国时期,七雄争霸,全国混乱,也没有人在十天半月之内就脱去孝服,在必须回到庙堂哭祭已故父母的日子里扔掉丧杖。到汉文帝时,更改了古代的制度,为人之道的纲纪,一下子就被废除了,所以道德大不如前,风气也比古代颓废得多了。魏王曹丕又仿效汉代的制度,接受汉代的礼仪,在人生最应哀痛的时候,却摆宴席,演歌舞,身处创业之始,便毁坏了君王的基础,在接受汉朝皇帝禅让的时候,又公开纳汉献帝的两个女儿为妃,由此可知,曹氏政权很难维持长久,可以预料它一定是个短命王朝。

16　魏王曹丕任命丞相祭酒贾逵为豫州刺史。当时国家刚刚安定,刺史大都不能统辖所属各郡的事务。贾逵说:"州刺史,原本是以六条诏书监察二千石及其以下官吏,所以在谈其形象时,都使用威严雄武、有督察官吏之才等辞句,而不说他们安详、平和、宽厚、仁爱,有谦谦君子之德。如今郡的长官不重视法令,致使盗贼公开抢劫、行窃,刺史即使知道也不加追究,这样下去,国家还能走上正轨吗!"对放纵坏人,不按法令办事的二千石及以下官吏,他都一律上奏朝廷,予以罢免。他还对外整顿武备,对内认真处理民事,开垦水田,疏通转运粮米的水道,受到官员和百姓的称赞。曹丕说:"贾逵才是真正的刺史。"于是向全国发出公告,以豫州为全国各州的榜样,封贾逵为关内侯。

17　左中郎将李伏、太史丞许芝向曹丕上书说:"魏应该取代汉,经过占验河图和纬书,很多事例都证明了这一点。"大臣们因此都上表,劝魏王曹丕遵从上天的意志,顺应官员和百姓的愿望,取代汉朝,登基称帝,曹丕不同意。

冬,十月乙卯,汉帝告祠高庙,使行御史大夫张音持节奉玺绶诏册,禅位于魏。王三上书辞让,乃为坛于繁阳,辛未,升坛受玺绶,即皇帝位,燎祭天地、岳渎,改元,大赦。

十一月癸酉,奉汉帝为山阳公,行汉正朔,用天子礼乐;封公四子为列侯。追尊太王曰太皇帝;武王曰武皇帝,庙号太祖;尊王太后曰皇太后。以汉诸侯王为崇德侯,列侯为关中侯。群臣封爵、增位各有差。改相国为司徒,御史大夫为司空。山阳公奉二女以嫔于魏。

帝欲改正朔,侍中辛毗曰:"魏氏遵舜、禹之统,应天顺民;至于汤、武,以战伐定天下,乃改正朔。孔子曰:'行夏之时。'《左氏传》曰:'夏数为得天正。'何必期于相反!"帝善而从之。时群臣并颂魏德,多抑损前朝;散骑常侍卫臻独明禅授之义,称扬汉美。帝数目臻曰:"天下之珍,当与山阳共之。"帝欲追封太后父、母,尚书陈群奏曰:"陛下以圣德应运受命,创业革制,当永为后式。按典籍之文,无妇人分土命爵之制。在礼典,妇因夫爵。秦违古法,汉氏因之,非先王之令典也。"帝曰:"此议是也,其勿施行。"仍著定制,藏之台阁。

18　十二月,初营洛阳宫。戊午,帝如洛阳。

19　帝谓侍中苏则曰:"前破酒泉、张掖,西域通使敦煌,献径寸大珠,可复求市益得不?"则对曰:"若陛下化洽中国,德流沙幕,即不求自至。求而得之,不足贵也。"帝嘿然。

冬季，十月乙卯（十三日），汉献帝在高祖庙祭祀祖先，将自己要做的事报告列祖列宗，派代理御史大夫张音带着符节，捧着皇帝玺绶以及诏书，要让位给魏王曹丕。曹丕三次上书推辞，然后在繁阳亭筑起高坛，辛未（二十九日），登坛接受皇帝玺绶，即皇帝位。燃起大火祭祀天地、山川，更改年号，大赦全国。

十一月癸酉（初一），曹丕尊奉汉献帝刘协为山阳公，仍然使用汉朝的历法，行皇帝的礼仪、音乐；封他的四个儿子为列侯。曹丕追尊自己的祖父魏太王曹嵩为太皇帝；父亲魏武王曹操为武皇帝，庙号为太祖；尊奉母亲魏太后卞氏为皇太后。改汉朝封的诸侯王为崇德侯，列侯为关中侯。大臣们封爵、升迁，各有不同。又把相国改称司徒，御史大夫改称司空。山阳公刘协奉献自己的两个女儿给魏文帝曹丕作妃子。

魏文帝曹丕要重新颁布历法，侍中辛毗说："魏朝遵循虞舜和夏禹一脉相承的继承关系，顺应天命，合乎民心；只有商汤、周武王，依靠武力征伐统一全国，才会更改历法。孔子说：'实行夏朝的历法。'《左氏传》说：'夏朝的历法，最符合天地运行的规律。'我们为什么要和它相反呢？"文帝称赞并采纳了辛毗的建议。当时，大臣们都称颂魏朝的功德，贬损汉朝；散骑常侍卫臻却阐述禅让的大义，称赞汉朝的功绩。文帝看了卫臻几次说："普天下的珍宝，我要和山阳公共同享用。"文帝要追封母亲卞太后的父母，尚书陈群上奏说："陛下以圣明的德性，顺应天命，创立大业，革除旧制，应该永远成为后代遵从的典范。根据典籍记载，没有分封妇人土地和爵位的制度。记载礼仪的典籍中，只有妇人附从丈夫的爵位。秦朝违背古代的制度，汉朝又继承秦朝的体制，都不符古代君王的法令和经典。"文帝说："你的看法很对，不要封太后的父母了。"并写下了这一建议，确定为制度，保存在收藏档案的台阁。

18　十二月，开始营建洛阳宫殿。戊午（十七日），魏文帝曹丕到洛阳。

19　文帝对侍中苏则说："以前攻破酒泉、张掖的时候，西域曾派使臣至敦煌，贡献直径一寸的大珍珠，可否再让他们来买卖而得？"苏则回答说："如果陛下以教化润泽全国，威德远及沙漠，不求珍珠，也会有人送来。向人要求才得到，已无珍贵可言。"文帝沉默不语。

20　帝召东中郎将蒋济为散骑常侍。时有诏赐征南将军夏侯尚曰："卿腹心重将,特当任使,作威作福,杀人活人。"尚以示济。济至,帝问以所闻见,对曰："未有他善,但见亡国之语耳。"帝忿然作色而问其故,济具以答,因曰："夫'作威作福',《书》之明诫。天子无戏言,古人所慎,惟陛下察之!"帝即遣追取前诏。

21　帝欲徙冀州士卒家十万户实河南。时天旱蝗,民饥,群司以为不可,而帝意甚盛。侍中辛毗与朝臣俱求见,帝知其欲谏,作色以待之,皆莫敢言。毗曰："陛下欲徙士家,其计安出?"帝曰："卿谓我徙之非邪!"毗曰："诚以为非也。"帝曰："吾不与卿议也。"毗曰："陛下不以臣不肖,置之左右,厕之谋议之官,安能不与臣议邪!臣所言非私也,乃社稷之虑也,安得怒臣!"帝不答,起入内;毗随而引其裾,帝遂奋衣不还,良久乃出,曰："佐治,卿持我何太急邪!"毗曰："今徙,既失民心,又无以食也,故臣不敢不力争。"帝乃徙其半。帝尝出射雉,顾群臣曰："射雉乐哉!"毗对曰："于陛下甚乐,于群下甚苦。"帝默然,后遂为之稀出。

二年(辛丑,221)

1　春,正月,以议郎孔羡为宗圣侯,奉孔子祀。

2　三月,加辽东太守公孙恭车骑将军。

3　初复五铢钱。

20 文帝征召中郎将蒋济为散骑常侍。当时曾有诏书赐给征南将军夏侯尚说:"你是我非常信任的重要将领,特别委以重任,随你作威作福,有杀人和赦免人的特权。"夏侯尚把诏书拿给蒋济看了。蒋济抵达京城,文帝问他有什么见闻,蒋济回答说:"没有什么可称道之处,只听到了亡国之音。"文帝听后很生气,脸上立刻变了颜色,问他为什么这么说,蒋济如实回答说:"'作威作福',《尚书》中清楚地将它写作戒律。天子无戏言,古人对这一点非常慎重,还请陛下明察!"文帝立即下令追回给夏侯尚的诏书。

21 文帝要迁徙冀州籍士兵的家属十万户,充实河南郡。当时,天大旱,又闹蝗灾,百姓饥馑,朝廷各部门都认为不可以,而文帝态度却很坚决。侍中辛毗和朝廷大臣请求晋见,文帝知道他们要劝谏,板起面孔等着,大家见他脸色不好,都不敢说话。辛毗说:"陛下要迁徙士兵家属,理由是什么?"曹丕说:"你认为我的做法不对?"辛毗回答说:"确实不对。"文帝说:"我不和你讨论。"辛毗说:"陛下不认为我不成才,所以将我安排在陛下身边,作为咨询的官员,陛下怎么能不和我讨论呢?我的话并非对我个人有什么好处,而是为国家着想,有什么理由对我发脾气呢?"文帝不答,起身要进内室;辛毗在后面赶上,拉住他的衣襟,文帝猛地拽过衣襟,头也不回地走了进去,过了很久,他又出来,对辛毗说:"辛佐治,你把我逼得太急了!"辛毗说:"迁徙民众,既失人心,又缺少粮食,所以我不得不力争。"这样,文帝只迁徙了五万户。文帝曾出外射野鸡取乐,对官员们说:"射野鸡,实在令人高兴!"辛毗对答说:"这对陛下来说,的确是件高兴事,对我们这些臣子来说十分痛苦。"文帝默然无语,以后就很少出来打猎了。

魏文帝黄初二年(辛丑,公元221年)

1 春季,正月,封议郎孔羡为宗圣侯,奉侍祭祀孔子。

2 三月,加封辽东太守公孙恭车骑将军的职位。

3 开始恢复使用五铢钱。

4 蜀中传言汉帝已遇害,于是汉中王发丧制服,谥曰孝愍皇帝。群下竞言符瑞,劝汉中王称尊号。前部司马费诗上疏曰:"殿下以曹操父子逼主篡位,故乃羁旅万里,纠合士众,将以讨贼。今大敌未克而先自立,恐人心疑惑。昔高祖与楚约,先破秦者王之。及屠咸阳,获子婴,犹怀推让;况今殿下未出门庭,便欲自立邪! 愚臣诚不为殿下取也。"王不悦,左迁诗为部永昌从事。夏,四月丙午,汉中王即皇帝位于武担之南,大赦,改元章武。以诸葛亮为丞相,许靖为司徒。

臣光曰:天生烝民,其势不能自治,必相与戴君以治之。苟能禁暴除害以保全其生,赏善罚恶使不至于乱,斯可谓之君矣。是以三代之前,海内诸侯,何啻万国,有民人、社稷者,通谓之君。合万国而君之,立法度,班号令,而天下莫敢违者,乃谓之王。王德既衰,强大之国能帅诸侯以尊天子者,则谓之霸。故自古天下无道,诸侯力争,或旷世无王者,固亦多矣。秦焚书坑儒,汉兴,学者始推五德生、胜,以秦为闰位,在木火之间,霸而不王,于是正闰之论兴矣。及汉室颠覆,三国鼎峙。晋氏失驭,五胡云扰。宋、魏以降,南、北分治,各有国史,互相排黜,南谓北为索虏,北为南为岛夷。朱氏代唐,四方幅裂,朱邪入汴,比之穷、新,运历年纪,皆弃而不数,此皆私己之偏辞,

4　蜀地传言汉献帝已经遇害,于是,汉中王刘备下令披麻戴孝,为汉献帝举行丧礼,尊谥汉献帝为孝愍皇帝。属下群臣纷纷上书,说有很多吉祥之兆,请求刘备称皇帝。前部司马费诗上书说:"殿下因为曹操父子逼迫皇帝,篡夺帝位,所以才万里流亡,召集士卒,领兵讨伐曹氏奸贼。如今大敌尚未击败,您却先自称皇帝,恐怕人们会对您的行为产生疑惑。从前,汉高祖与楚人相约,谁先灭掉秦朝,谁就称王。等到攻克咸阳,俘获了秦皇帝子婴,汉高祖对王的称号仍然推让;而殿下如今尚未走出门庭,便要自己称皇帝,愚臣我实在认为您不应该这样做。"汉中王对此很不高兴,将费诗降职为益州部永昌从事。夏季,四月丙午(初六),汉中王刘备在成都西北的武担山之南登基称帝,大赦罪犯,改年号为章武。任命诸葛亮为丞相,许靖为司徒。

臣司马光说:上天养育黎民百姓,但他们却不能管理自己,需要推戴出君主来统治。如果这些人能够制止暴行,除去坏人,保障百姓的正常生活;奖赏善良,惩罚邪恶,使社会不发生动乱,才是名符其实的君主。所以夏、商、周三代以前,天下的诸侯国,岂止一万个,能够统治民众,祭祀土地、五谷之神的人,统统被称之为君主。集结万国而加以统治,创立制度,发布号令,天下无人敢违抗的人,被称之为王。王的威德衰落了,强大的国君,能够统帅各路诸侯,维护王的威信,便被称作霸。所以自古以来,天下混乱的时候,诸侯们便依靠武力互相争夺,长期没有王的时代,也是很多的。秦朝焚毁书籍,坑杀儒生,汉朝兴起后,有些学者开始推演金、木、水、火、土五德的相生相克,认为秦朝的帝位是不正统的"闰"位,在"木德"和"火德"之间,能够称作"霸",却不能称"王",于是兴起了"正"和"闰",即正统与不正统的争论。汉朝政权被颠覆,出现了三国的鼎足而立。在此之后的晋朝又失去了控制全国的能力,五个胡族扰得中原大乱。南朝宋和北魏以后,南方和北方被分而治之,各写自己的国史,互相排斥,彼此攻击,南方人诋毁北方人为"索虏",北方人辱骂南方人为"岛夷"。朱温取代唐朝政权,全国分裂,沙陀人李存勖进入汴京,建立后唐政权,把朱温比作篡夺夏朝政权的有穷氏和取代西汉政权的王莽新室,其历法和纪年,都弃而不用,这都是包藏私心的偏颇心理,

非大公之通论也。臣愚诚不足以识前代之正闰,窃以为苟不能使九州合为一统,皆有天子之名而无其实者也。虽华夏仁暴,大小强弱,或时不同,要皆与古之列国无异,岂得独尊奖一国谓之正统,而其馀皆为僭伪哉! 若以自上相授受者为正邪,则陈氏何所受? 拓跋氏何所受? 若以居中夏者为正邪,则刘、石、慕容、苻、姚、赫连所得之土,皆五帝、三王之旧都也。若以有道德者为正邪,则蕞尔之国,必有令主,三代之季,岂无僻王! 是以正闰之论,自古及今,未有能通其义,确然使人不可移夺者也。臣今所述,止欲叙国家之兴衰,著生民之休戚,使观者自择其善恶得失,以为劝戒,非若《春秋》立褒贬之法,拔乱世反诸正也。正闰之际,非所敢知,但据其功业之实而言之。周、秦、汉、晋、隋、唐,皆尝混壹九州,传祚于后,子孙虽微弱播迁,犹承祖宗之业,有绍复之望,四方与之争衡者,皆其故臣也,故全用天子之制以临之。其馀地丑德齐,莫能相壹,名号不异,本非君臣者,皆以列国之制处之,彼此均敌,无所抑扬,庶几不诬事实,近于至公。然天下离析之际,不可无岁、时、月、日以识事之先后。据汉传于魏而晋受之,晋传于宋以至于陈而隋取之,唐传于梁以至于周而大宋承之,故不得不取魏、宋、齐、梁、陈、后梁、后唐、后晋、后汉、后周年号,以纪诸国之事,非尊此而卑彼,有正闰之辨也。昭烈之于汉,

不是出于为天下人着想的至公之论。臣下愚昧，实在搞不清以前的那些朝代，哪个是"正"，哪个是"闰"，我自己这样认为，如果不能使全国统一，这样的君主，就是只有"天子"之名，而无"天子"之实。虽然因为时代不同，这样的政权有"华"与"夷"、仁厚与暴虐、大与小、强与弱的区别，总的来说，它们都与古代的列国没有什么不同，怎么能够唯独尊崇一个政权为正统，而认为其馀的都是窃国的伪政权呢？如果以上下交替的政权为正统，那么南朝陈的政权继承谁的？拓跋氏的北魏又继承谁的？如果以居于中原华夏之地的政权为正统，则匈奴刘氏、羯族石氏、鲜卑慕容氏、氐族苻氏、羌族姚氏、匈奴赫连氏，这些政权统治的区域，却都是五帝和三王的旧地。如果以有道德的政权为正统，则蕞尔小国也会有贤明的君主，夏、商、周三代的时候，难道就没有淫邪的君王吗？所以说，"正"与"闰"的理论，从古至今，也没有人搞清它的真正涵义，并提出无法反驳的确定不移的论据。我们这里所陈述的史实，只是说明国家的兴衰，着重讲述与国计民生休戚相关的内容，由读者自己去辨别善恶、得失，以作为警戒和劝勉，而不是像《春秋》那样，褒扬一些人，贬低另一些人，欲图以此引导混乱的社会走上正轨。谁是"正"，谁是"闰"，我不敢妄谈，只是根据事业成就如实叙述罢了。周、秦、汉、晋、隋、唐这些朝代，都曾统一全国，将皇位传给自己的子孙，他们的后代虽然软弱，甚至颠沛流离，仍然继承祖先的事业，期望恢复前辈打下的江山，而与他们争夺最高权力的人，又都是他们以前的臣属，对此，本书仍然以君臣的关系来看待。对其馀土地、威德、名号没有什么区别，原本就非君臣关系的政权，都以对待列国的笔法来写，不厚此薄彼，也不抬高一些人，贬低一些人，这才不会歪曲事实，接近公平。然而对国家分崩离析的时代，不能没有年、月、日等时间概念以陈述事件发生的先后顺序。根据汉朝将帝位禅让给曹魏，晋朝又从曹魏接受皇位，以后传于南朝宋，至于陈，又为隋取代，唐传后梁，至于后周，又被大宋承袭下来，所以不得不使用曹魏、南朝宋、齐、梁、陈、后梁、后唐、后晋、后汉、后周的年号，以便于记载各国的史实，并非尊崇谁、鄙视谁，也没有"正"和"闰"之别。蜀汉昭烈帝刘备对汉朝而言，

虽云中山靖王之后,而族属疏远,不能纪其世数名位,亦犹宋高祖称楚元王后,南唐烈祖称吴王恪后,是非难辨,故不敢以光武及晋元帝为比,使得绍汉氏之遗统也。

5 孙权自公安徙都鄂,更名鄂曰武昌。

6 五月辛巳,汉主立夫人吴氏为皇后。后,偏将军懿之妹,故刘璋兄瑁之妻也。立子禅为皇太子。娶车骑将军张飞女为皇太子妃。

7 太祖之入邺也,帝为五官中郎将,见袁熙妻中山甄氏美而悦之,太祖为之聘焉,生子睿。及即皇帝位,安平郭贵嫔有宠,甄夫人留邺不得见,失意,有怨言,郭贵嫔谮之,帝大怒,六月,丁卯,遣使赐夫人死。

8 帝以宗庙在邺,祀太祖于洛阳建始殿,如家人礼。

9 戊辰晦,日有食之。有司奏免太尉,诏曰:“灾异之作,以谴元首,而归过股肱,岂禹、汤罪己之义乎!其令百官各虔厥职。后有天地之眚,勿复劾三公。”

10 汉主立其子永为鲁王,理为梁王。

11 汉主耻关羽之没,将击孙权。翊军将军赵云曰:“国贼,曹操,非孙权也。若先灭魏,则权自服。今操身虽毙,子丕篡盗,当因众心,早图关中,居河、渭上流以讨凶逆,关东义士必裹粮策马以迎王师。不应置魏,先与吴战。兵势一交,不得卒解,非策之上也。”群臣谏者甚众,汉主皆不听。广汉处士秦宓陈天时必无利,坐下狱幽闭,然后贷出。

虽然自称是西汉中山靖王的后代,然而族属关系太疏远了,已记不清有多少代,处于什么名分和地位,就同南朝宋高祖刘裕自称是西汉楚元王的后代,南唐烈祖李昪自称是唐朝吴王李恪的后代一样,真假难辨,所以不敢把刘备与东汉光武帝刘秀继承西汉政权、东晋元帝司马睿继承西晋政权相比拟,让他承继汉朝的遗统。

5 孙权将吴的都城从公安迁徙至鄂,改鄂名为武昌。

6 五月辛巳(十二日),蜀汉君主刘备册立夫人吴氏为皇后。吴皇后是偏将军吴懿的妹妹,已故刘璋的兄长刘瑁的妻子。又立儿子刘禅为皇太子。娶车骑将军张飞的女儿为皇太子妃。

7 魏太祖曹操进入邺城时,文帝曹丕为五官中郎将,见到袁熙的妻子、中山人甄氏长得美貌,很是喜欢,太祖因此为他娶甄氏为妻,生子曹睿。曹丕称帝后,安平人贵嫔郭氏深受宠爱。甄夫人被留在邺城,不能相见,心情不畅,因而有怨言,郭贵嫔乘机谗毁甄夫人,文帝大怒,六月丁卯(二十八日),派使臣命甄夫人自尽。

8 魏文帝因为皇家宗庙在邺城,所以在洛阳建始殿祭祀太祖曹操,一如祭祀家人的礼仪。

9 戊辰晦(二十九日),出现日食。有关官员奏请罢免太尉,文帝下诏说:"出现天灾和怪异的现象,那是上天在责备君主,如果把过错归于辅佐朝政的大臣,难道符合夏禹、商汤归过于己的本意吗?现命令各级官员恪尽自己的职责。今后天地出现灾祸,不要再弹劾三公。"

10 汉主刘备立儿子刘永为鲁王,刘理为梁王。

11 刘备为关羽的被杀深感耻辱,准备进攻孙权。翊军将军赵云说:"国贼是曹操,而不是孙权。如果先灭掉魏,则孙权自然归服。如今曹操虽然已经死去,他的儿子曹丕窃夺了汉朝的皇位,我们应趁民心对魏不满之时,尽早夺取关中,占据黄河、渭水上游,以利于征讨凶顽叛逆,函谷关以东的义士,一定会自带军粮,驱策战马迎接陛下的正义之师。我们不应置曹操而不顾,先和孙权开战。两国战端一开,不可能很快结束,这不是上策。"大臣中劝谏的人很多,汉主全然不听。广汉郡一个不愿为官的士人秦宓,上书陈述天时对蜀军必定不利,因此而被治罪入狱拘押,后来才被赦免。

初,车骑将军张飞,雄壮威猛亚于关羽;羽善待卒伍而骄于士大夫,飞爱礼君子而不恤军人。汉主常戒飞曰:"卿刑杀既过差,又日鞭挝健儿而令在左右,此取祸之道也。"飞犹不悛。汉主将伐孙权,飞当率兵万人自阆中会江州。临发,其帐下将张达、范彊杀飞,以其首顺流奔孙权。汉主闻飞营都督有表,曰:"噫,飞死矣!"

陈寿评曰:关羽、张飞皆称万人之敌,为世虎臣。羽报效曹公,飞义释严颜,并有国士之风。然羽刚而自矜,飞暴而无恩,以短取败,理数之常也。

12 秋,七月,汉主自率诸军击孙权,权遣使求和于汉。南郡太守诸葛瑾遗汉主笺曰:"陛下以关羽之亲,何如先帝?荆州大小,孰与海内?俱应仇疾,谁当先后?若审此数,易于反掌矣。"汉主不听。时或言瑾别遣亲人与汉主相闻者,权曰:"孤与子瑜,有死生不易之誓,子瑜之不负孤,犹孤之不负子瑜也。"然谤言流闻于外,陆逊表明瑾必无此,宜有以散其意。权报曰:"子瑜与孤从事积年,恩如骨肉,深相明究。其为人,非道不行,非义不言。玄德昔遣孔明至吴,孤尝语子瑜曰:'卿与孔明同产,且弟随兄,于义为顺,何以不留孔明?孔明若留从卿者,孤当以书解玄德,意自随人耳。'子瑜答孤言:'弟亮已失身于人。委质定分,义无二心。弟之不留,犹瑾之不往也。'其言足贯神明,今岂当有此乎!前得妄语文疏,即封示子瑜,并手笔与之。孤与子瑜,可谓神交,非外言所间,知卿意至,辄封来表以示子瑜,使知卿意。"

当初，车骑将军张飞，英勇善战、雄壮威武仅次于关羽；关羽关心士兵，对士人却很傲慢；张飞则对士人彬彬有礼，而不关心士兵。汉主经常告诫张飞说："你刑罚过严，杀人太多，再把那些受过鞭打的战士留在自己的身边，这是招来祸患的做法。"张飞还是难改。汉主刘备将要征讨孙权，张飞应率兵一万人从阆中出发，与大军在江州会合。即将开拔，帐下将领张达、范彊杀死了张飞，两人带着张飞的头颅，顺长江而下投降了孙权。汉主听说张飞军营的营都督前来上表，便说："哎呀，张飞死了！"

陈寿评论说：关羽、张飞，都被称作万人之敌，是一个时代的虎将。关羽报恩曹操，张飞义释严颜，都有国中出类拔萃之士的风度。但是，关羽刚愎自用，自恃才智勇力，张飞暴虐不施恩惠，两人都因为自身的弱点而丧命，这倒也合乎常理。

12　秋季，七月，汉主亲自率领各路军队进攻孙权，孙权派使臣向蜀汉求和。孙权的南郡太守诸葛瑾写信给汉主："陛下认为您和关羽的感情，是否比您和汉献帝的感情更亲密？荆州的大小，能否超过全国？都有仇怨，哪个在先，哪个在后？要搞清这些问题，易如反掌。"汉主置之不理。当时有人传言诸葛瑾派遣亲信和汉主互通消息，孙权说："我和诸葛瑾有生死不变的誓言，他不会背叛我，如同我不会背弃他一样。"然而流言仍然四处传播，陆逊上表说，诸葛瑾肯定不会做那种事，但是您应该有所表示，以解除他心中的顾虑。孙权回信说："诸葛瑾和我共事多年，情同骨肉，互相了解很深。他的为人是，不合道德的事不做，不合礼义的话不说。以前刘备派诸葛亮到我吴地，我曾对诸葛瑾说：'你与诸葛亮是同胞兄弟，弟弟顺从兄长，才符合礼义，为什么不把诸葛亮留下呢？诸葛亮如果留下和你在一起，我会写信给刘备解释，我想他会同意的。'诸葛瑾回答说：'我弟弟诸葛亮已经决定为刘备效劳。双方有了君臣的名分，按照礼义不应再有二心。弟弟不留在这里，如同我不投降刘备，是一个道理。'他的话足以上达神明，现在怎么会做出那种事？以前收到对他有诽谤言论的上书，我立即封起来送给他，并亲笔写上批语。我和诸葛瑾，可以说是推心置腹之交，绝非外人的流言所能离间，我已明白你的想法，立即封起你的奏表，送给诸葛瑾，让他了解你的意思。"

汉主遣将军吴班、冯习攻破权将李异、刘阿等于巫,进兵秭归,兵四万馀人。武陵蛮夷皆遣使往请兵。权以镇西将军陆逊为大都督、假节,督将军朱然、潘璋、宋谦、韩当、徐盛、鲜于丹、孙桓等五万人拒之。

13　皇弟鄢陵侯彰、宛侯据、鲁阳侯宇、谯侯林、赞侯衮、襄邑侯峻、弘农侯幹、寿春侯彪、历城侯徽、平舆侯茂皆进爵为公;安乡侯植改封鄄城侯。

14　筑陵云台。

15　初,帝诏群臣令料刘备当为关羽出报孙权否,众议咸云:“蜀小国耳,名将唯羽,羽死军破,国内忧惧,无缘复出。”侍中刘晔独曰:“蜀虽陋弱,而备之谋欲以威武自强,势必用众以示有馀。且关羽与备,义为君臣,恩犹父子;羽死,不能为兴军报敌,于终始之分不足矣。”

八月,孙权遣使称臣,卑辞奉章,并送于禁等还。朝臣皆贺,刘晔独曰:“权无故求降,必内有急。权前袭杀关羽,刘备必大兴师伐之。外有强寇,众心不安,又恐中国往乘其衅,故委地求降,一以却中国之兵,二假中国之援,以强其众而疑敌人耳。天下三分,中国十有其八。吴、蜀各保一州,阻山依水,有急相救,此小国之利也;今还自相攻,天亡之也,宜大兴师,径渡江袭之。蜀攻其外,我袭其内,吴之亡不出旬日矣。吴亡则蜀孤,若割吴之半以与蜀,蜀固不能久存,况蜀得其外,我得其内乎!”帝曰:“人称臣降而伐之,疑天下欲来者心,不若且受吴降而袭蜀之后也。”对曰:“蜀远吴近,又闻中国伐之,便还军,不能止也。今备已怒,兴兵击吴,闻我伐吴,知吴必亡,将喜而进与我争割吴地,必不改计抑怒救吴也。”帝不听,遂受吴降。

蜀汉君主刘备派将军吴班、冯习在巫县击溃孙权的将领李异、刘阿等人,率兵四万多人继续向秭归进军。武陵的蛮夷各部都派使者请求派兵前往。孙权派镇西将军陆逊为大都督,持符节,统帅将军朱然、潘璋、宋谦、韩当、徐盛、鲜于丹、孙桓等五万人,对抗蜀汉的军队。

13　文帝的弟弟鄢陵侯曹彰、宛侯曹据、鲁阳侯曹宇、谯侯曹林、赞侯曹衮、襄邑侯曹峻、弘农侯曹幹、寿春侯曹彪、历城侯曹徽、平舆侯曹茂都进爵为公;改封安乡侯曹植为鄄城侯。

14　修筑陵云台。

15　当初,文帝要大臣们分析刘备是否会为关羽报仇,进攻孙权,大臣们都议论说:“蜀是小国,名将只有一个关羽,他战败身亡,军队被消灭,蜀国正处在担忧和恐惧之中,不会再出兵了。”只有侍中刘晔说:“蜀虽然地界狭窄,国力软弱,但刘备企图依靠威武加强自己,势必要出兵,以表明他的力量强大有余。况且关羽和刘备,名义上是君臣,恩情却如同父子;关羽被杀,不能出兵为他报仇,也不合善始善终的礼义。”

八月,孙权派使者向魏称臣,奏章言辞谦卑,还将于禁等人送还。朝廷大臣都表示祝贺,唯独刘晔说:“孙权无故向我投降,一定是内部发生危机。前不久,他偷袭并杀死了关羽,刘备必然会出动大军讨伐他。孙权外部有强大的敌寇,部属心情不安,又恐怕我们乘机进攻,所以献上土地请求投降,一可防止我们进兵,二可借助我们的援助,加强他自己的地位,迷惑他的敌人。如今天下三分,我们占有全国土地的十分之八。吴和蜀各自仅保有一个州的地域,凭恃险要,依托长江大湖,有急难时互相援救,这样才对小国有利;现在两国相互攻击,这是上天要灭亡他们,我们应大举进兵,直接渡江袭击孙权。蜀从外部进攻,我们从内部偷袭,不出十天,吴必亡。吴灭亡,蜀的势力也就孤单了,即使将吴的一半割让给蜀,它也不会存在很久,何况蜀只得到吴的边远地区,我们却能得到吴的本土。”文帝说:“有人投降称臣,我们却讨伐他,会使天下愿意归附我们的人产生疑心,不如暂且接受吴的归降,袭击蜀的后路。”刘晔说:“我们距蜀的路途远,但靠近吴,蜀知道我们向它进攻,便退军回守,我们难以制止它。如今刘备已经愤怒,出动大军攻击东吴,听说我军伐吴,知道吴必亡,将会很高兴地迅速向吴进军,同我们争夺、分割吴的疆土,而决不会改变计划,抑制自己的怒火去救援吴。”文帝不听,接受了吴国的归降。

于禁须发皓白,形容憔悴,见帝,泣涕顿首。帝慰谕以荀林父、孟明视故事,拜安远将军,令北诣邺谒高陵。帝使豫于陵屋画关羽战克、庞德愤怒、禁降伏之状。禁见,惭恚发病死。

臣光曰:于禁将数万众,败不能死,生降于敌,既而复归。文帝废之可也,杀之可也,乃画陵屋以辱之,斯为不君矣!

16 丁巳,遣太常邢贞奉策即拜孙权为吴王,加九锡。刘晔曰:"不可。先帝征伐天下,十兼其八,威震海内;陛下受禅即真,德合天地,声暨四远。权虽有雄才,故汉票骑将军、南昌侯耳,官轻势卑,士民有畏中国心,不可强迫与成所谋也。不得已受其降,可进其将军号,封十万户侯,不可即以为王也。夫王位去天子一阶耳,其礼秩服御相乱也。彼直为侯,江南士民未有君臣之分。我信其伪降,就封殖之,崇其位号,定其君臣,是为虎傅翼也。权既受王位,却蜀兵之后,外尽礼以事中国,使其国内皆闻,内为无礼以怒陛下;陛下赫然发怒,兴兵讨之,乃徐告其民曰:'我委身事中国,不爱珍货重宝,随时贡献,不敢失臣礼,而无故伐我,必欲残我国家,俘我人民以为仆妾。'吴民无缘不信其言也。信其言而感怒,上下同心,战加十倍矣。"又不听。诸将以吴内附,意皆纵缓,独征南大将军夏侯尚益修攻守之备。山阳曹伟,素有才名,闻吴称藩,以白衣与吴王交书求赂,欲以交结京师,帝闻而诛之。

于禁的头发胡须全都白了,面容憔悴,见到文帝,哭泣着下拜叩首。文帝以荀林父、孟明视的故事作比喻安慰他,任命他为安远将军,要他北到邺城去拜谒曹操的陵墓高陵。文帝事先派人在陵园的屋子里画上关羽得胜、庞德发怒、于禁投降的壁画。于禁看到这些画,惭愧悔恨,患病而死。

臣司马光说:于禁率兵数万人,兵败而不能战死疆场,为求生而降敌,后来又回到本土,文帝可以罢黜他,也可以处死他,竟然在陵园里作画羞辱他,这就不像个君王了。

16 丁巳(十九日),文帝派太常邢贞带策命,封孙权为吴王,为表示尊礼,加赐九锡。刘晔说:"不可以封孙权。先皇帝曹公征伐天下,已经拥有全国领土的十分之八,威德震动海内;陛下接受汉朝皇帝的禅让,真正做了皇帝,威德符合天地的愿望,声名远播四方。孙权虽有雄才大略,只不过是汉朝的骠骑将军、南昌侯而已,官品很低,权势卑下,其属民都有畏惧我中原朝廷之心,很难强迫他们合谋共事。我们不得已接受他的归降,可以晋封他将军的称号,封他为十万户侯,却不能一下子封他为王。王和皇帝相比,只相差一级,所使用的礼乐、服饰、车马的等级也间杂互用。孙权仅被封为侯,江南的士人、百姓和他便没有君臣的名分。如果我们相信他的假投降,就大大晋封他,尊崇他的地位,给他加上王的称号,使江南人和他确立君臣的关系,这是为猛虎加上双翼!孙权既然取得了王的地位,迫使蜀军退走之后,外表上遵守礼节,服从朝廷,使人们都知道这件事,实质上对朝廷无理,以激怒陛下;陛下如果发怒动火,出动大军征伐他,他便不慌不忙地对属民说:'我们委身于朝廷,不爱惜珍珠宝物,按时贡献礼物,不敢违背臣下对皇帝的礼节,但朝廷却无缘无故地征讨我们,一定要消灭我们的国家,俘虏我们的人民去做他们的奴仆和婢妾。'吴的民众便不会不相信他的话。相信这种话而感慨、愤怒,君臣上下一心,战斗力就会增强十倍。"文帝仍然不听。曹魏的将领认为吴已经归附,便放松了对吴军的守备,只有征南大将军夏侯尚进一步加强了防务。山阳人曹伟,一向因才智而闻名,知道吴归附曹魏,便以平民的身份写信给吴王孙权,要求给他一些财物,用来贿赂京城的官员,文帝知道此事后,下令将曹伟处死。

17　吴又城武昌。

18　初,帝欲以杨彪为太尉,彪辞曰:"尝为汉朝三公,值世衰乱,不能立尺寸之益,若复为魏臣,于国之选,亦不为荣也。"帝乃止。冬,十月己亥,公卿朝朔旦,并引彪,待以客礼;赐延年杖、冯几,使著布单衣、皮弁以见;拜光禄大夫,秩中二千石;朝见,位次三公;又令门施行马,置吏卒,以优崇之。年八十四而卒。

19　以谷贵,罢五铢钱。

20　凉州卢水胡治元多等反,河西大扰。帝召邹岐还,以京兆尹张既为凉州刺史,遣护军夏侯儒、将军费曜等继其后。胡七千馀骑逆拒既于鹯阴口,既扬声军从鹯阴,乃潜由且次出武威。胡以为神,引还显美。既已据武威,曜乃至,儒等犹未达。既劳赐将士,欲进军击胡,诸将皆曰:"士卒疲倦,虏众气锐,难与争锋。"既曰:"今军无见粮,当因敌为资。若虏见兵合,退依深山,追之则道险穷饿,兵还则出候寇钞,如此,兵不得解,所谓一日纵敌,患在数世也。"遂前军显美。十一月,胡骑数千,因大风欲放火烧营,将士皆恐。既夜藏精卒三千人为伏,使参军成公英督千馀骑挑战,敕使阳退;胡果争奔之,因发伏截其后,首尾进击,大破之,斩首获生以万数,河西悉平。

后西平麹光反,杀其郡守。诸将欲击之,既曰:"唯光等造反,郡人未必悉同;若便以军临之,吏民、羌、胡必谓国家不别是非,更使皆相持著,此为虎傅翼也。光等欲以羌、胡为援,今先使羌、胡钞击,重其赏募,所虏获者,皆以畀之。

17 吴又以武昌为都城。

18 开始，文帝要任命杨彪为太尉，杨彪推辞说："我曾经做过汉朝的三公，遇到社会动荡，对汉朝不能有一尺一寸的帮助，如今再做魏的臣子，对国家的选拔来说，也不光彩。"文帝这才没有任用他。冬季，十月己亥（初二），大臣早晨上朝，文帝特地要杨彪上前，以宾客的礼节对待他；赐给他延年杖和倚靠身体的小几，允许他穿布制的单衣、戴平常用的皮弁上朝；任命他为光禄大夫，品级为中二千石；朝见时，班位仅次于太尉、司徒、司空三公；特许他在门前施用"行马"，自行设置吏员和士卒，以示优待和尊崇。杨彪在八十四岁时去世。

19 因为粮价太高，文帝下令废除"五铢钱"。

20 凉州的卢水胡人治元多等造反，河西地区一片混乱。文帝召回邹岐，任命京兆尹张既为凉州刺史，派护军夏侯儒、将军费曜等人随后进军。卢水胡骑兵七千多人在鹯阴口迎击张既，张既声称从鹯阴口进兵，却秘密从且次至武威。卢水胡人因此以为他是神人，撤军退守显美县。张既占据了武威后，费曜才赶到，夏侯儒还尚未抵达。张既犒劳、赏赐了将士，准备进攻卢水胡人，部下将领们都说："我军士兵疲惫，敌人气焰旺盛，很难和他们对抗。"张既说："如今我军缺少粮食，只有依靠从敌人那里缴获，如果敌人见到我们的军队会合在一起，退回去依凭深山，我军追击，则道路艰险，士兵饥饿；退兵，则敌人又出来抢掠，那样，我们的征战将永无休止。所以说，一日纵敌，贻害数代。"于是，率兵进军显美。十一月，卢水胡骑兵数千人，企图趁大风放火焚烧张既的军营，将领都很惊恐。张既在夜间选精锐士兵三千人设下埋伏，派参军成公英率骑兵一千多人向敌人挑战，命令他有意败退；卢水胡士兵果然奋力追赶，张既令伏兵截击敌兵的后路，前后夹击，大获全胜，斩首、俘获敌兵近万人，河西地区全部平定了。

后来，西平人麹光反叛，杀死西平的郡守。将领们要进攻麹光，张既说："制造叛乱的只是麹光等人，西平郡的大多数人未必随同他；如果我们派兵前去，西平的官员、百姓、羌人和胡人一定会说朝廷是非不分，更会促使他们依附麹光，这如同为虎添翼。麹光等人企图引羌人和胡人作后援，假如我们先派羌人和胡人对麹光的部队进行攻击和抄掠，给他们以重赏，所掠夺的人和物，都归他们所有。

外沮其势,内离其交,必不战而定。"乃移檄告谕诸羌,为光等所诖误者原之;能斩贼帅送首者当加封赏。于是光部党斩送光首,其馀皆安堵如故。

21　邢贞至吴,吴人以为宜称上将军、九州伯,不当受魏封。吴王曰:"九州伯,于古未闻也。昔沛公亦受项羽封为汉王,盖时宜耳,复何损邪!"遂受之。吴王出都亭候贞,贞入门,不下车。张昭谓贞曰:"夫礼无不敬,法无不行。而君敢自尊大,岂以江南寡弱,无方寸之刃故乎!"贞即遽下车。中郎将琅邪徐盛忿愤,顾谓同列曰:"盛等不能奋身出命,为国家并许、洛,吞巴、蜀,而令吾君与贞盟,不亦辱乎!"因涕泣横流。贞闻之,谓其徒曰:"江东将相如此,非久下人者也。"

吴主遣中大夫南阳赵咨入谢。帝问曰:"吴主何等主也?"对曰:"聪明、仁智、雄略之主也。"帝问其状,对曰:"纳鲁肃于凡品,是其聪也;拔吕蒙于行陈,是其明也;获于禁而不害,是其仁也;取荆州兵不血刃,是其智也;据三州虎视于天下,是其雄也;屈身于陛下,是其略也。"帝曰:"吴王颇知学乎?"咨曰:"吴王浮江万艘,带甲百万,任贤使能,志存经略,虽有馀闲,博览书传,历史籍,采奇异,不效书生寻章摘句而已。"帝曰:"吴可征否?"对曰:"大国有征伐之兵,小国有备御之固。"帝曰:"吴难魏乎?"对曰:"带甲百万,江、汉为池,何难之有!"帝曰:"吴如大夫者几人?"对曰:"聪明特达者,八九十人;如臣之比,车载斗量,不可胜数。"

这样,既从外部打击了麴光的势力,又从内部破坏了他和羌人、胡人之间的关系,不用一兵一卒即可平定叛乱。"于是张既向羌人发出文告说,你们中被麴光等欺骗的人,我们都不予追究,能够杀死麴光等贼帅并送其首级来的,一定会得到封赏。不久,麴光的部下把他杀死,并送来了首级,其馀的人又安居如故。

21 邢贞抵吴,吴的大臣认为孙权应自称上将军、九州伯,而不应接受曹魏的封号。吴王孙权说:"从古至今,尚未听说过九州伯这一称号。从前沛公刘邦也曾接受项羽封给的汉王,这是一时的权宜之计,又有什么损害!"于是孙权决定接受曹魏的封号。吴王至都城的亭舍等候邢贞,邢贞进门不下车。张昭对邢贞说:"没有不恭敬的礼节,也没有不被实行的法令。而阁下敢于妄自尊大,是不是以为江南人少力弱,连一寸兵刃都没有!"邢贞当即迅速下车。中郎将琅邪人徐盛愤怒地看着其他将领说:"我们不能拼出性命为国家兼并许都、洛阳,吞并巴、蜀,却使君王与邢贞结盟,难道不羞辱吗?"说着便泪流满面。邢贞听到这些话,对随从说:"东吴有这样的将相,不会甘心久居人下的。"

吴王派中大夫南阳人赵咨入朝致谢。文帝问他:"吴王是什么样的君主?"赵咨回答:"是个聪明、仁厚、智慧、有雄才大略的君主。"文帝问何以见得,赵咨对他说:"从平民百姓中选拔鲁肃,委以重任,可说是聪;从行伍中提升吕蒙,任为统帅,应该说是明;俘获于禁而不加害,是他的仁厚;夺取荆州而兵不血刃,是他的智慧;仅占据荆、扬、交三州之地,却准备夺取天下,是他的雄心;屈尊而向陛下称臣,这是他的谋略。"文帝又问:"吴王很有学问吗?"赵咨说:"吴王有战船万艘,军队百万,任用贤能,志在治理天下,闲暇时则博览经典,披阅史籍,吸收书中的精华奇妙之处,而不仿效迂腐书生的做法,只在书中寻章摘句做文章。"文帝问:"吴可以征服吗?"赵咨回答说:"大国有征讨小国的军队,小国则有充分的防备。"文帝接着问:"吴抗拒魏有没有困难?"赵咨对答说:"吴有大军百万,有长江和汉水护城,还有什么困难!"文帝问:"吴像你这样的人才有几人?"赵咨回答道:"特别聪明通达的人,有八、九十位;像我这样的人,车载斗量,数不胜数。"

帝遣使求雀头香、大贝、明珠、象牙、犀角、玳瑁、孔雀、翡翠、斗鸭、长鸣鸡于吴。吴群臣曰："荆、扬二州,贡有常典。魏所求珍玩之物,非礼也,宜勿与。"吴王曰："方有事于西北,江表元元,恃主为命。彼所求者,于我瓦石耳,孤何惜焉! 且彼在谅暗之中,而所求若此,宁可与言礼哉!"皆具以与之。

22　吴王以其子登为太子,妙选师友:以南郡太守诸葛瑾之子恪、绥远将军张昭之子休、大理吴郡顾雍之子谭、偏将军庐江陈武之子表皆为中庶子,入讲诗书,出从骑射,谓之四友。登接待僚属,略用布衣之礼。

23　十二月,帝行东巡。

24　帝欲封吴王子登为万户侯,吴王以登年幼,上书辞不受;复遣西曹掾吴兴沈珩入谢,并献方物。帝问曰："吴嫌魏东向乎?"珩曰："不嫌。"曰："何以?"曰："信恃旧盟,言归于好,是以不嫌;若魏渝盟,自有豫备。"又问:"闻太子当来,宁然乎?"珩曰:"臣在东朝,朝不坐,宴不与,若此之议,无所闻也。"帝善之。

吴王于武昌临钓台饮酒,大醉,使人以水洒群臣曰："今日酣饮,惟醉堕台中,乃当止耳!"张昭正色不言,出外,车中坐。王遣人呼昭还入,谓曰："为共作乐耳,公何为怒乎?"昭对曰："昔纣为糟丘酒池,长夜之饮,当时亦以为乐,不以为恶也。"王默然惭,遂罢酒。

吴王与群臣饮,自起行酒,虞翻伏地,阳醉不持,王去,翻起坐。王大怒,手剑欲击之,侍坐者莫不惶遽。惟大司农刘基起抱王,谏曰："大王以三爵之后,手杀善士,虽翻有罪,天下孰知之!

文帝派使臣要求吴进贡雀头香、大贝、明珠、象牙、犀角、玳瑁、孔雀、翡翠、斗鸭、长鸣鸡。吴的大臣们说:"荆、扬两州,按照常规向朝廷纳贡,魏所要珍玩宝物,不合乎礼制,不应该给他。"吴王说:"我国正在和西北的蜀相对峙,江南的民众百姓,都依赖魏的支持保全自己。它所要求的东西,对我们来说如同石块瓦片,我没有什么可吝惜的。况且曹丕仍在守丧期间,却要求我们奉献这么多珍玩宝物,还怎么能和他谈礼仪呢?"于是,按照要求如数献上。

22 吴王立儿子孙登为太子,为他精心选择了师、友:任命南郡太守诸葛瑾的儿子诸葛恪、绥远将军张昭的儿子张休、大理吴郡人顾雍的儿子顾谭、偏将军庐江人陈武的儿子陈表四人都为中庶子,在家为孙登讲解诗书,外出则教导骑射,这四个人被称为四友。孙登接待属下时,只简略地依照平民之间的交往礼节。

23 十二月,文帝到东部视察。

24 文帝要封吴王孙权的儿子孙登为万户侯,吴王以儿子年幼为由,上书推辞;接着又派西曹掾吴兴人沈珩入朝道谢,还献上了江南的特产。文帝问沈珩:"吴是否怀疑我们会向东发动进攻?"沈珩回答:"不怀疑。"问:"为什么?"答:"相信凭借我们以前的盟誓,两国言归于好,所以不怀疑;即使魏破坏盟约,我们也早有准备。"又问:"据说吴的太子将要来,这消息是否属实?"沈珩答道:"我在东吴,既不上朝,也不参加宴会,还未曾听到这种议论。"文帝认为他回答得体。

吴王和臣下在武昌钓台上饮酒,酩酊大醉,令人把水洒在大臣身上,使他们清醒,吴王说:"今日畅饮,不醉倒在钓台上,我们不停杯!"张昭板着面孔、一言不发地出去,坐在车子里。吴王派人将张昭叫回来,对他说:"大家不过是共享欢乐,您为什么发怒?"张昭回答说:"以前商纣王建糟丘和酒池,通宵饮酒,当时也以为很快乐,没想过有什么不好。"吴王深感惭愧,一言不发,停止了酒宴。

一次,吴王和大臣饮酒,亲自起身行酒劝饮,虞翻装醉倒地,吴王过去后,他又坐了起来。吴王大怒,手握宝剑要刺虞翻,在座的臣僚无不大惊失色。只有大司农刘基上前抱住吴王,劝谏说:"大王在酒过三杯之后,要亲手杀死贤能之士,即使虞翻有罪,天下又有谁知道?

且大王以能容贤蓄众,故海内望风;今一朝弃之,可乎!"王曰:"曹孟德尚杀孔文举,孤于虞翻何有哉!"基曰:"孟德轻害士人,天下非之。大王躬行德义,欲与尧、舜比隆,何得自喻于彼乎?"翻由是得免。王因敕左右:"自今酒后言杀,皆不得杀。"基,繇之子也。

25 初,太祖既克蹋顿,而乌桓浸衰,鲜卑大人步度根、轲比能、素利、弥加、厥机等因阎柔上贡献,求通市,太祖皆表宠以为王。轲比能本小种鲜卑,以勇健廉平为众所服,由是能威制诸部,最为强盛。自云中、五原以东抵辽水,皆为鲜卑庭,轲比能与素利、弥加割地统御,各有分界。轲比能部落近塞,中国人多亡叛归之;素利等在辽西、右北平、渔阳塞外,道远,故不为边患。帝以平虏校尉牵招为护鲜卑校尉,南阳太守田豫为护乌桓校尉,使镇抚之。

三年(壬寅,222)

1 春,正月丙寅朔,日有食之。

2 庚午,帝行如许昌。

3 诏曰:"今之计、孝,古之贡士也;若限年然后取士,是吕尚、周晋不显于前世也。其令郡国所选,勿拘老幼;儒通经术,吏达文法,到皆试用。有司纠故不以实者。"

4 二月,鄯善、龟兹、于阗王各遣使奉献。是后西域复通,置戊己校尉。

况且大王因为能够招贤容众，才使四海之内的人仰慕；如今却一朝之间毁掉自己的声誉，可以吗?"吴王说:"曹操尚且杀了孔融，我杀个虞翻又算得了什么!"刘基说:"曹操轻率地杀害士人，因而受到天下人的谴责。大王推行德性、礼义，要和尧、舜比高下，怎么能够把自己和曹操相提并论呢?"虞翻这才免去了一场灾祸。吴王也因此向手下人命令:"从今后，凡我在酒后下令杀人，都不得执行"。刘基是刘繇的儿子。

25　当初，魏太祖曹操攻杀了蹋顿，乌桓族因此逐渐衰落了。鲜卑酋长步度根、轲比能、素利、弥加、厥机等人通过阎柔向朝廷纳贡，并请求进行贸易，太祖向汉朝廷上表，都封他们为王，以示尊崇。轲比能本属于小种鲜卑部落，因为勇敢健壮，廉洁公正，为本族人所信服，由于很有威望，因而控制了各部落，势力也最为强大。从云中、五原以东，一直至辽水，都是鲜卑人居住的地区，轲比能和素利、弥加划分区域进行统治，各有自己的管界。轲比能统辖的地区靠近边塞，有很多中原人逃到他的地区；素利等人的辖区则在辽西、右北平和渔阳的边塞之外，距离较远，所以没有对边境造成危害。文帝任命平虏校尉牵招为护鲜卑校尉，南阳太守田豫为护乌桓校尉，派他们镇抚鲜卑和乌桓。

魏文帝黄初三年(壬寅,公元222年)

1　春季，正月丙寅朔(初一)，出现日食。

2　庚午(初五)，文帝到许昌巡视。

3　文帝下诏:"现在的上计和孝廉，也就是古代向朝廷荐举的人才；如果限定年龄，然后再举荐，从前的吕尚、周晋等人就不可能有显著的功绩，更不会有大的名望。现命令各郡、国选拔人才，不必拘泥于年龄老幼；儒者能够通晓经典，官吏能够懂得文墨，熟悉法令，都可以试用。负责监察的部门，要纠举弄虚作假的人。"

4　二月，鄯善、龟兹、于阗王分别派使者入朝贡献物品。从此，中原与西域又恢复了联系，并在西域设置了戊己校尉。

5　汉主自秭归将进击吴，治中从事黄权谏曰："吴人悍战，而水军沿流，进易退难。臣请为先驱以当寇，陛下宜为后镇。"汉主不从，以权为镇北将军，使督江北诸军；自率诸将，自江南缘山截领，军于夷道猇亭。吴将皆欲迎击之。陆逊曰："备举军东下，锐气始盛；且乘高守险，难可卒攻。攻之纵下，犹难尽克，若有不利，损我大势，非小故也。今但且奖厉将士，广施方略，以观其变。若此间是平原旷野，当恐有颠沛交逐之忧；今缘山行军，势不得展，自当罢于木石之间，徐制其敝耳。"诸将不解，以为逊畏之，各怀愤恨。

汉人自佷山通武陵，使侍中襄阳马良以金锦赐五谿诸蛮夷，授以官爵。

6　三月乙丑，立皇子齐公睿为平原王、皇弟鄢陵公彰等皆进爵为王。甲戌，立皇子霖为河东王。

7　甲午，帝行如襄邑。

8　夏，四月戊申，立鄄城侯植为鄄城王。是时，诸侯王皆寄地空名而无其实；王国各有老兵百馀人以为守卫，隔绝千里之外，不听朝聘，为设防辅监国之官以伺察之；虽有王侯之号而侪于匹夫，皆思为布衣而不能得。法既峻切，诸侯王过恶日闻；独北海王衮谨慎好学，未尝有失。文学、防辅相与言曰："受诏察王举措，有过当奏，有善亦宜以闻。"遂共表称陈衮美。衮闻之，大惊惧，责让文学曰："修身自守，常人之行耳，而诸君乃以上闻，是适所以增其负累也。且如有善，何患不闻，而遽共如是，是非所以为益也。"

5 汉主刘备从秭归出兵,进攻东吴,治中从事黄权劝谏说:
"吴人强悍善战,而我们的水军顺长江而下,前进容易,撤退困难。
请陛下派我率军为前锋,向敌人发动攻击,陛下应该在后方坐镇。"
汉主没有采纳,却任命黄权为镇北将军,派他统帅长江以北的各路
蜀军;同时,亲率将士,沿长江南岸翻山越岭向吴进发,驻军在夷道
县的猇亭。东吴将领都请求出兵迎击。陆逊说:"刘备率军沿长江
东下,锐气正盛;而且凭据高山,坚守险要,很难向他们发起迅猛的
进攻。即使攻击成功,也不能完全将他们击败;如果攻击不利,将
损伤我们的主力,绝不是小小的失误。目前,我们只有褒奖和激励
将士,多方采纳和实施破敌的策略,观察形势变化。如果这一带为
平原旷野,我们还要担心有互相追逐的困扰;如今他们沿着山岭部
署军队,不但兵力无法展开,反而因困在树木乱石之中,自己渐渐
精疲力竭,我们要耐心等待,等他们疲惫后加以攻击。"各位将领仍
不理解,认为陆逊惧怕刘备大军,对他强烈不满。

蜀汉为从佷山与武陵沟通消息,派侍中襄阳人马良给武陵五
谿的各蛮夷部落送去黄金和锦帛,并授予他们的首领官职和爵位。

6 三月乙丑(初一),文帝立皇子齐公曹睿为平原王,晋封皇
弟鄢陵公曹彰等人为王。甲戌(初十),立皇子曹霖为河东王。

7 甲午(三十日),文帝到襄邑巡视。

8 夏季,四月戊申(十四日),立鄄城侯曹植为鄄城王。当时,
诸侯王只保有封国的空名而没有实力;各王国只有百馀名老兵作
为警卫,与都城隔绝千里,又不允许诸侯王到京城朝见皇帝,朝廷
在各诸王国设置防辅和监国等官员,以监视诸侯王的行动;他们虽
有王侯的名义,而实际上与平民百姓没有什么两样,都想当平民百
姓却又不能够。法令既然严峻急切,诸侯王有过错和恶行的情况
便天天都能听到;只有北海王曹衮勤奋好学,行为谨慎,未曾有过
失。王国的文学和防辅商量说:"我们奉命观察北海王的举止行
为,他有过失,我们要上报朝廷;有善行,我们也应该向朝廷汇报。"
于是两人联名上表陈述曹衮的优点。曹衮知道后,非常惊恐,责备
文学官说:"重视道德修养,约束自己,这是做人的本分,而各位却
将这些上报朝廷,恰恰是给我增加负担。如果有善行,不怕朝廷不
知道,而诸位急迫上报,是在给我帮倒忙。"

9　癸亥，帝还许昌。

10　五月，以江南八郡为荆州，江北诸郡为郢州。

11　汉人自巫峡建平连营至夷陵界，立数十屯，以冯习为大督，张南为前部督，自正月与吴相拒，至六月不决。汉主遣吴班将数千人于平地立营，吴将帅皆欲击之，陆逊曰："此必有谲，且观之。"汉主知其计不行，乃引伏兵八千从谷中出，逊曰："所以不听诸君击班者，揣之必有巧故也。"逊上疏于吴王曰："夷陵要害，国之关限，虽为易得，亦复易失。失之，非徒损一郡之地，荆州可忧，今日争之，当令必谐。备干天常，不守窟穴而敢自送，臣虽不材，凭奉威灵，以顺讨逆，破坏在近，无可忧者。臣初嫌之水陆俱进，今反舍船就步，处处结营，察其布置，必无他变。伏愿至尊高枕，不以为念也。"

闰月，逊将进攻汉军，诸将并曰："攻备当在初，今乃令入五六百里，相守经七八月，其诸要害皆已固守，击之必无利矣。"逊曰："备是猾虏，更尝事多，其军始集，思虑精专，未可干也。今住已久，不得我便，兵疲意沮，计不复生。掎角此寇，正在今日。"乃先攻一营，不利，诸将皆曰："空杀兵耳！"逊曰："吾已晓破之之术。"乃敕各持一把茅，以火攻，拔之；一尔势成，通率诸军，同时俱攻，斩张南、冯习及胡王沙摩柯等首，破其四十馀营。汉将杜路、刘宁等穷逼请降。

9　癸亥(二十九日)，文帝回到许昌。

10　五月，把长江以南的八郡划归荆州，以江北的各郡设置郢州。

11　蜀军自巫峡建平扎营，直至夷陵附近，设立数十座营盘，以冯习为总指挥，张南为前军指挥，从正月开始与吴军对峙，到六月仍未决战。汉主命令吴班率数千人在平地扎营，吴军将领都要求出击，陆逊说："这一定是诡计，我们暂且观察。"汉主见计划无法实现，只好命令八千伏兵从山谷中出来，陆逊说："我之所以没有听从诸位进攻吴班的建议，是估计到刘备一定有计谋的缘故。"陆逊向吴王上书说："夷陵是军事要地，它的得失，关系到我们的生死存亡。夷陵虽然易得，也容易再失去。失去夷陵，不仅仅是损失了一个郡，就连荆州也令人担忧，今日争夺夷陵，一定要彻底取得胜利。刘备违背常情，不守护自己的巢穴，却胆敢自己送上门来，臣下虽然不才，凭借大王的威灵，名正言顺地讨伐逆贼，大败敌军就在眼前，没有什么可忧虑的。我当初担心刘备会水陆并进，现在他却舍水路不走，从陆路进发，随处扎营，观察他的军事部署，也没有什么特别奇妙之处。希望至尊的大王高枕而卧，不必把这件事老挂在心上。"

闰六月，陆逊要向蜀军发动进攻，部下将领都说："发动进攻，应在刘备立足未稳的时候，如今蜀军已深入我国五六百里，和我们对峙七八个月，占据了险要，加强了防守，现在进攻不会顺利。"陆逊说："刘备是个很狡猾的家伙，再加之经验丰富，蜀军刚集结时，他思虑周详，我们无法向他发动攻击。如今蜀军已驻扎很长时间，却仍找不到我军的漏洞，将士疲惫，心情沮丧，再也无计可施。现在正是我们对他前后夹击的好机会。"于是，下令先向蜀军的一个营垒发动攻击，战斗失利，将领们都说："白白损兵折将！"陆逊说："我已经有了破敌之策。"命令战士每人拿一束茅草，用火攻击，得胜；又乘势率领各路军队全面出击，斩杀蜀军将领张南、冯习和胡人酋长沙摩柯等人，攻破蜀军营垒四十多座。蜀将杜路、刘宁走投无路，只得向吴军请求投降。

汉主升马鞍山,陈兵自绕,逊督促诸军,四面蹙之,土崩瓦解,死者万数。汉主夜遁,驿人自担烧铙铠断后,仅得入白帝城,其舟船、器械,水、步军资,一时略尽,尸骸塞江而下。汉主大惭恚曰:"吾乃为陆逊所折辱,岂非天耶!"将军义阳傅肜为后殿,兵众尽死,肜气益烈。吴人谕之使降,肜骂曰:"吴狗,安有汉将军而降者!"遂死之。从事祭酒程畿溯江而退,众曰:"后追将至,宜解舫轻行。"畿曰:"吾在军,未习为敌之走也。"亦死之。

初,吴安东中郎将孙桓别击汉前锋于夷道,为汉所围,求救于陆逊,逊曰:"未可。"诸将曰:"孙安东,公族,见围已困,奈何不救?"逊曰:"安东得士众心,城牢粮足,无可忧也。待吾计展,欲不救安东,安东自解。"及方略大施,汉果奔溃。桓后见逊曰:"前实怨不见救,定至今日,乃知调度自有方耳!"

初,逊为大都督,诸将或讨逆时旧将,或公室贵戚,各自矜恃,不相听从。逊按剑曰:"刘备天下知名,曹操所惮,今在疆界,此强对也。诸君并荷国恩,当相辑睦,共翦此虏,上报所受,而不相顺,何也?仆虽书生,受命主上,国家所以屈诸君使相承望者,以仆尺寸可称,能忍辱负重故也。各在其事,岂复得辞!军令有常,不可犯也!"及至破备,计多出逊,诸将乃服。吴王闻之曰:"公何以初不启诸将违节度者邪?"对曰:"受恩深重,此诸将或任腹心,或堪爪牙,或是功臣,皆国家所当与共克定大事者,臣窃慕相如、寇恂相下之义以济国事。"王大笑称善,加逊辅国将军,领荆州牧,改封江陵侯。

汉主登上马鞍山，环绕自己布置军队，陆逊督促各军四面围攻，紧缩包围圈，蜀军土崩瓦解，战死一万多人。汉主连夜逃走，驿站官员亲自挑着兵器铠甲在险要路口焚烧，以阻挡吴军的追击，汉主才得以逃入白帝城，蜀军的船只、器械，水、陆军的军用物资，全部丢弃，蜀军的尸体塞满长江江面，顺流而下。汉主既惭愧又失望地说："我被陆逊羞辱，这是天意啊！"将军义阳人傅肜掩护大军退却，部下全部战死，他却愈战愈勇。吴军劝他投降，他大骂说："东吴的狗东西，哪有汉将军会投降的！"终于血战而死。从事祭酒程畿逆长江乘船退却，部下说："后面追兵紧迫，应把两船连结的方舟拆开，轻舟撤退。"程畿说："我从军以来，还未学过如何逃跑。"因而战死。

当初，吴安东中郎将孙桓，另外率军在夷道抗击蜀军前锋，被蜀军包围，向陆逊求援，陆逊说："没有必要。"将领们说："孙将军是大王的同族，如今被围受困，为什么不派兵救援？"陆逊答道："孙将军深得军心，城池坚固，军粮充足，不必担忧。我的计划成功之后，我们不救孙将军，对孙将军的包围也会自行解除。"等到陆逊的计划大获成功，包围孙桓的蜀军果然争相逃走。后来，孙桓见到陆逊说："最初确实埋怨你不来救援，现在事情已经明朗，才知道你调度有方。"

陆逊开始被任命为大都督时，部下将领，有些是讨逆将军孙策的老部下，有些是孙权的同族或亲戚，都很骄傲自大，不服从指挥调度。陆逊手按宝剑说："刘备是天下闻名的强人，曹操都忌惮他，如今已率大军进入我国境内，是我们的强劲对手。诸位都受过国家大恩，应该和睦相处，齐心合力消灭强敌，以报国家，但是你们却不服从我的指挥，究竟为什么？我陆逊虽为一介书生，却是受了主公的委任。主公之所以委屈各位做我的部下，是认为我仍有一点可称道之处，就是能够忍辱负重。大家各有职责，岂能推辞！军有常法，不可违犯！"等到大败刘备，知道计谋多出自陆逊，各位将领才心服口服。吴王知道这些事情以后，对陆逊说："将军当初为什么不向我举报那些不听指挥的人？"陆逊回答说："我受主公恩德深重，而这些将领，或者是陛下的心腹爱将，或者是陛下的得力助手，或者是国家功臣，都是陛下应当依赖、共同成就大业的人。我仰慕蔺相如、寇恂以国事为重，委曲求全的做法，为的是有利于国家大事。"吴王大笑，倍加赞赏，加给陆逊辅国将军称号，兼任荆州牧，改封为江陵侯。

初,诸葛亮与尚书令法正好尚不同,而以公义相取,亮每奇正智术。及汉主伐吴而败,时正已卒,亮叹曰:"孝直若在,必能制主上东行;就使东行,必不倾危矣。"汉主在白帝,徐盛、潘璋、宋谦等各竞表言:"备必可禽,乞复攻之。"吴王以问陆逊。逊与朱然、骆统上言曰:"曹丕大合士众,外托助国讨备,内实有奸心,谨决计辄还。"

初,帝闻汉兵树栅连营七百馀里,谓群臣曰:"备不晓兵,岂有七百里营可以拒敌者乎!'苞原隰险阻而为军者为敌所禽',此兵忌也。孙权上事今至矣。"后七日,吴破汉书到。

12　秋,七月,冀州大蝗,饥。

13　汉主既败走,黄权在江北,道绝,不得还,八月,率其众来降。汉有司请收权妻子,汉主曰:"孤负黄权,权不负孤也。"待之如初。帝谓权曰:"君舍逆效顺,欲追踪陈、韩邪?"对曰:"臣过受刘主殊遇,降吴不可,还蜀无路,是以归命。且败军之将,免死为幸,何古人之可慕也!"帝善之,拜为镇南将军,封育阳侯,加侍中,使陪乘。蜀降人或云汉诛权妻子,帝诏权发丧。权曰:"臣与刘、葛推诚相信,明臣本志。窃疑未实,请须。"后得审问,果如所言。马良亦死于五谿。

14　九月甲午,诏曰:"夫妇人与政,乱之本也。自今以后,群臣不得奏事太后,后族之家不得当辅政之任,又不得横受茅土之爵。以此诏传之后世,若有背违,天下共诛之。"卞太后每见外亲,不假以颜色,常言:"居处当节俭,不当望赏、念自侈也。

从前,诸葛亮和尚书令法正的爱好、崇尚不同,但是两人都以公事为重,各取所长,诸葛亮很赞赏法正的智谋。汉主攻吴惨败的时候,法正已经去世,诸葛亮感叹说:"如果法正仍然在世,一定能够阻止主公进攻东吴的行动;即使东下,也绝不会失败。"汉主逃至白帝城,吴将徐盛、潘璋、宋谦等人争相上表请求:"继续进攻,一定能够生擒刘备。"吴主问陆逊怎么办。陆逊和朱然、骆统上书说:"曹丕正在调集军队,表面上宣称帮助我们讨伐刘备,实际包藏祸心,请您下令全军退回。"

当初,文帝听说蜀军树立木栅扎营,相连七百多里,便对他的大臣们说:"刘备不懂军事,哪有连营七百里能够和敌人对峙的!'在杂草丛生、地势平坦、潮湿低洼、艰险阻塞等处安营的军队,一定会被敌人打败',这是兵家大忌。孙权报捷的上奏,很快就到。"仅过七天,吴军攻破蜀军的捷报果然送来了。

12　秋季,七月,冀州地区发生严重的蝗灾,出现饥荒。

13　汉主大败而逃,道路被吴军切断,黄权在长江北岸,无法退回,八月,率部下向曹魏归降。蜀汉的有关官员请示是否逮捕黄权的妻子、儿女,汉主说:"是孤对不起黄权,不是黄权对不起孤。"仍同以前一样对待黄权的家属。文帝对黄权说:"你舍弃叛逆,投效朝廷,是在效法陈平、韩信脱离项羽,投奔汉高祖的作为吧?"黄权回答说:"臣子以前受蜀主的厚恩,既不能降吴,又因道路不通而无法回蜀,只好归顺了陛下,况且败军之将,能保住一条性命已是万幸,哪里还敢谈效法古人!"文帝很优待他,拜为镇南将军,封育阳侯,加给侍中的官衔,还让他作自己的陪乘。一些从蜀汉投降过来的人说,汉已处死黄权的妻子、儿女,文帝要黄权为亲人发丧。黄权说:"我与刘备、诸葛亮以诚相待,他们深知我的为人和志向。我怀疑此事未必属实,应再等一等。"后来得到确切消息,事实果然如黄权所说。马良也死在武陵的五谿。

14　九月甲午(初三),文帝下诏:"妇人参政,是国家动乱的根源。从今以后,大臣有事不得向皇太后上奏,皇太后和皇后的亲属不能担任辅佐朝政的大臣,也不能封为王或诸侯。这一诏书要传给后代,谁若违背,天下共诛之。"卞太后每次会见自己的亲属,都不表示亲热,她常说:"生活要节俭,不应有盼望赏赐、贪图安逸的想法。

外舍当怪吾遇之太薄,吾自有常度故也。吾事武帝四五十年,行俭日久,不能自变为奢。有犯科禁者,吾且能加罪一等耳,莫望钱米恩贷也。"

15　帝将立郭贵嫔为后,中郎栈潜上疏曰:"夫后妃之德,盛衰治乱所由生也。是以圣哲慎立元妃,必取先代世族之家,择其令淑,以统六宫,虔奉宗庙。《易》曰:'家道正而天下定。'由内及外,先王之令典也。《春秋》书宗人衅夏云:'无以妾为夫人之礼。'齐桓誓命于葵丘,亦曰:'无以妾为妻。'今后宫嬖宠,常亚乘舆。若因爱登后,使贱人暴贵,臣恐后世下陵上替,开张非度,乱自上起也。"帝不从。庚子,立皇后郭氏。

16　初,吴王遣于禁护军浩周、军司马东里衮诣帝,自陈诚款,辞甚恭悫。帝问周等:"权可信乎?"周以为权必臣服,而衮谓其不可必服。帝悦周言,以为有以知之,故立为吴王,复使周至吴。周谓吴王曰:"陛下未信王遣子入侍,周以阖门百口明之。"吴王为之流涕沾襟,指天为誓。周还而侍子不至,但多设虚辞。帝欲遣侍中辛毗、尚书桓阶往与盟誓,并责任子,吴王辞让不受。帝怒,欲伐之,刘晔曰:"彼新得志,上下齐心,而阻带江湖,不可仓卒制也。"帝不从。

九月,命征东大将军曹休、前将军张辽、镇东将军臧霸出洞口,大将军曹仁出濡须,上军大将军曹真、征南大将军夏侯尚、左将军张郃、右将军徐晃围南郡。吴建威将军吕范督五军,以舟军拒休等,左将军诸葛瑾、平北将军潘璋、将军杨粲救南郡,裨将军朱桓以濡须督拒曹仁。

我的族人常怪我对他们太薄情，这是因为我有自己的生活准则。我侍奉武皇帝四五十年，已经过惯了俭朴的生活，不可能变得奢侈豪华。族人违犯法令制度，我还要比对平常人罪加一等，不要指望我会送金钱、粮食给你们，或者宽免你们。"

15 文帝要立郭贵嫔为皇后，中郎栈潜上书说："后妃的品德优劣，直接关系到国家的盛衰、治乱。所以圣明的君主立皇后都很慎重，一定要从世代显贵的家族中选择贤惠的淑女做皇后，统御后宫妃嫔，虔诚地祭奉皇家宗庙。《周易》说：'家庭的关系理顺了，国家就会安定。'由治理家事推及治理国事，这是前代帝王奉行的原则。《春秋》中记载宗人衅夏的话：'不存在以妾作妻之礼。'齐桓公在葵丘盟誓时也说：'不要以妾做妻子。'现在后宫受宠的妃嫔，地位仅次于君王。如果因为宠爱她们，就立她们为皇后，使下贱的人突然尊贵起来，为臣恐怕今后低贱者被册立，高贵者遭废弃的事会层出不穷，没有法令制度能够限制，祸乱也就从上面开始了。"文帝不听劝谏。庚子（初九），立郭贵嫔为皇后。

16 以前，吴王派于禁的护军浩周、军司马东里衮晋见文帝，表达忠诚，言辞非常恭敬。文帝问浩周等人："孙权可信吗？"浩周认为孙权一定会臣服，而东里衮则认为孙权不一定会臣服。文帝很喜欢浩周的话，认为浩周真正了解孙权，因而决定封孙权为吴王，并派浩周返回东吴。浩周对吴王说："文帝陛下不相信大王会送公子去做人质，我以全族百人的性命担保公子一定会去。"吴王为此感动得热泪沾衣，对天发誓。浩周回到曹魏，而孙权却没把儿子送去，只是以漂亮话遮掩。文帝要派侍中辛毗、尚书桓阶前往吴盟誓，并催促孙权送儿子上路，吴王礼貌地予以回绝。文帝愤怒，要派大军讨伐，刘晔劝谏说："吴国刚取得胜利，上下齐心，而且有江河湖泊的阻隔，我们不可能在仓促之间将它制伏。"文帝不听。

九月，命令征东大将军曹休、前将军张辽、镇东将军臧霸出击洞口，大将军曹仁出击濡须，上军大将军曹真、征南大将军夏侯尚、左将军张郃、右将军徐晃包围南郡。吴则派建威将军吕范指挥五路军队，以水军抗拒曹休等人，左将军诸葛瑾、平北将军潘璋、将军杨粲救援南郡，裨将军朱桓在濡须指挥，抗拒曹仁。

17 冬，十月甲子，表首阳山东为寿陵，作终制，务从俭薄，不藏金玉，一用瓦器。令以此诏藏之宗庙，副在尚书、秘书、三府。

18 吴王以扬越蛮夷多未平集，乃卑辞上书，求自改厉；"若罪在难除，必不见置，当奉还土地民人，寄命交州以终余年。"又与浩周书云："欲为子登求昏宗室。"又云："以登年弱，欲遣孙长绪、张子布随登俱来。"帝报曰："朕之与君，大义已定，岂乐劳师远临江、汉。若登身朝到，夕召兵还耳。"于是吴王改元黄武，临江拒守。

帝自许昌南征，复郢州为荆州。十一月辛丑，帝如宛。曹休在洞口，自陈："愿将锐卒虎步江南，因敌取资，事必克捷，若其无臣，不须为念。"帝恐休便渡江，驿马止之。侍中董昭侍侧，曰："窃见陛下有忧色，独以休济江故乎？今者渡江，人情所难，就休有此志，势不独行，当须诸将。臧霸等既富且贵，无复他望，但欲终其天年，保守禄祚而已，何肯乘危自投死地，以求微幸！苟霸等不进，休意自沮。臣恐陛下虽有敕渡之诏，犹必沉吟，未便从命也。"顷之，会暴风吹吴吕范等船，绠缆悉断，直诣休等营下，斩首获生以千数，吴兵迸散。帝闻之，敕诸军促渡。军未时进，吴救船遂至，收军还江南。曹休使臧霸追之，不利，将军尹卢战死。

19 庚申晦，日有食之。
20 吴王使太中大夫郑泉聘于汉，汉太中大夫宗玮报之，吴、汉复通。

17 冬季,十月甲子(初三),文帝在首阳山东部营建自己的陵墓,发布有关葬礼制度的诏书,要求丧事务必从俭,墓中不得陪葬金器和玉器,一律用陶器。还命令将这一诏书存放在皇家宗庙,副本保存在尚书台、秘书监及三公府。

18 吴王因扬、越一带蛮夷很多尚未归附,便言辞谦卑地上书,请求自己改正过失,上书说:"如果我的罪责难以原谅,必须加以制裁,我一定奉还朝廷封给我的土地和人民,寄居在交州度过馀年。"又写信给浩周说:"我想为儿子孙登向皇帝的宗室求婚。"又说:"孙登年幼,我准备派孙长绪、张子布陪同前往。"文帝回信说:"朕和你的君臣关系已经确定,怎么会乐于劳师动众,远去长江和汉水,如果孙登早晨到这里,我晚上就命令大军撤回。"于是,吴王改年号为黄武,凭借长江拒守。

文帝从许昌出发,亲自指挥大军南下征讨,又把郢州恢复为荆州。十一月辛丑(十一日),文帝至宛城。曹休在洞口上书请求:"愿率精锐士卒,像猛虎一样进军江南,从敌人处夺取物资给养,一定成功,如果不幸战死,请陛下不必挂念。"文帝唯恐曹休迫不及待地渡江,便派人快速传令制止。侍中董昭随侍身边,说:"我私下观察,陛下面有忧色,只是因为顾虑曹休渡江吗?现在渡江,困难重重,即使曹休有此意,他也不能单独行动,还要得到其他将领的支持。臧霸等人既有大量财富,又有尊贵的地位,已无更大的奢望,只希望这样下去,一直到死,保住禄位传给子孙而已,怎么会冒险投身危险之地,以求侥幸取胜呢?如果臧霸等人不支持渡江,曹休也自然就失去信心。为臣恐怕即使陛下下令渡江,他们也会犹豫不决,未必立即执行命令。"不久,正巧暴风吹断吴将吕范船队的所有缆绳,船只一直漂向曹休等人的营垒之下,魏军斩杀俘获吴军数千人,吴军溃散。文帝得到报告,下令各军迅速渡江。魏军尚未进兵,吴军救援的船只已经赶到,招集溃军退回江南。曹休派臧霸率兵追击,战斗不利,将军尹卢战死。

19 庚申晦(三十日),出现日食。

20 吴王派太中大夫郑泉向蜀汉问好致意,蜀汉派太中大夫宗玮至吴回报,吴蜀间又恢复了关系。

21 汉主闻魏师大出,遗陆逊书曰:"贼今已在江、汉,吾将复东,将军谓其能然否?"逊答曰:"但恐军新破,创夷未复,始求通亲;且当自补,未暇穷兵耳。若不推算,欲复以倾覆之馀远送以来者,无所逃命。"

22 汉汉嘉太守黄元叛。

23 吴将孙盛督万人据江陵中洲,以为南郡外援。

21　汉主听说魏大举攻吴,写信给陆逊说:"曹军现已抵达长江、汉水一带,我将再度率军东下,将军认为我能否这样做?"陆逊回信说:"只恐怕贵军新败,元气还未恢复,所以才和我国恢复关系;当务之急是养好创伤,修补元气,还没有闲暇对外用兵。如果阁下不慎重考虑,欲图再次率残兵败将远途送来,仍然难逃覆灭的下场。"

22　蜀汉汉嘉太守黄元反叛。

23　吴将孙盛率兵一万人占据江陵中洲,作为外围协助保卫南郡。

卷第七十　魏纪二

起癸卯(223)尽丁未(227)凡五年

世祖文皇帝下

黄初四年(癸卯,223)

1　春,正月,曹真使张郃击破吴兵,遂夺据江陵中洲。

2　二月,诸葛亮至永安。

3　曹仁以步骑数万向濡须,先扬声欲东攻羡溪,朱桓分兵赴之;既行,仁以大军径进,桓闻之,追还羡溪兵,兵未到而仁奄至。时桓手下及所部兵在者才五千人,诸将业业各有惧心,桓喻之曰:"凡两军交对,胜负在将,不在众寡。诸君闻曹仁用兵行师,孰与桓邪?兵法所以称'客倍而主人半'者,谓俱在平原无城隍之守,又谓士卒勇怯齐等故耳。今仁既非智勇,加其士卒甚怯,又千里步涉,人马罢困。桓与诸君共据高城,南临大江,北背山陵,以逸待劳,为主制客,此百战百胜之势,虽曹丕自来,尚不足忧,况仁等邪!"桓乃偃旗鼓,外示虚弱以诱致仁。仁遣其子泰攻濡须城,分遣将军常雕、王双等乘油船别袭中洲。中洲者,桓部曲妻子所在也。蒋济曰:"贼据西岸,列船上流,而兵入洲中,是为自内地狱,危亡之道也。"仁不从,自将万人留橐皋,为泰等后援。桓遣别将击雕等而身自拒泰,泰烧营退。桓遂斩常雕,生虏王双,临陈杀溺死者千馀人。

世祖文皇帝下
魏文帝黄初四年(癸卯,公元223年)

1　春季,正月,曹真派张郃击溃吴军一部,攻占江陵的中洲。

2　二月,诸葛亮到达永安。

3　曹仁率步、骑兵数万人进军濡须,先放出风声说向东进攻羡溪,吴军濡须守将朱桓分派部队增援羡溪;援军刚出发,曹仁即率大军直扑濡须,朱桓得知后,急忙派人追回增援羡溪的部队,这支部队尚未返回,曹仁突然杀到。当时,朱桓的守军仅有五千人,部下将领都惶惶有畏惧之心,朱桓对他们分析说:"两军交战,胜负的关键在于将领如何,而不在人数多寡。诸位认为曹仁指挥作战的能力,会比我朱桓高明吗? 兵法所说'远来进攻的军队要超过就地防守军队的一倍',是针对双方都在平原旷野,没有城池坚守而言,也是针对双方战斗力相当而言。如今,曹仁智勇不足,再加上所率兵将胆怯畏惧,又是千里跋涉,人困马乏。我和诸位高据坚城,南临长江,北靠山岭,以逸待劳,就地做好准备以制伏远来的敌人,这是百战百胜的形势,即使曹丕亲自来,我们尚且无忧,更不用说区区曹仁了!"于是朱桓偃旗息鼓,显示虚弱以引诱曹仁。曹仁派儿子曹泰进攻濡须城,又派将军常雕、王双等人乘牛皮油船袭击濡须附近的中洲。中洲,是朱桓的亲兵部队及其妻子、儿女所在地。蒋济说:"敌人据守长江西岸,船只停泊在上游,而我军却进攻中洲,这如同步入地狱,自取灭亡。"曹仁不听,亲率一万人留驻橐皋,作为曹泰的后援部队。朱桓分派将领进攻常雕,自己抗击曹泰,曹泰烧毁营盘退走。朱桓斩杀常雕,生擒王双,临阵被杀死淹死的魏军有一千多人。

初，吕蒙病笃，吴王问曰："卿如不起，谁可代者?"蒙对曰："朱然胆守有馀，愚以为可任。"朱然者，九真太守朱治姊子也，本姓施氏，治养以为子，时为昭武将军。蒙卒，吴王假然节，镇江陵。及曹真等围江陵，破孙盛，吴王遣诸葛瑾等将兵往解围，夏侯尚击却之。江陵中外断绝，城中兵多肿病，堪战者裁五千人。真等起土山，凿地道，立楼橹临城，弓矢雨注，将士皆失色；然晏如无恐意，方厉吏士，伺间隙，攻破魏两屯。魏兵围然凡六月，江陵令姚泰领兵备城北门，见外兵盛，城中人少，谷食且尽，惧不济，谋为内应，然觉而杀之。

时江水浅陿，夏侯尚欲乘船将步骑入渚中安屯，作浮桥，南北往来，议者多以为城必可拔。董昭上疏曰："武皇帝智勇过人，而用兵畏敌，不敢轻之若此也。夫兵好进恶退，常然之数。平地无险，犹尚艰难，就当深入，还道宜利，兵有进退，不可如意。今屯渚中，至深也；浮桥而济，至危也；一道而行，至陿也。三者，兵家所忌，而今行之。贼频攻桥，误有漏失，渚中精锐非魏之有，将转化为吴矣。臣私戚之，忘寝与食，而议者恬然不以为忧，岂不惑哉！加江水向长，一旦暴增，何以防御！就不破贼，尚当自完，奈何乘危，不以为惧！惟陛下察之。"帝即诏尚等促出，吴人两头并前，魏兵一道引去，不时得泄，仅而获济。吴将潘璋已作获筏，欲以烧浮桥，会尚退而止。后旬日，江水大涨，帝谓董昭曰："君论此事，何其审也！"会天大疫，帝悉召诸军还。

以前，吕蒙病重，吴王问他："如果你的病情不能好转，谁可以接替你的职务？"吕蒙回答说："朱然胆略过人，注重节操，我认为他可接替。"朱然是九真太守朱治的外甥，本姓施，被朱治收为养子，当时为昭武将军。吕蒙去世，吴王授予朱然符节，镇守江陵。曹真等人包围江陵，打败了孙盛，吴王派诸葛瑾等人率军前去解围；再度被夏侯尚击退。江陵城内外断绝联系，城中许多士兵患上肿病，能够参加战斗的只有五千人。曹真命令士兵堆土山、挖地道，临城立起无顶高台楼橹，向城中放箭，箭如雨下，守城将士都大惊失色；朱然却泰然自若，无丝毫恐惧，不断激励将士，寻找敌人薄弱之处，率军出击，攻破魏军两座营垒。魏军包围江陵长达六个月，江陵令姚泰率兵防守北门，见敌军力量强大，守城军队兵少，粮食将尽，害怕守不住，阴谋作魏军的内应，被朱然发觉后处死。

　　当时长江水浅，江面狭窄，夏侯尚企图乘船率步、骑兵进入江陵中洲驻扎，在江面上架设浮桥，以便和北岸来往，魏军参与计议的人都认为一定能够攻克江陵。董昭却上书文帝说："武皇帝智勇过人，用兵却很谨慎，从不敢像今天这样轻视敌人。打仗时，进兵容易，退兵难，这是最平常的道理。平原地带，没有险阻，退兵都很困难，即使要深入进军，还要考虑撤退的便利，军队前进与后退，不能只按自己的主观意图行事。如今在中洲驻扎军队，是最深入的进军；在江上架设浮桥往来，是最危险的事；只有一条道路可以通行，是最狭隘的通道。这三者，都是军事行动的大忌，而我们却正在做。如果敌人集中力量攻击浮桥，我军稍有疏漏，中洲的精锐部队将不再属于魏，而为吴所有。我对这件事非常忧虑，寝食不安，而谋划此事的人却很坦然，毫不担忧，真令人困惑不解！加之长江水位正在上升，一旦暴涨，我军将如何防御！即使无法击败敌人，也应该保全自己，为什么在这样危险的情况下，不感到恐惧呢？希望陛下认真考虑。"文帝立即下诏，命令夏侯尚等人迅速退出中洲。吴军两面并进，魏军大队人马同时退却，挤在一起，一时很难退出，最后总算撤回北岸。吴将潘璋已制好芦苇筏子，准备烧魏军的浮桥，恰巧夏侯尚率兵退回，未得实施。十天过后，江水暴涨，文帝对董昭说："你的预料，竟如此准确！"当时又赶上闹瘟疫，文帝遂命令各军全线撤退。

三月丙申,车驾还洛阳。

初,帝问贾诩曰:"吾欲伐不从命以一天下,吴、蜀何先?"对曰:"攻取者先兵权,建本者尚德化。陛下应期受禅,抚临率土,若绥之以文德而俟其变,则平之不难矣。吴、蜀虽蕞尔小国,依山阻水。刘备有雄才,诸葛亮善治国;孙权识虚实,陆议见兵势;据险守要,泛舟江湖,皆难卒谋也。用兵之道,先胜后战,量敌论将,故举无遗策。臣窃料群臣无备、权对,虽以天威临之,未见万全之势也。昔舜舞干戚而有苗服,臣以为当今宜先文后武。"帝不纳,军竟无功。

4 丁未,陈忠侯曹仁卒。

5 初,黄元为诸葛亮所不善,闻汉主疾病,惧有后患,故举郡反,烧临邛城。时亮东行省疾,成都单虚,元益无所惮。益州治中从事杨洪,启太子遣将军陈曶、郑绰讨元。众议以为元若不能围成都,当由越嶲据南中。洪曰:"元素性凶暴,无他恩信,何能办此!不过乘水东下,冀主上平安,面缚归死;如其有异,奔吴求活耳。但敕曶、绰于南安峡口邀遮,即便得矣。"元军败,果顺江东下,曶、绰生获,斩之。

6 汉主病笃,命丞相亮辅太子,以尚书令李严为副。汉主谓亮曰:"君才十倍曹丕,必能安国,终定大事。若嗣子可辅,辅之;如其不才,君可自取。"亮涕泣曰:"臣敢不竭股肱之力,效忠贞之节,继之以死!"汉主又为诏敕太子曰:"人五十不称夭,吾年已六十有馀,何所复恨,但以卿兄弟为念耳。勉之,勉之!勿以恶小而为之,勿以善小而不为!惟贤惟德,可以服人。

三月丙申(初八)，文帝回到洛阳。

以前，文帝曾问贾诩："我计划征讨不服从命令的人，以统一天下，吴、蜀两国，应先讨伐哪一个？"贾诩回答说："进攻他国，应首先在军事上权衡；完成统一的根本大计，则当崇尚道德教化。陛下顺应形势，接受汉朝禅让，统治全国，如果推广文教、道德以安抚人心，静观形势变化，平定天下并不难。吴、蜀虽然都是小国，但是地势险要，有长江天险。刘备有雄才大略，诸葛亮善于治国；孙权长于辨别虚实，陆逊(原名陆议)精通军事；蜀汉固守险要，东吴泛舟江湖，我们很难在短期内将他们击败。用兵的原则是，先了解夺取胜利的途径，然后再作战，根据敌人的力量，任命将领，这样才能做到攻战无误。我分析，我们的文臣武将没有人是刘备、孙权的对手，即使陛下亲自对付他们，也未必一定有取胜的把握。从前虞舜在朝廷上舞弄干戚，有苗部落就归服了，我认为陛下目前应首先对他们加以抚慰，然后再用武力征讨。"文帝不听，出动大军，结果无功而回。

4　丁未(十九日)，陈忠侯曹仁去世。

5　此前，黄元被诸葛亮所嫌弃，知道汉主患病，恐怕诸葛亮加害，因而率领汉嘉全郡反叛，火烧临邛城。当时诸葛亮由成都东下看望刘备，成都守备单薄虚弱，黄元因此无所忌惮。益州治中从事杨洪，报告太子刘禅，派将军陈智、郑绰讨伐黄元。大臣们认为，如果黄元不能包围成都，会经越巂占据南中。杨洪说："黄元一向性情凶狠残暴，对下属不施恩德信义，没有能力那样做！不过是顺青衣江东下，盼望主公平安，再捆起自己，请求治罪；即使有其他变化，也不过逃奔东吴求条活命而已。只要命令陈智、郑绰在南安峡口拦截，就可将他生擒。"黄元叛乱失败，果然顺青衣江东下，被陈智、郑绰生擒后斩首。

6　汉主病重，命令丞相诸葛亮辅佐太子刘禅，以尚书令李严做诸葛亮的副手。汉主对诸葛亮说："你的才干胜过曹丕十倍，必定能安定国家，完成大业。如果刘禅还可以辅佐，你就辅佐他；如果他没有才德，你可取而代之。"诸葛亮淌着泪说："臣下怎敢不竭尽全力辅佐太子，忠贞不贰地为国效命，至死不渝！"汉主又下诏给太子："人活五十而死不能称为夭折，我已经活了六十多岁，还有什么遗憾，只是牵挂你们兄弟。要努力，再努力啊！不要因坏事很小就去做，也不要因为好事很小就不去做！只有贤明和德性，才会使人折服。

汝父德薄，不足效也。汝与丞相从事，事之如父。"夏，四月，
癸巳，汉主殂于永安，谥曰昭烈。

丞相亮奉丧还成都，以李严为中都护，留镇永安。

五月，太子禅即位，时年十七。尊皇后曰皇太后，大赦，
改元建兴。封丞相亮为武乡侯，领益州牧，政事无巨细，咸决
于亮。亮乃约官职，修法制，发教与群下曰："夫参署者，集众
思，广忠益也。若远小嫌，难相违覆，旷阙损矣。违覆而得
中，犹弃敝跻而获珠玉。然人心苦不能尽，惟徐元直处兹不
惑。又，董幼宰参署七年，事有不至，至于十反，来相启告。
苟能慕元直之十一，幼宰之勤渠，有忠于国，则亮可以少过
矣。"又曰："昔初交州平，屡闻得失；后交元直，勤见启诲；前
参事于幼宰，每言则尽；后从事于伟度，数有谏止。虽资性鄙
暗，不能悉纳，然与此四子终始好合，亦足以明其不疑于直言
也。"伟度者，亮主簿义阳胡济也。

亮尝自校簿书，主簿杨颙直入，谏曰："为治有体，上下不可
相侵。请为明公以作家譬之：今有人，使奴执耕稼，婢典炊爨，
鸡主司晨，犬主吠盗，牛负重载，马涉远路；私业无旷，所求皆
足，雍容高枕，饮食而已。忽一旦尽欲以身亲其役，不复付任，
劳其体力，为此碎务，形疲神困，终无一成。岂其智之不如奴婢
鸡狗哉？失为家主之法也。是故古人称：'坐而论道，谓之王公；

父亲德性浅薄,不值得你们效法。你与丞相共同处理政务,对待他要像父亲一样。"夏季,四月癸巳,汉主病逝于永安,谥号尊为昭烈皇帝。

丞相诸葛亮护送灵车回到成都,任命李严为中都护,留下镇守永安。

五月,太子刘禅即位,当时十七岁,尊奉皇后为皇太后,大赦罪犯,改年号为建兴。封丞相诸葛亮为武乡侯,兼任益州牧,国事无论大小,都取决于诸葛亮。于是诸葛亮精简官职,修订法制,向百官发下文告说:"所谓参与朝政,署理政务,就是要集合众人的心思,采纳有益于国家的意见。如果因为一些小隔阂而彼此疏远,就无法听到不同意见,我们的事业将会受到损失。听取不同意见而能得出正确的结论,如同扔掉破草鞋而获得珍珠美玉。然而人们很难做到这一点,只有徐庶在听取各种意见时不受困惑。还有董和,参与朝政、署理政务七年,某项措施有不稳妥之处,反复十次征求意见,向我报告。如果能做到徐庶的十分之一,像董和那样勤勉、尽职、效忠,我就可以减少过失了。"他又说:"过去我结交崔州平,他多次指出我的优缺点;后来又结交徐庶,得到很多启发和教诲;先前与董和商议事情,他每次都能做到知无不言,言无不尽;随后又与胡伟度共事,他的多次劝谏,使我避免了很多失误。我虽然生性愚昧,见识浅陋,对他们给我的教益不能全部吸取,然而和这四人的关系始终很好,也可表明我对直言是不会猜疑的。"胡伟度,就是诸葛亮的主簿义阳人胡济。

诸葛亮曾经亲自校对公文,主簿杨颙径直入内劝他说:"治理国家是有制度的,上司和下级做的工作不能混淆。请您允许我以治家作比喻:现在有一个人,命奴仆耕田,婢女烧饭,雄鸡报晓,狗咬盗贼,以牛拉车,以马代步;家中事务无一旷废,要求的东西都可得到满足,悠闲自得,高枕无忧,只是吃饭饮酒而已。忽然有一天,对所有的事情都要亲自去做,不用奴婢、鸡狗、牛马,结果劳累了自己的身体,陷身琐碎事务之中,弄得疲惫不堪,精神萎靡,却一事无成。难道他的才能不及奴婢和鸡狗吗? 不是,而是因为他忘记了作为一家之主的职责。所以古人说:'坐着讨论问题,做出决定的人是王公;

作而行之,谓之士大夫。'故丙吉不问横道死人而忧牛喘,陈平不肯知钱谷之数,云'自有主者',彼诚达于位分之体也。今明公为治,乃躬自校簿书,流汗终日,不亦劳乎!"亮谢之。及颙卒,亮垂泣三日。

7 六月甲戌,任城威王彰卒。

8 甲申,魏寿肃侯贾诩卒。

9 大水。

10 吴贺齐袭蕲春,虏太守晋宗以归。

11 初,益州郡耆帅雍闿杀太守正昂,因士燮以求附于吴,又执太守成都张裔以与吴,吴以闿为永昌太守。永昌功曹吕凯、府丞王伉率吏士闭境拒守,闿不能进,使郡人孟获诱扇诸夷,诸夷皆从之;牂柯太守朱褒、越嶲夷王高定皆叛应闿。诸葛亮以新遭大丧,皆抚而不讨,务农殖谷,闭关息民,民安食足而后用之。

12 秋,八月丁卯,以廷尉锺繇为太尉,治书执法高柔代为廷尉。是时三公无事,又希与朝政,柔上疏曰:"公辅之臣,皆国之栋梁,民所具瞻,而置之三事,不使知政,遂各偃息养高,鲜有进纳,诚非朝廷崇用大臣之义,大臣献可替否之谓也。古者刑政有疑,辄议于槐、棘之下。自今之后,朝有疑议及刑狱大事,宜数以咨访三公。三公朝朔、望之日,又可特延入讲论得失,博尽事情,庶有补起天听,光益大化。"帝嘉纳焉。

执行命令,亲身去做事情的人,称作士大夫。'因此,丙吉不过问路上杀人的事情,却担心耕牛因天热而喘;陈平不去了解国家的钱、粮收入,而说'这些自有具体负责的人知道',他们都真正懂得各司其职的道理。如今您管理全国政务,却亲自校改公文,终日汗流浃背,不是太劳累了吗?"诸葛亮深深表示感谢。杨颙去世,诸葛亮哭泣了三天。

7 六月甲戌(十七日),任城威王曹彰去世。

8 甲申(二十七日),魏寿肃侯贾诩去世。

9 发生水灾。

10 吴将贺齐袭击蕲春,俘虏太守晋宗,然后退兵。

11 以前,益州郡的地方土豪雍闿杀死太守正昂,通过吴交趾太守士燮向吴请求归附,又把益州郡的新任太守、成都人张裔抓起来献给吴,吴任命雍闿为永昌太守。永昌郡功曹吕凯、府丞王伉率兵封锁边界,坚守城池,雍闿不能进城,派同郡人孟获诱惑和煽动各地夷族,各地的夷族纷纷跟着叛乱;牂柯太守朱褒、越巂的夷族酋长高定都起兵响应雍闿。诸葛亮因为刚刚遇上国丧,对叛众只是抚慰,没有派兵征讨,一心发展农业,种植粮谷,坚守关隘,使百姓休养生息,等人民生活安定,粮食充足以后,才使用民力。

12 秋季,八月丁卯(十一日),任命廷尉锺繇为太尉,治书执法高柔代理廷尉。当时三公没有具体事务,又很少参与朝廷的政治决策,高柔向文帝上书说:"三公辅佐大臣,都是国家的栋梁,为百姓所瞩目,现在虽设置三公的职位,却不使他们参与朝政,他们只好各自休养,安度晚年,很少提出建议,这实在不是朝廷尊崇和使用大臣,要他们献计献策的本意。在古代,刑罚和政令有疑问时,都与三公和各级大臣在槐树、棘木下商议。从今以后,朝廷在政治措施上有疑问,以及关系到刑狱的大事,应该多询问三公的意见。三公在每月初一、十五上朝的时候,还要特别请他们分析讲解政策得失,以求尽量了解事实,这样既可以启发您的思路,弥补考虑不周之处,还能使您的威德更加发扬光大。"文帝很赞赏地采纳了这一建议。

13　辛未,帝校猎于荥阳,遂东巡。九月甲辰,如许昌。

14　汉尚书义阳邓芝言于诸葛亮曰:"今主上幼弱,初即尊位,宜遣大使重申吴好。"亮曰:"吾思之久矣,未得其人耳,今日始得之。"芝问:"其人为谁?"亮曰:"即使君也。"乃遣芝以中郎将修好于吴。冬,十月,芝至吴。时吴王犹未与魏绝,狐疑,不时见芝。芝乃自表请见曰:"臣今来,亦欲为吴,非但为蜀也。"吴王见之,曰:"孤诚愿与蜀和亲,然恐蜀主幼弱,国小势逼,为魏所乘,不自保全耳。"芝对曰:"吴、蜀二国,四州之地。大王命世之英,诸葛亮亦一时之杰也。蜀有重险之固,吴有三江之阻。合此二长,共为唇齿,进可并兼天下,退可鼎足而立,此理之自然也。大王今若委质于魏,魏必上望大王之入朝,下求太子之内侍,若不从命,则奉辞伐叛,蜀亦顺流见可而进。如此,江南之地非复大王之有也。"吴王默然良久曰:"君言是也。"遂绝魏,专与汉连和。

15　是岁,汉主立妃张氏为皇后。

五年(甲辰,224)

1　春,二月,帝自许昌还洛阳。

2　初平以来,学道废坠。夏,四月,初立太学;置博士,依汉制设《五经》课试之法。

3　吴王使辅义中郎将吴郡张温聘于汉,自是吴、蜀信使不绝。时事所宜,吴主常令陆逊语诸葛亮;又刻印置逊所,王每与汉主及诸葛亮书,常过示逊,轻重、可否有所不安,每令改定,以印封之。

13　辛未(十五日),文帝到荥阳打猎,顺便巡视东部。九月甲辰(十九日),前往许昌。

14　汉尚书、义阳人邓芝对诸葛亮说:"如今皇上年幼弱小,刚刚即位,应派重要使臣到吴再次申明和好的愿望。"诸葛亮说:"我对此事已考虑很久了,只是一直没有合适的人选,现在找到了。"邓芝问:"这人是谁?"诸葛亮说:"就是使君你啊。"于是派邓芝以中郎将的身份与吴重建友好关系。冬季,十月,邓芝到达吴国。当时吴王尚未和魏断绝关系,所以犹豫不决,没有立即接见邓芝。邓芝便自己上表请求接见,上表说:"臣下这次来,也是为吴着想,不仅仅只为蜀的利益。"吴王这才接见了他,说:"孤确实愿意与蜀和好。可是恐怕蜀国君主幼弱,疆域狭窄,势力不强,给魏以可乘之机,你们无法保全自己。"邓芝对他说:"吴、蜀两国,占有四个州的地域。大王您是当世的英雄,诸葛亮也是一代人杰。蜀国地势险要,防守坚固,吴国有长江等三条大江的阻隔。两国的优势加一起,再联合起来像唇齿一样相辅相依,进可兼并天下,退可与魏鼎足而立,这是很自然的道理。假如大王归附于魏,魏一定会进一步提出无理要求,上逼您朝拜,下求太子做人质,如果不服从,便以讨伐叛逆为借口,发动进攻,蜀则顺流东下,趁机分取利益。到那时,江南之地可就不再为大王您所有了。"吴王沉默了很久,说:"你说得很对"。于是和魏断绝关系,专与蜀汉和好。

15　同年,汉后主立妃子张氏为皇后。

魏文帝黄初五年(甲辰,公元 224 年)

1　春季,二月,文帝从许昌返回洛阳。

2　自汉献帝初平年以来,教育制度被废弛了。夏季,四月,开始建立太学;设博士的职务,依照汉朝制度,采取以《五经》考试的办法。

3　吴王派辅义中郎将吴郡人张温到蜀汉进行友好访问,从此以后,吴、蜀两国使者和书信往来不断。有事需要互通消息,吴王常令陆逊告诉诸葛亮;还专刻一枚自己的印章放在陆逊那里,吴王给蜀汉后主或诸葛亮写信,常先给陆逊看过,言辞轻重、处事可否,有不当之处,即令陆逊改正,再用印封好发出。

汉复遣邓芝聘于吴,吴主谓之曰:"若天下太平,二主分治,不亦乐乎?"芝对曰:"天无二日,土无二王。如并魏之后,大王未深识天命,君各茂其德,臣各尽其忠,将提枹鼓,则战争方始耳。"吴王大笑曰:"君之诚款乃当尔邪!"

4 秋,七月,帝东巡,如许昌。帝欲大兴军伐吴,侍中辛毗谏曰:"方今天下新定,土广民稀,而欲用之,臣诚未见其利也。先帝屡起锐师,临江而旋。今六军不增于故,而复修之,此未易也。今日之计,莫若养民屯田,十年然后用之,则役不再举矣。"帝曰:"如卿意,更当以虏遗子孙邪?"对曰:"昔周文王以纣遗武王,惟知时也。"帝不从,留尚书仆射司马懿镇许昌。八月,为水军,亲御龙舟,循蔡、颍,浮淮如寿春。九月,至广陵。

吴安东将军徐盛建计,植木衣苇,为疑城假楼,自石头至于江乘,联绵相接数百里,一夕而成;又大浮舟舰于江。

时江水盛长,帝临望,叹曰:"魏虽有武骑千群,无所用之,未可图也。"帝御龙舟,会暴风漂荡,几至覆没。帝问群臣:"权当自来否?"咸曰:"陛下亲征,权恐怖,必举国而应。又不敢以大众委之臣下,必当自来。"刘晔曰:"彼谓陛下欲以万乘之重牵己,而超越江湖者在于别将,必勒兵待事,未有进退也。"大驾停住积日,吴王不至,帝乃旋师。是时,曹休表得降贼辞:"孙权已在濡须口。"中领军卫臻曰:"权恃长江,未敢亢衡,此必畏怖伪辞耳!"考核降者,果守将所作也。

蜀汉再次派邓芝到吴拜会,吴王对他说:"如果社会安定,由两国君主分治天下,不也是很好吗?"邓芝回答说:"天上没有两个太阳,地上也不能并存两个皇帝。在兼并魏之后,假如大王未能深刻领会上天的意旨,两国国君各自发扬德性,两国的臣子为各自的君王尽忠,将领则擂起战鼓,那时战争才刚刚开始。"吴王大笑说:"你这番诚实的话说得很恰当。"

　　4　秋季,七月,文帝到东部巡视,前往许昌。文帝欲图大举攻吴,侍中辛毗劝谏说:"现在国家初步安定,土地虽然广阔,人口却很稀少,在这时动用百姓的力量,臣下实在看不出有什么好处。武皇帝多次出动精锐,只能到达长江边便要退兵。现在,我们的军队在数量和实力上并不比从前强大,却要再次与吴结怨,这不是件容易的事。目前我们应采取的策略,莫过于休养民力,开垦田地,十年之后,再用兵打仗,就能够一举成功了。"文帝说:"依你的意思,是要把孙权这个后患留给子孙了?"辛毗回答说:"从前周文王所以把商纣王留给武王去消灭,是因为他知道时机尚未成熟。"文帝不听劝谏,留下尚书仆射司马懿镇守许昌。八月,亲自乘龙舟指挥水军,沿着蔡河、颍水进入淮河,到达寿春。九月,抵达广陵。

　　吴安东将军徐盛建议,在竖立的木桩上包起苇席,做成假城池和望楼,分布在石头城至江乘一线,连绵相接,长达数百里,一夜之间全部建成;又在长江上布下许多舰船,往返巡航。

　　当时长江水位迅猛上涨,文帝临江而望,叹息说:"尽管魏有铁骑成千上万,却毫无用武之地,看来无法取胜了!"文帝乘坐的龙舟,在狂风大浪中上下颠簸,几乎被巨浪掀翻。文帝问群臣:"孙权会亲自前来吗?"大臣们都说:"陛下亲率大军攻吴,孙权恐惧,一定要调动全国的力量来应付,但他又不敢把大批军队交给臣下指挥,肯定会亲自前来。"刘晔却说:"孙权一定认为陛下打算以亲征将他引出来,而另派将领渡江跨湖,所以他肯定部署军队等待进攻,既不会亲自前来,他的军队也不会退走。"文帝大驾在江边停留很多天,吴王却仍然没有来,于是下令撤军。当时,曹休上书,说吴投降的人供称:"孙权已经在濡须口。"中领军卫臻说:"孙权只依恃长江天险,而不敢与我军在军事上抗衡,这一定是掩饰畏惧心理而制造的假话。"详细讯问了投降的人,果然是吴守将散布的谎言。

5　吴张温少以俊才有盛名，顾雍以为当今无辈，诸葛亮亦重之。温荐引同郡暨艳为选部尚书。艳好为清议，弹射百僚，核奏三署，率皆贬高就下，降损数等，其守故者，十未能一；其居位贪鄙，志节污卑者，皆以为军吏，置营府以处之；多扬人暗昧之失以显其谪。同郡陆逊、逊弟瑁及侍御史朱据皆谏止之。瑁与艳书曰："夫圣人嘉善矜愚，忘过记功，以成美化。加今王业始建，将一大统，此乃汉高弃瑕录用之时也。若令善恶异流，贵汝、颍月旦之评，诚可以厉俗明教，然恐未易行也。宜远模仲尼之泛爱，近则郭泰之容济，庶有益于大道也。"据谓艳曰："天下未定，举清厉浊，足以沮劝；若一时贬黜，惧有后咎。"艳皆不听。于是怨愤盈路，争言艳及选曹郎徐彪专用私情，憎爱不由公理；艳、彪皆坐自杀。温素与艳、彪同意，亦坐斥还本郡以给厮吏，卒于家。始，温方盛用事，馀姚虞俊叹曰："张惠恕才多智少，华而不实，怨之所聚，有覆家之祸。吾见其兆矣。"无几何而败。

6　冬，十月，帝还许昌。

7　十一月戊申晦，日有食之。

8　鲜卑轲比能诱步度根兄扶罗韩杀之，步度根由是怨轲比能，更相攻击。步度根部众稍弱，将其众万馀落保太原、雁门；是岁，诣阙贡献。而轲比能众遂强盛，出击东部大人素利，护乌丸校尉田豫乘虚掎其后；轲比能使别帅琐奴拒豫，豫击破之。轲比能由是携贰，数为边寇，幽、并苦之。

5 吴人张温年轻时,以聪明才智享有盛名,顾雍认为当时无人能与他相比,诸葛亮也很推重他。张温推荐同郡人暨艳做吴的选部尚书。暨艳喜欢议论朝政,弹劾朝廷百官,对五官、左右三署郎官,审查尤其严格,几乎都被降职,甚至被降数级,能够保住原来官位的,十个人中也没有一个;而那些为官贪婪鄙下,没有志向和节操的人,都被他任命为军中的官吏,安插在军队的各营各府;他还经常揭发别人的隐私,加以夸大张扬,以证明他处罚得当。同郡人陆逊、陆瑁兄弟两人,以及侍御史朱据都劝他不要这样做。陆瑁写信给暨艳说:"圣贤的人赞扬善行,而体谅别人的愚昧,忘记别人的过错,而记住人家的功劳,以形成美好的风化。如今大王的伟业刚刚开始,将来还要统一全国,现在正如汉高祖不求全责备,广泛招揽人才的时代。如果一定要在善恶好坏之间划出一条清楚的界限,仿效汝南和颍川的做法,在每个月初品评人物,固然可以改变风俗,申明教化,然而恐怕目前很难推行。应该远学孔子的泛爱亲仁,近效郭泰的宽厚容人,这才有益于统一大业。"朱据也对暨艳说:"天下尚未平定,如果只举荐那些完全清白的人,而容不得一丝缺点,恰恰破坏了劝导的作用;如果你一旦被免职,恐怕会带来祸患。"暨艳不听。于是怨恨之声遍布于路途,人们都争着告发暨艳和选曹郎徐彪专凭私人感情任用官吏,爱憎不以公理作标准;暨艳和徐彪都被治罪自杀了。张温和暨艳、徐彪素来意见一致,也被牵连治罪,逐回本郡的官府做杂役,后来死在家中。当初,在张温得势的时候,馀姚人虞俊叹息说:"张温才能有馀而明智不足,华而不实,人们的怨愤将会聚集在他身上,有败家之祸。我已经看见先兆了。"不久,张温果然被治罪逐回。

6 冬季,十月,文帝回到许昌。

7 十一月戊申晦(二十九日),出现日食。

8 鲜卑族酋长轲比能诱杀另一酋长步度根的兄长扶罗韩,因此步度根十分怨恨轲比能,二人率部互相攻击。步度根的部众弱于轲比能,遂率领其部一万馀户退保太原、雁门;当年,步度根入朝进贡。轲比能的部落从此强盛起来,攻击东部酋长素利,护乌丸校尉田豫,乘轲比能后方空虚,从背后发起攻击;轲比能另派将领琐奴对抗田豫,被击败。从此以后,轲比能更怀二心,经常进入边塞抢掠,幽、并两州深受其害。

六年(乙巳,225)

1 春,二月,诏以陈群为镇军大将军,随车驾董督众军,录行尚书事;司马懿为抚军大将军,留许昌,督后台文书。三月,帝行如召陵,通讨虏渠;乙巳,还许昌。

2 并州刺史梁习讨轲比能,大破之。

3 汉诸葛亮率众讨雍闿,参军马谡送之数十里。亮曰:"虽共谋之历年,今可更惠良规。"谡曰:"南中恃其险远,不服久矣;虽今日破之,明日复反耳。今公方倾国北伐以事强贼,彼知官势内虚,其叛亦速。若殄尽遗类以除后患,既非仁者之情,且又不可仓卒也。夫用兵之道,攻心为上,攻城为下,心战为上,兵战为下,愿公服其心而已。"亮纳其言。谡,良之弟也。

4 辛未,帝以舟师复征吴,群臣大议,宫正鲍勋谏曰:"王师屡征而未有所克者,盖以吴、蜀唇齿相依,凭阻山水,有难拔之势故也。往年龙舟飘荡,隔在南岸,圣躬蹈危,臣下破胆,此时宗庙几至倾覆,为百世之戒。今又劳兵袭远,日费千金,中国虚耗,今黜虏玩威,臣窃以为不可。"帝怒,左迁勋为治书执法。勋,信之子也。夏,五月戊申,帝如谯。

5 吴丞相北海孙劭卒。初,吴当置丞相,众议归张昭,吴王曰:"方今多事,职大者责重,非所以优之也。"及劭卒,百僚复举昭,吴王曰:"孤岂为子布有爱乎!领丞相事烦,而此公性刚,所言不从,怨咎将兴,非所以益之也。"六月,以太常顾雍为丞相、平尚书事。雍为人寡言,举动时当,吴王尝叹曰:"顾君不言,言必有中。"至饮宴欢乐之际,左右恐有酒失,而雍必见之,

魏文帝黄初六年(乙巳,公元 225 年)

1　春季,二月,文帝下诏,以陈群为镇军大将军,随御驾出征,负责督察各路军队,总领随驾尚书台事务;以司马懿为抚军大将军,留守许昌,负责处理留守尚书台公文。三月,文帝前往召陵,开通讨虏渠;乙巳(二十八日),回到许昌。

2　并州刺史梁习讨伐轲比能,大获全胜。

3　汉诸葛亮率兵讨伐雍闿,参军马谡送行数十里。诸葛亮说:"虽然我们一起谋划此事多年,今天能惠赠更好的策略吗?"马谡说:"南中依恃地形险要和路途遥远,叛乱不服已经很久了。即使我们今天将其击溃,明天他们还要反叛。目前您正准备集中全国的力量北伐,以对付强贼,叛匪知道国家内部空虚,就会加速反叛。如果将他们全部杀光以除后患,既不是仁厚者所为,也不可能在短期内办到。用兵作战的原则,以攻心为上,攻城为下,以心理战为上,以短兵相接为下,望您能使其真心归服。"诸葛亮采纳了马谡的建议。马谡是马良的弟弟。

4　辛未,文帝将率水军大举攻吴,召集群臣大会讨论,宫正鲍勋劝谏说:"朝廷屡次出动大军征讨,之所以没有取得成果,是因为吴、蜀两国唇齿相依,凭借地势险要和长江的阻隔,有难以攻克的优越条件。去年亲征,龙船被波涛漂荡在长江南岸遇阻,陛下身陷危境,大臣们心惊胆丧,那时朝廷几乎被倾覆,应作为后世百代的警戒。如今又劳师动众,远途征讨,每天的经费需用千金,国家的钱财都白白耗费掉了,而狡猾的敌人仍在那里耀武扬威,我认为再不可以这样了。"文帝听到鲍勋这番议论,大为愤怒,将鲍勋降职为治书执法。鲍勋是鲍信的儿子。夏季,五月戊申(初二),文帝前往谯郡。

5　吴丞相北海人孙劭去世。当初,吴要设置丞相一职,大家首推张昭。吴王说:"如今是多事之秋,职位越高,责任愈重,这一职务对张昭来说,并非优待。"孙劭去世,文武官员再次推举张昭,吴王又说:"孤岂不敬爱张子布?丞相负责的政务繁多,而张昭性情刚烈,我若不听从他,他就会不满和怨恚,这对他并没有什么好处。"六月,任太常顾雍为丞相、平尚书事。顾雍为人沉默寡言,举止稳妥,吴王曾赞叹说:"顾君不说话则已,说话即能抓住要害。"每次设筵饮酒作乐,大臣们都恐怕酒后失态,而且顾雍必定在场,

是以不敢肆情。吴王亦曰:"顾公在坐,使人不乐。"其见惮如此。初领尚书令,封阳遂乡侯;拜侯还寺,而家人不知,后闻,乃惊。及为相,其所选用文武将吏,各随能所任,心无適莫。时访逮民间及政职所宜,辄密以闻。若见纳用,则归之于上;不用,终不宣泄,吴王以此重之。然于公朝有所陈及,辞色虽顺而所执者正;军国得失,自非面见,口未尝言。王常令中书郎诣雍有所咨访,若合雍意,事可施行,即相与反覆究而论之,为设酒食;如不合意,雍即正色改容,默默不言,无所施设。郎退告王,王曰:"顾公欢悦,是事合宜也;其不言者,是事未平也。孤当重思之。"江边诸将,各欲立功自效,多陈便宜,有所掩袭。王以访雍。雍曰:"臣闻兵法戒于小利,此等所陈,欲邀功名而为其身,非为国也。陛下宜禁制,苟不足以曜威损敌,所不宜听也。"王从之。

6　利成郡兵蔡方等反,杀太守徐质,推郡人唐咨为主,诏屯骑校尉任福等讨平之。咨自海道亡入吴,吴人以为将军。

7　秋,七月,立皇子鉴为东武阳王。

8　汉诸葛亮至南中,所在战捷,亮由越嶲入,斩雍闿及高定。使庲降督益州李恢由益州入,门下督巴西马忠由牂柯入,击破诸县,复与亮合。孟获收闿馀众以拒亮。获素为夷、汉所服,亮募生致之,既得,使观于营陈之间,问曰:"此军何如?"获曰:"向者不知虚实,故败。今蒙赐观营陈,若只如此,即定易胜耳。"亮笑,纵使更战。七纵七禽而亮犹遣获,获止不去,曰:"公,天威也,南人不复反矣!"亮遂至滇池。

所以不敢放开酒量。吴王也说："顾公在座，使人不乐。"可见大臣和吴王多么忌惮他。顾雍刚兼任尚书令的时候，被封为阳遂乡侯；拜过爵位后，回到官邸，家人仍不知道他已被封侯，后来听说，都很吃惊。及至受任为丞相，他选用文官武将，都各按才能加以任用，而不夹杂自己的好恶。有时私下到民间访查政治得失，每当有好的建议，都秘密上报，如被采纳，将功劳归于主上；如不被采纳，则始终不泄露出去，吴王为此很看重他。然而他在朝廷发表意见时，言辞虽然和顺，却能将正确意见坚持到底；对于政治得失，若非亲眼所见，决不妄加评论。吴王有事情，常令中书郎到顾雍那里咨询访问。如果顾雍同意，觉得此事可以施行，便与中书郎反复讨论研究，并预备酒饭；如果不同意，顾雍便表情严肃，默然无语，什么都不预备。中书郎回去将情况报告吴王，吴王说："顾公高兴，说明此事应该办；他不发表意见，表明办法还不稳妥，孤应当反复考虑。"驻守长江岸边的将领，都想建功立业，报效国家，很多人上书，认为有机可乘，应发兵袭击魏军。吴王为此事询访顾雍，顾雍说："我听说贪图小利为兵家所戒，他们的这些条陈，是要为自己邀取功名，而不是为国家着想。陛下应加制止，如果不能扬我威武，重创敌人，就不应听从。"吴王采纳了顾雍的意见。

6　利成郡士兵蔡方等人造反，杀太守徐质，推举同郡人唐咨为首领，文帝命令屯骑校尉任福等讨平叛乱。唐咨从海路逃到吴，被吴任命为将军。

7　秋季，七月，文帝立皇子曹鉴为东武阳王。

8　蜀汉诸葛亮到达南中，征讨叛乱，所到必胜，诸葛亮从越巂进兵，斩杀雍闿和高定。派牂降督、益州人李恢从益州进兵，门下督、巴西人马忠从牂柯进兵，击溃南中各县的叛军，再度和诸葛亮会合，孟获收拾雍闿的残部抗拒诸葛亮。孟获深得当地汉人和夷族的信赖，诸葛亮要生擒孟获，俘获后，让他参观了蜀军的军营战阵，问他说："这样的军队如何？"孟获说："以前不知道你们的虚实，所以遭到失败。如今蒙您允许我参观你们的军营战阵，如果贵军只是这样的军队，我一定能轻易取胜。"诸葛亮笑了笑，将孟获释放，要他再战。前后把孟获放回七次，又生擒七次，最后诸葛亮仍将孟获释放，孟获却不再走了，对诸葛亮说："您有天威，南部的人不会再反叛了！"于是诸葛亮到达滇池。

益州、永昌、牂柯、越巂四郡皆平，亮即其渠率而用之。或以谏亮，亮曰："若留外人，则当留兵，兵留则无所食，一不易也；加夷新伤破，父兄死丧，留外人而无兵者，必成祸患，二不易也；又，夷累有废杀之罪，自嫌衅重，若留外人，终不相信，三不易也。今吾欲使不留兵，不运粮，而纲纪粗定，夷、汉粗安故耳。"亮于是悉收其俊杰孟获等以为官属，出其金、银、丹、漆、耕牛、战马以给军国之用。自是终亮之世，夷不复反。

9　八月，帝以舟师自谯循涡入淮。尚书蒋济表言水道难通，帝不从。冬，十月，如广陵故城，临江观兵，戎卒十馀万，旌旗数百里，有渡江之志。吴人严兵固守。时天寒，冰，舟不得入江。帝见波涛汹涌，叹曰："嗟乎，固天所以限南北也！"遂归。孙韶遣将高寿等率敢死之士五百人，于径路夜要帝，帝大惊。寿等获副车、羽盖以还。于是战船数千皆滞不得行，议者欲就留兵屯田，蒋济以为："东近湖，北临淮，若水盛时，贼易为寇，不可安屯。"帝从之，车驾即发。还，到精湖，水稍尽，尽留船付济。船连延在数百里中，济更凿地作四五道，蹴船令聚；豫作土豚遏断湖水，皆引后船，一时开遏入淮中，乃得还。

10　十一月，东武阳王鉴薨。

11　十二月，吴番阳贼彭绮攻没郡县，众数万人。

益州、永昌、牂柯、越巂四郡都被平定了，诸葛亮仍然任用当地原来的首领为四郡的地方官吏。有人劝诸葛亮不要这样做，诸葛亮说："如果留外地人为官，则要留驻军队，留驻军队，则粮秣供应困难，这是第一个难题；这些夷族刚受过战争之苦，父兄多有死伤，怨气未消，任用外地人而不留驻军队，定有祸患，这是第二个难题；这些夷族叛乱分子屡次三番杀死和废掉官吏，自知有罪，与我们隔阂很深，若留下外地人为官，终究难以被他们信任，这是第三个难题。我现在是要不留军队，不转运粮食，使法令、政纪初步得以贯彻，让夷族和汉人基本安定下来。"于是诸葛亮网罗孟获等当地的著名人物，任命为地方官吏，让他们贡献金、银、丹、漆、耕牛、战马，供给军队和朝廷使用。从此之后，在诸葛亮的有生之年，这一地区的夷族再也没有反叛。

　　9　八月，文帝命令水军从谯沿着涡水进入淮河。尚书蒋济上表说水路很难通行，文帝不听。冬季，十月，前往广陵故城，在长江岸边检阅军队，魏军将士十多万，旌旗飘荡数百里，大有跨过长江之志。吴则布置军队严阵以待。当时天气寒冷，江面结冰，战船无法入江。文帝眼望长江的汹涌波涛，叹息说："哎！这是上天注定要分割大江南北啊！"于是下令撤军。孙韶派部将高寿等率敢死队五百人，从小路夜袭文帝，文帝大惊。高寿等缴获了文帝的副车、羽盖而回。当时，魏军战船数千艘因阻滞无法撤退，有人建议留下军队就地屯田，蒋济认为："此地东近高邮湖，北滨淮河，在水大的时候，很容易被吴军抄掠，不能在这里屯田。"文帝采纳了蒋济的意见，车驾和军队当即开拔。撤至精湖，水路几乎没有了，文帝将船只都留给了蒋济。战船前后相连数百里，蒋济令人挖开四五条水道，将船全部集中在一起；并提前堆好土坝，截断湖水，把后面的船都拖入，再掘开水坝，船只全部随水涌入淮河，这样，魏军的舰船才得以返回。

　　10　十一月，东武阳王曹鉴去世。

　　11　十二月，吴番阳贼人彭绮攻陷郡县城池，有部众数万人。

七年(丙午,226)

1 春,正月壬子,帝还洛阳,谓蒋济曰:"事不可不晓。吾前决谓分半烧船于山阳湖中,卿于后致之,略与吾俱至谯。又每得所陈,实入吾意。自今讨贼计画,善思论之。"

2 汉丞相亮欲出军汉中,前将军李严当知后事,移屯江州,留护军陈到驻永安,而统属于严。

3 吴陆逊以所在少谷,表令诸将增广农亩。吴王报曰:"甚善!令孤父子亲受田,车中八牛,以为四耦,虽未及古人,亦欲令与众均等其劳也。"

4 帝之为太子也,郭夫人弟有罪,魏郡西部都尉鲍勋治之;太子请,不能得,由是恨勋;及即位,勋数直谏,帝益忿之。帝伐吴还,屯陈留界。勋为治书执法,太守孙邕见出,过勋;时营垒未成,但立标埒,邕邪行,不从正道,军营令史刘曜欲推之,勋以堑垒未成,解止不举。帝闻之,诏曰:"勋指鹿作马,收付廷尉。"廷尉法议,"正刑五岁",三官驳,"依律,罚金二斤",帝大怒曰:"勋无活分,而汝等欲纵之!收三官已下付刺奸,当令十鼠同穴!"锺繇、华歆、陈群、辛毗、高柔、卫臻等并表勋父信有功于太祖,求请勋罪,帝不许。高柔固执不从诏命,帝怒甚,召柔诣台,遣使者承指至廷尉诛勋。勋死,乃遣柔还寺。

票骑将军都阳侯曹洪,家富而性吝啬,帝在东宫,尝从洪贷绢百匹,不称意,恨之;遂以舍客犯法,下狱当死,群臣并救,莫能得。

魏文帝黄初七年(丙午,公元 226 年)

1 春季,正月壬子(初十),文帝返回洛阳,对蒋济说:"对事情不能不弄清楚。我先前决定说将一半船只毁在山阳湖中,幸亏你设法将船只解救,虽然在我后面,却几乎与我同时到达谯。还有你每次提的建议,都很合我的心意。今后征讨孙权的计划,要认真研究讨论。"

2 蜀汉丞相诸葛亮准备出兵至汉中,前将军李严负责后方事务,移驻江州,留护军陈到驻军永安,归属李严指挥。

3 吴将陆逊因为所在地区粮谷匮乏,上表请求命令各位将领广开田地,增加粮食产量。吴王回复说:"你的建议很好!让我父子亲自下田,以八头牛犁地,四张犁耕作,虽然不及古代的帝王,也是想和大家一起劳动。"

4 文帝做太子的时候,郭夫人的弟弟犯法,被当时的魏郡西部都尉鲍勋治罪;太子曹丕向鲍勋请求赦免,遭到拒绝,因此对鲍勋心怀忌恨;等到即位做了皇帝,鲍勋又多次直言劝谏,更使文帝恨上加恨。魏军征讨吴国后退兵,驻扎在陈留地区。鲍勋为治书执法,太守孙邕晋见文帝,出来后,顺路去鲍勋那里拜访;当时营垒尚未筑好,刚刚立下界标,孙邕穿行,没有走正路,军营令史刘曜要追究孙邕,鲍勋认为营垒尚未建成,劝止了刘曜,没有上报。文帝知道后,下诏说:"鲍勋指鹿为马,抓起来交给廷尉治罪。"廷尉根据法律议定,"应处五年徒刑",廷尉正、廷尉监、廷尉平三位官员反驳说,"依照律法,只应罚黄金二斤",文帝大怒道:"鲍勋该当处死,而你们却要放掉他!将廷尉正、监、平三官及其下属官员抓起来交给刺奸都督治罪,要把你们这些老鼠埋在一个坑里!"钟繇、华歆、陈群、辛毗、高柔、卫臻等人一起上表,说鲍勋的父亲鲍信有功于武皇帝,请求赦免鲍勋,文帝不许。廷尉高柔拒不服从文帝的诏命,文帝更加愤怒,把高柔召至尚书台,然后派使者秉承旨意到廷尉监狱将鲍勋处死。鲍勋被杀之后,才放高柔回廷尉官府。

骠骑将军都阳侯曹洪,家中富有,但很吝啬,文帝做太子时,曾向曹洪借用一百匹绢,未能满意,所以心怀忌恨;后来,曹洪宾客犯法,便将曹洪逮捕入狱,判处死刑,大臣们都为曹洪求情,仍不赦免。

卞太后责怒帝曰:"梁、沛之间,非子廉无有今日!"又谓郭后曰:"令曹洪今日死,吾明日敕帝废后矣!"于是郭后泣涕屡请,乃得免官,削爵土。

5 初,郭后无子,帝使母养平原王睿;以睿母甄夫人被诛,故未建为嗣。睿事后甚谨,后亦爱之。帝与睿猎,见子母鹿,帝亲射杀其母,命睿射其子,睿泣曰:"陛下已杀其母,臣不忍复杀其子。"帝即放弓矢,为之恻然。夏,五月,帝疾笃,乃立睿为太子。丙辰,召中军大将军曹真、镇军大将军陈群、抚军大将军司马懿,并受遗诏辅政。丁巳,帝殂。

　　陈寿评曰:文帝天资文藻,下笔成章,博闻强识,才艺兼该。若加之旷大之度,励以公平之诚,迈志存道,克广德心,则古之贤主,何远之有哉!

6 太子即皇帝位,尊皇太后曰太皇太后,皇后曰皇太后。

初,明帝在东宫,不交朝臣,不问政事,惟潜思书籍;即位之后,群下想闻风采。居数日,独见侍中刘晔,语尽日,众人侧听,晔既出,问:"何如?"曰:"秦始皇、汉孝武之俦,才具微不及耳。"

帝初莅政,陈群上疏曰:"夫臣下雷同,是非相蔽,国之大患也。若不和睦则有雠党,有雠党则毁誉无端,毁誉无端则真伪失实,此皆不可不深察也。"

7 癸未,追谥甄夫人曰文昭皇后。
8 壬辰,立皇弟蕤为阳平王。

卞太后气愤地责备文帝:"当年在梁沛之间大战时,若没有曹洪,我们怎么会有今天!"又对郭皇后说:"皇帝今天处死曹洪,我明天就要他废掉你这个皇后!"于是,郭皇后多次哭着为曹洪求情,曹洪才免于一死,被免去官职,削去爵位和封地。

5 当初,郭皇后没有儿子,文帝让她以母亲的名义抚养平原王曹睿;曹睿因为母亲甄夫人被杀,没有被立为太子。他谨慎侍奉郭皇后,深得郭皇后喜爱。一天,文帝和曹睿父子两人射猎,见到一只母鹿带着一只小鹿,文帝亲手射死了母鹿,要曹睿射那只小鹿,曹睿哭着说:"陛下已经杀了母亲,我不忍心再杀她的儿子。"文帝当即放下弓箭,恻然心伤。夏季,五月,文帝病重,立曹睿为太子。丙辰(十六日),召中军大将军曹真、镇军大将军陈群、抚军大将军司马懿,发布遗诏,命令他们辅佐太子曹睿主持政事。丁巳(十七日),文帝去世。

陈寿评论说:文帝有文学天赋,下笔成章,博闻强记,才艺都很有造诣。如果再加以宽博旷达的气度和公平挚诚之心,激励自己维护道义的志向,尽心广布贤德恩惠,则比古代的贤明君主,也不会相差太远!

6 太子曹睿即帝位,尊皇太后卞氏为太皇太后,养母郭皇后为皇太后。

当初,明帝曹睿在东宫做太子的时候,不结交朝廷大臣,不过问政事,只是埋头读书;即位后,大臣们都想见识他的风采。过了数天,只接见了侍中刘晔,谈了一整天,其他人在外侧耳而听,刘晔出来,都问"怎么样?"刘晔说:"志向可与秦始皇、汉武帝相比,只是才智稍差。"

明帝开始主持政事,陈群上书说:"大臣随声附和,是非不分,是国家的大祸害。但是,如果不和睦相处,则又各树党羽;必然互相仇视,无端诋毁、诽谤;无端诋毁、诽谤,造成真假难辨,这些都不可以不深入考察。"

7 癸未,曹睿追加生母甄夫人谥号为文昭皇后。

8 壬辰,立弟弟曹蕤为阳平王。

9　六月戊寅，葬文帝于首阳陵。

10　吴王闻魏有大丧，秋，八月，自将攻江夏郡，太守文聘坚守。朝议欲发兵救之。帝曰："权习水战，所以敢下船陆攻者，冀掩不备也。今已与聘相拒；夫攻守势倍，终不敢久也。"先是，朝廷遣治书侍御史荀禹慰劳边方，禹到江夏，发所经县兵及所从步骑千人乘山举火，吴王遁走。

11　辛巳，立皇子冏为清河王。

12　吴左将军诸葛瑾等寇襄阳，司马懿击破之，斩其部将张霸；曹真又破其别将于寻阳。

13　吴丹阳、吴、会稽山民复为寇，攻没属县。吴王分三郡险地为东安郡，以绥南将军全琮领太守。琮至，明赏罚，招诱降附，数年，得万馀人。吴王召琮还牛渚，罢东安郡。

14　冬，十月，清河王冏卒。

15　吴陆逊陈便宜，劝吴王以施德缓刑，宽赋息调。又云："忠说之言，不能极陈；求容小臣，数以利闻。"王报曰："《书》载'予违汝弼'，而云不敢极陈，何得为忠说哉！"于是令有司尽写科条，使郎中褚逢赍以就逊及诸葛瑾，意所不安，令损益之。

16　十二月，以锺繇为太傅，曹休为大司马，都督扬州如故，曹真为大将军，华歆为太尉，王朗为司徒，陈群为司空，司马懿为骠骑大将军。歆让位于管宁，帝不许。征宁为光禄大夫，敕青州给安车吏从，以礼发遣，宁复不至。

9 六月戊寅(初九),将文帝的遗体安葬在首阳陵。

10 吴王听说魏文帝去世,秋季,八月,亲自率军进攻江夏郡,太守文聘率兵坚守。朝廷商议派兵增援。明帝说:"孙权的军队惯于水上作战,他们如今敢于弃船从陆上进攻,不过是盼望我军没有准备。目前文聘已经据城坚守;而进攻的一方需要比防守的力量大一倍才能互相对抗,孙权终究不敢在江夏城下久留。"不久前,朝廷曾派治书侍御史荀禹慰劳边防将士,他进入江夏境,便调动所经各县的士卒,和自己的随从步、骑兵一千人,登山放火,吴王便悄悄撤走了。

11 辛巳(十二日),立皇子曹冏为清河王。

12 吴左将军诸葛瑾等进攻襄阳,司马懿把他击败,并斩杀了吴将张霸;曹真又在寻阳击败诸葛瑾的另一部将。

13 吴地丹阳、吴、会稽三郡山民再度叛乱,攻克三郡的属县。吴王以三郡险要山地新设东安郡,任命绥南将军全琮兼太守。全琮上任后,申明并严格执行赏罚办法,引诱、招降那些随从叛乱的人,几年间,就收纳了一万多人。吴王将全琮召回牛渚,撤销了东安郡。

14 冬季,十月,清河王曹冏去世。

15 吴将陆逊对近期应采取的政治措施提出建议,劝吴王广施德政,缓和刑罚,宽限赋税,免征徭役。又说:"忠诚善良的建议,不能彻底向君王陈述;取悦君王的小臣,才反复以小利上奏。"吴王回复说:"《尚书》上记载:'我有错误,你要帮我改正。'你在信中说不敢彻底陈述,怎么能称作忠心善良呢?"于是命令有关人员,把将要实施的条款拟好,派郎中令褚逢带给陆逊和诸葛瑾,让他们对其中的不妥之处进行删改或增添。

16 十二月,明帝任钟繇为太傅,曹休为大司马,仍然负责扬州方面的军务,任曹真为大将军,华歆为太尉,王朗为司徒,陈群为司空,司马懿为骠骑大将军。华歆要将职位让给管宁,明帝不同意。征调管宁为光禄大夫,给管宁所在青州的官府下达命令,要他们以对待朝廷大臣的礼仪,用可坐乘的安车并派官吏将管宁护送到都城,但是管宁仍不应召。

17　是岁，吴交趾太守士燮卒，吴王以燮子徽为安远将军，领九真太守，以校尉陈时代燮。交州刺史吕岱以交趾绝远，表分海南三郡为交州，以将军戴良为刺史；海东四郡为广州，岱自为刺史；遣良与时南入。而徽自署交趾太守，发宗兵拒良，良留合浦。交趾柏邻，燮举吏也，叩头谏徽，使迎良。徽怒，笞杀邻，邻兄治合宗兵击，不克。吕岱上疏请讨徽，督兵三千人，晨夜浮海而往。或谓岱曰：“徽藉累世之恩，为一州所附，未易轻也。”岱曰：“今徽虽怀逆计，未知吾之卒至；若我潜军轻举，掩其无备，破之必也；稽留不速，使得生心，婴城固守，七郡百蛮，云合响应，虽有智者，谁能图之！”遂行，过合浦，与良俱进。岱以燮弟子辅为师友从事，遣往说徽。徽率其兄弟六人出降，岱皆斩之。

　　孙盛论曰：夫柔远能迩，莫善于信。吕岱师友士辅，使通信誓；徽兄弟肉袒，推心委命，岱因灭之以要功利，君子是以知吕氏之祚不延者也。

18　徽大将甘醴及柏治率吏民共攻岱，岱奋击，破之。于是除广州，复为交州如故。岱进讨九真，斩获以万数；又遣从事南宣威命，暨徽外扶南、林邑、堂明诸王，各遣使入贡于吴。

烈祖明皇帝上之上
太和元年(丁未，227)
1　春，吴解烦督胡综、番阳太守周鲂击彭绮，生获之。

17 这一年,吴交趾太守士燮去世,吴王任命士燮的儿子士徽为安远将军,兼任九真太守,以校尉陈时接任士燮的交趾太守职位。交州刺史吕岱认为交趾太遥远,上表请求将海南三郡划归交州,由将军戴良任刺史;海东四郡设立广州,吕岱为刺史;派戴良和陈时南下。而士徽自命为交趾太守,率自己宗族的军队抗拒戴良,戴良在合浦停留。交趾人桓邻,以前经士燮推荐在郡中做吏员,叩头劝士徽迎接戴良来交趾上任。士徽大怒,将桓邻活活打死,桓邻的哥哥桓治召集自己的宗族士兵进攻士徽,未获成功。吕岱上书请求征讨士徽,他指挥三千士兵,日夜兼程,渡海前往。有人对吕岱说:"士徽凭借他家几代对交趾人的恩德,为一州人所归附,不可轻视。"吕岱说:"现在士徽虽然图谋不轨,却不知我已迅速到达这里;如果我们隐蔽行动,轻装出发,突然打他个措手不及,必定一举获胜;假如我们行动迟缓,使他产生疑心,闭城固守,七个郡的上百个蛮族部落,群起响应,即使有才智很高的人,谁又能够谋取他呢!"于是下令行动,过合浦时,与戴良联合进军。吕岱以士燮的侄子士辅为从事,待以师友之礼,派他前去劝士徽投降。士徽率领兄弟六人出降,吕岱把他们都斩首了。

孙盛论曰:安抚边远地区的人,亲近他们,最好的办法是讲信义。吕岱以师友之礼对待士辅,要他信誓旦旦地去劝降士徽;士徽兄弟坦露臂膀,表示投诚,吕岱却为邀功名、谋私利将他们杀害,明智的人由此可知吕氏为什么没有后代延续下来。

18 士徽的大将甘醴及桓治率领交趾的官员和百姓共同攻击吕岱,吕岱奋力抵抗,才将甘醴等人击败。于是又撤销广州,恢复原来的交州建置。吕岱进军九真,杀死和俘获近万人;又派从事向南深入,传布吴王的声威,促使境外扶南、林邑、堂明的各王,分别派使臣向吴进贡。

列祖明皇帝上之上
魏明帝太和元年(丁未,公元227年)

1 春季,吴解烦督胡综、番阳太守周鲂讨伐彭绮,将其生擒。

初，绮自言举义兵，为魏讨吴，议者以为因此伐吴，必有所克。帝以问中书令太原孙资，资曰："番阳宗人，前后数有举义者，众弱谋浅，旋辄乖散。昔文皇帝尝密论贼形势，言洞浦杀万人，得船千数，数日间，船人复会；江陵被围历月，权裁以千数百兵住东门，而其土地无崩解者，是其法禁上下相维之明验也。以此推绮，惧未能为权腹心大疾也。"至是，绮果败亡。

2　二月，立文昭皇后寝园于邺。王朗往视园陵，见百姓多贫困，而帝方营修宫室，朗上疏谏曰："昔大禹欲拯天下之大患，故先卑其宫室，俭其衣食；勾践欲广其御兒之疆，亦约其身以及家，俭其家以施国；汉之文、景欲恢弘祖业，故割意于百金之台，昭俭于弋绨之服；霍去病中才之将，犹以匈奴未灭，不治第宅。明恤远者略近，事外者简内也。今建始之前，足用列朝会；崇华之后，足用序内官；华林、天渊，足用展游宴。若且先成象魏，修城池，其馀一切须丰年，专以勤耕农为务，习戎备为事，则民充兵强而寇戎宾服矣。"

3　三月，蜀丞相亮率诸军北驻汉中，使长史张裔、参军蒋琬统留府事。临发，上疏曰："先帝创业未半而中道崩殂，今天下三分，益州疲敝，此诚危急存亡之秋也。然侍卫之臣不懈于内，忠志之士忘身于外者，盖追先帝之殊遇，欲报之于陛下也。诚宜开张圣听，以光先帝遗德，恢弘志士之气；不宜妄自菲薄，引喻失义，以塞忠谏之路也。

当初,彭绮自称举兵起义,为魏征吴,有些大臣建议,借机攻吴,一定会成功。明帝询问中书令太原人孙资,孙资说:"番阳的强宗大族,前后数次起事,但人数不多,见识浅陋,很快就都溃散了。以前文皇帝曾详细分析过吴的形势,说我军在洞浦杀吴军民一万人,缴获一千多艘战船,可是在数日之间,吴军又把人和船聚集到一起;江陵被围数月,孙权仅率一千几百名士兵驻在江陵东门,而吴地并未发生大的动乱,这是他们法纪严密,上下互相维护的明显证据。以此推论彭绮的起事,恐怕不会成为孙权的心腹之患。"到这时,彭绮果然失败了。

2 二月,在邺城为文昭皇后设立陵园,王朗前往陵园巡视,见那里的百姓多数很贫困,而明帝当时正在修建宫室,王朗上书劝谏说:"从前大禹要拯救天下的人民免于灾难,所以先使自己的宫室尽量简陋,衣食尽量节俭;越王勾践为拓展御儿的疆界,也约束自己和家人,节俭家用补充国用;汉朝的文帝、景帝,为了发扬祖先的事业,停修了自己很喜欢而且只需要百金的楼台,只穿很俭朴的粗厚黑衣;霍去病仅是个中等才能的将领,仍认为匈奴尚未消灭,不置宅邸。这些都说明,有远虑者,近时要简略;要对付外敌,必须要内部简朴。目前,建始殿前面,足够大臣列班上朝;崇华殿后面,足够内官侍寝问安;华林园和天渊池,足够用于宴会和游乐。不妨先建成宫廷外的门阙,修筑好城池,其馀的工程等年景好的时候再兴建,当前应当专以劝民农耕为主要工作,整顿军队为紧迫任务,在人民富裕、军队强大以后,敌人自然会前来归服。"

3 三月,蜀汉丞相诸葛亮率领各路军队向北挺进,驻军汉中,派长史张裔、参军蒋琬留下处理丞相府的各项政务。出发前,诸葛亮上书说:"先皇帝开创大业,刚刚见些成效,却中途溘然长逝了,如今的天下分成三个政权鼎足而立,要算益州的蜀国最为贫穷困乏,这正是一个生死存亡的时刻。然而身边近臣仍能兢兢业业、毫不怠懈地在朝内尽其职守;忠勇将士舍身奋战在沙场,出生入死,是因为追念先皇帝的知遇之恩,想要全力报答给陛下。陛下正应虚心听取各方面意见,发扬光大先皇帝遗下的威德,振奋有志之士的气节;而不应自己轻视自己,讲出不合道理的话来,以致阻塞忠臣进谏的渠道。

　　"宫中、府中,俱为一体,陟罚臧否,不宜异同。若有作奸犯科及为忠善者,宜付有司论其刑赏,以昭陛下平明之理,不宜偏私,使内外异法也。

　　"侍中、侍郎郭攸之、费祎、董允等,此皆良实,志虑忠纯,是以先帝简拔以遗陛下。愚以为宫中之事,事无大小,悉以咨之,然后施行,必能裨补阙漏,有所广益。将军向宠,性行淑均,晓畅军事,试用于昔日,先帝称之曰能,是以众议举宠为督。愚以为营中之事,悉以咨之,必能使行陈和睦,优劣得所。

　　"亲贤臣,远小人,此先汉所以兴隆也;亲小人,远贤臣,此后汉所以倾颓也。先帝在时,每与臣论此事,未尝不叹息痛恨于桓、灵也。侍中、尚书、长史、参军,此悉端良、死节之臣,愿陛下亲之,信之,则汉室之隆,可计日而待也。

　　"臣本布衣,躬耕南阳,苟全性命于乱世,不求闻达于诸侯。先帝不以臣卑鄙,猥自枉屈,三顾臣于草庐之中,谘臣以当世之事,由是感激,遂许先帝以驱驰。后值倾覆,受任于败军之际,奉命于危难之间,尔来二十有一年矣。先帝知臣谨慎,故临崩寄臣以大事也。

　　"受命以来,夙夜忧叹,恐托付不效,以伤先帝之明。故五月渡泸,深入不毛。今南方已定,甲兵已足,当奖率三军,北定中原,庶竭驽钝,攘除奸凶,兴复汉室,还于旧都,此臣所以报先帝,而忠陛下之职分也。至于斟酌损益,进尽忠言,则攸之、祎、允之任也。愿陛下托臣以讨贼兴复之效,不效,则治臣之罪以告先帝之灵,责攸之、祎、允等之慢以彰其咎。陛下亦宜自谋,以谘诹善道,察纳雅言,深追先帝遗诏。臣不胜受恩感激。今当远离,临表涕零,不知所言。"遂行,屯于沔北阳平石马。

"宫廷和相府,是一个整体,提升、贬黜、表彰、指责,不应有什么区别。如果有触犯法纪的行为,或尽忠立功的表现,应该让有关部门按规定给予处罚、奖赏,以显示陛下公允、明察,不能有偏私之心,使宫廷内外执法不统一。

　　"侍中郭攸之、费祎,侍郎董允等人,都是善良诚实、思想纯正的忠臣,所以先皇帝特意选拔他们留下来辅佐陛下。我以为宫廷中的事务,不论大小,都应先和他们商议,然后再付诸实施,这样一定能弥补缺漏,得到更多的好处。将军向宠,品行平和公正,通晓军事,在以前经过考验,先皇帝称赞他很有才能,所以被大家推举为掌管禁兵的中部督。我认为各项军务,都应征求他的意见,必定会令将士和睦,使才智出众和能力较差的人都能各得其所。

　　"亲近贤臣,疏远小人,这是前汉得以兴盛的原因;亲近小人,疏远贤臣,这是后汉衰败的根由。先皇帝在世时,每次与我谈起这些,没有一次不对桓帝、灵帝时代的政治腐败痛心疾首。侍中郭攸之、费祎,尚书陈震,长史张裔,参军蒋琬,都是端正善良、能以死报国的忠臣,希望陛下亲近他们,信任他们,则汉室的兴盛,将指日可待。

　　"我本是一介平民,在南阳以耕作为业,本来只想在风雨飘摇的动荡年代保全性命,从未想做官名扬天下。先皇帝不嫌弃我地位卑下,屈尊就,三次往革舍相访,向我询问天下形势,使我感激万分,这才答应为先皇帝奔走效命。后来军事上遇到挫折,在败军之际承担重任,在危难时刻接受使命,从那时至今,已整整二十一年了。先皇帝深知我行事谨慎,因此在临终前托付国家大事。

　　"自从接受先皇帝遗命以来,日夜忧虑叹息,唯恐辜负重托,有损先皇帝知人之明。于是五月渡过泸水,深入到荒凉的不毛之地。如今南方已经平定,军力充足,正应当激励将士,统率三军北定中原,我愿竭尽平庸之力,铲除奸贼,恢复大汉皇室,重返故都,这正是我报答先皇帝,效忠陛下的本分。至于处理政事,掌握分寸,进纳忠言,则是郭攸之、费祎、董允等人的职责。希望陛下将讨伐国贼、复兴大汉朝廷的重任交给我,若无成效,请您治罪,以告先皇帝在天之灵,责备郭攸之、费祎、董允的疏忽失职,以追究他们的过错。陛下自己也应慎重考虑,征询和选择妥善的治国方略,访察、采纳好的建议,真正遵循先皇帝的遗训。如此则臣下我就受恩不浅,感激不尽了。现在将要远离陛下,在写这份表章时激动得泪流不止,不知该说些什么。"于是率军出发,驻屯在沔水北岸的阳平石马。

　　亮辟广汉太守姚伷为掾,伷并进文武之士,亮称之曰:"忠益者莫大于进人,进人者各务其所尚。今姚掾并存刚柔以广文武之用,可谓博雅矣。愿诸掾各希此事以属其望。"

　　帝闻诸葛亮在汉中,欲大发兵就攻之,以问散骑常侍孙资,资曰:"昔武皇帝征南郑,取张鲁,阳平之役,危而后济,又自往拔出夏侯渊军,数言'南郑直为天狱,中斜谷道为五百里石穴耳',言其深险,喜出渊军之辞也。又,武皇帝圣于用兵,察蜀贼栖于山岩,视吴虏窜于江湖,皆桡而避之,不责将士之力,不争一朝之忿,诚所谓见胜而战,知难而退也。今若进军就南郑讨亮,道既险阻,计用精兵及转运、镇守南方四州,遏御水贼,凡用十五六万人,必当复更有所发兴,天下骚动,费力广大,此诚陛下所宜深虑。夫守战之力,力役参倍。但以今日见兵分命大将据诸要险,威足以震摄强寇,镇静疆埸,将士虎睡,百姓无事。数年之间,中国日盛,吴、蜀二虏必自罢敝。"帝乃止。

　　4　初,文帝罢五铢钱,使以谷帛为用,人间巧伪渐多,竞湿谷以要利,薄绢以为市,虽处以严刑,不能禁也。司马芝等举朝大议,以为:"用钱非徒丰国,亦所以省刑,今不若更铸五铢为便。"夏,四月,乙亥,复行五铢钱。

　　5　甲申,初营宗庙于洛阳。

诸葛亮征召广汉太守姚伷为丞相掾,姚伷同时推荐了很多文武官员,诸葛亮称赞他说:"对国家效忠进益,莫过于举荐人才,但推荐者往往根据自己的崇尚。而今掾属姚伷举荐官员,却能刚柔并济地同时推举文官武将,以备国家之用,可称广博和雅量。希望各位掾属都以姚伷为榜样,不负我对你们的期望。"

　　明帝得到诸葛亮抵达汉中的报告,准备大举出兵向诸葛亮发起进攻,他就这件事询问散骑常侍孙资,孙资说:"以前武皇帝攻打南郑,征讨张鲁,在阳平之战中,身临险境,而后才勉强取胜,后来又亲自率兵救出夏侯渊的军队。他曾多次说'南郑真像天上的监狱,中间的斜谷道简直是五百里石穴',由于那里的地形险恶,他庆幸救夏侯渊的军队脱离险境,才说了上面的话。再者,武皇帝用兵如神,深知蜀贼栖息在崇山峻岭之间,吴匪流窜于江河大湖之上,因而加以容忍,暂时避开,不强迫将士们死打硬拼,不争一朝一夕的气忿,这就是所谓有可胜的机会便战,无取胜的把握便退的战略。如果现在进兵南郑讨伐诸葛亮,不但道路艰险,还要调集精兵、转运物资,再加上镇守南方的荆、徐、扬、豫四州,防止吴的水上进犯,共需兵力十五六万人,这样,就还需要征发更多的兵役,调集更多的物资,全国都会因此骚动起来,耗费巨大,这的确需要陛下深思。防守和进攻相比,仅需二分之一的力量。但以我军现有的兵力,分派重要将领据守各险关要隘,威力即足以使强敌震恐,使我国边境安然无事,将士可以养精蓄锐,百姓也不受劳役之苦。数年之后,我国国力强盛,吴、蜀两敌必然自己疲惫下去。"明帝遂停止了攻击计划。

　　4　当初,文帝废止了五铢钱,以粮食和丝绢代替钱币,社会上弄虚作假的现象越来越多,争相把粮食弄湿以获利,用很薄的丝绢买卖东西,虽然严刑处罚,仍不能禁止。司马芝等人在朝廷上展开讨论,认为:"以钱作货币不仅仅为了增加国家的收入,还可以减省刑罚,现在不如恢复铸造五铢钱更为有利。"夏季,四月乙亥(初十),恢复使用五铢钱。

　　5　甲申(十九日),开始在洛阳营建宗庙。

6 六月，以司马懿都督荆、豫州诸军事，率所领镇宛。

7 冬，十二月，立贵嫔河内毛氏为皇后。初，帝为平原王，纳河内虞氏为妃；及即位，虞氏不得立为后，太皇卞太后慰勉焉。虞氏曰："曹氏自好立贱，未有能以义举者也。然后职内事，君听外政，其道相由而成；苟不能以善始，未有能令终者也，殆必由此亡国丧祀矣！"虞氏遂绌还邺宫。

8 初，太祖、世祖皆议复肉刑，以军事不果。及帝即位，太傅锺繇上言："宜如孝景之令，其当弃市欲斩右趾者，许之；其黥、劓、左趾、宫刑者，自如孝文易以髡笞，可以岁生三千人。"诏公卿已下议，司徒朗以为："肉刑不用已来，历年数百；今复行之，恐所减之文未彰于万民之目，而肉刑之问已宣于寇雠之耳，非所以来远人也。今可按繇所欲轻之死罪，使减死髡刑，嫌其轻者，可倍其居作之岁数。内有以生易死不訾之恩，外无以刖易钛骇耳之声。"议者百馀人，与朗同者多。帝以吴、蜀未平，且寝。

9 是岁，吴昭武将军韩当卒，其子综淫乱不轨，惧得罪，闰月，将其家属、部曲来奔。

10 初，孟达既为文帝所宠，又与桓阶、夏侯尚亲善；及文帝殂，阶、尚皆卒，达心不自安。诸葛亮闻而诱之，达数与通书，阴许归蜀；达与魏兴太守申仪有隙，仪密表告之。达闻之，惶惧，欲举兵叛；司马懿以书慰解之，达犹豫未决，懿乃潜军进讨。诸将言："达与吴、汉交通，宜观望而后动。"懿曰："达无信义，此其相疑之时也。当及其未定促决之。"乃倍道兼行，

6　六月,任命司马懿全权负责荆、豫两州的军事部署,率自己所属军队镇守宛城。

7　冬季,十二月,立贵嫔河内人毛氏为皇后。以前,明帝为平原王时,娶河内人虞氏为妃;即位为帝以后,虞氏没有被立为皇后,太皇下太后因此而安慰和劝抚她。虞氏说:"曹氏家族本来就好立地位低贱、没有按照礼义推举的人。然而皇后管理宫内事务,国君负责朝廷政事,内外相辅而成;如果没有好的开端,就决不会有好的结果,恐怕一定会因此而亡国灭宗了。"虞氏因此被贬回邺城的皇宫。

8　当初,魏武帝、文帝都议论恢复肉刑,因为不断有战争而未能实施。明帝即位,太傅钟繇建议:"应仿汉景帝的命令,应当斩首示众的人如果自愿以砍去右脚代替,应允许;对黥面、割鼻、砍左脚、宫刑等刑罚,仍然按照汉文帝的法令,以剃发和鞭打代替,这样一年可以使三千人保留性命。"明帝下诏要公卿及以下的臣僚讨论,司徒王朗认为:"不用肉刑至今已经数百年了,现在恢复,恐怕所减刑罚的好处还未使人民见到,而恢复肉刑的恶名已经传到贼寇的耳朵里,这不是招抚远方人士的办法。现在不妨根据钟繇减免死刑的建议,将死刑减为剃发,如果认为这样的处罚太轻了,可以延长他们服刑的时间。如此,对内有以生代死的广大无量的恩德,对外则没有以砍脚代替脚镣的骇人听闻的恶名。"讨论的人有一百多人,多数同意王朗的意见。明帝因为吴、蜀两国尚未平定,也就把此事放下了。

9　这一年,吴昭武将军韩当去世,他的儿子韩综道德败坏,不守法令,害怕被治罪,闰十二月,率领家属和宗族军队来投魏。

10　当初,孟达受文帝宠信,又和桓阶、夏侯尚关系密切;文帝去世后,桓阶和夏侯尚也相继故去,孟达心中忧虑不安。诸葛亮知道后,便引诱孟达,孟达和诸葛亮多次通信,秘密答应归蜀;孟达和魏兴太守申仪有隔阂,申仪秘密上表告发了孟达。孟达听说后,惊惶恐惧,企图举兵反叛;司马懿写信安慰劝解了他,孟达因此犹豫不决,司马懿则秘密率军进讨,部下将领说:"孟达已和吴、蜀互相串通,我们应先观察他的动向,然后再采取行动。"司马懿说:"孟达是个不讲信义的人,这时正在怀疑观望。我军应趁他尚未做出决定,迅速加以解决。"于是司马懿率军急速行军,日夜兼程,

八日到其城下。吴、汉各遣偏将向西城安桥、木阑塞以救达，懿分诸将以距之。初，达与亮书曰："宛去洛八百里，去吾一千二百里。闻吾举事，当表上天子，比相反覆，一月间也，则吾城已固，诸军足办。吾所在深险，司马公必不自来；诸将来，吾无患矣。"及兵到，达又告亮曰："吾举事八日而兵至城下，何其神速也！"

仅用八天就抵达孟达的新城城下。吴、蜀各派将领进兵西城的安桥、木阑塞援救孟达，司马懿则派将领分路拦阻。当初，孟达写信给诸葛亮说："宛城距洛阳八百里，距我所在新城一千二百里。听说我起兵，自然要向明帝报告，连续往返，要用一个月的时间，那时我的城池已防守坚固，各军也做好充分的准备。我的防区地形险要，司马懿肯定不会亲自前来；其他将领来，不会对我造成危害。"及至司马懿的军队兵临城下，孟达又写信对诸葛亮说："我起兵仅八天，司马懿便兵临城下，怎么如此神速！"

卷第七十一　魏纪三

起戊申(228)尽庚戌(230)凡三年

烈祖明皇帝上之下

太和二年(戊申,228)

1　春,正月,司马懿攻新城,旬有六日,拔之,斩孟达。申仪久在魏兴,擅承制刻印,多所假授;懿召而执之,归于洛阳。

2　初,征西将军夏侯渊之子楙尚太祖女清河公主,文帝少与之亲善,及即位,以为安西将军,都督关中,镇长安,使承渊处。

诸葛亮将入寇,与群下谋之,丞相司马魏延曰:"闻夏侯楙,主婿也,怯而无谋。今假延精兵五千,负粮五千,直从褒中出,循秦岭而东,当子午而北,不过十日,可到长安。楙闻延奄至,必弃城逃走。长安中惟御史、京兆太守耳。横门邸阁与散民之谷,足周食也。比东方相合聚,尚二十许日,而公从斜谷来,亦足以达。如此,则一举而咸阳以西可定矣。"亮以为此危计,不如安从坦道,可以平取陇右,十全必克而无虞,故不用延计。

亮扬声由斜谷道取郿。使镇东将军赵云,扬武将军邓芝为疑兵,据箕谷。帝遣曹真都督关右诸军军郿。亮身率大军攻祁山,戎陈整齐,号令明肃。始,魏以汉昭烈既死,数岁寂然无闻,是以略无备豫;而卒闻亮出,朝野恐惧,于是天水、

烈祖明皇帝上之下
魏明帝太和二年（戊申，公元228年）

1　春季，正月，司马懿围攻新城，用十六天时间，攻下了城，斩杀孟达。申仪在魏兴已经很久，擅称秉受旨意刻印，多次假借名义授官；司马懿召见而逮捕了他，返回洛阳。

2　起初，征西将军夏侯渊的儿子夏侯楙和太祖的女儿清河公主结了婚，文帝年少时和他亲近友好，等到即位，便任命他为安西将军，都督关中，镇守长安，让他承接夏侯渊的防区。

诸葛亮将要攻打魏，和部下众人商量这次军事行动，丞相司马魏延说："听说夏侯楙是魏帝的女婿，此人胆怯而没有智谋。现请给我五千人的精锐部队，带着五千人口粮，直接从褒中出发，沿着秦岭向东，到子午道后折向北方，用不了十天功夫，可以抵达长安。夏侯楙听到我突然来到，一定弃城逃走。长安城中就只有御史、京兆太守了。横门粮仓的存粮以及百姓逃散剩下的粮食，足以供给军粮。等到魏国在东方集结起军队，还要二十多天时间，而您从斜谷出来接应，也完全可以到达。这样，就可以一举而平定咸阳以西的地区了。"诸葛亮认为这是危而不安的计策，不如安全地从平坦的路上出去，可以稳稳当当地取得陇右地区，有百分之百的把握取胜而不会有失，所以不用魏延之计。

诸葛亮扬言从斜谷道攻取郿城，命令镇东将军赵云，扬武将军邓芝充当疑兵，据守箕谷。明帝派遣曹真都督关右地区各军驻扎在郿城。诸葛亮亲自统率大军进攻祁山，军阵整齐，号令严明。起初，魏认为汉昭烈帝刘备已经去世，几年来没有什么动静，因此放松了防备；而突然听到诸葛亮出兵，朝廷和民众都很惧怕，于是，天水、

南安、安定皆叛应亮,关中响震,朝臣未知计所出。帝曰:"亮阻山为固,今者自来,正合兵书致人之术,破亮必也。"乃勒兵马步骑五万,遣右将军张郃督之,西拒亮。丁未,帝行如长安。

初,越嶲太守马谡,才器过人,好论军计,诸葛亮深加器异;汉昭烈临终,谓亮曰:"马谡言过其实,不可大用,君其察之!"亮犹谓不然,以谡为参军,每引见谈论,自昼达夜。及出军祁山,亮不用旧将魏延、吴懿等为先锋,而以谡督诸军在前,与张郃战于街亭。

谡违亮节度,举措烦扰,舍水上山,不下据城。张郃绝其汲道,击,大破之,士卒离散。亮进无所据,乃拔西县千馀家还汉中。收谡下狱,杀之。亮自临祭,为之流涕,抚其遗孤,恩若平生。蒋琬谓亮曰:"昔楚杀得臣,文公喜可知也。天下未定而戮智计之士,岂不惜乎!"亮流涕曰:"孙武所以能制胜于天下者,用法明也;是以扬干乱法,魏绛戮其仆。四海分裂,兵交方始,若复废法,何用讨贼邪!"

谡之未败也,裨将军巴西王平连规谏谡,谡不能用;及败,众尽星散,惟平所领千人鸣鼓自守,张郃疑其有伏兵,不往逼也,于是平徐徐收合诸营遗进,率将士而还。亮既诛马谡及将军李盛,夺将军黄袭等兵,平特见崇显,加拜参军,统五部兼当营事,进位讨寇将军,封亭侯。亮上疏请自贬三等,汉主以亮为右将军,行丞相事。

南安、安定等郡都背叛魏而响应诸葛亮,关中受到震动,朝廷大臣不知有什么对策。明帝说:"诸葛亮本来依据山险固守,现在亲自前来,正合乎兵书所说招敌前来的策略,一定能够打败诸葛亮。"于是统领步兵和骑兵五万大军,命右将军张郃监管军务,向西抵御诸葛亮。丁未,明帝到达长安。

起初,越嶲太守马谡,才气和抱负超过常人,喜好议论军事谋略,诸葛亮对他深为器重;汉昭烈帝刘备临终之时对诸葛亮说:"马谡言语浮夸,超过实际才能,不可委任大事,您要对他多加考察。"诸葛亮还是不以为然,让马谡做参军,时常接见一起谈论,从白天直到黑夜。等到出兵祁山,诸葛亮不用旧将魏延、吴懿等为先锋,而是让马谡统领各军在前,同张郃在街亭交战。

马谡违背诸葛亮的指挥调度,军事行动混乱无章,放弃水源上山驻扎,不在山下据守城邑。张郃断绝马谡取水的道路,发动进攻并大败马谡,蜀军溃散。诸葛亮前进没有据点,就搬迁西县一千多人家回到汉中。把马谡关进监狱,杀了他。诸葛亮亲自吊丧,为他痛哭流涕,安抚他的子女,如同平素一样恩待他们。蒋琬对诸葛亮说:"古时候晋国同楚国交战,楚国杀了领兵的得臣,晋文公自然很高兴了。现在天下没有平定,而杀了智谋之士,难道不惋惜吗?"诸葛亮流着眼泪说:"孙武能够制敌而取胜于天下的原因,是用法严明;所以晋悼公的弟弟扬干犯法,魏绛就杀了为他驾车的人。现在天下分裂,交战刚刚开始,如果又废除军法,怎么能够讨伐敌人呢?"

马谡没有失败时,裨将军巴西人王平一再规劝马谡,马谡不采纳;等到失败,部众四散,只有王平率领的一千人擂响战鼓,把守营地,张郃怀疑有伏兵,不敢往前逼近,于是王平缓缓地收拢各部散馀的士兵,率领人马返回。诸葛亮既杀了马谡和将军李盛,还夺了将军黄袭等的兵权,王平的名声地位就特别提高和显示出来,又提拔他为参军,统领五部兵马和营屯之事。官位晋升到讨寇将军,封为亭侯。诸葛亮上书请求自己连降三级,汉主任命诸葛亮为右将军,兼理丞相的职务。

是时赵云、邓芝兵亦败于箕谷,云敛众固守,故不大伤,云亦坐贬为镇军将军。亮问邓芝曰:"街亭军退,兵将不复相录,箕谷军退,兵将初不相失,何故?"芝曰:"赵云身自断后,军资什物,略无所弃,兵将无缘相失。"云有军资馀绢,亮使分赐将士,云曰:"军事无利,何为有赐!其物请悉入赤岸库,须十月为冬赐。"亮大善之。

或劝亮更发兵者,亮曰:"大军在祁山、箕谷,皆多于贼,而不破贼,乃为贼所破,此病不在兵少也,在一人耳。今欲减兵省将,明罚思过,校变通之道于将来;若不能然者,虽兵多何益!自今已后,诸有忠虑于国者,但勤攻吾之阙,则事可定,贼可死,功可跷足而待矣。"于是考微劳,甄壮烈,引咎责躬,布所失于境内,厉兵讲武,以为后图,戎士简练,民忘其败矣。

亮之出祁山也,天水参军姜维诣亮降。亮美维胆智,辟为仓曹掾,使典军事。

曹真讨安定等三郡,皆平。真以诸葛亮惩于祁山,后必出从陈仓,乃使将军郝昭等守陈仓,治其城。

3 夏,四月丁酉,帝还洛阳。

4 帝以燕国徐邈为凉州刺史。邈务农积谷,立学明训,进善黜恶,与羌、胡从事,不问小过;若犯大罪,先告部帅,使知应死者,乃斩以徇。由是服其威信,州界肃清。

5 五月,大旱。

这时赵云、邓芝的部队也在箕谷战败，赵云收敛部队坚守，所以损失不大，但也因此被贬为镇军将军。诸葛亮问邓芝道："街亭失利，大军败退，兵将不再可收拾，箕谷战败部队撤退，兵将依然齐整如初，是什么原因呢？"邓芝说："赵云亲自在部队后面拒敌，军需物资，一点都没有抛弃，兵将没有什么缘由可以散乱。"赵云有军资和剩余的绢帛，诸葛亮让用来分给将士，赵云说："军事上没有胜利，为什么要有赏赐，这些物资请全部存入赤岸库，等到十月用作冬季犒劳品。"诸葛亮很赞同这个意见。

有人劝说诸葛亮再次发兵，诸葛亮说："大军在祁山、箕谷的时候，都多于敌军，但没有打败敌人，反而被敌人打败，问题不在于兵少，而在于将领，现在我打算减少兵将，显明责罚，反思过失，将来另想变通的办法；如果不能这样，即使兵多也没有什么用处！从今以后，凡是一心为国家分忧效忠的人，只要多多批评我的过错，那么大事就可以安定，敌人就可以打垮，大功就可翘足而待了。"于是考察有功将士，连微小的功劳也不遗漏，对为国牺牲的壮烈，一一加以甄别，引过自责，把自己的过失在境内公开宣布，练兵讲武，准备将来进取，将士精简干练，民众很快忘记了以往的兵败。

诸葛亮出兵祁山的时候，天水参军姜维向诸葛亮归降。诸葛亮很赞赏姜维的胆识，任用他做仓曹掾，掌管军事。

曹真讨伐安定等三个郡，都已平定。曹真认为诸葛亮以祁山之败为戒，以后一定从陈仓出兵，于是让将军郝昭等驻守陈仓，修建城池。

3　夏季，四月丁酉（初八），明帝返回洛阳。

4　明帝任命燕国人徐邈为凉州刺史。徐邈重视农业，广积粮食，开办学校，显明训导，提升贤良之士，罢免邪恶之官，和羌人、胡人办事，不计较小过；但如犯了大罪，先报告他们的首领，使其知道该当死罪的原因，然后才斩首示众。由此，都顺服于他的声威信誉，凉州界内安定无事。

5　五月，天大旱。

6　吴王使鄱阳太守周鲂密求山中旧族名帅为北方所闻知者,令谲挑扬州牧曹休。鲂曰:"民帅小丑,不足杖任,事或漏泄,不能致休。乞遣亲人赍笺以诱休,言被谴惧诛,欲以郡降北,求兵应接。"吴王许之。时频有郎官诣鲂诘问诸事,鲂因诣郡门下,下发谢。休闻之,率步骑十万向皖以应鲂;帝又使司马懿向江陵,贾逵向东关,三道俱进。

秋,八月,吴王至皖,以陆逊为大都督,假黄钺,亲执鞭以见之;以朱桓、全琮为左右督,各督三万人以击休。休知见欺,而恃其众,欲遂与吴战。朱桓言于吴王曰:"休本以亲戚见任,非智勇名将也。今战必败,败必走,走当由夹石、挂车。此两道皆险阨,若以万兵柴路,则彼众可尽,休可生虏。臣请将所部以断之,若蒙天威,得以休自效,便可乘胜长驱,进取寿春,割有淮南,以规许、洛,此万世一时,不可失也!"权以问陆逊,逊以为不可,乃止。

尚书蒋济上疏曰:"休深入虏地,与权精兵对,而朱然等在上流,乘休后,臣未见其利也。"前将军满宠上疏曰:"曹休虽明果而希用兵,今所从道,背湖旁江,易进难退,此兵之绝地也。若入无彊口,宜深为之备!"宠表未报,休与陆逊战于石亭。逊自为中部,令朱桓、全琮为左右翼,三道并进,冲休伏兵,因驱走之,追亡逐北,径至夹石,斩获万馀,牛马骡驴车乘万两,军资器械略尽。

初,休表求深入以应周鲂,帝命贾逵引兵东与休合。逵曰:"贼无东关之备,必并军于皖,休深入与贼战,必败。"乃部署诸将,水陆并进,行二百里,获吴人,言休战败,吴遣兵断夹石。

6 吴王派遣番阳太守周鲂秘密求助已为北方所知名的山越宗帅,想让他们去诳诱魏扬州牧曹休。周鲂说:"山民宗帅地位低贱,不足以依赖信任,事情如有泄漏,不能使曹休上钩。请派亲信带着我的书信去引诱曹休,说我受到责难,害怕被杀,打算以郡归降北方,请求派兵接应。"吴王同意。当时不断有尚书郎到周鲂处查究各种事情,周鲂因而来到番阳郡门之下,剃下头发谢罪。曹休听到后,率领步、骑兵十万人向皖城进发接应周鲂;明帝又命司马懿向江陵方向、贾逵向东关方向,三路大军同时进发。

秋季,八月,吴王到达皖城,任命陆逊为大都督,赐予黄钺,手执马鞭接见了他;又任命朱桓、全琮分别担任左、右督,各领三万人迎击曹休。曹休知道被欺诈,仍然仗恃人多,打算就与东吴交战。朱桓对吴王说:"曹休本因是皇亲国戚而被任用,并不是有勇有谋的名将。如今交战必败无疑,败后必逃,逃走时肯定经由夹石、挂车。这两条道路都很险要狭隘,如若能让一万士兵用柴断路,那么可把他的部众全部俘虏,甚至可以生擒曹休。请求用我的部队断路,若蒙上天神威,使得曹休自动投降,我们就可乘胜长驱直入,进而攻取寿春,割据淮南,计划夺取许昌、洛阳,这是万世难逢的良机,切不可失!"孙权以此询问陆逊,陆逊认为不可,于是没有采取行动。

尚书蒋济上书说:"曹休深入敌方境内,与孙权的精锐部队对垒,而朱然等在长江上游,正处于曹休背后,我看不出什么有利之处。"前将军满宠上书说:"曹休虽然明智果断但很少用兵,这次他的行军路线背靠湖泊,傍依长江,容易进军,难以退却,这是军队受阻之地。如果大军进入无疆口,应该深为戒备!"满宠的表章还未得到答复,曹休与陆逊已在石亭开战。陆逊自己统率中路大军,命朱桓、全琮分别为左、右翼,三路并进,冲击曹休埋伏的部队,乘势把他们赶走了,吴军在后追杀,直抵夹石,斩杀、生擒一万多人,缴获牛马驴骡车辆上万,以及几乎全部的军资器械。

起初,曹休上书请求深入以接应周鲂,明帝命令贾逵率兵向东与曹休汇合。贾逵说:"贼兵在东关没有防备,肯定是在皖城集合部队,曹休深入与敌作战,必定失败。"于是部署各将领水路陆路同时并进,行出二百里,擒获东吴人,说曹休大军战败,东吴正派遣兵士阻断夹石通路。

诸将不知所出,或欲待后军,逄曰:"休兵败于外,路绝于内,进不能战,退不得还,安危之机,不及终日。贼以军无后继,故至此,今疾进,出其不意,此所谓'先人以夺其心'也,贼见吾兵必走。若待后军,贼已断险,兵虽多何益!"乃兼道进军,多设旗鼓为疑兵。吴人望见逄军,惊走,休乃得还。逄据夹石,以兵粮给休,休军乃振。初,逄与休不善,及休败,赖逄以免。

7　九月乙酉,立皇子穆为繁阳王。

8　长平壮侯曹休上书谢罪,帝以宗室不问。休惭愤,疽发于背,庚子,卒。帝以满宠都督扬州以代之。

9　护乌桓校尉田豫击鲜卑郁筑鞬,郁筑鞬妻父轲比能救之,以三万骑围豫于马城。上谷太守阎志,柔之弟也,素为鲜卑所信,往解谕之,乃解围去。

10　冬,十一月,兰陵成侯王朗卒。

11　汉诸葛亮闻曹休败,魏兵东下,关中虚弱,欲出兵击魏,群臣多以为疑。亮上言于汉主曰:"先帝深虑以汉、贼不两立,王业不偏安,故托臣以讨贼。以先帝之明,量臣之才,固当知臣伐贼,才弱敌强;然不伐贼,王业亦亡,惟坐而待亡,孰与伐之!是故托臣而弗疑也。臣受命之日,寝不安席,食不甘味,思惟北征,宜先入南,故五月渡泸,深入不毛。臣非不自惜也,顾王业不可偏全于蜀都,故冒危难以奉先帝之遗意也,而议者以为非计。今贼适疲于西,又务于东,兵法乘劳,此进趋之时也。谨陈其事如左:高帝明并日月,谋臣渊深,然涉险被创,危然后安。今陛下未及高帝,

将领们不知怎么办好,有的想等待后继部队,贾逵说:"曹休对外兵败,对内路绝,进不能战,退不能还,正处在生死存亡的紧急关头,恐怕支持不到天黑。敌军因为没有后续部队,所以只追到夹石,现在我们急速进军,出其不意,这就是所谓的'先声夺人,以挫伤敌人的士气',敌兵看到我军来到,一定退走。假如我们等待后援,敌军已将险路切断,兵虽多又有什么益处!"于是以加倍的速度行军,沿途设下许多旌旗战鼓作为疑兵。东吴人从远处看到贾逵部队,惊恐撤走,曹休于是得以返回。贾逵据守夹石,供给曹休兵粮,曹休部队才振作起来。开始,贾逵与曹休关系不好,等到曹休失败,依赖贾逵才得幸免于难。

7 九月乙酉(二十九日),明帝立皇子曹穆为繁阳王。

8 长平壮侯曹休上书请求加罪,明帝以曹休是皇族之人不加追究。曹休羞愧郁结,背上生疽,庚子,去世。魏帝任命满宠都督扬州,代替曹休遗缺。

9 护乌桓校尉田豫进攻鲜卑人郁筑鞬,郁筑鞬的岳父轲比能前来相救,用三万骑兵把田豫围困在马城。上谷太守阎志是阎柔的弟弟,素来为鲜卑人所信赖,前去解释劝导,轲比能才解围而去。

10 冬季,十一月,兰陵成侯王朗去世。

11 汉诸葛亮听说曹休战败,魏军东下,关中虚弱,打算出兵攻魏,群臣对能否取胜多存怀疑。诸葛亮对汉主进言说:"先帝深深忧虑的是汉和魏贼不能同时并立,帝王的基业不能偏安于蜀地,所以托付我讨伐敌人。以先帝的英明,度量我的才干,当然了解我讨伐敌人的能力不足而敌人强大;但是不讨伐敌人,帝王的基业也会天亡,只是坐等失败,还不如去讨伐敌人呢!所以,托付我这一重任而不加怀疑。我自从接受命令的那一天起,睡觉不安稳,吃饭没滋味,想着由于要北伐敌人,应当先安定南方,所以五月渡过泸水,深入偏远荒蛮的地区。我不是不爱惜自己,是考虑到帝王的基业不可以在蜀都偏安,所以顶着危难来继承先帝的遗志,但议论的人认为这不是好办法。如今敌人刚刚在西面的祁山之役中疲惫不堪,又对东吴用兵,兵法上有乘敌人疲劳之机的说法,这正是进取的时机。谨请让我陈述下列事项:汉高帝刘邦明如日月,谋臣智谋深远,但也历经危难,受过重创,危难过后,才转而安定天下。如今陛下比不上高帝,

谋臣不如良、平,而欲以长计取胜,坐定天下,此臣之未解一也。刘繇、王朗各据州郡,论安言计,动引圣人,群疑满腹,众难塞胸,今岁不战,明年不征,使孙策坐大,遂并江东,此臣之未解二也。曹操智计殊绝于人,其用兵也,仿佛孙、吴,然困于南阳,险于乌巢,危于祁连,逼于黎阳,几败伯山,殆死潼关,然后伪定一时耳;况臣才弱,而欲以不危定之,此臣之未解三也。曹操五攻昌霸不下,四越巢湖不成,任用李服而李服图之,委夏侯而夏侯败亡;先帝每称操为能,犹有此失,况臣驽下,何能必胜!此臣之未解四也。自臣到汉中,中间期年耳,然丧赵云、阳群、马玉、阎芝、丁立、白寿、刘郃、邓铜等及曲长、屯将七十馀人,突将、无前、賨叟、青羌、散骑、武骑一千馀人,皆数十年之内,纠合四方之精锐,非一州之所有;若复数年,则损三分之二,当何以图敌!此臣之未解五也。今民穷兵疲,而事不可息,事不可息,则住与行,劳费正等,而不及虚图之,欲以一州之地与贼支久,此臣之未解六也。夫难平者事也,昔先帝败军于楚,当此时,曹操拊手,谓天下已定。然后先帝东连吴、越,西取巴、蜀,举兵北征,夏侯授首,此操之失计而汉事将成也。然后吴更违盟,关羽毁败,秭归蹉跌,曹丕称帝。凡事如是,难可逆见。臣鞠躬尽力,死而后已,至于成败利钝,非臣之明所能逆睹也。"

十二月,亮引兵出散关,围陈仓,陈仓已有备,亮不能克。亮使郝昭乡人靳详于城外遥说昭,昭于楼上应之曰:"魏家科法,卿所练也;我之为人,卿所知也。我受国恩多而门户重,卿无可言者,但有必死耳。卿还谢诸葛,便可攻也。"详以昭语告亮,亮又使详重说昭,言"人兵不敌,空自破灭"。昭谓详曰:"前言已定矣,

谋臣不如张良、陈平，而打算用持久之计取胜，坐收统一天下之利，这是我不敢懈怠的第一个原因。刘繇、王朗各自占据州郡，谈论安危之计，动辄引证圣人之言，然而对人疑忌满腹，办事众难填胸，今年不打仗，明年不征伐，使得孙策安然地强大起来，以至于吞并了江东，这是我不敢懈怠的第二个原因。曹操的智谋超过别人，指挥作战好似孙武、吴起，但也曾在南阳被困，乌巢遇险，祁连临危，黎阳受逼，几乎败于伯山，差一点死在潼关，然后才篡得天下，获一时平定；何况我才疏力弱，而想不经过危难就平定天下，这是我不敢懈怠的第三个原因。曹操五次攻打昌霸不能攻下，四次跨越巢湖不能成功，任用李服而李服谋害他，委任夏侯渊而夏侯渊败亡；先帝每每称赞曹操是英才，还有这些失误，何况我是庸才，怎能必胜！这是我不敢懈怠的第四个原因。自从我到了汉中，只经过一年时间，竟丧亡了赵云、阳群、马玉、阎芝、丁立、白寿、刘郃、邓铜等和曲长、屯将七十多人，突将、无前、賨叟、青羌、散骑、武骑一千多人，都是几十年之内，从四面八方集合起来的精英，不是一州所能具有；如果再过几年，就要损失三分之二，还能用什么去打垮敌人呢？这是我不敢懈怠的第五个原因。如今民众贫困兵士疲乏，可是国家大事不可停息，国家大事不可停息，那么原地驻守和出兵进取，付出的辛劳和费用正好相等，而不乘关中空虚的时机进攻敌人，打算以一州之地同敌人长期对峙，这是我不敢懈怠的第六个原因。心中难以平静下来的是天下大事，以前先帝在楚地战败，当时曹操拍手高兴，说天下已定。然而后来先帝东连孙吴，西取益州，挥师北伐，杀了夏侯渊，这是曹操的失策而汉朝大业将要成功了。但后来东吴又违背盟约，关羽败亡，秭归受挫，曹丕称帝。世上事情都是如此曲折，实在难以预料。我只有鞠躬尽力，死而后已，至于成败得失，不是我的见识所能预见的了。"

十二月，诸葛亮率领大军从散关出发，包围陈仓，陈仓早已有准备，诸葛亮没能攻下来。诸葛亮让郝昭同乡人靳详在城外远远地劝说郝昭，郝昭在城楼上对靳详说："魏国的法律，您是熟悉的；我的为人，您是了解的。我深受国恩而且门第崇高，您不必多说，只有一死而已。您回去告诉诸葛亮，就来攻打吧。"靳详把郝昭的话告诉了诸葛亮，诸葛亮又让靳详再次劝告郝昭，说"兵众悬殊，抵挡不住，何必白白自取毁灭"。郝昭对靳详说："前面已说定了，

我识卿耳,箭不识也。"详乃去。亮自以有众数万,而昭兵才
千馀人,又度东救未能便到,乃进兵攻昭,起云梯冲车以临
城。昭于是以火箭逆射其梯,梯然,梯上人皆烧死;昭又以绳
连石磨压其冲车,冲车折。亮乃更为井阑百尺以射城中,以
土丸填堑,欲直攀城,昭又于内筑重墙。亮又为地突,欲踊出
于城里,昭又于城内穿地横截之。昼夜相攻拒二十馀日。

曹真遣将军费耀等救之。帝召张郃于方城,使击亮。帝
自幸河南城,置酒送郃,问郃曰:"迟将军到,亮得无已得陈仓
乎!"郃知亮深入无谷,屈指计曰:"比臣到,亮已走矣。"郃晨
夜进道,未至,亮粮尽,引去;将军王双追之,亮击斩双。诏赐
昭爵关内侯。

12　初,公孙康卒,子晃、渊等皆幼,官属立其弟恭。恭
劣弱,不能治国,渊既长,胁夺恭位,上书言状。侍中刘晔曰:
"公孙氏汉时所用,遂世官相承,水则由海,陆则阻山,外连胡
夷,绝远难制,而世权日久;今若不诛,后必生患。若怀贰阻
兵,然后致诛,于事为难;不如因其新立,有党有仇,先其不
意,以兵临之,开设赏募,可不劳师而定也。"帝不从,拜渊扬
烈将军、辽东太守。

13　吴王以扬州牧吕范为大司马,印绶未下而卒。初,
孙策使范典财计,时吴王年少,私从有求,范必关白,不敢专
许,当时以此见望。吴王守阳羡长,有所私用,策或料覆,功
曹周谷辄为傅著簿书,使无谴问,王临时悦之。及后统事,以
范忠诚,厚见信任,以谷能欺更簿书,不用也。

我认识您,箭可不认识您。"靳详只好返回。诸葛亮自以为有几万兵马,而郝昭才有一千多兵众,又估计东来的救兵未必就能赶到,于是进军攻打郝昭,架起云梯、出动冲车进逼城池。郝昭便以火箭迎射汉军的云梯,云梯燃烧起来,梯上的人都被烧死;郝昭又用绳子系上石磨,掷击汉军的冲车,冲车被击毁。诸葛亮就又制作了百尺高的井栏,以向城中射箭,用土块填塞护城的壕沟,想直接攀登城墙,郝昭又在城内筑起一道城墙。诸葛亮又挖地道,想从地道进入城里,郝昭又在城内挖横向地道进行拦截。昼夜攻守相持了二十多天。

曹真派遣将军费耀等援救郝昭。明帝召见在方城的张郃,命他攻击诸葛亮。明帝亲自来到河南城,摆下酒席为张郃送行,问张郃:"等将军赶到,诸葛亮是不是已经取得陈仓呢?"张郃了解诸葛亮深入作战缺乏粮食,屈指计算一下说:"等到我到了那里,诸葛亮已撤走了。"张郃日夜兼程赶路,还没到达。诸葛亮的粮食已尽,领兵退去;将军王双追赶,被诸葛亮击杀。明帝颁布诏书赐郝昭关内侯的爵位。

12 起初,公孙康去世,他的儿子公孙晃、公孙渊都还年幼,所属官吏拥立公孙康的弟弟公孙恭。公孙恭才能低下,性格懦弱,不能治理所辖地区,公孙渊已然长大,胁迫公孙恭,夺得太守之位,上书说明事情经过。侍中刘晔说:"公孙氏为汉代所用,子孙世代承袭,遂为世官,其水路有大海相隔,陆路有群山阻挡,对外勾结胡人,遥远难以控制,而且世代为官,权势日久;现在如不诛杀,以后必生祸患。如等到他们怀有二心守险叛乱,然后再加讨伐,将会更加难办;不如趁他刚刚即位,有党羽也有仇敌,出其不意,以大军压境,公开悬赏招募,可以不必动兵打仗而平定。"明帝没有采纳,封公孙渊为扬烈将军、辽东太守。

13 吴王任用扬州牧吕范为大司马,印信和绶带还没有下达,吕范就去世了。最初,孙策让吕范掌管财经,当时吴王孙权年少,私下向吕范借钱索物,吕范定要禀告,不敢专断许可,为此,当时即被孙权怨恨。后来,孙权代理阳羡长,有私下开支,孙策有时进行核计审查,功曹周谷就为孙权制造假账,使他不受责问,孙权那时十分满意他。但等到孙权统管国事后,认为吕范忠诚,深为信任,而周谷善于欺骗,伪造簿册文书,不予录用。

三年(己酉,229)

1　春,汉诸葛亮遣其将陈戒攻武都、阴平二郡,雍州刺史郭淮引兵救之。亮自出至建威,淮退,亮遂拔二郡以归;汉主复策拜亮为丞相。

2　夏,四月丙申,吴王即皇帝位,大赦,改元黄龙。百官毕会,吴主归功周瑜。绥远将军张昭,举笏欲褒赞功德,未及言,吴主曰:"如张公之计,今已乞食矣。"昭大惭,伏地流汗。吴主追尊父坚为武烈皇帝,兄策为长沙桓王,立子登为皇太子,封长沙桓王子绍为吴侯。

以诸葛恪为太子左辅,张休为右弼,顾谭为辅正,陈表为翼正都尉,而谢景、范慎、羊衜等皆为宾客,于是东宫号为多士。太子使侍中胡综作《宾友目》曰:"英才卓越,超逾伦匹,则诸葛恪;精识时机,达幽究微,则顾谭;凝辩宏达,言能释结,则谢景;究学甄微,游夏同科,则范慎。"羊衜私驳综曰:"元逊才而疏,子嘿精而狠,叔发辩而浮,孝敬深而隘。"衜卒以此言为恪等所恶,其后四人皆败,如衜所言。

吴主使以并尊二帝之议往告于汉。汉人以为交之无益而名体弗顺,宜显明正义,绝其盟好,丞相亮曰:"权有僭逆之心久矣,国家所以略其衅情者,求掎角之援也。今若加显绝,雠我必深。当更移兵东戍,与之角力,须并其土,乃议中原。彼贤才尚多,将相辑穆,未可一朝定也。顿兵相守,坐而须老,使北贼得计,非算之上者。昔孝文卑辞匈奴,先帝优与吴盟,皆应权通变,深思远益,非若匹夫之忿者也。今议者咸以权利在鼎足,不能并力,且志望已满,无上岸之情,推此,皆似是而非也。何者? 其智力不侔,故限江自保。权

魏明帝太和三年(己酉,公元 229 年)

1 春季,汉诸葛亮派遣部将陈戒攻打武都、阴平两郡,雍州刺史郭淮领兵前去相救。诸葛亮亲自抵达建成城,郭淮退去,诸葛亮于是攻下两郡回师;汉主又委任诸葛亮为丞相。

2 夏季,四月丙申(十三日),吴王即皇帝位,大赦天下,改年号为黄龙。文武百官都来朝会,吴王把功劳归于周瑜。绥远将军张昭,举起笏板想要歌功颂德,没等开口说话,吴王说:"如果当初听从张公之计,现在已在要饭了。"张昭极为羞愧,伏在地上直流汗。吴王追尊父孙坚为武烈皇帝,兄孙策为长沙桓王,立儿子孙登为皇太子,封长沙桓王孙策的儿子孙绍为吴侯。

吴王任用诸葛恪为太子左辅,张休为右弼,顾谭为辅正,陈表为翼正都尉,而谢景、范慎、羊衜等都作为宾客,于是东宫号称人才济济。太子孙登让侍中胡综作《宾友目》说:"英才卓越,出类拔萃,是诸葛恪;精识时势,见解深刻,是顾谭;雄辩明达,言能释疑,是谢景;学问深邃,可与言偃(子游)、卜商(子夏)等同,是范慎。"羊衜私下反驳胡综说:"诸葛恪才大然而粗疏,顾谭精明然而残忍,谢景善辩然而浮浅,范慎精深然而少闻。"羊衜终于因此言论被诸葛恪等厌恶,以后这四人全都败事,正如羊衜所言。

吴王派使者到蜀国通告他已即皇帝位,提议两国并尊二帝。蜀汉认为与东吴结交没有益处而且名号体制不顺,应该显明正义,断绝友好结盟,丞相诸葛亮说:"孙权有僭号篡逆之心已经很久了,我们国家所以不追究他的薄义寡情,是有求于他的掎角之援。现在如果公开断绝关系,东吴对我们仇恨必定加深,我们势必转移兵力加强东方防卫。与东吴对抗,必须先兼并东吴国土,才能谈论进取中原。可是,东吴贤能人才还很多,文武将相,一团和睦,不可能一朝平定。只有屯兵防守,坐而待老,使得北敌得逞,这不是谋略之上策。以前孝文帝对匈奴出以谦卑之辞,先帝宽容大度与东吴结盟,都是权衡形势,随时变通,深思长远的利益,绝非如匹夫一时忿恨用事。而今议论的人都以为孙权的利益在于鼎足之势,不能与我们合力,而且已经踌躇满志,没有北伐的愿望,这样推断,都是似是而非。为什么?是他的智谋和实力不够,所以以长江为界保全自己。孙权

之不能越江，犹魏贼之不能渡汉，非力有馀，而利不取也。若大军致讨，彼高当分裂其地以为后规，下当略民广境，示武于内，非端坐者也。若就其不动而睦于我，我之北伐，无东顾忧，河南之众不得尽西，此之为利，亦已深矣。权僭逆之罪，未宜明也。"乃遣卫尉陈震使于吴，贺称尊号。吴主与汉人盟，约中分天下，以豫、青、徐、幽属吴，兖、冀、并、凉属汉，其司州之土，以函谷关为界。

张昭以老病上还官位及所统领，更拜辅吴将军，班亚三司，改封娄侯，食邑万户。昭每朝见，辞气壮厉，义形于色，曾以直言逆旨，中不进见。后汉使来，称汉德美，而群臣莫能屈，吴主叹曰："使张公在坐，彼不折则废，安复自夸乎！"明日，遣中使劳问，因请见昭，昭避席谢，吴主跪止之。昭坐定，仰曰："昔太后、桓王不以老臣属陛下，而以陛下属老臣，是以思尽臣节以报厚恩，而意虑浅短，违逆盛旨。然臣愚心所以事国，志在忠益毕命而已；若乃变心易虑以偷荣取容，此臣所不能也！"吴主辞谢焉。

3　元城哀王礼卒。

4　六月癸卯，繁阳王穆卒。

5　戊申，追尊高祖大长秋曰高皇帝，夫人吴氏曰高皇后。

6　秋，七月，诏曰："礼，王后无嗣，择建支子以继大宗，则当篡正统而奉公义，何得复顾私亲哉！汉宣继昭帝后，加悼考以皇号；哀帝以外藩援立，而董宏等称引亡秦，惑误时朝，既尊恭皇，立庙京都，又宠藩妾，使比长信，叙昭穆于前殿，并四位于东宫，僭差无度，人神弗祐，而非罪师丹忠正之谏，用致丁、傅焚如之祸。自是之后，相踵行之。昔鲁文逆祀，

不能越江北上，犹如魏贼不能渡过汉水南下，不是力量有馀，并且有利也不去夺取。若我们大军伐魏，孙权的上策当是分占魏的土地作为以后规划，下策当是劫掠民众开拓疆境，在国内显示武力，绝非端坐不动之人。即使就算他不动而与我们和睦相处，我们北伐，没有东顾之忧，魏黄河以南的部队为了防备东吴，也不能全部向西调动，就是这一有利之处，也已经够深远的了。孙权僭号篡逆之罪，不宜公开表明。"于是派遣卫尉陈震出使到吴，祝贺孙权称号登极。吴主与蜀汉结盟，约定将来平分天下，以豫、青、徐、幽四州属吴，兖、冀、并、凉四州属汉，司州地区以函谷关为界划分。

张昭因年老多病辞去官职，交回所辖部众，改为辅吴将军，班位仅次于三公，并改封为娄侯，食邑一万户。张昭每次朝见，辞严气盛，义形于色，曾以直言冒犯旨意，以后不肯来朝见。后来，蜀汉使节来到东吴，称赞蜀汉的美德，然而文武众臣都不能辩倒他，吴主叹息说："假使张公在座，他不折服，气焰也会收敛，怎么可能再自夸呢？"次日，派遣中使问候张昭，接着亲自请见，张昭离开席位请罪，吴主跪下阻止了他。张昭坐定之后，仰起头说："以前太后、桓王没有把老臣托付给陛下，而是把陛下托付给老臣，所以我是想竭尽臣节报答厚恩，然而见识肤浅，违逆陛下旨意。可是，我是一片忠心为国效劳，志在更加效命至死不变；如若变心，想要为了荣华富贵巴结奉承，这是我不能做的！"吴王连连辞谢。

3　元城哀王曹礼去世。

4　六月癸卯（二十一日），繁阳王曹穆去世。

5　戊申（二十六日），明帝追尊曹氏高祖汉大长秋曹腾为高皇帝，夫人吴氏为高皇后。

6　秋季，七月，明帝颁布诏书说："古礼规定，王后没有儿子时，遴选旁支庶子继承大宗，就应当纳入正统奉守公义，怎么能再顾及个人亲情！汉宣帝继承昭帝的帝位，追加生父皇号；哀帝以封国国君身份即位，而董宏等竟然引用亡秦为例，迷惑当时的朝廷，既尊称生父为恭皇，在京城建立祭庙，又宠用藩国妃妾，使她和长信宫的太皇太后相比同，在朝廷前殿叙论亲疏远近，后宫同时并立四位太后，超越身份，滥用职权，已经毫无节制，人神都不保佑，而非难归罪于忠正规劝的师丹，招致丁太后和傅昭仪被火焚烧之祸事。自此以后，继位君王接连效法。从前鲁文公违反祭祀礼仪，

罪由夏父；宋国非度，讥在华元。其令公卿有司，深以前世行事为戒，后嗣万一有由诸侯入奉大统，则当明为人后之义；敢为佞邪导谀时君，妄建非正之号，以干正统，谓考为皇，称姒为后，则股肱大臣，诛之无赦。其书之金策，藏之宗庙，著于令典！"

7 九月，吴主迁都建业，皆因故府，不复增改，留太子登及尚书九官于武昌，使上大将军陆逊辅太子，并掌荆州及豫章三郡事，董督军国。

南阳刘廙尝著《先刑后礼论》，同郡谢景称之于逊，逊呵之曰："礼之长于刑久矣，廙以细辩而诡先圣之教，君今侍东宫，宜遵仁义以彰德音，若彼之谈，不须讲也！"

太子与西陵都督步骘书，求见启诲，骘于是条于时事业在荆州界者及诸僚吏行能以报之，因上疏奖劝曰："臣闻人君不亲小事，使百官有司各任其职，故舜命九贤，则无所用心，不下庙堂而天下治也。故贤人所在，折冲万里，信国家之利器，崇替之所由也。愿明太子重以经意，则天下幸甚！"

张纮还吴迎家，道病卒。临困，授子留笺曰："自古有国有家者，咸欲修德政以比隆盛世，至于其治，多不馨香，非无忠臣贤佐也，由主不胜其情，弗能用耳。夫人情惮难而趋易，好同而恶异，与治道相反。《传》曰'从善如登，从恶如崩'，言善之难也。人君承奕世之基，据自然之势，操八柄之威，甘易同之欢，无假取于人，而忠臣挟难进之术，吐逆耳之言，其不合也，不亦宜乎！离则有衅，巧辩缘间，眩于小忠，恋于恩爱，贤愚杂错，

这种逆祀之罪是由于夏父胡言诱惑；宋文公厚葬过度，大臣华元受到指责。现在我下令各公、卿、主官，深刻地以前代所行之事为戒，皇室后裔中万一有由诸侯身份继承帝位的，就应当明白作人后代的大义；有谁胆敢用佞邪之词诱惑谀媚当时君主，妄图为已死的父母建立非正统尊号，干犯正统，称已死的父亲为皇，称已死的母亲为后，那么，你们这些国家重臣，要对那些佞臣诛杀不赦。这份诏书要用金写在简册上，藏在宗庙之中，载入国家法典。”

7 九月，吴主迁都建业，全部承用原有的宫室王府，不再增设改建，留下太子孙登及尚书九卿在武昌，让上大将军陆逊辅佐太子，并掌管荆州及豫章三郡事务，监督全国的军政大事。

南阳人刘廙曾经著《先刑后礼论》，同郡人谢景向陆逊称赞这部书，陆逊呵斥说：“礼仪为首，先于刑法，已经很久了，刘廙用繁琐的辩解违背先圣的教化，你现在在太子宫中任职，理应遵照仁义之礼以宣扬恩德之音，像刘廙那样的言论，没必要讲！”

太子孙登给西陵都督步骘写信，请求指教，步骘于是把当时荆州界内情况和各官吏的品行才能一一分析报告，并上书鼓励规劝说：“我听说君王不亲临小事，而是让各级官吏尽忠职守，所以舜帝任用九位贤人，自己不用再操心，不出庙堂而天下便得到治理。所以贤人所在之地，能抵御万里之外的敌人，他们实在是国家的杰出人才，兴衰的关键。愿使太子明晓重视，深加留意，这就是天下的大幸运了！”

张纮回吴郡迎接家眷，中途发病死去。临终时，将写好的遗表交给儿子，遗表上说：“自古以来主持国家的人，全都打算修行德政与太平盛世相媲美，至于治理的结果，多不能实现，不是没有忠臣贤能辅佐，而是由于主上不能克制自己的私情，不能任用他们。人之常情都是畏惧艰难，趋就容易，喜好相同意见，厌恶不同意见，这与治国之道正好相反。古书上说‘为善如同登山，为恶如同山崩’，是比喻为善很困难。君王承袭祖先累世之基业，据有至尊的自然之势，有掌握天下八种权柄的威严，喜好容易受到赞同带来的欢快，无需听取采纳别人意见，而忠义之臣提出难以采纳的方案，说出逆耳的言语，与君王不能契合，不也正当如此吗！君王与忠臣疏远就会出现裂痕，花言巧语之人借机离间，君王被这点所谓的忠心搞得迷迷糊糊，迷恋于个人私恩错爱，使得贤良和愚恶混在一起，

黜陟失序，其所由来，情乱之也。故明君寤之，求贤如饥渴，受谏而不厌，抑情损欲，以义割恩，则上无偏谬之授，下无希冀之望矣！"吴主省书，为之流涕。

8　冬，十月，改平望观曰听讼观。帝常言："狱者，天下之性命也。"每断大狱，常诣观临听之。初，魏文侯师李悝著《法经》六篇，商君受之以相秦。萧何定《汉律》，益为九篇，后稍增至六十篇。又有《令》三百馀篇，《决事比》九百六卷，世有增损，错糅无常，后人各为章句，马、郑诸儒十有馀家，以至于魏，所当用者合二万六千二百七十二条，七百七十三万馀言，览者益难。帝乃诏但用郑氏章句。尚书卫觊奏曰："刑法者，国家之所贵重而私议之所轻贱；狱吏者，百姓之所县命而选用者之所卑下。王政之敝，未必不由此也，请置律博士。"帝从之。又诏司空陈群、散骑常侍刘邵等删约汉法，制《新律》十八篇，《州郡令》四十五篇，《尚书官令》、《军中令》合百八十馀篇，于《正律》九篇为增，于旁章科令为省矣。

9　十一月，洛阳庙成，迎高、太、武、文四神主于邺。

10　十二月，雍丘王植徙封东阿。

11　汉丞相亮徙府营于南山下原上，筑汉城于沔阳，筑乐城于成固。

四年(庚戌,230)

1　春，吴主使将军卫温、诸葛直将甲士万人，浮海求夷洲、亶洲，欲俘其民以益众，陆逊、全琮皆谏，以为："桓王创基，兵不一旅。今江东见众，自足图事，不当远涉不毛，万里袭人，风波难测。又民易水土，必致疾疫，欲益更损，欲利反害。且其民犹禽兽，得之不足济事，无之不足亏众。"吴主不听。

罢免和进用都失去标准,这种情形由来的原因,是私情作怪。所以圣明的君王明察此情,求访贤能如饥似渴,接受规劝而不厌烦,抑制私情,打消私欲,出于大义割舍私恩,那么上面没有偏颇错谬的任用,下面也就不抱非分之想了!"吴主读着这封遗书,感动得流出热泪。

8　冬季,十月,魏改平望观为听讼观。明帝常说:"刑狱之事,关系天下人的性命。"每次判决重要刑事案件,经常到听讼观临听。最初,魏文侯老师李悝著《法经》六篇,商鞅接受了其中的思想,在秦国为相变法。萧何制定《汉律》,增加到九篇,以后逐渐增到六十篇。又有《令》三百多篇,《决事比》九百零六卷,世代都有增加和减少,错杂无常,后代人又各自逐章逐句作注,有马融、郑玄等儒学大师十几家,以至到了魏,能够适用的总计有两万六千二百七十二条,七百七十三万馀言,阅读愈加困难。明帝于是下诏,只采用郑氏注。尚书卫觊上奏说:"刑法,对于国家非常宝贵重要,但却被人们私下议论时所轻视;监狱官吏,掌握着百姓性命,但任用的人却品行卑劣。国家的败坏,未必不是由于这一缘故,请设置法律博士。"明帝采纳了他的意见。又下诏命司空陈群、散骑常侍刘邵等修改汉朝法规,制定《新律》十八篇,《州郡令》四十五篇,《尚书官令》《军中令》合计一百八十多篇,虽然比萧何《正律》九篇有所增加,但比其他附属法令精减了。

9　十一月,洛阳皇家宗庙建成,从邺城迎来高帝、太祖、武帝、文帝四位先祖的灵位供奉。

10　十二月,雍丘王曹植被迁徙,封于东阿。

11　汉丞相诸葛亮把相府、军营迁移到南山下的平原上,在沔阳县修建汉城,在成固县修建乐城。

魏明帝太和四年(庚戌,公元230年)

1　春季,吴主派遣将军卫温、诸葛直率领兵士一万人,渡海寻求夷洲、亶洲,打算停获当地民众以增加民力。陆逊、全琮都来劝止,认为"桓王创立基业时,兵士不过五百人,而今江东人已很多,足够使用,不应当远渡大洋,深入不毛之地,向万里之外发兵袭人,海上狂风巨浪,难以预测。而且民众一旦改变水土环境,肯定会引发疾病,打算增加民力反而更加受损,打算谋利反被其害;况且当地民众犹如禽兽,得到他们不足以对事业有帮助,没有他们也不会显得民众亏缺。"吴主没有接受。

2　尚书琅邪诸葛诞、中书郎南阳邓飏等相与结为党友，更相题表，以散骑常侍夏侯玄等四人为四聪，诞辈八人为八达。玄，尚之子也。中书监刘放子熙，中书令孙资子密，吏部尚书卫臻子烈，三人咸不及比，以其父居势位，容之为三豫。

行司徒事董昭上疏曰："凡有天下者，莫不贵尚敦朴忠信之士，深疾虚伪不真之人者，以其毁教乱治，败俗伤化也。近魏讽伏诛建安之末，曹伟斩戮黄初之始。伏惟前后圣诏，深疾浮伪，欲以破散邪党，常用切齿；而执法之吏，皆畏其权势，莫能纠擿，毁坏风俗，侵欲滋甚。窃见当今年少不复以学问为本，专更以交游为业；国士不以孝悌清修为首，乃以趋势游利为先。合党连群，互相褒叹，以毁訾为罚戮，用党誉为爵赏，附己者则叹之盈言，不附者则为作瑕衅。至乃相谓：'今世何忧不度邪，但求人道不勤，罗之不博耳；人何患其不己知，但当吞之以药而柔调耳。'又闻或有使奴客名作在职家人，冒之出入，往来禁奥，交通书疏，有所探问。凡此诸事，皆法之所不取，刑之所不赦，虽讽、伟之罪，无以加也！"帝善其言。二月，壬午，诏曰："世之质文，随教而变。兵乱以来，经学废绝，后生进趣，不由典谟。岂训导未洽，将进用者不以德显乎？其郎吏学通一经，才任牧民，博士课试，擢其高第者，亟用；其浮华不务道本者，罢退之！"于是免诞、飏等官。

3　夏，四月，定陵成侯锺繇卒。

2　尚书琅邪人诸葛诞、中书郎南阳人邓飏等互相结成朋党，争相题品吹捧，以散骑常侍夏侯玄等四人为四聪，诸葛诞等八人为八达。夏侯玄是夏侯尚的儿子。中书监刘放的儿子刘熙、中书令孙资的儿子孙密、吏部尚书卫臻的儿子卫烈三人都不能与他们相提并论，但因他们的父亲高居权势之位，特别容纳三人得参与题品，称为三豫。

　　代理司徒董昭上书说："凡拥有天下的帝王，无不崇尚尊重朴实忠信之士，深恶虚伪不真之人，这是因后者毁坏教化，扰乱秩序，伤风败俗。近有魏讽在建安末年被诛杀，曹伟在黄初二年被处死。俯首考虑陛下前后颁布的诏书，极为痛恶浮华虚伪，想要打破拆散朋党，常常使用'切齿'之词；而执法的官吏，却畏惧他们的权势，不敢监督揭发，败坏风俗的行为，越来越严重。我暗中观察，当今年轻人不再把做学问当作进取之本，而专门以互相结交朋友为业；国中士人不以孝悌清廉修身为第一，而以趋炎附势营利为先。结成朋党，连成群伙，互相恭维，叹息怀才不遇，把诋毁当作刑杀，把朋党赞誉看作封爵一般的奖赏，对依附自己的人则连声赞叹，好话说尽，对不依附自己的人则百般挑剔。以至互相说：'当今之世什么忧虑不能消除，只怕人事关系不够，交结党友不多而已；还担心什么别人不了解自己，只要入了小圈子，别人对你柔服调顺，好像吃了仙丹妙药一样舒服。'又听说有的人还指使家中奴仆宾客冒充属下差役，出入宫廷官府禁地，来往书信，探听消息。凡此类事，都是法律不容许，刑罚不赦免的，即使魏讽、曹伟的罪过，也不比他们更重！"明帝同意董昭的说法。二月壬午（初四），下诏说："社会风气的朴实和浮华，随着教化而改变。兵荒战乱以来，儒家经典的教授完全荒废，年轻人进取的途径，不在经典，这岂不是训导不恰当、对将提拔任用的人不突出考察品德吗？从现在起，郎官必须通晓一种经典才可以升任地方长官，博士课的考试，择取成绩优秀者马上录用；华而不实、不务正道的人罢免！"于是，免去诸葛诞、邓飏的官职。

　　3　夏季，四月，定陵成侯钟繇去世。

4　六月戊子，太皇太后卞氏殂。秋，七月，葬武宣皇后。

5　大司马曹真以“汉人数入寇，请由斜谷伐之；诸将数道并进，可以大克。”帝从之，诏大将军司马懿溯汉水由西城入，与真会汉中，诸将或由子午谷、或由武威入。司空陈群谏曰：“太祖昔到阳平攻张鲁，多收豆麦以益军粮，鲁未下而食犹乏。今既无所因，且斜谷阻险，难以进退，转运必见钞截，多留兵守要，则损战士，不可不熟虑也！”帝从群议。真复表从子午道；群又陈其不便，并言军事用度之计。诏以群议下真，真据之遂行。

6　八月辛巳，帝行东巡；乙未，如许昌。

7　汉丞相亮闻魏兵至，次于成固赤坂以待之。召李严使将二万人赴汉中，表严子丰为江州都督，督军典严后事。

会天大雨三十馀日，栈道断绝，太尉华歆上疏曰：“陛下以圣德当成、康之隆，愿先留心于治道，以征伐为后事。为国者以民为基，民以衣食为本。使中国无饥寒之患，百姓无离上之心，则二贼之衅可坐而待也！”帝报曰：“贼凭恃山川，二祖劳于前世，犹不克平，朕岂敢自多，谓必灭之哉！诸将以为不一探取，无由自敝，是以观兵以窥其衅。若天时未至，周武还师，乃前事之鉴，朕敬不忘所戒。”

少府杨阜上疏曰：“昔武王白鱼入舟，君臣变色，动得吉瑞，犹尚忧惧，况有灾异而不战竦者哉！今吴、蜀未平，而天屡降变，

4　六月戊子(十一日),太皇太后卞氏去世。秋季七月,安葬武宣皇后卞氏。

　　5　大司马曹真认为:"蜀汉多次入侵,请下命由斜谷出兵讨伐,各将领分几路同时并进,可以大胜。"明帝听从了曹真的建议,颁布诏书命大将军司马懿逆汉水由西城进军,与曹真在汉中汇合,其他将领有的由子午谷,有的由武威进军入蜀。司空陈群劝谏说:"太祖以前到阳平攻打张鲁,大量收集豆麦以增加军粮供给,张鲁没有攻下而粮食已经缺乏。如今既然缺乏粮食,况且斜谷地势险阻,无论进退,都很困难。转运粮食肯定会被抄袭截击,如果多留士兵据守险要之处,便会使战士受损失,不可不深思熟虑!"明帝听从了陈群的建议。曹真再次上书要从子午道进攻汉中,陈群又陈述不便行事的理由,并谈到军事费用的预算情况。明帝下诏把陈群的议论交给曹真参考,曹真却据此诏书随即出动。

　　6　八月辛巳(初五),明帝向东巡行;乙未(十九日),到达许昌。

　　7　汉丞相诸葛亮听说魏军来到,驻扎在成固、赤坂等待魏军。让李严率领两万人赶往汉中,上表推举李严的儿子李丰为江州都督,统帅军队掌管接应之事。

　　正值大雨不停,连降三十多天,栈道断绝,太尉华歆上书说:"陛下圣道正处在像成康之治一样的盛世,希望先专心于国家的文治,把征伐作为以后的事情。主持国家的人以民众为基础,民众以衣食为根本。如能使中原没有饥饿寒冷的苦难,百姓没有与国家离心离德,那么吴、蜀两贼的矛盾,可以坐待其爆发!"明帝答道:"敌人凭借高山大川,太祖和世祖前世劳苦,还没有平定,朕岂敢自己吹嘘,说一定消灭敌人呢?将领们以为不一一进取,两贼不可能自行败亡,因此用兵以窥测敌人的破绽。如果天时还没有到来,周武王还师,就是前车之鉴,朕不会忘记历史的鉴戒。"

　　少府杨阜上书说:"从前周武王渡黄河伐纣,一条白鱼跃入舟中,君臣脸色大变,行军得到吉祥的瑞兆,还那么害怕,何况面对真正的灾异而能不战栗吗?而今吴、蜀没有平定,而上天屡次降下灾变,

诸军始进,便有天雨之患,稽阁山险,已积日矣。转运之劳,担负之苦,所费已多,若有不继,必违本图。《传》曰:'见可而进,知难而退,军之善政也。'徒使六军困于山谷之间,进无所略,退又不得,非王兵之道也。"

散骑常侍王肃上疏曰:"前志有之:'千里馈粮,士有饥色,樵苏后爨,师不宿饱。'此谓平涂之行军者也;又况于深入阻险,凿路而前,则其为劳必相百也。今又加之以霖雨,山坂峻滑,众迫而不展,粮远而难继,实行军者之大忌也。闻曹真发已逾月而行裁半谷,治道功夫,战士悉作。是贼偏得以逸待劳,乃兵家之所惮也。言之前代,则武王伐纣,出关而复还;论之近事,则武、文征权,临江而不济。岂非所谓顺天知时,通于权变者哉!兆民知上圣以水雨艰剧之故,休而息之,后日有衅,乘而用之,则所谓悦以犯难,民忘其死者矣。"肃,朗之子也。

九月,诏曹真等班师。

8 冬,十月乙卯,帝还洛阳。时左仆射徐宣总统留事,帝还,主者奏呈文书。帝曰:"吾省与仆射省何异!"竟不视。

9 十二月辛未,改葬文昭皇后于朝阳陵。

10 吴主扬声欲至合肥,征东将军满宠表召兖、豫诸军皆集,吴寻退还,诏罢其兵。宠以为:"今贼大举而还,非本意也,此必欲伪退以罢吾兵,而倒还乘虚,掩不备也。"表不罢兵。后十馀日,吴果更到合肥城,不克而还。

各路大军刚刚进发,便天降大雨之灾,积沙乱石阻塞山路,已经有不少日子。转运军用物资的劳累,肩挑背负的辛苦,耗费的已经很多,如果供应接继不上,一定事与愿违。《左传》上说:'看到便利就进,知道困难就退,是用兵的良法。'白白地让大军在山谷之间受困,进没有什么可以掠取,退又不可能,不是帝王之师的做法。"

散骑常侍王肃上书说:"从前的书上有这样的话:'从千里之外供给粮食,士兵就会面有饥色,依靠就近拾柴做饭,军队就会经常吃不饱。'这是说在平路行军的情况;又何况是深入峻岭,靠开凿山路前进,所费劳力与平地行军相比,一定相差百倍。现在又加上霖雨不断,山道崎岖,又陡又滑,兵众拥挤而不能施展,粮食远在外地,难以跟上,实在是行军的大忌。听说曹真发兵已过了一个月而行军才到子午谷的半路,修路的劳动,战士全都参加。让敌人独得以逸待劳,这是兵家所禁忌的。拿古代来说,就是周武王伐纣,出了关而又退回;拿近代而论,就是武帝、文帝征伐孙权,到了长江而不渡,难道不是所谓的顺天知时,随时变通的先例吗?百姓知道圣明的君主因为雨水造成艰难的缘故,休兵息鼓,以后遇有机会,就会因此而拼力效用,那就是所谓乐意冒险,民忘其死的了。"王肃是王朗的儿子。

九月,下诏命曹真班师。

8 冬季,十月乙卯(十一日),明帝返回洛阳。当时,左仆射徐宣总管留守京师之事,明帝归来后,主事官吏把徐宣批示后的文书呈送明帝过目,明帝说:"我审阅和仆射审阅有什么不同!"竟然看都不看。

9 十二月,将文昭皇后改葬在邺城朝阳陵。

10 吴主扬言要出兵到合肥,征东将军满宠上表奏请调兖州、豫州各军全部集中,吴军不久退兵,明帝下诏停止此次军事行动。满宠认为:"现在敌贼大举进兵不战而还,不是他们的本意,这必定是打算伪装退却以使我们停止作战准备,再倒转回来乘虚而入,攻我不备。"上表请求不能停止备战。十几天后,吴军果然重到合肥城下,攻不下城,只好退兵。

11　汉丞相亮以蒋琬为长史。亮数外出,琬常足食足兵,以相供给。亮每言:"公琰托志忠雅,当与吾共赞王业者也。"

12　青州人隐蕃逃奔入吴,上书于吴主曰:"臣闻纣为无道,微子先出;高祖宽明,陈平先入。臣年二十二,委弃封域,归命有道,赖蒙天灵,得自全致。臣至止有日,而主者同之降人,未见精别,使臣微言妙旨不得上达,於邑三叹,曷惟其已!谨诣阙拜章,乞蒙引见。"吴主即召入,蕃进谢,答问及陈时务,甚有辞观。侍中右领军胡综侍坐,吴主问:"何如?"综对曰:"蕃上书大语有似东方朔,巧捷诡辩有似祢衡,而才皆不及。"吴主又问:"可堪何官?"综对曰:"未可以治民,且试都辇小职。"吴主以蕃盛语刑狱,用为廷尉监。左将军朱据、廷尉郝普数称蕃有王佐之才,普尤与之亲善,常怨叹其屈。于是蕃门车马云集,宾客盈堂,自卫将军全琮等皆倾心接待;惟羊衜及宣诏郎豫章杨迪拒绝不与通。潘浚子翥,亦与蕃周旋,馈饷之。浚闻,大怒,疏责翥曰:"吾受国厚恩,志报以命,尔辈在都,当念恭顺,亲贤慕善。何故与降虏交,以粮饷之!在远闻此,心震面热,惆怅累旬。疏到,急就往使受杖一百,促责所饷!"当时人咸怪之。顷之,蕃谋作乱于吴,事觉,亡走,捕得,伏诛。吴主切责郝普,普惶惧,自杀。朱据禁止,历时乃解。

13　武陵五溪蛮夷叛吴,吴主以南土清定,召交州刺史吕岱还屯长沙沤口。

11 汉丞相诸葛亮任用蒋琬为长史,诸葛亮数次外出征战,蒋琬常能筹措足够的粮食和兵员供给诸葛亮。诸葛亮每次都说:"蒋琬忠心而又有雅量,当是与我共同佐助帝王之业的人。"

12 青州人隐蕃逃到东吴,上书给吴主说:"我听说商纣王行为无道,微子先出离本国;汉高祖宽厚英明,陈平首先入境投靠。我今年二十二岁,舍弃故土,归顺于有道圣君,承蒙上天保佑,得以安全抵达。我来到此地已有数日,而主客之官把我看作一般的归降之士,没有再加精细的考察甄别,使我的精辟见解和美好意图不能呈献给陛下,再三叹息,为什么这样!谨到宫门呈递奏章,乞蒙召见。"吴主随即召他入宫,隐蕃叩谢,回答问题和陈述时势,极善言辞,仪态从容。侍中右领军胡综在座,吴主问他:"印象如何?"胡综答道:"隐蕃上书语气大,好像东方朔,乖巧敏捷、善于诡辩,好像祢衡,可是才能却比不上。"吴主又问:"可以担当什么官职?"胡综答:"不能让他治理民众,暂且在京都试任一个低等职务。"吴主认为隐蕃多谈刑狱之事,就任他为廷尉监。左将军朱据、廷尉郝普屡次称隐蕃有辅佐帝王之才,郝普尤其与隐蕃亲密友好,经常抱怨叹息隐蕃屈才。于是隐蕃门前车马云集,宾客满堂,卫将军全综以下等都倾心交往;只有羊衜和宣诏郎豫章人杨迪拒绝与隐蕃交往。潘濬的儿子潘翥,也和隐蕃混在一起,还赠送物品给他。潘濬听说后勃然大怒,写信责备潘翥说:"我受国家厚恩,志在以生命回报,你住在京师,应当心怀恭顺,亲近贤能,仰慕善行,为什么和一个投降的人交往,还赠东西给他!我在远方听到此事,心头震动,脸上发热,惆怅数十天。信到后,赶快到信使那里接受一百杖的责罚,立刻索回赠送的物品!"当时人都对潘濬的做法感到奇怪。没多久,隐蕃图谋在吴国叛乱,事被发觉逃走,后被捉到处死。吴主严厉责备郝普,郝普极为恐惧,自杀。朱据被软禁,过一些时间才解除。

13 武陵郡五溪蛮夷反叛吴国,吴主认为南方疆土安定,调交州刺史吕岱回军驻守长沙沤口。

卷第七十二　魏纪四

起辛亥(231)尽甲寅(234)凡四年

烈祖明皇帝中之上
太和五年(辛亥,231)

1　春,二月,吴主假太常潘浚节,使与吕岱督军五万人讨五溪蛮。浚姨兄蒋琬为诸葛亮长史,武陵太守卫旌奏浚遣密使与琬相闻,欲有自托之计。吴主曰:"承明不为此也。"即封旌表以示浚,而召旌还,免官。

2　卫温、诸葛直军行经岁,士卒疾疫死者什八九,亶洲绝远,卒不可得至,得夷洲数千人还。温、直坐无功,诛。

3　汉丞相亮命李严以中都护署府事。严更名平。亮帅诸军入寇,围祁山,以木牛运。于是大司马曹真有疾,帝命司马懿西屯长安,督将军张郃、费曜、戴陵、郭淮等以御之。

4　三月,邵陵元侯曹真卒。

5　自十月不雨,至于是月。

6　司马懿使费曜、戴陵留精兵四千守上邽,馀众悉出,西救祁山。张郃欲分兵驻雍、郿,懿曰:"料前军能独当之者,将军言是也。若不能当而分为前后,此楚之三军所以为黥布禽也。"遂进。亮分兵留攻祁山,自逆懿于上邽。郭淮、费曜等徼亮,亮破之,因大芟刈其麦,与懿遇于上邽之东。懿敛军依险,兵不得交,亮引还。

烈祖明皇帝中之上
魏明帝太和五年（辛亥，公元231年）

1　春季，二月，吴主授予太常潘濬符节，命他与吕岱统领大军五万人讨伐五溪蛮。潘濬的妻兄蒋琬担任诸葛亮长史，武陵太守卫旌上奏说潘濬派遣密使与蒋琬联系，有寄托归附的打算。吴主说："潘濬不会做这种事。"随即封好卫旌奏章以给潘濬看，而把卫旌召回，免去官职。

2　卫温、诸葛直率军出海已有一年，兵士因生病和传染病流行而死的有十之八九，亶洲极其遥远，最终也没能到达，只掠得夷洲几千人返回。卫温、诸葛直出师无功，论罪被杀。

3　汉丞相诸葛亮命李严以中都护的官职署理汉中留府的事务。李严改名李平。诸葛亮率领各路大军进犯魏境，包围祁山，用木牛运输军用物资。这时大司马曹真病重，明帝命司马懿向西驻扎在长安，统领将军张郃、费曜、戴陵、郭淮等将领抵御诸葛亮。

4　三月，邵陵元侯曹真去世。

5　自去年十月起不降雨，一直到这个月。

6　司马懿命费曜、戴陵留下四千精兵防守上邽，其馀的兵众全部出动，往西援救祁山。张郃打算分出部分兵力驻守在雍县、郿县，司马懿说："估计前面的部队能够独立抵挡敌军，将军的意见就对了。如果前面的部队不能抵挡敌军而分为前后两部分，这就是楚国三军所以被黥布击溃的原因。"于是进军。诸葛亮分出一支部队留下来进攻祁山，亲自率领大军到上邽迎战司马懿。郭淮、费曜等拦截诸葛亮，诸葛亮击败他们，乘机收割了上邽的麦子，与司马懿在上邽以东相遇。司马懿收兵据险防守，两军不得交战，诸葛亮率军退回。

懿等寻亮后至于卤城。张郃曰："彼远来逆我,请战不得,谓我利在不战,欲以长计制之也。且祁山知大军已在近,人情自固,可止屯于此,分为奇兵,示出其后,不宜进前而不敢逼,坐失民望也。今亮孤军食少,亦行去矣。"懿不从,故寻亮。既至,又登山掘营,不肯战。贾栩、魏平数请战,因曰:"公畏蜀如虎,奈天下笑何!"懿病之。诸将咸请战。夏,五月辛巳,懿乃使张郃攻无当监何平于南围,自按中道向亮。亮使魏延、高翔、吴班逆战,魏兵大败,汉人获甲首三千,懿还保营。

六月,亮以粮尽退军,司马懿遣张郃追之。郃进至木门,与亮战,蜀人乘高布伏,弓弩乱发,飞矢中郃右膝而卒。

7 秋,七月乙酉,皇子殷生,大赦。

8 黄初以来,诸侯王法禁严切,吏察之急,至于亲姻皆不敢相通问。东阿王植上疏曰:"尧之为教,先亲后疏,自近及远。周文王刑于寡妻,至于兄弟,以御于家邦。伏惟陛下资帝唐钦明之德,体文王翼翼之仁,惠洽椒房,恩昭九族,群后百寮,番休递上,执政不废于公朝,下情得展于私室,亲姻之路通,庆吊之情展,诚可谓恕己治人,推惠施恩者矣。至于臣者,人道绝绪,禁锢明时,臣窃自伤也。不敢乃望交气类,修人事,叙人伦,近且婚媾不通,兄弟乖绝,吉凶之问塞,庆吊之礼废,恩纪之违,甚于路人;隔阂之异,殊于胡、越。今臣以一切之制,永无朝觐之望,至于注心皇极,结情紫闼,神明知之矣。然天实为之,谓之何哉!退惟诸王常有戚戚具尔之心,

司马懿尾随诸葛亮之后到达卤城。张郃说："他们远来迎战我军,要求对战达不到目的,说我们的利益在于不战,打算以持久之计制胜。况且祁山方面知道大军已经靠近,人心自然稳定,可以在这里驻军,分出一支奇兵部队,显示包抄他们的后路,不应当只敢尾随而不敢追击,使得民众失望。现在诸葛亮孤军作战,粮食又少,也快要走了。"司马懿不听从张郃的意见,有意尾随诸葛亮。已经赶上,又上山扎营,拒绝同诸葛亮交战。贾栩、魏平多次请求出战,还说:"您畏蜀如虎,怎能不让天下人取笑!"司马懿对此很不满意。将领们纷纷请求出战。夏季,五月辛巳(初十),司马懿便让张郃攻击围祁山之南的蜀无当军监军何平,亲自据中路与诸葛亮正面对峙。诸葛亮命魏延、高翔、吴班迎战,魏军大败,蜀军俘获了三千人,司马懿退军保卫大营。

　　六月,诸葛亮因为粮尽退军,司马懿命张郃追击。张郃进兵到木门,与诸葛亮交战,蜀军利用居高地势布下伏兵,万箭齐发,张郃右膝中箭而死。

　　7　秋季,七月乙酉(十五日),皇子曹殷诞生,大赦天下。

　　8　黄初以来,对诸侯王的法制禁令极为严厉,以至于姻戚之间都不敢互相往来问候。东阿王曹植上书说:"尧教化天下,先从亲族开始再推及疏远的人,从近支推及远支。周文王以礼法对待其妻,推及兄弟,用此来治理国家。陛下具有唐尧一样神明完美的德行,推行文王谦谨恭敬的仁爱之心,恩惠遍沾后宫,恩宠显于九族,诸王百官争先效命,治理国家的公务,不会在朝堂废弃,个人感情的抒发也能在私下展开,姻亲之间的交往可以通达,喜庆哀吊的情感能够表达,真可谓是推己及人、广施恩德的人了。至于为臣我,人际关系完全断绝,在政治清明时却受到禁锢,我暗自伤心。不敢奢望结交志同道合的朋友,再去修行人情世理,论说父子兄弟之情,况且近来姻亲关系不能交往,兄弟之间背离绝交,吉凶之事得不到音信,喜庆哀吊之礼完全废除。恩情如此背离,甚于过路之人;隔阂如此深远,超过胡人、越人。现在我因权宜之制,永无进朝晋见的希望,至于倾心王室,情绕宫廷,只有神明才知道。可是天意如此,有什么可说的呢! 但是想到各位亲王时常怀有兄弟手足之情,

愿陛下沛然垂诏，使诸国庆问，四节得展，以叙骨肉之欢恩，全怡怡之笃义。妃妾之家，膏沐之遗，岁得再通，齐义于贵宗，等惠于百司。如此，则古人之所叹，风雅之所咏，复存于圣世矣！臣伏自惟省，无锥刀之用；及观陛下之所拔授，若以臣为异姓，窃自料度，不后于朝士矣。若得辞远游，戴武弁，解朱组，佩青绂，驸马、奉车，趣得一号，安宅京室，执鞭珥笔，出从华盖，入侍辇毂，承答圣问，拾遗左右，乃臣丹诚之至愿，不离于梦想者也。远慕《鹿鸣》君臣之宴，中咏《常棣》匪他之诚，下思《伐木》友生之义，终怀《蓼莪》罔极之哀，每四节之会，块然独处，左右惟仆隶，所对惟妻子，高谈无所与陈，精义无所与展，未尝不闻乐而拊心，临觞而叹息也。臣伏以犬马之诚不能动人，譬人之诚不能动天，崩城、陨霜，臣初信之，以臣心况，徒虚语耳！若葵藿之倾太阳，虽不为回光，然向之者诚也。窃自比葵藿，若降天地之施，垂三光之明者，实在陛下。臣闻《文子》曰：‘不为福始，不为祸先。’今之否隔，友于同忧，而臣独倡言者，实不愿于圣世有不蒙施之物，欲陛下崇光被时雍之美，宣缉熙章明之德也！”诏报曰："盖教化所由，各有隆敝，非皆善始而恶终也，事使之然。今令诸国兄弟情礼简怠，妃妾之家膏沐疏略，本无禁锢诸国通问之诏也；矫枉过正，下吏惧谴，以至于此耳。已敕有司，如王所诉。"

愿陛下能如急流一样速下诏书,使各封国互相祝贺通问,四时之节,得以来京展拜,以叙骨肉欢聚的情谊,成全兄弟友好的义理。妃妾的母家,馈赠脂粉,一年可以两次往来问候,使亲王在礼义上与其他皇亲外戚比齐,在待遇上和文武百官同等。如果这样,那么古人所赞叹、《诗经》所咏颂的就再现于当今圣世了!我私下反省自己,连锥刀的用处都没有;但看到陛下所提拔任用的人,如果把我当作皇室之外的人,私下度量,也不比在朝人士差。如能允许我脱下为王所戴远游冠,戴上大臣的武弁帽,解下为王的红绣带,佩上大臣的青绣带,驸马都尉、奉车都尉之类,得到名号,把宅第安在京师,手执马鞭,帽边插笔,天子出游时随从前后,天子返宫后待命殿前,圣上垂问,承应回答,拾遗补阙,侍奉左右,这就是我赤诚之心的最大愿望,梦寐以求的理想。我追慕《鹿鸣》所描述君臣之宴的情景,经常吟咏《常棣》'兄弟不是外人'告诫,近思《伐木》求友的意义,最终感怀《蓼莪》父母之恩难以报答的悲哀,每逢兄弟相会的四时之节,备感孤独寂寞,左右只有奴仆,面前只有妻子儿女,高谈阔论没有人听,精辟见解不能发挥,未尝不是听到音乐就抚心悲痛,举起酒杯就长长叹息。我以犬马的诚心不能感动主人,正如人类的真诚不能感动苍天,城墙崩塌、夏日降霜的典故,我当初相信它们,但以我的心相比,这些不过是些虚夸!犹如向日葵倾向太阳,虽然太阳不为之回光,然而倾向之心是真诚的。我暗中自比为向日葵,而能够降下天地般恩惠,赐给日月星一样光明的人,其实正是陛下。我听说《文子》一书上说:'不要开始有福,不要首先遇祸。'现在互相疏远隔阂,兄弟一同担忧,而我独自发出倡议的原因,实在是不愿意在圣明之世仍有人蒙受不到恩泽,想使陛下崇尚唐尧时代亲族和睦的美俗,发扬文王之世政治清明的德政!"明帝用诏书回答说:"教化的推行,各有兴盛和衰落,不都是开始完善,终局非坏不可,而是时势迫使它这样。现今只是让各封国兄弟之间人情礼仪简化,妃妾母家减省脂粉馈赠,并没有禁止各封国往来问候的诏命;矫枉过正,下边的官吏害怕受到谴责,才造成你说的那种状况。已命令主管官员,照你的意见办。"

植复上疏曰:"昔汉文发代,疑朝有变,宋昌曰:'内有朱虚、东牟之亲,外有齐、楚、淮南、琅邪,此则磐石之宗,愿王勿疑。'臣伏惟陛下远览姬文二虢之援,中虑周成召、毕之辅,下存宋昌磐石之固。臣闻羊质虎皮,见草则悦,见豺则战,忘其皮之虎也。今置将不良,有似于此。故语曰:'患为之者不知,知之者不得为也。'昔管、蔡放诛,周、召作弼;叔鱼陷刑,叔向赞国。三监之衅,臣自当之;二南之辅,求必不远。华宗贵族藩王之中,必有应斯举者。夫能使天下倾耳注目者,当权者是也,故谋能移主,威能慑下。豪右执政,不在亲戚,权之所在,虽疏必重,势之所去,虽亲必轻。盖取齐者田族,非吕宗也;分晋者赵、魏,非姬姓也。惟陛下察之。苟吉专其位,凶离其患者,异姓之臣也。欲国之安,祈家之贵,存共其荣,殁同其祸者,公族之臣也。今反公族疏而异姓亲,臣窃惑焉。今臣与陛下践冰履炭,登山浮涧,寒温燥湿,高下共之,岂得离陛下哉!不胜愤懑,拜表陈情。若有不合,乞且藏之书府,不便灭弃,臣死之后,事或可思。若有毫厘少挂圣意者,乞出之朝堂,使夫博古之士,纠臣表之不合义者,如是则臣愿足矣。"帝但以优文答报而已。

八月,诏曰:"先帝著令,不欲使诸王在京都者,谓幼主在位,母后摄政,防微以渐,关诸盛衰也。朕惟不见诸王十有二载,悠悠之怀,能不兴思!其令诸王及宗室公侯各将适子一人朝明年正月,后有少主、母后在宫者,自如先帝令。"

曹植又上书说:"从前,汉文帝从代国出发,怀疑朝廷发生事变,宋昌说:'京城内有朱虚、东牟这些皇亲,外有齐王、楚王、淮南王、琅邪王,都是磐石般的皇族,望君王不要怀疑。'我想陛下远的一定观览过周文王依靠虢仲、虢叔两位弟弟完成王业的记载,近一点还考虑过周成王时召公、毕公辅佐朝政之事,再就是关于宋昌磐石之固的比喻。我听说羊披上虎皮,看见草就高兴,看见豺狼就胆战,是忘记它身上披的虎皮了。而令任用的将领不优良,则与此相似。所以俗话说:'怕就怕做事的人不了解所做的事,了解应该怎样做事的人却不能够去做。'古代周成王杀死管叔,流放蔡叔,用周公、召公作为辅佐;叔鱼被晋侯所杀,叔向却助晋国以成霸业。西周三监之乱,我自会引以为戒;二南之辅,不必远求。皇宗显贵和封国藩王中,必定有这种人才。能使天下倾耳注目的人,是当权者,所以谋略能够改变主人地位,威望能够使下面慑服。豪门大族执政,不在于是否皇亲国戚,掌握着权柄,虽然疏远也举足轻重,势力衰落,虽是皇亲也必定轻微。所以取代齐国的人是田姓家族,而非吕姓家族;瓜分晋国者,是赵姓、魏姓,而不是姬姓。请陛下明察。在吉祥太平时专擅权位,在凶祸来临时赶快逃避的,都是异姓之臣。希望国家安定,祈求家族高贵,存则共享荣耀,亡时同当灾祸,都是皇族之臣。而今反倒疏远皇族亲近异姓,我困惑不解。我跟陛下齐踏薄冰,同蹈炭火,攀登高山,跨越深涧,寒冷炎热,燥热潮湿,无论环境好坏,都在一起,怎么能离开陛下呢?我内心不胜悲愤苦闷,上书陈情。如有不合圣意之处,请求暂且交给书府收藏,不要毁掉丢弃,我死之后,或许可以引起深思。如果有一丝一毫能合陛下圣意的地方,请在朝廷公开,使博古通今之士纠正我上书中不合大义之处,如能这样,我的愿望就满足了。"明帝只是以措辞感人的文章作为回答而已。

八月,明帝下诏说:"先帝颁布诏令,不想让亲王们留在京都的原因,是因为皇帝年幼,母后摄政,防微杜渐,关系国家盛衰。朕不见各亲王已有十二年,悠悠情怀,怎能不思念!现下令所有亲王及皇族的公爵侯爵,各派嫡子一人于明年正月来京朝会,但以后如有皇帝年少、母后在宫摄政的情况,自当按先帝的诏令办。"

9 汉丞相亮之攻祁山也,李平留后,主督运事。会天霖雨,平恐运粮不继,遣参军狐忠、督军成藩喻指,呼亮来还。亮承以退军。平闻军退,乃更阳惊,说:"军粮饶足,何以便归!"又欲杀督运岑述以解己不办之责。又表汉主,说:"军伪退,欲以诱贼与战。"亮具出其前后手笔书疏,本末违错。平辞穷情竭,首谢罪负。于是亮表平前后过恶,免官,削爵土,徙梓潼郡。复以平子丰为中郎将、参军事,出教敕之曰:"吾与君父子戮力以奖汉室,表都护典汉中,委君于东关,谓至心感动,终始可保,何图中乖乎!若都护思负一意,君与公琰推心从事,否可复通,逝可复还也。详思斯戒,明吾用心!"

亮又与蒋琬、董允书曰:"孝起前为吾说正方腹中有鳞甲,乡党以为不可近。吾以为鳞甲但不当犯之耳,不图复有苏、张之事出于不意,可使孝起知之。"孝起者,卫尉南阳陈震也。

10 冬,十月,吴主使中郎将孙布诈降以诱扬州刺史王凌,吴主伏兵于阜陵以俟之。布遣人告凌云:"道远不能自致,乞兵见迎。"凌腾布书,请兵马迎之。征东将军满宠以为必诈,不与兵,而为凌作报书曰:"知识邪正,欲避祸就顺,去暴归道,甚相嘉尚。今欲遣兵相迎,然计兵少则不足相卫,多则事必远闻。且先密计以成本志,临时节度其宜。"会宠被书入朝,敕留府长史:"若凌欲往迎,勿与兵也。"凌于后索兵不得,乃单遣一督将步骑七百人往迎之,布夜掩击,督将迸走,死伤过半。凌,允之兄子也。

9 汉丞相诸葛亮进攻祁山的时候,李平留守后方,掌管督运军需事务。当时正值霖雨连绵,李平担心运粮供应不上,派遣参军狐忠、督军成藩传喻后主意旨,叫诸葛亮退军。诸葛亮秉承此旨退回。李平听到退军的消息,假装惊讶,说:"军粮充足,为什么就回来?"又要杀督运军粮的岑述来解脱自己失职不办的责任。还向汉主上表,说"军队假装退却,是想引诱敌人"。诸葛亮出示李平前后亲笔所写的全部信函、书奏等,矛盾重重。李平理屈词穷,低头认罪。于是诸葛亮上表奏明李平前后的罪恶,罢掉官职,削去封爵和食邑,流放到梓潼郡。又任用李平的儿子李丰为中郎将、参军事,写信告诫他说:"我和你们父子同心合力辅助蜀汉王室,上表推荐都护典理汉中事务,委任你在东关镇守,自认为真心感动,自始至终可以依靠,怎么会想到中途背离呢?如果都护能认罪悔过,一心一意为国效忠,你与蒋琬推心置腹,同心共事,那么隔膜可以打通,失去的可以再得到。请仔细思考这一劝诫,明白我的用心!"

诸葛亮又给蒋琬、董允写信说:"孝起以前对我说李严腹中怀巧诈之术,乡里认为不可接近。我以为他虽然严峻苛刻,但巧诈之术不犯也无妨,没有想到又有苏秦、张仪反复无常之事出人意料地重演,可以让孝起知道这件事。"孝起就是卫尉南阳人陈震。

10 冬季,十月,吴主派遣中郎将孙布诈降,以引诱扬州刺史王凌,吴主在阜陵设下伏兵候机袭击。孙布派人告诉王凌说:"道路太远,不能自己前去,请求出兵迎接。"王凌把孙布的书信向上呈报,请求出兵相迎。征东将军满宠认为这必是诈降,不给派军队,而替王凌写了一封给孙布的回信说:"知道邪正之分,想要避开灾祸,顺应天意,脱离暴政,归顺正道,非常值得嘉许。本打算派兵迎接,可是计议兵少则不足以保卫您,兵多则事情必然远传。请且先对你的意图严加保密,以成全本来的志向,临到时机合适时再做部署。"适逢满宠接到命令入朝,临行命令留府长史:"如果王凌想要去迎孙布,一定不要给他军队。"王凌在这以后要不到兵,就单独派遣一名督将率领步、骑兵七百人前往迎接,孙布乘夜袭击,督将逃走,兵士死伤过半。王凌是王允的侄子。

先是凌表宠年过耽酒,不可居方任。帝将召宠,给事中郭谋曰:"宠为汝南太守、豫州刺史二十馀年,有勋方岳;及镇淮南,吴人惮之。若不如所表,将为所窥,可令还朝,问以东方事以察之。"帝从之。既至,体气康强,帝慰劳遣还。

11 十一月戊戌晦,日有食之。

12 十二月戊午,博平敬侯华歆卒。

13 丁卯,吴大赦,改明年元曰嘉禾。

六年(壬子,232)

1 春,正月,吴主少子建昌侯虑卒。太子登自武昌入省吴主,因自陈久离定省,子道有阙;又陈陆逊忠勤,无所顾忧。乃留建业。

2 二月,诏改封诸侯王,皆以郡为国。

3 帝爱女淑卒,帝痛之甚,追谥平原懿公主,立庙洛阳,葬于南陵,取甄后从孙黄与之合葬,追封黄为列侯,为之置后,袭爵。帝欲自临送葬,又欲幸许。司空陈群谏曰:"八岁下殇,礼所不备,况未期月,而以成人礼送之,加为制服,举朝素衣,朝夕哭临,自古以来,未有此比。而乃复自往视陵,亲临祖载。愿陛下抑割无益有损之事,此万国之至望也。又闻车驾欲幸许昌,二宫上下,皆悉居东,举朝大小,莫不惊怪。或言欲以避衰,或言欲以便移殿舍,或不知何故。臣以为吉凶有命,祸福由人,移走求安,则亦无益。若必当移避,缮治金墉城西宫及孟津别宫,皆可权时分止,何为举宫暴露野次,公私烦费,不可计量。且吉士贤人,犹不妄徙其家,以宁乡邑,使无恐惧之心,

此前王凌上表说满宠年纪老迈,酷嗜饮酒,不可再担任独当一面的职务。明帝将要召回满宠,给事中郭谋说:"满宠任汝南太守、豫州刺史二十多年来,在地方长官职务上有功劳;后来镇守淮南,东吴十分畏惧他。如果情况不像王凌上表所说,将被敌人窥探利用,可以令他还朝,用询问东方军事的方式考察他。"明帝听从了他的意见。满宠既到,看起来身体健康气色强壮,明帝加以慰劳后让他回到任上。

11 十一月戊戌晦(三十日),出现日食。

12 十二月戊午(二十日),博平敬侯华歆去世。

13 丁卯(二十九日),东吴大赦,改明年年号为嘉禾。

魏明帝太和六年(壬子,公元 232 年)

1 春季,正月,吴主的小儿子建昌侯孙虑去世。太子孙登从武昌入朝晋见吴主,诉说自己久离京城父母,未尽到儿子的孝道;又说陆逊忠心勤恳,没有什么可顾虑担忧的。于是孙登留在建业。

2 二月,明帝颁诏改封诸侯王,都由郡改称为国。

3 明帝的爱女曹淑去世,明帝极为悲痛,追谥为平原懿公主,在洛阳建立祭庙,在南陵安葬,取甄后已亡的侄孙甄黄与她合葬,追封甄黄为侯爵,并为他选立继承人,承袭爵位。明帝想要亲自送葬,还想前往许昌。司空陈群直言规劝说:"八岁以下的孩子死亡,没有丧葬的礼仪,何况还未满月,就以成人丧葬之礼送葬,加穿丧服,举朝都着素衣,日夜在棺前哀哭,自古以来没有能与此相比的。而陛下还要亲自去察看陵墓,亲自送葬。愿陛下抑制割舍这种有损无益之事,这是全国上下最大的愿望。又听说陛下打算驾临许昌,太后、皇后两宫上下,都一齐随驾东行,满朝大小官员无不感到震惊奇怪。有的说这是想要避灾,有的说是打算营缮宫室而迁移殿舍,有的则不知什么原因。我认为吉祥和凶险,全是天命,灾祸和福分,由人掌握,用移居来祈求平安,也无益于事。如果必须移居避灾,修缮整治金墉城西宫及孟津别宫,都可暂时分住,为什么要举宫上下暴露在旷野之地,公私花费巨大,难以计算。而且贤人吉士还不轻易迁居搬家,以便乡里安宁,使乡亲们没有恐惧之心,

况乃帝王万国之主,行止动静,岂可轻脱哉!"少府杨阜曰:"文皇帝、武宣皇后崩,陛下皆不送葬,所以重社稷,备不虞也;何至孩抱之赤子而送葬也哉!"帝皆不听。三月,癸酉,行东巡。

4 吴主遣将军周贺、校尉裴潜乘海之辽东,从公孙渊求马。

初,虞翻性疏直,数有酒失,又好抵忤人,多见谤毁。吴主尝与张昭论及神仙,翻指昭曰:"彼皆死人而语神仙,世岂有仙人也!"吴主积怒非一,遂徙翻交州。及周贺等之辽东,翻闻之,以为五溪宜讨;辽东绝远,听使来属,尚不足取,今去人财以求马,既非国利,又恐无获。欲谏不敢,作表以示吕岱,岱不报。为爱憎所白,复徙苍梧猛陵。

5 夏,四月壬寅,帝如许昌。

6 五月,皇子殷卒。

7 秋,七月,以卫尉董昭为司徒。

8 九月,帝行如摩陂,治许昌宫,起景福、承光殿。

9 公孙渊阴怀贰心,数与吴通。帝使汝南太守田豫督青州诸军自海道、幽州刺史王雄自陆道讨之。散骑常侍蒋济谏曰:"凡非相吞之国,不侵叛之臣,不宜轻伐。伐之而不能制,是驱使为贼也。故曰:'虎狼当路,不治狐狸。'先除大害,小害自已。今海表之地,累世委质,岁选计、孝,不乏职贡,议者先之。正使一举便克,得其民不足益国,得其财不足为富;傥不如意,是为结怨失信也。"帝不听。豫等往皆无功,诏令罢军。

何况陛下身为皇帝，一举一动怎么可以如此轻率呢！"少府杨阜说："文皇帝、武宣皇后去世，陛下都不送葬，为的是以国家利益为重，以防不测，为什么要给一个尚在襁褓中的婴儿送葬呢?"明帝都不接受。三月癸酉(初七)，起驾向东巡游。

4　吴主派遣将军周贺、校尉裴潜乘船渡海到辽东，向公孙渊求购马匹。

起初，虞翻性情粗疏率直，酒后屡次出现过失，又喜好顶撞别人，多次被人毁谤。吴主曾与张昭谈论到神仙，虞翻指着张昭说："他们都是死人而你却说是神仙，世上哪有仙人!"吴主对虞翻积怨不止一次，于是将虞翻贬到交州。等到周贺等去辽东，虞翻听到后，认为此时宜出兵讨伐五溪;辽东相隔极远，即使前来归附，也不足取。而今派人带钱去辽东购马，既不是国家之利，又恐怕没有收获，想上书规劝不敢，将奏章给吕岱过目，吕岱不予呈报。虞翻被怨恨的人告发，再次被贬到苍梧郡孟陵县。

5　夏季，四月壬寅(初六)，明帝到达许昌。

6　五月，皇子曹殷去世。

7　秋季，七月，明帝提升卫尉董昭为司徒。

8　九月，明帝前往摩陂，修整许昌皇宫，新建景福殿、承光殿。

9　辽东太守公孙渊暗地怀有二心，多次与东吴联系。明帝命汝南太守田豫督领青州各路大军从海道，幽州刺史王雄从陆路同时进军讨伐公孙渊。散骑常侍蒋济劝谏说："大凡不是要互相吞并的国家，不侵犯又不叛逆的藩属，都不宜轻易出兵讨伐。讨伐他们而不能制服，是迫使他们成为寇贼。所以说:'虎狼当路，不治狐狸。'先除掉大害，小害自会消失。如今海边之地，世世代代听命于朝廷，每年上计报告人口、赋税、刑狱等情况，推举孝廉，不缺赋税和贡品，朝廷官员议论时都把辽东排在前面。即使一举出兵就能将其打败，获得的民众也不足以增加国力，获得的财物也不能使我们富足;倘若失败，会由此结下怨恨，自毁信誉。"明帝不接受。田豫等前往征讨都徒劳无功，下诏停止用兵。

豫以吴使周贺等垂还,岁晚风急,必畏漂浪,东道无岸,当赴成山,成山无藏船之处,遂辄以兵屯据成山。贺等还至成山,遇风,豫勒兵击贺等,斩之。吴主闻之,始思虞翻之言,乃召翻于交州。会翻已卒,以其丧还。

10 十一月庚寅,陈思王植卒。

11 十二月,帝还许昌宫。

12 侍中刘晔为帝所亲重。帝将伐蜀,朝臣内外皆曰"不可"。晔入与帝议,则曰"可伐";出与朝臣言,则曰"不可"。晔有胆智,言之皆有形。中领军杨暨,帝之亲臣,又重晔,执不可伐之议最坚,每从内出,辄过晔,晔讲不可之意。后暨与帝论伐蜀事,暨切谏,帝曰:"卿书生,焉知兵事!"暨谢曰:"臣言诚不足采,侍中刘晔,先帝谋臣,常曰蜀不可伐。"帝曰:"晔与吾言蜀可伐。"暨曰:"晔可召质也。"诏召晔至,帝问晔,终不言。后独见,晔责帝曰:"伐国,大谋也,臣得与闻大谋,常恐眯梦漏泄以益臣罪,焉敢向人言之!夫兵诡道也,军事未发,不厌其密。陛下显然露之,臣恐敌国已闻之矣。"于是帝谢之。晔见出,责暨曰:"夫钓者中大鱼,则纵而随之,须可制而后牵,则无不得也。人主之威,岂徒大鱼而已!子诚直臣,然计不足采,不可不精思也。"暨亦谢之。

或谓帝曰:"晔不尽忠,善伺上意所趋而合之。陛下试与晔言,皆反意而问之,若皆与所问反者,是晔常与圣意合也。每问皆同者,晔之情必无所逃矣。"帝如言以验之,果得其情,从此疏焉。晔遂发狂,出为大鸿胪,以忧死。

田豫认为吴国买马使节周贺等行将返归,时已冬季,海上风急,肯定畏惧海浪飘摇,而向东沿海岸线航行,必当赴经成山,成山又没有藏船之处,于是就派出部队把守成山。周贺等返回行至成山,果然遇风上岸,田豫率军袭击周贺等,并杀了他。吴主听说后,才想起虞翻的建议,于是召虞翻从交州返回。这时虞翻已经去世,只运回灵柩。

10　十一月庚寅(二十八日),陈思王曹植去世。

11　十二月,明帝回到许昌宫。

12　侍中刘晔为明帝所亲近器重。明帝将要讨伐蜀国,朝廷内外都说:"不可。"刘晔入朝与明帝商议,则说"可讨伐";出来和朝廷大臣讨论,则又说"不可"。刘晔有胆有识,谈论起来,有声有色,很动听。中领军杨暨是明帝的亲信大臣,也看重刘晔,是执不可伐意见中最为强硬的人,每次从朝廷出来,就去拜访刘晔,刘晔都讲不可讨伐的道理。后来,杨暨和明帝谈起伐蜀之事,杨暨恳切规劝,明帝说:"你是个书生,怎么知晓军事!"杨暨道歉说:"我的话诚然不足采纳,侍中刘晔是先帝的谋臣,常说蜀不可伐。"明帝说:"刘晔与我说蜀可伐。"杨暨说:"可以把刘晔叫来对质。"明帝下诏让刘晔来,问刘晔,刘晔始终不说话。后来刘晔单独晋见,刘晔责备明帝说:"讨伐一个国家,是一项重大的决策,我知道这件大事后,常常害怕说梦话泄漏出去增加我的罪过,怎么敢向人说这件事?用兵之道在于诡诈,军事行动没开始时,越机密越好。陛下公开泄漏出去,我恐怕敌国已经听说了。"于是明帝向他道歉。刘晔出来后,责怪杨暨说:"渔夫钓到一条大鱼,就要放长线跟在后,必须到可以制服时再用线将它牵回,那就没有什么得不到了。帝王的威严,难道只是一条大鱼而已!你诚然是正直的臣僚,然而计谋不足以采纳,不可不仔细想一想。"杨暨也向他道歉。

有人对明帝说:"刘晔不尽忠心,善于探察皇帝意向而献媚迎合,请陛下与刘晔谈话检验一下,全用相反的意思问他,如果他的回答都与所问意思相反,说明刘晔经常与陛下圣意相一致。如果他的回答都与所问意思相同,刘晔的迎合之情必然暴露无遗。"明帝如其所言检验刘晔,果然发现他的迎合之情,从此疏远了他。刘晔于是精神失常,出任大鸿胪,因忧虑而死。

《傅子》曰：巧诈不如拙诚，信矣。以晔之明智权计，若居之以德义，行之以忠信，古之上贤，何以加诸！独任才智，不敦诚悫，内失君心，外困于俗，卒以自危，岂不惜哉！

13 晔尝谮尚书令陈矫专权，矫惧，以告其子骞。骞曰："主上明圣，大人大臣，今若不合，不过不作公耳。"后数日，帝意果解。

尚书郎乐安廉昭以才能得幸，好抉擿群臣细过以求媚于上。黄门侍郎杜恕上疏曰："伏见廉昭奏左丞曹璠以罚当关不依诏，坐判问。又云：'诸当坐者别奏。'尚书令陈矫自奏不敢辞罚，亦不敢陈理，志意恳恻。臣窃愍然为朝廷惜之！古之帝王所以能辅世长民者，莫不远得百姓之欢心，近尽群臣之智力。今陛下忧劳万机，或亲灯火，而庶事不康，刑禁日弛。原其所由，非独臣不尽忠，亦其主不能使也。百里奚愚于虞而智于秦，豫让苟容中行而著节智伯，斯则古人之明验矣。若陛下以为今世无良才，朝廷乏贤佐，岂可追望稷、契之遐踪，坐待来世之俊乂乎！今之所谓贤者，尽有大官而享厚禄矣，然而奉上之节未立，向公之心不一者，委任之责不专，而俗多忌讳故也。臣以为忠臣不必亲，亲臣不必忠。今有疏者毁人而陛下疑其私报所憎，誉人而陛下疑其私爱所亲，左右或因之以进憎爱之说，遂使疏者不敢毁誉，以至政事损益，亦皆有嫌。陛下当思所以阐广朝臣之心，笃厉有道之节，使之自同古人，垂名竹帛，反使如廉昭者扰乱其间，臣惧大臣将遂容身保位，坐观得失，为来世戒也。昔周公戒鲁侯曰：

《傅子》上说:巧诈不如拙诚,此言令人信服。以刘晔的聪明智慧和权术计谋,如果坚守道德大义,将忠信作为行动的准则,即使是古代的贤人,又怎能超过他! 而刘晔只是施展才智,不重诚恳,在内失掉君王的宠信,在外受窘于世俗的压力,最终因此危害了自己,岂不可惜!

13　刘晔曾经进谗言说尚书令陈矫专权,陈矫十分害怕,将此事告诉儿子陈骞。陈骞说:“主上圣明,您是大臣,如果不能融洽,不过不当三公而已。”几天后,明帝的不满之意果然消除。

尚书郎乐安人廉昭因有才干受到宠幸,喜好收集群臣的微小过失用以向上献媚。黄门侍郎杜恕上书说:“我看见廉昭上奏说左丞曹璠有罪罚当禀报,但曹璠不依据诏书,应深入追究责问。还说:‘其他应当处罚的人另行奏报。’尚书令陈矫上奏说自己不敢逃避处罚,但也不敢陈述理由,辞意恳切悲恻,我暗自哀怜为朝廷惋惜! 古代帝王所以能矫正世风抚育人民的原因,没有不是远得百姓的爱戴,近靠群臣的竭尽智力。而今陛下日理万机十分忧劳,有时还在灯光下处理公务,但很多事情仍不能安顿,刑法禁令日渐松弛。察究原因,并非只是群臣不尽忠心,也是主上不能恰当地使用他们。百里奚在虞地愚钝而在秦国足智多谋,豫让在中行家时马马虎虎过日子,而在智伯家却显出忠烈之节,这些都是古人的明证。如果陛下认为当今之世没有良才,朝廷缺乏贤能辅佐,难道可以追望后稷、子契的遐远踪迹,坐等来世的俊杰吗? 现在所说的贤能的人,都做了大官而享受着厚禄,然而侍奉君王的节操没建立,奉公守法的心思不专一的原因,是由于对委任的职责没有独断的权力,而时俗有许多禁忌的缘故。我以为忠臣不必是亲信,亲信不一定就忠心耿耿。现有疏远之臣僚批评别人而陛下怀疑是挟报私仇,赞誉别人则陛下怀疑是出以私情偏爱,左右亲信有的乘机进言加重陛下的这种想法,于是使疏远之臣不敢提出批评或赞誉,以至政事无论有损有益也都受到猜嫌。陛下应当思虑如何使朝臣的心胸开阔起来,鼓励有道之士的气节,使他们自行向古人看齐,垂名史册,反而让如廉昭这种人在中间扰乱,我恐怕大臣们将只求占据栖身之地,保住官位,而坐观国家得失,成为后世的鉴戒。古代周公警告鲁侯说:

'无使大臣怨乎不以。'言不贤则不可为大臣，为大臣则不可不用也。《书》数舜之功，称去四凶，不言有罪无问大小则去也。今者朝臣不自以为不能，以陛下为不任也；不自以为不知，以陛下为不问也。陛下何不遵周公之所以用，大舜之所以去，使侍中、尚书坐则侍帷幄，行则从华辇，亲对诏问，各陈所有，则群臣之行皆可得而知，忠能者进，暗劣者退，谁敢依违而不自尽。以陛下之圣明，亲与群臣论议政事，使群臣人得自尽，贤愚能否，在陛下之所用。以此治事，何事不办；以此建功，何功不成！每有军事，诏书常曰：'谁当忧此者邪？吾当自忧耳。'近诏又曰：'忧公忘私者必不然，但先公后私即自办也。'伏读明诏，乃知圣思究尽下情，然亦怪陛下不治其本而忧其末也。人之能否，实有本性，虽臣亦以为朝臣不尽称职也。明主之用人也，使能者不敢遗其力，而不能者不得处非其任。选举非其人，未必为有罪也；举朝共容非其人，乃为怪耳。陛下知其不尽力而代之忧其职，知其不能也而教之治其事，岂徒主劳而臣逸哉，虽圣贤并世，终不能以此为治也。陛下又患台阁禁令之不密，人事请属之不绝，作迎客出入之制，以恶吏守寺门，斯实未得为禁之本也。昔汉安帝时，少府窦嘉辟廷尉郭躬无罪之兄子，犹见举奏，章劾纷纷；近司隶校尉孔羡辟大将军狂悖之弟，而有司嘿尔，望风希指，甚于受属，选举不以实者也。嘉有亲戚之宠，躬非社稷重臣，犹尚如此；以今况古，陛下自不督必行之罚以绝阿党之原耳。出入之制，与恶吏守门，非治世之具也。使臣之言少蒙察纳，何患于奸不削灭，

'不要让大臣抱怨不被任用。'这是说不是贤能就不可任为大臣,任为大臣就不可不使用。《尚书》计算舜的功劳,称他除去四凶,不是说有罪可以不问大小一概略去。而今朝廷大臣不是认为自己没有才干,而认为是陛下不任用;不是认为自己无知,而认为是陛下没有发问。陛下为什么不遵照周公任用贤能,大舜排除奸恶的做法,使侍中、尚书坐则在帷幄中侍候,行则跟从在御驾左右,亲自答对陛下诏问,各自尽其所言,那么群臣的品德行为都可以得知,忠诚贤能的人进用,愚笨恶劣的人降职,谁还敢推诿而不竭尽才能。以陛下的圣明,亲自与群臣商议国家大事,使群臣人人能竭尽才能,是贤能还是愚劣,在于陛下使用恰当。这样治理事情,什么事不能办;这样来建立功勋,什么功勋不能成就!每有军机大事,诏书上常说:'谁能忧虑这些呢?我当自己忧虑。'最近诏书上又说:'忧公忘私的人必定不能这样,只要有先公后私之心你们自己就能办到。'恭读圣明诏书,才知道陛下对下情了解得很深很透,然而也怪陛下不从根本上治理,只忧虑枝节问题。人贤能与否,当然有先天本性,就是我也认为朝廷大臣不都完全称职。圣明的主上用人,是使贤能的人不敢保留他的能力,而使没有才能的人不得占据不能胜任的官位。推选的不是贤能之人,未必是有罪过;满朝上下都能容得这种不适当的人,才是怪事。陛下明知某人没有竭尽能力而为他的职责忧虑,知道某人没有才能而教他治理其事,哪里只是主上辛劳而臣下安逸,即使圣人和贤能同时并存于世,也终究不能认为这样就算是治理国家。陛下还担心台阁禁令不够严,人情请托不能断绝,定出迎客出入的制度,让凶恶的官吏守卫官府大门,这实在不是实行禁令的根本做法。以前汉安帝时,少府窦嘉征召廷尉郭躬无罪的侄儿,还有人上书指控,弹劾奏章纷纭;最近司隶校尉孔羡聘用大将军狂妄无理的弟弟,而主管官员不说一句话,望风迎合的态度,甚于接受嘱托,这是不按实情选用人才的结果。窦嘉有皇亲的宠信,郭躬不是国家重臣,尚且如此;用今天的情况和古代相比,陛下自己没有对失职失责的人必行处罚用以杜绝结党营私的源头。出入禁地的制度,让恶吏守门,不是治世的办法。假使我的话有一点承蒙陛下明察采纳,还怕什么邪恶不除灭,

而养若廉昭等乎！夫纠擿奸宄，忠事也；然而世憎小人行之者，以其不顾道理而苟求容进也。若陛下不复考其终始，必以违众许世为奉公，密行白人为尽节，焉有通人大才而更不能为此邪？诚顾道理而弗为耳。使天下皆背道而趋利，则人主之所最病者也，陛下将何乐焉！"恕，畿之子也。

帝尝卒至尚书门，陈矫跪问帝曰："陛下欲何之？"帝曰："欲案行文书耳。"矫曰："此自臣职分，非陛下所宜临也。若臣不称其职，则请就黜退，陛下宜还。"帝惭，回车而反。帝尝问矫："司马公忠贞，可谓社稷之臣乎？"矫曰："朝廷之望也；社稷则未知也。"

14　吴陆逊引兵向庐江，论者以为宜速救之。满宠曰："庐江虽小，将劲兵精，守则经时。又，贼舍船二百里来，后尾空绝，不来尚欲诱致，今宜听其遂进。但恐走不可及耳。"乃整军趋杨宜口，吴人闻之，夜遁。

是时，吴人岁有来计。满宠上疏曰："合肥城南临江湖，北远寿春，贼攻围之，得据水为势；官兵救之，当先破贼大辈，然后围乃得解。贼往甚易，而兵往救之甚难，宜移城内之兵，其西三十里，有奇险可依，更立城以固守，此为引贼平地而掎其归路，于计为便。"护军将军蒋济议以为："既示天下以弱，且望贼烟火而坏城，此为未攻而自拔。一至于此，劫略无限，必淮北为守。"帝未许。宠重表曰："孙子言'兵者，诡道也，故能而示之不能，骄之以利，示之以怯'，此为形实不必相应也。又曰：'善动敌者形之。'今贼未至而移城却内，所谓形而诱之也。引贼远水，择利而动，举得于外，而福生于内矣！"尚书赵咨以宠策为长，诏遂报听。

而豢养廉昭之辈！本来，检举揭发奸恶，就是尽忠的举动；然而世人憎恨小人行为的原因，是因为他们不顾情理而一味无原则地求取容纳和提拔。如果陛下不再察究事情的来龙去脉，一定以为违背众议抵迕世事是为奉公，窥人过失向上告发是尽忠节，那么为什么通达大才反而不去做这种事？实在是顾及正义大道而不去这样做。使天下的人都背离正道而去谋取私利，本是君王所最忧虑的，陛下还有什么可高兴的呢？"杜恕是杜畿的儿子。

明帝曾经突然来到尚书台门，陈矫跪着向明帝说："陛下要去哪里？"明帝说："我想看一看公文。"陈矫说："这是我的职责，不是陛下应该亲临的事情。如果我不称职，那么就请罢免，陛下应该回去。"明帝惭悔，乘车返回。明帝曾经问陈矫："司马懿忠贞不渝，可以称得上是国家大臣吗？"陈矫答："他是朝廷仰慕的人，国家能不能依靠他不知道。"

14　吴陆逊率军向庐江进发，议论的人认为应该火速前往救援。满宠说："庐江虽小，但有精兵良将，可以防守一段时间。而且，敌人是舍船登陆行军两百里而来，没有后继部队，不来还打算引诱他们来，现在应该听任他们向前行进，只怕逃走时他就来不及了。"于是整军直赴杨宜口，吴军听到消息后，连夜撤退。

这时，东吴每年都有攻魏的计划。满宠上书说："合肥城南临长江、巢湖，北面远离寿春，敌军围攻合肥，肯定据水取占优势；我军救援，应当先攻破敌人主力部队，然后包围才会解除。敌军进攻极为容易，而我们出兵救援却很困难，应该调出城内军队，在城西三十里处，有奇险可依，另建城堡固守，这是为了引诱敌人上岸，在平地上切断他们的退路，此计为宜。"护军将军蒋济议论说："这样做已经向天下表现出软弱，而且望到敌人烟火就毁坏城池，这是敌人还未进攻而先自动解除防守。一旦到这种地步，敌人就会大肆强抢掠夺，我军肯定退到淮河北岸防守。"明帝不同意。满宠又上书说："孙子说'用兵必须诡诈，所以要能战而显示出不能，以小利引诱敌人骄狂，假装恐惧使敌人上当'，这就是表面和实质不必相适应。又说：'善于牵动敌人者要造成一定的势态。'现在敌人未到而我们已从城内撤出，这就是以阵势引诱敌人。引诱敌人远离水域，选择有利时机发动攻击，在城外战场上取胜，城内就会得到护佑！"尚书赵咨认为满宠的计策最好，于是下诏批准。

青龙元年（癸丑，233）

1　春，正月甲申，青龙见摩陂井中。二月，帝如摩陂观龙，改元。

2　公孙渊遣校尉宿舒、郎中令孙综奉表称臣于吴，吴主大悦，为之大赦。三月，吴主遣太常张弥、执金吾许晏、将军贺达将兵万人，金宝珍货，九锡备物，乘海授渊，封渊为燕王。举朝大臣自顾雍以下皆谏，以为："渊未可信而宠待太厚，但可遣吏兵护送舒、综而已。"吴主不听。张昭曰："渊背魏惧讨，远来求援，非本志也。若渊改图，欲自明于魏，两使不反，不亦取笑于天下乎！"吴主反覆难昭，昭意弥切。吴主不能堪，按刀而怒曰："吴国士人入宫则拜孤，出宫则拜君，孤之敬君亦为至矣，而数于众中折孤，孤常恐失计！"昭孰视吴主曰："臣虽知言不用，每竭愚忠者，诚以太后临崩，呼老臣于床下，遗诏顾命之言故在耳。"因涕泣横流，吴主掷刀于地，与之对泣。然卒遣弥、晏往。昭忿言之不用，称疾不朝。吴主恨之，土塞其门，昭又于内以土封之。

3　夏，五月戊寅，北海王蕤卒。

4　闰月庚寅朔，日有食之。

5　六月，洛阳宫鞠室灾。

6　鲜卑轲比能诱保塞鲜卑步度根与深结和亲，自勒万骑迎其累重于陉北。荆州刺史毕轨表辄出军，以外威比能，内镇步度根。帝省表曰："步度根已为比能所诱，有自疑心。今轨出军，慎勿越塞过句注也。"比诏书到，轨已进军屯阴馆，遣将军苏尚、董弼追鲜卑。轲比能遣子将千馀骑迎步度根部落，与尚、弼相

魏明帝青龙元年(癸丑,公元233年)

1 春季,正月甲申(二十三日),在摩陂井中出现一条青龙。二月,明帝去摩陂观看青龙,更改年号。

2 公孙渊派遣校尉宿舒、郎中令孙综携带表章赴吴称臣,吴主非常高兴,为此大赦天下。三月,吴主派遣太常张弥、执金吾许晏、将军贺达率领万人大军,携带金银财宝、奇珍异货及九锡之物,乘船渡海赏赐公孙渊,封公孙渊为燕王。自顾雍以下的满朝大臣都直言规劝,认为:"公孙渊不可轻信,这样做对他的恩遇太优厚了,只可派遣官兵护送宿舒、孙综就够了。"吴主不接受。张昭说:"公孙渊背魏,害怕讨伐,从远地而来求援,绝不是他的本来志向。如果公孙渊改变主意,打算自动向魏表明忠心,我们的两位使节不能返回,不也让天下人取笑吗?"吴主反复驳诘张昭,张昭越发坚持己见。吴主不能忍受,按着佩刀恼怒地说:"吴国士族之人入宫则参拜我,出宫则参拜您,我敬重您已经到了极点,而您屡次在大庭广众之下顶撞我,我常常唯恐自己做出不情愿做的事。"张昭注目吴主说:"我虽然知道陛下不会采纳我的建议,但每次都竭尽愚忠的原因,实在是太后临终时呼唤我到她的床前,留下遗诏,吩咐我辅佐陛下的话音犹在耳边的缘故。"接着泪流满面,吴主将刀扔在地上,与张昭相对哭泣。然而还是派遣张弥、许晏去往辽东。张昭对不采纳他的意见忿忿不平,声称有病不去朝见。吴主怨恨张昭,下令用土将张昭家的大门堵住,张昭又从里面用土将门封死。

3 夏季,五月戊寅(十八日),北海王曹蕤去世。

4 闰五月庚寅朔(初一),出现日食。

5 六月,洛阳宫鞠室发生火灾。

6 鲜卑首领轲比能引诱保塞鲜卑首领步度根与他深交结亲,亲自率领一万骑兵在陉北迎接步度根的人马辎重。荆州刺史毕轨上表请求马上出兵,对外威胁轲比能,对内镇压步度根。明帝审阅上表后说:"步度根已经被轲比能引诱,心虚多疑。现在毕轨出兵征讨,一定要谨慎行事,不要越过边塞句注山。"等到诏书送到,毕轨已经进军到阴馆驻屯,派遣将军苏尚、董弼追击鲜卑人。轲比能派遣儿子率领一千多骑兵迎接步度根部落,自己与苏尚、董弼遭

遇,战于楼烦,二将没,步度根与泄归泥部落皆叛出塞,与轲比能合寇边。帝遣骁骑将军秦朗将中军讨之,轲比能乃走幕北,泄归泥将其部众来降。步度根寻为轲比能所杀。

7 公孙渊知吴远难恃,乃斩张弥、许晏等首,传送京师,悉没其兵资珍宝。冬,十二月,诏拜渊大司马,封乐浪公。

吴主闻之,大怒曰:"朕年六十,世事难易,靡所不尝。近为鼠子所前却,令人气踊如山。不自截鼠子头以掷于海,无颜复临万国,就令颠沛,不以为恨!"

陆逊上疏曰:"陛下以神武之资,诞膺期运,破操乌林,败备西陵,禽羽荆州;斯三虏者,当世雄杰,皆摧其锋。圣化所绥,万里草偃,方荡平华夏,总一大猷。今不忍小忿而发雷霆之怒,违垂堂之戒,轻万乘之重,此臣之所惑也。臣闻之,行万里者不中道而辍足,图四海者不怀细以害大。强寇在境,荒服未庭,陛下乘桴远征,必致窥阚,戚至而忧,悔之无及。若使大事时捷,则渊不讨自服。今乃远惜辽东众之与马,奈何独欲捐江东万安之本业而不惜乎!"

尚书仆射薛综上疏曰:"昔汉元帝欲御楼船,薛广德请刎颈以血染车。何则?水火之险至危,非帝王所宜涉也。今辽东戎貊小国,无城隍之固,备御之术,器械铢钝,犬羊无政,往必禽克,诚如明诏。然其方土寒埆,谷稼不殖,民习鞍马,转徙无常,卒闻大军之至,自度不敌,鸟惊兽骇,长驱奔窜,一人匹马,不可得见,虽获空地,守之无益,此不可一也。加又洪流淼漾,

遇,在楼烦交战,苏尚、董弼战死,步度根部落与泄归泥部落全部叛变出塞,与轲比能联合,侵犯魏边境。明帝派遣骁骑将军秦朗统率中军前往征讨,轲比能逃到漠北,泄归泥率领部众归降。步度根不久就被轲比能杀掉。

7 公孙渊自知东吴相距遥远难以依靠,于是斩张弥、许晏等人首级,送到京城,全部吞没了东吴的士兵及带来的金银财宝。冬季,十二月,颁诏任命公孙渊为大司马,封为乐浪公。

吴主听到消息,勃然大怒说:"朕年已六十,人世间的艰难困苦,还有什么没经历过。近来却被鼠辈所戏弄,令人气涌如山。如不亲手斩掉那鼠头扔进大海,就再也无颜君临万国,即令为此亡国颠沛,也决不怨恨!"

陆逊上书说:"陛下以神明威武的资质,承受天命,开国立基,在乌林大破曹操,在西陵大败刘备,在荆州生擒关羽;这三个败虏都是当世英雄,却被陛下摧折他们的锋芒。圣明的教化安抚四方,风行万里而小草为之倾倒,如今,正临荡平中原、统一天下之时。现在不能忍住小恨而发出雷霆万钧般怒火,是违背了'千金之子,坐不垂堂'的古训,轻视自己身为帝王的贵重身份,这是我感到困惑的。我听说,行万里路的人不在中途止步,立志取得天下的人不对小事耿耿于怀而危害大局。强大的敌人压境,荒远之地还没有臣服,陛下乘船远征,必然给敌人以可乘之机,事到临头才去忧虑,恐怕后悔都来不及了。如能使国家大事时时报捷,那么公孙渊不用征讨自己就会归顺。而今陛下还恋惜远在辽东的人口和马匹,怎么单单想要舍弃江东万安的根本基业而不珍惜呢?"

尚书仆射薛综上书说:"从前汉元帝想要乘船,薛广德请求自刎,以鲜血染车来阻止。为什么?因为水火无情,至危至险,不是帝王所应亲临之地。今辽东蛮戎小国,没有坚固的城堡,防御的战术,兵器轻钝,如犬、羊一般不懂治国,前去征伐必胜无疑,正如陛下诏书所言。然而其国土狭小、贫瘠严寒,庄稼不能生长,民众熟悉骑马,流动无常,忽听大军来到,自量抵抗不过,如鸟惊兽骇,四散远逃,我们会连一人一马都见不到,虽然得到了这块空旷地方,但守住它毫无益处,这是不可出兵的原因之一。加之大海无际,洪流深广,

有成山之难,海行无常,风波难免,倏忽之间,人船异势,虽有
尧、舜之德,智无所施,贲、育之勇,力不得设,此不可二也。
加以郁雾冥其上,咸水蒸其下,善生流肿,转相涔染,凡行海
者,稀无此患,此不可三也。天生神圣,当乘时平乱,康此民
物。今逆虏将灭,海内垂定,乃违必然之图,寻至危之阻,忽
九州之固,肆一朝之忿,既非社稷之重计,又开辟以来所未尝
有,斯诚群僚所以倾身侧息,食不甘味,寝不安席者也。”

选曹尚书陆瑁上疏曰:“北寇与国,壤地连接,苟有间隙,
应机而至。夫所以为越海求马,曲意于渊者,为赴目前之急,
除腹心之疾也。而更弃本追末,捐近治远,忿以改规,激以动
众,斯乃猾虏所愿闻,非大吴之至计也。又兵家之术,以功役
相疲,劳逸相待,得失之间,所觉辄多。且沓渚去渊,道里尚
远,今到其岸,兵势三分,使强者进取,次当守船,又次运粮,
行人虽多,难得悉用。加以单步负粮,经远深入,贼地多马,
邀截无常。若渊狙诈,与北未绝,动众之日,唇齿相济;若实
孑然无所凭赖,其畏怖远迸,或难卒灭,使天诛稽于朔野,山
虏乘间而起,恐非万安之长虑也!”吴主未许。

瑁重上疏曰:“夫兵革者,固前代所以诛暴乱、威四夷也。
然其役皆在奸雄已除,天下无事,从容庙堂之上,以馀议议之
耳。至于中夏鼎沸,九域盘互之时,率须深根固本,爱力惜费,
未有正于此时舍近治远,以疲军旅者也。昔尉佗叛逆,僭号称
帝,于时天下乂安,百姓康阜,然汉文犹以远征不易,告喻而已。
今凶桀未殄,疆埸犹警,未宜以渊为先。愿陛下抑威任计,暂宁
六师,潜神嘿规,以为后图,天下幸甚!”吴主乃止。

已有成山之难,海上航行变化无常,大风大浪难以避免,转眼之间,连人带船全被吞没,即使有尧舜的德行和智慧,也无法施展,有孟贲、夏育的勇敢和力量,也不能发挥,这是不可出兵的原因之二。还有,浓郁的云雾笼罩在天空,咸苦的海水蒸发在下面,极易使人生痈流脓,互相传染,凡在海上航行的人,很少有人不生此病,这是不可出兵的原因之三。上天生出神明的圣人,应当运用时机削平动乱,使人民康盛,社会富足。而今敌逆就要灭除,海内将要平定,却要违背既定的大政方略,自寻至危的困阻,忽视国家的安危,发泄一时的气愤,既不是有利于国家的大计,又是开天辟地以来未曾有过的举动,实在是群臣所以坐卧不安,吃饭不得其味,睡觉不得安席的原因。"

选曹尚书陆瑁上书说:"北方的魏与我国土地相接,如果稍有空隙,就会乘机而入。我们所以要渡越大海,求购马匹,违心奉承公孙渊的原因,是为解决眼前的马荒之急,除掉魏这一心腹之患。现在反而要舍本求末,舍近求远,因一时气愤改变规划,因一时激动兴师动众,这才是狡猾的魏愿意听到的,而绝不是我大吴最好的计策。还有,兵家战术,以役相疲,以逸待劳,得失之间,察觉与不察觉则大不相同。况且沓渚县离公孙渊所在地,路途还很遥远,如大军上岸,也要三分兵力,让体格强壮的士兵向前进攻,稍差的应当守卫船舰,最差的负责运送粮食,大军人数虽然很多,但难以全部用上。加之靠步行背粮,长途跋涉深入敌境,贼地多战马,能够随时截击我们。如果公孙渊狡猾奸诈,与魏并未断绝关系,我们大军出动之日,他们就会如同唇齿,互相援助;如果确实完全清楚公孙渊孤立无援,他害怕得远逃,或许也难很快消灭,使上天对他的惩罚及于北方荒野,而国内的山越叛民乘机四起,这恐怕也不是保全万安的长久之策!"吴主没有同意。

陆瑁再次上书说:"战争,固然是古代用来诛杀暴乱、威震四方蛮夷的行动。然而战事要在奸雄已经灭除,天下太平无事,在朝廷之上从从容容地充分讨论之后才可进行。至于在中原战乱不断,九州之地各自盘踞相互为敌之时,大都须将本国的根本大业加深加固,爱护人力,珍惜财物,没有偏在这时舍近治远,使军队疲劳的。从前尉佗叛逆,僭号称帝,当时天下太平,百姓安居富足,可是汉文帝仍然认为出兵远征并不容易,只是告谕天下而已。而今首恶元凶还未消灭,边境地区不断报警,不宜先去讨伐公孙渊。愿陛下抑制盛怒,任用计谋,暂息六军,秘密策划,以后再去图取,则天下万幸!"吴主这才罢休。

吴主数遣人慰谢张昭,昭固不起。吴主因出,过其门呼昭,昭辞疾笃。吴主烧其门,欲以恐之,昭亦不出。吴主使人灭火,住门良久。昭诸子共扶昭起,吴主载以还宫,深自克责。昭不得已,然后朝会。

初,张弥、许晏等至襄平,公孙渊欲图之,乃先分散其吏兵,中使秦旦、张群、杜德、黄强等及吏兵六十人置玄菟。玄菟在辽东北二百里,太守王赞,领户二百,旦等皆舍于民家,仰其饮食,积四十许日。旦与群等议曰:"吾人远辱国命,自弃于此,与死无异。今观此郡,形势甚弱,若一旦同心,焚烧城郭,杀其长吏,为国报耻,然后伏死,足以无恨。孰与偷生苟活,长为囚虏乎!"群等然之。于是阴相结约,当用八月十九日夜发。其日中时,为郡中张松所告,赞便会士众,闭城门,旦、群、德、强皆逾城得走。时群病疽疮著膝,不及辈旅,德常扶接与俱,崎岖山谷,行六七百里,创益困,不复能前,卧草中,相守悲泣。群曰:"吾不幸创甚,死亡无日,卿诸人宜速进道,冀有所达,空相守俱死于穷谷之中,何益也!"德曰:"万里流离,死生共之,不忍相委。"于是推旦、强使前,德独留守群,采菜果食之。旦、强别数日,得达句丽,因宣吴主诏于句丽王位宫及其主簿,绐言有赐,为辽东所劫夺。位宫等大喜,即受诏,命使人随旦还迎群,遣皂衣二十五人,送旦等还吴,奉表称臣,贡貂皮千枚,鹖鸡皮十具。旦等见吴主,悲喜不能自胜。吴主壮之,皆拜校尉。

8　是岁,吴主出兵欲围新城,以其远水,积二十馀日,不敢下船。满宠谓诸将曰:"孙权得吾移城,必于其众中有自大之言,今大举来,欲要一切之功,虽不敢至,必当上岸耀兵以示有馀。"乃潜遣步骑六千,伏肥水隐处以待之。吴主果上岸耀兵,宠伏军卒起击之,斩首数百,或有赴水死者。吴主又使全琮攻六安,亦不克。

吴主多次派人慰问张昭,向他道歉,张昭始终不起床。吴主有次出宫,经过张昭家门呼唤他,张昭声称病重。吴主让人火烧张昭家门,想要恐吓张昭,张昭也不出来。吴主便让人把火灭掉,在门口长时间等候。张昭几个儿子一齐扶张昭起床,吴主用自己的车把他拉回宫,深切地责备自己。张昭不得已,然后参加朝会。

最初,张弥、许晏等到达辽东襄平,公孙渊打算杀掉他们,于是拆散他们的官兵,把中使秦旦、张群、杜德、黄强等及官兵六十人安置在玄菟。玄菟在辽东以北两百里,太守王赞管辖两百户人家,秦旦等都居住在民家,由他们供给饮食,住了四十多天。秦旦与张群等商议说:"我们远在异域,辜负了使命,被弃于此地,与死无异。现观察此郡,防守十分薄弱,如果我们一旦齐心,放火焚烧城郭,杀死他们的长吏,为国家报仇雪耻,然后一死,也足以了却遗恨。有谁愿意苟且偷生,长久地作为囚犯活着!"张群等都赞成。于是暗中相互约定,当在八月十九日夜里起事。那天中午,被郡中人张松告密,王赞便集合起部众,关闭城门,秦旦、张群、杜德、黄强全都爬过城墙逃出。当时张群膝盖生疮,跟不上别人,杜德常常搀扶照应他一起走,山路崎岖不平,走出六七百里,伤势更加严重,不能再向前走,躺在草丛中,互相依守着悲伤流泪。张群说:"我不幸伤得厉害,离死没几天了,你们几位应该加紧向前赶路,指望有个去处,白白地守着我都会死在穷山恶谷之中,有什么益处!"杜德说:"万里流离,生死与共,不忍心抛弃你。"于是推出秦旦、黄强在前先行,杜德一人留守张群,采集野菜、山果给他吃。秦旦、杜德离开数日,到达高句丽国,随机宣称吴主给高句丽王位宫及其主簿颁下诏书,谎称赏有赐品,都被辽东所劫掠。位宫等非常高兴,随即受诏,下令使人跟随秦旦返回迎接张群,又派遣差役二十五人,护送秦旦等返回东吴,上表称臣,进贡貂皮一千件,鹖鸡皮十件。秦旦等见到吴主,悲喜交集,不能自制。吴主也被他们感动,都提升为校尉。

8 这一年,吴主出动大军打算围攻新城,但因远离水域,停泊二十多天,不敢下船上岸。满宠对将领们说:"孙权得知我们迁移城址,必定在他的部众中说了狂妄自大的话,如今大举出兵而来,是想邀一役之功,虽然不敢到城前攻击,也必当上岸炫耀武力,显示实力有馀。"于是秘密派遣步、骑兵六千人,埋伏在肥水隐蔽的地方等待。吴主果然率军上岸炫耀,满宠伏兵突然起而袭击,斩首吴兵数百,也有跳入水中淹死的。吴主又派全琮攻打六安,也没能攻下。

9 蜀庲降都督张翼用法严峻,南夷豪帅刘胄叛。丞相亮以参军巴西马忠代翼,召翼令还。其人谓翼宜速归即罪。翼曰:"不然,吾以蛮夷蠢动,不称职,故还耳。然代人未至,吾方临战场,当运粮积谷,为灭贼之资,岂可以黜退之故而废公家之务乎!"于是统摄不懈,代到乃发。马忠因其成基,破胄,斩之。

10 诸葛亮劝农讲武,作木牛、流马,运米集斜谷口,治斜谷邸阁;息民休士,三年而后用之。

二年(甲寅,234)

1 春,二月,亮悉大众十万由斜谷入寇,遣使约吴同时大举。

2 三月庚寅,山阳公卒,帝素服发丧。

3 己酉,大赦。

4 夏,四月,大疫。

5 崇华殿灾。

6 诸葛亮至郿,军于渭水之南。司马懿引军渡渭,背水为垒拒之,谓诸将曰:"亮若出武功,依山而东,诚为可忧;若西上五丈原,诸将无事矣。"亮果屯五丈原。

雍州刺史郭淮言于懿曰:"亮必争北原,宜先据之。"议者多谓不然,淮曰:"若亮跨渭登原,连兵北山,隔绝陇道,摇荡民夷,此非国之利也。"懿乃使淮屯北原。堑垒未成,汉兵大至,淮逆击却之。

亮以前者数出,皆以运粮不继,使己志不伸,乃分兵屯田为久驻之基,耕者杂于渭滨居民之间,而百姓安堵,军无私焉。

9　蜀国庲降都督张翼执法严峻,南方夷人首领刘胄起兵叛乱。丞相诸葛亮命参军巴西人马忠接替张翼,调张翼返回。来使告诉张翼应速归接受处罚。张翼说:"不对,我是因为蛮夷叛乱,没有能力平息,因此被召回。可是,接替我的人还没有到达,而我正身临战场,应当转运粮食积存谷米,作为消灭叛敌的资本,怎么可以因被罢黜的缘故而使国家的军务荒废呢?"于是统筹兼理毫不松懈,马忠抵达后才出发返回。马忠利用张翼打下的基础,击败刘胄,并杀了他。

10　诸葛亮鼓励农业,训练军队,制作木牛、流马为运载工具,运粮集存在斜谷口,修整斜谷囤积军粮和物资的邸阁;百姓和士兵得以休息,三年后才动用他们。

魏明帝青龙二年(甲寅,公元234年)

1　春季,二月,诸葛亮倾十万大军从斜谷出兵攻魏,并派遣使节前往东吴相约同时大举出兵。

2　三月庚寅(初六),山阳公刘协去世,明帝身穿素服发丧。

3　己酉(二十五日),大赦天下。

4　夏季,四月,流行瘟疫。

5　洛阳崇华殿发生火灾。

6　诸葛亮到达郿县,大军驻扎在渭水的南面。司马懿率领军队渡过渭水,背水立营抵御诸葛亮,对将领们说:"诸葛亮如果从武功出兵,依山而东,确实可怕;如果向西前往五丈原,将领们就没事了。"诸葛亮果然驻扎在五丈原。

雍州刺史郭淮对司马懿说:"诸葛亮肯定争夺北原,应当先去占据它。"议论的人多数都说不必这样,郭淮说:"如果诸葛亮跨过渭水登上北原,和北山连兵,断绝长安通往陇西的道路,使百姓和羌人动荡不安,这对国家是不利的。"司马懿便让郭淮驻防在北原。营垒还没有筑成,汉军大部队已经到来,郭淮迎战,击退了汉军。

诸葛亮因为前几次出兵,都是由于运粮跟不上,使自己的志向不能伸展,就分出部队实行屯田,作为长期驻军的基础,屯田的士兵和渭水之滨的居民杂处在一起,而百姓安居乐业,汉军并无私弊。

7　五月,吴主入居巢湖口,向合肥新城,众号十万;又遣陆逊、诸葛瑾将万馀人入江夏、沔口,向襄阳;将军孙韶、张承入淮,向广陵、淮阴。六月,满宠欲率诸军救新城,殄夷将军田豫曰:"贼悉众大举,非图小利,欲质新城以致大军耳。宜听使攻城,挫其锐气,不当与争锋也。城不可拔,众必罢怠;罢怠然后击之,可大克也。若贼见计,必不攻城,势将自走。若便进兵,适入其计矣。"

时东方吏士皆分休,宠表请召中军兵,并召所休将士,须集击之。散骑常侍广平刘劭议以为:"贼众新至,心专气锐,宠以少人自战其地,若便进击,必不能制。宠请待兵,未有所失也,以为可先遣步兵五千,精骑三千,先军前发,扬声进道,震曜形势。骑到合肥,疏其行队,多其旌鼓,曜兵城下,引出贼后,拟其归路,要其粮道。贼闻大军来,骑断其后,必震怖遁走,不战自破矣。"帝从之。

宠欲拔新城守,致贼寿春,帝不听,曰:"昔汉光武遣兵据略阳,终以破隗嚣,先帝东置合肥,南守襄阳,西固祁山,贼来辄破于三城之下者,地有所必争也。纵权攻新城,必不能拔。敕诸将坚守,吾将自往征之,比至,恐权走也。"乃使征蜀护军秦朗督步骑二万助司马懿御诸葛亮,敕懿:"但坚壁拒守以挫其锋,彼进不得志,退无与战,久停则粮尽,虏略无所获,则必走;走而追之,全胜之道也。"秋,七月壬寅,帝御龙舟东征。

满宠募壮士焚吴攻具,射杀吴主之弟子泰;又吴吏士多疾病。帝未至数百里,疑兵先至。吴主始谓帝不能出,闻大军至,遂遁,孙韶亦退。

7 五月,吴主率军入驻巢湖口,直指合肥新城,号称十万大军;又派遣陆逊、诸葛瑾统率一万多人进入江夏、沔口,直指襄阳;将军孙韶、张承进入淮河,直指广陵、淮阴。六月,满宠想要率领各路大军救援新城,珍夷将军田豫说:"敌人倾巢出动,大举进攻,不是为图小利,而是打算以新城为质,引诱我大军前来。应当听任他们攻打新城,挫伤其锐气,不应与之争战以决胜负。城攻不下,士兵必然疲怠;待他们疲怠后再攻击,可以大获全胜。如果敌人看出这一计策,必不再攻城,势必自行撤退。如果马上进军,正好中了他们的奸计。"

此时,在东方的部队正轮番休假,满宠上表请征召中军兵,并征召休假的将士,集中力量迎战。散骑常侍广平人刘劭商议时认为:"敌军人数众多,而且刚刚来到,意志专一,士气旺盛,满宠因守军人少又在自己防地作战,即使出击,也肯定不能制胜敌贼。他请求援军,没有什么过失。我认为可以先派遣步兵五千,精骑兵三千,作为先头部队出发,扬言从数道进军,造成震慑敌人的形势。骑兵到达合肥,疏散队列,多布旌旗,多擂战鼓,在城下展示兵力,然后带领部队从敌背后出现,占其退路,扼其粮道。敌人听说我大军前来,骑兵截断了后路,必定震惊而逃,不战自破。"明帝采纳了这一建议。

满宠想要放弃新城防守,引敌人到寿春,明帝不同意,说:"从前汉光武派遣部队占据略阳,终于攻破隗嚣,先帝在东方设置合肥,在南方把守襄阳,在西方固守祁山,贼兵一来就在这三城之下被击败,其原因正是因为它们处于必争之地。任凭孙权攻打新城,肯定不能攻下。命令将士们坚持守住,我将亲自前往征讨,到那时,孙权恐怕已经逃走。"于是派遣征蜀护军秦朗统率步、骑兵两万人援助司马懿抵御诸葛亮,命令司马懿:"一定要坚守壁垒,不与决战,挫败敌军锋芒,使他们进攻不能得逞,撤退不能交战,停留时间长久,粮食就要耗尽,劫掠也不会有收获,则必撤军;待敌撤退时再去追击,才是全胜之道。"秋季,七月壬寅,明帝亲登龙舟东征。

满宠招募壮士焚烧东吴攻城的器械,射死吴主的侄子孙泰,而且东吴官兵多有生病。明帝离吴驻地数百里时,疑兵已先行到达。吴主开始认为明帝不会亲征,听到率大军已到,于是撤走,孙韶也退兵。

　　陆逊遣亲人韩扁奉表诣吴主,逻者得之。诸葛瑾闻之甚惧,书与逊云:"大驾已还,贼得韩扁,具知吾阔狭,且水干,宜当急去。"逊未答,方催人种葑、豆,与诸将弈棋、射戏如常。瑾曰:"伯言多智略,其必当有以。"乃自来见逊。逊曰:"贼知大驾已还,无所复忧,得专力于吾。又已守要害之处,兵将意动,且当自定以安之,施设变术,然后出耳。今便示退,贼当谓吾怖,仍来相蹙,必败之势也。"乃密与瑾立计,令瑾督舟船,逊悉上兵马以向襄阳城。魏人素惮逊名,遽还赴城。瑾便引船出,逊徐整部伍,张拓声势,步趣船,魏人不敢逼。行到白围,托言住猎,潜遣将军周峻、张梁等击江夏、新市、安陆、石阳,斩获千馀人而还。

　　群臣以为司马懿方与诸葛亮相守未解,车驾可西幸长安。帝曰:"权走,亮胆破,大军足以制之,吾无忧矣。"遂进军至寿春,录诸将功,封赏各有差。

8　八月壬申,葬汉孝献皇帝于禅陵。

9　辛巳,帝还许昌。

10　司马懿与诸葛亮相守百馀日,亮数挑战,懿不出。亮乃遗懿巾帼妇人之服,懿怒,上表请战,帝使卫尉辛毗杖节为军师以制之。护军姜维谓亮曰:"辛佐治杖节而到,贼不复出矣。"亮曰:"彼本无战情,所以固请战者,以示武于其众耳。将在军,君命有所不受,苟能制吾,岂千里而请战邪!"

陆逊派遣亲信韩扁携带表章到吴主处,被魏军的巡逻兵截获。诸葛瑾听到消息后非常害怕,写信给陆逊说:"帝驾已归还,敌军俘得韩扁,会完全知道我们的虚实,而且河水已干,应当火速撤军。"陆逊未回答,正在催促部众种植菜、豆,和部将对棋、射戏如同平常。诸葛瑾说:"陆逊足智多谋,他一定有原因。"于是亲自前来会见陆逊。陆逊说:"贼军知道帝驾已还,没有什么再忧虑的,必得专门用力对付我。而且他们已守住关口要道,我们的兵将心怀恐惧,害怕有所行动,暂且应当自己安然以定军心,再设计权变,然后撤出。现在即便表示撤退,贼军必定认为我们害怕了,仍然会来施加压力,我们势所必败。"于是秘密地与诸葛瑾订下计谋,命令诸葛瑾督领船队,陆逊出动全部兵马以示向襄阳城进发。魏军素来惧怕陆逊的名声,紧急撤还赶赴襄阳城。诸葛瑾便率领船队驶出,陆逊从容地整理队伍,故做声势,步行走到船上,魏军不敢逼近。行到白围时,假借停留打猎名义,秘密派遣将军周峻、张梁等袭击江夏、新市、安陆、石阳,杀死俘获一千多人而还。

群臣以为司马懿正在同诸葛亮相持不懈,明帝可以向西临幸长安。明帝说:"孙权已经退走,诸葛亮必然破胆,大军足以制胜,我没有忧虑了。"于是进军到寿春,检录各将领的功劳,封官授爵赏赐嘉奖各有不同。

8 八月壬申(二十日),在禅陵为汉献帝下葬。

9 辛巳(二十九日),明帝返回许昌。

10 司马懿同诸葛亮相持了一百多天,诸葛亮多次挑战,司马懿就是不出兵。诸葛亮就把妇女使用的头巾、发饰和衣服送给司马懿,司马懿恼羞成怒,上表请求出战。明帝派遣卫尉辛毗执持节符为军师来节制司马懿的行动。护军姜维对诸葛亮说:"辛毗持节符来到,贼军不会再出战了。"诸葛亮说:"司马懿本来就无心作战,所以一定要请求出战,是向部众表示敢于用武而已。将领在军中,君主的命令可以不接受,如果他能制胜我军,难道还要远隔千里而请求作战吗?"

亮遣使者至懿军，懿问其寝食及事之烦简，不问戎事。使者对曰："诸葛公夙兴夜寐，罚二十以上，皆亲览焉；所啖食不至数升。"懿告人曰："诸葛孔明食少事烦，其能久乎！"

亮病笃，汉主使尚书仆射李福省侍，因谘以国家大计。福至，与亮语已，别去，数日复还。亮曰："孤知君还意，近日言语虽弥日，有所不尽，更来求决耳。公所问者，公琰其宜也。"福谢："前实失不谘请，如公百年后，谁可任大事者，故辄还耳。乞复请蒋琬之后，谁可任者？"亮曰："文伟可以继之。"又问其次，亮不答。

是月，亮卒于军中。长史杨仪整军而出。百姓奔告司马懿，懿追之。姜维令仪反旗鸣鼓，若将向懿者，懿敛军退，不敢逼。于是仪结陈而去，入谷然后发丧。百姓为之谚曰："死诸葛走生仲达。"懿闻之，笑曰："吾能料生，不能料死故也。"懿按行亮之营垒处所，叹曰："天下奇才也！"追至赤岸，不及而还。

初，汉前军师魏延，勇猛过人，善养士卒。每随亮出，辄欲请兵万人，与亮异道会于潼关，如韩信故事，亮制而不许。延常谓亮为怯，叹恨己才用之不尽。杨仪为人干敏，亮每出军，仪常规画分部，筹度粮谷，不稽思虑，斯须便了，军戎节度，取办于仪。延性矜高，当时皆避下之，唯仪不假借延，延以为至忿，有如水火。亮深惜二人之才，不忍有所偏废也。

诸葛亮派遣使节到司马懿军中,司马懿向使者询问诸葛亮的睡眠、饮食和办事多少,不打听军事情况。使者答道:"诸葛亮夙兴夜寐,凡是二十杖以上的责罚,都亲自审查;所吃的饭食不到几升。"司马懿告诉人说:"诸葛孔明进食少而事务烦,他还能活多久呢!"

　　诸葛亮病重,汉主派遣尚书仆射李福前来问候,同时询问国家大事。李福来到,和诸葛亮谈话完毕,辞别而去,几天之后又回来。诸葛亮说:"我知道您返回来的意图,近来虽然整天谈话,有些事还没有交待,又来听取决定了。你所要问的事蒋琬适合。"李福道歉说:"日前确实不曾询问,如您百年之后,谁可以担负重任,所以就又返回。再请问蒋琬之后,谁可承担重任?"诸葛亮说:"费祎可以继任。"又问费祎之后怎么样,诸葛亮没有回答。

　　这个月,诸葛亮在军中去世。长史杨仪整齐军队而退。百姓跑着去报告司马懿,司马懿追赶汉军。姜维命令杨仪调转战旗方向,擂响战鼓,像是即将对司马懿进攻。司马懿收军后退,不敢向前逼进。于是杨仪结阵离去,进入斜谷之后才发丧。百姓为此事编了一句谚语说:"死诸葛亮吓走活司马懿。"司马懿听到后笑着说:"这是我能够意料诸葛亮活着,不能料想诸葛亮已死的缘故。"司马懿到诸葛亮驻军营垒处所察看,感叹说:"真是天下的奇才啊!"追到赤岸,没有追上汉军而还。

　　起初,汉前军师魏延,勇猛过人,善待士兵。每次跟随诸葛亮出兵,就想要请求带兵一万人,和诸葛亮分道行军在潼关会合,如同韩信请兵的故事一样,诸葛亮制止而不许可。魏延常说诸葛亮胆怯,叹息抱怨自己的才干没有得到充分发挥。杨仪为人干练机敏,诸葛亮每次出兵,杨仪常常规划调遣部队,筹办粮谷,不假思索,即刻便完,军事节制调度,都依靠杨仪办理。魏延性格矜持高傲,当时众将都避而让之,只有杨仪对他不加忍让,魏延最为忿恨,如同水火不能相容。诸葛亮深深爱惜二人的才干,不忍心偏废任何一方。

费祎使吴，吴主醉，问祎曰："杨仪、魏延，牧竖小人也，虽尝有鸣吠之益于时务，然既已任之，势不得轻。若一朝无诸葛亮，必为祸乱矣。诸君愦愦，不知防虑于此，岂所谓贻厥孙谋乎！"祎对曰："仪、延之不协，起于私忿耳，而无黥、韩难御之心也。今方扫除强贼，混一函夏，功以才成，业由才广，若舍此不任，防其后患，是犹备有风波而逆废舟楫，非长计也。"

亮病困，与仪及司马费祎等作身殁之后退军节度，令延断后，姜维次之；若延不从命，军便自发。亮卒，仪秘不发丧，令祎往揣延意指。延曰："丞相虽亡，吾自见在。府亲官属，便可将丧还葬，吾当自率诸军击贼；云何以一人死废天下之事邪！且魏延何人，当为杨仪之所部勒，作断后将乎！"自与祎共作行留部分，令祎手书与己连名，告下诸将。祎绐延曰："当为君还解杨长史。长史文吏，稀更军事，必不违命也。"祎出，奔马而去。延寻悔之，已不及矣。

延遣人觇仪等，欲按亮成规，诸营相次引军还，延大怒，搀仪未发，率所领径先南归，所过烧绝阁道。延、仪各相表叛逆，一日之中，羽檄交至。汉主以问侍中董允、留府长史蒋琬，琬、允咸保仪而疑延。仪等令槎山通道，昼夜兼行，亦继延后。延先至，据南谷口，遣兵逆击仪等，仪等令将军何平于前御延。平叱先登曰："公亡，身尚未寒，汝辈何敢乃尔！"延士众知曲在延，莫为用命，皆散。延独与其子数人逃亡，奔汉中，仪遣将马岱追斩之，遂夷延三族。蒋琬率宿卫诸营北行赴难，行数十里，延死问至，乃还。始，延欲杀仪等，冀时论以己代诸葛辅政，故不降魏而南还击仪，实无反意也。

费祎出使到东吴,吴主酒醉,问费祎说:"杨仪、魏延是放牧的小子,虽然曾经以鸡鸣狗吠的本事有益于时务,但是既已任用他俩,情势不能轻视。如果一旦诸葛亮不在了,必定发生祸乱。众人糊涂,不知道对此要用心防备,难道这就是所谓谋及子孙吗?"费祎答道:"杨仪、魏延的不和,是起因于私忿,而没有黥布、韩信的叛逆心意。如今正在扫除强敌,统一华夏,功劳依靠人才来成就,业绩需要人才来扩展,如果舍弃他们而不任用,防备他们造成后患,就如同防备发生风波反倒废弃舟楫一样,不是最好的办法。"

诸葛亮病危的时候,与杨仪及司马费祎等安排死后退军的调度,命令魏延殿后阻击追敌,姜维在他后面;如果魏延不服从命令,军队便自行出发。诸葛亮去世,杨仪秘而不发丧,让费祎去魏延处揣度他的意向。魏延说:"丞相虽然去世,还有我在。相府亲信和官属,便可将遗体送还归葬,我当亲自统率各路大军攻击贼军;怎么能因一人死而废弃天下的大事呢?何况我魏延是何等人,就应当被杨仪部署约束,做断后的将军吗?"私自和费祎共同拟定行将留下的军队,让费祎亲笔写信连同自己签名,传告下面将领。费祎欺骗魏延说:"我当为您回去向杨仪解释。杨仪是个文官,很少经历军事,一定不会违抗尊命。"费祎出来,策马奔驰而去。魏延旋即后悔,但已追不到费祎了。

魏延派人窥探到杨仪等人打算按照诸葛亮既定的计划,各军营依次带领部队撤还,魏延勃然大怒,抢在杨仪没有发兵之前,率领所属部队径先南归,所过之处烧绝栈道。魏延、杨仪各自上表说对方叛逆,一天之内,羽书一并送到蜀都。汉主以此事询问侍中董允、留府长史蒋琬,董允、蒋琬都担保杨仪而怀疑魏延。杨仪等人命令砍伐山林打通道路,日夜兼程行进,紧随在魏延之后。魏延先到,占据南谷口,派兵迎击杨仪等人,杨仪等命将军何平在前面抵御魏延。何平叱责先登上南谷口的士兵说:"诸葛公死,尸骨未寒,你们怎敢如此!"魏延的部众知道魏延理亏,不愿为他卖命,都四散逃走。魏延独自和他的儿子共几个人逃奔汉中,杨仪派遣将领马岱追杀了他们,最终诛灭魏延三族。蒋琬率领宿卫各军北行救难,行出几十里,魏延被杀的音讯传来,于是还军。开始时,魏延想杀杨仪等人,希望时论以自己代替诸葛亮辅政,所以不向魏投降而南还攻击杨仪,确实没有叛逆之心。

诸军还成都，大赦，谥诸葛亮曰忠武侯。初，亮表于汉主曰："成都有桑八百株，薄田十五顷，子弟衣食，自有馀饶，臣不别治生以长尺寸。若臣死之日，不使内有馀帛，外有赢财，以负陛下。"卒如其所言。

丞相长史张裔常称亮曰："公赏不遗远，罚不阿近，爵不可以无功取，刑不可以贵势免，此贤愚之所以佥忘其身者也！"

陈寿评曰：诸葛亮之为相国也，抚百姓，示仪轨，约官职，从权制，开诚心，布公道；尽忠益时者，虽雠必赏，犯法怠慢者，虽亲必罚，服罪输情者，虽重必释，游辞巧饰者，虽轻必戮，善无微而不赏，恶无纤而不贬；庶事精练，物理其本，循名责实，虚伪不齿。终于邦域之内，咸畏而爱之，刑政虽峻而无怨者，以其用心平而劝戒明也。可谓识治之良才，管、萧之亚匹矣。

11　初，长水校尉廖立，自谓才名宜为诸葛亮之副，常以职位游散，怏怏怨谤无已，亮废立为民，徙之汶山。及亮卒，立垂泣曰："吾终为左衽矣！"李平闻之，亦发病死。平常冀亮复收己，得自补复，策后人不能故也。

习凿齿论曰：昔管仲夺伯氏骈邑三百，没齿而无怨言，圣人以为难。诸葛亮之使廖立垂泣，李严致死，岂徒无怨言而已哉！夫水至平而邪者取法，鉴至明而丑者忘怒；水鉴之所以能穷物而无怨者，以其无私也。水鉴无私，犹以免谤，况大人君子怀乐生之心，流矜恕之德，法行于不可不用，刑加乎自犯之罪，爵之而非私，诛之而不怨，天下有不服者乎！

各路大军返回成都,大赦天下,赐诸葛亮谥号为忠武侯。当初,诸葛亮曾上表汉主说:"我在成都有桑树八百株,薄田十五顷,家中子弟衣食,自有富裕,我没有别的收入增加家产。在我死之日,必不让家内有多馀的绢帛,家外有多馀的钱财,而有负陛下。"最后,果如其所言。

丞相长史张裔常称赞诸葛亮说:"他行赏不遗忘疏远的人,处罚不宽恕亲近的人,封爵不允许无功者取得,刑责不因为是权贵而免除,这就是贤能者和一般人都能够忘身报国的原因。"

陈寿评论说:诸葛亮当丞相,安抚百姓,显示法度准则,限制官员的职权,遵照法令制度,开诚布公,坦白无私;对尽忠而有益于国家的人,即使是仇人也必加奖赏,对违法而怠慢的人,即使是亲近者也必定处罚,对真心诚意认罪悔改的人,即使罪行较重也必定释放,对花言巧语进行掩饰的人,即使罪行较轻也必定诛杀,再小的善行也予以赞扬,再小的恶行也予以贬责;精熟众事,事事物物从根本上治理,循名责实,要求实质与名义相符,极端厌恶虚伪。他死在蜀国,蜀国上下都对他怀有敬畏爱戴之情,刑罚虽然严苛,但没有怨恨的人,是因为他用心公正,而且明加劝诫。可以说他是懂得治国之术的卓越人才,与管仲和萧何并列。

11 当初,长水人校尉廖立,自以为才气名声都适宜做诸葛亮的副手,常因职位调动频繁,抱怨诽谤,怏怏不已。诸葛亮罢廖立为平民,放逐到汶山。到诸葛亮去世,廖立流着泪说:"我将留在蛮夷地区终生不得翻身了!"李平听到噩耗,也发病而死。这是由于李平常常希望诸葛亮再次收用自己,得以补过,而料想后来的当权者不能这样做的缘故。

习凿齿评论说:从前管仲夺了伯氏在骈地的采邑三百多家,伯氏终生没有怨言,圣人都以为是件难事。诸葛亮去世使廖立流泪哭泣,李平发病而死,岂止是没有怨言而已!水最平时,倾斜的物体会取以为准;镜最明时,丑陋的人会忘记发怒。平水、明镜所以能使万物原形毕现而不招致怨恨的原因,是由于它们无私。水、镜无私,还可以因此免遭毁谤,何况大人君子心怀怜惜众生的爱心,广布体恤宽恕的恩德,法在不可不用时才使用,刑必符合罪犯所犯的罪行,不因私而赐爵,不因怒而诛杀,天下还会有不顺服的人吗?

12　蜀人所在求为诸葛亮立庙,汉主不听。百姓遂因时节私祭之于道陌上。步兵校尉习隆等上言:"请近其墓,立一庙于沔阳,断其私祀。"汉主从之。

汉主以左将军吴懿为车骑将军,假节,督汉中,以丞相长史蒋琬为尚书令,总统国事,寻加琬行都护,假节,领益州刺史。时新丧元帅,远近危悚,琬出类拔萃,处群僚之右,既无戚容,又无喜色,神守举止,有如平日,由是众望渐服。

吴人闻诸葛亮卒,恐魏承衰取蜀,增巴丘守兵万人,一欲以为救援,二欲以事分割。汉人闻之,亦增永安之守以防非常。汉主使右中郎将宗预使吴,吴主问曰:"东之与西,譬犹一家,而闻西更增白帝之守,何也?"对曰:"臣以为东益巴丘之戍,西增白帝之守,皆事势宜然,俱不足以相问也。"吴主大笑,嘉其抗尽,礼之亚于邓芝。

13　吴诸葛恪以丹阳山险,民多果劲,虽前发兵,徒得外县平民而已,其馀深远,莫能禽尽,屡自求为官出之,三年可得甲士四万。众议咸以为:"丹阳地势险阻,与吴郡、会稽、新都、番阳四郡邻接,周旋数千里,山谷万重。其幽邃人民,未尝入城邑,对长吏,皆仗兵野逸,白首于林莽;逋亡宿恶,咸共逃窜。山出铜铁,自铸甲兵。俗好武习战,高尚气力;其升山越险,抵突丛棘,若鱼之走渊,猿狖之腾木也。时观间隙,出为寇盗,每致兵征伐,寻其窟藏。其战则蜂至,败则鸟窜,自前世以来,不能羁也。"皆以为难。恪父瑾闻之,亦以事终不逮,叹曰:"恪不大兴吾家,将赤吾族也!"恪盛陈其必捷,吴主乃拜恪抚越将军,领丹阳太守,使行其策。

12　蜀地民众请求为诸葛亮建立祭庙,汉主不准。百姓于是随着岁时节令在路上自己祭祀。步兵校尉习隆等向上建议:"请在靠近诸葛亮墓地的沔阳,建立一个祭庙,断绝私人祭祀。"汉主同意了。

汉主任左将军吴懿为车骑将军,授予符节,督领汉中,任丞相长史蒋琬为尚书令,总管国事,不久又给蒋琬加官行都护,授予符节,兼益州刺史。当时刚刚安葬统帅,远近都惶惶不安,蒋琬则出类拔萃,处在百官之首,既没有悲戚的面容,也没有高兴的样子,神态举止,如同平日,于是逐渐赢得人心。

吴国听说诸葛亮去世,害怕魏乘机攻取蜀地,增加巴丘守军一万人,一是打算用以救援,二是打算待机分割。蜀国听到后,也增加永安的守军以防止非常情况发生。汉主命右中郎将宗预出使东吴,吴主问道:"东吴与西蜀,犹如一家,可是听说西蜀却增加了白帝城的守军,为什么?"宗预对答说:"我认为东吴增加巴丘的军队,西蜀增加白帝城的守卫,都是符合时势的必然举动,都不足以互相询问。"吴主大笑,称赞他抗言不屈,言无所隐,对他的礼遇仅次于邓芝。

13　东吴诸葛恪因丹阳山路险阻,山民又多强悍,虽然以前出兵征讨,只是空得一些外县的平民而已,其余都藏在深山远谷,不能全部擒获,便多次请求到当地做官使山民出山,保证三年可获得士兵四万。众议都认为:"丹阳地势险阻,与吴郡、会稽、新都、番阳四郡邻接,周围数千里,山谷万重。当地人民深居幽谷,不曾进入城邑,遇到官吏,都是手持武器,在山野中奔跑,直到人老发白;被追捕逃亡的惯犯,也都一起逃窜。山里出产铜铁,自己铸造兵器。民俗喜好练武,熟习打仗,崇尚气力;他们爬高山越险地、穿密林过棘丛,好像鱼游深渊、猿猴攀树一样自如。不时观察机会,出山抢掠,每次来兵征伐,都寻找山洞躲藏起来。他们战则一哄而上,败则如鸟飞鼠窜,从前代以来,一直没能制服他们。"都认为很难。诸葛恪的父亲诸葛谨听到后,也认为事情最终办不到,叹息说:"诸葛恪不能使我家兴旺,终将使家门败灭!"诸葛恪一再说他必能取胜报捷,吴主于是任命他为抚越将军,兼丹阳太守,让他按自己的计划行事。

14　冬，十一月，洛阳地震。

15　吴潘浚讨武陵蛮，数年，斩获数万。自是群蛮衰弱，一方宁静。十一月，浚还武昌。

14 冬季,十一月,洛阳发生地震。

15 东吴潘濬讨伐武陵蛮夷,几年时间,斩杀俘获几万人。自此之后,各蛮夷部落衰落,一方平静无事。十一月,潘濬返回武昌。

卷第七十三　魏纪五

起乙卯(235)尽丁巳(237)凡三年

烈祖明皇帝中之下
青龙三年(乙卯,235)

1　春,正月戊子,以大将军司马懿为太尉。

2　丁巳,皇太后郭氏殂。帝数问甄后死状于太后,由是太后以忧殂。

3　汉杨仪既杀魏延,自以为有大功,宜代诸葛亮秉政;而亮平生密指,以仪狷狭,意在蒋琬。仪至成都,拜中军师,无所统领,从容而已。初,仪事昭烈帝为尚书,琬时为尚书郎。后虽俱为丞相参军、长史,仪每从行,当其劳剧;自谓年宦先琬,才能逾之,于是怨愤形于声色,叹咤之音发于五内,时人畏其言语不节,莫敢从也。惟后军师费祎往慰省之,仪对祎恨望,前后云云。又语祎曰:"往者丞相亡没之际,吾若举军以就魏氏,处世宁当落度如此邪!令人追悔,不可复及!"祎密表其言。汉主废仪为民,徙汉嘉郡。仪至徙所,复上书诽谤,辞指激切,遂下郡收仪,仪自杀。

4　三月庚寅,葬文德皇后。

5　夏,四月,汉主以蒋琬为大将军、录尚书事;费祎代琬为尚书令。

烈祖明皇帝中之下
魏明帝青龙三年（乙卯，公元235年）

1　春季，正月戊子（初八），任命大将军司马懿为太尉。

2　二月丁巳（初八），皇太后郭氏去世。明帝多次向太后询问母亲甄氏死时的情状，于是，太后因忧惧而死。

3　蜀杨仪已然杀掉魏延，自认为立有大功，应当取代诸葛亮执政。可是，诸葛亮生前另有秘密指令，认为杨仪胸襟狭隘而且性情急躁，意向是由蒋琬接任。杨仪到达成都后被任为中军师，没有统管的具体工作，只是悠闲而已。最初，杨仪侍奉昭烈帝刘备担任尚书职务，蒋琬当时只是尚书郎。后来，虽然两人都担任了丞相参军、长史的职务，但杨仪每次随诸葛亮行动，承担的任务比较繁重，自认为为官资历深于蒋琬，才干也超过蒋琬，于是抱怨愤恨之情显露于声色中，叹息怒斥之声发自心底，当时人们害怕他言谈话语没有约束，不敢和他来往。只有后军师费祎前去安慰问候他，杨仪对费祎发泄心中的怨恨，把前后经过如此如此地说了一遍，又对费祎说："当初丞相刚刚去世之时，我如果率军投奔魏，为人处世怎会零落失意到这种地步？令人后悔，不可能再追回了！"费祎把他的话秘密上表。汉主遂把杨仪免职贬为平民，流放到汉嘉郡。杨仪到达流放地点后，又上书进行诽谤，言辞激烈强硬，于是下令郡府逮捕杨仪，杨仪自杀。

4　三月庚寅（十一日），安葬皇太后郭氏。

5　夏季，四月，汉主任命蒋琬担任大将军、录尚书事；费祎接替蒋琬担任尚书令。

6　帝好土功,既作许昌宫,又治洛阳宫,起昭阳太极殿,筑总章观,高十馀丈,力役不已,农桑失业。司空陈群上疏曰:"昔禹承唐、虞之盛,犹卑宫室而恶衣服。况今丧乱之后,人民至少,比汉文、景之时,不过汉一大郡。加以边境有事,将士劳苦,若有水旱之患,国家之深忧也。昔刘备自成都至白水,多作传舍,兴费人役,太祖知其疲民也。今中国劳力,亦吴、蜀之所愿,此安危之机也,惟陛下虑之!"帝答曰:"王业、宫室,亦宜并立,灭贼之后,但当罢守御耳,岂可复兴役邪!是固君之职,萧何之大略也。"群曰:"昔汉祖惟与项羽争天下,羽已灭,宫室烧焚,是以萧何建武库、太仓,皆是要急,然高祖犹非其壮丽。今二虏未平,诚不宜与古同也。夫人之所欲,莫不有辞,况乃天王,莫之敢违。前欲坏武库,谓不可不坏也;后欲置之,谓不可不置也。若必作之,固非臣下辞言所屈;若少留神,卓然回意,亦非臣下之所及也。汉明帝欲起德阳殿,锺离意谏,即用其言,后乃复作之;殿成,谓群臣曰:'锺离尚书在,不得成此殿也。'夫王者岂惮一人,盖为百姓也。今臣曾不能少凝圣听,不及意远矣。"帝乃为之少有减省。

帝耽于内宠,妇官秩石拟百官之数,自贵人以下至掖庭洒扫,凡数千人,选女子知书可付信者六人,以为女尚书,使典省外奏事,处当画可。廷尉高柔上疏曰:"昔汉文惜十家之资,不营小台之娱;去病虑匈奴之害,不遑治第之事。况今所损者非惟百金之费,所忧者非徒北狄之患乎!可粗成见所营立以充朝宴之仪,讫罢作者,使得就农,二方平定,复可徐兴。《周礼》,

6 明帝热衷于土木建筑工程,已经兴建了许昌宫,又修建洛阳宫,建起昭阳太极殿,筑成总章观,观高十多丈,于是不停地征调劳役,农桑之事几乎停顿。司空陈群上书说:"古代大禹承继唐尧、虞舜的昌盛基业,还是居住低矮的宫室,身穿粗劣的衣服,何况如今正在战乱丧葬之后,人口减至很少,比之汉文帝、汉景帝之时,不过是当时的一个大郡。加之边疆战事不断,将士劳累辛苦,如果出现水灾、旱灾,更值得深忧了。以前刘备从成都出发到白水,沿途大建居室馆所,征用耗费大量人力,太祖知道他是在使民众疲惫。而今中原大用民力,也正是东吴、西蜀所希望的,这是关系国家安危的关键问题,愿陛下考虑!"明帝答道:"帝王之业和帝王宫殿,也应该并行建立,消灭敌人之后,只须罢兵防守,怎么可以再大兴劳役呢? 这本来是你的职责,是同萧何当初一样的治国大略。"陈群说:"从前汉高祖只与项羽争夺天下,项羽已然被灭,而宫室都被烧毁,所以萧何修建了武器库、粮库,都是紧急需要,然而高祖还责怪修建得过于华丽。而今吴、蜀两敌还没平定,实在不应与古代等同并论。当然,人们要想满足私欲,没有找不到托辞的,何况帝王,更没有人敢于违抗。陛下以前想要拆毁武器库,说是不可不拆毁;以后打算重新设置,又说不可不设置。如果一定要兴建,固然不是我的话所能改变的;如果稍加留意历史教训,欣然回心转意,也不是我们臣属所能追及的。汉明帝打算修建德阳殿,钟离意直言规劝,即采纳了他的意见,以后又重新兴建;宫殿建成后,对群臣说:'如果钟离尚书还在,此殿就建不成了。'作为帝王怎么可以只怕一个人? 应该一切为百姓考虑。现在我不能使陛下稍稍听取一些意见,比起钟离意差得太远了。"为此,明帝稍有减省。

明帝沉迷于宠妃美女之中,宫中女官的官位和俸禄比照文武百官的数目,自贵人以下到担任宫廷洒扫的宫女有几千人,挑选读书识字可以信赖的六人任为女尚书,让她们审视朝臣奏章,分别处理,当者下发,可者准奏。廷尉高柔上书说:"从前汉文帝爱惜十家的资财,不建造一个小小的楼台娱乐,霍去病忧虑匈奴的危害,没有闲暇营治宅第。何况现在所耗费的绝非只是百金的资财,所忧虑的绝非只是北狄的危害! 我认为,只可粗略地完成已动工的工程,充当朝会和宴会之用,竣工之后遣返在工地上劳动的民夫,使他们能够回去务农,待西蜀和东吴平定之后,再可慢慢兴建。《周礼》规定,

天子后妃以下百二十人，嬪嬙之仪，既已盛矣。窃闻后庭之数，或复过之，圣嗣不昌，殆能由此。臣愚以为可妙简淑媛以备内官之数，其馀尽遣还家，且以育精养神，专静为宝。如此，则《螽斯》之征可庶而致矣。"帝报曰："辄克昌言，他复以闻。"

是时猎法严峻，杀禁地鹿者身死，财产没官，有能觉告者，厚加赏赐。柔复上疏曰："中间以来，百姓供给众役，亲田者既减；加顷复有猎禁，群鹿犯暴，残食生苗，处处为害，所伤不訾，民虽障防，力不能御。至如荥阳左右，周数百里，岁略不收。方今天下生财者甚少，而麋鹿之损者甚多，卒有兵戎之役，凶年之灾，将无以待之。惟陛下宽放民间，使得捕鹿，遂除其禁，则众庶永济，莫不悦豫矣。"

帝又欲平北芒，令于其上作台观，望见孟津。卫尉辛毗谏曰："天地之性，高高下下。今而反之，既非其理；加以损费人功，民不堪役。且若九河盈溢，洪水为害，而丘陵皆夷，将何以御之！"帝乃止。

少府杨阜上疏曰："陛下奉武皇帝开拓之大业，守文皇帝克终之元绪，诚宜思齐往古圣贤之善治，总观季世放荡之恶政。曩使桓、灵不废高祖之法度，文、景之恭俭，太祖虽有神武，于何所施，而陛下何由处斯尊哉！今吴、蜀未定，军旅在外，诸所缮治，惟陛下务从约节。"帝优诏答之。

阜复上疏曰："尧尚茅茨而万国安其居，禹卑宫室而天下乐其业；及至殷、周，或堂崇三尺，度以九筵耳。桀作璇室象廊，纣为倾宫鹿台，以丧其社稷，楚灵以筑章华而身受祸，秦始皇作阿房，二世而灭。夫不度万民之力以从耳目之欲，未有不亡者也。

天子可有后妃以下一百二十人，嫔妃的仪规，已经够盛大了。我私下听说，后宫的人数可能已超过这个数目，圣下的子嗣未能昌盛，大概是由于此吧。我认为可以挑选少量贤淑美女，备齐内官的数目，其他的全部遣送回家，陛下可以育精养神，专一静养。那么，《诗经·螽斯》所说多子多孙的征兆不久就可出现了。"明帝回答说："即以善言克制，其他事情，请再进言。"

这时狩猎的法规极其严厉，杀死皇家禁地内麋鹿的人要处以死刑，没收财产，有能发现并告发的人，给以重赏。高柔又上书说："近年来，百姓提供了各种劳役，从事田间劳动的人已经减少，再加上又有猎禁之法，群鹿有时暴性发作，贪吃毁坏地里长着的嫩苗，处处为害，所损害的不计其数，民众虽然设障防备，但力量不够，防不胜防。以至到了荥阳附近地区，周围数百里，年年几乎没有收成。而今天下创造财富的很少，而麋鹿造成的损失很多，如果突然爆发战争动员兵役，或者荒年降临颗粒不收，将没有办法应付。请陛下对待民间宽大放松一些，准许民众捕捉麋鹿，尽快解除猎禁，那么百姓将有长久的接济，没有谁会不高兴了。"

明帝又想铲平北芒山，下令在上面建造台观，以便远望孟津。卫尉辛毗规劝说："天地成自然，本来就是高高低低。现在要反其道而行，已经违背了天理；加之耗费人工，民众已无力承担。如果九河涨满，洪水为害时，丘陵都被夷为平地，将靠什么防御呢？"明帝这才作罢。

少府杨阜上书说："陛下承继武皇帝开拓的帝王大业，保持文皇帝一贯遵循的方向，实在应该向古代圣贤的善治看齐，总观各朝末世放荡的弊政。以前假使汉桓帝、汉灵帝不废弛汉高祖的法令制度，不破坏汉文帝、汉景帝的谦恭节俭，我们太祖虽有神武之威，又往何处施展，而陛下又怎么能够处在至尊地位呢？而今吴、蜀两国还没平定，军队在外戍边，各项修缮整治工程，请陛下务必简约节省。"明帝用文辞优美的诏书回答了他。

杨阜又上书说："尧帝推崇简陋的茅屋，万国安居，大禹居住低矮的宫室，天下乐业；到了商王朝和周王朝，殿堂也不过高三尺，宽只能容纳九桌筵席而已。夏桀用玉石建造居室，用象牙装饰走廊，商纣建造倾宫、鹿台，因而断送了王朝大业，楚灵王因修筑章华台而身遭大祸，秦始皇修建阿房宫，传位二世即归灭亡。如果不估量民力的极限，只为满足自己耳目的享受，没有哪一个不灭亡的。

陛下当以尧、舜、禹、汤、文、武为法则,夏桀、殷纣、楚灵、秦皇为深诫,而乃自暇自逸,惟宫台是饰,必有颠覆危亡之祸矣。君作元首,臣为股肱,存亡一体,得失同之。臣虽驽怯,敢忘争臣之义!言不切至,不足以感悟陛下;陛下不察臣言,恐皇祖、烈考之祚坠于地。使臣身死有补万一,则死之日犹生之年也。谨叩棺沐浴,伏俟重诛!"奏御,帝感其忠言,手笔诏答。

帝尝著帽,被缥绫半袖。阜问帝曰:"此于礼何法服也?"帝默不答。自是不法服不以见阜。

阜又上疏欲省宫人诸不见幸者,乃召御府吏问后宫人数。吏守旧令,对曰:"禁密,不得宣露!"阜怒,杖吏一百,数之曰:"国家不与九卿为密,反与小吏为密乎!"帝愈严惮之。

散骑常侍蒋济上疏曰:"昔句践养胎以待用,昭王恤病以雪仇,故能以弱燕服强齐,羸越灭劲吴。今二敌强盛,当身不除,百世之责也。以陛下圣明神武之略,舍其缓者,专心讨贼,臣以为无难矣。"

中书侍郎东莱王基上疏曰:"臣闻古人以水喻民曰:'水所以载舟,亦所以覆舟。'颜渊曰'东野子之御,马力尽矣,而求进不已,殆将败矣。'今事役劳苦,男女离旷,愿陛下深察东野之敝,留意舟水之喻,息奔驷于未尽,节力役于未困。昔汉有天下,至孝文时唯有同姓诸侯,而贾谊忧之曰:'置火积薪之下而寝其上,因谓之安。'今寇贼未殄,猛将拥兵,检之则无以应敌,久之则难以遗后,当盛明之世,不务以除患,若子孙不竞,社稷之忧也。使贾谊复起,必深切于曩时矣。"帝皆不听。

陛下应当以尧、舜、禹、商汤、文王、武王为榜样,以夏桀、殷纣、楚灵王、秦始皇的教训为鉴戒,如果只是贪图自我闲暇安逸,只是关心宫殿台阁的修饰,一定有朝廷颠覆国家灭亡的灾祸。君王好比是头脑,大臣好比是四肢,生死与共,利害相同。我虽然愚蠢胆怯,岂敢忘记诤臣的大义!言辞不激切,便不足以感动陛下;陛下如不体察我的进言,恐怕皇祖、列宗所传的福分将坠落在地。即使我以身死而能于事有万分之一的补救,那么我死去的那天就是我的再生之年。谨身贴棺木,沐浴更衣,听候诛杀!"奏章呈上后,明帝被他的忠言感动,亲笔写诏回答。

明帝曾经头戴便帽,身穿淡青色短袖绸衫,杨阜问明帝:"这是符合礼法的哪一种服制?"明帝沉默不语。从此以后,不穿礼法规定的标准服装不见杨阜。

杨阜又上书打算减去宫女中那些不被皇帝宠幸的人,于是召来御府吏员询问后宫人数。吏员遵守原有的规定,答道:"这是宫中的秘密,不能泄漏!"杨阜大怒,责打他一百棍,数落他说:"国家不和九卿有秘密,反而会和小吏有什么秘密吗?"明帝更加惧惮杨阜。

散骑常侍蒋济上书说:"从前句践鼓励生育,准备国家征用,燕昭王抚慰疾病贫苦的人民,是打算报仇雪耻,所以能以弱小的燕国战胜强大的齐国,贫穷的越国消灭了强劲的吴国。如今吴、蜀两敌强盛,身当帝王而不能翦除,将为后代百世所谴责。凭着陛下圣明神武的韬略,舍弃那些可以缓办的事情,一心一意讨伐敌人,我认为没有什么难办的。"

中书侍郎东莱人王基上书说:"我听说古人用水比喻人民说:'水可以载舟,也可以覆舟。'颜渊说:'东野子驾车,马力已经用尽了,但仍不停地向前驱赶,终将毁坏马匹。'如今战事兵役辛苦,男女分离家室空旷,希望陛下深察东野子驾车的弊病,留意舟水关系的比喻,让奔跑的马匹在力气还没用尽时得到休息,在人民还没困竭时减省力役。从前汉取得天下,及到文帝时只有同姓诸侯,可是贾谊仍然忧虑地说:'把火苗放在柴堆下面而睡其上,还认为是平安。'如今贼寇未灭,猛将拥兵自重,限制约束他们就无法应付敌人,长久下去则难以交付给子孙,当此国家盛明之时,还不全力除害,如果将来子孙不强,必是国家的忧患。假使贾谊复活,一定比从前感受更加深切。"明帝不采纳。

殿中监督役,擅收兰台令史。右仆射卫臻奏按之。诏曰:"殿舍不成,吾所留心,卿推之,何也?"臻曰:"古制侵官之法,非恶其勤事也,诚以所益者小,所堕者大也。臣每察校事,类皆如此,若又纵之,惧群司将遂越职,以至陵夷矣。"

尚书涿郡孙礼固请罢役,帝诏曰:"钦纳谠言。"促遣民作。监作者复奏留一月,有所成讫。礼径至作所,不复重奏,称诏罢民,帝奇其意而不责。帝虽不能尽用群臣直谏之言,然皆优容之。

秋,七月,洛阳崇华殿灾。帝问侍中领太史令泰山高堂隆曰:"此何咎也? 于礼宁有祈禳之义乎?"对曰:"《易传》曰:'上不俭,下不节,孽火烧其室。'又曰:'君高其台,天火为灾。'此人君务饰宫室,不知百姓空竭,故天应之以旱,火从高殿起也。"诏问隆:"吾闻汉武之时柏梁灾,而大起宫殿以厌之,其义云何?"对曰:"夷越之巫所为,非圣贤之明训也。《五行志》曰:'柏梁灾,其后有江充巫蛊事。'如《志》之言,越巫建章无所厌也,今宜罢散民役。宫室之制,务从约节,清扫所灾之处,不敢于此有所立作,则蓂荚、嘉禾必生此地。若乃疲民之力,竭民之财,非所以致符瑞而怀远人也。"

7 八月庚午,立皇子芳为齐王,询为秦王。帝无子,养二王为子,宫省事秘,莫有知其所由来者。或云:芳,任城王楷之子也。

8 丁巳,帝还洛阳。

9 诏复立崇华殿,更名曰九龙。通引穀水过九龙殿前,为玉井绮栏,蟾蜍含受,神龙吐出。使博士扶风马钧作司南车、水转百戏。

殿中监监督营造宫室,擅自拘捕兰台令史。右仆射卫臻奏请查办。明帝颁诏说:"宫殿不能完工,是我最关心的,你推究查办此事,是为什么?"卫臻说:"古代有禁止官吏越权的法规,不是厌恶他们勤于办事,实在是因为收效小而破坏大。我每次督察校事的工作,大体都是如此,如果再对此放纵,我恐怕各部门马上就要越职越权,以至王权衰颓了。"

尚书涿郡人孙礼坚持请求停止民役,明帝下诏说:"敬佩并接受你的正直之言。"催促把民夫遣返回家。但监工官吏又上奏留一个月,以便使工程完结。孙礼直接来到工地,不再重新上奏,宣称皇帝颁布诏书遣返民工,明帝对孙礼的做法感到新奇,因而没有责怪。明帝虽然不能全部采用群臣的直言进谏,却都能宽容他们。

秋季,七月,洛阳崇华殿发生火灾,明帝问侍中兼太史令的泰山人高堂隆说:"这是什么灾祸? 在礼仪上难道有祈求福祥、祛除灾变的意义吗?"高堂隆对答说:"《易传》说:'居上不俭朴,在下不节约,灾火烧他的宫室。'还说:'君王高筑观台,天火成灾。'这是君王一心只致力于修饰宫殿,不了解百姓亏空竭尽,所以上天以旱灾回报,火就从高高的宫殿燃起。"明帝用诏书问高堂隆:"我听说汉武帝的时候柏梁发生火灾,反而是用大建宫殿来震慑,这又怎么解释?"对答说:"这是夷、越族的巫师所为,不是圣贤的明训。《五行志》记载:'柏梁火灾背后,有江充巫蛊诱惑之事。'正如《五行志》所记,越人巫师诱惑修筑建章台,并没有震慑灾难的作用,现在应该遣散民役。宫殿的建制,务必从简节约,清扫火灾的地方,不要冒昧地另行施工,那么瑞草、嘉禾一定能在这儿生长起来。如果继续耗费民力,枯竭民财,不是招致符瑞、安抚远方之人的做法。"

7　八月庚午(二十四日),立皇子曹芳为齐王,曹询为秦王。明帝没有儿子,收养曹芳和曹询为子,皇宫禁地事情极其保密,无人知晓他俩的来历。有的说:曹芳是任城王曹楷的儿子。

8　丁巳(十一日),明帝返回洛阳。

9　颁诏再新修建崇华殿,改名为九龙殿。开渠引来榖水流过九龙殿前,用玉石砌成水井,用彩缎包裹井栏,水从玉雕蟾蜍的口中流入,再从玉雕神龙的口中吐出。命博士扶风人马钧制作司南车和以水为动力旋转活动的百戏车。

陵霄阙始构,有鹊巢其上,帝以问高堂隆,对曰:"《诗》曰:'惟鹊有巢,惟鸠居之。'今兴宫室,起陵霄阙,而鹊巢之,此宫未成身不得居之象也。天意若曰:'宫室未成,将有他姓制御之。'斯乃上天之戒也。夫天道无亲,惟与善人,太戊、武丁睹灾悚惧,故天降之福。今若罢休百役,增崇德政,则三王可四,五帝可六,岂惟商宗转祸为福而已哉!"帝为之动容。

帝性严急,其督修宫室有稽限者,帝亲召问,言犹在口,身首已分。散骑常侍领秘书监王肃上疏曰:"今宫室未就,见作者三四万人。九龙可以安圣体,其内足以列六宫;惟泰极已前,功夫尚大。愿陛下取常食禀之士,非急要者之用,选其丁壮,择留万人,使一期而更之。咸知息代有日,则莫不悦以即事,劳而不怨矣。计一岁有三百六十万夫,亦不为少。当一岁成者,听且三年,分遣其馀,使皆即农,无穷之计也。夫信之于民,国家大宝也。前车驾当幸洛阳,发民为营,有司命以营成而罢;既成,又利其功力,不以时遣。有司徒营目前之利,不顾经国之体。臣愚以为自今已后,傥复使民,宜明其令,使必如期;以次有事,宁使更发,无或失信。凡陛下临时之所行刑,皆有罪之吏、宜死之人也,然众庶不知,谓为仓卒。故愿陛下下之于吏,而暴其罪,钧其死也,无使污于宫掖而为远近所疑。且人命至重,难生易杀,气绝而不续者也,是以圣贤重之。昔汉文帝欲杀犯跸者,廷尉张释之曰:'方其时,上使诛之则已,今下廷尉,廷尉,天下之平,不可倾也。'臣以为大失其义,非忠臣所宜陈也。廷尉者,天子之吏也,犹不可以失平,而天子之身反可以惑谬乎!斯重于为己而轻于为君,不忠之甚也,不可不察。"

陵霄阙刚刚起架时,有喜鹊在上面筑巢,明帝以此事询问高堂隆,高堂隆回答说:"《诗经》说:'鹊筑巢,鸠居之。'如今大兴宫殿,又新起陵霄阙,并且有喜鹊在上面筑巢,这是宫殿没建成不能在里面居住的象征。上天的旨意好像是说:'宫殿未成,就会有外姓人统治支配它。'这就是上天的告诫。天道没有亲疏,只赐福于善良的人,太戊、武丁看见灾异征兆后惶悚恐惧,所以上天改降福分。现今如果能够停止各种劳役,增施德政,那么三王可以增为四王,五帝可以增为六帝,难道只是商族可以转祸为福吗?"明帝为之动容。

　　明帝性情严厉急躁,对那些监督修建宫殿而没能如期完工的人,亲自召来责问,话还没出口,已被杀头。散骑常侍兼秘书监王肃上书说:"而今宫殿还没建成,参加劳动的人已有三四万。九龙殿可以使陛下安居,里面足够安置六宫人员;只有泰极殿前殿,工程尚大。愿陛下指派领取国家粮饷目前又无紧急任务的士兵,挑选身体强壮者一万人,让他们一期期地轮换。都知道休息替代有日可待,就都会乐于在工地劳动,虽然辛苦而不再有怨言了。总计一年有三百六十万工,也不算少。本应当一年完成的,不妨三年完成,遣散其馀的民工,让他们都回去务农,这是长远之计。取信于民,是国家的一大法宝。以前陛下临幸洛阳,征发百姓修建营垒,有关部门命令营垒修成就放民工回家;结果营垒建成,又贪图百姓工力的便宜,不按时放还。有关部门只营求眼前利益,不顾治国大体。我愚昧地认为,从今以后,倘若再使用民工,应该明确宣布期限,使用民工一定遵守时限;如果又有役事,宁可重新征发,也不要失信。凡陛下临时施刑的人,都是有罪的官吏、当死的人,可是众人不知道详情,说是仓促行事。所以,愿陛下交给主管官吏处理,暴露他们的罪行,衡量他们的生死,不要让罪犯的血污染宫廷,还被远近猜疑。况且人命至重,容易诛杀而难于复生,一旦气绝,不可能再接续,所以圣贤对此都很重视。以前汉文帝想要杀死冒犯御驾的人,廷尉张释之说:'正当事情发生时,皇上假使诛杀他就算了,现在既然下交到廷尉,廷尉要主持天下的公平,不可偏颇。'我认为这是完全失去大义,不是忠臣所该说的话。廷尉也是天子的属官,都不可以失之公平,而天子反倒可以迷惑错谬吗?这是看重自己而轻视帝王,是严重不忠的人,不可不明察。"

10　中山恭王衮疾病,令官属曰:"男子不死于妇人之手,亟以时营东堂。"堂成,舆疾往居之。又令世子曰:"汝幼为人君,知乐不知苦,必将以骄奢为失者也。兄弟有不良之行,当造膝谏之,谏之不从,流涕喻之,喻之不改,乃白其母,犹不改,当以奏闻,并辞国土。与其守宠罹祸,不若贫贱全身也。此亦谓大罪恶耳,其微过细故,当掩覆之。"冬,十月,己酉,衮卒。

11　十一月丁酉,帝行如许昌。

12　是岁,幽州刺史王雄使勇士韩龙刺杀鲜卑轲比能。自是种落离散,互相侵伐,强者远遁,弱者请服,边陲遂安。

13　张掖柳谷口水溢涌,宝石负图,状象灵龟,立于川西,有石马七及凤凰、麒麟、白虎、牺牛、璜玦、八卦、列宿、孛彗之象,又有文曰"大讨曹"。诏书班天下,以为嘉瑞。任令于绰连赍以问钜鹿张臶,臶密谓绰曰:"夫神以知来,不追既往,祥兆先见,而后废兴从之。今汉已久亡,魏已得之,何所追兴祥兆乎! 此石,当今之变异而将来之符瑞也。"

14　帝使人以马易珠玑、翡翠、玳瑁于吴,吴主曰:"此皆孤所不用,而可以得马,孤何爱焉。"尽以与之。

四年(丙辰,236)

1　春,吴人铸大钱,一当五百。

2　三月,吴张昭卒,年八十一。昭容貌矜严,有威风,吴主以下,举邦惮之。

3　夏,四月,汉主至湔,登观阪,观汶水之流,旬日而还。

10　中山恭王曹衮病重,命令官属说:"男人不应死在女人手上,赶快给我在东面营造一座殿堂。"殿堂建成,带病前去居住。又命令嫡子说:"你年纪尚小便做了王,只知道欢乐而不知道痛苦,一定会因骄恣奢华而出现过失。兄弟们如有不良行为,你应当前去规劝,规劝不被接受,要流泪劝告,再不改正,就告诉他们的母亲,还不改就应当奏报皇上,并辞退封国食邑。与其依仗恩宠招祸,不如贫贱保全性命。这当然是指犯了大罪,如是细小过失,便应当替他掩饰。"冬季,十月己酉(初三),曹衮去世。

11　十一月丁酉(二十二日),明帝前往许昌。

12　这一年,幽州刺史王雄派遣勇士韩龙刺杀了鲜卑首领轲比能。从此以后,鲜卑部落分崩离析,互相攻击,强者远遁,弱者归顺,边境平安。

13　张掖柳谷口水满涌出,露出一块玉石,带有图案,形状如灵龟,竖立在水面,上有七个石马及凤凰、麒麟、白虎、牺牛、璜玦、八卦、星宿、孛星和彗星的图形,并有"大讨曹"三字。明帝下诏公告天下,认为是吉祥瑞兆。任县县令于绰带着诏书及玉石图案去问钜鹿人张臶,张臶秘密地对于绰说:"神因为知道未来,不追溯往事,吉祥征兆先显现出,然后接着就有人兴起,有人废弃。如今汉朝灭亡已久,魏已得天下,怎么还会是兴魏的祥兆呢?这块玉石,是当今之世要有变异而预示将来的符瑞。"

14　明帝派人去东吴用马匹换取珍珠、翡翠、玳瑁,吴主说:"这些东西都是我不用的,而可用来换到马匹,我为什么要吝惜呢?"于是,全都给了来使。

魏明帝青龙四年(丙辰,公元236年)

1　春季,吴铸造大钱,一当五百。

2　三月,吴张昭去世,享年八十一岁。张昭容貌高傲,威严不凡,自吴主以下,举国敬畏。

3　夏季,四月,汉主到达湔氐道,登上观阪,观看汶水水道,停留十日返回。

4 武都氐苻健请降于汉，其弟不从，将四百户来降。

5 五月乙卯，乐平定侯董昭卒。

6 冬，十月己卯，帝还洛阳宫。

7 甲申，有星孛于大辰，又孛于东方。高堂隆上疏曰："凡帝王徙都立邑，皆先定天地、社稷之位，敬恭以奉之。将营宫室，则宗庙为先，厩库为次，居室为后。今圜丘、方泽、南北郊、明堂、社稷神位未定，宗庙之制又未如礼，而崇饰居室，士民失业。外人咸云'宫人之用与军国之费略齐'，民不堪命，皆有怨怒。《书》曰：'天聪明自我民聪明，天明畏自我民明威。'言天之赏罚，随民言，顺民心也。夫采椽、卑宫，唐、虞、大禹之所以垂皇风也；玉台、琼室，夏癸、商辛之所以犯昊天也。今宫室过盛，天彗章灼，斯乃慈父恳切之训。当崇孝子祗肃之礼，不宜有忽，以重天怒。"隆数切谏，帝颇不悦。侍中卢毓进曰："臣闻君明则臣直，古之圣王惟恐不闻其过，此乃臣等所以不及隆也。"帝乃解。毓，植之子也。

8 十二月癸巳，颍阴靖侯陈群卒。群前后数陈得失，每上封事，辄削其草，时人及其子弟莫能知也。论者或讥群居位拱默。正始中，诏撰群臣上书以为《名臣奏议》，朝士乃见群谏事，皆叹息焉。

　　袁子论曰：或云："少府杨阜岂非忠臣哉？见人主之非则勃然触之，与人言未尝不道。"答曰："夫仁者爱人，施之君谓之忠，施于亲谓之孝。今为人臣，见人主失道，直诋其非而播扬其恶，可谓直士，未为忠臣也。故司空陈群则不然，谈论终日，未尝言人主之非；书数十上，外人不知。君子谓群于是乎长者矣。"

4　武都郡氐族人符健向蜀请降,其弟不同意,率四百户来降魏。

5　五月乙卯(十三日),乐平定侯董昭去世。

6　冬季,十月己卯(初十),明帝返回洛阳宫。

7　甲申(十五日),在大辰星旁出现异星,后又出现在东方天际。高堂隆上书说:"凡是帝王迁移都城或者兴建城邑,都要先选定祭祀天神、地神及祭祀祖先的地方,恭恭敬敬地尊奉他们。将要营建宫殿时,也要先建祖先祭庙,然后再建马厩、仓库,最后才兴建居室。如今圜丘、方泽、南北郊、明堂及社稷,各神神位都没有确定,祖先祭庙的建制也不符合礼法,而只是大修宫殿,使人民失掉生业。外人都说'宫中的花费与军国总费用几乎相等',民不堪命,都抱有怨恨愤怒的情绪。《尚书》说:'上天聪敏明察,实际是人民聪敏明察,上天显赫威灵,实际是人民显赫威灵。'这是说上天的奖赏和惩罚,随从民意,顺应民心。用原木做椽子,建造陋室居住,是唐尧、虞舜、大禹留下来的风范;修玉台、造琼室,是夏桀、商纣对皇天的冒犯。如今宫殿修建过盛,彗星在天空闪烁,这就是仁慈的天父发出恳切的训诫。陛下应当尊崇孝子恭谨景仰的礼仪,不应当忽视它,以免加重上天的愤怒。"高堂隆多次恳切直言规劝,明帝颇不高兴。侍中卢毓进言说:"我听说君王圣明则臣下正直,古代的圣王唯恐听不到自己的过失,这正是我们不及高堂隆之处。"明帝怒意才算消解。卢毓是卢植的儿子。

8　十二月癸巳(二十四日),颍阴靖侯陈群去世。陈群曾前后多次上书陈述治国得失,每次都是封好上奏即毁掉底稿,当时的人和他的儿子、兄弟都不知道其中内容。议论的人中有的讥讽陈群身居高位,只是拱手而默无所言。正始年间,诏命选录群臣上书编纂《名臣奏议》,在朝人士才见到陈群进谏事迹,都赞叹不止。

　　　袁宏评论说:有人说:"少府杨阜难道还不是忠臣吗?看见君王的过错就迫不及待地尖锐指出,与人谈话时也不加隐瞒。"我的回答是:"仁人君子爱人,如爱的是君王则称之为忠,如爱的是父母则称之为孝。如今作为臣属,看见君主失去道义,竭力批评他的过错并且处处宣扬,这种人可称为直士,但不可当作忠臣。前司空陈群就不是这样,他终日谈论,也未曾讲过君主的过错,上书规劝数十次,外人都不知晓。因此君子称陈群是长者。"

9　乙未,帝行如许昌。

10　诏公卿举才德兼备者各一人,司马懿以兖州刺史太原王昶应选。昶为人谨厚,名其兄子曰默,曰沈,名其子曰浑,曰深,为书戒之曰:"吾以四者为名,欲使汝曹顾名思义,不敢违越也。夫物速成则疾亡,晚就而善终,朝华之草,夕而零落,松柏之茂,隆寒不衰,是以君子戒于阙党也。夫能屈以为伸,让以为得,弱以为强,鲜不遂矣。夫毁誉者,爱恶之原而祸福之机也。孔子曰:'吾之于人,谁毁谁誉。'以圣人之德犹尚如此,况庸庸之徒而轻毁誉哉!人或毁己,当退而求之于身。若己有可毁之行,则彼言当矣;若己无可毁之行,则彼言妄矣。当则无怨于彼,妄则无害于身,又何反报焉!谚曰:'救寒莫如重裘,止谤莫如自修。'斯言信矣。"

景初元年(丁巳,237)

1　春,正月壬辰,山茌县言黄龙见。高堂隆以为:"魏得土德,故其瑞黄龙见,宜改正朔,易服色,以神明其政,变民耳目。"帝从其议。三月,下诏改元,以是月为孟夏四月,服色尚黄,牺牲用白,从地正也。更名《太和历》曰《景初历》。

2　五月己巳,帝还洛阳。

3　己丑,大赦。

4　六月戊申,京都地震。

5　己亥,以尚书令陈矫为司徒,左仆射卫臻为司空。

6　有司奏以武皇帝为魏太祖,文皇帝为魏高祖,帝为魏烈祖;三祖之庙,万世不毁。

9　乙未(二十六日)，明帝前往许昌。

10　诏命三公九卿每人推举才德兼备者一人，司马懿推荐的兖州刺史太原人王昶应选。王昶为人恭谨忠厚，他给侄子起名王默、王沈，给儿子起名王浑、王深，写信告诫他们说："我以这四字作为你们的名字，是要你们能顾名思义，不敢违犯。事物都是成熟得快死亡得也快，晚成必有好结果，早晨华美的小草，到晚上就凋零了，松柏的茂盛，寒冬也不会衰减，所以君子都以'阙党小子'为戒鉴。如果能把委曲看作是舒展，能把谦让看作是获得，能把柔弱看作是刚强，便很少不能成功了。毁谤和赞誉，是喜爱和厌恶的根源，也是灾祸和福分的契机。孔子说：'我对别人，不毁谤，不赞誉。'凭圣人的德行尚且如此，何况平庸之辈，怎么可以轻易毁谤和赞誉呢？人或许会受到别人攻击，应当退而审察自身。如果自己有可以被攻击的行为，那么别人的攻击就是对的；如果自己没有应受攻击的行为，那么他的话就是虚妄之言。说得对就不要怨恨他，说得不对也无害于己，又何必报复他？谚语说：'救寒莫如重裘，止谤莫如自修。'这句话可信啊。"

魏明帝景初元年(丁巳，公元 237 年)

1　春季，正月壬辰，山茌县奏报说看见黄龙。高堂隆认为："魏得的是土德，所以它的瑞兆是出现黄龙，应改变历法，换服装颜色，依靠神使政治清明，使万民耳目一新。"明帝同意此议。三月，下诏改年号，以本月为孟夏四月，服色尚黄，祭祀牲畜用白，依从地正，改《太和历》为《景初历》。

2　五月己巳(初二)，明帝返回洛阳。

3　己丑(二十二日)，魏大赦天下。

4　六月戊申，魏京都发生地震。

5　己亥，明帝任命尚书令陈矫担任司徒，左仆射卫臻担任司空。

6　主管官吏奏请以武皇帝曹操为魏太祖，文皇帝曹丕为魏高祖，明帝曹睿为魏烈祖；三祖的祭庙，万世不能毁坏。

孙盛论曰：夫谥以表行，庙以存容。未有当年而逆制祖宗，未终而豫自尊显。魏之群司于是乎失正矣。

7 秋，七月丁卯，东乡贞公陈矫卒。

8 公孙渊数对国中宾客出恶言，帝欲讨之，以荆州刺史毌丘俭为幽州刺史。俭上疏曰："陛下即位以来，未有可书。吴、蜀恃险，未可卒平，聊可以此方无用之士克定辽东。"光禄大夫卫臻曰："俭所陈皆战国细术，非王者之事也。吴频岁称兵，寇乱边境，而犹按甲养士，未果致讨者，诚以百姓疲劳故也。渊生长海表，相承三世，外抚戎夷，内修战射，而俭欲以偏军长驱，朝至夕卷，知其妄矣。"帝不听，使俭帅诸军及鲜卑、乌桓屯辽东南界，玺书征渊。渊遂发兵反，逆俭于辽隧。会天雨十馀日，辽水大涨，俭与战不利，引军还右北平。渊因自立为燕王，改元绍汉，置百官，遣使假鲜卑单于玺，封拜边民，诱呼鲜卑以侵扰北方。

9 汉张后殂。

10 九月，冀、兖、徐、豫大水。

11 西平郭夫人有宠于帝，毛后爱弛。帝游后园，曲宴极乐。郭夫人请延皇后，帝不许，因禁左右使不得宣。后知之，明日，谓帝曰："昨日游宴北园，乐乎？"帝以左右泄之，所杀十馀人。庚辰，赐后死，然犹加谥曰悼。癸丑，葬愍陵。迁其弟曾为散骑常侍。

12 冬，十月，帝用高堂隆之议，营洛阳南委粟山为圜丘，诏曰："昔汉氏之初，承秦灭学之后，采摭残缺，以备郊祀，四百馀年，废无禘礼。曹氏世系出自有虞，今祀皇皇帝天于圜丘，

孙盛评论说:谥号用以表明死者的行为,祭庙用以存留死者的容貌。没有活着的时候而事先确立自己的庙为祖庙,未去世而预先使自己尊崇显耀的。魏国的主事之官在此失当了。

　　7　秋季,七月丁卯(初二),东乡贞公陈矫去世。

　　8　公孙渊多次对魏的宾客口出恶言,明帝打算讨伐他,命荆州刺史毌丘俭担任幽州刺史。毌丘俭上书说:"陛下即位以来,没有可以载入史书的丰功伟绩。吴、蜀两国依仗地势险阻,不能很快平定,暂且可以调用这里无处用武的士兵平定辽东。"光禄大夫卫臻说:"毌丘俭所述的都是战国时代的细微之术,不是帝王的大事。吴国年年频繁地举兵侵犯边境,而我们仍是按兵不动休养士卒,没有前去征讨,原因实在是百姓极度疲劳的缘故。公孙渊生长在海边,子孙三代承袭权位,在外安抚戎狄,在内练兵备战,而毌丘俭打算以偏师长驱作战,早晨到达晚上就能席卷得胜,可知他多么狂妄了。"明帝不听劝说,命毌丘俭统率各军及鲜卑、乌桓部落在辽东南界驻屯,以玺书征召公孙渊入朝。公孙渊立即发兵反叛,在辽隧迎战毌丘俭。当时正值大雨下了十多天,辽河大涨,毌丘俭出战不利,率军回到右北平。公孙渊乘机自立为燕王,改年号为绍汉,设置文武百官,派遣使节授予鲜卑单于印玺,对边民封官授爵,引诱鲜卑人侵扰魏北部边境。

　　9　蜀张皇后去世。

　　10　九月,冀州、兖州、徐州、豫州发生水灾。

　　11　西平人郭夫人被明帝宠爱,明帝对毛皇后的爱逐渐消失。明帝游逛后花园,尽兴欢宴,郭夫人请求邀请毛皇后参加,明帝不准许,并下令左右的人不得泄漏。毛皇后知道了这件事,第二天问明帝说:"昨日在北园游乐欢宴,高兴吗?"明帝因左右的人泄漏出去,一连杀了十几人。庚辰(十六日),命毛皇后自尽,然而还是追加谥号,称悼皇后。癸丑,把毛皇后安葬在愍陵。又提升毛皇后的弟弟毛曾担任散骑常侍。

　　12　冬季,十月,明帝采用高堂隆的建议,在洛阳城南委粟山上建造圜丘,下诏说:"从前汉朝初年,正是秦朝焚书坑儒之后,当时搜集残缺失散的文献,作为郊外祭祀天地之用,四百多年来,禘礼荒废失传。曹姓世系是有虞氏后裔,如今在圜丘祭祀皇皇帝天,

以始祖虞舜配;祭皇皇后地于方丘,以舜妃伊氏配;祀皇天之神于南郊,以武帝配;祭皇地之祇于北郊,以武宣皇后配。"

13　庐江主簿吕习密使人请兵于吴,欲开门为内应。吴主使卫将军全琮督前将军朱桓等赴之,既至,事露,吴军还。

14　诸葛恪至丹阳,移书四部属城长吏,令各保其疆界,明立部伍;其从化平民,悉令屯居。乃内诸将,罗兵幽阻,但缮藩篱,不与交锋,俟其谷稼将熟,辄纵兵芟刈,使无遗种。旧谷既尽,新谷不收,平民屯居,略无所入。于是山民饥穷,渐出降首。恪乃复敕下曰:"山民去恶从化,皆当抚慰,徙出外县,不得嫌疑,有所拘执!"曰阳长胡伉得降民周遗,遗旧恶民,困迫暂出,伉缚送言诸府。恪以伉违教,遂斩以徇。民闻伉坐执人被戮,知官惟欲出之而已,于是老幼相携而出,岁期人数,皆如本规。恪自领万人,馀分给诸将。吴主嘉其功,拜恪威北将军,封都乡侯,徙屯庐江皖口。

15　是岁,徙长安钟簴、橐佗、铜人、承露盘于洛阳。盘折,声闻数十里。铜人重,不可致,留于霸城。大发铜铸铜人二,号曰翁仲,列坐于司马门外。又铸黄龙、凤皇各一,龙高四丈,凤高三丈馀,置内殿前。起土山于芳林园西北陬,使公卿群僚皆负土,树松、竹、杂木善草于其上,捕山禽杂兽置其中。司徒军议掾董寻上疏谏曰:"臣闻古之直士,尽言于国,不避死亡,故周昌比高祖于桀、纣,刘辅譬赵后于人婢,天生忠直,虽白刃沸汤,往而不顾者,诚为时主爱惜天下也。建安以来,

以始祖虞舜配享；在方丘祭祀皇皇后地，以舜妃伊氏配享；在南郊祭祀皇天之神，以武帝配享；在北郊祭祀皇地之神，以武宣皇后配享。"

13　庐江主簿吕习秘密派遣使节向东吴请求出兵接应，想要打开城门里应外合。吴主派卫将军全琮督领前将军朱桓等赶赴庐江，到达时事情败露，吴军返回。

14　诸葛恪到达丹阳，用正式书信通知四部属城长吏，命令他们各自严密防守疆界，严明部队；已经归顺的山越平民，一律设屯聚居。然后又调各将领，率兵据守险要，只修缮防御工事，不与山越交兵，等待稻米快成熟时，即下令士兵收割，使地上不留稻种。原有的粮食已经吃尽，新稻又没有收成，平民设屯聚居，劫掠不到任何东西。于是山民饥饿难忍，逐渐出山归降。诸葛恪遂又下命令说："山民只要痛改前非，接受教化，都应当抚慰，迁移到外县，不能猜疑他们，随意拘捕！"白阳县长胡伉获得降民周遗，周遗原是一个恶霸，迫于饥饿暂时出山，胡伉把他捆绑起来，送到郡府惩办。诸葛恪认为胡伉违抗命令，于是将胡伉斩首。山民听说胡伉因随意捕人被杀，知道官府的目的只是想让他们离开山区，于是扶老携幼，大批出山，一年之后统计人数，都同原来计划的一样。诸葛恪亲自统领一万人，其馀的分给其他将领。吴主嘉奖他的功劳，任命诸葛恪为威北将军，封为都乡侯，移驻庐江皖口。

15　这一年，把原设在长安的钟簴、橐佗、铜人、承露盘移到洛阳。承露盘折断，响声传出几十里。铜人太重，无法运到洛阳，只好留在霸城。广为征集黄铜，铸成铜人两个，称为翁仲，并排安放在皇宫司马门外。又熔铸黄龙、凤凰各一个，黄龙高四丈，凤凰高三丈多，安置在皇宫内殿前。在芳林园西北角堆起一座土山，命三公九卿等众官员都去搬运泥土，在土山上种植松树、竹子、杂木和美草，捕来山禽杂兽放到丛中豢养。司徒军议掾董寻上书规劝说："我听说古代的正直之士，把应说的话毫无保留地对国君全部讲出，不躲避杀身之祸，所以周昌把汉高祖比作夏桀、商纣，刘辅把赵后比作婢女，天生忠诚正直之臣，虽然面对白刃和沸腾的开水，都敢于上前而不畏惧，实在是为了当时的君王，珍惜君王的天下。建安以来，

野战死亡，或门殚户尽，虽有存者，遗孤老弱。若今宫室狭小，当广大之，犹宜随时，不妨农务，况乃作无益之物，黄龙、凤皇、九龙、承露盘，此皆圣明之所不兴也，其功三倍于殿舍。陛下既尊群臣，显以冠冕，被以文绣，载以华舆，所以异于小人；而使穿方举土，面目垢黑，沾体涂足，衣冠了鸟，毁国之光以崇无益，甚非谓也。孔子曰：'君使臣以礼，臣事君以忠。'无忠无礼，国何以立！臣知言出必死，而臣自比于牛之一毛，生既无益，死亦何损！秉笔流涕，心与世辞。臣有八子，臣死之后，累陛下矣！"将奏，沐浴以待命。帝曰："董寻不畏死邪！"主者奏收寻，有诏勿问。

高堂隆上疏曰："今世之小人，好说秦、汉之奢靡以荡圣心；求取亡国不度之器，劳役费损以伤德政：非所以兴礼乐之和，保神明之休也。"帝不听。

隆又上疏曰："昔洪水滔天二十二载，尧、舜君臣南面而已。今无若时之急，而使公卿大夫并与厮徒共供事役，闻之四夷，非嘉声也，垂之竹帛，非令名也。今吴、蜀二贼，非徒白地、小虏、聚邑之寇，乃僭号称帝，欲与中国争衡。今若有人来告：'权、禅并修德政，轻省租赋，动咨耆贤，事遵礼度。'陛下闻之，岂不惕然恶其如此，以为难卒讨灭而为国忧乎！若使告者曰：'彼二贼并为无道，崇侈无度，役其士民，重其赋敛，下不堪命，吁嗟日甚。'陛下闻之，岂不幸彼疲敝而取之不难乎！苟如此，则可易心而度，事义之数亦不远矣！亡国之主自谓不亡，然后至于亡；贤圣之君自谓亡，然后至于不亡。

野战不断，死亡无数，有的已门户尽灭，即使还有幸存的人，也是孤寡老弱。即便是现在宫殿狭小，应当扩建，也还应随顺农时，不要妨碍农业生产，何况是制作毫无益处的器物，黄龙、凤凰、九龙、承露盘，这些都是圣明的君王不愿兴建的东西，但制作花费的工夫是修建宫殿的三倍。陛下既然尊重群臣，让他们头戴官帽，身穿绣衣，出门乘坐华丽的车轿，用以和平民区别；可又让他们挖坑抬土，面目又脏又黑，衣冠破碎不整，丢尽国家的脸面，为的只是对国家毫无益处的林园，实在不可。孔子说：'君王对臣下应以礼相待，臣下侍奉君王应效尽忠心。'没有忠义没有礼法，国家靠什么维持？我知道此言既出，肯定被杀，可是我自比为牛身之一毛，活着既然无益于国家，死了又会有什么损失？持笔流泪，心已与世辞别。我有八个儿子，我死之后，还要拖累陛下了！"将要上奏前，沐浴等待诏命。明帝说："董寻不怕死吗？"主事官奏请拘捕董寻，明帝下诏说不必追究。

高堂隆上书说："如今世上邪恶之人，喜好议论秦、汉之时的奢靡生活以动摇陛下的圣心；引诱陛下追求谋取已亡国家不合法度的器物，致使百姓劳苦，钱财浪费，伤害德政：这不是提倡礼乐的和谐，求神明保佑的喜庆。"明帝不采纳。

高堂隆又上书说："古代洪水泛滥，波浪滔天，历时二十二年，唐尧、虞舜依然面朝南方安然称君称臣。如今没有那时的紧急情况，可是却让三公九卿大夫等官员与厮役共同从事力役，让四方蛮夷知道，不好听，记载在史书上，不是美名。而今吴、蜀两敌，不是大漠游散之敌、力量弱小的敌手以及占据乡邑的盗贼，而是僭号称帝、欲与中原抗衡的强敌。如果现在有人来报告：'孙权、刘禅都在修德政，减轻田租赋税，有事向前辈贤者咨询，事事遵循礼仪法度。'陛下听到这些，难道能不警惕、厌恨他们，感到将难以很快消灭他们，而为国家忧虑吗？如果有人说：'那两个敌国都行无道，崇尚侈华没有限度，奴役它的士人与庶民，加重田租赋税，下面承受不了，怨叹之声日益加重。'陛下听到这些，难道不庆幸他们的疲劳败落而认为攻取他们不会很难吗？如果是这样，那么可以变换位置思考一下，掌握事物的道理便不远了！将要亡国的君主自以为不会灭亡，然后导致亡国；圣贤的君主自认为有亡国之危，然后才不会亡国。

今天下雕敝，民无儋石之储，国无终年之蓄，外有强敌，六军暴边，内兴土功，州郡骚动，若有寇警，则臣惧版筑之士不能投命虏庭矣。又，将吏奉禄，稍见折减，方之于昔，五分居一，诸受休者又绝禀赐，不应输者今皆出半，此为官入兼多于旧，其所出与参少于昔。而度支经用，更每不足，牛肉小赋，前后相继。反而推之，凡此诸费，必有所在。且夫禄赐谷帛，人主所以惠养吏民而为之司命者也，若今有废，是夺其命矣。既得之而又失之，此生怨之府也。"帝览之，谓中书监、令曰："观隆此奏，使朕惧哉！"

尚书卫觊上疏曰："今议者多好悦耳：其言政治，则比陛下于尧、舜；其言征伐，则比二虏于狸鼠。臣以为不然。四海之内，分而为三，群士陈力，各为其主，是与六国分治无以为异也。当今千里无烟，遗民困苦，陛下不善留意，将遂雕敝，难可复振。武皇帝之时，后宫食不过一肉，衣不用锦绣，茵蓐不缘饰，器物无丹漆，用能平定天下，遗福子孙，此皆陛下之所览也。当今之务，宜君臣上下，计校府库，量入为出，犹恐不及；而工役不辍，侈靡日崇，帑藏日竭。昔汉武信神仙之道，谓当得云表之露以餐玉屑，故立仙掌以承高露，陛下通明，每所非笑。汉武有求于露而犹尚见非，陛下无求于露而空设之，不益于好而糜费功夫，诚皆圣虑所宜裁制也！"

时有诏录夺士女前已嫁为吏民妻者，还以配士，听以生口自赎，又简选其有姿首者内之掖庭。太子舍人沛国张茂上书谏曰："陛下，天之子也，百姓吏民，亦陛下子也，今夺彼以与此，

而今天下凋敝衰败，人民没有一石以上的存粮，国家没有维持一年的储备，外有强敌虎视眈眈，大军只能长期驻守边防，国内大兴土木工程，州郡骚动不安，万一有敌人入侵的警报，那么，我恐怕修建宫墙的官员便不能舍命敌庭了。加之武将文官的俸禄逐渐减少，与从前相比，只有五分之一，很多受命退休的官员，不再发给生活费用，不应该交纳赋税的如今都要交纳一半，国家的收入比以前多出一倍，而支出比以前减少三分之一。可是，预算支出，筹划经费，愈加不够，供给工匠牛肉作为犒赏的事已经不断发生。反过来推算，多出的费用必有所在之处。俸禄发给米谷和布帛，是君王恩待官吏，让他们赖以维生，如果现在取消，就是夺去他们的性命了。已然得到的又失去，是怨恨集聚的根源。"明帝看后，对中书监、中书令说："看高堂隆奏章，使朕感到恐惧。"

尚书卫觊上书说："如今议论的人多爱说好听的话，他们谈论政治，则把陛下比作尧、舜；谈论征伐，就把吴、蜀两敌比作狐狸和田鼠。我认为并不如此。四海之内，分而为三，群僚尽力，各自效忠自己的君主，这与当初六国分治的形势没什么差别。如今千里无炊烟，百姓贫困不堪，陛下如不多加留意，必将很快衰败，再难以振兴起来。武皇帝时候，后宫每餐不超过一盘肉，衣服不穿锦缎绣饰，坐垫不镶花边，所用器物也没有红漆，所以才能平定天下，给子孙留下福分，这都是陛下亲眼所见的。当务之急应是君臣上下，核算国家财政库存，量入为出，恐怕还来不及；如果还是征调工匠役夫不停，侈奢靡费一天胜似一天，国家府库将日渐枯竭。从前汉武帝相信神仙之道，说应当取得云表的露水来配圣餐，所以竖立了仙掌来承接从高而下的露水，陛下通达圣明，每每嗤笑其非。汉武帝有求于露水还被非议，陛下无求于露水而虚设承露盘，毫无益处并浪费了很多人力，这些实在都是陛下圣虑所应克制减省的啊！"

当时，有诏书命令搜括强取天下士女，已经嫁给下级官吏和平民为妻的，一律改嫁给出征兵士，允许以相当数目的奴隶赎回，还选拔其中更美貌的送到皇宫。太子舍人沛国人张茂上书直言规劝："陛下是上天之子，小吏、平民也是陛下之子，如今夺取那个给予这个，

亦无以异于夺兄之妻妻弟也,于父母之恩偏矣。又,诏书得以生口年纪、颜色与妻相当者自代,故富者则倾家尽产,贫者举假贷赁,贵买生口以赎其妻;县官以配士为名而实内之掖庭,其丑恶乃出与士。得妇者未必喜而失妻者必有忧,或穷或愁,皆不得志。夫君有天下而不得万姓之欢心者,鲜不危殆。且军师在外数十万人,一日之费非徒千金,举天下之赋以奉此役,犹将不给,况复有掖庭非员无录之女,椒房母后之家,赏赐横与,内外交引,其费半军。昔汉武帝掘地为海,封土为山,赖是时天下为一,莫敢与争者耳。自衰乱以来,四五十载,马不舍鞍,士不释甲,强寇在疆,图危魏室。陛下不战战业业,念崇节约,而乃奢靡是务,中尚方作玩弄之物,后园建承露之盘,斯诚快耳目之观,然亦足以骄寇雠之心矣!惜乎,舍尧、舜之节俭而为汉武帝之侈事,臣窃为陛下不取也。"帝不听。

高堂隆疾笃,口占上疏曰:"曾子有言曰:'人之将死,其言也善。'臣寝疾有增无损,常恐奄忽,忠款不昭,臣之丹诚,愿陛下少垂省览!臣观三代之有天下,圣贤相承,历数百载,尺土莫非其有,一民莫非其臣。然癸、辛之徒,纵心极欲,皇天震怒,宗国为墟,纣枭白旗,桀放鸣条,天子之尊,汤、武有之。岂伊异人?皆明王之胄也。黄初之际,天兆其戒,异类之鸟,育长燕巢,口爪胸赤,此魏室之大异也。宜防鹰扬之臣于萧墙之内。可选诸王,使君国典兵,往往棋跱,镇抚皇畿,翼亮帝室。夫皇天无亲,惟德是辅。民咏德政,则延期过历;下有怨叹,则辍录授能。由此观之,天下乃天下之天下,非独陛下之天下也!"帝手诏深慰劳之。未几而卒。

也和夺兄之妻嫁给弟弟没什么区别，作为父母来说，就是有所偏爱了。还有，诏书说可以用年龄、毛色与妻子价值相当的牛马牲畜代替，所以富家则倾家荡产，穷人则典当借债，用昂贵的价钱买来牲畜以赎回他的妻子；县官以配妻给出征战士为名义而实际上是送到皇宫，把皇宫中色衰丑陋的配给士兵。这样，配到妻子的人未必高兴，而失去妻子的人必定忧伤，或者穷困或者忧愁，都不如愿。一个拥有天下而得不到万民欢心的君王，很少有不陷于危险的。况且军队驻扎在外数十万人，一天的开支绝非只是千金，把全国赋税都用在兵役开支上，还将供给不上，何况又有皇宫中那么多超编的美女，对后妃及太后娘家随意赏赐，内外开支，费用与军费相半。从前汉武帝挖地造湖，堆土造山，依赖的是当时天下统一，没有敢与他抗争的人。自从衰乱以来，四五十年，马不离鞍，士不解甲，强敌压境，企图吞灭魏室。陛下不兢兢业业，考虑崇尚节俭，反而追求奢糜，中尚方制作出游戏器物，后园竖起承露盘，这当然能使耳目愉悦，然而也足以助长敌人的仇我之心！可惜啊，舍弃尧、舜的节俭而仿效汉武帝的奢侈，我私下认为陛下不应这样。"明帝不理睬。

高堂隆病重，口授上书说："曾子有一句名言：'人之将死，其言也善。'我卧床病重，有增无减，常常恐怕猝然去世，款款忠心不能昭然于世，我的一片赤诚，愿陛下稍稍垂阅深思！我观察夏、商、周三代占有天下时，圣贤的君王前后相承，历经数百年，天下每一尺土地都归他所有，每一个子民都是他的臣属。可是，夏桀、商纣之辈，放纵私心，极尽私欲，皇天震怒，宗族的宝座化为废墟，纣被斩首悬挂在白旗之上，桀被放逐到鸣条，天子尊位，被商汤、周武居有。难道夏桀、商纣与普通人不同？他们也都是圣明君王的后裔。黄初年间，天兆预示出警告，异类之鸟，在燕巢中抚育长大，嘴、爪、胸部都是红色，这是魏室的特大怪事，应该防备飞扬跋扈的大臣在宫墙之内发难。可以命令所有亲王，让他们在自己封国之内建立军队，亲自统率，像棋子一样，分布全国，镇抚王都，辅翼弘扬皇室。皇天不特别亲近谁，只辅佑有德的圣君。百姓赞咏德政，则享国年数自然长久；下面怨声载道，上天就会另外选授新的能人。由此看来，天下乃是全体民众的天下，而不单是陛下的天下了。"明帝亲手写下诏书，深切慰劳高堂隆。不久，高堂隆去世。

陈寿评曰：高堂隆学业修明，志存匡君，因变陈戒，发于恳诚，忠矣哉！及至必改正朔，俾魏祖虞，所谓意过其通者欤！

16　帝深疾浮华之士，诏吏部尚书卢毓曰："选举莫取有名，名如画地作饼，不可啖也。"毓对曰："名不足以致异人而可以得常士；常士畏教慕善，然后有名，非所当疾也。愚臣既不足以识异人，又主者正以循名按常为职，但当有以验其后耳。古者敷奏以言，明试以功；今考绩之法废，而以毁誉相进退，故真伪浑杂，虚实相蒙。"帝纳其言。诏散骑常侍刘劭作考课法。劭作《都官考课法》七十二条，又作《说略》一篇，诏下百官议。

司隶校尉崔林曰："按《周官》考课，其文备矣。自康王以下，遂以陵夷，此即考课之法存乎其人也。及汉之季，其失岂在乎佐吏之职不密哉！方今军旅或猥或卒，增减无常，固难一矣。且万目不张，举其纲，众毛不整，振其领，皋陶仕虞，伊尹臣殷，不仁者远。若大臣能任其职，式是百辟，则孰敢不肃，乌在考课哉！"

黄门侍郎杜恕曰："明试以功，三载考绩，诚帝王之盛制也。然历六代而考绩之法不著，关七圣而课试之文不垂，臣诚以为其法可粗依，其详难备举故也。语曰'世有乱人而无乱法'，若使法可专任，则唐、虞可不须稷、契之佐，殷、周无贵伊、吕之辅矣。今奏考功者，陈周、汉之云为，缀京房之本旨，可谓明考课之要矣。于以崇揖让之风，兴济济之治，臣以为未尽善也。其欲使州郡考士，必由四科，皆有事效，然后察举，试辟公府，

陈寿评论说：高堂隆学业昌明，立志辅助君王，在天变灾异发生时提出劝诫警告，发自诚恳之心，堪称是忠臣啊！及至他一定要改变历法，让魏国以虞舜为祖先，这就是人们所说的意念超过了通博吧！

16　明帝对华而不实的士人深恶痛绝，下诏吏部尚书卢毓说："选拔举荐人才时，不要唯名是取，名声如同地上的画饼，只能看不能吃。"卢毓说："凭名声选拔，不足以得到奇异的人才，但可以得到一般的人才；一般的人敬畏教化、仰慕善行，然后才会出名，不应当痛恶这样的人。我既不能够识别奇异的人才，而主事官吏的责任又是根据名次按常规任命官职，只有从以后的实际中检验了。古代以上奏陈事考察言谈，用实际工作考察能力；如今考绩的办法已经废弛，只是凭借赞誉或毁谤的舆论决定晋升和罢免，所以真假混杂，虚实难辨。"明帝接受了他的建议。颁布诏书让散骑常侍刘劭制定考课法。刘劭制定《都官考课法》七十二条，又作《说略》一篇，下诏让百官讨论。

司隶校尉崔林说："《周官》考课之法，条例已十分完备了。从周康王以后，就逐渐废弛，这就说明考课之法能否保持完全看人的掌握。到汉代末年，失误岂止在于佐吏的职责不详密！如今军队或聚或散，减增无常，本来就很难统一标准。况且万目不张，就要拉住它的纲绳，裘毛不整，就要抖动它的衣领，皋陶在虞舜的手下做事，伊尹在商王朝供职，邪恶的人自会远离。如果大臣们能尽到他的职责，成为百官效法的榜样，那么谁敢不恭恭敬敬地尽职尽责，难道在于考核吗？"

黄门侍郎杜恕说："公开考核官员的能力，三年进行一次考绩，确实是帝王最完善的制度。然而经过六个朝代，考绩办法显得不重要了，经过七位圣人，考核条例也没能流传下来，我的确认为这是由于他们的原则可以粗略依据，详细规定很难一一列举的缘故。俗语说'世上有恶人，没有恶法'，如果法制是万能的，那么唐尧、虞舜可以不必需要后稷、子契的辅佐，商朝、周朝也不会以伊尹、吕尚的辅助为可贵的。而今主张考绩的人，陈述了周朝、汉朝的所说所为，缀叙了汉代京房考功课吏法的本义，可以说是使考课的要旨更加显明了。盼望用这种办法崇尚谦恭推让的世风，振兴济济相助的治绩，我认为还不是尽善尽美。打算让州、郡举行任官考试，必须经由四科，都有实际成效，然后保举，经官府考试征用，

为新民长吏,转以功次补郡守者,或就增秩赐爵,此最考课之急务也。臣以为便当显其身,用其言,使具为课州郡之法,法具施行,立必信之赏,施必行之罚。至于公卿及内职大臣,亦当俱以其职考课之。古之三公,坐而论道;内职大臣,纳言补阙,无善不纪,无过不举。且天下至大,万机至众,诚非一明所能遍照。故君为元首,臣作股肱,明其一体相须而成也。是以古人称廊庙之材,非一木之支,帝王之业,非一士之略。由是言之,焉有大臣守职办课可以致雍熙者哉!诚使容身保位,无放退之辜,而尽节在公,抱见疑之势,公义不修而私议成俗,虽仲尼为课,犹不能尽一才,又况于世俗之人乎!"

司空掾北地傅嘏曰:"夫建官均职,清理民物,所以立本也。循名责实,纠励成规,所以治末也。本纲未举而造制末程,国略不崇而考课是先,惧不足以料贤愚之分,精幽明之理也。"议久之不决,事竟不行。

臣光曰:为治之要,莫先于用人,而知人之道,圣贤所难也。是故求之于毁誉,则爱憎竞进而善恶浑殽;考之于功状,则巧诈横生而真伪相冒。要之,其本在于至公至明而已矣。为人上者至公至明,则群下之能否焯然形于目中,无所复逃矣。苟为不公不明,则考课之法,适足为曲私欺罔之资也。

任为地方官吏,根据功绩补升为郡守,或者增加禄秩,赐予爵位,这是考核官吏最紧要的工作。我认为被任职的官员应当使他们的身份显贵,采用他们的建议,命他们都分别制定州郡官吏考核办法,切实施行,确立可信的必赏制度、可行的必罚制度。至于三公九卿及内职大臣,也应当根据他们的职务进行考核。古代的三公,坐在君王身旁讨论治国大道;内职大臣,时时弥补君王的疏忽和错误,再小的善行也要记载,再小的过失也要纠举。况且天下如此之大,大事如此之多,绝非一盏明灯就能照亮每个角落,所以君王好比是头脑,大臣好比是四肢,必须明白同属一体、互相依赖才能成事的道理。所以古人说廊庙所需的木材,绝非一根木头就能支撑,帝王的宏大事业,绝非只靠一个臣僚的谋略。由此看来,怎么可能只靠大臣守职尽责办理课试,就可以使天下太平和乐呢? 即使是能够容身保位,没有被解职罢官之罪,而为国尽节的人,也处在被怀疑的形势中,公道没有树立起来,挟私攻讦却成为风气,这样即使是孔子来主持考核,恐怕也不能发挥一点点才能,何况世俗的普通人呢?"

司空掾北地人傅嘏说:"设置官吏分担职责,管理人民财物,是治国的基本工作。依照官职考察官员的实际工作,依照规章进行督促检查,是治国的细枝末节。大纲不举而抓细小之事,不重视国家大政方针,而以制定考课之法为先,恐怕不足以区分贤能和愚昧,显示不出明暗之理。"于是,久议不决,此事竟没有实行。

臣司马光说:治理国家的关键,没有比用人更重要的了,然而识别人才的办法,连圣贤也感到困难。所以只好求助于舆论的毁谤或赞誉,于是个人爱憎感情争相掺杂进来,使善良和邪恶混淆;用功劳簿进行考核,于是巧诈横生,真假不明。总之,识别人才的根本在于主上的至公至明而已。居上位的人至公至明,那么属下能否胜任就会清清楚楚地反映在眼中,无所遁形。如果不公不明,那么考绩之法,恰好能够成为徇私、欺骗的凭借。

何以言之？公明者，心也；功状者，迹也。己之心不能治，而以考人之迹，不亦难乎！为人上者，诚能不以亲疏贵贱异其心，喜怒好恶乱其志，欲知治经之士，则视其记览博洽，讲论精通，斯为善治经矣；欲知治狱之士，则视其曲尽情伪，无所冤抑，斯为善治狱矣；欲知治财之士，则视其仓库盈实，百姓富给，斯为善治财矣；欲知治兵之士，则视其战胜攻取，敌人畏服，斯为善治兵矣。至于百官，莫不皆然。虽询谋于人而决之在己，虽考求于迹而察之在心，研核其实而斟酌其宜，至精至微，不可以口述，不可以书传也，安得豫为之法而悉委有司哉！

或者亲贵虽不能而任职，疏贱虽贤才而见遗；所喜所好者败官而不去，所怒所恶者有功而不录；询谋于人，则毁誉相半而不能决，考求于迹，则文具实亡而不能察。虽复为之善法，繁其条目，谨其簿书，安能得其真哉！

或曰：人君之治，大者天下，小者一国，内外之官以千万数，考察黜陟，安得不委有司而独任其事哉？曰：非谓其然也。凡为人上者，不特人君而已；太守居一郡之上，刺史居一州之上，九卿居属官之上，三公居百执事之上，皆用此道以考察黜陟在下之人，为人君者亦用此道以考察黜陟公卿、刺史、太守，奚烦劳之有哉！

或曰：考绩之法，唐、虞所为，京房、刘邵述而修之耳，乌可废哉？曰：唐、虞之官，其居位也久，其受任也专，其立法也宽，其责成也远。是故鲧之治水，九载绩用弗成，然后治其罪；禹之治水，九州攸同，四隩既宅，然后赏其功；

为什么这样说呢？所谓至公至明，是要出自内心；所谓功劳簿，反映的是外在表现。自己的内心都不能理正，而要去考察别人的表现，不也很难吗？居上位的人，如果真能做到不以亲疏贵贱改变心思，不因喜怒好恶改变意志，那么，想要了解谁是擅长经学的人，只要看他博学强记，讲解精辟通达，那他就是饱学之士了；想要了解谁是执法人才，只要看他断事曲直真伪，不使人含冤受屈，那他就是善于执法了；想要了解谁是理财专家，只要看他能使仓库盈实，百姓富足，那他就是善于理财了；想要了解治军的将领，只要看他战必胜、攻必取，能使敌人畏服，那他就是善于治军了。至于文武百官，莫不如此。虽然要听取别人的意见，但决断在于自己，虽然考核要看实际表现，但审察却要用己内心，探讨实情而斟酌是否适宜，最为精密最为细微，不可以言传，也不可以记载，怎么可以预先定出法规而全部委派给有关部门办理呢？

有的人因是皇亲显贵，虽然无能但仍被任官授职；有的人因为关系疏远出身卑贱，虽然有德有才但仍被排斥。当权者所喜欢的人即使败官也不被免职，所恼怒厌恶的人即使有功也不被录用。向人咨询，毁誉各半而不能决断；考核事迹，文书具备内容空洞而不能觉察。即使制定了再好的考核办法，增加考核条目，完备档案文簿，又怎么能得到真实情况呢？

有人说：君主的治理，大到天下，小到封国，里里外外的官吏成千上万，要一一考察任免，怎么能不委派给有关部门而独自承担呢？回答是：当然不是这个意思。居上位的人，不只是君王而已；太守居于一郡之上，刺史居于一州之上，九卿居于属官之上，三公居于百官之上，如果各级都用这个办法考察任免自己的下属，君王也用这个办法考察任免三公、九卿、郡守，还会有什么烦劳呢？

有人说：考绩之法，是唐尧、虞舜所制定，京房、刘邵不过是加以陈述及修订罢了，怎么可以废除呢？回答是：唐尧、虞舜的官吏，任职时间长，所担职责专，设立法规宽，完成期限远。所以姒鲧治水，历经九年尚未完成，然后才治他的罪；大禹治水，等到九州全部安定，四方土地都可以居住，然后才嘉奖他的功劳；

非若京房、刘邵之法，校其米盐之课，责其旦夕之效也。事固有名同而实异者，不可不察也。考绩非可行于唐、虞而不可行于汉、魏，由京房、刘邵不得其本而奔趋其末故也。

17　初，右仆射卫臻典选举，中护军蒋济遗臻书曰："汉主遇亡虏为上将，周武拔渔父为太师；布衣厮养，可登王公，何必守文，试而后用！"臻曰："不然。子欲同牧野于成、康，喻断蛇于文、景，好不经之举，开拔奇之津，将使天下驰骋而起矣！"

卢毓论人及选举，皆先性行而后言才，黄门郎冯翊李丰尝以问毓，毓曰："才所以为善也，故大才成大善，小才成小善。今称之有才而不能为善，是才不中器也！"丰服其言。

不像京房、刘邵的办法,考核官吏一米一盐的功绩,检查他们一朝一夕的成效。事情本来就有名同而本质不同的一面,不可不明察。考绩之法并不是只在唐尧、虞舜时才可能实行,而在汉、魏不可行,是由于京房、刘邵没有弄清根本问题而只追求细枝末节的缘故。

17　起初,右仆射卫臻主持推举选拔人才的工作,中护军蒋济给卫臻写信说:"汉高祖遇见逃犯,任命为上将;周武王延聘渔夫担任太师。平民百姓甚至奴仆,可以登上王公之位,何必墨守成文,非得考试以后才能任用?"卫臻说:"不然。你想要把牧野大战比同于周成王、周康王时代,把汉主斩蛇起义比同于汉文帝、汉景帝时代,好出乎常规的举动,开提拔奇才的先河,将会使天下混乱起来!"

卢毓议论人才及选举之事,都是优先考虑德性品行而后再谈才干,黄门郎冯翊人李丰曾经就这个问题问卢毓,卢毓说:"才干是要用来行善的,所以大才干能够成就大的善行,小才干能够成就小的善行。如今只说是有才而不能行善,这样的才干是不适合做官的!"李丰佩服他的见解。

卷第七十四　魏紀六

起戊午(238)尽乙丑(245)凡八年

烈祖明皇帝下

景初二年(戊午,238)

1　春,正月,帝召司马懿于长安,使将兵四万讨辽东。议臣或以为四万兵多,役费难供。帝曰:"四千里征伐,虽云用奇,亦当任力,不当稍计役费也。"帝谓懿曰:"公孙渊将何计以待君?"对曰:"渊弃城豫走,上计也;据辽东拒大军,其次也;坐守襄平,此成禽耳。"帝曰:"然则三者何出?"对曰:"唯明智能审量彼我,乃豫有所割弃。此既非渊所及,又谓今往孤远,不能支久,必先拒辽水,后守襄平也。"帝曰:"还往几日?"对曰:"往百日,攻百日,还百日,以六十日为休息,如此,一年足矣。"

公孙渊闻之,复遣使称臣,求救于吴。吴人欲戮其使,羊衟曰:"不可,是肆匹夫之怒而捐霸王之计也,不如因而厚之,遣奇兵潜往以要其成。若魏伐不克,而我军远赴,是恩结遐夷,义形万里;若兵连不解,首尾离隔,则我虏其傍郡,驱略而归,亦足以致天之罚,报雪曩事矣。"吴主曰:"善!"乃大勒兵谓渊使曰:"请俟后问,当从简书,必与弟同休戚。"又曰:"司马懿所向无前,深为弟忧之。"

烈祖明皇帝下

魏明帝景初二年(戊午,公元 238 年)

1　春季,正月,明帝从长安召回司马懿,命他率军四万人讨伐辽东。参与谋议的大臣有的认为四万兵员太多,军费难以提供。明帝说:"四千里远征讨伐,虽说要出奇制胜,但也应当依靠实力,不应斤斤计较军费。"明帝对司马懿说:"公孙渊将用什么计策迎战您?"回答说:"公孙渊放弃守城先行逃走,是上策;据守辽东抗拒大军,是中策;如死守襄平,必被生擒。"明帝说:"那么,三者中他将采用哪一种?"回答说:"只有明智的人,才能审慎度量敌我双方的力量,才会预先有所舍弃。这既不是公孙渊的才智所能达到的,他又会认为我军是孤军远征,不能支持长久,一定是先在辽水抗拒,然后退守襄平。"明帝说:"往返需多少天?"回答说:"进军一百天,攻战一百天,返回一百天,以六十天作为休息日,这样的话,一年足够了。"

公孙渊听到消息,再次派遣使节称臣,向东吴求救。东吴打算杀掉来使,羊衜说:"不可,这是发泄匹夫一时怒气,而破坏称霸为王的大计,不如就势厚待他,然后派遣奇兵暗中前往,以求公孙渊归附。如果魏讨伐不能取胜,而我军远赴救难,便与远方夷族结下恩情,赴义的形象将传之万里;如果双方交战难解难分,辽东前方、后方分隔,那么我们就在它边隅郡县,驱逐劫掠而归,也足以表达上天的惩罚,对往事报仇雪恨了。"吴主说:"好!"于是大规模地集结部队,并对公孙渊来使说:"请回去等候音信,我们肯定遵从来函吩咐,定和老弟休戚与共!"又说:"司马懿所向无敌,我深为老弟担忧。"

帝问于护军将军蒋济曰:"孙权其救辽东乎?"济曰:"彼知官备已固,利不可得,深入则非力所及,浅入则劳而无获;权虽子弟在危,犹将不动,况异域之人,兼以往者之辱乎!今所以外扬此声者,谲其行人,疑之于我,我之不克,冀其折节事己耳。然沓渚之间,去渊尚远,若大军相守,事不速决,则权之浅规,或得轻兵掩袭,未可测也。"

2 帝问吏部尚书卢毓:"谁可为司徒者?"毓荐处士管宁。帝不能用,更问其次,对曰:"敦笃至行,则太中大夫韩暨;亮直清方,则司隶校尉崔林;贞固纯粹,则太常常林。"二月,癸卯,以韩暨为司徒。

3 汉主立皇后张氏,前后之妹也。立王贵人子璿为皇太子,瑶为安定王。

大司农河南孟光问太子读书及情性好尚于秘书郎郤正,正曰:"奉亲虔恭,夙夜匪懈,有古世子之风;接待群僚,举动出于仁恕。"光曰:"如君所道,皆家户所有耳;吾今所问,欲知其权略智谋何如也。"正曰:"世子之道,在于承志竭欢,既不得妄有施为;智谋藏于胸怀,权略应时而发,此之有无,焉可豫知也!"光知正慎宜,不为放谈,乃曰:"吾好直言,无所回避。今天下未定,智意为先,智意自然,不可力强致也。储君读书,宁当效吾等竭力博识以待访问,如博士探策讲试以求爵位邪!当务其急者。"正深谓光言为然。正,俭之孙也。

4 吴人铸当千大钱。

5 夏,四月庚子,南乡恭侯韩暨卒。

6 庚戌,大赦。

明帝向护军将军蒋济问道："孙权会救援辽东吗？"蒋济说："孙权知道我们戒备严密，不可能从中得利，援军深入则力所不及，不深入势必徒劳无功；即使是儿子、兄弟处于危境，孙权都不会出动，何况是异域他国之人，加之以前还被羞辱过！如今所以向外宣扬出兵救辽，不过是欺骗辽东来使，使我们产生疑惧，一旦我们不能攻克，希望公孙渊向他臣服而已。可是沓渚县离公孙渊所在地相距还远，如果大军受到阻碍，相持不下，战斗不能速决，那么孙权的临时决策，或者轻兵突袭，就不可预料了。"

2　明帝问吏部尚书卢毓说："谁可以担任司徒？"卢毓推荐处士管宁。明帝不采用，又问其次的人选，卢毓答道："敦厚忠诚的是太中大夫韩暨，耿直高洁的是司隶校尉崔林，忠贞纯洁的是太常常林。"二月癸卯（十一日），任命韩暨担任司徒。

3　汉主立张氏为皇后，是前皇后的妹妹。立王贵人的儿子刘璿为皇太子，刘瑶为安定王。

大司农河南人孟光向秘书郎郤正询问太子读书情况及性情爱好，郤正说："侍奉双亲虔诚恭敬，日夜攻读毫不怠懈，有古代世子的风范；接待臣僚部下，举措出以仁义宽恕之心。"孟光说："如您所说，都是民间家家户户所具备的。我今天要问的，是想知道他的权略智谋如何？"郤正说："作为世子的大义，在于继承君父的志向，使亲人竭尽欢心，已然不能妄自所为；智谋深藏在胸怀之内，权略顺应时势发挥，是否具备这些，怎么可以预先知道呢？"孟光知道郤正讲话谨慎合宜，不敢放开畅谈，便说："我喜欢直言，没有什么避讳。如今天下未定，智谋最为重要，智谋是先天秉性，不可用力强迫求得。太子读书，怎么可以效法我们博学强记以备咨询，像博士探策讲试一样以谋求一官半职呢？应当在最急需的方面下功夫。"郤正深感孟光言之有理。郤正是郤俭的孙子。

4　东吴铸造可当一千的大钱。

5　夏季，四月庚子（初九），南乡恭侯韩暨去世。

6　庚戌（十九日），魏大赦天下。

7　六月，司马懿军至辽东，公孙渊使大将军卑衍、杨祚将步骑数万屯辽隧，围堑二十馀里。诸将欲击之，懿曰："贼所以坚壁，欲老吾兵也，今攻之，正堕其计。且贼大众在此，其巢窟空虚，直指襄平，破之必矣。"乃多张旗帜，欲出其南，衍等尽锐趣之。懿潜济水，出其北，直趣襄平。衍等恐，引兵夜走。诸军进至首山，渊复使衍等逆战，懿击，大破之，遂进围襄平。

秋，七月，大霖雨，辽水暴涨，运船自辽口径至城下。雨月馀不止，平地水数尺，三军恐，欲移营，懿令军中："敢有言徙者斩！"都督令史张静犯令，斩之，军中乃定。贼恃水，樵牧自若，诸将欲取之，懿皆不听。司马陈珪曰："昔攻上庸，八部俱进，昼夜不息，故能一旬之半，拔坚城，斩孟达。今者远来而更安缓，愚窃惑焉。"懿曰："孟达众少而食支一年，将士四倍于达而粮不淹月。以一月图一年，安可不速！以四击一，正令失半而克，犹当为之，是以不计死伤，与粮竞也。今贼众我寡，贼饥我饱，水雨乃尔，功力不设，虽当促之，亦何所为！自发京师，不忧贼攻，但恐贼走。今贼粮垂尽而围落未合，掠其牛马，抄其樵采，此故驱之走也。夫兵者诡道，善因事变。贼凭众恃雨，故虽饥困，未肯束手，当示无能以安之。取小利以惊之，非计也。"朝廷闻师遇雨，咸欲罢兵。帝曰："司马懿临危制变，禽渊可计日待也。"

7　六月，司马懿大军到达辽东，公孙渊命大将军卑衍、杨祚统率步、骑兵数万人驻扎在辽隧，围城挖掘了长达二十多里的壕沟。魏军将领们想要攻城，司马懿说："敌人所以坚守壁垒不肯决战，是打算拖死我军，现在攻打他们，正中其计。而且敌人主力在此，他们的老巢必定空虚，我军直指襄平，必能攻破。"于是，打出许多战旗，佯作要向南方出动，卑衍等率全部精锐部队随之向南。司马懿率军暗中渡过辽河，向北挺进，直扑襄平。卑衍等大为惊恐，率军连夜撤回。魏各路大军进抵首山，公孙渊再命卑衍等迎战。司马懿迎击，大败卑衍，遂进军包围襄平。

秋季，七月，连降大雨，辽河暴涨，运粮船队从辽口直抵城下。大雨下了一个多月不停，平地水深数尺，魏三军恐惧，打算迁移营垒，司马懿下令军中："有敢说迁营者斩！"都督令史张静违抗命令，被斩，军心这才安定。敌人依仗水势，砍柴放牧依然如故，将领们想要俘获他们，司马懿都不准许。司马陈珪说："从前攻打上庸，八支部队同时进发，日夜不停，所以能用十六天时间攻下坚城，斩杀孟达。这次远征而来，反而更安闲舒缓，我私下感到疑惑。"司马懿说："孟达兵少但存粮可支撑一年，我军将士四倍于孟达，但粮食不能支持一个月。以一个月攻打一年，怎么可以不急速？以四个兵士攻击一个敌人，即使丧失一半而能够攻克，都应当去做，所以不顾死伤地强攻，是与粮食竞争啊！如今敌众我寡，敌饥我饱，何况雨水如此之大，功力不能施展。虽然应当速战速决，又怎么有所为呢？自打从京师出发，不担心敌人进攻，只恐怕敌人逃走。如今敌人粮食就要耗尽，可是我们的包围还没完成，抢掠他们的马匹，抄袭他们的樵夫，这是故意逼迫他们逃走。用兵是一种诡诈的行为，要善于随机应变。敌人凭仗人多，倚仗雨大，虽然饥饿窘困，还不肯束手投降，应当显示出我们无能以便使他们安心。如果因贪图小利使他们惊吓逃跑，这不是好的计策。"朝中听说大军遇雨，一致打算退兵。明帝说："司马懿有能力临危控制事变，捉住公孙渊指日可待。"

雨霁,懿乃合围,作土山地道,楯橹钩冲,昼夜攻之,矢石如雨。渊窘急,粮尽,人相食,死者甚多,其将杨祚等降。八月,渊使相国王建、御史大夫柳甫请解围却兵,当君臣面缚。懿命斩之,檄告渊曰:"楚、郑列国,而郑伯犹肉袒牵羊迎之。孤天子上公,而建等欲孤解围退舍,岂得礼邪!二人老耄,传言失指,已相为斩之。若意有未已,可更遣年少有明决者来!"渊复遣侍中卫演乞克日送任,懿谓演曰:"军事大要有五:能战当战,不能战当守,不能守当走;馀二事,但有降与死耳。汝不肯面缚,此为决就死也,不须送任!"壬午,襄平溃,渊与子脩将数百骑突围东南走,大兵急击之,斩渊父子于梁水之上。懿既入城,诛其公卿以下及兵民七千馀人,筑为京观。辽东、带方、乐浪、玄菟四郡皆平。

渊之将反也,将军纶直、贾范等苦谏,渊皆杀之,懿乃封直等之墓,显其遗嗣,释渊叔父恭之囚。中国人欲还旧乡者,恣听之。遂班师。

初,渊兄晃为恭任子在洛阳,先渊未反时,数陈其变,欲令国家讨渊;及渊谋逆,帝不忍市斩,欲就狱杀之。廷尉高柔上疏曰:"臣窃闻晃先数自归,陈渊祸萌,虽为凶族,原心可恕。夫仲尼亮司马牛之忧,祁奚明叔向之过,在昔之美义也。臣以为晃信有言,宜贷其死;苟自无言,便当市斩。今进不赦其命,退不彰其罪,闭著囹圄,使自引分,四方观国,或疑此举也。"帝不听,竟遣使赍金屑饮晃及其妻子,赐以棺衣,殡敛于宅。

雨止，司马懿随即合拢包围圈，高堆土山，深挖地道，用橹干、橹车、钩梯、冲车，日夜攻城。射箭与礌石密集如雨。公孙渊窘迫危急，粮食已尽，人与人互相格杀残食，死亡极多，部将杨祚等投降。八月，公孙渊派遣相国王建、御史大夫柳甫请求解围退兵，公孙渊君臣定当自缚面降。司马懿命斩来使，用檄文通知公孙渊说："楚国和郑国地位相等，可是郑伯还光着脊背牵着羊只出城迎降。我是天子的上公，而王建等想要我解围后退，难道不失礼吗？这两个老糊涂，传话失去意旨，已被我杀掉。如还有请降之意，就另派年轻有明快决断的人前来。"公孙渊又派侍中卫演，请求指定日期，派送人质，司马懿对卫演说："军事大要有五条，能战则战，不能战就当坚守，不能坚守就当逃走；其馀两条，就只有投降和死路一条了。公孙渊不肯自缚面降，这是决心去死，不必送来人质！"壬午，襄平城败溃，公孙渊和儿子公孙脩带领数百骑兵从东南突围逃走，魏军急忙追击，在梁水岸边斩杀了公孙渊父子。司马懿既已进入襄平城，诛杀城中公卿以下官吏及兵民七千多人，积尸封土，筑成京观，辽东、带方、乐浪、玄菟四郡全部平定。

公孙渊将要反叛时，将军纶直、贾范等苦苦劝阻，都被公孙渊诛杀，司马懿于是堆土加高纶直等人的坟墓，让他们的子弟做官显扬，释放了还在囚禁着的公孙渊的叔父公孙恭。中原人想要返回故里，听任自便。然后班师。

最初，公孙渊兄公孙晃作为公孙恭的人质住在洛阳，公孙渊还未反叛时，公孙晃几次报告公孙渊的变故，打算让魏出兵讨伐；到公孙渊图谋叛逆，明帝不忍心把公孙晃在街市斩首，打算下狱处决。廷尉高柔上书说："我私下听说公孙晃以前多次自动归附，报告公孙渊已萌生祸心，他虽然是凶犯宗族，但是推究其本心，是可以宽恕的。从前，孔丘曾经明察司马牛的忧虑，祁奚曾经指明叔向没有过失，这都是古代的美好义行。我认为公孙晃确实在先前有过举报，应免他一死；如果他本来没有告发，就应当在街市上斩首示众。如今是进不赦免其性命，退又不公开其罪状，只是紧闭囚门，命他自杀，天下各地，或许会怀疑我们的做法。"明帝不采纳，最终派遣使节带着搀有金屑的毒酒让公孙晃和他的妻子儿女饮下，然后赏赐棺木丧衣，埋葬在公孙晃的住宅。

8　九月，吴改元赤乌。

9　吴步夫人卒。

初，吴主为讨虏将军，在吴，娶吴郡徐氏。太子登所生庶贱，吴主令徐氏母养之。徐氏妒，故无宠。及吴主西徙，徐氏留处吴；而临淮步夫人宠冠后庭，吴主欲立为皇后，而群臣议在徐氏，吴主依违者十馀年。会步氏卒，群臣奏追赠皇后印绶，徐氏竟废，卒于吴。

10　吴主使中书郎吕壹典校诸官府及州郡文书，壹因此渐作威福，深文巧诋，排陷无辜，毁短大臣，纤介必闻。太子登数谏，吴主不听，群臣莫敢复言，皆畏之侧目。

壹诬白故江夏太守刁嘉谤讪国政，吴主怒，收嘉，系狱验问。时同坐人皆怖畏壹，并言闻之。侍中北海是仪独云无闻，遂见穷诘累日，诏旨转厉，群臣为之屏息。仪曰：“今刀锯已在臣颈，臣何敢为嘉隐讳，自取夷灭，为不忠之鬼！顾以闻知当有本末。”据实答问，辞不倾移，吴主遂舍之；嘉亦得免。

上大将军陆逊、太常潘浚忧壹乱国，每言之，辄流涕。壹白丞相顾雍过失，吴主怒，诘责雍。黄门侍郎谢厷语次问壹：“顾公事何如？”壹曰：“不能佳。”厷又问：“若此公免退，谁当代之？”壹未答。厷曰：“得无潘太常得之乎？”壹良久曰：“君语近之也。”厷曰：“潘太常常切齿于君，但道无因耳。今日代顾公，恐明日便击君矣！”壹大惧，遂解散雍事。潘浚求朝，诣建业，欲尽辞极谏，至，闻太子登已数言之而不见从；浚乃大请百寮，欲因会手刃杀壹，以身当之，为国除患。壹密闻知，称疾不行。

8　九月,吴改年号为赤乌。

9　吴步夫人去世。

起初,吴主担任讨虏将军,驻守吴郡,娶吴郡人徐氏。太子孙登生母出身卑贱,吴主命徐氏抚养。徐氏十分嫉妒,所以失宠。等到吴主向西迁移,徐氏仍留住在吴郡;这时,临淮人步夫人在后宫最受宠爱,吴主打算立为皇后,可是群臣议论应立徐氏,吴主犹豫不决,拖延了十几年。恰好步氏去世,群臣奏请追赠步夫人皇后印信、绶带,徐氏最终被废,在吴郡去世。

10　吴主让中书郎吕壹主管各官府及州郡公文,吕壹因此渐渐作威作福起来,援引法律条文进行狡诈的诋毁,排斥陷害无辜,诽谤朝廷大臣,连细微小事也秉闻吴主。太子孙登屡次规劝,吴主都不接受,群臣不敢再表示意见,对吕壹都深怀恐惧,不敢正视。

吕壹诬告前江夏太守刁嘉诽谤讥讽朝政,吴主大怒,逮捕了刁嘉,下狱审问。当时被牵连的人都畏惧吕壹,都说听到过刁嘉诽谤之词,只有侍中北海人是仪一人说没有听到过,于是被连日穷追诘问,诏书也越发严厉,群臣都为他捏着一把汗。是仪说:"如今刀锯已经架在脖颈上,我怎敢为刁嘉隐瞒,自取杀身灭门之祸,成为不忠的鬼魂? 只是把我知道的原原本本讲出来。"是仪据实回答审问,不改初供,吴主于是放了他,刁嘉也被免罪。

上大将军陆逊、太常潘濬忧虑吕壹祸乱国政,每谈到此,就止不住流泪。吕壹指控丞相顾雍有过失,吴主大怒,责问顾雍。黄门侍郎谢厷在闲谈时问吕壹:"顾公之事如何?"吕壹答:"不能乐观。"谢厷又问:"如果此公被罢免,应当是谁代替他?"吕壹没回答。谢厷说:"莫非是潘濬?"吕壹答:"你的话接近。"谢厷又说:"潘濬常常对你恨得咬牙切齿,只是没有理由讲罢了。今日他如接替顾公,恐怕明日就会打击你了!"吕壹万分恐惧,于是把顾雍的事化解勾销。潘濬请求入朝,亲自去建业,打算尽辞极谏,到达后,听说太子孙登已经多次揭发吕壹而不被接受,潘濬于是宴请文武百官,打算在席间亲手杀死吕壹,再以性命抵罪,为国除害。吕壹得到密报,声称有病不去赴宴。

西陵督步骘上疏曰:"顾雍、陆逊、潘浚,志在竭诚,寝食不宁,念欲安国利民,建久长之计,可谓心膂股肱社稷之臣矣。宜各委任,不使他官监其所司,课其殿最。此三臣思虑不到则已,岂敢欺负所天乎!"

左将军朱据部曲应受三万缗,工王遂诈而受之。壹疑据实取,考问主者,死于杖下。据哀其无辜,厚棺敛之,壹又表据吏为据隐,故厚其殡。吴主数责问据,据无以自明,藉草待罪。数日,典军吏刘助觉,言王遂所取。吴主大感悟,曰:"朱据见枉,况吏民乎!"乃穷治壹罪,赏助百万。

丞相雍至廷尉断狱,壹以囚见。雍和颜色问其辞状,临出,又谓壹曰:"君意得无欲有所道乎?"壹叩头无言。时尚书郎怀叙面詈辱壹,雍责叙曰:"官有正法,何至于此!"有司奏壹大辟,或以为宜加焚裂,用彰元恶。吴主以访中书令会稽阚泽,泽曰:"盛明之世,不宜复有此刑。"吴主从之。

壹既伏诛,吴主使中书郎袁礼告谢诸大将,因问时事所当损益。礼还,复有诏责诸葛瑾、步骘、朱然、吕岱等曰:"袁礼还云:'与子瑜、子山、义封、定公相见,并咨以时事当有所先后,各自以不掌民事,不肯便有所陈,悉推之伯言、承明。伯言、承明见礼,泣涕恳恻,辞旨辛苦,至乃怀执危怖,有不自安之心。'闻之怅然,深自刻怪!何者?夫惟圣人能无过行,明者能自见耳。人之举厝,何能悉中!独当己有以伤拒众意,忽不自觉,故诸君有嫌难耳。不尔,何缘乃至于此乎?与诸君从事,自少至长,发有二色,以谓表里足以明露,公私分计足用相保,

西陵督步骘上书说："顾雍、陆逊、潘濬志在竭诚报国，睡觉吃饭都不安宁，思虑着怎样安国利民，建立国家的长治久安之计，可以说是君王的心腹和肢体，国家的重臣了。应当对他们分别委以重任，不要让其他官员监督他们主管的工作，考核他们的政绩等次。这三位大臣思虑不到的事情就算了，岂敢欺骗辜负君王呢？"

左将军朱据的部众应领受三万缗钱，工匠王遂将钱诈骗冒领。吕壹怀疑朱据实际将钱私取，拷问朱据部下主事的军吏，将其打死在棍棒之下。朱据哀伤他无辜屈死，用厚木板棺材将他入殓。吕壹又上表说朱据军吏为朱据隐瞒，所以朱据为其厚殡。吴主屡次责问朱据，朱据无法表明自己清白，只好搬出家门，坐卧在草堆上听候定罪。几天后，典军吏刘助发觉此事，说钱被王遂取走。吴主十分感触，有所省悟地说："朱据尚被冤枉，何况小小吏民呢！"于是深究吕壹罪责，赏赐刘助钱百万。

丞相顾雍到廷尉审理和判决案件，吕壹以阶下囚身份相见，顾雍面色温和地审问他的口供，临走出时，又对吕壹说："您是否还有什么要讲的？"吕壹叩头无语。当时尚书郎怀叙当面责骂羞辱吕壹，顾雍责备怀叙说："官府有正常的法律，为什么要这样！"有关部门奏请处以吕壹死刑，有的认为应加以焚烧、车裂之刑，以表明他是罪魁祸首。吴主就此事拜访中书令会稽人阚泽，阚泽说："盛明之世，不宜再有此刑。"吴主听从了他的意见。

吕壹既已处死，吴主让中书郎袁礼向诸位大将道歉，同时询问他们对时事兴革的意见。袁礼返回后，又有诏书责备诸葛瑾、步骘、朱然、吕岱等说："袁礼回来后说：'与诸葛瑾、步骘、朱然、吕岱相见，同时向他们询问应时之事先后安排的意见，各人都以不掌民事为由，不肯当即发表意见，全推给陆逊、潘濬。陆逊、潘濬见到袁礼，流泪不止，态度诚恳痛切，辞意有如苦辣两种滋味在口，甚至心怀危惧，有一种感觉不安全的神情。'我听了不禁怅然，内心深感困惑。为什么？天下只有圣人才能无过，只有最聪明的人才能自察。普通人的举止行动，怎么可能全部正确？只当自己有伤害抵触众意的地方，一时忽视而没有觉察，所以使各位心存疑忌畏难了。不然的话，有什么缘由至于这样？和各位共事，从年少至年长，如今头发已经花白，自以为表里一致，相当坦诚，于公于私足以互保，

义虽君臣，恩犹骨肉，荣福喜戚，相与共之。忠不匿情，智无遗计，事统是非，诸君岂得从容而已哉！同船济水，将谁与易！齐桓有善，管子未尝不叹，有过未尝不谏，谏而不得，终谏不止。今孤自省无桓公之德，而诸君谏诤未出于口，仍执嫌难；以此言之，孤于齐桓良优，未知诸君于管子何如耳！”

11 冬，十一月壬午，以司空卫臻为司徒，司隶校尉崔林为司空。

12 十二月，汉蒋琬出屯汉中。

13 乙丑，帝不豫。

14 辛巳，立郭夫人为皇后。

15 初，太祖为魏公，以赞令刘放、参军事孙资皆为秘书郎。文帝即位，更名秘书曰中书，以放为监，资为令，遂掌机密。帝即位，尤见宠任，皆加侍中、光禄大夫，封本县侯。是时，帝亲览万机，数兴军旅，腹心之任，皆二人管之；每有大事，朝臣会议，常令决其是非，择而行之。中护军蒋济上疏曰：“臣闻大臣太重者国危，左右太亲者身蔽，古之至戒也。往者大臣秉事，外内扇动；陛下卓然自览万机，莫不祇肃。夫大臣非不忠也，然威权在下，则众心慢上，势之常也。陛下既已察之于大臣，愿无忘之于左右，左右忠正远虑，未必贤于大臣，至于便辟取合，或能工之。今外所言，辄云‘中书’，虽使恭慎，不敢外交，但有此名，犹惑世俗。况实握事要，日在目前，倪因疲倦之间，有所割制，众臣见其能推移于事，即亦因时而向之。一有此端，私招朋援，臧否毁誉，必有所兴，功负赏罚，必有所易，直道而上者或雍，曲附左右者反达，因微而入，缘形而出，意所狎信，不复猜觉。此宜圣智所当早闻，外以经意，

大义上我们是君臣关系,但恩情上犹如骨肉至亲,荣耀、福分、喜乐、悲戚,都共同分享和承受。忠臣不应该隐瞒实情,智士不应该保留谋略,不论事情是非如何,各位怎么可以袖手旁观,自得悠闲呢?我们是同舟共济,还能和谁交换意见?古代齐桓公有善行,管仲没有不赞叹的时候,有过失时,没有不直言规劝的时候,如不被采纳,则永不休止地规劝。如今我自知没有齐桓公的德行,可是各位不肯开口直言规劝,仍然采取避嫌畏难的态度,就这一点而言,我比齐桓公还好一点,不知各位比起管仲来又是如何?"

11 冬季,十一月壬午(二十四日),魏任命司空卫臻担任司徒,司隶校尉崔林担任司空。

12 十二月,汉蒋琬出兵驻扎在汉中。

13 乙丑(初八),明帝患病。

14 辛巳(二十四日),魏立郭夫人为皇后。

15 最初,太祖还是魏公时,任命赞令刘放、参军事孙资同时担任秘书郎。文帝即位,改称秘书为中书,任命刘放担任中书监,孙资担任中书令,两人掌管机密。明帝即位,两人尤其受到恩宠信任,都加任侍中、光禄大夫,封为本县侯。这时,明帝亲自处理日常政务,屡次出兵,中枢筹划都由他俩掌管;每有国家大事,朝臣集会议事,经常让他俩决断是非,择定而行。中护军蒋济上书说:"我听说大臣权力太重,国家就有危险,左右过于亲近,耳目必受蒙蔽,这是古代至为戒备的。以前大臣掌事,内外动摇不安;陛下高超,亲自处理国事,无不肃然安定。大臣不是不忠,只是权威下移之后,人们对君王就一定怠慢,这是情势发展的必然。陛下既然已经对大臣明察,希望不要忘记左右亲信造成的流弊,左右亲信的忠心和谋略,未必胜于大臣,至于逢迎谄媚、阿谀奉承,有的却极其擅长。如今外面议论,动辄就说'中书',虽令人毕恭毕敬,但不敢结交,然而仅有这个名义,就可以迷惑世俗,何况实际掌握国家要事,整日侍奉在眼前;倘若趁着陛下疲倦之时,有所剖断,窃弄权威,大臣见他们能影响陛下,也就会顺势转而趋向他们。一旦有此弊端,私联朋党为援,无原则地褒贬毁誉就会兴起,功过赏罚必定颠倒,走正路向上或许会被阻塞,而曲意逢迎左右近侍的却能显贵,他们乘小事钻营入内,借形势出外号令,自认为被君主亲昵信任,不再会有猜疑。这些应该是陛下圣明睿智早已察觉的,如果对外经意国事,

则形际自见。或恐朝臣畏言不合而受左右之怨,莫适以闻。臣窃亮陛下潜神默思,公听并观,若事有未尽于理而物有未周于用,将改曲易调,远与黄、唐角功,近昭武、文之绩,岂牵近习而已哉!然人君不可悉任天下之事,必当有所付;若委之一臣,自非周公旦之忠,管夷吾之公,则有弄权败官之敝。当今柱石之士虽少,至于行称一州,智效一官,忠信竭命,各奉其职,可并驱策,不使圣明之朝有专吏之名也!"帝不听。

    及寝疾,深念后事,乃以武帝子燕王宇为大将军,与领军将军夏侯献、武卫将军曹爽、屯骑校尉曹肇、骁骑将军秦朗等对辅政。爽,真之子;肇,休之子也。帝少与燕王宇善,故以后事属之。

    刘放、孙资久典机任,献、肇心内不平。殿中有鸡栖树,二人相谓曰:"此亦久矣,其能复几!"放、资惧有后害,阴图间之。燕王性恭良,陈诚固辞。帝引放、资入卧内,问曰:"燕王正尔为?"对曰:"燕王实自知不堪大任故耳。"帝曰:"谁可任者?"时惟曹爽独在帝侧,放、资因荐爽,且言:"宜召司马懿与相参。"帝曰:"爽堪其事不?"爽流汗不能对。放蹑其足,耳之曰:"臣以死奉社稷。"帝从放、资言,欲用爽、懿,既而中变,敕停前命;放、资复入见说帝,帝又从之。放曰:"宜为手诏。"帝曰:"我困笃,不能。"放即上床,执帝手强作之,遂赍出,大言曰:"有诏免燕王宇等官,不得停省中。"皆流涕而出。甲申,以曹爽为大将军。帝嫌爽才弱,复拜尚书孙礼为大将军长史以佐之。

则左右近侍的形迹自然暴露。有人担心朝廷大臣会害怕进言不妥而受左右近臣的怨恨，无法让陛下听到这种意见。我认为陛下静神沉思，垂听舆论并加以观察，如果事物有不尽合情理而又不能执行的，定将改换曲调，远可以和黄帝、唐尧的功劳相等，近可以使武帝、文帝的政绩发扬，岂止是不受左右控制而已！可是君王不可能独自承担天下的全部事情，必当有所托付；如果委任一个臣属，除非有周公旦的忠心，管仲的公心，否则就有弄权败官的弊病。当今之世，栋梁之才虽然很少，但德行可称一个州职，智慧可效力一个官职，忠信尽力，各奉其职的人，还是可供驱策的，不要使圣明之朝出现恶吏专权的丑名！"明帝不接受。

到明帝病重卧床，深虑后事，才任命武帝之子燕王曹宇担任大将军，与领军将军夏侯献、武卫将军曹爽、屯骑校尉曹肇、骁骑将军秦朗等共同辅政。曹爽是曹真之子；曹肇是曹休之子。明帝年少时与燕王曹宇亲近友好，所以把后事嘱托给他。

刘放、孙资长久地掌管国家机要，夏侯献、曹肇心中忿忿不平。殿中有一棵鸡栖树，两人互相说："这也太久了，看他们还能活几天！"刘放、孙资怕有后患，阴谋乘机离间。燕王曹宇性情恭顺温和，诚恳地坚决推辞。明帝让刘放、孙资进入卧室问道："燕王正该如此吗？"刘放、孙资答道："燕王实际是自知不能承担重任，所以这样。"明帝问："谁可承担？"当时只有曹爽一人在旁，刘放、孙资顺势推荐曹爽，并且说："应当召回司马懿参与。"明帝问："曹爽能承担这件大事吗？"曹爽汗流满面，紧张得不能回答。刘放暗中踩他的脚，耳语说："快说以死奉社稷。"明帝听从刘放、孙资建议，打算任用曹爽、司马懿，不久中途又改变，下令停止先前任命；刘放、孙资再次入见游说明帝，明帝再度听从他们的意见。刘放说："应当亲自写下诏书。"明帝说："我疲乏之极了，不能写。"刘放随即上床，把着明帝的手勉强写下诏书，遂拿着出宫大声说："有诏书免去燕王曹宇等的官职，不得在宫中滞留。"曹宇等流泪而出。甲申（二十七日），任命曹爽担任大将军，明帝嫌曹爽才能不足，又任命尚书孙礼担任大将军长史辅助他。

是时，司马懿在汲，帝令给使辟邪赍手诏召之。先是，燕王为帝画计，以为关中事重，宜遣懿便道自轵关西还长安，事已施行。懿斯须得二诏，前后相违，疑京师有变，乃疾驱入朝。

三年（己未，239）

1 春，正月，懿至，入见，帝执其手曰："吾以后事属君，君与曹爽辅少子。死乃可忍，吾忍死待君，得相见，无所复恨矣！"乃召齐、秦二王以示懿，别指齐王芳谓懿曰："此是也，君谛视之，勿误也！"又教齐王令前抱懿颈。懿顿首流涕。是日，立齐王为皇太子。帝寻殂。

帝沉毅明敏，任心而行，料简功能，屏绝浮伪。行师动众，论决大事，谋臣将相，咸服帝之大略。性特强识，虽左右小臣，官簿性行，名迹所履，及其父兄子弟，一经耳目，终不遗忘。

孙盛论曰：闻之长老，魏明帝天姿秀出，立发垂地，口吃少言，而沉毅好断。初，诸公受遗辅导，帝皆以方任处之，政自己出。优礼大臣，开容善直，虽犯颜极谏，无所摧戮，其君人之量如此其伟也。然不思建德垂风，不固维城之基，至使大权偏据，社稷无卫，悲夫！

2 太子即位，年八岁。大赦。尊皇后曰皇太后，加曹爽、司马懿侍中，假节钺，都督中外诸军、录尚书事。诸所兴作宫室之役，皆以遗诏罢之。

爽、懿各领兵三千人更宿殿内，爽以懿年位素高，常父事之，每事谘访，不敢专行。

这时,司马懿正在汲县,明帝派遣给使辟邪,带着手诏前去召司马懿。开始,燕王替明帝筹划,认为关中事关重大,应让司马懿走小道从轵关向西回到长安,事情已经施行。司马懿不久又接到第二封诏书,前后矛盾,怀疑京师发生变故,于是急速入朝。

魏明帝景初三年(己未,公元239年)

1 春季,正月,司马懿回到京师,入见明帝,明帝拉着他的手说:"我把后事嘱托给您,您要与曹爽一起辅佐幼子。死岂是可以忍住的,我强忍着不死是为等待您。能够与您相见,再无遗恨了!"于是召来齐王曹芳、秦王曹询拜见司马懿,又指着齐王曹芳对司马懿说:"就是他了,您仔细看看,不要看错!"又教齐王曹芳上前抱住司马懿的脖颈。司马懿叩头流泪。这一天,立齐王曹芳为皇太子。明帝旋即去世。

明帝深沉刚毅,聪明敏捷,但纵情任性,能够择别官吏的事功和能力,排除浮华和虚伪。每次发兵出征,讨论决定大事,谋臣将相,全都佩服明帝的远大谋略。记忆力极强,虽然只是左右卑微小官,但官府登记簿中有关的秉性行为、主要事迹和经历,及家中父兄子弟的情况,一经过目,终身不忘。

孙盛评论说:听长辈说,魏明帝容貌英秀出众,站立时长发垂地,有些口吃,话语不多,但性格沉着刚毅而有决断。起初,诸公接受遗诏辅政,魏明帝把他们都派出去镇守地方,朝政则由自己亲自处理。对大臣优待礼敬,心胸开阔,喜爱爽直,即使大臣当面冒犯批评,也不折辱诛杀,他的君主度量是如此宽宏。可是他不考虑建立恩德,使风范流传后世,不巩固曹氏宗室作为基础,至使大权旁落,社稷无人保卫,可悲!

2 太子曹芳即位,时年八岁。大赦天下。尊称皇后为皇太后,给曹爽、司马懿加以侍中官职,授符节、黄钺,都督中外诸军事、录尚书事。各处修建宫殿的劳役,都按遗诏罢除。

曹爽、司马懿各自领兵三千人轮流在宫内宿卫,曹爽因司马懿年纪已大,地位一向很高,经常把他当作父辈侍奉,每有事情必去拜访咨询,不敢独断专行。

初,并州刺史东平毕轨及邓飏、李胜、何晏、丁谧皆有才名,而急于富贵,趋时附势,明帝恶其浮华,皆抑而不用。曹爽素与亲善,及辅政,骤加引擢,以为腹心。晏,进之孙;谧,斐之子也。晏等咸共推戴爽,以为重权不可委之于人。丁谧为爽画策,使爽白天子发诏,转司马懿为太傅,外以名号尊之,内欲令尚书奏事,先来由己,得制其轻重也。爽从之。二月丁丑,以司马懿为太傅、以爽弟羲为中领军、训为武卫将军,彦为散骑常侍、侍讲,其馀诸弟皆以列侯侍从,出入禁闼,贵宠莫盛焉。

爽事太傅,礼貌虽存,而诸所兴造,希复由之。爽徙吏部尚书卢毓为仆射,而以何晏代之,以邓飏、丁谧为尚书,毕轨为司隶校尉。晏等依势用事,附会者升进,违忤者罢退,内外望风,莫敢忤旨。黄门侍郎傅嘏谓爽弟羲曰:"何平叔外静而内躁,铦巧好利,不念务本,吾恐必先惑子兄弟,仁人将远而朝政废矣!"晏等遂与嘏不平,因微事免嘏官。又出卢毓为廷尉,毕轨又枉奏毓免官,众论多讼之,乃复以为光禄勋。孙礼亮直不挠,爽心不便,出为扬州刺史。

3 三月,以征东将军满宠为太尉。

4 夏,四月,吴督军使者羊衜击辽东守将,俘人民而去。

5 汉蒋琬为大司马,东曹掾犍为杨戏,素性简略,琬与言论,时不应答。或谓琬曰:"公与戏言而不应,其慢甚矣!"琬曰:"人心不同,各如其面,面从后言,古人所诫。戏欲赞吾是邪,则非其本心;欲反吾言,则显吾之非,是以默然,是戏之快也。"又督农杨敏尝毁琬曰:"作事愦愦,诚不及前人。"或以白琬,主者请推治敏,琬曰:"吾实不如前人,无可推也。"主者乞问其愦愦之状,琬曰:"苟其不如,则事不理,事不理,则愦愦矣。"后敏坐事系狱,众人犹惧其必死,琬心无适莫,敏得免重罪。

最初,并州刺史东平人毕轨及邓飏、李胜、何晏、丁谧都有才名,但急于富贵,趋炎附势,明帝厌恶他们浮华,都加抑制而不录用。曹爽一向与他们亲近友好,到掌权辅政,马上加以引荐提升,成为心腹。何晏是何进的孙子;丁谧是丁斐之子。何晏等都共同推戴曹爽,认为大权不能托付给别人。丁谧替曹爽出谋划策,让曹爽禀告皇帝发布诏书,改任司马懿为太傅,外表上用虚名使他尊贵,实际上打算让尚书主事,上奏先由曹爽过目,以便控制轻重缓急。曹爽听从其计。二月丁丑(二十一日),任命司马懿担任太傅,曹爽弟曹羲担任中领军,曹训担任武卫将军,曹彦担任散骑常侍、侍讲,其馀各弟都以列侯身份侍从,出入宫廷禁地,位尊厚宠没有超过他们的了。

　　曹爽侍奉太傅,外表仍恭敬有礼,但各项决定很少再经由他了。曹爽贬吏部尚书卢毓为仆射,而让何晏取而代之,任命邓飏、丁谧担任尚书,毕轨担任司隶校尉。何晏等依仗曹爽势力用事,迎合的人升官进职,违抗的人罢黜辞退,朝廷内外都看风向行事,不敢违抗他们的意旨。黄门侍郎傅嘏对曹爽弟曹羲说:“何晏外表文静而内心浮躁,巧取好利,不求务本,我恐怕必先诱惑你们兄弟,仁人志士将远远离去,而朝政将要荒废了!”何晏等于是对傅嘏心怀不满,因细微小事免去他的官职。又让卢毓出任廷尉,但毕轨又上奏诬陷,卢毓被免官,舆论多为卢毓辩冤,才又任命他为光禄勋。孙礼耿直不屈,曹爽感到不利,遂让孙礼出京担任扬州刺史。

　　3　三月,任命征东将军满宠担任太尉。

　　4　夏季,四月,东吴督军使者羊衟率军攻击辽东守将,劫掠当地百姓而归。

　　5　蜀国蒋琬担任大司马,东曹掾犍为人杨戏,平素性情简慢,言语不多,蒋琬与他谈话,时时不作回答。有人对蒋琬说:“您与杨戏谈话他竟不回答,太怠慢了。”蒋琬说:“人的心意不同,各人有各人的面孔,当面顺从,背后议论,是古人所警诫的。杨戏想要赞同我对,但不是他的本意;想要反对我的话,就显出我的不对,所以沉默不语,这是杨戏的长处。”另外,督农杨敏曾经毁谤蒋琬说:“办事糊涂,实在不如前任。”有人把此话告诉蒋琬,主事官请求追查惩治杨敏,蒋琬说:“我确实不如前任,没有什么要追查的。”主事官请他说说糊涂表现在什么地方,蒋琬说:“既然不如前任,办事就没有条理,办事没有条理,就是糊涂了。”后来,杨敏因犯事入狱,众人还担心他必被处死,蒋琬不计前嫌,杨敏得以免治重罪。

6　秋,七月,帝始亲临朝。

7　八月,大赦。

8　冬,十月,吴太常潘浚卒。吴主以镇南将军吕岱代浚,与陆逊共领荆州文书。岱时年已八十,体素精勤,躬亲王事,与逊同心协规,有善相让,南土称之。

十二月,吴将廖式杀临贺太守严纲等,自称平南将军,攻零陵、桂阳,摇动交州诸郡,众数万人,吕岱自表辄行,星夜兼路,吴主遣使追拜交州牧,及遣诸将唐咨等络绎相继,攻讨一年,破之,斩式及其支党,郡县悉平。岱复还武昌。

9　吴都乡侯周胤将兵千人屯公安,有罪,徙庐陵;诸葛瑾、步骘为之请。吴主曰:"昔胤年少,初无功劳,横受精兵,爵以侯将,盖念公瑾以及于胤也。而胤恃此,酗淫自恣,前后告谕,曾无悛改。孤于公瑾,义犹二君,乐胤成就,岂有已哉!迫胤罪恶,未宜便还,且欲苦之,使自知耳。以公瑾之子,而二君在中间,苟使能改,亦何患乎!"

瑜兄子偏将军峻卒,全琮请使峻子护领其兵。吴主曰:"昔走曹操,拓有荆州,皆是公瑾,常不忘之。初闻峻亡,仍欲用护。闻护性行危险,用之适为作祸,故更止之。孤念公瑾,岂有已哉!"

10　十二月,诏复以建寅之月为正。

邵陵厉公上
正始元年(庚申,240)
1　春,旱。

6　秋季,七月,魏帝开始亲临朝政。

7　八月,大赦天下。

8　冬季,十月,东吴太常潘浚去世。吴主任命镇南将军吕岱接替潘浚,与陆逊共管荆州文书。吕岱时年已经八十,身体一直很健康,为官专心勤奋,亲自处理政事,与陆逊同心协力,有赞许时两人互相推让,南方人士对他们非常称道。

十二月,吴将廖式杀临贺郡太守严纲等,自称平南将军,攻陷零陵、桂阳,煽动交州各郡,聚众数万人,吕岱上表的同时立即前往平乱,连夜兼程,吴主派遣使节在后追赶,任命吕岱为交州牧,并派遣将领唐咨等率兵增援,前后相继,讨伐攻打了一年,终于平息叛乱,杀了廖式及其党羽,各郡县全部平定。吕岱又返回武昌。

9　东吴都乡侯周胤率兵一千人驻防公安县,犯罪后被放逐到庐陵。诸葛瑾、步骘为他求情。吴主说:"以前周胤年幼,开始并无功劳,平白地领受精兵,封以侯爵,全都是思念周瑜才对他宠爱的。但周胤依仗恩宠,酗酒荒淫,恣意放纵,前后多次告诫,没有改悔。我对周瑜的情义同你们二位一样,乐于看到周胤有所成就,岂有终止?可是迫于周胤罪恶太重,未必就能马上转变,我还想让他尝点苦头,使他能自己了解自己。就凭他是周瑜的儿子,又有你们二位在中间保驾,假如他能改正,还有什么担忧呢?"

周瑜的侄子偏将军周峻去世,全琮请求让周峻的儿子周护接领周峻部队。吴主说:"从前击败曹操、吞并荆州,全是周瑜的功劳,我是常记不忘。起初听说周峻去世,便打算任用周护。后听说周护性情凶狠,任用他恰恰是害了他,所以改变了主意。我思念周瑜,岂有终止!"

10　十二月,魏帝下诏恢复以建寅之月为正月。

邵陵厉公上
魏邵陵厉公正始元年(庚申,公元240年)

1　春季,天大旱。

2　越嶲蛮夷数叛汉,杀太守,是后太守不敢之郡,寄治安定县,去郡八百馀里。汉主以巴西张嶷为越嶲太守,嶷招慰新附,诛讨强猾,蛮夷畏服,郡界悉平,复还旧治。

3　冬,吴饥。

二年(辛酉,241)

1　春,吴人将伐魏。零陵太守殷札言于吴主曰:"今天弃曹氏,丧诛累见,虎争之际而幼童莅事。陛下身自御戎,取乱侮亡,宜涤荆、扬之地,举强羸之数,使强者执戟,羸者转运。西命益州,军于陇右,授诸葛瑾、朱然大众,直指襄阳,陆逊、朱桓别征寿春,大驾入淮阳,历青、徐。襄阳、寿春,困于受敌,长安以西,务御蜀军,许、洛之众,势必分离,掎角并进,民必内应。将帅对向,或失便宜,一军败绩,则三军离心。便当秣马脂车,陵蹈城邑,乘胜逐北,以定华夏。若不悉军动众,循前轻举,则不足大用,易于屡退,民疲威消,时往力竭,非上策也。"吴主不能用。

夏,四月,吴全琮略淮南,决芍陂,诸葛恪攻六安,朱然围樊,诸葛瑾攻柤中。征东将军王凌、扬州刺史孙礼与全琮战于芍陂,琮败走。荆州刺史胡质以轻兵救樊,或曰:"贼盛,不可迫。"质曰:"樊城卑兵少,故当进军为之外援,不然,危矣。"遂勒兵临围,城中乃安。

2　五月,吴太子登卒。

3　吴兵犹在荆州,太傅懿曰:"柤中民夷十万,隔在水南,流离无主,樊城被攻,历月不解,此危事也,请自讨之。"六月,太傅懿督诸军救樊,吴军闻之,夜遁,追至三州口,大获而还。

2　蜀国越巂郡蛮夷常有叛乱,杀死太守,以至后来的太守不敢去郡府,而在安定县寄住治事,距郡府八百多里。汉主任命巴西人张嶷担任越巂太守,张嶷招降安抚新归附的夷人,征讨诛杀强悍狡黠的夷人,各部落于是敬畏顺服,郡内全部平定,郡府又迁回原址。

3　冬季,东吴发生饥荒。

魏邵陵厉公正始二年(辛酉,公元241年)

1　春季,东吴将要讨伐魏。零陵太守殷札对吴主说:"如今上天废弃曹氏,天诛大丧不断出现,当此猛虎争斗之际,而魏竟是幼童临政。陛下应当亲自统率大军,夺取乱国,征服衰世,尽出荆州、扬州的人力、物力,调查丁壮和老弱的人数,让丁壮执戟上阵,老弱转运物资。在西方让蜀汉在陇右驻屯,命诸葛瑾、朱然率领大军直指襄阳,陆逊、朱桓另外出征寿春,陛下御驾进军淮河以北,进攻青州、徐州。襄阳、寿春被我们围困,长安以西要全力防御蜀军,许昌、洛阳的军队势力肯定分散,我们四方牵制,同时进军,民众一定响应。到时将帅交战,只要有一处失利,一军战败,则三军军心涣散。我们正好备马整车,攻陷城邑,乘胜追击,平定华夏。如果我们不出动全部大军,只是像以前一样出动少量部队,则不足以完成大事,容易屡屡败退,民众疲沓,军威消失,时间过去了,力量耗竭了,这不是上策。"吴主没有接受。

夏季,四月,东吴全琮进击淮南,决开芍陂堤岸,诸葛恪攻打六安,朱然围困樊城,诸葛瑾攻打柤中。魏征东将军王凌、扬州刺史孙礼与全琮在芍陂交战,全琮败逃。荆州刺史胡质派出轻装部队救援樊城,有人说:"敌人强盛,不能靠近。"胡质说:"樊城城墙低矮,守军又少,所以应当强行进军作为外援,不然,樊城就危险了。"于是率军逼近东吴围城部队,城中军心始安。

2　五月,东吴太子孙登去世。

3　东吴部队仍留在荆州,太傅司马懿说:"柤中汉民和夷人有十万之多,隔在沔水南岸,流离逃亡,无家可归,樊城被围,已过一个多月还没解除,这是危急之势,请派我前去征讨。"六月,太傅司马懿率领各军救援樊城,吴军听到消息后,连夜遁逃,司马懿率军追到三州口,获大量物资和俘虏而归。

4 闰月,吴大将军诸葛瑾卒。瑾长子恪先已封侯,吴主以恪弟融袭爵,摄兵业,驻公安。

5 汉大司马蒋琬以诸葛亮数出秦川,道险、运粮难,卒无成功,乃多作舟船,欲乘汉、沔东下,袭魏兴、上庸。会旧疾连动,未时得行。汉人咸以为事有不捷,还路甚难,非长策也。汉主遣尚书令费祎、中监军姜维等喻指。琬乃上言:“今魏跨带九州,根蒂滋蔓,平除未易。若东西并力,首尾掎角,虽未能速得如志,且当分裂蚕食,先摧其支党。然吴期二三,连不克果。辄与费祎等议,以凉州胡塞之要,进退有资,且羌、胡乃心思汉如渴,宜以姜维为凉州刺史。若维征行,御制河右,臣当帅军为维镇继。今涪水陆四通,惟急是应,若东西有虞,赴之不难,请徙屯涪。”汉主从之。

6 朝廷欲广田畜谷于扬、豫之间,使尚书郎汝南邓艾行陈、项以东至寿春。艾以为:“昔太祖破黄巾,因为屯田,积谷许都以制四方。今三隅已定,事在淮南,每大军出征,运兵过半,功费巨亿。陈、蔡之间,土下田良,可省许昌左右诸稻田,并水东下,令淮北二万人,淮南三万人,什二分休,常有四万人且田且守;益开河渠以增溉灌,通漕运。计除众费,岁完五百万斛以为军资,六、七年间,可积三千万斛于淮上,此则十万之众五年食也。以此乘吴,无不克矣。”太傅懿善之。是岁,始开广漕渠,每东南有事,大兴军众,泛舟而下,达于江、淮,资食有余而无水害。

4　闰五月,东吴大将军诸葛瑾去世。诸葛瑾的长子诸葛恪先前已被封侯,吴主让诸葛恪弟弟诸葛融承袭父爵,统率其父部队,驻扎在公安县。

5　蜀国大司马蒋琬认为诸葛亮屡次出兵秦川,由于道路险阻,转运粮食困难,最终也没有成功,于是大量制造船舰,打算利用汉水、沔水顺流东下,袭击魏兴、上庸。正逢蒋琬旧病连续发作,没能及时配合东吴行动。大家都认为这样一旦不能取胜,撤退极其困难,不是上策。汉主派遣尚书令费祎、中监军姜维等向蒋琬说明大家意见。蒋琬于是上书说:"如今魏的势力已横跨九州,根深蒂固,铲除不易。如果东吴和西蜀齐心合力,首尾夹击,虽然不能迅速实现宏图大志,暂且也可分割其力量,蚕食其国土,摧垮其边陲。然而与东吴二三次约定同时进军,都未能实现。我与费祎等商议,认为凉州是胡人边塞要地,进退都有依赖,而且当地羌人、胡人都如饥似渴地想着归顺蜀汉,最好让姜维担任凉州刺史。如果姜维征讨能够控制河右,我将率军继进,做他的后援。如今涪县水路陆路四通八达,足以应付紧急情况,如果东方、西方发生危险,前去救援都不困难,请把大本营迁到涪县驻屯。"汉主采纳了这一建议。

6　魏打算在扬州、豫州之间开荒垦田,积蓄粮谷,令尚书郎汝南人邓艾到陈县、项县以东至寿春一带巡视。邓艾认为:"从前太祖大破黄巾施行屯田,在许都囤积粮谷用来制胜四方。如今三边都已平定,军事行动集中在淮河以南,每次大军出征,转运军粮的兵士占了一半,耗费上亿。陈县、蔡县一带土地平坦肥沃,可以减少许昌附近稻田,把水并入河道向东灌溉,命令淮河以北两万人,淮河以南三万人,十分之二轮流休息,常驻的四万人边屯田边防守;宜多挖河渠增加灌溉,开通漕运。除去全部开支,总计每年可获五百万斛作为军费,六七年内,可在淮河土地上积蓄三千万斛,这就是十万大军五年的粮食。以此雄厚基础攻吴,无往而不胜。"太傅司马懿称好。这一年,开始扩开漕渠,以后每次东南方出现战事,遂大举出兵,乘舟而下,直抵长江、淮河,军费、粮食都绰绰有馀,并且消除了水患。

7　管宁卒。宁名行高洁，人望之者，邈然若不可及，即之熙熙和易。能因事导人于善，人无不化服。及卒，天下知与不知，闻之无不嗟叹。

三年（壬戌，242）

1　春，正月，汉姜维率偏军自汉中还住涪。

2　吴主立其子和为太子，大赦。

3　三月，昌邑景侯满宠卒。秋，七月乙酉，以领军将军蒋济为太尉。

4　吴主遣将军聂友、校尉陆凯将兵三万击儋耳、珠崖。

5　八月，吴主封子霸为鲁王。霸，和母弟也，宠爱崇特，与和无殊。尚书仆射是仪领鲁王傅，上疏谏曰：“臣窃以为鲁王天挺懿德，兼资文武，当今之宜，宜镇四方，为国藩辅，宣扬德美，广耀威灵，乃国家之良规，海内所瞻望。且二宫宜有降杀，以正上下之序，明教化之本。”书三四上，吴主不听。

四年（癸亥，243）

1　春，正月，帝加元服。

2　吴诸葛恪袭六安，掩其人民而去。

3　夏，四月，立皇后甄氏，大赦。后，文昭皇后兄俨之孙也。

4　五月，朔，日有食之，既。

5　冬，十月，汉蒋琬自汉中还住涪，疾益甚，以汉中太守王平为前监军、镇北大将军，督汉中。

6　十一月，汉主以尚书令费祎为大将军、录尚书事。

7　吴丞相顾雍卒。

8　吴诸葛恪远遣谍人观相径要，欲图寿春。太傅懿将兵入舒，欲以攻恪，吴主徙恪屯于柴桑。

7　管宁去世。管宁名声极大,行为高洁,是人们仰慕的人,看上去遥远好像不可接近,但与他在一起,却感到和乐平易。他擅长随事诱导人们行善,许多人受到感化由衷敬服。到死时,天下不管认识他还是不认识他的,无不哀叹。

魏邵陵厉公正始三年(壬戌,公元242年)

1　春季,正月,蜀汉姜维率领偏军从汉中回到涪县驻防。

2　吴主立儿子孙和为太子,大赦天下。

3　三月,昌邑景侯满宠去世。秋季,七月乙酉(十九日),任命领军将军蒋济担任太尉。

4　吴主派遣将军聂友、校尉陆凯率军三万人攻打儋耳、珠崖。

5　八月,吴主封儿子孙霸为鲁王。孙霸是孙和的胞弟,受到特别的宠爱,与孙和没有差别。尚书仆射是仪兼任鲁王傅,上书规劝说:"我私下认为鲁王天资卓越,又有美德,文武双全,当今之计应让他镇守四方,作为辅助朝廷的屏藩,宣扬美德,广布威望,才是国家的良策,举国上下的希望。而且太子和亲王之间,应该有所差别,用以端正上下秩序,显明教化的根本。"上书三四次,吴主都不理睬。

魏邵陵厉公正始四年(癸亥,公元243年)

1　春季,正月,魏帝行加冕礼。

2　吴国诸葛恪率军袭击六安,劫掠当地百姓而归。

3　夏季,四月,魏立皇后甄氏,大赦天下。甄皇后是文昭皇后兄长甄俨的孙女。

4　五月朔(初一),出现日食,为日全食。

5　冬季,十月,蜀国蒋琬从汉中返回涪县居住,病情更加严重,任命汉中太守王平担任前监军、镇北大将军,督领汉中。

6　十一月,汉主任命尚书令费祎担任大将军、录尚书事。

7　吴丞相顾雍去世。

8　东吴诸葛恪派遣暗探,观察山川地要,准备攻打寿春。太傅司马懿率军进入舒县,打算由此进攻诸葛恪,吴主调移诸葛恪在柴桑驻屯。

9 步骘、朱然各上疏于吴主曰:"自蜀还者,咸言蜀欲背盟,与魏交通,多作舟船,缮治城郭;又,蒋琬守汉中,闻司马懿南向不出兵,乘虚以掎角之,反委汉中,还近成都。事已彰灼,无所复疑,宜为之备。"吴主答曰:"吾待蜀不薄,聘享盟誓,无所负之,何以致此!司马懿前来入舒,旬日便退。蜀在万里,何知缓急而便出兵乎!昔魏欲入汉川,此间始严,亦未举动,会闻魏还而止,蜀宁可复以此有疑邪!人言苦不可信,朕为诸君破家保之。"

10 征东将军、都督扬豫诸军事王昶上言:"地有常险,守无常势。今屯宛去襄阳三百馀里,有急不足相赴。"遂徙屯新野。

11 宗室曹冏上书曰:"古之王者,必建同姓以明亲亲,必树异姓以明贤贤。亲亲之道专用,则其渐也微弱;贤贤之道偏任,则其敝也劫夺。先圣知其然也,故博求亲疏而并用之,故能保其社稷,历纪长久。今魏尊尊之法虽明,亲亲之道未备,或任而不重,或释而不任。臣窃惟此,寝不安席,谨撰合所闻,论其成败曰:昔夏、商、周历世数十,而秦二世而亡。何则?三代之君与天下共其民,故天下同其忧;秦王独制其民,故倾危而莫救也。秦观周之敝,以为小弱见夺,于是废五等之爵,立郡县之官,内无宗子以自毗辅,外无诸侯以为藩卫,譬犹芟刈股肱,独任胸腹,观者为之寒心,而始皇晏然自以为子孙帝王万世之业也,岂不悖哉!故汉祖奋三尺之剑,驱乌合之众,五年之中,遂成帝业。何则?伐深根者难为功,摧枯朽者易为力,理势然也。汉监秦之失,封殖子弟;

9　步骘、朱然分别上书给吴主说："从蜀地归来的人,都说蜀国打算背弃盟约,而与魏交往勾结,正在大量制作船舰,修缮城池;还有,蒋琬驻守汉中,听说司马懿南下,不但不出兵,乘虚进行夹击,反而放弃汉中,回到成都附近。事情已经十分明显,无可置疑,应多加戒备。"吴主回答说:"我对待蜀国不薄,聘问献纳,结盟明誓,没有辜负他们的地方,怎么能变成这样? 司马懿大军前来进入舒县,十日便撤退了。蜀在万里之外,怎么会知道司马懿用兵是快是慢而就贸然出兵呢? 从前,魏打算进入汉川,这中间我们也是严阵以待,没有举师动众,随后听到魏已回军才算结束,怎么可以再以此怀疑蜀汉呢? 传言实在不可信,我愿以家族破败而为诸位担保。"

10　征东将军、都督扬、豫诸军事王昶上书说:"地势的险阻可以固定不变,防守的形势却变化无常。如今驻屯的宛县,距离襄阳三百多里,遇有紧急情况,来不及赴援。"于是把营屯迁至新野县。

11　皇族曹同上书说:"古代帝王,必定任用同姓皇族,以表明亲近亲族,也必定任用异姓大臣,以表明尊重贤能。只采用亲近亲族的办法治国,随着它的侵蚀,皇权就会渐渐衰弱;只采用尊重贤能的办法治国,随着它的把持,皇权就会被夺取。先圣了解这种必然趋势,所以对于皇族和非皇族广泛求取,同时并用,因而能够保得统治权,历时长久。如今魏尊重贤能的法律虽已严明,亲近亲族的办法还不完备,或者任用而不重用,或者放置不任用,我私下思虑这些,睡觉都不能安宁,谨对所听到的加以陈述,议论它的成败得失。古代夏、商、周历经数十世代,而秦只传到二世即归灭亡。为什么呢? 夏商周三代的君王与各封国共同管理万民,所以封国与君王有忧同当;秦王则独自统治百姓,所以出现危险而没人相救。秦王朝看到周王朝的衰败,认为是弱小的封国终会被吞夺,于是废除五等爵,建立郡县制,朝廷内没有皇族子弟辅佐,朝廷外没有诸侯屏卫,好像一个人割掉四肢独由胸腹支撑,旁观者为之寒心,可秦始皇还安然自得,认为是为子孙创立了帝王的万世之业,岂不荒谬! 所以汉高祖提起三尺之剑,以乌合之众起兵,五年之中,成就了帝王之业。为什么呢? 盖因拔除盘根错节难以成功,摧枯拉朽容易得力,这是事理之必然。汉王朝看到秦王朝的失误,于是大封皇族子弟;

及诸吕擅权,图危刘氏,而天下所以不倾动者,徒以诸侯强大,盘石胶固故也。然高祖封建,地过古制,故贾谊以为欲天下之治安,莫若众建诸侯而少其力,文帝不从。至于孝景,猥用晁错之计,削黜诸侯,遂有七国之患。盖兆发高帝,衅钟文、景,由宽之过制,急之不渐故也。所谓'末大必折,尾大难掉',尾同于体,犹或不从,况乎非体之尾,其可掉哉!武帝从主父之策,下推恩之令,自是之后,遂以陵夷,子孙微弱,衣食租税,不预政事。至于哀、平,王氏秉权,假周公之事而为田常之乱,宗室诸侯,或乃为之符命,颂莽恩德,岂不哀哉!由斯言之,非宗子独忠孝于惠、文之间而叛逆于哀、平之际也,徒权轻势弱,不能有定耳。赖光武皇帝挺不世之姿,擒王莽于已成,绍汉嗣于既绝,斯岂非宗子之力也!而曾不监秦之失策,袭周之旧制,至于桓、灵,阉宦用事,君孤立于上,臣弄权于下,由是天下鼎沸,奸宄并争,宗庙焚为灰烬,宫室变为榛薮。

太祖皇帝龙飞凤翔,扫除凶逆。大魏之兴,于今二十有四年矣。观五代之存亡而不用其长策,睹前车之倾覆而不改于辙迹。子弟王空虚之地,君有不使之民;宗室窜于闾阎,不闻邦国之政;权均匹夫,势齐凡庶。内无深根不拔之固,外无盘石宗盟之助,非所以安社稷,为万世之业也。且今之州牧、郡守,古之方伯、诸侯,皆跨有千里之土,兼军武之任,或比国数人,或兄弟并据;而宗室子弟曾无一人间厕其间,与相维制,非所以强干弱枝,备万一之虞也。今之用贤,或超为名都之主,或为偏师之帅;而宗室有文者必限小县之宰,有武者必置百人之上,非所以劝进贤能、褒异宗室之礼也。语曰

等到诸吕擅权,危害刘氏皇族,而天下却没有发生动摇原因,正是因为诸侯力量强大,有如粘在一起的磐石一样稳固。然而汉高祖分封诸侯建立藩国,封地面积超过古代规定,所以贾谊认为要想天下得到治理安定,不如广建诸侯国而减少诸侯势力,汉文帝没有采纳。到了汉景帝,过分采用晁错的计策,削减封国领土,于是爆发了七国之乱。征兆出现在汉高帝时,祸患聚成于文帝、景帝之时,是由于开始宽厚得超过规定,而后来削减时又太急切的缘故。所谓'末大必折,尾大难掉',尾巴与身子同属一体,有时也不顺从,更何况不是属于一体的尾巴,岂能摆得动? 汉武帝采纳主父偃的计策,颁布推恩令,自此以后,封国力量遂衰败,子孙微弱,除了收取租税维持衣食生活外,不能参与国政。到了哀帝、平帝时,王莽掌权,假冒周公之事,重演田常之乱,封国诸侯中,有的甚至制造天赐祥瑞,歌颂王莽恩德,岂不令人悲哀? 由此说来,并不是皇族子弟偏偏在惠帝、文帝之际忠孝双全,而在哀帝、平帝之际就变成叛逆,是权力轻微,势力薄弱,不能有所定夺。幸赖光武皇帝发扬不世的英姿,在王莽做了皇帝后仍能将他擒获,使汉代皇族子嗣在将要灭绝之时得以延续,岂不是皇族子弟的力量! 可是以后,又不能借鉴秦王朝的教训,不知道承袭周王朝的旧制,到了汉桓帝、汉灵帝时,宦官执政,君王孤立于上,大臣弄权于下,于是天下大乱,奸雄并争,皇家宗庙被烧成灰烬,宫室变成荒草树丛。

太祖皇帝龙飞凤翔,扫除凶逆。大魏兴起,至今已有二十四年了。观察五代的存亡原因,而不采用他们的治国良策,目睹前车之倾覆,却不改变车道。亲王空有虚名而实无封地,封国之君只有不能臣使之民;皇族子弟流窜在大街小巷,不知道国家大政方针;权力如一介小民,势力同寻常百姓。内无盘根错节的稳固,外无磐石般的诸侯结盟相助,这是不能够使国家安定,成就万世大业的。况且现在的州牧、郡守,与古代的方伯、诸侯一样,都拥有千里之地,身兼军队要职,有的一家数人担任高官,有的兄弟同时占据要职;而皇族子弟竟无一人跻身于高官之列,与他们互相牵制,这不是使主干强大、枝梢微弱、防备万一的办法。如今所谓任用贤能,或提拔到著名都市为长,或担任一军统帅;可是皇族子弟有文才的,必只限于当一个小县县宰,有武略的,必只限于当一个只管百人的小官,不是奖励进取,任用贤能,褒奖优待皇族子弟的礼法。俗语说

'百足之虫,至死不僵',以其扶之者众也。此言虽小,可以譬大。是以圣王安不忘危,存不忘亡,故天下有变而无倾危之患矣。"固冀以此论感悟曹爽,爽不能用。

五年(甲子,244)

1 春,正月,吴主以上大将军陆逊为丞相,其州牧、都护、领武昌事如故。

2 征西将军、都督雍、凉诸军事夏侯玄,大将军爽之姑子也。玄辟李胜为长史,胜及尚书邓飏欲令爽立威名于天下,劝使伐蜀。太傅懿止之,不能得。三月,爽西至长安,发卒十馀万人,与玄自骆口入汉中。

汉中守兵不满三万,诸将皆恐,欲守城不出以待涪兵。王平曰:"汉中去涪垂千里,贼若得关,便为深祸,今宜先遣刘护军据兴势,平为后拒;若贼分向黄金,平帅千人下自临之,比尔间涪军亦至,此计之上也。"诸将皆疑,惟护军刘敏与平意同,遂帅所领据兴势,多张旗帜,弥亘百馀里。

闰月,汉主遣大将军费祎督诸军救汉中,将行,光禄大夫来敏诣祎别,求共围棋。于时羽檄交至,人马擐甲,严驾已讫,祎与敏对戏,色无厌倦。敏曰:"向聊观试君耳,君信可人,必能辨贼者也。"

3 夏,四月丙辰朔,日有食之。

4 大将军爽兵距兴势不得进,关中及氐、羌转输不能供,牛马骡驴多死,民夷号泣道路,涪军及费祎兵继至。参军杨伟为爽陈形势,宜急还,不然,将败。邓飏、李胜与伟争于爽前。伟曰:"飏、胜将败国家事,可斩也!"爽不悦。

'百足之虫,至死不僵',这是因为扶持它身体的脚众多的缘故。这句话说的虽是小虫,但可以比喻国家大事。所以,圣明的君王在安定时不忘记危乱,存时不忘记亡,即使天下发生变故,也不会有覆灭的灾难了。"曹冏希望以这番议论使曹爽有所感动而省悟,曹爽不采纳。

魏邵陵厉公正始五年(甲子,公元244年)

1 春季,正月,吴主任命上大将军陆逊担任丞相,原担任的州牧、都护、领武昌事等官职继续兼任。

2 征西将军、都督雍、凉诸军事夏侯玄,是大将军曹爽姑母之子。夏侯玄征召李胜担任长史,李胜与尚书邓飏打算让曹爽在天下树立威名,劝他伐蜀。太傅司马懿劝止他们,没能止住。三月,曹爽西行至长安,发兵十多万人,与夏侯玄一起从骆口进入汉中。

汉中守军不足三万人,将领们都很恐慌,打算坚守城池不出兵迎战,等待涪县的救援。王平说:"汉中距离涪县将近一千里,敌人如果攻占了关城,便成为深灾大祸,应该先派遣刘护军占据兴势,我在后面拒敌;如果敌人分兵向黄金攻击,我率领一千人亲自迎战,周旋之间,涪县援军便会到达,这是上策。"将领们都持怀疑,只有护军刘敏与王平意见相同,便率所领部队占据兴势,并漫山遍野插上战旗,连绵一百多里。

闰三月,汉主派遣大将军费祎统领各军救援汉中,将出发时,光禄大夫来敏来到费祎住所别行,请求共下一盘棋。此时,战地文书交错送到,士兵战马都已披挂铠甲,出动命令已经下达,可是费祎与来敏对弈,仍面无厌倦。来敏说:"我是故意考验您的,您确实令人满意,一定可以退敌。"

3 夏季,四月丙辰朔(初一),出现日食。

4 大将军曹爽率领部队到达兴势后受到抵抗,不能前进,关中以及氐、羌部落转运的军粮供给不上,牛马骡驴大量死亡,当地百姓在路边哀号大哭,涪县大军及费祎部队相继到达。参军杨伟向曹爽分析形势,认为应当紧急撤还,不然将大败。邓飏、李胜与杨伟在曹爽面前争执起来。杨伟说:"邓飏、李胜将败坏国家大事,应该斩首!"曹爽大为不快。

太傅懿与夏侯玄书曰:"《春秋》责大德重。昔武皇帝再入汉中,几至大败,君所知也。今兴势至险,蜀已先据,若进不获战,退见邀绝,覆军必矣,将何以任其责!"玄惧,言于爽。五月,引军还。费祎进据三岭以截爽,爽争险苦战,仅乃得过,失亡甚众,关中为之虚耗。

5 秋,八月,秦王询卒。

6 冬,十二月,安阳孝侯崔林卒。

7 是岁,汉大司马琬以病固让州职于大将军祎,汉主乃以祎为益州刺史,以侍中董允守尚书令,为祎之副。

时战国多事,公务烦猥,祎为尚书令,识悟过人,每省读文书,举目暂视,已究其意旨,其速数倍于人,终亦不忘。常以朝晡听事,其间接纳宾客,饮食嬉戏,加之博弈,每尽人之欢,事亦不废。及董允代祎,欲斅祎之所行,旬日之中,事多愆滞。允乃叹曰:"人才力相远若此,非吾之所及也!"乃听事终日而犹有不暇焉。

六年(乙丑,245)

1 春,正月,以票骑将军赵俨为司空。

2 吴太子和与鲁王同宫,礼秩如一,群臣多以为言,吴主乃命分宫别僚。二子由是有隙。

卫将军全琮遣其子寄事鲁王,以书告丞相陆逊,逊报曰:"子弟苟有才,不忧不用,不宜私出以要荣利;若其不佳,终为取祸。且闻二宫势敌,必有彼此,此古人之厚忌也。"寄果阿附鲁王,轻为交构。逊书与琮曰:"卿不师日磾而宿留阿寄,终为足下家门致祸矣。"琮既不答逊言,更以致隙。

太傅司马懿给夏侯玄去信说:"《春秋》强调责任大的恩德也重。从前武皇帝第二次进入汉中,几乎大败,你是知道的。如今兴势地形十分险要,蜀军已率先占据,如果进攻,敌人不应战,退却又被阻截,全军必然覆灭,你将承担什么责任?"夏侯玄恐惧;对曹爽说了上面的话。五月,率领大军退还。费祎进军占据三岭阻截曹爽,曹爽争险夺关进行苦战,仅只得以逃出,失散伤亡甚重,关中地区为这次行动白白耗费了大量人力、物力。

5　秋季,八月,秦王曹询去世。

6　冬季,十二月,安阳孝侯崔林去世。

7　这一年,蜀国大司马蒋琬因病坚持将州职辞让给大将军费祎,汉主遂任命费祎担任益州刺史,侍中董允担任尚书令,作为费祎的副手。

当时蜀正值征战多事之秋,公务繁杂细碎,费祎担任尚书令,见识过人,每审阅公文,略望一眼,便已知道其中主要意思,速度超过常人几倍,并且始终也不忘记。经常在早晨和傍晚听取大家意见,处理公事,中间接待宾客,饮食娱乐,加上棋艺博深,每次都能使人尽兴快乐,公事也不荒废。等到董允接替费祎,想要效法费祎行为,十天之中,很多事情都被耽误。董允于是叹息说:"人的才力相差如此之大,不是我能赶得上的!"于是整天听取意见处理公务,还是没有空闲。

魏邵陵厉公正始六年(乙丑,公元 245 年)

1　春季,正月,任命骠骑将军赵俨担任司空。

2　东吴太子孙和与鲁王孙霸同住一宫,礼仪和俸禄完全一样,群臣对此颇有议论,吴主于是命令两人分宫居住,僚属也加区别。由此,兄弟之间产生了感情上的裂痕。

卫将军全琮让儿子全寄侍奉鲁王,写信告诉丞相陆逊,陆逊回答说:"你的儿子如果真有才干,不必担忧不被任用,不宜出任私门幕职,邀取荣华;如果才力不佳,最终也会招来灾祸。况且听说两宫势均力敌,必有高下之争,这是古人最避忌的。"全寄果然攀附鲁王,轻率地与之深交。陆逊写信给全琮说:"你不师法金日䃅把全寄留住,终会为你的家门招来灾祸。"全琮不仅不回答陆逊,反而进一步扩大他们之间的裂痕。

　　魯王曲意交结当时名士。偏将军朱绩以胆力称，王自至其廨，就之坐，欲与结好。绩下地住立，辞而不当。绩，然之子也。

　　于是自侍御、宾客，造为二端，仇党疑贰，滋延大臣，举国中分。吴主闻之，假以精学，禁断宾客往来。督军使者羊衜上疏曰：“闻明诏省夺二宫备卫，抑绝宾客，使四方礼敬不复得通，远近悚然，大小失望。或谓二宫不遵典式；就如所嫌，犹且补察，密加斟酌，不使远近得容异言。臣惧积疑成谤，久将宣流，而西北二隅，去国不远，将谓二宫有不顺之愆，不审陛下何以解之！”

　　吴主长女鲁班适左护军全琮，少女小虎适骠骑将军朱据。全公主与太子母王夫人有隙，吴主欲立王夫人为后，公主阻之；恐太子立怨己，心不自安，数谮毁太子。吴主寝疾，遣太子祷于长沙桓王庙，太子妃叔父张休居近庙，邀太子过所居。全公主使人觇视，因言“太子不在庙中，专就妃家计议”，又言“王夫人见上寝疾，有喜色”，吴主由是发怒，夫人以忧死，太子宠益衰。

　　鲁王之党杨竺、全寄、吴安、孙奇等共谮毁太子，吴主惑焉。陆逊上疏谏曰：“太子正统，宜有盘石之固，鲁王藩臣，当使宠秩有差，彼此得所，上下获安。”书三四上，辞情危切，又欲诣都，口陈嫡庶之义。吴主不悦。

　　太常顾谭，逊之甥也，亦上疏曰：“臣闻有国有家者，必明嫡庶之端，异尊卑之礼，使高下有差，等级逾邈。如此，则骨肉之恩全，觊觎之望绝。昔贾谊陈治安之计，论诸侯之势，以为势重虽亲，必有逆节之累，势轻虽疏，必有保全之祚。故淮南亲弟，不终饷国，失之于势重也；吴芮疏臣，传祚长沙，得之于势轻也。

鲁王一心要结交当时知名人士。偏将军朱绩以有胆力著称，鲁王亲自到他的官署，挨近他坐下，想要与他结好。朱绩走下座位站在一旁，推辞不敢承当。朱绩是朱然的儿子。

　　于是，从侍从到宾客，形成对立的两派，仇视敌党，猜忌贰心，逐渐蔓延到朝廷大臣，全国分为两派。吴主听说后，借口让他俩精心潜学，断绝与宾客的往来。督军使者羊衜上书说："听说陛下公开颁诏剥夺两宫的卫队，断绝了宾客，使四方礼敬再不能表达，远远近近为之震惊，大大小小感到失望。有的说这是由于两宫不遵守法典礼仪；即使确如所嫌，也应多加补察，严密斟酌，不让外人说三道四。我恐怕猜疑积多变成毁谤，时间一长，必将四处流传，西方和北方，距离我国不远，将说两宫有不能调和的过错，不知陛下将如何解释？"

　　吴主的长女鲁班嫁给左护军全琮，小女小虎嫁给骠骑将军朱据。全公主鲁班与太子孙和的母亲王夫人有隔阂，吴主想要立王夫人为皇后，公主加以阻止。后又恐怕太子怨恨自己，感觉自己不安全，便多次毁谤太子。吴主病重在床，派遣太子去长沙桓王孙策祭庙祈祷，太子妃的叔父张休在庙附近住，邀请太子顺便来家坐坐。全公主派人监视，因而报告说"太子不在庙中，只去了妃家商议事情"，又说"王夫人看到陛下病重卧床，面有喜色"。吴主于是发怒，王夫人因忧虑而死，对太子的宠爱更为衰减。

　　鲁王的党羽杨竺、全寄、吴安、孙奇等一起诬陷毁谤太子，吴主感到迷惑。陆逊上书规劝说："太子是正统，应该有坚如磐石的稳定地位，鲁王是藩国之臣，对他宠爱俸禄应当有所差别，彼此各得其所，上下才能安定。"连续上书三四次，辞情激切，还要去京师，当面陈述嫡庶的大义。吴主不快。

　　太常顾谭是陆逊的外甥，也上书说："我听说无论是国还是家，一定要明确嫡庶的区别，使尊卑之礼各不相同，高下有别，等级不可超越。只有这样，骨肉的恩情才能保全，夺嫡的邪念才可断绝。从前贾谊陈述治安之策，议论诸侯的形势，认为势力太重虽是亲族也必有叛逆的危险，势力轻微虽然疏远，也必有保全的福分。所以淮南王虽是文帝的亲弟弟，但没能终身享受他的封邑俸养，是失之于势力太大；吴芮是疏远的臣僚，世代在长沙做官享福，是得益于势力轻微。

昔汉文帝使慎夫人与皇后同席,袁盎退夫人之位,帝有怒色;及盎辨上下之义,陈人彘之戒,帝既悦怿,夫人亦悟。今臣所陈,非有所偏,诚欲以安太子而便鲁王也。"由是鲁王与谭有隙。

芍陂之役,谭弟承及张休皆有功。全琮子端、绪与之争功,谮承、休于吴主,吴主徙谭、承、休于交州,又追赐休死。

太子太傅吾粲请使鲁王出镇夏口,出杨竺等不得令在京师,又数以消息语陆逊。鲁王与杨竺共谮之,吴主怒,收粲下狱,诛。数遣中使责问陆逊,逊愤恚而卒。其子抗为建武校尉,代领逊众,送葬东还,吴主以杨竺所白逊二十事问抗,抗事事条答,吴主意乃稍解。

3 夏,六月,都乡穆侯赵俨卒。

4 秋,七月,吴将军马茂谋杀吴主及大臣以应魏,事泄,并党与皆族诛。

5 八月,以太常高柔为司空。

6 汉甘太后殂。

7 吴主遣校尉陈勋将屯田及作士三万人凿句容中道,自小其至云阳西城,通会市,作邸阁。

8 冬,十一月,汉大司马琬卒。

9 十二月,汉费祎至汉中,行围守。

10 汉尚书令董允卒,以尚书吕义为尚书令。

董允秉心公亮,献可替否,备尽忠益,汉主甚严惮之。宦人黄皓,便僻佞慧,汉主爱之。允上则正色规主,下则数责于皓。皓畏允,不敢为非,终允之世,皓位不过黄门丞。

从前汉文帝让慎夫人与皇后同坐一桌,袁盎搬走慎夫人的座位,文帝面有怒色;等到袁盎谈论起上下尊卑大义,陈说人彘的警戒,文帝已然面有喜色,慎夫人也醒悟。今天我所陈述的,并不偏袒任何一方,实在是打算稳定太子并便利鲁王。"由此,鲁王与顾谭有了隔阂。

芍陂之战,顾谭弟弟顾承和张休都立有功劳。全琮的儿子全端、全绪与他们争功,向吴主诬陷顾承、张休,吴主贬顾谭、顾承、张休到交州,又追赐张休自尽。

太子太傅吾粲请求派鲁王出镇夏口,逐出杨竺等人,不要让他们留在京师,又多次向陆逊通报消息。鲁王与杨竺一起诬陷吾粲,吴主大怒,拘捕吾粲下狱处死。屡次派遣中使责问陆逊,陆逊愤闷而死。陆逊的儿子陆抗担任建武校尉,代管陆逊的部队,送葬东行回吴郡,吴主又拿杨竺指控陆逊的二十件事一一质问陆抗,陆抗一件一件地做出回答,吴主的怒意才稍稍化解。

3　夏季,六月,都乡穆侯赵俨去世。

4　秋季,七月,东吴将军马茂图谋杀害吴主及大臣以降魏,事情泄漏,马茂和他的党羽都被灭族。

5　八月,任命太常高柔担任司空。

6　蜀甘太后去世。

7　吴主派遣校尉陈勋统率屯田部队及工匠三万人,开凿句容山道,从小其直到云阳西城,开通集市,以会商旅,并修建了存储粮物的邸阁。

8　冬季,十一月,蜀大司马蒋琬去世。

9　十二月,蜀费祎抵达汉中,巡视戍边军队。

10　蜀尚书令董允去世,任命尚书吕乂担任尚书令。

董允心地正直无私,诤言进谏,竭尽忠心,汉主非常敬畏他。宦官黄皓,善于花言巧语,逢迎献媚,汉主对他十分宠爱。董允上殿则严肃地规劝汉主,退朝则多次指责黄皓。黄皓畏惧董允,不敢胡作非为,直到董允去世时,黄皓的官位不过黄门丞。

费祎以选曹郎汝南陈祗代允为侍中,祗矜厉有威容,多技艺,挟智数,故祎以为贤,越次而用之。祗与皓相表里,皓始预政,累迁至中常侍,操弄威柄,终以覆国。自陈祗有宠,而汉主追怨董允日深,谓为自轻,由祗阿意迎合而皓浸润搆间故也。

费祎任命选曹郎汝南人陈祗接替董允担任侍中,陈祗端庄威严,多才多艺,很有心计,所以费祎认为他是贤能,越级提拔任用。陈祗与黄皓内外勾结,黄皓才开始参与政事,多次升迁至中常侍,操弄权柄,终于断送了蜀国。自从陈祗受到宠信,汉主追怨董允日渐加深,认为董允轻视他,这是由于陈祗阿谀迎合及黄皓不断离间的缘故。

卷第七十五　魏纪七

起丙寅(246)尽壬申(252)凡七年

邵陵厉公中
正始七年(丙寅,246)

1　春,二月,吴车骑将军朱然寇祖中,杀略数千人而去。

2　幽州刺史毌丘俭以高句丽王位宫数为侵叛,督诸军讨之;位宫败走,俭遂屠丸都,斩获首虏以千数。句骊之臣得来数谏位宫,位宫不从,得来叹曰:"立见此地将生蓬蒿。"遂不食而死。俭令诸军不坏其墓,不伐其树,得其妻子,皆放遣之。位宫单将妻子逃窜,俭引军还。未几,复击之,位宫遂奔买沟。俭遣玄菟太守王颀追之,过沃沮千有馀里,至肃慎氏南界,刻石纪功而还,所诛纳八千馀口。论功受赏,侯者百馀人。

3　秋,九月,吴主以骠骑将军步骘为丞相,车骑将军朱然为左大司马,卫将军全琮为右大司马。分荆州为二部:以镇南将军吕岱为上大将军,督右部,自武昌以西至蒲圻;以威北将军诸葛恪为大将军,督左部,代陆逊镇武昌。

4　汉大赦。大司农河南孟光于众中责费祎曰:"夫赦者,偏枯之物,非明世所宜有也。衰敝穷极,必不得已,然后乃可权而行之耳。今主上仁贤,百僚称职,何有旦夕之急而数施非常之恩,以惠奸宄之恶乎!"祎但顾谢,踧踖而已。

邵陵厉公中
魏邵陵厉公正始七年(丙寅,公元 246 年)

1　春季,二月,吴国车骑将军朱然侵犯柤中,杀死掠夺了数千人之后才离去。

2　魏国幽州刺史毌丘俭因为高句丽国王位宫屡次侵犯边境举兵叛乱,所以就率军去讨伐他;位宫失败逃走后,毌丘俭率军杀进高句丽国的首都丸都城,杀死并俘虏了敌军数千人。高句丽的大臣得来曾经多次劝谏位宫不要叛乱,但位宫不听,得来悲叹说:"用不了多久就将见到此地长满蓬蒿野草了。"说完之后就绝食而死。毌丘俭得知此事后,命令各路军队不得毁坏得来的墓,不得砍伐墓地的树木,如俘获了得来的妻子儿女,也全部释放回家。位宫独自带着妻子儿女狼狈逃窜,毌丘俭也率军撤回了。但没过多久,毌丘俭又派兵追杀位宫,位宫逃奔到买沟,毌丘俭随即派遣玄菟太守王颀继续追击,一直追过了沃沮城一千多里,到达了肃慎氏的南部边界,就在那里刻石碑,记述了此次战功,然后率军凯旋,此次进攻诛杀及纳降的敌军总计有八千馀人。于是论功行赏,受封为侯爵者有一百馀人。

3　秋季,九月,吴主任命骠骑将军步骘为丞相,车骑将军朱然为左大司马,卫将军全琮为右大司马。把荆州分为两个部分:任命镇南将军吕岱为上大将军,督领右部,管辖武昌以西至蒲圻一带地区;任命威北将军诸葛恪为大将军,督领左部,代替陆逊,镇守武昌。

4　蜀汉实行大赦。大司农、河南人孟光当众责备费祎说:"实行大赦,是一种偏颇的照顾不均的政策,不是圣明之世所应实行的。只有到了社会极端衰败,实在不得已的时候,才能暂且变通偶尔实行一次。如今主上仁德圣明,百官们也都尽职尽责,哪儿有什么迫在眉睫的危急情况而非要仓促地实行这种不平常的恩典,去加惠于那些为非作歹的奸恶之徒呢?"费祎只是一个劲儿地道歉,谦恭地听其责备而已。

初，丞相亮时，有言公惜赦者，亮答曰："治世以大德，不以小惠，故匡衡、吴汉不愿为赦。先帝亦言：'吾周旋陈元方、郑康成间，每见启告治乱之道悉矣，曾不语赦也。若刘景升、季玉父子，岁岁赦宥，何益于治！'"由是蜀人称亮之贤，知祎不及焉。

　　陈寿评曰：诸葛亮为政，军旅数兴而赦不妄下，不亦卓乎！

5　吴人不便大钱，乃罢之。

6　汉主以凉州刺史姜维为卫将军，与大将军费祎并录尚书事。汶山平康夷反，维讨平之。

汉主数出游观，增广声乐。太子家令巴西谯周上疏谏曰："昔王莽之败，豪桀并起以争神器，才智之士思望所归，未必以其势之广狭，惟其德之薄厚也。于时更始、公孙述等多已广大，然莫不快情恣欲，怠于为善。世祖初入河北，冯异等劝之曰：'当行人所不能为者。'遂务理冤狱，崇节俭，北州歌叹，声布四远。于是邓禹自南阳追之，吴汉、寇恂素未之识，举兵助之。其馀望风慕德，邳肜、耿纯、刘植之徒，至于舆病赍棺，襁负而至，不可胜数，故能以弱为强而成帝业。及在洛阳，尝欲小出，铫期进谏，即时还车。及颍川盗起，寇恂请世祖身往临贼，闻言即行。故非急务，欲小出不敢；至于急务，欲自安不为。帝者之欲善如此！故《传》曰：'百姓不

当初,诸葛亮做丞相的时候,有人批评他吝惜实行大赦,诸葛亮回绝说:"治理国家要靠大的德政,而不靠小恩小惠,因此汉代的贤臣匡衡、吴汉不愿实行大赦政策。先帝也曾说过:'我与陈元方、郑康成在一起时,常常听他们给我讲述治国之道,但是竟没有一次讲到过赦免政策。像刘表、刘琮父子那样,每年都实行大赦,对于治国又有什么好处?'"因此蜀人称赞诸葛亮的贤明,而知道费祎是比不上他的。

　　陈寿评论道:诸葛亮治理国政,曾多次发兵征战,但特赦令却不轻易下达,这难道不是很有远见卓识吗?

5　吴国人认为大钱不方便,于是停止使用它。

6　汉主刘禅任命凉州刺史姜维为卫将军,与大将军费祎一起总领尚书事务。汶山郡平康县的夷人反叛,姜维率军去讨伐,平定了叛乱。

汉主经常外出游乐观览,越来越沉湎于歌舞享乐之中。太子家令、巴西郡人谯周上疏进谏说:"从前王莽失败之时,天下豪杰群起争夺帝位,有才德有智慧的人士所希望归附的人,未必是考虑他势力的大小,而主要是考虑他仁德的厚薄。当时刘玄、公孙述等人的势力大多已比较壮大,但他们一个个都纵欲无度尽情享乐,而不愿意为百姓多行善事。世祖刘秀初入河北的时候,冯异等人劝勉他说:'您应当多做别人所不能做的事。'于是他尽心治理冤狱,崇尚节俭,北部州县到处都为他歌功颂德,他的名声鹊起,很快就传遍了四方。于是邓禹从南阳赶来追随他,吴汉、寇恂与他素不相识,也发兵来帮助他。其馀的人,如邳肜、耿纯、刘植等,也都望风而仰慕他的仁德,至于抱病登车,带着棺木、背负着孩子而赶来投奔的人,更是数不胜数,因此他能由弱到强而最终成就了帝王之业。他住在洛阳时,有一次曾想出宫门到近处去游览一下,铫期进谏劝阻,他立刻就驱车返回了。而当颍川盗贼作乱时,寇恂请求让他亲自率兵临敌,他二话没说立即就动身出发了。因此,没有紧急事务,想随便出去走走他也不敢,而遇到紧急事务,想让他放手不管他也不肯。帝王想要成就事业,就应如此! 所以《传》上说:'百姓不会

徒附',诚以德先之也。今汉遭厄运,天下三分,雄哲之士思望之时也,臣愿陛下复行人所不能为者以副人望!且承事宗庙,所以率民尊上也。今四时之祀或有不临,而池苑之观或有仍出,臣之愚滞,私不自安。夫忧责在身者,不暇尽乐,先帝之志,堂构未成,诚非尽乐之时。愿省减乐官、后宫,凡所增造,但奉修先帝所施,下为子孙节俭之教。"汉主不听。

八年(丁卯,247)

1　春,正月,吴全琮卒。

2　二月,日有食之。

时尚书何晏等朋附曹爽,好变改法度。太尉蒋济上疏曰:"昔大舜佐治,戒在比周;周公辅政,慎于其朋。夫为国法度,惟命世大才,乃能张其纲维以垂于后,岂中下之吏所宜改易哉!终无益于治,适足伤民。宜使文武之臣,各守其职,率以清平,则和气祥瑞可感而致也!"

3　吴主诏徙武昌宫材瓦缮修建业宫。有司奏言:"武昌宫已二十八岁,恐不堪用,宜下所在,通更伐致。"吴主曰:"大禹以卑宫为美。今军事未已,所在赋敛,若更通伐,妨损农桑,徙武昌材瓦,自可用也。"乃徙居南宫。三月,改作太初宫,令诸将及州郡皆义作。

平白无故地拥护你',必须把仁德放在首位才能得到百姓的拥护。当今汉朝正遭受厄运,天下分裂,鼎足而三,豪杰明智之人此时正盼望着贤明的君主来统一天下,我希望陛下您能再像先帝那样,做别人所不能做的事,以实现人们对您的期望!主持宗庙祭祀,是为了率领人民尊奉先祖的大事。但是如今举行四时祭祀您有时并不亲临主待,却时常到池塘园林去游玩观览,我这个愚笨迟钝之人,暗自为此忧虑不安。那些肩负天下之责的人,没有闲暇尽情享乐,如今先帝的志向、遗业还没有实现,实在不是尽情享乐的时候,我希望您能够减免乐官、后宫之数,凡是需要增加建造的东西,只可遵照奉行先帝所设置的规模办理,为后世子孙树立一个节俭的典范。"但汉主不听谯周的劝告。

魏邵陵厉公正始八年(丁卯,公元247年)

1 春季,正月,吴国的全琮去世。

2 二月,发生日食。

此时魏国尚书何晏等人勾结依附于曹爽,喜好更改国家的法规制度。太尉蒋济上疏说:"古时大舜辅佐唐尧治国,以结党营私为戒;周公协助成王理政,对结交朋党也极为慎重。国家的法度,只有那些著名于世的伟大人才,才能施行其纲领而留传于后世,岂是中下等官吏所能随便改变的?而且更改国家法度最终不仅无益于治理国家,却反而足以伤害人民。所以应该让文武大臣们,恪守各自的职责,都能做到清廉公正,那么平和之气、吉祥符瑞就可以受到感应而降临了!"

3 吴主诏令拆运武昌宫的砖瓦木材用来修缮建业宫。有关官吏禀告说:"武昌宫至今已有二十八年,其砖木破旧恐怕已不适宜再用,应该向下面的州县去要,从全国各地砍伐木材运来。"吴主说:"古时大禹以简陋的宫室为美,我也应该如此。如今战事连绵不断,向全国各地征收赋税,如果再让各地砍伐木材,就会妨害损伤农林生产,武昌宫的旧砖木运过来,还是可以使用的。"于是迁居南宫。三月,改建太初宫,命令各个将领及各州郡官长都来义务协助建造。

4　大将军爽用何晏、邓飏、丁谧之谋，迁太后于永宁宫，专擅朝政，多树亲党，屡改制度。太傅懿不能禁，与爽有隙。五月，懿始称疾，不与政事。

5　吴丞相步骘卒。

6　帝好亵近群小，游宴后园。秋，七月，尚书何晏上言：“自今御幸式乾殿及游豫后园，宜皆从大臣，询谋政事，讲论经义，为万世法。”冬，十二月，散骑常侍、谏议大夫孔乂上言：“今天下已平，陛下可绝后园习骑乘马，出必御辇乘车，天下之福，臣子之愿也。”帝皆不听。

7　吴主大发众集建业，扬声欲入寇。扬州刺史诸葛诞使安丰太守王基策之。基曰：“今陆逊等已死，孙权年老，内无贤嗣，中无谋主。权自出则惧内衅卒起，痈疽发溃；遣将则旧将已尽，新将未信。此不过欲补绽支党，还自保护耳。”已而吴果不出。

8　是岁，雍、凉羌胡叛降汉，汉姜维将兵出陇右以应之，与雍州刺史郭淮、讨蜀护军夏侯霸战于洮西。胡王白虎文、治无戴等率部落降维，维徙之入蜀。淮进击羌胡馀党，皆平之。

九年(戊辰，248)

1　春，二月，中书令孙资，癸巳，中书监刘放，三月甲午，司徒卫臻各逊位，以侯就第，位特进。

2　夏，四月，以司空高柔为司徒，光禄大夫徐邈为司空。邈叹曰：“三公论道之官，无其人则缺，岂可以老病忝之哉！”遂固辞不受。

4　大将军曹爽采纳何晏、邓飏、丁谧的计谋,把太后迁居到永宁宫,并独揽朝政大权,广泛地提拔亲戚党羽,多次更改制度。太傅司马懿不能禁止,就与曹爽产生了矛盾。五月,司马懿开始称病,不上朝参与政事。

5　吴国丞相步骘去世。

6　魏帝喜好宠幸亲近一群小人,在后园游乐饮宴。秋季,七月,尚书何晏上疏说:"从今以后皇帝到式乾殿或者到后园游乐时,应该都有大臣跟随,以便询问商量政事,讲解讨论经书大义,并为世世代代所效法。"冬季,十二月,散骑常侍、谏议大夫孔乂上疏说:"如今天下已经太平,陛下可以不必再到后园学习骑术,外出一定要乘坐辇车,这是天下之福,也是臣子的愿望。"魏帝都没有听从他们的意见。

7　吴主发重兵集中在建业,并扬言要入侵魏国。扬州刺史诸葛诞得到消息后,让安丰太守王基出谋划策。王基说:"如今陆逊等人已死,孙权也已年老,内无贤良的继承人,朝中又无主谋之人。孙权若亲自领兵出征,则惧怕内乱像痈疽溃烂那样突然爆发;若派遣将领出征,则旧将领已经死光,而新将领又未获得信任。所以这只不过是想整顿内部,加强自我保护的措施而已。"过些时候,吴国果然没有出兵。

8　这一年,雍州、凉州的羌、胡族人背叛魏国投降蜀汉,汉将姜维领兵出陇右来接应他们,与雍州刺史郭淮、讨蜀护军夏侯霸在洮西展开战斗。胡人首领白虎文、治无戴等人率部投降了姜维,姜维把他们迁徙到蜀国境内。郭淮向羌胡馀党进攻,全部平定了叛乱。

魏邵陵厉公正始九年(戊辰,公元248年)

1　春季,二月,中书令孙资;癸巳(三十日),中书监刘放;三月甲午(初一),司徒卫臻各自退位,都赐以侯爵退居归家,地位大为提高。

2　夏季,四月,任命司空高柔为司徒,光禄大夫徐邈为司空。徐邈感叹地说:"三公是讲论治国大道的官职,没有合适的人选就应虚位以待,怎能让老弱病残之人辱没这个职位呢?"于是就坚决推辞不接受司空之职。

3　五月，汉费祎出屯汉中。自蒋琬及祎，虽身居于外，庆赏刑威，皆遥先谘断，然后乃行。祎雅性谦素，当国功名，略与琬比。

4　秋，九月，以车骑将军王凌为司空。

5　涪陵夷反，汉车骑将军邓芝讨平之。

6　大将军爽，骄奢无度，饮食衣服，拟于乘舆；尚方珍玩，充牣其家；又私取先帝才人以为伎乐。作窟室，绮疏四周，数与其党何晏等纵酒其中。弟羲深以为忧，数涕泣谏止之，爽不听。爽兄弟数俱出游，司农沛国桓范谓曰："总万机，典禁兵，不宜并出，若有闭城门，谁复内入者？"爽曰："谁敢尔邪！"

初，清河、平原争界，八年不能决。冀州刺史孙礼请天府所藏烈祖封平原时图以决之；爽信清河之诉，云图不可用，礼上疏自辨，辞颇刚切。爽大怒，劾礼怨望，结刑五岁。久而复为并州刺史，往见太傅懿，有忿色而无言。懿曰："卿得并州少邪？恚理分界失分乎？"礼曰："何明公言之乖也！礼虽不德，岂以官位往事为意邪！本谓明公齐踪伊、吕，匡辅魏室，上报明帝之托，下建万世之勋。今社稷将危，天下凶凶，此礼之所以不悦也！"因涕泣横流。懿曰："且止，忍不可忍！"

3 五月,蜀汉的费祎出都城屯兵于汉中。蒋琬和费祎,虽然身居于外,但国家的庆典赏赐及刑罚等大事,都先要远远地向他们请教,做出决断,然后才加以实行。费祎性情谦逊朴素,治理国政的功绩名望,大致与蒋琬相当。

4 秋季,九月,任命车骑将军王凌为司空。

5 涪陵的夷人谋反,蜀汉车骑将军邓芝率兵讨伐平定了叛乱。

6 大将军曹爽骄奢无度,饮食衣服,与皇帝相同;尚方官署的珍宝玩好,也充满了他的家;他还私自留用先帝宫中的女官当作歌舞乐妓。他掘开地面建造地下宫室,在四周雕饰了华丽的花纹,并经常与他的党羽何晏等人在里面饮酒作乐。他的弟弟曹羲深深地为此忧虑,多次哭泣着劝阻他别再这样做,但曹爽不听。曹爽兄弟几个经常一起出去游玩,司农、沛国人桓范对他说:"您总理万机,掌管城内禁兵,弟兄们不宜同时出城,如果有人关闭城门,又有谁在城内接应呢?"曹爽说:"谁敢这样做!"

当初,清河、平原二郡争议地界,八年也不能决断。冀州刺史孙礼请求观看天府收藏的魏明帝受封为平原王时的地图加以决断;但曹爽相信清河郡的上诉,说地图不可用,于是孙礼上疏自我申辩,言辞颇为刚硬严厉。曹爽勃然大怒,弹劾孙礼对朝廷心怀不满,判罪五年。过了很久,又改任孙礼为并州刺史,孙礼去看望太傅司马懿时,面露忿然之色却不说话。司马懿说:"你是嫌得到并州地盘小呢?还是怨恨处理分界事务不正确呢?"孙礼说:"为什么您说话这样不合道理?我虽然没有什么德能,难道还把区区官位和过去的事情放在心上吗?我本想说的是您应该追循伊尹、吕尚的足迹,匡正辅佐魏国朝政,上可以报答明帝的嘱托,下可以建立万世的功勋。而如今国家将要遭受危难,天下也动荡不宁,这就是我所以不高兴的原因!"说完他已经悲痛万分,泪流满面了。司马懿劝慰他说:"你先不要悲痛,要学会忍受那些不能够忍受的事情!"

　　冬,河南尹李胜出为荆州刺史,过辞太傅懿。懿令两婢侍。持衣,衣落;指口言渴,婢进粥,懿不持杯而饮,粥皆流出沾胸。胜曰:"众情谓明公旧风发动,何意尊体乃尔!"懿使声气才属,说:"年老枕疾,死在旦夕。君当屈并州,并州近胡,好为之备! 恐不复相见,以子师、昭兄弟为托。"胜曰:"当还忝本州,非并州。"懿乃错乱其辞曰:"君方到并州?"胜复曰:"当忝荆州。"懿曰:"年老意荒,不解君言。今还为本州,盛德壮烈,好建功勋!"胜退,告爽曰:"司马公尸居馀气,形神已离,不足虑矣。"他日,又向爽等垂泣曰:"太傅病不可复济,令人怆然!"故爽等不复设备。

　　何晏闻平原管辂明于术数,请与相见。十二月丙戌,辂往诣晏,晏与之论《易》。时邓飏在坐,谓辂曰:"君自谓善《易》,而语初不及《易》中辞义,何也?"辂曰:"夫善《易》者不言《易》也。"晏含笑赞之曰:"可谓要言不烦也!"因谓辂曰:"试为作一卦,知位当至三公不?"又问:"连梦见青蝇数十,来集鼻上,驱之不去,何也?"辂曰:"昔元、凯辅舜,周公佐周,皆以和惠谦恭,享有多福,此非卜筮所能明也。今君侯位尊势重,而怀德者鲜,畏威者众,殆非小心求福之道也。又,鼻者天中之山,'高而不危,所以长守贵',今青蝇臭恶而集之,位峻者颠,轻豪者亡,不可不深思也! 愿君侯裒多益寡,非礼不履,然后三公可至,青蝇可驱也。"飏曰:"此老生之常谭。"辂曰:"夫老生者见不生,常谭者见不谭。"辂还邑舍,具以语其舅,舅责辂言太切至。辂曰:"与死人语,何所畏邪!"舅大怒,以辂为狂。

冬季,河南令尹李胜出任荆州刺史,到太傅司马懿家去辞行。司马懿让两个婢女搀扶着出来接见。拿着衣服,衣服掉地上;指着嘴说口渴,婢女端来了粥,司马懿拿不动碗,就由婢女端着喝,粥从嘴边流出,沾满了前胸。李胜说:"大家都说您的中风旧病复发,没想到您的身体竟这样糟!"司马懿假装气喘吁吁地说:"我年老体弱卧病不起,不久就要死了。你屈就并州刺史,并州靠近胡地,要很好地加强戒备! 恐怕我们不能再见面了,我把我的儿子司马师和司马昭兄弟托付给你。"李胜说:"我是回去愧居家乡的州官,不是并州。"司马懿装聋作哑,故意打岔说:"你刚刚到过并州?"李胜又说:"是愧居荆州。"司马懿说:"我年老耳聋思绪迷乱,没听明白你的话。如今你回到家乡,正好轰轰烈烈地大展德才建立功勋。"李胜告退后,禀告曹爽说:"司马公躯体虽在,却仅有一息尚存,形体与精神已经分离,离死不远,不足以忧虑了。"过了几天,他又流着泪向曹爽等人说:"太傅的病体不能再复元了,实在令人悲伤。"因此曹爽等人不再对司马懿加以戒备。

　　何晏听说平原郡的管辂精通占卜之术,就请求与他相见。十二月丙戌(二十八日),管辂去拜访何晏,何晏和他讨论《周易》。当时邓飏也在座,他对管辂说:"您自己说善于研究《周易》,但谈话时却不说到《周易》中辞义,这是为什么?"管辂说:"善于《周易》的人是不说《周易》的。"何晏含笑称赞他说:"这话可真是要言不烦啊!"于是又对管辂说:"请为我试卜一卦,看我的地位能否达到三公?"又问道:"连日来我总梦见数十只青蝇落在鼻子上,赶都赶不走,这是怎么回事呢?"管辂说:"古代八元、八凯辅佐虞舜,周公辅佐成王,都因其温和仁厚谦虚恭敬而多福多寿,这不是卜筮所能决定的。如今您地位尊贵权势很大,但人们感念您恩德的少,而畏惧您威势的多,这恐怕不是小心求福之道。另外,鼻子是天中之山,《孝经》说:'居高位而不危倾,就可以长久地守住尊贵之位。'如今梦见青蝇这种污秽的东西集聚在您的鼻子上,这就是说地位高者将要倾覆,轻佻奢侈者将要灭亡,您不能不深入地想一想了! 希望您削减多的,补充不足,不合礼的事不要去干,这样三公的地位就可以达到,青蝇也可以被驱赶走了。"邓飏说:"你这是老生常谈。"管辂说:"但老生者却见到不生,常谈者却见到不谈。"管辂回到家中,把这些都告诉了他舅舅,其舅责怪管辂说话太直切露骨。管辂说:"和死人说话,还有什么可畏惧的!"其舅勃然大怒,认为管辂太狂傲。

7　吴交趾、九真夷贼攻没城邑,交部骚动。吴主以衡阳督军都尉陆胤为交州刺史、安南校尉。胤入境,喻以恩信,降者五万馀家,州境复清。

8　太傅懿阴与其子中护军师、散骑常侍昭谋诛曹爽。

嘉平元年(己巳,249)

1　春,正月甲午,帝谒高平陵,大将军爽与弟中领军羲、武卫将军训、散骑常侍彦皆从。太傅懿以皇太后令,闭诸城门,勒兵据武库,授兵出屯洛水浮桥,召司徒高柔假节行大将军事,据爽营;太仆王观行中领军事,据羲营。因奏爽罪恶于帝曰:"臣昔从辽东还,先帝诏陛下、秦王及臣升御床,把臣臂,深以后事为念。臣言:'太祖、高祖亦属臣以后事,此自陛下所见,无所忧苦。万一有不如意,臣当以死奉明诏。'今大将军爽,背弃顾命,败乱国典,内则僭拟,外则专权,破坏诸营,尽据禁兵,群官要职,皆置所亲,殿中宿卫,易以私人,根据盘互,纵恣日甚。又以黄门张当为都监,伺察至尊,离间二宫,伤害骨肉,天下汹汹,人怀危惧。陛下便为寄坐,岂得久安!此非先帝诏陛下及臣升御床之本意也。臣虽朽迈,敢忘往言!太尉臣济等皆以爽为有无君之心,兄弟不宜典兵宿卫,奏永宁宫,皇太后令敕臣如奏施行。臣辄敕主者及黄门令:'罢爽、羲、训吏兵,以侯就第,不得逗留,以稽车驾;敢有稽留,便以军法从事!'臣辄力疾将兵屯洛水浮桥,伺察非常。"爽得懿奏事,不通;迫窘不知所为,留车驾宿伊水南,伐木为鹿角,发屯田兵数千人以为卫。

7 吴国交趾、九真的夷人造反,攻陷了城镇,整个交州地区也都骚动不安。吴国君主任命衡阳督军都尉陆胤为交州刺史和安南校尉。陆胤进入交州境内,广施恩惠和诚信,结果投降者有五万馀家,交州境内又恢复了太平。

8 太傅司马懿暗地里和他的儿子中护军司马师、散骑常侍司马昭密谋诛杀曹爽。

魏邵陵厉公嘉平元年(己巳,公元 249 年)

1 春季,正月甲午(初六),曹魏皇帝祭扫高平陵,大将军曹爽和他的弟弟中领军曹羲、武卫将军曹训、散骑常侍曹彦等都随侍同行。太傅司马懿以皇太后名义下令,关闭了各个城门,率兵占据了武库,并派兵出城据守洛水浮桥,命令司徒高柔持节代理大将军职事,占据曹爽营地;太仆王观为代理中领军职事,占据曹羲营地。然后向曹魏皇帝禀奏曹爽的罪恶说:"我过去从辽东回来时,先帝诏令陛下、秦王和我到御床跟前,拉着我的手臂,深为后事忧虑。我说道:'太祖、高祖也曾把后事嘱托给我,这是陛下您亲眼见到的,没有什么可忧虑烦恼的。万一发生什么不如意的事,我当誓死执行您的诏令。'如今大将军曹爽,背弃先帝的遗诏,败坏扰乱国家的制度,在朝内则超越本分自比君主,在外部则专横跋扈独揽大权,破坏各个军营的编制,完全把持了皇帝的亲兵,各种重要官职,都安置他的亲信担任,皇宫的警卫军队,也都换上了他自己的人,这些人相互勾结盘踞在一起,恣意妄为日甚一日。曹爽又派宦官黄门张当担任都监,侦察陛下的情况,挑拨离间东西两宫的关系,伤害骨肉之情,天下动荡不安,人人心怀畏惧。这种形势下,陛下也只是暂时寄居天子之位,岂能长治久安! 这绝不是先帝诏令陛下和我到御床前谈话的本意。我虽老朽不堪,怎敢忘记以前说的话? 太尉蒋济等人也都认为曹爽有篡夺君位之心,他们兄弟不宜掌管军事担任皇家侍卫,我把这些意见上奏皇太后,皇太后命令我按照奏章所言施行。我已擅自做主告诫主管人及黄门令说:'免去曹爽、曹羲、曹训的官职兵权,以侯爵的身份退职归家,不得逗留而延滞陛下车驾,如敢于延滞车驾,就以军法处置!'我还擅自做主勉力支撑病体率兵驻扎在洛水浮桥,侦察非常情况。"曹爽得到司马懿的奏章,没有通报魏帝;但惶急窘迫不知所措,于是就把魏帝车驾留宿于伊水之南,伐木构筑了防卫工事,并调遣了数千名屯田兵士为护卫。

　　懿使侍中高阳许允及尚书陈泰说爽,宜早自归罪;又使爽所信殿中校尉尹大目谓爽,唯免官而已,以洛水为誓。泰,群之子也。

　　初,爽以桓范乡里老宿,于九卿中特礼之,然不甚亲也。及懿起兵,以太后令召范,欲使行中领军。范欲应命,其子止之曰:"车驾在外,不如南出。"范乃出。至平昌城门,城门已闭。门候司蕃,故范举吏也,范举手中版示之,矫曰:"有诏召我,卿促开门!"蕃欲求见诏书,范呵之曰:"卿非我故吏邪,何以敢尔?"乃开之。范出城,顾谓蕃曰:"太傅图逆,卿从我去!"蕃徒行不能及,遂避侧。懿谓蒋济曰:"智囊往矣!"济曰:"范则智矣,然驽马恋栈豆,爽必不能用也。"

　　范至,劝爽兄弟以天子诣许昌,发四方兵以自辅。爽疑未决,范谓羲曰:"此事昭然,卿用读书何为邪! 于今日卿等门户,求贫贱复可得乎! 且匹夫质一人,尚欲望活,卿与天子相随,令于天下,谁敢不应也!"俱不言。范又谓羲曰:"卿别营近在阙南,洛阳典农治在城外,呼召如意。今诣许昌,不过中宿,许昌别库,足相被假,所忧当在谷食,而大司农印章在我身。"羲兄弟默然不从,自甲夜至五鼓,爽乃投刀于地曰:"我亦不失作富家翁!"范哭曰:"曹子丹佳人,生汝兄弟,犊犊耳! 何图今日坐汝等族灭也!"

司马懿派遣侍中、高阳人许允和尚书陈泰去劝说曹爽,告诉他应该尽早归降认罪;又派曹爽所信任的殿中校尉尹大目去告诉曹爽,只是免去他的官职而已,并指着洛水发了誓。陈泰是陈群之子。

当初,曹爽因桓范是他同乡年长的故旧,所以在九卿之中对桓范特别加以礼遇,但关系不太亲近。司马懿起兵时,以太后的名义下令,想要让桓范担任中领军之职。桓范打算接受任命,但他的儿子劝阻他说:"皇帝的车驾在外,您不如出南门去投奔。"于是桓范就离城出走。走到平昌城门时,城门已经关闭。守门将领司蕃是桓范过去提拔的官吏,桓范把手中的版牒向他一亮,谎称说:"有诏书召我前往,请你快点开门。"司蕃想要亲眼看看诏书,桓范大声呵斥说:"你难道不是我过去手下的官吏吗? 怎敢如此对我!"司蕃只好打开城门。桓范出城以后,回过头来对司蕃说:"太傅图谋叛逆,你还是跟我走吧!"司蕃步行追赶不及,只好在道旁躲避。司马懿得知后对蒋济说:"曹爽的智囊去了!"蒋济说:"桓范是很有智谋的,但曹爽就像劣马贪恋马房的草料一样,因顾恋他的家室而不能作长远打算,所以必然不能采纳桓范的计谋。"

桓范到了之后,劝说曹爽兄弟把天子挟持到许昌,然后调集四方兵力辅助自己。曹爽仍犹豫不决,桓范就对曹羲说:"这件事明摆着只能如此办理,真不知你读书是干什么用的! 在今天的形势下,像你们这样门第的人想要求得贫贱平安的日子还可能吗? 而且普通百姓有一人被劫做人质,人们尚且希望他能存活,何况你们与天子在一起,挟天子以令天下,谁敢不从!"他们都默然不语。桓范又对曹羲说:"你的中领军别营近在城南,洛阳典农的治所也在城外,你可随意召唤调遣他们。如今到许昌去,不过两天两夜的路程,许昌的武器库,也足以武装军队,我们所忧虑的当是粮食问题,但大司农的印章在我身上,可以签发征调。"然而曹羲兄弟却默然不动,从初夜一直坐到五更。曹爽忽然把刀扔在地上说:"即使投降,我仍然不失为富贵人家!"桓范悲痛地哭泣道:"曹子丹这样的伟人,却生下你们这群如猪如牛的兄弟! 没想到今日受你们的连累要灭门九族了!"

爽乃通懿奏事，白帝下诏免己官，奉帝还宫。爽兄弟归家，懿发洛阳吏卒围守之；四角作高楼，令人在楼上察视爽兄弟举动。爽挟弹到后园中，楼上便唱言："故大将军东南行！"爽愁闷不知为计。

戊戌，有司奏："黄门张当私以所择才人与爽，疑有奸。"收当付廷尉考实，辞云："爽与尚书何晏、邓飏、丁谧、司隶校尉毕轨、荆州刺史李胜等阴谋反逆，须三月中发。"于是收爽、羲、训、晏、飏、谧、轨、胜并桓范皆下狱，劾以大逆不道，与张当俱夷三族。

初，爽之出也，司马鲁芝留在府，闻有变，将营骑斫津门出赴爽。及爽解印绶，将出，主薄杨综止之曰："公挟主握权，舍此以至东市乎？"有司奏收芝、综治罪，太傅懿曰："彼各为其主也。宥之。"顷之，以芝为御史中丞，综为尚书郎。

鲁芝将出，呼参军辛敞欲与俱去。敞，毗之子也，其姊宪英为太常羊耽妻，敞与之谋曰："天子在外，太傅闭城门，人云将不利国家，于事可得尔乎？"宪英曰："以吾度之，太傅此举，不过以诛曹爽耳。"敞曰："然则事就乎？"宪英曰："得无殆就！爽之才非太傅之偶也。"敞曰："然则敞可以无出乎？"宪英曰："安可以不出！职守，人之大义也。凡人在难，犹或恤之；为人执鞭而弃其事，不祥莫大焉。且为人任，为人死，亲昵之职也，从众而已。"敞遂出。事定之后，敞叹曰："吾不谋于姊，几不获于义！"

于是曹爽向魏帝通报了司马懿上奏的事,告诉魏帝下诏书免除自己的官职,并侍奉皇帝回宫。曹爽兄弟回家以后,司马懿派洛阳的兵士包围了曹府并日夜看守;府宅的四角搭起了高楼,派人在楼上监视曹爽兄弟的举动。曹爽若是挟着弹弓到后园去,楼上的人就高声叫喊:"故大将军向东南去了。"弄得曹爽愁闷不已,不知如何是好。

戊戌(初十),有关部门奏告:"黄门张当私自把选择的才人送给曹爽,怀疑他们之间有不可告人的勾当。"于是逮捕了张当,交廷尉讯问查实,张当交待说:"曹爽与尚书何晏、邓飏、丁谧,司隶校尉毕轨,荆州刺史李胜等人阴谋反叛,等到三月中旬起事。"于是把曹爽、曹羲、曹训、何晏、邓飏、丁谧、毕轨、李胜以及桓范等人都逮捕入狱,以大逆不道罪上奏朝廷,并与张当一起都被杀灭三族。

当初,曹爽出城之时,司马鲁芝留在府中,后听说发生变乱,就率领军营骑兵砍开津门,出城投奔曹爽。等到曹爽将要出门交出官印之时,主簿杨综劝止他说:"您挟天子握重权,交出官印是想要被诛杀于东市吗?"有关部门奏告要逮捕鲁芝、杨综治罪,太傅司马懿说:"他们也是各为其主,宽恕他们吧。"不久,任命鲁芝为御史中丞,杨综为尚书郎。

当初鲁芝将要出城之时,呼唤参军辛敞,想让他与自己同去。辛敞是辛毗之子,辛敞的姐姐辛宪英是太常羊耽之妻,辛敞与姐姐商量说:"天子在外,太傅关闭了城门,人都说这将不利于国家,干事情能这样吗?"宪英说:"以我看来,太傅的这个举动,不过是想诛杀曹爽而已。"辛敞说:"那么事情能成功吗?"宪英说:"不是已经接近成功了吗?曹爽的才能是不能与太傅相比的。"辛敞说:"那么我可以不必出城了?"宪英说:"怎么可以不出去呢?忠于职守,是人之大义所在。一般人遇到危难,尚且需要救助,何况你的上司呢?这就好比为人执鞭驾车而突然撒手不管一样,没有比这更凶险的事了。再说为人承担责任,为人去死,这是亲信宠爱之人的职责,你只要随大流就可以了。"于是辛敞跟随出城而去。事情平定之后。辛敞感叹地说:"如果我不与姐姐商量,几乎得不到讲义气的名声。"

先是，爽辟王沈及太山羊祜，沈劝祜应命。祜曰："委质事人，复何容易！"沈遂行。及爽败，沈以故吏免，乃谓祜曰："吾不忘卿前语。"祜曰："此非始虑所及也！"

爽从弟文叔妻夏侯令女，早寡而无子，其父文宁欲嫁之；令女刀截两耳以自誓，居常依爽。爽诛，其家上书绝昏，强迎以归，复将嫁之；令女窃入寝室，引刀自断其鼻，其家惊惋，谓之曰："人生世间，如轻尘栖弱草耳，何至自苦乃尔！且夫家夷灭已尽，守此欲谁为哉！"令女曰："吾闻仁者不以盛衰改节，义者不以存亡易心。曹氏前盛之时，尚欲保终，况今衰亡，何忍弃之！此禽兽之行，吾岂为乎！"司马懿闻而贤之，听使乞子字养为曹氏后。

何晏等方用事，自以为一时才杰，人莫能及。晏尝为名士品目曰："'唯深也故能通天下之志'，夏侯泰初是也。'唯几也故能成天下之务'，司马子元是也。'唯神也不疾而速，不行而至'，吾闻其语，未见其人。"盖欲以神况诸己也。

选部郎刘陶，晔之子也，少有口辩，邓飏之徒称之以为伊、吕。陶尝谓傅玄曰："仲尼不圣。何以知之？智者于群愚，如弄一丸于掌中；而不能得天下，何以为圣！"玄不复难，但语之曰："天下之变无常也，今见卿穷。"及曹爽败，陶退居里舍，乃谢其言之过。

先前，曹爽征聘王沈和太山人羊祜为官，王沈劝羊祜应召。羊祜说："委身效命追随主人，又岂是一件容易事！"结果王沈一人去了。等到曹爽失败，王沈因为是旧臣才得以免罪，于是他对羊祜说："我永远不会忘记你从前说的话。"羊祜说："这件事不是我当初所能想到的！"

曹爽堂弟曹文叔之妻夏侯令女，早年守寡而无子，其父夏侯文宁想让她改嫁，夏侯令女用刀割下两耳以示誓死不嫁，平时居家度日常常依靠曹爽。曹爽被诛后，夏侯家上书断绝婚约，并强行把夏侯令女接回家，将让她改嫁；夏侯令女悄悄进入寝室，又用刀自己割断了鼻子，其家人十分惊愕惋惜，对她说："人生在世，就如同轻轻的尘土栖息在柔弱的草上而已，你何必这样自讨苦吃呢？而且你丈夫家人已被杀尽，你苦守着到底是为了谁呀？"夏侯令女回答说："我听说过，仁人不会因盛衰而改变节操，义士也不会因存亡而改变其心。曹家以前兴盛之时，我尚且想终生守节，何况如今衰亡了，我怎么忍心抛弃它？这是禽兽的行为，我岂能这样做！"司马懿听说后，很称赞她的贤德，于是就听任她收养了儿子作为曹家的后代。

何晏等人刚刚当政时，自以为是当时的杰出人才，没有人能比得上。何晏曾经对名士加以品评说："'唯其深刻，所以能通天下之志'，夏侯泰初就是如此。'唯其细致入微，所以能成天下之事'，司马子元就是如此。'唯其神妙，所以不显迅疾而速度极快，不见行而已到达'，我只听说过这样的话，但未见如此之人。"何晏是想以神来比拟自己。

选部郎刘陶是刘晔之子，从小就有辩才，邓飏等人称颂他可比伊尹、吕尚。刘陶曾对傅玄说："孔子不是圣人。何以知道呢？因为智者对付愚蠢之人，就如同在掌中玩弄一个弹丸；而孔子竟不能得天下而为天子，怎能称作圣人！"傅玄不再与他辩论，只对他说："天下形势变化无常，如今可以看到你将穷困不堪。"等到曹爽失败，刘陶罢官退居家中，才承认自己言语的错误。

管辂之舅谓辂曰："尔前何以知何、邓之败？"辂曰："邓之行步，筋不束骨，脉不制肉，起立倾倚，若无手足，此为鬼躁；何之视候则魂不守宅，血不华色，精爽烟浮，容若槁木，此为鬼幽；二者皆非遐福之象也。"

何晏性自喜，粉白不去手，行步顾影。尤好老、庄之书，与夏侯玄、荀粲及山阳王弼之徒，竞为清谈，祖尚虚无，谓《六经》为圣人糟粕。由是天下士大夫争慕效之，遂成风流，不可复制焉。粲，彧之子也。

2　丙午，大赦。

3　丁未，以太傅懿为丞相，加九锡，懿固辞不受。

4　初，右将军夏侯霸为曹爽所厚，以其父渊死于蜀，常切齿有报仇之志，为讨蜀护军，屯于陇西，统属征西。征西将军夏侯玄，霸之从子，爽之外弟也。爽既诛，司马懿召玄诣京师，以雍州刺史郭淮代之。霸素与淮不叶，以为祸必相及，大惧，遂奔汉。汉主谓曰："卿父自遇害于行间耳，非我先人之手刃也。"遇之甚厚。姜维问于霸曰："司马懿既得彼政，当复有征伐之志不？"霸曰："彼方营立家门，未遑外事。有锺士季者，其人虽少，若管朝政，吴、蜀之忧也。"士季者，锺繇之子尚书郎会也。

5　三月，吴左大司马朱然卒。然长不盈七尺，气候分明，内行修洁。终日钦钦，若在战场，临急胆定，过绝于人。虽世无事，每朝夕严鼓，兵在营者，咸行装就队。以此玩敌，使不知所备，故出辄有功。然寝疾增笃，吴主昼为减膳，夜为不寐，中使医药口食之物，相望于道。然每遣使表疾病消息，吴主辄召见，口自问讯，入赐酒食，出赐布帛。及卒，吴主为之哀恸。

管辂的舅舅对管辂说:"你以前是如何知道何晏、邓飏必败的?"管辂说:"邓飏在行路时,筋不能约束骨头,脉不能控制肌肉,站立起来歪歪斜斜,好像没有手脚的样子,这就叫鬼躁;何晏看上去的样子就是魂不守舍,面无血色,精神像飘浮的烟一样绵软不振,面容则像枯槁的木头,这就叫鬼幽;这二者都不是有久远之福的征象。"

何晏生性喜好打扮自己,搽脸的白粉从不离手,走路也顾影自怜。他尤其喜好老、庄之书,与夏侯玄、荀粲以及山阳人王弼等人竞谈清玄之理,崇尚虚无之论,说《六经》是圣人的糟粕。从此以后天下的士大夫争相美慕而仿效他们,终于形成一时之风气,不可遏制。荀粲是荀彧之子。

2 丙午(十八日),实行大赦。

3 丁未(十九日),任命太傅司马懿为丞相,赐九锡,司马懿坚决推辞不受。

4 当初,右将军夏侯霸受到曹爽厚遇,因他父亲夏侯渊死于蜀,所以常常咬牙切齿立志报仇雪恨,担任讨蜀护军,驻扎在陇西,属于征西将军所统率。征西将军夏侯玄,是夏侯霸的侄子,曹爽的表弟。曹爽被诛以后,司马懿召夏侯玄回京城,让雍州刺史郭淮代替他的职位。夏侯霸平素与郭淮不和,认为此番必然祸害及身,十分害怕,所以就逃奔到蜀汉。蜀汉君主对他说:"你的父亲是自己在军队行列之间遇害的,不是我的先辈杀死的。"然后给予他十分优厚的待遇。姜维问夏侯霸:"司马懿既已把持魏国朝政,你看他会不会有征伐别国的企图?"夏侯霸说:"他正在经营整理内部事务,还顾不上对外征伐。但有一个叫钟士季的人,年纪虽轻,如果管理朝政,将是吴、蜀两国的忧患。"钟士季,就是钟繇的儿子尚书郎钟会。

5 三月,吴国左大司马朱然去世。朱然高不满七尺,但性格开朗仪态大方,很注重自我身心道德的修养。每天都恭谨尽职不敢懈怠,常常好像在战场上一样,遇到紧急情况,意定神闲,胆力过人。虽然没有战事,但每天早晚都要擂鼓,听到鼓声,军营的士兵都立即整好行装列队集合。他用这个办法迷惑敌人,使敌人不知该不该戒备,所以每次出战都会取得胜利。朱然卧病不起日益严重,东吴君主为此白天吃不下饭,晚上睡不着觉,并不断地派宦官为朱然送医送药送食物。朱然每次派人报告疾病消息,吴主就立即召见,亲自问讯,报信的人来时赐以酒食,走时赐以衣帛。朱然去世时,吴主极其悲痛。

6 夏,四月乙丑,改元。

7 曹爽之在伊南也,昌陵景侯蒋济与之书,言太傅之旨,不过免官而已。爽诛,济进封都乡侯,上疏固辞,不许。济病其言之失,遂发病,丙子,卒。

8 秋,汉卫将军姜维寇雍州,依麹山筑二城,使牙门将句安、李歆等守之,聚羌胡质任,侵逼诸郡;征西将军郭淮与雍州刺史陈泰御之。泰曰:"麹城虽固,去蜀险远,当须运粮;羌夷患维劳役,必未肯附。今围而取之,可不血刃而拔其城;虽其有救,山道阻险,非行兵之地也。"淮乃使泰率讨蜀护军徐质、南安太守邓艾进兵围麹城,断其运道及城外流水。安等挑战,不许,将士困窘,分粮聚雪以引日月。维引兵救之,出自牛头山,与泰相对。泰曰:"兵法贵在不战而屈人。今绝牛头,维无反道,则我之禽也。"敕诸军各坚垒勿与战,遣使白淮,使淮趣牛头截其还路。淮从之,进军洮水。维惧,遁走,安等孤绝,遂降。淮因西击诸羌。

邓艾曰:"贼去未远,或能复还,宜分诸军以备不虞。"于是留艾屯白水北。三日,维遣其将廖化自白水南向艾结营。艾谓诸将:"维今卒还,吾军人少,法当来渡;而不作桥,此维使化持吾令不得还,维必自东袭取洮城。"洮城在水北,去艾屯六十里,艾即夜潜军径到;维果来渡,而艾先至据城,得以不败。汉军遂还。

6 夏季,四月乙丑(初八),魏国改年号为嘉平。

7 曹爽在伊水之南时,昌陵景侯蒋济曾给他写信,说太傅的意思,只不过是想免去他的官职而已。曹爽被诛之后,晋封蒋济为都乡侯,他上疏坚决推辞,但未被批准。蒋济恨自己失言于曹爽,忧郁成疾,终于在丙子(十九日)去世。

8 秋季,蜀汉的卫将军姜维进犯雍州,依傍麴山建筑两座城,派牙门将句安、李歆等人驻守,并聚集羌胡人为人质,进犯侵逼各个郡;征西将军郭淮和雍州刺史陈泰进行抵御。陈泰说:“麴城虽然坚固,但离蜀国路途遥远而险阻,当会需要运送粮食;羌人怕姜维的劳役繁重,必然不肯依附他。如今围攻夺取麴城,用不着厮杀流血就可以攻克;他们虽有救兵,但山道险阻,不是行军打仗之地。”于是郭淮派陈泰率领讨蜀护军徐质、南安太守邓艾进兵包围了麴城,切断了运输道路和城外流水。句安等人出城挑战,陈泰却按兵不动,城内将士困窘不堪,仅靠分配的粮食和聚集起来的雪水度日。姜维率兵前来救援,出了牛头山就与陈泰的军队相遇。陈泰说:“用兵之法贵在不战而使人屈服。如今扼守牛头山,姜维没有了退路,就会成为我们的笼中之鸟了。”于是命令诸军各自坚守营垒,不与姜维交战,并派人向郭淮报告,让郭淮快速向牛头山进军,截断姜维退路。郭淮采纳这个意见,进军洮水。姜维害怕了,迅速撤兵,句安等人孤立无援,终于投降。郭淮于是向西进击各个羌人部族。

邓艾说:“敌人撤离不远,或许还会再来,应该把各部军队分开驻守,以备不测。”于是留下邓艾的部队,驻扎在白水北面。过了三天,姜维派遣将领廖化在白水南岸面向邓艾的部队结营扎寨。邓艾对各个将领说:“姜维如今突然返回,而我军人少,按照兵法他应渡河来战;但是他们却不筑桥,这是姜维让廖化牵制住我们,使我们不能返回,而姜维必定从东面袭取洮城。”洮城在白水之北,离邓艾驻地六十里,邓艾当天夜里就秘密出兵直奔洮城;姜维果然渡河而来,但邓艾先期到达占据了洮城,因此得以不败。汉军于是返回。

9　兖州刺史令狐愚，司空王淩之甥也，屯于平阿，甥舅并典重兵，专淮南之任。淩与愚阴谋，以帝暗弱，制于强臣，闻楚王彪有智勇，欲共立之，迎都许昌。九月，愚遣其将张式至白马，与彪相闻。淩又遣舍人劳精诣洛阳，语其子广，广曰："凡举大事，应本人情。曹爽以骄奢失民，何平叔虚华不治，丁、毕、桓、邓虽并有宿望，皆专竞于世。加变易朝典，政令数改，所存虽高而事不下接，民习于旧，众莫之从，故虽势倾四海，声震天下，同日斩戮，名士减半，而百姓安之，莫之或哀，失民故也。今司马懿情虽难量，事未有逆，而擢用贤能，广树胜己，修先朝之政令，副众心之所求。爽之所以为恶者，彼莫不必改，夙夜匪懈，以恤民为先，父子兄弟，并握兵要，未易亡也。"淩不从。

冬，十一月，令狐愚复遣张式诣楚王，未还，会愚病卒。

10　十二月辛卯，即拜王淩为太尉。庚子，以司隶校尉孙礼为司空。

11　光禄大夫徐邈卒。邈以清节著名。卢钦尝著书称邈曰："徐公志高行洁，才博气猛，其施之也，高而不狷，洁而不介，博而守约，猛而能宽。圣人以清为难，而徐公之所易也！"或问钦："徐公当武帝之时，人以为通；自为凉州刺史，及还京师，人以为介，何也？"钦答曰："往者毛孝先、崔季珪用事，贵清素之士，于时皆变易车服以求名高，而徐公不改其常，故人以为通。比来天下奢靡，转相仿效，而徐公雅尚自若，不与俗同。故前日之通，乃今日之介也；是世人之无常而徐公之有常也。"钦，毓之子也。

9　兖州刺史令狐愚，是司空王淩的外甥，驻扎在平阿，甥舅二人同时掌握重兵，全权管控淮南地区。王淩与令狐愚暗地里策划，认为魏帝昏庸懦弱，受制于强臣，又听说楚王曹彪有智有勇，想要共同立他为帝，奉迎他到许昌建都。九月，令狐愚派他手下将领张式到白马县，与曹彪通了消息。王淩又派舍人劳精到洛阳，告诉他的儿子王广，王广说："每当要干一番大事业，应该以人情世态为本。曹爽因骄奢淫逸失去了百姓的信任，何晏徒有其表而不能治国，丁谧、毕轨、桓范、邓飏等人虽有较高的声望，但都一心追逐名利。再加上变易国家的典章制度，多次更改政策法令，他们心里想的虽然十分高远但却不切合实际民情，百姓习惯于旧制，没有人顺从他们，所以他们虽有翻江倒海的势力、威震天下的声名，当他们同日被杀，手下名士散去大半，百姓们也安之若素，没有谁为他们而悲哀，这都是失去民心的缘故。如今司马懿的本心虽难以测量，事情也不可预料，但是他却能提拔贤能，广泛树立超过自己的人才，遵循先朝的政策法令，符合众人心里的愿望。为曹爽带来坏名声的那些事情，他都必定加以改正，终日兢兢业业，以安抚人民为先务，而且他们父子兄弟都掌握着兵权，是不容易被推翻的。"王淩不听从。

冬季，十一月，令狐愚又派张式去谒见楚王，还没等他回来，令狐愚就病逝了。

10　十二月辛卯(初九)，在王淩治所任命他为太尉。庚子(十八日)，任命司隶校尉孙礼为司空。

11　光禄大夫徐邈去世。徐邈以清正有气节著名于世。卢钦曾著书称赞徐邈说："徐公志向高远行为清白，才学广博气势威猛，而其实行起来则是高远而不拘谨，清白而不孤傲，广博而能把握要领，威猛而能宽容。圣人认为清正难以做到，而徐公很容易就做到了。"有人问卢钦："徐公在武帝时，人们认为他很通达；自从当了凉州刺史，又回到京师后，人们则认为他孤傲，这是为什么？"卢钦回答说："以前毛玠、崔琰当政，尊崇清高朴素的人，当时的人们都改变其车马服装以求提高名声，而徐公却不改变平常的装束，因此人们认为通达。近来天下提倡奢侈，人们都相互仿效，而徐公却保持平素的风尚自得其乐，不与世俗相同。所以从前的通达，就成了今日的孤傲；这是因为世人变化无常而徐公始终如一。"卢钦是卢毓之子。

二年(庚午,250)

1 夏,五月,以征西将军郭淮为车骑将军。

2 初,会稽潘夫人有宠于吴主,生少子亮,吴主爱之。全公主既与太子和有隙,欲豫自结,数称亮美,以其夫之兄子尚女妻之。吴主以鲁王霸结朋党以害其兄,心亦恶之,谓侍中孙峻曰:"子弟不睦,臣下分部,将有袁氏之败,为天下笑。若使一人立者,安得不乱乎!"遂有废和立亮之意,然犹沉吟者历年。峻,静之曾孙也。

秋,吴主遂幽太子和。骠骑将军朱据谏曰:"太子,国之本根;加以雅性仁孝,天下归心。昔晋献用骊姬而申生不存,汉武信江充而戾太子冤死,臣窃惧太子不堪其忧,虽立思子之宫,无所复及矣!"吴主不听。据与尚书仆射屈晃率诸将吏泥头自缚,连日诣阙请和;吴主登白爵观,见,甚恶之,敕据、晃等:"无事匆匆!"无难督陈正、五营督陈象各上书切谏,据、晃亦固谏不已;吴主大怒,族诛正、象。牵据、晃入殿,据、晃犹口谏,叩头流血,辞气不挠;吴主杖之各一百,左迁据为新都郡丞,晃斥归田里,群司坐谏诛放者以十数。遂废太子和为庶人,徙故鄣,赐鲁王霸死。杀杨竺,流其尸于江,又诛全寄、吴安、孙奇,皆以其党霸谮和故也。初,杨竺少获声名,而陆逊谓之终败,劝竺兄穆令与之别族。及竺败,穆以数谏戒竺得免死。朱据未至官,中书令孙弘以诏书追赐死。

魏邵陵厉公嘉平二年(庚午,公元250年)

1　夏季,五月,任命征西将军郭淮为车骑将军。

2　当初,会稽郡的潘夫人受到吴主的宠幸,生下少子孙亮,吴主十分喜爱他。全公主与太子孙和有矛盾后,就想预先奉承结交孙亮,于是常常称赞孙亮好,并把她丈夫之侄全尚的女儿嫁与孙亮为妻。吴主因鲁王孙霸结交朋党来陷害自己的兄长,所以心中十分厌恶他,就对侍中孙峻说:"子弟之间不和睦,臣下就会分党分派,这样就将出现像袁绍兄弟那样的失败,而被天下之人耻笑。假若只立一人的话,怎能不乱呢?"从此就有了废孙和立孙亮的意思,但在数年间仍然未拿定主意。孙峻是孙静的曾孙。

秋季,吴主终于幽禁了太子孙和。骠骑将军朱据进谏说:"太子是国家的根基;加之平素性情仁和孝敬父母,所以天下之人都爱戴他。从前晋献公宠幸骊姬而太子申生不能存活,汉武帝听信江充之言而戾太子蒙冤死去,我害怕太子不堪忍受其忧郁,到那时您即使像汉武帝那样建立思子之宫,恐怕也无可挽回了!"吴主不听。朱据与尚书仆射屈晃,率领文官武将们用泥涂头自行绑缚,连日到宫门跪求放了孙和;吴主登上白爵观,见到他们,十分厌恶,就命令朱据、屈晃等人说:"不要莽撞行事!"无难督陈正、五营督陈象各自上书直切进谏,朱据、屈晃也仍然坚持进谏不止;吴主勃然大怒,诛杀了陈正、陈象及其家族。又把朱据、屈晃揪入殿中,两人仍然口谏不止,叩头流血,言辞声调毫不软弱;吴主下令各责打他们一百杖,又把朱据降职为新都郡丞,把屈晃罢官退居乡里,各个官吏因进谏获罪被诛杀流放的有数十人。吴主终究还是把太子孙和废为百姓,迁居到故鄣县,又赐鲁王孙霸死罪。杀了杨竺,把尸体扔到江中,又诛杀了全寄、吴安、孙奇,都是因为他们与孙霸勾结并诬陷孙和的缘故。当初,杨竺年轻时很有名气,而陆逊认为他终究会失败,并劝说杨竺之兄杨穆与他分家。杨竺失败时,杨穆因多次劝阻告诫杨竺而得以免死。朱据还没有到达任所,中书令孙弘就奉诏书追上他赐以死罪。

3　冬,十月,庐江太守谯郡文钦伪叛,以诱吴偏将军朱异,欲使异自将兵迎己。异知其诈,表吴主,以为钦不可迎。吴主曰:"方今北土未一,钦欲归命,宜且辽之。若嫌其有谲者,但当设计网以罗之,盛重兵以防之耳。"乃遣偏将军吕据督二万人与异并力至北界,钦果不降。异,桓之子;据,范之子也。

4　十一月,大利景侯孙礼卒。

5　吴主立子亮为太子。

6　吴主遣军十万作堂邑涂塘以淹北道。

7　十二月甲辰,东海定王霖卒。

8　征南将军王昶上言:"孙权流放良臣,适庶分争,可乘衅击吴。"朝廷从之,遣新城太守南阳州泰袭巫、秭归,荆州刺史王基向夷陵。昶向江陵,引竹絙为桥,渡水击之。吴大将施绩,夜遁入江陵,昶欲引致平地与战,乃先遣五军按大道发还,使吴望见而喜,又以所获铠马甲首环城以怒之,设伏兵以待之。绩果来追,昶与战,大破之,斩其将锺离茂、许旻。

9　汉姜维复寇西平,不克。

三年(辛未,251)

1　春,正月,王基、州泰击吴兵,皆破之,降者数千口。

2　二月,以尚书令司马孚为司空。

3　夏,四月甲申,以王昶为征南大将军。

4　壬辰,大赦。

3　冬季,十月,庐江太守、谯郡人文钦伪装背叛,用以诱惑吴国偏将军朱异,想要让朱异亲自领兵来迎接他。朱异知道他是诈降,就给吴主上奏表章,认为不能迎接文钦。吴主说:"如今北方领土尚未统一,文钦想要归降我国,应该去迎接他。如果怀疑他是诈降的话,只当设计网罗他,发重兵加以防备就行了。"于是就派遣偏将军吕据率领两万人与朱异一起到达北部边界,文钦果真不来投降了。朱异是朱桓之子;吕据是吕范之子。

4　十一月,大利景侯孙礼去世。

5　吴主立其子孙亮为太子。

6　吴主派遣十万大军进驻堂邑、涂塘二县,以占领通往北部的道路。

7　十二月甲辰(二十七日),东海定王曹霖去世。

8　征南将军王昶上书说:"孙权流放良臣,嫡子与庶子争权夺利,我们可乘其内部分裂之机进攻吴国。"朝廷采纳了这个意见,派遣新城太守南阳人州泰袭击巫县、秭归,荆州刺史王基发兵夷陵。王昶发兵江陵,以竹索为桥,渡河进攻。吴国大将施绩,夜里逃入江陵城,王昶想把他引入平地再与之战,于是先派遣五军人马从大道返回,使吴军望见而高兴,又把缴获的铠甲马具等物丢弃在城的四周以激怒吴军,然后埋伏下兵力以等待敌人出击。施绩果然中计率军来追击,王昶与他交战,大破敌军,并杀了吴国的将领锺离茂、许旻。

9　蜀汉的姜维再次进犯西平,未能获胜。

魏邵陵厉公嘉平三年(辛未,公元251年)

1　春季,正月,王基、州泰进击吴国军队,都获得胜利,投降者有数千人。

2　二月,任命尚书令司马孚为司空。

3　夏季,四月甲申(初九),任命王昶为征南大将军。

4　壬辰(十七日),实行大赦。

5 太尉王淩闻吴人塞涂水，欲因此发兵，大严诸军，表求讨贼，诏报不听。淩遣将军杨弘以废立事告兖州刺史黄华，华、弘连名以白司马懿，懿将中军乘水道讨淩，先下赦赦淩罪，又为书谕淩，已而大军掩至百尺。淩自知势穷，乃乘船单出迎懿，遣掾王彧谢罪，送印绶、节钺。懿军到丘头，淩面缚水次，懿承诏遣主簿解其缚。

淩既蒙赦，加恃旧好，不复自疑，径乘小船欲趋懿。懿使人逆止之，住船淮中，相去十馀丈。淩知见外，乃遥谓懿曰："卿直以折简召我，我当敢不至邪，而乃引军来乎！"懿曰："以卿非肯逐折简者故也。"淩曰："卿负我！"懿曰："我宁负卿，不负国家！"遂遣步骑六百送淩西诣京师，淩试索棺钉以观懿意，懿命给之。五月，甲寅，淩行到项，遂饮药死。

懿进至寿春，张式等皆自首。懿穷治其事，诸相连者悉夷三族。发淩、愚冢，剖棺暴尸于所近市三日，烧其印绶、章服，亲土埋之。

初，令狐愚为白衣时，常有高志，众人谓愚必兴令狐氏。族父弘农太守邵独以为："愚性倜傥，不修德而愿大，必灭我宗。"愚闻之，心甚不平。及邵为虎贲中郎将，而愚仕进已多所更历，所在有名称。愚从容谓邵曰："先时闻大人谓愚为不继，今竟云何邪？"邵熟视而不答，私谓妻子曰："公治性度，犹如故也。以吾观之，终当败灭，但不知我久当坐之不邪，将逮汝曹耳。"邵没后十馀年而愚族灭。

5　太尉王凌听说吴人占据了涂水地区,想要凭借此地发兵进攻,于是加紧训练各路军队,并上表请求讨伐吴军,但朝廷不采纳他的意见。王凌派遣将军杨弘把废立君主的打算告诉兖州刺史黄华,但黄华、杨弘却联名把此事报告了司马懿,于是司马懿率领中军乘船从水路去讨伐王凌,先下达赦令赦免王凌之罪,然后又写信晓谕王凌,不久大军突然到达百尺堰。王凌自知大势已去,于是就乘船独自一人出去迎接司马懿,派佐官王或前去谢罪,送去官印和符节、斧钺。司马懿的军队到达丘头,王凌把双手绑在背后,面向司马懿,跪在水边,司马懿按诏书旨意让主簿给他松了绑。

王凌既已得到赦免,再加上仗着与司马懿有旧交,也就不再自我疑惑,径直乘小船想要靠近司马懿。司马懿派人迎上去挡住他,把船停在淮河中间,与司马懿的船相隔十余丈。王凌知道这是因自己之罪而见外,就远远地对司马懿说:"你就是随随便便直接写封书信召我,我又怎敢不来?没想到你竟率军前来!"司马懿说:"那是因为你不肯追随写信人的缘故。"王凌说:"你辜负了我!"司马懿说:"我宁肯辜负你,也不能辜负国家!"于是就派步骑兵六百人送王凌由西路回京师洛阳。王凌试着向司马懿索要棺钉,以观察司马懿的意思,结果司马懿果真命人给了他棺钉。五月,甲寅(初十),王凌走到项县,终于吃毒药而死。

司马懿到达寿春,张式等人都自首了。司马懿十分严酷决绝地处理此事,把各个有关联的人都杀灭三族。挖开王凌、令狐愚的坟墓,劈开棺材在附近的城镇暴尸三日,烧了他们的官印、绶带、章服,把他们裸埋于地下。

当初,令狐愚还是普通百姓时,常常胸怀高远之志,众人都说令狐愚必能兴盛令狐氏家族。只有同族的父辈弘农太守令狐邵却认为:"令狐愚性情倜傥,不修养道德而志愿极大,必定会灭我宗族。"令狐愚听了,心中忿忿不平。等到令狐邵担任虎贲中郎将时,令狐愚官职已经多次提升,到处都很有名望。这时令狐愚从容地对令狐邵说:"以前曾听您说我不能承继光大宗族,今天您还说什么呢?"令狐邵只是久久地看着他而不回答,然后却私下里对妻子说:"令狐愚的性情器量仍跟以前一样。以我来看,他终究会败灭家族,但不知我能否活到受牵连的那一天,不过你们将会赶上的。"果然令狐邵死后十余年,令狐愚家族被诛灭。

愚在兖州,辟山阳单固为别驾,与治中杨康并为愚腹心。及愚卒,康应司徒辟,至洛阳,露愚阴事,愚由是败。懿至寿春,见单固,问曰:"令狐反乎?"曰:"无有。"杨康白事,事与固连,遂收捕固及家属皆系廷尉,考实数十,固固云无有。懿录杨康,与固对相诘,固辞穷,乃骂康曰:"老佣!既负使君,又灭我族,顾汝当活邪!"康初自冀封侯,后以辞颇参错,亦并斩之。临刑,俱出狱,固又骂康曰:"老奴!汝死自分耳。若令死者有知,汝何面目以行地下乎!"

诏以扬州刺史诸葛诞为镇东将军,都督扬州诸军事。

6 吴主立潘夫人为皇后,大赦,改元太元。

7 六月,赐楚王彪死。尽录诸王公置邺,使有司察之,不得与人交关。

8 秋,七月壬戌,皇后甄氏殂。

9 辛未,以司马孚为太尉。

10 八月戊寅,舞阳宣文侯司马懿卒。诏以其子卫将军师为抚军大将军,录尚书事。

11 初,南匈奴自谓其先本汉室之甥,因冒姓刘氏。太祖留单于呼厨泉于邺,分其众为五部,居并州境内。左贤王豹,单于於扶罗之子也,为左部帅,部族最强。城阳太守邓艾上言:"单于在内,羌夷失统,合散无主。今单于之尊日疏而外土之威日重,则胡虏不可不深备也。闻刘豹部有叛胡,可因叛割为二国,以分其势。去卑功显前朝而子不继业,宜加其子显号,使居雁门。离国弱寇,追录旧勋,此御边长计也。"又陈:"羌胡与民同处者,宜以渐出之,使居民表,以崇廉耻之教,塞奸宄之路。"司马师皆从之。

令狐愚在兖州时,征聘山阳人单固任别驾,与治中杨康同为令狐愚的心腹。等令狐愚死后,杨康应司徒的征聘到洛阳,泄露了令狐愚暗地里的行事,令狐愚因此而败露。司马懿到寿春,见到单固,问他说:"令狐愚谋反了吗?"回答说:"没有。"杨康告发的事情,与单固有牵连,于是收捕了单固及其家属,都绑送廷尉处,拷问数十次,单固都坚持说没有。司马懿收捕了杨康,让他与单固对质,单固辞穷,就大骂杨康:"你这老奴!既背叛使君,又灭我家族,难道你就能活吗!"杨康起初还希望自己能封侯,后因为供词颇多参错矛盾之处,也把他一起斩首。临刑时,他们一起出狱,单固又大骂杨康说:"老奴!你死是活该,如果死者有知,看你有什么面目在地下行走!"

诏令任命扬州刺史诸葛诞为镇东将军,都督扬州诸军事。

6　吴主立潘夫人为皇后,实行大赦,改年号为太元。

7　六月,赐楚王曹彪死。又全部逮捕了所有的王公并安置在邺都,并派有司监察,不许他们与人交往。

8　秋季,七月壬戌(十九日),魏国皇后甄氏去世。

9　辛未(二十八日),任命司马孚为太尉。

10　八月戊寅(初五),舞阳宣文侯司马懿去世。诏令任命司马懿之子司马师为抚军大将军,录尚书事。

11　起初,南匈奴人自称其先人本是汉室的外甥,于是就冒充姓刘氏。太祖曹操把单于呼厨泉留在邺都,把他们的人分成五部,居住在并州境内。左贤王刘豹,是单于於扶罗之子,任左部统帅,他的部族实力最强。城阳太守邓艾上书说:"单于在内地,羌夷人失去统治,合合散散没有主脑。如今单于的尊严日见微弱,而外地的威势日见加重,这样对胡人就不可不深加戒备。听说刘豹的部族中有背叛的胡人,可以利用其背叛的情况分割为两国,以分散刘豹的势力。去卑的功劳显赫于前朝,而他的儿子却不能继承父业,应该给他的儿子加封显赫的名号,让其居住在雁门。割裂他们的国家,削弱敌人,追记他们旧日的功勋,这是统治边境地区的长久之计。"又进言说:"羌胡之人与百姓同居一处的,应逐渐把他们分出,让他们居于百姓编户之外,以便推行礼义廉耻的教育,阻塞奸恶作乱之路。"司马师全部采用了他的主张。

12　吴立节中郎将陆抗屯柴桑，诣建业治病。病差，当还，吴主涕泣与别，谓曰："吾前听用谗言，与汝父大义不笃，以此负汝；前后所问，一焚灭之，莫令人见也。"

是时，吴主颇寤太子和之无罪，冬，十一月，吴主祀南郊还，得风疾，欲召和还，全公主及侍中孙峻、中书令孙弘固争之，乃止。

吴主以太子亮幼少，议所付托，孙峻荐大将军诸葛恪可付大事。吴主嫌恪刚很自用，峻曰："当今朝臣之才，无及恪者。"乃召恪于武昌。恪将行，上大将军吕岱戒之曰："世方多难，子每事必十思。"恪曰："昔季文子三思而后行，夫子曰：'再思可矣。'今君令恪十思，明恪之劣也！"岱无以答，时咸谓之失言。

虞喜论曰：夫托以天下，至重也；以人臣行主威，至难也；兼二至而管万机，能胜之者鲜矣。吕侯，国之元耆，志度经远，甫以十思戒之，而便以示劣见拒，此元逊之疏，机神不俱者也！若因十思之义，广谘当世之务，闻善速于雷动，从谏急于风移，岂得陨身殿堂，死于凶竖之刃！世人奇其英辩，造次可观，而哂吕侯无对为陋，不思安危终始之虑；是乐春藻之繁华，忘秋实之甘口也。昔魏人伐蜀，蜀人御之，精严垂发，而费祎方与来敏对棋，意无厌倦。敏以为必能办贼，言其明略内定，貌无忧色也。况长宁以为君子临事而惧，好谋而成，蜀为蕞尔之国，而方向大敌，所规所图，唯守与战，何可矜己有馀，晏然无戚！斯乃祎性之宽简，不防细微，卒为降人郭循所害，岂非兆见于彼而祸成于此哉！往闻长宁之甄文伟，今睹元逊之逆吕侯，二事体同，皆足以为世鉴也。

12　吴国立节中郎将陆抗驻扎在柴桑，到建业治病。病好将还之时，吴主流着泪与他告别，对他说："我以前听信谗言。对你父亲的凛然大义有所亏负，因此也对不住你；我前后所问之事，一切都焚毁消灭，不要再让人看到了。"

这时，吴主已经明白太子孙和是无罪的，冬季，十一月，吴主祭祀南郊，回来后得了中风病，想要召孙和回来，但全公主以及侍中孙峻、中书令孙弘等坚持争辩说不能让孙和回来，于是就不召了。

吴主因为太子孙亮年幼，商议找个可以托付国事之人，孙峻推荐大将军诸葛恪，认为他可承担大事。吴主嫌诸葛恪刚愎自用，孙峻说："当今朝廷大臣的才能，没有能赶得上诸葛恪的。"于是就召诸葛恪到武昌来。诸葛恪临行之时，上大将军吕岱告诫他说："现在世上正是多难之时，望你每件事必先想十次再做。"诸葛恪说："从前季文子三思而后行，孔子说：'只要想两次就可以了。'而您却让我想十次，这明明是认为我才能低劣！"吕岱无言以对，当时的人都认为他失言。

　　虞喜评论说：受托管天下大事，是最重的担子；以大臣的身份行使君主的权威，是最难的事情；身兼二职而日理万机，能够胜任者是很少的。吕岱是国家的元老，经过深思远虑，才以十思告诫他，但被认为是说他低能而受到拒绝，这就是诸葛恪的疏漏，不具备机敏灵慧之处！如果顺着十思的意思行事，广泛地征询了解当时社会的事务，比迅雷还快地采纳善言，比刮风还急地听取谏议，怎能丧身殿堂，死于凶恶小人的刀下？世人注重他突出的辩才，欣赏他仓促之间的应对，而耻笑吕侯的无言以对为浅陋，却不考虑安危、不思虑始终；这是只喜欢春天草木的繁花似锦，而忘记秋天果实的甘甜爽口。从前魏人伐蜀，蜀人去抵御，精兵整肃待命出发，而费祎却正在与来敏下棋，毫无厌倦之意。来敏认为他必能打败敌人，这是说他内心已确定高明的战略，而外表毫无忧色。况长宁认为君子面临大事就恐惧谨慎，善于谋略才能成功，蜀是个小国，而且面临大敌，其所谋划的只应是坚守或交战，怎能过多地自负自傲，而安然对敌毫无忧患之意呢？这就是费祎的性情宽厚简忽，不提防细微之处，所以终究被投降之人郭循所害。这难道不是凶兆见于彼而灾祸成于此吗？以前听说长宁鉴别费祎，而今目睹诸葛恪拒绝吕岱，二事大体相同，都足以成为后世的借鉴。

13 恪至建业,见吴主于卧内,受诏床下,以大将军领太子太傅,孙弘领少傅;诏有司诸事一统于恪,惟杀生大事,然后以闻。为制群官百司拜揖之仪,各有品序。又以会稽太守北海滕胤为太常。胤,吴主婿也。

14 十二月,以光禄勋荥阳郑冲为司空。

15 汉费祎还成都,望气者云:"都邑无宰相位。"乃复北屯汉寿。

16 是岁,汉尚书令吕乂卒,以侍中陈祗守尚书令。

四年(壬申,252)

1 春,正月癸卯,以司马师为大将军。

2 吴主立故太子和为南阳王,使居长沙;仲姬子奋为齐王,居武昌;王夫人子休为琅邪王,居虎林。

3 二月,立皇后张氏,大赦。后,故凉州刺史既之孙,东莞太守缉之女也。召缉拜光禄大夫。

4 吴改元神凤,大赦。

5 吴潘后性刚戾,吴主疾病,后使人问孙弘以吕后称制故事。左右不胜其虐,伺其昏睡,缢杀之,托言中恶,后事泄,坐死者六七人。

吴主病困,召诸葛恪、孙弘、滕胤及将军吕据、侍中孙峻入卧内,属以后事。夏,四月,吴主殂。孙弘素与诸葛恪不平,惧为恪所治,秘不发丧,欲矫诏诛恪;孙峻以告恪。恪请弘咨事,于坐中杀之。乃发丧,谥吴主曰大皇帝。太子亮即位。大赦,改元建兴。闰月,以诸葛恪为太傅,滕胤为卫将军,吕岱为大司马。恪乃命罢视听,息校官,原逋责,除关税,崇恩泽,众莫不悦。恪每出入,百姓延颈思见其状。

13　诸葛恪到达建业,在卧室内谒见吴主,在床下接受诏命,以大将军的身份兼任太子太傅,孙弘兼少傅;诏命各部门各种事务一切听命于诸葛恪,只有生杀大事,事后要报告。并为他制定了群官和各部门拜见的礼仪,各有不同的规格。又任命会稽守、北海郡人滕胤为太常。滕胤是吴主的女婿。

14　十二月,任命光禄勋荥阳人郑冲为司空。

15　蜀汉的费祎回到成都,看风水的人说:"都城里没有宰相的位置。"于是他又向北去驻扎在汉寿县。

16　这一年,蜀汉的尚书令吕乂去世,任命侍中陈祗为尚书令。

魏邵陵厉公嘉平四年(壬申,公元252年)

1　春季,正月癸卯(初二),任命司马师为大将军。

2　吴主立前太子孙和为南阳王,让他居住在长沙;立仲姬之子孙奋为齐王,居住在武昌;立王夫人之子孙休为琅邪王,居住在虎林。

3　二月,魏国立张氏为皇后,实行大赦。皇后是前凉州刺史张既的孙女,东莞太守张缉之女。诏令任张缉为光禄大夫。

4　吴国改年号为神凤,实行大赦。

5　吴国的潘皇后性情刚戾,吴主染病后,潘后派人向孙弘询问西汉吕后行使皇帝权力之事。左右之人不堪忍受她的虐待,乘她昏睡之机,把她勒死,又宣称她是暴病而死,后来事情败露,犯罪被杀的有六七人。

吴主病情危重,召诸葛恪、孙弘、滕胤以及将军吕据、侍中孙峻等人入卧室内,嘱托后事。夏季,四月,吴主去世。孙弘平素与诸葛恪不和,害怕被诸葛恪整治,于是封锁消息先不发丧,想要假造诏令杀掉诸葛恪;孙峻把此事报告给诸葛恪。诸葛恪请孙弘前来议事,就在座位中把他杀了。然后举行丧礼,为吴主加谥号为大皇帝。太子孙亮即位。实行大赦,改年号为建兴。闰月,任命诸葛恪为太傅,滕胤为卫将军,吕岱为大司马。诸葛恪下令罢免了充作朝廷耳目的各官,原宥拖欠的税赋债务,免除关税,推重施恩泽于百姓,众人都非常欢喜。诸葛恪每次出入,百姓们都伸着脖颈想看看他的模样。

恪不欲诸王处滨江兵马之地，乃徙齐王奋于豫章，琅邪王休于丹阳。奋不肯徙，又数越法度，恪为笺以遗奋曰："帝王之尊，与天同位，是以家天下，臣父兄；仇雠有善，不得不举，亲戚有恶，不得不诛，所以承天理物，先国后家，盖圣人立制，百代不易之道也。昔汉初兴，多王子弟，至于大强，辄为不轨，上则几危社稷，下则骨肉相残，其后惩戒以为大讳。自光武以来，诸王有制，惟得自娱于宫内，不得临民，干与政事，其与交通，皆有重禁，遂以全安，各保福祚，此则前世得失之验也。大行皇帝览古戒今，防牙遏萌，虑于千载，是以寝疾之日，分遣诸王各早就国，诏策勤渠，科禁严峻，其所戒敕，无所不至。诚欲上安宗庙，下全诸王，各早就国，使百世相承，无凶国害家之悔也。大王宜上惟太伯顺父之志，中念河间献王、东海王彊恭顺之节，下存前世骄恣荒乱之王以为警戒。而闻顷至武昌以来，多违诏敕，不拘制度，擅发诸将兵治护宫室。又左右常从有罪过者，当以表闻，公付有司，而擅私杀，事不明白。中书杨融，亲受诏敕，所当恭肃，乃云：'正自不听禁，当如我何！'闻此之日，小大惊怪，莫不寒心。里语曰：'明鉴所以照形，古事所以知今。'大王宜深以鲁王为戒，改易其行，战战兢兢，尽礼朝廷，如此，则无求不得。

诸葛恪不想让各位王公居住在江边兵马要塞之地,于是让齐王孙奋迁徙到豫章,让琅邪王孙休迁徙到丹阳。但孙奋不肯迁徙,又多次触犯国家法度,诸葛恪就给孙奋写信说:"帝王的尊贵是与天同位的,因此以天下为家,以父兄为臣;仇人中有善人,不得不举荐,亲戚中有恶人,也不得不诛杀;所以顺承天命治理万物,先以国事为重,然后再考虑家事,这是圣人所立的制度,是百世不变的法则。当初汉代刚刚兴起之时,封了许多子弟为王,他们势力强大后,就开始作乱图谋不轨,上则几乎危害国家,下则兄弟之间骨肉相残,其后加以惩罚戒备,认为诸王势力加强是国家之大忌。自光武帝以来,分封诸王有一定制度,只允许他们在宫内自娱自乐,不得到百姓中去,至于参与政事,与宾客交往,都有严格的禁令,这样才得以保全安定,各自安享其福禄地位,这就是前代得失的经验教训。先帝以古代的经验教训作为今日之借鉴,为防止作乱的萌芽,考虑到后世的长治久安,所以在卧病之日,就分散诸王,让他们及早到达各自的封国,频频下达了很多诏令,规定了严格的禁令条款,戒令的内容无所不至。这样做的目的,实际上是要上使国家安定,下则保全诸王,让他们及早回到封国,使基业永远传承下去,不会出现危害国家和家族的悔恨之事。对待父辈,您应该常常想着周朝太伯顺从其父的志向;对待兄弟,您应该常常念及汉朝河间献王和东海王刘彊恭顺兄弟的节操;对待自己,您应该把前世那些骄横恣肆荒乱无耻之王记在心中以为警戒。但是我听说您自到武昌以来,多次违背朝廷诏令,不受制度约束,擅自调兵遣将来管理保护您的宫室。另外您的左右亲随有犯罪之人,您应当上表禀告,并把他们交付有关官员秉公处理,但是您却擅自私下杀死,而不把事情明确报告。中书杨融,亲自接受诏令,您应当恭恭敬敬地听他的意见,但您却说:'我就是不听禁约,能把我怎么样!'听到您这个话,我们上上下下都十分震惊,没一个不感到寒心的。俗语说:'明鉴所以照形,古事所以知今。'您应该深刻地记住鲁王孙霸的教训,改变目前的言行,战战兢兢,小心谨慎,尽心地恭敬朝廷,这样,您的欲求都能得到满足。

若弃忘先帝法教,怀轻慢之心,臣下宁负大王,不敢负先帝遗诏;宁为大王所怨疾,岂敢忘尊主之威而令诏敕不行于藩臣邪!向使鲁王早纳忠直之言,怀惊惧之虑,则享祚无穷,岂有灭亡之祸哉!夫良药苦口,唯病者能甘之;忠言逆耳,唯达者能受之。今者恪等偻偻,欲为大王除危殆于萌牙,广福庆之基原,是以不自知言至,愿蒙三思!"王得笺,惧,遂移南昌。

6 初,吴大帝筑东兴堤以遏巢湖,其后入寇淮南,败,以内船,遂废不复治。冬,十月,太傅恪会众于东兴,更作大堤,左右结山,侠筑两城,各留千人,使将军全端守西城,都尉留略守东城,引军而还。

镇东将军诸葛诞言于大将军师曰:"今因吴内侵,使文舒逼江陵,仲恭向武昌,以羁吴之上流;然后简精卒攻其两城,比救至,可大获也。"是时征南大将军王昶、征东将军胡遵、镇南将军毌丘俭等各献征吴之计。朝廷以三征计异,诏问尚书傅嘏。嘏对曰:"议者或欲泛舟径济,横行江表;或欲四道并进,攻其城垒;或欲大佃疆场,观衅而动;诚皆取贼之常计也。然自治兵以来,出入三载,非掩袭之军也。贼之为寇,几六十年矣,君臣相保,吉凶共患,又丧其元帅,上下忧危,设令列船津要,坚城据险,横行之计,其殆难捷。今边壤之守,与贼相远,贼设罗落,又特重密,间谍不行,耳目无闻。

如果背弃忘却先帝的教导，对朝廷怀有轻视傲慢之心，那么我宁肯辜负您，也不敢辜负先帝的遗诏；宁肯被您所怨恨仇视，又怎敢忘记尊奉主上的权威而让诏令不能在藩臣中实行？以前如果鲁王及早地听纳忠直之言，对朝廷怀着惊惧恭敬之心，就能无穷地享受福禄，怎会有灭亡的灾祸？良药苦口，只有病人才会甘之若饴；忠言逆耳，只有通达之人才能接受。如今我们这些人恭恭敬敬，想为您解除危险祸患于萌芽之中，扩展您富贵福禄的基础，因此不知不觉地说得十分尖锐，希望您三思！"齐王收到信后，非常惧怕，随即就迁徙到南昌。

6　当初，吴大帝孙权建筑东兴堤用以遏止巢湖之水外流，后来进攻淮南，反而因巢湖内的船只不利而失败，于是废弃大堤不再修筑。冬季，十月，太傅诸葛恪会集众人于东兴，重新建筑大堤，连结左右两座山，在山与大堤之间建筑了两座城，各留千人把守，派将军全端守西城，都尉留略守东城，然后率军返回。

镇东将军诸葛诞对大将军司马师说："如今趁着吴国的内部灾荒，派王昶逼取江陵，派毌丘俭攻向武昌，以羁绊住吴国上游的兵力；然后挑选精锐兵力进攻其两城，等到他们救兵赶到，我们已大获全胜了。"当时征南大将军王昶、征东将军胡遵、镇南将军毌丘俭等人各自都献了征伐吴国的计策。朝廷因三种征伐计策不同，下诏征询尚书傅嘏的意见。傅嘏回答说："献计者有人主张乘船直接渡江，横行于江面之上；有人主张分四路同时进攻，攻占其城垒；也有人主张屯兵边境，平时耕作土地，然后乘其祸乱发动进攻；这的确都是攻取敌国的常用之计。但是自从我们整治集结伐吴部队以来，前后已有三年，敌人早已知晓，已经不是一支可以出其不意进行偷袭的军队了。吴国与我为敌，将近六十年了，这期间他们君臣团结，同甘苦共患难，最近又丧其统帅，君臣上下心存忧惧危难，加强戒备，假使他们下令在重要渡口排列战船，坚固城池占据险要，那么我们横行大江之上的计策，恐怕就难以奏效了。如今边境的守军，与敌军相隔甚远，敌军设置了观察联络哨所，戒守又特别严密，我们的间谍不能进入，得不到任何消息。

夫军无耳目,校察未详,而举大众以临巨险,此为希幸徼功,先战而后求胜,非全军之长策也。唯有进军大佃,最差完牢;可诏昶、遵等择地居险,审所错置,及令三方一时前守。夺其肥壤,使还堳土,一也;兵出民表,寇钞不犯,二也;招怀近路,降附日至,三也;罗落远设,间构不来,四也;贼退其守,罗落必浅,佃作易立,五也;坐食积谷,士不运输,六也;衅隙时闻,讨袭速决,七也。凡此七者,军事之急务也。不据则贼擅便资,据之则利归于国,不可不察也。夫屯垒相逼,形势已交,智勇得陈,巧拙得用,策之而知得失之计,角之而知有馀不足,虏之情伪,将焉所逃!夫以小敌大,则役烦力竭;以贫敌富,则敛重财匮。故曰'敌逸能劳之,饱能饥之',此之谓也。"司马师不从。

　　十一月,诏王昶等三道击吴。十二月,王昶攻南郡,毌丘俭向武昌,胡遵、诸葛诞率众七万攻东兴。甲寅,吴太傅恪将兵四万,晨夜兼行,救东兴。胡遵等敕诸军作浮桥以渡,陈于堤上,分兵攻两城;城在高峻,不可卒拔。诸葛恪使冠军将军丁奉与吕据、留赞、唐咨为前部,从山西上。奉谓诸将曰:"今诸军行缓,若贼据便地,则难以争锋,我请趋之。"乃辟诸军使下道,奉自率麾下三千人径进。时北风,奉举帆二日,即至东关,遂据徐塘。时天雪,寒,胡遵等方置酒高会。奉见其前部兵少,谓其下曰:"取封侯爵赏,正在今日!"

如果军队没有耳目消息，侦察不够详密，却贸然发重兵以面临巨大的危险，这就是怀着侥幸心理以邀取成功，企图先战而后求取胜利，这不是保全军队的良策。只有屯兵边境的计策最为完备牢靠；可以先命令王昶、胡遵选择驻扎在形势险要之地，调查可以安置兵力之处，然后让三方兵力同时进驻守地。第一，要夺取肥沃的土地，让敌人退回到贫瘠的土地；第二，兵士到百姓中间，不许欺压劫掠；第三，在离我方近的区域实行招抚怀柔政策，使投降归附之人每天都能来；第四，从远处开始设置侦察联络哨，使间谍不能过来；第五，敌兵退守之后，他们的侦察联络哨必然不能深入，我方耕作土地也容易开展；第六，军队就地食用积储的粮食，不用分出兵力运输；第七，敌军内部矛盾混乱情况可以及时得知，能迅速做出征讨突袭的决断。以上七个方面，是军事行动的当务之急。不掌握这些，敌军就会独占便利的资财，掌握这些利益就会归于我国，所以不可以不明察。两军营垒相互逼近，两军的阵势也已经相互明了，智慧勇敢得以施展，各种巧拙之计也得以运用，施展谋略能了解其得失，相互较量也能知道长短优劣，敌军情况的真伪，将向哪里藏匿？以小敌大，就会战事烦劳兵力衰竭；以贫敌富，就会加重税敛财力匮乏。因此兵法说‘敌人安逸能使之烦劳，敌人饱足能使之饥饿’，说的就是这个意思。"但是司马师不采纳这个意见。

十一月，诏令王昶等兵分三路袭击吴国。十二月，王昶进攻南郡，毌丘俭进攻武昌，胡遵、诸葛诞率七万大军攻打东兴。甲寅（十九日），吴国太傅诸葛恪率兵四万，日夜兼程，救援东兴。胡遵等人命令各军作浮桥渡水，陈兵于大堤之上，分兵攻打两城；城在高峻险要之处，不能很快攻破。诸葛恪派冠军将军丁奉和吕据、留赞、唐咨等人为前锋，从山的西面攻上。丁奉对各将领说："现在各部队行动迟缓，如果魏兵占据有利地形，就难以与他争锋交战了，我请求快速攻上。"于是让各路军马从道路上避开，丁奉亲自率领属下三千人快速突进。当时正刮北风，丁奉扬帆行船两天就到达了东关，随即占据了徐塘。当时漫天飘雪，十分寒冷，胡遵等人正在聚会饮酒。丁奉见魏军前部兵力稀少，就对手下人说："求取封侯赏爵，就在今天！"

乃使兵皆解铠,去矛戟,但兜鍪刀楯,倮身缘埭。魏人望见,大笑之,不即严兵。吴兵得上,便鼓噪,矿破魏前屯,吕据等继至;魏军惊扰散走,争渡浮桥,桥坏绝,自投于水,更相蹈藉。前部督韩综、乐安太守桓嘉等皆没,死者数万。综故吴叛将,数为吴害,吴大帝常切齿恨之,诸葛恪命送其首以白大帝庙。获车乘、牛马、骡驴各以千数,资器山积,振旅而归。

7 初,汉姜维寇西平,获中郎将郭循,汉人以为左将军。循欲刺汉主,不得亲近,每因上寿,且拜且前,为左右所遏,事辄不果。

于是让士兵们都脱下铠甲,丢掉长矛大戟,只戴着头盔拿着刀和盾牌,裸身爬上堤堰。魏兵看见他们,都大笑不止,而不立即整兵对敌。吴兵爬上之后,立即击鼓呐喊,袭击攻破魏军前部营垒,吕据等人也相继赶到;魏军惊恐万状四散奔逃,争相抢渡浮桥,浮桥毁坏断裂,魏兵自己跳入水中,互相践踏着逃跑。魏军前部督韩综、乐安太守桓嘉等人都死于战场,死者数万人。韩综过去是吴国的叛将,多次危害吴国,吴大帝孙权常常痛恨得咬牙切齿,诸葛恪命人送回韩综首级以祭告大帝庙。缴获魏军的车辆、牛马、骡驴等各有数千,资材器物堆积如山,得胜而归。

7　当初,蜀汉的姜维进攻西平,俘获了中郎将郭循,蜀汉任命他为左将军。郭循想要刺杀汉主,却没有亲近的机会,他常常借上寿之机,一边跪拜,一边往前靠近,却被左右侍卫所遏止,刺杀的目的未能达到。

卷第七十六　魏纪八

起癸酉(253)尽乙亥(255)凡三年

邵陵厉公下
嘉平五年(癸酉,253)

1　春,正月朔,蜀大将军费祎与诸将大会于汉寿,郭循在坐。祎欢饮沉醉,循起刺祎,杀之。祎资性泛爱,不疑于人。越巂太守张嶷尝以书戒之曰:"昔岑彭率师,来歙杖节,咸见害于刺客。今明将军位尊权重,待信新附太过,宜鉴前事,少以为警。"祎不从,故及祸。

2　诏追封郭循为长乐乡侯,使其子袭爵。

3　王昶、毌丘俭闻东军败,各烧屯走。朝议欲贬黜诸将,大将军师曰:"我不听公休,以至于此。此我过也,诸将何罪!"悉宥之。师弟安东将军昭时为监军,唯削昭爵而已。以诸葛诞为镇南将军,都督豫州;毌丘俭为镇东将军,都督扬州。

是岁,雍州刺史陈泰求敕并州并力讨胡,师从之。未集,而新兴、雁门二郡胡以远役,遂惊反。师又谢朝士曰:"此我过也,非陈雍州之责!"是以人皆愧悦。

习凿齿论曰:司马大将军引二败以为己过,过消而业隆,可谓智矣。若乃讳败推过,归咎万物,常执其功而隐其丧,上下离心,贤愚解体,谬之甚矣!君人者,苟统斯理以御国,行失而名扬,兵挫而战胜,虽百败可也,况于再乎!

邵陵厉公下
魏邵陵厉公嘉平五年(癸酉,公元253年)

1 春季,正月朔(初一),蜀大将军费祎与诸位将领在汉寿大聚会,郭循也在座。费祎欢饮以致沉醉,这时郭循突起刺杀了费祎。费祎性情宽厚广施爱心,从不怀疑别人。越嶲太守张嶷曾写信告诫他说:"从前岑彭率领军队,来歙手持杖节为帅时,都被刺客所害。如今将军您地位尊贵权力重大,但您对待和信任新近归附的人太过分,应该以前代之事为鉴,稍微加强一些警戒。"但费祎不听,所以灾祸殃及自身。

2 魏国下诏追封郭循为长乐乡侯,让他的儿子继承爵位。

3 王昶、毌丘俭听说东部魏军失败,各自烧毁营地后撤走。朝臣议论想要把诸将罢官降职,大将军司马师说:"我没有听诸葛诞的话,才造成这样的后果。这是我的错误,各位将军有什么罪?"于是全部宽宥了他们。司马师之弟安东将军司马昭当时为监军,所以只削去司马昭一人的爵位而已。任命诸葛诞为镇南将军,总管豫州;毌丘俭为镇东将军,总管扬州。

这一年,雍州刺史陈泰请求下令让并州与他合力讨伐胡人,司马师同意了。队伍尚未集中起来,而新兴、雁门两个郡的胡人就以徭役路途太远为由而突然反叛拒绝出兵。对此事,司马师又向朝廷大臣谢罪说:"这是我的错误,不是陈雍州的责任!"因此人们都很惭愧而对司马师心悦诚服。

> 习凿齿评论说:司马大将军以两次失败引咎自责,错误消弭而事业却兴隆了,真可谓智者之举。如果讳言失败推卸责任,归咎于各种原因,经常自伐其功而隐匿失误,使上上下下离心离德,各种人才分散解体,那谬误就太大了。身为君主之人,如果能掌握这个道理来治理国家,行动失误却名声远扬,兵力暂时受挫却能最终战胜敌人,那么即使失败一百次都无妨,何况只有两次呢!

4　光禄大夫张缉言于师曰："恪虽克捷,见诛不久。"师曰："何故?"缉曰："威震其主,功盖一国,求不死得乎!"

5　二月,吴军还自东兴。进封太傅恪阳都侯,加荆、扬州牧,督中外诸军事。恪遂有轻敌之心,复欲出军,诸大臣以为数出罢劳,同辞谏恪,恪不听。中散大夫蒋延固争,恪命扶出。因著论以谕众曰："凡敌国欲相吞,即仇雠欲相除也。有雠而长之,祸不在己,则在后人,不可不为远虑也。昔秦但得关西耳,尚以并吞六国。今以魏比古之秦,土地数倍;以吴与蜀,比古六国,不能半也。然今所以能敌之者,但以操时兵众,于今适尽,而后生者未及长大,正是贼衰少未盛之时。加司马懿先诛王凌,续自陨毙,其子幼弱而专彼大任,虽有智计之士,未得施用。当今伐之,是其厄会。圣人急于趋时,诚谓今日。若顺众人之情,怀偷安之计,以为长江之险可以传世,不论魏之终始而以今日遂轻其后,此吾所以长叹息者也! 今闻众人或以百姓尚贫,欲务闲息,此不知虑其大危而爱其小勤者也。昔汉祖幸已自有三秦之地,何不闭关守险以自娱乐,空出攻楚,身被创痍,介胄生虮虱,将士厌困苦,岂甘锋刃而忘安宁哉? 虑于长久不得两存者耳。每鉴荆邯说公孙述以进取之图,近见家叔父表陈与贼争竞之计,未尝不喟然叹息也! 夙夜反侧,所虑如此,故聊疏愚言,以达二三君子之末。若一朝陨没,志画不立,贵令来世知我所忧,可思于后耳。"众人虽皆心以为不可,然莫敢复难。

4　光禄大夫张缉对司马师说:"诸葛恪虽然获得了胜利,但离被诛杀却不远了。"司马师问道:"这是什么缘故?"张缉说:"他的声威震慑其君主,功劳盖过全国,想要求得不死,还可能吗?"

5　二月,吴国军队自东兴返回。进封太傅诸葛恪为阳都侯,并兼任荆州、扬州牧,都督中外诸军事。诸葛恪于是产生了轻敌之心,想要再度出兵,各位大臣认为频繁出兵会使军队疲惫不堪,就异口同声地劝谏诸葛恪,但诸葛恪不听。中散大夫蒋延仍坚持诤谏,但诸葛恪却命人把他架扶出去。诸葛恪因此事著文晓谕众人说:"凡是敌对国家都想互相吞并,也就是仇敌想要互相铲除。有仇敌而使之发展,祸患不在眼前,也会留给了后人,所以不能不深谋远虑。古时秦国只有关西之地,尚且能吞并六国。如今以魏国与古代的秦国相比,土地比秦多好几倍;以吴、蜀两国与古代六国相比,土地却不到六国的一半。然而今天我们之所以能与魏国对敌,只是因为曹操时期的军队到今天已经老弱不能打仗,而后来出生的人还没有长大,这正是敌人兵力微弱而未及强盛之时。再加上司马懿先诛杀了王凌,接着自己又死,他的儿子幼弱却专擅魏国的大权,虽然有聪明的谋士,却未能加以任用。如今去讨伐,正是他们的厄运到来之日。圣人急于把握时机,指的实在就是今天的这种情况。如果顺从众人之情,心怀苟且偷安的想法,认为长江天险可以世代传承,不考虑魏国全面的情况而只看现在的形势就轻视其以后的发展,这就是我一直为之难过叹息的原因!如今我听说有些人认为百姓还很贫穷,想要先从事休养生息之事,这是不知考虑其大的危害而只是怜惜其小的勤苦的想法。以前汉高祖刘邦幸运地占据了三秦之地,为什么他不闭关守住险要以自享娱乐,却偏要发动全部兵力去攻打西楚项羽,以至于身受创伤,甲胄里生满了虱子,将士们饱受艰难困苦,难道他甘心在刀剑里生活而忘记安宁了吗?这是因为考虑到天长日久他与项羽势不两存的缘故。每当我借鉴荆邯劝说公孙述锐意进取的图谋,以及近来见到家叔诸葛亮上表陈述与敌人竞争计策的时候,我都要喟然赞叹!我朝夕辗转反侧,所想的就是这些,因此姑且陈述我的浅见,以送达各位君子明鉴。如果一旦我死去,志向计划不能实现,重要的是让来世之人了解我所忧虑的事情,在我死后深入地思考此事。"众人虽然心里都认为他说得不对,但没有人再敢提出异议了。

丹阳太守聂友素与恪善，以书谏恪曰："大行皇帝本有遏东关之计，计未施行；今公辅赞大业，成先帝之志，寇远自送，将士凭赖威德，出身用命，一旦有非常之功，岂非宗庙神灵社稷之福邪！宜且按兵养锐，观衅而动。今乘此势欲复大出，天时未可而苟任盛意，私心以为不安。"恪题论后，为书答友曰："足下虽有自然之理，然未见大数，熟省此论，可以开悟矣。"

滕胤谓恪曰："君受伊、霍之托，入安本朝，出摧强敌，名声振于海内，天下莫不震动，万姓之心，冀得蒙君而息。今猥以劳役之后，兴师出征，民疲力屈，远主有备。若攻城不克，野略无获，是丧前劳而招后责也。不如按甲息师，观隙而动。且兵者大事，事以众济，众苟不悦，君独安之！"恪曰："诸云不可，皆不见计算，怀居苟安者也；而子复以为然，吾何望乎！夫以曹芳暗劣，而政在私门，彼之民臣，固有离心。今吾因国家之资，藉战胜之威，则何往而不克哉！"三月，恪大发州郡二十万众复入寇，以滕胤为都下督，掌统留事。

6　夏，四月，大赦。

7　汉姜维自以练西方风俗，兼负其才武，欲诱诸羌、胡以为羽翼，谓自陇以西，可断而有。每欲兴军大举，费祎常裁制不从，与其兵不过万人，曰："吾等不如丞相亦已远矣；丞相犹不能定中夏，况吾等乎！不如且保国治民，谨守社稷，如其功业，以俟能者，无为希冀徼幸，决成败于一举；若不如志，悔之无及。"及祎死，维得行其志，乃将数万人出石营，围狄道。

丹阳太守聂友平素与诸葛恪很有交情,就写信劝谏他说:"先帝本来有遏止东关之敌的计策,但没有施行;如今您总管全局,完成了先帝的心愿,敌人自远方前来送死,我军将士凭借威武德操,舍身拼命,一下子就取得了非常卓著的战功,这难道不是宗庙、神灵、社稷的福分吗?现在我们应当暂且按兵不动,养精蓄锐,伺察到敌国的祸乱再发动兵力。如今您乘此胜利之势想要再次大规模出兵,这是未得天时之利而随便按您个人的意旨行事,我内心深感不安。"诸葛恪在他的文章后面附了一封信回答聂友说:"您的话虽然符合自然之理,但却没有看到胜负存亡的大道理,您仔细阅读这篇文章,就可以明白了。"

滕胤对诸葛恪说:"您接受像伊尹、霍光那样的辅佐君王重托,内则安定我们的朝廷,出外则摧败强大的敌人,名声震慑海内,天下之人无不震动,万众之心,是希望蒙受您的恩德而休养生息。如今在繁重的劳役之后,又兴兵出征,人民疲惫不堪精力不足,而且远方的敌人也有了防备。如果城池不能攻破,掠夺地盘也没有收获,就会使前功尽弃而招致后来的责备。因此不如先按兵不动休养军队,然后伺察敌人的漏洞再发兵行动。而且兴兵打仗是件大事,只有依靠众人才能成功,众人如果不愿打仗,您独自一人能怎么办?"诸葛恪说:"众人说不可出兵,都未见有什么具体的计划打算,只是心怀苟且偷安的思想;而你又认为他们是对的,我还有什么指望?因曹芳昏庸无能,而使政权掌握在私人手中,魏国的臣民们必然产生离异之心。如今我凭借国家的资财,依仗上次战争胜利的威势,那么将无往而不胜!"三月,诸葛恪征发州郡之兵二十万人再次进犯魏国,任命滕胤为都下督,总管留守事宜。

6　夏季,四月,实行大赦。

7　汉将姜维自以为详熟西部风俗,再加上对自己的才华武学颇为自负,所以总想诱使各个羌、胡的部族成为自己的羽翼,他认为从陇地往西,都可以断为己有。每次他想要兴兵大举进攻,费祎就常常加以阻止,不听从他的主张,调给他的兵力也不足一万人,费祎说:"我们这些人比诸葛丞相差得远了;丞相尚且不能平定中原,更何况我们呢?所以我们不如先保国治民,谨守住自己的国土,至于建功立业扩大疆土,那就要等待有才能的人去干了。我们不要寄希望于侥幸,把成败系于一举,如果不能如愿以偿,后悔就来不及了。"等到费祎死后,姜维才得以实行他的计划,率兵将数万人从石营出发,围攻狄道县。

8　吴诸葛恪入寇淮南,驱略民人。诸将或谓恪曰:"今引军深入,疆埸之民,必相率远遁,恐兵劳而功少,不如止围新城,新城困,救必至,至而图之,乃可大获。"恪从其计,五月,还军围新城。

诏太尉司马孚督军二十万往赴之。大将军师问于虞松曰:"今东西有事,二方皆急,而诸将意沮,若之何?"松曰:"昔周亚夫坚壁昌邑而吴、楚自败,事有似弱而强,不可不察也。今恪悉其锐众,足以肆暴,而坐守新城,欲以致一战耳。若攻城不拔,请战不可,师老众疲,势将自走,诸将之不径进,乃公之利也。姜维有重兵而县军应恪,投食我麦,非深根之寇也。且谓我并力于东,西方必虚,是以径进。今若使关中诸军倍道急赴,出其不意,殆将走矣。"师曰:"善!"乃使郭淮、陈泰悉关中之众,解狄道之围;敕毌丘俭按兵自守,以新城委吴。陈泰进至洛门,姜维粮尽,退还。

扬州牙门将涿郡张特守新城,吴人攻之连月,城中兵合三千人,疾病战死者过半,而恪起土山急攻,城将陷,不可护。特乃谓吴人曰:"今我无心复战也。然魏法,被攻过百日而救不至者,虽降,家不坐;自受敌以来,已九十馀日矣,此城中本有四千馀人,战死者已过半,城虽陷,尚有半人不欲降,我当还为相语,条别善恶,明日早送名,且以我印绶去为信。"乃投其印绶与之。吴人听其辞而不取印绶。特乃投夜彻诸屋材栅,补其缺为二重,明日,谓吴人曰:"我但有斗死耳!"吴人大怒,进攻之,不能拔。

8　吴国的诸葛恪进犯淮南，驱杀掠夺百姓。将领中有人对诸葛恪说："如今率兵深入敌境，境内的百姓必然都一起远远地逃离了，恐怕我们的兵士费尽辛劳而功效甚少，不如仅围困新城，新城被困，必然会有救兵来，等救兵一到，再与他们交战，就可以大获全胜。"诸葛恪采纳了这个计策，五月，撤回军队围困新城。

诏命太尉司马孚率军二十万人奔赴战场。大将军司马师询问虞松说："如今东西都有战事，两个地方都很紧急，但诸位将领却意志沮丧，应该怎么办？"虞松说："从前西汉周亚夫坚守昌邑而吴、楚之军不战自败，有些事情看似很弱实际很强，所以不能不详察。如今诸葛恪带来他全部的精锐部队，足以肆意逞强施暴，但他却坐守新城，想要招来魏军与他一战。如果他不能攻破城池，请战也无人理睬，军队就会士气低落疲劳不堪，势必将自动撤退，诸位将领不愿径直进击，对我们反而是有利的。姜维握有重兵，但却是深入我境的孤军与诸葛恪遥相呼应，他们没有运粮部队，只以我们境内的麦子为食，不是能坚持长久作战的军队。而且他认为我们全力投入东方的战斗，西方必定空虚，所以径直深入我方境内。现在如果令关中各军日夜兼程快速奔赴前线，出其不意地攻打姜维，他大概就要撤走了。"司马师说："好！"于是命令郭淮、陈泰率领关中全部军队，去解救狄道的围困；命令毌丘俭按兵不动坚守营地，而把新城交给吴国去围攻。陈泰行军至洛门，姜维粮尽，只好撤退。

扬州牙门将涿郡人张特守卫新城，吴国人连月攻打，城中兵士共三千人，疾病战死者超过了一半，而诸葛恪又堆起了土山猛烈进攻，新城将要失陷，不能再守护了。于是张特对吴国人说："现在我已经无心再战了。但魏国法律规定，被围攻超过百日而救兵仍然未至者，虽然投降，其家属也不治罪；我自受围攻以来，已经九十多天了，这城中本来有四千多人，战死者已超过一半，城虽然失陷，但还有一半人不愿投降，我要回去劝说他们，逐条辨别好坏，明天一早送名单过来，请先把我的印绶拿去当做信物。"随即把他的印绶扔给了吴人。吴人听信了他的话而没要他的印绶。于是张特连夜拆除城内房屋的木材，修补加固城墙缺口成为双重防护，第二天，对吴人说："我只有战斗而死，决不投降！"吴人愤怒至极，加紧攻城，但却不能攻克。

会大暑,吴士疲劳,饮水,泄下、流肿,病者太半,死伤涂地。诸营吏日白病者多,恪以为诈,欲斩之,自是莫敢言。恪内惟失计,而耻城不下,忿形于色。将军朱异以军事迕恪,恪立夺其兵,斥还建业。都尉蔡林数陈军计,恪不能用,策马来奔。诸将伺知吴兵已疲,乃进救兵。秋,七月,恪引军去,士卒伤病,流曳道路,或顿仆坑壑,或见略获,存亡哀痛,大小嗟呼。而恪晏然自若,出住江渚一月,图起田于浔阳,诏召相衔,徐乃旋师。由是众庶失望,怨讟兴矣。

汝南太守邓艾言于司马师曰:"孙权已没,大臣未附,吴名宗大族皆有部曲,阻兵仗势,足以违命。诸葛恪新秉国政,而内无其主,不念抚恤上下以立根基,竞于外事,虚用其民,悉国之众,顿于坚城,死者万数,载祸而归,此恪获罪之日也。昔子胥、吴起、商鞅、乐毅皆见任时君,主没犹败,况恪才非四贤,而不虑大患,其亡可待也。"

八月,吴军还建业,诸葛恪陈兵导从,归入府馆,即召中书令孙嘿,厉声谓曰:"卿等何敢数妄作诏!"嘿惶惧辞出,因病还家。

恪征行之后,曹所奏署令长职司,一更罢选,愈治威严,多所罪责,当进见者无不竦息。又改易宿卫,用其亲近;复敕兵严,欲向青、徐。

当时天气十分炎热，吴国士兵疲劳不堪，饮用了不洁净的水，造成了腹泻、浮肿病流行，生病者过半，死伤之人满地都是。各兵营的官吏每天都报告生病者太多，诸葛恪认为他们谎报，要杀掉他们，从此没有人敢再说了。诸葛恪心中没有良策，又耻于攻城不下，所以忿恨之情常流露于外表。将军朱异在军事上与诸葛恪发生抵触，诸葛恪就立刻夺去他的兵权，驱逐他回建业。都尉蔡林多次提出军事计策，诸葛恪都不采纳，结果蔡林骑马逃走投降魏国。魏国将领伺察了解到吴国兵士已疲惫不堪，于是发出救兵。秋季，七月，诸葛恪率军退却，那些受伤生病的士卒流落在道路上，艰难地互相扶持着行走，有的人困顿地倒毙于沟中，有的人则被俘获，全军上下沉浸在哀痛悲叹之中。但诸葛恪却安然自若，外出在江中小洲上住了一月，还计划在浔阳地区开发田地，后来召他回去的诏书接连不断，他才慢慢地返回。从此他在群臣百姓中失去威望，人们对他的怨恨之言也越来越多。

汝南太守邓艾对司马师说："孙权已经死了，大臣们尚未顺从新朝廷，吴国著名的大宗族都有自己的私人军队，可以对抗国家军队依仗权势行事，足可以违抗朝廷命令。诸葛恪新近才执掌国政，而朝内又没有明君，诸葛恪也不想着抚恤关怀上下臣民以树立治国的根基，却热衷于对外战争，肆虐地役使人民，把全国的军队，困顿在坚固的城下，死伤数万人，结果遭受重创失败而归，这就是诸葛恪获罪的时候了。古时的伍子胥、吴起、商鞅、乐毅都受到了君主的信任，但君主死后他们仍然失败了，更何况诸葛恪的才能比不上这四个贤人，而且他也不顾虑大的忧患，所以诸葛恪的败亡指日可待。"

八月，吴国军队回到建业，诸葛恪让兵士排成队列，前有引导后有随从地步入府邸，刚到家就立刻召来中书令孙嘿，厉声申斥他说："你们怎么敢屡次妄作诏书！"孙嘿十分恐惧地告辞出来，托病返回家中。

诸葛恪出征回来之后，选曹所奏请的各机构选任的官吏，一概不用，重新选取，治事愈来愈威严，被治罪和受责备的人很多，该去进见诸葛恪的人没有不胆战心惊、唉声叹气的。诸葛恪又更换宫中侍卫，全部选用他的亲近之人；又下令让军队加紧备战，想要出兵攻打青州、徐州。

孙峻因民之多怨,众之所嫌,构恪于吴主,云欲为变。冬,十月,孙峻与吴主谋置酒请恪。恪将入之夜,精爽扰动,通夕不寐;又,家数有妖怪,恪疑之。旦日,驻车宫门,峻已伏兵于帷中,恐恪不时入,事泄,乃自出见恪曰:"使君若尊体不安,自可须后,峻当具白主上。"欲以尝知恪意,恪曰:"当自力入。"散骑常侍张约、朱恩等密书与恪曰:"今日张设非常,疑有他故。"恪以书示滕胤,胤劝恪还。恪曰:"儿辈何能为!正恐因酒食中人耳。"恪入,剑履上殿,进谢还坐。设酒,恪疑未饮。孙峻曰:"使君病未善平,有常服药酒,可取之。"恪意乃安。别饮所赍酒,数行,吴主还内;峻起如厕,解长衣,着短服,出曰:"有诏收诸葛恪。"恪惊起,拔剑未得,而峻刀交下,张约从旁斫峻,裁伤左手,峻应手斫约,断右臂。武卫之士皆趋上殿,峻曰:"所取者恪也,今已死!"悉令复刃,乃除地更饮。恪二子竦、建闻难,载其母欲来奔,峻使人追杀之。以苇席裹恪尸,篾束腰,投之石子冈。又遣无难督施宽就将军施绩、孙壹军,杀恪弟奋威将军融于公安,及其三子。恪外甥都乡侯张震、常侍朱恩,皆夷三族。

临淮臧均表乞收葬恪曰:"震雷电激,不崇一朝;大风冲发,希有极日;然犹继之以云雨,因以润物。是则天地之威,不可经日浃辰;帝王之怒,不宜讫情尽意。臣以狂愚,

孙峻因为臣民百姓大都怨恨嫌恶诸葛恪,就在吴主面前诬陷诸葛恪,说他想要发动叛乱。冬季,十月,孙峻与吴主密谋摆酒宴请诸葛恪,准备届时杀之。诸葛恪将要赴宴的前一天晚上,精神躁动不安,整夜都不能入睡;另外,家里又发生了几次怪异之事,诸葛恪起了疑心。第二天,诸葛恪把车停在宫门,当时孙峻已经在帷帐之中设下伏兵,唯恐诸葛恪不按时进来使事情泄露,于是就亲自出来见诸葛恪说:"您如果贵体欠安,可以等以后再说,我会把情况禀告主上的。"他说这话实际是想探试诸葛恪的态度,诸葛恪说:"我要坚持着进去见主上。"当时散骑常侍张约、朱恩等人写密信给诸葛恪说:"今日宫内的陈设不同一般,我们怀疑有其他变故。"诸葛恪把密信给滕胤看,滕胤劝诸葛恪回府。诸葛恪说:"这些小辈能干什么?恐怕他们是在酒食中下毒来害人而已。"诸葛恪进入宫内,带着剑走上殿,上前谢过主上,回来坐在座位上。摆上酒宴,诸葛恪因有疑心就不饮其酒。孙峻说:"您的病没有大好,如果有常服的药酒,就请派人取来。"诸葛恪这才安了心。诸葛恪喝着自己人送来的酒,喝了几杯之后,吴主回到内室;这时孙峻也起来上厕所,在那儿脱下长衣,换上短衣服,一出来就喊道:"主上有诏命立即拘捕诸葛恪!"诸葛恪慌忙站起,还没拔出剑而孙峻的刀已经砍了下来,张约从旁边刀劈孙峻,但只伤及左手,孙峻却回手砍断了张约的右臂。这时,宫内的卫兵都跑上殿来,孙峻说:"今天要杀的只是诸葛恪,现在他已经死了。"然后命令卫兵全都把刀收起来,又把地方清除打扫一番重新开筵。诸葛恪的两个儿子诸葛竦和诸葛建听说其父遭了难,就用车拉起母亲想要投奔魏国,孙峻派人追赶并杀掉了他们。又命令用芦席裹住诸葛恪的尸体,中间用竹篾一捆,扔到了石子冈。另外派遣无难督施宽借用将军施绩、孙壹的军队,在公安县杀了诸葛恪的弟弟奋威将军诸葛融和他的三个儿子。诸葛恪的外甥都乡侯张震、常侍朱恩也都被诛灭三族。

临淮人臧均上表请求收拾诸葛恪尸骨并加以安葬说:"电闪雷鸣,不会在整个早晨都连续不断;狂风怒吼,也很少终日不停;雷电狂风过后还会有和风细雨,滋润万物。因此天地的威严不会整日整夜连绵不断地施展;帝王的怒气也不应毫无约束地发散。我以狂妄愚鲁的态度,

不知忌讳,敢冒破灭之罪以邀风雨之会。伏念故太傅诸葛恪,罪积恶盈,自致夷灭,父子三首,枭市积日,观者数万,喜声成风;国之大刑,无所不震,长老孩幼,无不毕见。人情之于品物,乐极则哀生,见恪贵盛,世莫与贰,身处台辅,中间历年,今之诛夷,无异禽兽,观讫情反,能不憯然!且已死之人,与土壤同域,凿掘斫刺,无所复加。愿圣朝稽则乾坤,怒不极旬,使其乡邑若故吏民收以士伍之服,惠以三寸之棺。昔项籍受殡葬之施,韩信获收敛之恩,斯则汉高发神明之誉也。惟陛下敦三皇之仁,垂哀矜之心,使国泽加于辜戮之骸,复受不已之恩,于以扬声遐方,沮劝天下,岂不大哉!昔栾布矫命彭越,臣窃恨之,不先请主上而专名以肆情,其得不诛,实为幸耳。今臣不敢章宣愚情以露天恩,谨伏手书,冒昧陈闻,乞圣明哀察。"于是吴主及孙峻听恪故吏敛葬。

　　初,恪少有盛名,大帝深器重之,而恪父瑾常以为戚,曰:"非保家之主也。"父友奋威将军张承亦以为恪必败诸葛氏。陆逊尝谓恪曰:"在我前者吾必奉之同升,在我下者则扶接之;今观君气陵其上,意蔑乎下,非安德之基也。"汉侍中诸葛瞻,亮之子也。恪再攻淮南,越巂太守张嶷与瞻书曰:"东主初崩,帝实幼弱,太傅受寄托之重,亦何容易!亲有周公之才,犹有管、蔡流言之变,霍光受任,亦有燕、盖、上官逆乱之谋,赖成、昭之明以免斯难耳。

不避忌讳,胆敢冒着破家灭身之罪,像祈求上天降下和风细雨一样施予恩惠。臣下想到已故太傅诸葛恪,罪恶满盈,自己招致了诛灭三族的结果,他们父子三人的首级被砍下示众也有不少天了,观看者有数万人,咒骂他们的声音也如风四起;国家的大刑震慑了各个地方,就连老人孩童也全都见到了。人情对于万物,往往是乐极生哀,看到诸葛恪在尊贵全盛之时,世上没有人能与他相比,身居三公宰相的高位,经历多年,而如今被诛杀灭族,却无异于禽兽,察尽人情的反复,怎能不令人悲伤!而且他是已经死去之人,应埋葬于地下,没有必要再对他砍凿击刺。希望圣明的朝廷,效法天地,发怒不超过十日,让他的乡里之民或手下故吏用普通士卒的丧服为他收尸,再恩准他殓入三寸薄棺。从前项籍曾受到隆重的葬礼待遇,韩信也曾得到入殓安葬的恩惠,这都是汉高祖被誉为光大神明的举动。陛下如果勉行三皇的仁慈,发显哀怜之心,使国家的恩泽施加于因罪被杀者的尸骸,再次让他得到不尽的恩惠,从此仁德的声名扬于远方,使天下劝善惩恶,这难道还不伟大吗?从前汉代的栾布故意违背成命,向彭越的首级禀奏并祭祀。我对栾布的做法极为不满。他不先请求主上的恩典,而擅自肆意发泄自己的情感,他能够不受诛杀,实在是万幸之事。如今我不敢明白地表达自己的情感来显露圣上的恩赐,只能恭敬地写信上书,冒昧地向您陈述我的意见,请求圣明天子爱怜而体察臣下之心。"后来吴主和孙峻下令准许诸葛恪过去的部下把他收敛安葬。

当初,诸葛恪少年即名声大振,吴大帝孙权非常器重他,而他的父亲诸葛瑾常为此事悲伤,说:"他不是保护家族的主人。"诸葛瑾的朋友张承也认为诸葛恪必将毁坏诸葛氏家族。陆逊曾对诸葛恪说:"在我前面的人,我必然尊奉他,与他共同升迁;在我之下者,我就去扶持接引他。如今我看你气势凌驾于你前面的人,心意中又蔑视在你之下的人,这不是安定功德的根基。"蜀汉的侍中诸葛瞻,是诸葛亮之子。诸葛恪再次攻打淮南时,越巂太守张嶷给诸葛瞻写信说:"吴主刚刚逝世,现在的皇帝实在太年幼怯弱,太傅诸葛恪承受辅政托孤的重担,又谈何容易!以周公之才且有亲戚关系,来摄理朝政,仍然会有管叔、蔡叔散布流言发动叛乱,霍光受命摄理朝政,也有燕王刘旦、盖主和上官桀等人阴谋陷害霍光篡其权位的活动,他们依赖周成王、汉昭帝的圣明才得以免遭危难。

昔每闻东主杀生赏罚,不任下人,又今以垂没之命,卒召太傅,属以后事,诚实可虑。加吴、楚剽急,乃昔所记,而太傅离少主,履敌庭,恐非良计长算也。虽云东家纲纪肃然,上下辑睦,百有一失,非明者之虑也。取古则今,今则古也,自非郎君进忠言于太傅,谁复有尽言者邪!旋军广农,务行德惠,数年之中,东西并举,实为不晚,愿深采察!"恪果以此败。

吴群臣共议上奏,推孙峻为太尉,滕胤为司徒。有媚峻者言曰:"万机宜在公族,若承嗣为亚公,声名素重,众心所附,不可量也。"乃表峻为丞相、大将军,督中外诸军事,又不置御史大夫,由是士人失望。滕胤女为恪子竦妻,胤以此辞位。孙峻曰:"鲧、禹罪不相及,滕侯何为!"峻与胤虽内不沾洽,而外相苞容,进胤爵高密侯,共事如前。

齐王奋闻诸葛恪诛,下住芜湖,欲至建业观变。傅相谢慈等谏,奋杀之,坐废为庶人,徙章安。

南阳王和妃张氏,诸葛恪之甥也。先是恪有迁都之意,使治武昌宫,民间或言恪欲迎和立之。及恪被诛,丞相峻因此夺和玺绶,徙新都,又遣使者追赐死。初,和姬何氏生子皓,诸姬子德、谦、俊。和将死,与张妃别,妃曰:"吉凶当相随,终不独生。"亦自杀。何姬曰:"若皆从死,谁当字孤!"遂抚育皓及其三弟,皆赖以获全。

以前常听说吴主生杀赏罚的大权，从不交给下人，如今却在垂死之时，终于召来太傅，把后事托付给他，这实在令人忧虑。另外从以前的记载看，吴、楚地方的人性格轻浮急躁，但太傅却远离年幼的君主，深入敌国境内，这恐怕不是良好而长远的计策。虽然说东吴国家纲纪整肃，君臣上下和睦相处，但百事中即使有一次失误，也不是明智者的谋略。用古事来衡量今天的事情，则今事如同古事一样，如果您不向太傅进献忠言，还有谁能直言相告呢？希望您能劝他撤回军队扩展农业，致力于推行仁德恩惠，数年之中，我们东西两国再同时大举进攻魏国，也不算晚，希望您深刻地考虑和采纳我的建议！"后来诸葛恪果然如张嶷所言而失败。

吴国的群臣共同建议奏明圣上，推举孙峻为太尉，滕胤为司徒。有个向孙峻献媚的人说："政务的权柄应由您这一派的人掌握，如果滕胤当了司徒，地位仅次于太尉，而且他声名卓著，众人之心都归附他，那么他日后的势力则不可估量。"于是又上表请任命孙峻为丞相、大将军，都督中外诸军事，却不设置协助丞相管理政务的御史大夫，因此士人见其如此专权都大失所望。滕胤的女儿是诸葛恪之子诸葛竦的妻子，滕胤以此为由想要辞职。孙峻对他说："鲧之罪不会牵连到禹，你何必这样呢？"孙峻和滕胤虽然内心不甚融洽，但表面上却能互相包容，于是进封滕胤为高密侯，两人像以前一样一起共事。

齐王孙奋听说诸葛恪被诛杀，于是移居芜湖，想要到建业去观察事态变化。傅相谢慈等人劝谏他不要去，孙奋就把谢慈杀掉了，朝廷得知后，把孙奋废黜为庶民，徙居章安县。

南阳王孙和的妃子张氏，是诸葛恪的外甥女。早先诸葛恪有迁都的打算，就让孙和去修建武昌宫，民间有谣传说诸葛恪想要迎立孙和为天子。诸葛恪被诛之后，丞相孙峻就因此事夺去了孙和的印玺，徙居到新都，又派使者随后追去赐死孙和。当初，孙和之妾何氏生了儿子孙晧，其他姬妾生的儿子有孙德、孙谦、孙俊。孙和将死时，与张妃诀别，张妃说："无论吉凶祸福，我当永远相随，决不独自活着。"然后也自杀而死。何姬说："如果都相从而死，谁来抚养孤儿呢？"于是就抚育孙晧和他的三个弟弟，这些孩子都依靠她才得以生存下来。

高贵乡公上

正元元年（甲戌，254）

1　春，二月，杀中书令李丰。初，丰年十七八，已有清名，海内翕然称之。其父太仆恢不愿其然，敕使闭门断客。曹爽专政，司马懿称疾不出，丰为尚书仆射，依违二公间，故不与爽同诛。丰子韬，以选尚齐长公主。司马师秉政，以丰为中书令。是时，太常夏侯玄有天下重名，以曹爽亲，不得在势任，居常怏怏；张缉以后父去郡家居，亦不得意；丰皆与之亲善。师虽擢用丰，丰私心常在玄。丰在中书二岁，帝数召丰与语，不知所说。师知其议己，请丰相见以诘丰，丰不以实告；师怒，以刀镮筑杀之，送尸付廷尉，遂收丰子韬及夏侯玄、张缉等皆下廷尉，锺毓按治，云："丰与黄门监苏铄，永宁署令乐敦，冗从仆射刘贤等谋曰：'拜贵人日，诸营兵皆屯门，陛下临轩，因此同奉陛下，将群僚人兵，就诛大将军；陛下傥不从人，便当劫将去耳。'"又云："谋以玄为大将军，缉为车骑将军；玄、缉皆知其谋。"庚戌，诛韬、玄、缉、铄、敦、贤，皆夷三族。

夏侯霸之入蜀也，邀玄欲与之俱，玄不从。及司马懿薨，中领军高阳许允谓玄曰："无复忧矣！"玄叹曰："士宗，卿何不见事乎！此人犹能以通家年少遇我，子元、子上不吾容也。"及下狱，玄不肯下辞，锺毓自临治之。玄正色责毓曰："吾当何罪！卿为令史责人也，卿便为吾作！"毓以玄名士，节高，不可屈，而狱当竟，夜为作辞，令与事相附，流涕以示玄；玄视，颔之而已。及就东市，颜色不变，举动自若。

高贵乡公上
魏高贵乡公正元元年(甲戌,公元254年)

1 春季,二月,魏国杀中书令李丰。当初,李丰十七八岁时,已经颇有清雅之名,海内人士交口称誉。他的父亲太仆李恢不愿让他这样,就令他闭门谢客,不与人往来。曹爽独揽朝政时,司马懿称病不出,当时李丰任尚书仆射,就在曹爽、司马懿二人之中周旋反复,因此没有与曹爽一起被诛杀。李丰的儿子李韬,已被选中做齐长公主的驸马。司马师主持朝政时,任命李丰为中书令。当时,太常夏侯玄在天下极有威望,但因为与曹爽是亲戚,不能担任有权势的职位,平时常常怏怏不乐;张缉因为是皇后之父而离开郡守闲居在家,他也很不得意;李丰与夏侯玄和张缉关系十分亲密。司马师虽然提拔了李丰,但李丰心里更看重夏侯玄。李丰担任中书令的两年中,皇帝多次召见李丰一起交谈,但不知说了些什么。司马师知道他们是在议论自己,所以请李丰来相见,向他询问,但李丰却不以实言相告;司马师勃然大怒,就用刀把上的铁环捶死了李丰,把尸体送交廷尉,接着又逮捕了李丰之子李韬和夏侯玄、张缉等人,都送交廷尉收监,钟毓负责审讯治狱,他说:"李丰与黄门监苏铄、永宁宫署令乐敦,冗从仆射刘贤等人阴谋策划说:'迎娶公主的那天,各营的兵力都把守在宫门口,陛下临近前廊时,借此机会共同挟持陛下,再率领众官兵士,近前去诛杀大将军;陛下如果不听从他们,就要挟持着他离开。'"又说:"他们阴谋商定以夏侯玄为大将军,张缉为车骑将军;夏侯玄、张缉都知道这个阴谋。"庚戌(二十二日),诛杀李韬、夏侯玄、张缉、苏铄、乐敦、李贤等人,并诛灭他们的三族。

夏侯霸投奔蜀国时,曾邀请夏侯玄和他一同去,但夏侯玄没有听从。等司马懿死时,中领军、高阳人许允对夏侯玄说:"以后不用再忧虑了!"夏侯玄叹道:"士宗啊,你怎么不明事理呢? 司马懿还是能以世代交好的少年时的朋友来对待我,而司马师、司马昭就不会容我了。"入狱之后,夏侯玄不肯招供,钟毓亲自去处理。夏侯玄表情严肃地斥责钟毓说:"我有什么罪! 你身为公府令史亲自来责问我,那你就替我写!"钟毓认为夏侯玄是著名人士,志节清高,不可屈服,但案子要了结,于是连夜为他写了供状,使与所按察之事相附和,然后流着眼泪给夏侯玄看;夏侯玄看后,只是微微点了点头而已。等到推到东市斩首,他仍然面不改色,举动自如。

李丰弟翼，为兖州刺史，司马师遣使收之。翼妻荀氏谓翼曰："中书事发，可及诏书未至赴吴，何为坐取死亡！左右可同赴水火者为谁？"翼思未答，妻曰："君在大州，不知可与同死生者，虽去亦不免！"翼曰："二儿小，吾不去，今但从坐身死耳，二儿必免。"乃止，死。

初，李恢与尚书仆射杜畿及东安太守郭智善。智子冲，有内实而无外观，州里弗称也。冲尝与李丰俱见畿，既退，畿叹曰："孝懿无子；非徒无子，殆将无家。君谋为不死也，其子足继其业。"时人皆以畿为误，及丰死，冲为代郡太守，卒继父业。

正始中，夏侯玄、何晏、邓飏俱有盛名，欲交尚书郎傅嘏，嘏不受。嘏友人荀粲怪而问之，嘏曰："太初志大其量，能合虚声而无实才。何平叔言远而情近，好辩而无诚，所谓利口覆邦国之人也。邓玄茂有为而无终，外要名利，内无关钥，贵同恶异，多言而妒前；多言多衅，妒前无亲。以吾观此三人者，皆将败家；远之犹恐祸及，况昵之乎！"嘏又与李丰不善，谓同志曰："丰饰伪而多疑，矜小智而昧于权利，若任机事，其死必矣！"

2　辛亥，大赦。

3　三月，废皇后张氏。夏，四月，立皇后王氏，奉车都尉夔之之女也。

4　狄道长李简密书请降于汉。六月，姜维寇陇西。

李丰的弟弟李翼,是兖州刺史,司马师派人去逮捕他。李翼的妻子荀氏对他说:"中书令出了事,你可在诏书未到之前跑到吴国去,为什么要坐着等死!你的左右有谁能与你一起赴汤蹈火?"李翼想了想没有回答,他妻子说:"你身在大州,却不知有谁能与你同生共死,你虽然离去也不免一死!"李翼说:"两个儿子还小,我不能走,如今只是我一人受牵连而死,两个儿子必能获免。"终于没有逃走,被杀而死。

当初,李恢与尚书仆射杜畿和东安太守郭智是好朋友。郭智的儿子郭冲,有内秀而外表不漂亮,州里没有人称赞他。郭冲曾与李丰一起去看望杜畿,走了之后,杜畿叹道:"李恢没有儿子了;不仅没有儿子,恐怕也将要没有家了。郭智却是死不了的,他的儿子足以继承父业。"当时人都认为杜畿说得不对,等李丰死时,郭冲则当了代郡太守,终于继承了父业。

正始年间,夏侯玄、何晏、邓飏都很有名气,他们想要结交尚书郎傅嘏,但傅嘏却不接受。傅嘏的朋友荀粲奇怪地问他何以如此,傅嘏说:"夏侯玄的志向超过了其能力,他能符合虚有的声名却没有实际的才干。何晏话说得很高远而情感却很浅近,喜好辩论却没有真诚,这就是所谓口齿伶俐却会颠覆邦国的人。邓飏有所作为但最终没有成就,他在外邀取名利,而内心却毫无节制,喜欢与自己相同的观点而讨厌与自己不同的意见,多嘴多舌而且嫉妒超过自己的人;多嘴多舌就会造成很多矛盾,嫉妒超过自己的人就会失去亲近的朋友。以我看这三个人都将要家败族灭,我远远地避开他们还恐怕会招惹灾祸,更何况与他们亲近呢?"傅嘏又与李丰不和,曾对朋友说:"李丰善于掩饰其虚伪而且生性多疑,沾沾自喜于小聪明而又热衷于权利,如果让他掌管机密要事,那么他被杀是必定无疑的!"

2 辛亥(二十三日),实行大赦。

3 三月,魏国废掉皇后张氏。夏季,四月,立皇后王氏,王皇后是奉车都尉王夔之的女儿。

4 狄道的官长李简写密信给蜀汉,请求投降。六月,姜维率军进犯陇西。

5　中领军许允素与李丰、夏侯玄善。秋,允为镇北将军、假节、都督河北诸军事。帝以允当出,诏会群臣,帝特引允以自近;允当与帝别,涕泣歔欷。允未发,有司奏允前放散官物,收付廷尉,徙乐浪,未至,道死。

6　吴孙峻骄矜淫暴,国人侧目。司马桓虑谋杀峻,立太子登之子吴侯英;不克,皆死。

7　帝以李丰之死,意殊不平。安东将军司马昭镇许昌,诏召之使击姜维。九月,昭领兵入见,帝幸平乐观以临军过。左右劝帝因昭辞,杀之,勒兵以退大将军;已书诏于前,帝惧,不敢发。

昭引兵入城,大将军师乃谋废帝。甲戌,师以皇太后令召群臣会议,以帝荒淫无度,亵近倡优,不可以承天绪。群臣皆莫敢违。乃奏收帝玺绶,归藩于齐。使郭芝入白太后,太后方与帝对坐,芝谓帝曰:"大将军欲废陛下,立彭城王据!"帝乃起去。太后不悦。芝曰:"太后有子不能教,今大将军意已成,又勒兵于外以备非常,但当顺旨,将复何言!"太后曰:"我欲见大将军,口有所说。"芝曰:"何可见邪!但当速取玺绶!"太后意折,乃遣傍侍御取玺绶著坐侧。芝出报师,师甚喜。又遣使者授帝齐王印绶,出就西宫。帝与太后垂涕而别,遂乘王车,从太极殿南出,群臣送者数十人,司马孚悲不自胜,馀多流涕。

5　中领军许允平时与李丰、夏侯玄交好。秋季,许允任镇北将军、持都督符节、都督河北诸军事。魏帝认为许允应当居住在外,于是诏令群臣集会,魏帝特地把许允拉到自己身旁谈话;许允在与魏帝告别时,泪流满面哀叹着不忍离去。许允还没走,有司就奏告说许允以前曾随便散发官用物品,于是就把他逮捕交付廷尉处理,后又把他押送到乐浪,还没有到达就死在路上。

6　吴国的孙峻骄横傲慢淫乱残暴,国人都对他侧目而视愤恨至极。任司马的桓虑谋划要杀掉孙峻,立太子孙登之子吴侯孙英为君;没有成功,参与者都被处死。

7　魏帝对李丰之死,心中颇为愤愤不平。安东将军司马昭镇守许昌,诏令召派他领兵去攻打姜维。九月,司马昭领兵来晋见魏帝,魏帝到平乐观检阅他的军队。左右之人劝魏帝借司马昭辞行的机会,杀掉他,然后再领兵击退大将军司马师;在此之前已经写好诏书,但魏帝害怕,不敢发。

司马昭领兵入城,大将军司马师就策划废掉魏帝。甲戌(十九日),司马师假传皇太后的命令召集群臣开会议论,以魏帝荒淫无度,宠幸亲近歌舞艺人为理由,认为他不能再承担帝王的重任了。群臣都不敢反对。于是上奏章要没收魏帝的御玺,贬为齐王。又让郭芝入宫告诉太后,太后正在与魏帝对坐闲谈,郭芝就对魏帝说:"大将军想要废掉陛下,立彭城王曹据为帝!"魏帝站起来就走了。太后很不高兴。郭芝说:"太后有儿子却不能教育,现在大将军主意已定,又领兵在外以防备非常事变,只能顺着他的旨意,还有什么可说的!"太后说:"我要见大将军,有话对他说。"郭芝说:"有什么可见的!现在只应该快点取来御玺!"太后无奈,就让身边的侍从官取来御玺放在座位旁。郭芝出来报告司马师,司马师很高兴。又派使者把齐王之印授给魏帝,让他出来住在西宫。魏帝与太后垂泪而别,然后乘坐诸侯王的车子,从太极殿出来往南而行,群臣出来送别的有数十人,司马孚悲痛欲绝,其他人也都挥泪相送。

师又使使者请玺绶于太后。太后曰："彭城王,我之季叔也,今来立,我当何之! 且明皇帝当永绝嗣乎? 高贵乡公,文帝之长孙,明皇帝之弟子,于礼,小宗有后大宗之义,其详议之。"丁丑,师更召群臣,以太后令示之,乃定迎高贵乡公髦于元城。髦者,东海定王霖之子也,时年十四,使太常王肃持节迎之。师又使请玺绶,太后曰："我见高贵乡公,小时识之,我自欲以玺绶手授之。"冬,十月己丑,高贵乡公至玄武馆,群臣奏请舍前殿,公以先帝旧处,避止西厢;群臣又请以法驾迎,公不听。庚寅,公入于洛阳,群臣迎拜西掖门南,公下舆答拜,傧者请曰:"仪不拜。"公曰:"吾人臣也。"遂答拜。至止车门下舆,左右曰:"旧乘舆入。"公曰:"吾被皇太后征,未知所为。"遂步至太极东堂,见太后。其日,即皇帝位于太极前殿,百僚陪位者皆欣欣焉。大赦,改元。为齐王筑宫于河内。

8 汉姜维自狄道进拔河关、临洮。将军徐质与战,杀其荡寇将军张嶷,汉兵乃还。

9 初,扬州刺史文钦,骁果绝人,曹爽以其乡里故爱之。钦恃爽势,多所陵傲。及爽诛,钦已内惧,又好增虏级以邀功赏,司马师常抑之,由是怨望。镇东将军毌丘俭素与夏侯玄、李丰善,玄等死,俭亦不自安,乃以计厚待钦。俭子治书侍御史甸谓俭曰:"大人居方岳重任,国家倾覆而晏然自守,将受四海之责矣!"俭然之。

司马师又派使者向太后索要御玺。太后说:"彭城王是我的小叔,他立为天子,我该到哪儿去?再说明皇帝难道就永绝后嗣了吗?高贵乡公是文皇帝的长孙,明皇帝弟弟的儿子,按照礼制,可以选择小宗的后代来继承大宗的统绪,你们再详细议论议论。"丁丑(二十二日),司马师再次召集群臣,把太后的命令给他们看,然后决定到元城迎接高贵乡公曹髦。曹髦是东海定王曹霖之子,当时年仅十四岁,所以让太常王肃持符节去迎接他。司马师又派人向太后要御玺,太后说:"我要见高贵乡公,他小的时候我就认识他了,我想亲手把御玺授给他。"冬季,十月己丑(初四),高贵乡公到达玄武馆,群臣上奏请求让他住在前殿,高贵乡公认为那是先帝的旧居,就避开前殿而住到西厢;群臣又请求让朝内用皇帝的车驾来迎接,高贵乡公不听。庚寅(初五),高贵乡公进入洛阳,群臣在西掖门南边跪拜迎接,高贵乡公也下车答拜,司仪对他说:"按照礼仪不必答拜。"高贵乡公说:"我也是天子之臣,怎能不拜?"于是就下车答拜。到了止车门高贵乡公下了车,左右之人说:"按旧仪您可乘车进入。"高贵乡公说:"我受到皇太后的征召,还不知干什么呢。"然后就步行到太极东堂,拜见太后。当天,高贵乡公在太极前殿即皇帝位,出席的文武百官都十分喜悦。然后实行大赦,改年号为正元。又在河内郡为齐王建造了宫室。

　　8　蜀汉的姜维从狄道进军攻克河关和临洮。将军徐质与之交战,杀了蜀汉的荡寇将军张嶷,蜀汉军队随即撤回。

　　9　当初,扬州刺史文钦,骁勇果敢超过他人,曹爽因与他同乡,所以非常器重他。文钦依仗曹爽的权势,也盛气凌人狂傲不驯。曹爽被杀后,文钦内心十分恐惧,又喜好虚报俘虏斩获的数目以邀功求赏,司马师常常约束遏制他,因此他对司马师十分怨恨。镇东将军毌丘俭平素与夏侯玄、李丰交往甚密,夏侯玄等人被杀之后,毌丘俭内心也惴惴不安,于是就设计谋,拉拢文钦,给他丰厚的待遇。毌丘俭的儿子治书侍御史毌丘甸对其父说:"您担当国家一个方面的重大责任,如果国家覆没灭亡而您却安然无恙自守一方,那将受到天下人的责难!"毌丘俭认为他说得很对。

二年(乙亥,255)

1 春,正月,俭、钦矫太后诏,起兵于寿春,移檄州郡以讨司马师,乃表言:"相国懿,忠正,有大勋于社稷,宜宥及后世,请废师,以侯就第,以弟昭代之。太尉孚,忠孝小心,护军望,忠公亲事,皆宜亲宠,授以要任。"望,孚之子也。俭又遣使邀镇南将军诸葛诞,诞斩其使。俭、钦将五六万众渡淮,西至项;俭坚守,使钦在外为游兵。

司马师问计于河南尹王肃,肃曰:"昔关羽虏于禁于汉滨,有北向争天下之志,后孙权袭取其将士家属,羽士众一旦瓦解。今淮南将士父母妻子皆在内州,但急往御卫,使不得前,必有关羽土崩之势矣。"时师新割目瘤,创甚,或以为大将军不宜自行,不如遣太尉孚拒之。唯王肃与尚书傅嘏、中书侍郎锺会劝师自行,师疑未决。嘏曰:"淮、楚兵劲,而俭等负力远斗,其锋未易当也。若诸将战有利钝,大势一失,则公事败矣。"师蹶然起曰:"我请舆疾而东。"戊午,师率中外诸军以讨俭、钦,以弟昭兼中领军,留镇洛阳,召三方兵会于陈、许。

师问计于光禄勋郑袤,袤曰:"毌丘俭好谋而不达事情,文钦勇而无算。今大军出其不意,江、淮之卒,锐而不能固,宜深沟高垒以挫其气,此亚夫之长策也。"师称善。

魏高贵乡公正元二年(乙亥,公元255年)

1 春季,正月,毌丘俭、文钦假称受太后诏书,在寿春起兵,并向各州郡发檄文以共同讨伐司马师,又上表说:"相国司马懿,为人忠正,为国家立了伟大功勋,应该宽宥他的后世,请求只废掉司马师之职,让他以侯爵的身份退居家中,让其弟司马昭代替他。太尉司马孚尽忠尽孝小心奉职,护军司马望也能忠心耿耿尽职尽责,他们都应得到亲近和信任,授予他们重要职务。"司马望是司马孚之子。毌丘俭又派使者邀请镇南将军诸葛诞共讨司马师,但诸葛诞杀掉了使者。毌丘俭、文钦率五六万大军渡过淮河,向西到达项县;毌丘俭坚守城池,让文钦在外作为游动兵力。

司马师向河南尹王肃询问计策,王肃说:"从前关羽在汉水之滨俘虏了于禁,有向北争夺天下的志向,后来孙权袭击攻取了其将士的家属,结果关羽的军队一下子就瓦解了。现在淮南众将士的父母妻子都留在内地州县,只要迅速派兵去保护其家属抵御毌丘俭、文钦的军队,不让他们进来,那他们必然会像关羽那样土崩瓦解。"当时司马师刚刚割掉眼部肿瘤,创口很大,很多人都认为此时大将军不应自己率兵前往,不如派太尉司马孚去抵抗叛军。只有王肃与尚书傅嘏、中书侍郎钟会等人劝司马师亲自去,但司马师犹豫不决。傅嘏说:"淮、楚地区的兵力强劲,而且毌丘俭等自负力量强大要远征拼斗,其锋锐之势不易抵挡。如果诸将的战斗出现不利,大势一去,那么您的事情就要失败。"司马师快速地站起来说:"我要乘车迅速地向东出兵。"戊午(初五),司马师率领中外各军去讨伐毌丘俭和文钦,让其弟司马昭兼任中领军,留守洛阳,并召集三个方面的军队在陈县、许县会合。

司马师向光禄勋郑袤询问御敌之策,郑袤说:"毌丘俭善于谋划但不能通达事情,文钦有勇而无谋。如今大军出其不意地进攻,而江、淮地区的士卒,锐气是不能持久的,您应该深挖沟高立垒以挫其锐气,这是汉代周亚夫用过的妙计。"司马师称赞这个计策好。

师以荆州刺史王基为行监军，假节，统许昌军。基言于师曰："淮南之逆，非吏民思乱也，俭等诳诱迫胁，畏目下之戮，是以尚屯聚耳。若大兵一临，必土崩瓦解，俭、钦之首不终朝而致于军门矣。"师从之。以基为前军，既而复敕基停驻。基以为："俭等举军足以深入，而久不进者，是其诈伪已露，众心疑沮也。今不张示威形以副民望，而停军高垒，有似畏懦，非用兵之势也。若俭、钦虏略民人以自益，又州郡兵家为贼所得者，更怀离心，俭等所迫胁者，自顾罪重，不敢复还，此为错兵无用之地而成奸宄之源，吴寇因之，则淮南非国家之有，谯、沛、汝、豫危而不安，此计之大失也。军宜速进据南顿，南顿有大邸阁，计足军人四十日粮。保坚城，因积谷，先人有夺人之心，此平贼之要也。"基屡请，乃听，进据濦水。

闰月甲申，师次于濦桥，俭将史招、李续相次来降。王基复言于师曰："兵闻拙速，未睹为巧之久也。方今外有强寇，内有叛臣，若不时决，则事之深浅未可测也。议者多言将军持重。将军持重，是也；停军不进，非也。持重，非不行之谓也，进而不可犯耳。今保壁垒以积实资虏而远运军粮，甚非计也。"师犹未许。基曰："将在军，君令有所不受。彼得亦利，我得亦利，是谓争地，南顿是也。"遂辄进据南顿，俭等从项亦欲往争，发十馀里，闻基先到，乃复还保项。

司马师任命荆州刺史王基为行监军,借用符节,统率许昌军队。王基对司马师说:"淮南的叛逆,并不是吏卒和百姓想要作乱,而是毌丘俭等人诳骗引诱再加以胁迫使然,他们害怕眼前的被杀之祸,所以暂时还聚集在一起。如果大兵一到,他们必然会土崩瓦解,毌丘俭和文钦的首级用不了多久就会送到军营的门前。"司马师采纳了他的计策。让王基为前军,但不久又下令让王基停止前进。王基认为:"毌丘俭等人发兵足以长驱直入,而现在所以久久不进,是因为其诈伪之心已经败露,众人心怀疑虑而停止不前。如今不大张旗鼓地显示军队的威风阵势以求符合百姓的意愿,而是停止不前高筑营垒以自守,就好像十分畏惧懦弱,这不是用兵的气势。如果毌丘俭、文钦掠夺人民以补充自己,另外州郡兵士中有些人的家属被叛贼所获,他们顾虑重重,会进一步产生叛离之心,那些被毌丘俭等所胁迫的人,因顾虑自己的罪行严重,也不敢再回来;这就是置兵于无用之地,又促成了叛乱犯罪之徒的出现。假如吴国乘机进犯,那么淮南地区就不属于我国所有了,谯、沛、汝、豫等地也会危险而不安定,这是战略的极大失误。我军应迅速推进占据南顿县,南顿县有大邸阁,估计有足够军队食用四十日的口粮。保卫坚固的城池,凭借积蓄的粮食,行动在敌人之先而有打败敌人的决心,这是平定叛贼的关键。"王基多次请求,终于采纳了他的意见,于是进军占据濦水地区。

闰月甲申(初一),司马师驻军于濦桥,毌丘俭的将领史招、李续相继来投降。王基又对司马师说:"用兵只听说宁拙而求速胜的,还未见过巧而久拖的。如今外部有强大的敌人,内部有叛乱的臣子,如果不及时作出决断,那么事态发展的祸福则是难以预测的。议论的人都说将军持重稳健。您持重稳健是对的;但按兵不动则不对。持重,不是不往前行的意思,而是指前进而不可抵挡。如今我们坚守营垒,使其他各地积存的粮食资助了叛军而我们却从远方运输军粮,这实在不是好的计谋。"但司马师仍然不准进军。王基说:"将领在行军作战时,君主的命令也可以不接受。现在敌人得到对敌人有利,我方得到对我方有利,这就是所谓争地,这个地方就是南顿。"随即就进军占据了南顿,毌丘俭等人从项县出发也想去争夺南顿,发兵行进了十馀里,听说王基已经抢先到达,于是又撤兵坚守项县。

2　癸未,征西将军郭淮卒,以雍州刺史陈泰代之。

3　吴丞相峻率骠骑将军吕据、左将军会稽留赞袭寿春,司马师命诸军皆深壁高垒,以待东军之集。诸将请进军攻项,师曰:"诸军知其一,未知其二。淮南将士本无反志,俭、钦说诱与之举事,谓远近必应;而事起之日,淮北不从,史招、李续前后瓦解,内乖外叛,自知必败。困兽思斗,速战更合其志,虽云必克,伤人亦多。且俭等欺诳将士,诡变万端,小与持久,诈情自露,此不战而克之术也。"乃遣诸葛诞督豫州诸军自安风向寿春;征东将军胡遵督青、徐诸军出谯、宋之间,绝其归路;师屯汝阳。毋丘俭、文钦进不得斗,退恐寿春见袭,计穷不知所为;淮南将士家皆在北,众心沮散,降者相属,惟淮南新附农民为之用。

俭之初起,遣健步赍书至兖州,兖州刺史邓艾斩之,将兵万馀人,兼道前进,先趋乐嘉城,作浮桥以待师。俭使文钦将兵袭之。师自汝阳潜兵就艾于乐嘉,钦猝见大军,惊愕未知所为。钦子鸯,年十八,勇力绝人,谓钦曰:"及其未定,击之可破也。"于是分为二队,夜夹攻军。鸯帅壮士先至鼓噪,军中震扰。师惊骇,所病目突出,恐众知之,啮被皆破。钦失期不应,会明,鸯见兵盛,乃引还。师与诸将曰:"贼走矣,可追之!"诸将曰:

2　癸未,征西将军郭淮去世,任命雍州刺史陈泰接替其职。

3　吴国丞相孙峻率领骠骑将军吕据、左将军会稽人留赞袭击寿春,司马师命令各部队都加固加高营垒坚守不出,以等待东部军队的到来。各位将领请求进军攻打项县,司马师说:"诸位只知其一,不知其二。淮南的将士们本来没有反叛之心,毌丘俭、文钦说服劝诱他们共同反叛,说是无论远近必然群起响应;而他们起事之后,不仅淮北地区不响应,而且史招、李续也都前后投降,内部离心离德,外部违意不从,他们自知必败无疑。被困的野兽想着拼斗,如果速战就更符合他们的心意,虽然我们一定能胜,但伤亡也必然惨重。况且毌丘俭等人诓骗自己的将士,诡计多端,变化无常,我们只要稍微多与他们持久对峙一些时日,其诈伪之情自然会显露出来,这是不战而胜的战术。"于是派遣诸葛诞督领豫州各军从安风向寿春推进;派遣征东将军胡遵督领青州、徐州各军进驻谯郡、睢阳之间,以绝断叛军退路;司马师自己率军驻扎在汝阳。毌丘俭、文钦进不能战,退又恐怕寿春受到袭击,无计可施不知应该怎么办;淮南将士们的家都在北方,此时众心沮丧涣散,投降者接连不断,只有淮南地区新依附的农民能受他们驱使。

毌丘俭起兵之初,曾派遣送急信的人到兖州送信,兖州刺史邓艾把他杀了,然后领兵一万多人,兼程前进,首先快速地占据了乐嘉城,制作了浮桥以等待司马师的大军。毌丘俭让文钦领兵去袭击乐嘉城。但司马师从汝阳秘密进兵到了乐嘉城与邓艾会合,文钦突然看到大军,满脸惊愕不知如何是好。文钦之子文鸯,十八岁,勇猛强健,体力超人,此时就对文钦说:"我们趁其尚未安定,猛力出击可以攻破他们。"于是兵分二路,当夜就开始夹攻进击,文鸯率领强壮的士兵首先赶到,大声鼓噪进攻,城内军队惊扰不安。司马师也十分惊恐,急得他那只病眼也向外突了出来,他恐怕众人知道,就咬住被子强忍疼痛,结果把被子都咬破了。但文钦误了约定的时间未来接应,等到天明,文鸯见到对方兵力强盛,就撤兵而回。司马师对诸将说:"叛贼跑了,现在可以去追击他们!"诸将说:

"钦父子骁猛,未有所屈,何苦而走?"师曰:"夫一鼓作气,再而衰。鸯鼓噪失应,其势已屈,不走何待!"钦将引而东,鸯曰:"不先折其势,不得去也。"乃与骁骑十馀摧锋陷陈,所向皆披靡,遂引去。师使左长史司马班率骁骑八千翼而追之,鸯以匹马入数千骑中,辄杀伤百馀人,乃出,如此者六七,追骑莫敢逼。

殿中人尹大目小为曹氏家奴,常在天子左右,师将与俱行,大目知师一目已出,启云:"文钦本是明公腹心,但为人所误耳;又天子乡里,素与大目相信,乞为公追解语之,令还与公复好。"师许之。大目单身乘大马,被铠胄,追钦,遥相与语。大目心实欲为曹氏,谬言:"君侯何苦不可复忍数日中也!"欲使钦解其旨。钦殊不悟,乃更厉声骂大目曰:"汝先帝家人,不念报恩,反与司马师作逆,不顾上天,天不祐汝!"张弓傅矢欲射大目,大目涕泣曰:"世事败矣,善自努力!"

是日,毌丘俭闻钦退,恐惧夜走,众遂大溃。钦还至项,以孤军无继,不能自立,欲还寿春,寿春已溃,遂奔吴。吴孙峻至东兴,闻俭等败,壬寅,进至橐皋,文钦父子诣军降。毌丘俭走,北至慎县,左右人兵稍弃俭去,俭藏水边草中。甲辰,安风津民张属就杀俭,传首京师,封属为侯。诸葛诞至寿春,寿春城中十馀万口,惧诛,或流进山泽,或散走入吴。诏以诞为镇东大将军、仪同三司,都督扬州诸军事。

"文钦父子骁勇异常,没有受到挫折,何苦要逃跑呢?"司马师说:
"打仗靠的是一鼓作气,再次击鼓士气就衰弱了。文鸯鼓噪一夜又
失去策应,其士气已经受挫,不逃走还等什么?"文钦将要领兵向东
而退,文鸯说:"如果不先挫其威势,我们是走不了的。"于是就同十
几个骁骑兵杀入敌兵冲锋陷阵,所向披靡,然后才领兵而去,司马
师派左长史司马班率领骁骑兵八千人从两翼追击,文鸯单枪匹马
闯入数千骑兵之中,一次就杀伤百余人,然后突出重围而走,像这
样来回六七次,追赶的骑兵也不敢向前紧逼。

　　殿中官员尹大目从小就是曹氏家奴,经常在天子左右侍奉,司
马师带着他一起出来,尹大目知道司马师的一只眼已经突了出来,
病情严重,就启奏说:"文钦本是您的心腹之人,只是被人所蒙蔽而
已;他又是天子的同乡,平时与我互相信任,我请求为您去追赶并
劝解他,让他与您恢复旧交。"司马师同意了。尹大目单身骑一匹
大马,披上铠甲,追赶文钦,远远地与他说话,尹大目内心实际上是
为曹氏着想,但不便直言,只好旁敲侧击地说:"您何苦不能再多忍
受几天呢?"他想让文钦理解他的意思,但文钦却一点也不明白,就
更加严厉地大骂尹大目说:"你是先帝的家人,却不想着报恩,反而
与司马师一起作逆,你不顾忌上天,上天也不会保佑你!"说完就张
弓搭箭想射尹大目,尹大目流着眼泪说:"世事将要败亡了,您好自
为之吧!"

　　这天,毌丘俭听说文钦败退,十分恐惧,就连夜逃走,众兵也随
之四散溃逃。文钦退回到项县,因孤军无援,自己难以立足,想要
回到寿春,而寿春已经溃败,于是就投奔了吴国。吴国孙峻到达东
兴,听说毌丘俭等人失败,于壬寅(十九日)这天,进军到橐皋,文钦
父子到军前来投降。毌丘俭逃走,向北到了慎县,左右的士兵逐渐
都弃他而去,毌丘俭就藏身于水边的草丛中。甲辰(二十一日),安
风津的百姓张属靠近并杀掉了毌丘俭,毌丘俭的首级送到京师,于
是加封张属为侯爵。诸葛诞到达寿春,寿春城中十余万人口害怕
被杀,有的人流窜到山林川泽,有的人则分散地逃入吴国。诏令任
命诸葛诞为镇东大将军、仪同三司,都督扬州诸军事。

夷毋丘俭三族。俭党七百馀人系狱,侍御史杜友治之,惟诛首事者十馀人馀皆奏免之。俭孙女适刘氏,当死,以孕系廷尉。司隶主簿程咸议曰:"女适人者,若已产育,则成他家之母,于防不足以惩奸乱之源,于情则伤孝子之恩。男不遇罪于他族,而女独婴戮于二门,非所以哀矜女弱,均法制之大分也,臣以为在室之女,可从父母之刑,既醮之妇,使从夫家之戮。"朝廷从之,仍著于律令。

4　舞阳忠武侯司马师疾笃,还许昌,留中郎将参军事贾充监诸军事。充,逵之子也。卫将军昭自洛阳往省师,师令昭总统诸军。辛亥,师卒于许昌。中书侍郎锺会从师典知密事,中诏敕尚书傅嘏,以东南新定,权留卫将军昭屯许昌为内外之援,令嘏率诸军还。会与嘏谋,使嘏表上,辄与昭俱发,还到洛水南屯住。二月丁巳,诏以司马昭为大将军、录尚书事。会由是常有自矜之色,嘏戒之曰:"子志大其量,而勋业难为也,可不慎哉!"

5　吴孙峻闻诸葛诞已据寿春,乃引兵还。以文钦为都护、镇北大将军、幽州牧。

6　三月,立皇后卞氏,大赦。后,武宣皇后弟秉之曾孙女也。

7　秋,七月,吴将军孙仪、张怡、林恂谋杀孙峻,不克,死者数十人。全公主潛朱公主于峻,曰"与仪同谋"。峻遂杀朱公主。

峻使卫尉冯朝城广陵,功费甚众,举朝莫敢言,唯滕胤谏止之,峻不从,功卒不成。

诛杀毋丘俭的三族。毋丘俭的同党七百馀人皆被逮捕入狱，由侍御史杜友处理，只诛杀首犯十馀人，其馀皆奏明朝廷而赦免其罪。毋丘俭的孙女嫁给了刘氏，应当处死，但因有身孕便绑送廷尉处理。司隶主簿程咸议论说："已经出嫁的女子，如果已经生育了孩子，那就成了别人家的母亲，将她定罪，对于防止犯罪来说不足惩戒奸乱之源，对于情理来说则伤害了孝子之情。男子不受其他家族罪行的牵连，而女子却偏偏要受到父母家和丈夫家两个家族罪行的牵连，这不是同情怜悯弱女子的政策，这些问题都是法制的重要内容，我认为未出嫁的女子可以随同父母的罪行而治罪，而已经出嫁的妇女就要随同丈夫家的罪行而治罪。"朝廷采纳了这个建议，并写入了法律条文中。

4　舞阳忠武侯司马师病情严重，回到许昌，留下中郎将参军事贾充监管诸军之事。贾充是贾逵之子。卫将军司马昭从洛阳去许昌看望司马师，司马师让司马昭总管诸军。辛亥（二十八日），司马师在许昌去世。中书侍郎钟会跟随司马师掌管机密要事，天子下达诏令给尚书傅嘏，说东南刚刚安定下来，应暂且让卫将军司马昭留守许昌作为内外的援助，命令傅嘏率领各军返回。钟会与傅嘏密谋，让傅嘏上表章说明情况，然后就同司马昭一同出发，回到洛水以南驻扎。二月丁巳（初五），诏令任命司马昭为大将军、录尚书事。钟会因此事而常常流露出骄傲自得的表情。傅嘏告诫他说："你的志向大于你的能力，而功勋事业是很艰难的，怎能这么不谨慎呢？"

5　吴国的孙峻听到诸葛诞已经占据了寿春，就领兵返回。任命文钦为都护、镇北大将军和幽州牧。

6　三月，立皇后卞氏，实行大赦。皇后是武宣皇后的弟弟卞秉的曾孙女。

7　秋季，七月，吴国将军孙仪、张怡、林恂等人要谋杀孙峻，未能成功，被杀者有数十人。全公主在孙峻面前诽谤朱公主，说她与孙仪是同谋。于是孙峻又杀了朱公主。

孙峻派卫尉冯朝修筑广陵城，耗资巨大，整个朝廷无人敢劝说，只有滕胤进谏劝止，但孙峻不听，最后修筑之事终究未能完成。

8 汉姜维复议出军,征西大将军张翼廷争,以为:"国小民劳,不宜黩武。"维不听,率车骑将军夏侯霸及翼同进。八月,维将数万人至枹罕,趋狄道。

征西将军陈泰敕雍州刺史王经进屯狄道,须泰军到,东西合势乃进。泰军陈仓,经所统诸军于故关与汉人战不利,经辄渡洮水。泰以经不坚据狄道,必有他变,率诸军以继之。经已与维战于洮西,大败,以万馀人还保狄道城,馀皆奔散,死者万计。张翼请维曰:"可以止矣,不宜复进,或毁此大功,为蛇画足。"维大怒,遂进围狄道。

辛未,诏长水校尉邓艾行安西将军,与陈泰并力拒维,戊辰,复以太尉孚为后继。泰进军陇西,诸将皆曰:"王经新败,贼众大盛,将军以乌合之众,继败军之后,当乘胜之锋,殆必不可。古人有言:'蝮蛇螫手,壮士解腕。'《孙子》曰:'兵有所不击,地有所不守。'盖小有所失而大有所全故也。不如据险自保,观衅待敝,然后进救,此计之得者也。"泰曰:"姜维提轻兵深入,正欲与我争锋原野,求一战之利。王经当高壁深垒,挫其锐气,今乃与战,使贼得计。经既破走,维若以战克之威,进兵东向,据栎阳积谷之实,放兵收降,招纳羌、胡,东争关、陇,传檄四郡,此我之所恶也。而乃以乘胜之兵,挫峻城之下,锐气之卒,屈力致命,攻守势殊,客主不同。

8 蜀汉的姜维又讨论出兵之事,征西大将军张翼与他在朝廷上争辩,认为:"国家弱小人民劳苦,不宜滥用兵力。"但姜维不听,并率领车骑将军夏侯霸以及张翼共同进军。八月,姜维率领数万人到达袍罕县,并向狄道进军。

征西将军陈泰命令雍州刺史王经进驻狄道,等待陈泰军队到达,再把东西兵力合在一起进军。陈泰军队驻扎在陈仓,而王经所统领的各军在旧边关地区与蜀汉交战不利,于是王经渡过洮水。陈泰认为王经不坚守狄道,必然是有其他变故,就率领各军去接应他。此时王经已经与姜维在洮西交战,结果大败,又率领万馀人返回保卫狄道城,其馀的兵士全都四散奔逃,被杀者以万计。张翼请求姜维说:"我们可以停止了,不应再向前进,如果再向前进,也许就要毁掉这次大的胜利,而变成画蛇添足了。"姜维勃然大怒,不听张翼的意见,终于进军包围了狄道。

辛未(二十二日),诏命长水校尉邓艾出任安西将军,与陈泰协力抵抗姜维,戊辰,又让太尉司马孚为后续部队。陈泰进军至陇西,诸将都对陈泰说:"王经新近才失败,敌兵气势正盛,而将军您率领临时杂凑起来的军队,又是继败军之后,去抵挡正乘胜前进的锋锐部队,恐怕必定不能取胜。古人有言:'被蝮蛇螫了手,壮士就砍掉了手腕。'《孙子》说:'兵有时不必出击,地有时不必坚守。'大概是因为小的方面有所失而大的方面就能保全的缘故。您不如先占据险要之地以求自保,观察敌人的失误等待敌人出现漏洞,然后再进军救援,这个计策是最好的。"陈泰说:"姜维带领轻装军队深入我境,正是想与我们在原野上一争锋芒,希求一战而胜。王经应当高筑营垒坚守不出,挫败敌人的锐气,但现在竟与敌人交战,使敌人的计策得以实现。王经既已失败逃去,姜维如果凭借战胜者的威势,向东进兵,占据栎阳这座有粮食储备的城池,然后放出兵力四处收罗降兵降将,招纳羌、胡部族,向东争夺关、陇地区,再向陇西、南安、天水、略阳四郡发布檄文,这是我们所担忧之事。但姜维却用士气强盛的兵力围攻狄道,使兵力受挫于坚固的城池之下,锐气耗尽仍拼命攻城,攻与守的形势差别很大,主与客也有不同。

兵书曰:'修橹轒辒,三月乃成,拒堙三月而后已。'诚非轻军
远入之利也。今维孤军远侨,粮谷不继,是我速进破贼之时,
所谓疾雷不及掩耳,自然之势也。洮水带其表,维等在其内,
今乘高据势,临其项领,不战必走。寇不可纵,围不可久,君
等何言如是!"遂进军度高城岭,潜行,夜至狄道东南高山上,
多举烽火,鸣鼓角。狄道城中将士见救至,皆愤踊。维不意
救兵卒至,缘山急来攻之,泰与交战,维退。泰引兵扬言欲向
其还路,维惧,九月甲辰,维遁走,城中将士乃得出。王经叹
曰:"粮不至旬,向非救兵速至,举城屠裂,覆丧一州矣!"泰慰
劳将士,前后遣还,更差军守,并治城垒,还屯上邽。

泰每以一方有事,辄以虚声扰动天下,故希简上事,驿书
不过六百里。大将军昭曰:"陈征西沉勇能断,荷方伯之重,
救将陷之城,而不求益兵,又希简上事,必能办贼者也。都督
大将不当尔邪!"

姜维退驻钟提。

9 初,吴大帝不立太庙,以武烈尝为长沙太守,立庙于
临湘,使太守奉祠而已。冬,十二月,始作太庙于建业,尊大
帝为太祖。

兵书上说:'制作大盾牌和攻城的战车,三个月才能完成,堆积土山攻城,也要三个月时间才能完成。'因此围攻城池对于轻装远来的军队是十分不利的。如今姜维孤军深入远离本土客居我方境内,粮草接济不上,这正是我军迅速前进消灭敌人的时机,所谓迅雷不及掩耳,这是自然形成的威势。洮水像带子一样围在敌军外面,姜维的兵力在洮水以内,如今我们登高占据险要地势,突然出现在敌人头上的高处,不用交战他们就必定要逃走。敌寇不可纵容,围城不可持久,你们怎能说这样的话!"于是进军爬上高城岭,又秘密行军,夜里到达狄道东南的高山之上,突然举起众多火把,同时击鼓吹响号角。狄道城中的将士们见到救兵来到,都奋发振作欢呼跳跃起来。姜维没想到救兵突然到达,并借山势紧急向他进攻。陈泰与姜维交战,姜维退却。陈泰又领兵扬言要截断姜维退路,姜维十分惊恐,九月甲辰(二十五日),姜维率兵逃跑,狄道城中的将士才得以出来。王经感叹地说:"我们的粮食已不足十天所用,如果不是救兵迅速赶到,全城之人就要遭到屠杀,我们也要丧失一州之地了!"陈泰慰劳守城将士,先后让他们返回,另外选择军队把守狄道城,并修筑了城垒,然后率兵撤回,驻扎在上邽。

陈泰认为每因一个地方有事,就虚张声势扰动天下没有必要,因此上书言事既稀少又简略,传递书信也不用每日超过六百里的加急文书。大将军司马昭说:"征西将军陈泰沉着勇敢能果断行事,承担了一个方面的重任,救援将要失陷的城池而不要求增加兵力,上书言事又稀少而简略,是个必能打败敌兵的人。都督大将难道不应像他那样么?"

姜维退兵,驻守在钟提。

9 当初,吴大帝孙权不立太庙,因为武烈皇帝孙坚曾任长沙太守,所以在临湘县立了庙,让太守供奉祭祠而已。冬季,十二月,始在建业建筑太庙,尊吴大帝孙权为太祖。

卷第七十七　魏紀九

起丙子(256)尽辛巳(261)凡六年

高贵乡公下
甘露元年(丙子,256)

1　春,正月,汉姜维进位大将军。

2　二月丙辰,帝宴群臣于太极东堂,与诸儒论夏少康、汉高祖优劣,以少康为优。

3　夏,四月庚戌,赐大将军昭衮冕之服,赤舄副焉。

4　丙辰,帝幸太学,与诸儒论《书》、《易》及《礼》,诸儒莫能及。帝尝与中护军司马望、侍中王沈、散骑常侍裴秀、黄门侍郎钟会等讲宴于东堂,并属文论,特加礼异,谓秀为儒林丈人,沈为文籍先生。帝性急,请召欲速,以望职在外,特给追锋车、虎贲五人,每有集会,辄奔驰而至。秀,潜之子也。

5　六月丙午,改元。

6　姜维在钟提,议者多以为维力已竭,未能更出。安西将军邓艾曰:"洮西之败,非小失也,士卒凋残,仓廪空虚,百姓流离。今以策言之,彼有乘胜之势,我有虚弱之实,一也。彼上下相习,五兵犀利,我将易兵新,器仗未复,二也。彼以船行,吾以陆军,劳逸不同,三也。狄道、陇西、南安、祁山各当有守,彼专为一,我分为四,四也。从南安、陇西因食羌谷,若趣祁山,熟麦千顷,为之外仓,五也。贼有黠计,其来必矣。"

高贵乡公下

魏高贵乡公甘露元年(丙子,公元 256 年)

1 春季,正月,蜀汉姜维升任为大将军。

2 二月丙辰(初九),魏帝在太极东堂宴请群臣,与各位儒生讨论夏少康和汉高祖的优劣,魏帝认为少康优于汉高祖。

3 夏季,四月庚戌(初四),赐给大将军司马昭绣龙的礼服和冠冕,另外还赐了一双礼鞋。

4 丙辰(初十),魏帝到太学去,与各位儒生讨论《书》、《易》和《礼》,各位儒生的学问都不如魏帝。魏帝曾与中护军司马望、侍中王沈、散骑常侍裴秀、黄门侍郎钟会等人在东堂饮宴讲论学术,并作文论,对他们特别加以礼遇,并称裴秀是儒林丈人,王沈是文籍先生。魏帝性急,请人前来就希望快点到,因为司马望在外任职,就特地赐给他一辆追锋车和勇士五人,每当有集会,就奔驰而至。裴秀是裴潜之子。

5 六月丙午(初一),改年号为甘露。

6 姜维在钟提,人们议论多认为他兵力已经衰竭,不能再次出征。但安西将军邓艾说:"洮西的失败,并不是小的损失,士卒伤残严重,十分衰弱,粮食仓库也已经空虚,百姓们流离失所。如今从谋略方面说,他们有乘胜进军的实力,而我们的现状却虚弱不堪,这是一。他们官兵上下相互熟习,兵器齐备而犀利,而我们更换了将领,更新了士兵,兵器也不完备,这是二。他们是坐船行进,而我们是陆地行军,劳逸不同,这是三。狄道、陇西、南安、祁山各地都应当有人守卫,他们是专门进攻一处,而我们却分守四方,这是四。他们从南安、陇西进可以就地食用羌人的粮食,如果向祁山进军,那里成熟的麦子有千顷之多,足以成为他们的外部粮仓,这是五。从以上五点看,敌人一定会有狡猾的计谋,他们来进攻是必然的。"

秋，七月，姜维复率众出祁山，闻邓艾已有备，乃回，从董亭趣南安；艾据武城山以拒之。维与艾争险不克，其夜，渡渭东行，缘山趣上邽，艾与战于段谷，大破之。以艾为镇西将军、都督陇右诸军事。维与其镇西大将军胡济期会上邽，济失期不至，故败，士卒星散，死者甚众，蜀人由是怨维。维上书谢，求自贬黜。乃以卫将军行大将军事。

7　八月庚午，诏司马昭加号大都督，奏事不名，假黄钺。癸酉，以太尉司马孚为太傅。九月，以司徒高柔为太尉。

8　文钦说吴人以伐魏之利，孙峻使钦与骠骑将军吕据及车骑将军刘纂、镇南将军朱异、前将军唐咨自江都入淮、泗，以图青、徐。峻饯之于石头，遇暴疾，以后事付从父弟偏将军綝。丁亥，峻卒。吴人以綝为侍中、武卫将军、都督中外诸军事，召吕据等还。

9　己丑，吴大司马吕岱卒，年九十六。始，岱亲近吴郡徐原，慷慨有才志，岱知其可成，赐巾帻，与共言论，后遂荐拔，官至侍御史。原性忠壮，好直言，岱时有得失，原辄谏争，又公论之；人或以告岱，岱叹曰："是我所以贵德渊者也！"及原死，岱哭之甚哀，曰："徐德渊，吕岱之益友，今不幸，岱复于何闻过！"谈者美之。

10　吕据闻孙綝代孙峻辅政，大怒，与诸督将连名共表荐滕胤为丞相；綝更以胤为大司马，代吕岱驻武昌。据引兵还，使人报胤，欲共废綝。冬，十月丁未，綝遣从兄宪将兵逆据于江都，使中使敕文钦、刘纂、唐咨等共击取据，又遣侍中左将军华融、

秋季，七月，姜维再次率兵出祁山，听说邓艾已有防备，就撤兵返回，从董亭奔向南安；邓艾据守武城山来抵抗姜维。姜维与邓艾争夺险要之地未能成功，当天夜里，他渡过渭水向东而行，沿山奔向上邽，邓艾又与姜维在段谷交战，把姜维打得大败。魏国任命邓艾为镇西将军，都督陇右诸军事。姜维与他们的镇西大将军胡济约定在上邽会合，胡济误期未能到达，因此姜维失败了，士兵们四散奔逃，伤亡惨重，蜀人因此而埋怨姜维。姜维上书谢罪，自求贬职。就担任卫将军之职代理掌管大将军之事。

　　7　八月庚午(二十六日)，诏令司马昭加大都督封号，奏事可以不称名，出师持黄钺。癸酉(二十九日)，任命太尉司马孚为太傅。九月，任命司徒高柔为太尉。

　　8　文钦向吴人游说讨伐魏国之利，孙峻派文钦与骠骑将军吕据以及车骑将军刘纂、镇南将军朱异、前将军唐咨等人从江都进入淮水、泗水，以图攻取青州、徐州。孙峻在石头城为他们饯别，突然得了暴病，就把后事托付给堂弟偏将军孙綝。丁亥(十四日)，孙峻去世。吴人任命孙綝为侍中、武卫将军，都督中外诸军事，又召吕据等人返回。

　　9　己丑(十六日)，吴国大司马吕岱去世，终年九十六岁。起初，吕岱亲近吴郡的徐原，徐原慷慨大方而有才志，吕岱知道他能够取得成就，就赐与他巾帻、单衣等庶人穿戴的礼服，并与他一起交谈，后来就推荐提拔他，官至侍御史。徐原性情忠厚豪放，喜好直言，吕岱有时出现失误，徐原就直言进谏争辩，又公然在众人之中议论；有人告诉了吕岱，吕岱感叹地说："这是我所以看重徐原的原因！"徐原死时，吕岱哭得十分哀痛，说："徐原啊，我的好友，如今你不幸而去，我又从何处听人指出我的错误？"谈论的人十分赞美这件事。

　　10　吕据听说孙綝代替孙峻辅佐朝政，勃然大怒，就与诸位都督、将领连名共同上表推荐滕胤为丞相；孙綝改任滕胤为大司马，代替吕岱驻守武昌。吕据率领军队返回，使人报告滕胤，想共同废掉孙綝。冬季，十月丁未(初四)，孙綝派遣堂兄孙宪率兵在江都迎住吕据，让中使下令文钦、刘纂、唐咨等人共同击杀吕据，又派遣侍中左将军华融、

中书丞丁晏告喻胤宜速去意。胤自以祸及，因留融、晏勒兵自卫，召典军杨崇、将军孙咨告以綝为乱，迫融等使作书难綝，綝不听，表言胤反，许将军刘丞以封爵，使率兵骑攻围胤。胤又劫融等使诈为诏发兵，融等不从，皆杀之。或劝胤引兵至苍龙门，将士见公出，必委綝就公。时夜已半，胤恃与据期，又难举兵向宫，乃约令部曲，说吕侯兵已在近道，故皆为胤尽死，无离散者。胤颜色不变，谈笑如常。时大风，比晓，据不至，綝兵大会，遂杀胤及将士数十人，夷胤三族。己酉，大赦，改元太平。或劝吕据奔魏者，据曰："吾耻为叛臣。"遂自杀。

11　以司空郑冲为司徒，左仆射卢毓为司空。毓固让骠骑将军王昶、光禄大夫王观、司隶校尉琅邪王祥，诏不许。

祥性至孝，继母朱氏遇之无道，祥愈恭谨。朱氏子览，年数岁，每见祥被楚挞，辄涕泣抱持母；母以非理使祥，览辄与祥俱往。及长，娶妻，母虐使祥妻，览妻亦趋而共之，母患之，为之少止。祥渐有时誉，母深疾之，密使鸩祥。览知之，径起取酒，祥争而不与，母遽夺反之。自后，母赐祥馔，览辄先尝，母惧览致毙，遂止。汉末遭乱，祥隐居三十馀年，不应州郡之命，母终，毁瘁，杖而后起。徐州刺史吕虔檄为别驾，委以州事，州界清静，政化大行，时人歌之曰："海沂之康，实赖王祥；邦国不空，别驾之功！"

中书丞丁晏去告诉滕胤,让他应当迅速离开都城前往武昌。滕胤自认为灾祸已经来临,就拘留了华融、丁晏整兵自卫,召来典军杨崇、将军孙咨,告诉他们孙綝要作乱,并迫使华融等人写书信责难孙綝,孙綝不听,上表说滕胤要造反,又许愿给将军刘丞封爵,让他率兵马去围攻滕胤。滕胤又劫持华融等人让他假作诏书发兵起事,华融等人不从,滕胤把他们都杀了。有人劝滕胤领兵到苍龙门,认为将士们见他出来,必定弃孙綝而跟从他。当时已经过了半夜,滕胤仗着与吕据有约,又难以向宫中发兵,就勒令自己的私人军队不得散乱,并说吕据的军队已经在附近的路上,因此手下兵士都为滕胤尽死守护,没有一个离散的。滕胤脸不变色,谈笑如常。当时刮起了大风,到了拂晓,吕据仍没到来,而孙綝的兵大举进攻,结果杀了滕胤及他手下将士数十人,并诛灭滕胤三族。己酉(初六),实行大赦,改年号为太平。有人劝吕据投奔魏国,吕据说:"我耻为叛臣。"于是就自杀而死。

11 任命司空郑冲为司徒,左仆射卢毓为司空。卢毓坚决辞让并推荐骠骑将军王昶、光禄大夫王观、司隶校尉琅邪人王祥,但诏令不准。

王祥生性大孝,继母朱氏对他很不好,但王祥对她更加恭敬。朱氏的亲儿子王览,那年才几岁,见到王祥被鞭打,就哭泣着抱住母亲让她不要打;母亲让王祥干力不能及的苦差事,王览就与王祥一同去。长大后,都娶了妻子,母亲又暴虐地役使王祥之妻,王览之妻也赶快跑去一起干,母亲心有顾忌,惩罚就少了一些。王祥逐渐有了一些声誉,母亲深深地忌恨他,就暗地里在酒里下毒想要毒死王祥。王览知道了此事,就跑过去抢酒,王祥争执着不给他,母亲却突然夺过去倒掉了。从此后,母亲每次给王祥什么吃的东西,王览总要先尝一尝,母亲害怕王览死掉,于是就不再下毒了。东汉末年天下大乱,王祥就隐居了三十多年,不应州郡的招聘,母亲去世,他哀痛得身心交瘁,挂着拐杖才能站起来。徐州刺史吕虔写信来召他担任别驾,委任他管理州中事务,结果州界境内平静安定,政事教化顺利推行,当时的人歌唱道:"海沂之康,实赖王祥;邦国不空,别驾之功!"

12 十一月,吴孙綝迁大将军。綝负贵倨傲,多行无礼。峻从弟宪尝与诛诸葛恪,峻厚遇之,官至右将军、无难督,平九官事。綝遇宪薄于峻时,宪怒,与将军王惇谋杀綝,事泄,綝杀惇,宪服药死。

二年(丁丑,257)

1 春,三月,大梁成侯卢毓卒。

2 夏,四月,吴主临正殿,大赦,始亲政事。孙綝表奏,多见难问,又科兵子弟十八已下、十五以上三千馀人,选大将子弟年少有勇力者,使将之,日于苑中教习,曰:"吾立此军,欲与之俱长。"又数出中书视大帝时旧事,问左右侍臣曰:"先帝数有特制,今大将军问事,但令我书可邪?"尝食生梅,使黄门至中藏取蜜,蜜中有鼠矢;召问藏吏,藏吏叩头。吴主曰:"黄门从尔求蜜邪?"吏曰:"向求,实不敢与。"黄门不服。吴主令破鼠矢,矢中燥,因大笑谓左右曰:"若矢先在蜜中,中外当俱湿;今外湿里燥,此必黄门所为也。"诘之,果服;左右莫不惊悚。

3 征东大将军诸葛诞素与夏侯玄、邓飏等友善,玄等死,王淩、毌丘俭相继诛灭,诞内不自安,乃倾帑藏振施,曲赦有罪以收众心,畜养扬州轻侠数千人以为死士。因吴人欲向徐塌,请十万众以守寿春,又求临淮筑城以备吴寇。司马昭初秉政,长史贾充请遣参佐慰劳四征,且观其志。昭遣充至淮南,充见诞,论说时事,因曰:"洛中诸贤,皆愿禅代,君以为如何?"诞厉声曰:"卿非贾豫州子乎?世受魏恩,岂可欲以社稷输人乎!若洛中有难,吾当死之。"充默然。

12　十一月,吴国孙綝升任大将军。孙綝自负高贵倨傲不群,干了很多无礼之事。孙峻的堂弟孙宪曾参与诛杀诸葛恪之事,所以孙峻给他非常厚重的待遇,官至右将军、无难督,平九官事。孙綝对待孙宪不如孙峻对他那么好,孙宪十分恼怒,就与将军王惇密谋杀掉孙綝,事情败露,孙綝杀掉王惇,孙宪则服毒自杀。

魏高贵乡公甘露二年(丁丑,公元 257 年)

1　春季,三月,大梁成侯卢毓去世。

2　夏季,四月,吴主亲临正殿,实行大赦,开始亲自执政。孙綝上表奏章,多次受到他的问难,又选兵士子弟十八岁以下、十五岁以上者三千多人,选大将子弟中勇武有力者,让他们领兵,每天都在苑囿中练兵习武,他说:"我建立这支军队,是想和他们一起成长。"他还多次拿出府藏书册阅览先帝时的旧事,问左右侍臣说:"先帝常常亲自书写诏书,而如今大将军奏事,为什么只让我签字认可呢?"他要生吃酸梅,让黄门到中藏府去取蜂蜜,蜜中有鼠屎;就召问藏吏,藏吏叩头谢罪。吴主说:"黄门从你那儿要过蜂蜜吗?"藏吏说:"以前曾要过,我没敢给他。"黄门不服。吴主让人破开鼠屎,屎中是干燥的,于是他大笑着对左右说:"如果鼠屎事先就在蜜中,那么里外都应是湿的,现在外面湿而里面干燥,这必定是黄门放进去的。"诘问黄门,他果然服了罪。左右之人都很震惊恐惧。

3　征东大将军诸葛诞平时与夏侯玄、邓飏等人关系亲密,夏侯玄等人死了,王凌、毌丘俭等也相继被诛杀,诸葛诞内心很不安,于是就尽量拿出官府库中的财物广泛地赈济施舍,又屈法赦免那些有罪之人以收服众人之心,还畜养了扬州的轻捷侠客数千人当作护卫自己的敢死队。因为吴国人想要攻打徐堨,诸葛诞就请求率十万兵众去守卫寿春,又要求濒临淮水建筑一座城以防备吴人进犯。司马昭刚刚执掌朝政,长史贾充建议派遣部下去慰劳征东、征南、征西、征北四将军,并观察他们的志趣、动向。司马昭派贾充到了淮南,贾充见到诸葛诞,一起谈论时事,贾充说道:"洛中的诸位贤达之人,都希望实行禅让,您认为如何?"诸葛诞严厉地说:"你不是贾豫州的儿子吗?你家世代受到魏国的恩惠,怎能想把国家转送他人?如果洛中发生危难,我必当为之拼死。"贾充默然无语。

还,言于昭曰:"诸葛诞再在扬州,得士众心。今召之,必不来,然反疾而祸小;不召,则反迟而祸大,不如召之。"昭从之。甲子,诏以诞为司空,召赴京师。诞得诏书,愈恐,疑扬州刺史乐綝间己,遂杀綝,敛淮南及淮北郡县屯田口十馀万官兵,扬州新附胜兵者四五万人,聚谷足一年食,为闭门自守之计。遣长史吴纲将少子靓至吴,称臣请救,并请以牙门子弟为质。

4 吴滕胤、吕据之妻,皆夏口督孙壹之妹也。六月,孙綝使镇南将军朱异自虎林将兵袭壹。异至武昌,壹将部曲来奔。乙巳,诏拜壹车骑将军、交州牧,封吴侯,开府辟召,仪同三司,衮冕赤舄,事从丰厚。

5 司马昭奉帝及太后讨诸葛诞。

吴纲至吴,吴人大喜,使将军全怿、全端、唐咨、王祚将三万众,与文钦同救诞;以诞为左都护,假节、大司徒、骠骑将军、青州牧,封寿春侯。怿,琮之子;端,其从子也。

六月甲子,车驾次项,司马昭督诸军二十六万进屯丘头,以镇南将军王基行镇东将军、都督扬、豫诸军事,与安东将军陈骞等围寿春。基始至,围城未合,文钦、全怿等从城东北,因山乘险,得将其众突入城。昭敕基敛军坚壁。基累求进讨,会吴朱异率三万人进屯安丰,为文钦外势,诏基引诸军转据北山。基谓诸将曰:"今围垒转固,兵马向集,但当精修守备以待越逸,而更移兵守险,使得放纵,虽有智者,不能善其后矣!"

回来之后,贾充对司马昭说:"诸葛诞再次到扬州后,深得士众之心。如今召他来,他必然不来,但他很快起兵反叛祸害不会大;如果不召他来,那么迟些反叛祸害就大了,因此不如召他来。"司马昭采纳了这个意见。甲子(二十四日),诏令任命诸葛诞为司空,并召他往赴京师。诸葛诞得到诏书,更加恐惧,怀疑是扬州刺史乐綝离间自己,于是就杀掉乐綝,聚集了在淮南及淮北郡县屯田的十多万官兵和扬州地区新招募的身强力壮的兵士四五万人,又聚集了足够食用一年的粮食,作了闭门自守的长期准备。又派遣长史吴纲带着他的小儿子诸葛靓到吴国,向吴主称臣请求救援,并请求让牙门将的子弟当作人质。

4 吴国滕胤和吕据之妻,都是夏口督孙壹的妹妹。六月,孙綝派镇南将军朱异从虎林领兵去袭击孙壹。朱异到武昌时,孙壹率领手下兵士前来投奔。乙巳(初六),诏令任命孙壹为车骑将军、交州牧,封为吴侯,开建府署征召僚属,仪同三司,又赐绣龙礼服以及礼冠礼鞋,各种事情都给予丰厚待遇。

5 司马昭侍奉着魏帝和太后共同去讨伐诸葛诞。

吴纲到了吴国,吴人大喜,派将军全怿、全端、唐咨、王祚等人领兵三万人,与文钦一起去救援诸葛诞;任命诸葛诞为左都护,持符节、大司徒、骠骑将军、青州牧,并封为寿春侯。全怿是全琮之子;全端是全琮之侄。

六月甲子(二十五日),魏帝车驾到达项县,司马昭率诸军二十六万人进驻丘头。让镇南将军王基代理镇东将军职事,总管扬州、豫州诸军之事,并与安东将军陈骞等人围攻寿春。王基刚到寿春,包围圈还未形成时,文钦、全怿等人从城东北凭借险要的山势,才得以率领军队突入城中。司马昭命令王基聚拢军队坚守壁垒不与敌人交战。王基屡次要求进攻,恰好吴国的朱异率领三万人进驻安丰,成为文钦的外部接应势力,诏令王基率领诸军转移占据北山。王基对诸将说:"如今包围的营垒已经坚固了,兵马也近于集中,此时只应精心整治守备力量以等待敌人突围逃跑,但是却命令我们转移兵力把守险要之地,使城内敌人得以放纵,如果这样做,即使有聪明之人,也不能很好地处理以后的战事!"

遂守便宜,上疏曰:"今与贼家对敌,当不动如山,若迁移依险,人心摇荡,于势大损。诸军并据深沟高垒,众心皆定,不可倾动,此御兵之要也。"书奏,报听。于是基等四面合围,表里再重,堑垒甚峻。文钦等数出犯围,逆击,走之。司马昭又使奋武将军监青州诸军事石苞督兖州刺史州泰、徐州刺史胡质简锐卒为游军,以备外寇。泰击破朱异于阳渊,异走,泰追之,杀伤二千人。

秋,七月,吴大将军綝大发兵出屯镬里,复遣朱异帅将军丁奉、黎斐等五人前解寿春之围。异留辎重于都陆,进屯黎浆,石苞、州泰又击破之。太山太守胡烈以奇兵五千袭都陆,尽焚异资粮,异将馀兵食葛叶,走归孙綝;綝使异更死战,异以士卒乏食,不从綝命。綝怒,九月己巳,綝斩异于镬里。辛未,引兵还建业。綝既不能拔出诸葛诞,而丧败士众,自戮名将,由是吴人莫不怨之。

司马昭曰:"异不得至寿春,而吴人杀之,非其罪也,欲以谢寿春而坚诞意,使其犹望救耳。今当坚围,备其越逸,而多方以误之。"乃纵反间,扬言"吴救方至,大军乏食,分遣羸疾就谷淮北,势不能久。"诞等益宽恣食,俄而城中乏粮,外救不至。将军蒋班、焦彝,皆诞腹心谋主也,言于诞曰:"朱异等以大众来而不能进,孙綝杀异而归江东,外以发兵为名,内实坐须成败。今宜及众心尚固,士卒思用,并力决死,攻其一面,虽不能尽克,犹有可全者,空坐守死,无为也。"

于是就坚持有利的做法继续包围寿春，同时又上疏说："如今与敌人对峙，我们应像山那样岿然不动，如果转移部队依据险要，人心就会动荡不安，对于形势有很大损害。各军都已据守深沟高垒的营盘，众心都已稳定，不可再加以动摇，这是治军的要领。"上奏章之后，回报说同意王基的计策。于是王基等人四面合围，形成里外两层包围圈，深沟高垒的防御工事非常坚固。文钦等人多次出城企图突破包围，都受到迎面还击而逃回。司马昭又派奋武将军监青州诸军事石苞统领兖州刺史州泰、徐州刺史胡质的轻装精锐士卒作为游动军队，以防备外面的敌兵。州泰在阳渊击败了朱异，朱异逃走，州泰在后面追赶，杀伤了敌兵两千人。

秋季，七月，吴国将军孙綝出动众多兵力驻扎在镬里，又派朱异率将军丁奉、黎斐等五人前去解寿春之围。朱异把辎重粮草留在都陆，进驻黎浆，石苞、州泰又击败了他。太山太守胡烈率奇兵五千人偷袭了都陆，全部焚毁了朱异的物资粮草，朱异率领剩馀兵力吃着葛叶，逃归孙綝处；孙綝让朱异再次拼死出战，朱异以士卒缺乏粮食为由，不服从孙綝的命令。孙綝大怒，九月己巳（初一），孙綝在镬里杀了朱异。辛未（初三），领兵回到建业。孙綝既不能救出诸葛诞，而且又伤亡了大量士卒，还杀戮自己的名将，因此吴人没有不怨恨他的。

司马昭说："朱异不能到达寿春，不是他的罪过，但吴人却杀了他，这是想以此来安抚寿春的将士而坚定诸葛诞守城的意志，让他仍然盼望着救兵。如今应加强包围，防备他们突围逃跑，而且要想方设法使他们判断失误。"于是到处放风行反间之计，扬言说："吴国救兵就要到了，我们的大军缺乏粮食，要分散派遣病弱的士卒到淮北去吃那里的粮食，看形势围攻不会太久了。"诸葛诞等人更加放宽心任意吃粮，没过多久城中粮食告乏，而外边的救兵仍然未到。将军蒋班、焦彝，都是诸葛诞的心腹主谋之人，此时对诸葛诞说："朱异等人率众多兵力前来而不能进城，孙綝杀掉朱异而回到江东，表面上是以发救兵为名，内里实际上是要坐等成败。如今应趁众人之心尚稳定，士卒还愿意效力，集中力量拼死命攻其一面，尽管不能获全胜，仍有可能保全部分实力，如果空坐这里死守，是没有出路的。"

文钦曰："公今举十馀万之众归命于吴,而钦与全端等皆同居死地,父兄子弟尽在江表,就孙綝不欲来,主上及其亲戚岂肯听乎!且中国无岁无事,军民并疲,今守我一年,内变将起,奈何舍此,欲乘危徼幸乎!"班、彝固劝之,钦怒。诞欲杀班、彝,二人惧,十一月,弃诞逾城来降。全怿兄子辉、仪在建业,与其家内争讼,携其母将部曲数十家来奔。于是怿与兄子靖及全端弟翩、缉皆将兵在寿春城中,司马昭用黄门侍郎锺会策,密为辉、仪作书,使辉、仪所亲信赍入城告怿等,说"吴中怒怿等不能拔寿春,欲尽诛诸将家,故逃来归命。"十二月,怿等帅其众数千人开门出降,城中震惧,不知所为。诏拜怿平东将军,封临湘侯,端等封拜各有差。

6 汉姜维闻魏分关中兵以赴淮南,欲乘虚向秦川,率数万人出骆谷,至沈岭。时长城积谷甚多,而守兵少,征西将军都督雍、凉诸军事司马望及安西将军邓艾进兵据之,以拒维。维壁于芒水,数挑战,望、艾不应。

是时,维数出兵,蜀人愁苦,中散大夫谯周作《仇国论》以讽之曰:"或问往古能以弱胜强者,其术如何?曰:吾闻之,处大无患者常多慢,处小有忧者常思善;多慢则生乱,思善则生治,理之常也。故周文养民,以少取多,勾践恤众,以弱毙强,此其术也。或曰:曩者,项强汉弱,相与战争,项羽与汉约分鸿沟,各归息民,张良以为民志已定,则难动也,率兵追羽,终毙项氏。岂必由文王之事乎?

文钦说:"您如今率领十多万士卒来归附于吴国,而我与全端等人都与您共同居于死地,我们的父兄子弟都在江表,即使孙綝不想来,而主上及其亲戚又怎么肯听他的呢? 而且中原没有一年是没事的,军民都很疲惫,如今他们围守我们一年,内变就将兴起,为什么我们要舍弃这里而想冒着危险侥幸一战呢?"蒋班、焦彝仍坚持劝他,文钦十分恼怒。诸葛诞要杀掉蒋班、焦彝,二人非常害怕,十一月,他们背弃诸葛诞越过城墙来投降。全怿哥哥的儿子全辉、全仪在建业,与家内之人发生争执,就带着母亲率领私家兵将数十家来投奔魏国。此时全怿与其兄之子全靖以及全端之弟全翩、全缉都领兵在寿春城中,司马昭采用黄门侍郎锺会的计策,秘密地替全辉、全仪写了书信,并让全辉、全仪的亲信之人送入城中告诉全怿等人,说:"吴国朝廷恼怒全怿等人不能攻克寿春的敌兵,而想要杀尽诸将的家属,因此跑出来归顺魏国。"十二月,全怿等人率领手下兵将数千人开城门出来投降,城中的人十分震恐,不知怎么办好。诏令任命全怿为平东将军,封临湘侯,全端等人的拜官封职各有差等。

　　6　蜀汉的姜维听说魏国分出关中的兵力去支援淮南,想乘虚攻向秦川,于是就率领数万人出骆谷,到达沈岭。当时长城一带积存的粮食很多,而守兵很少,征西将军都督雍州、凉州诸军事司马望和安西将军邓艾就进兵占据了那里,以抵挡姜维。姜维筑营垒于芒水一带,多次出来挑战,而司马望、邓艾不应战。

　　当时,姜维屡次出兵征战,蜀人愁苦不堪,中散大夫谯周作《仇国论》以讽谏说:"有人问古代能以弱胜强者,他们的方法如何? 回答是:我听说,处于大国地位而无患者常有许多怠慢之事,处于小国地位而有忧患者常常想着向善;怠慢之事多了就会出现内乱,想着向善就能使社会安定,这是普遍的道理。因此周文王善于养民,就能以少取多,勾践能够悯惜众人,就能以弱胜强,这是他们的方法。有人说:以前,项羽强而汉高祖弱,互相交战,后来项羽与汉高祖约定中分天下以鸿沟为界,各归本土生息养民,张良认为民心一旦安定,就难以再发动,于是率兵追击项羽,终于消灭了他。难道一定要像文王那样行事吗?

曰：当商、周之际，王侯世尊，君臣久固，民习所专；深根者难拔，据固者难迁。当此之时，虽汉祖安能杖剑鞭马而取天下乎！及秦罢侯置守之后，民疲秦役，天下土崩，或岁易主，或月易公，鸟惊兽骇，莫知所从，于是豪强并争，虎裂狼分，疾搏者获多，迟后者见吞。今我与彼皆传国易世矣，既非秦末鼎沸之时，实有六国并据之势，故可为文王，难为汉祖。夫民之疲劳，则骚扰之兆生，上慢下暴，则瓦解之形起。谚曰：'射幸数跌，不如审发。'是故智者不为小利移目，不为意似改步，时可而后动，数合而后举，故汤、武之师不再战而克，诚重民劳而度时审也。如遂极武黩征，土崩势生，不幸遇难，虽有智者将不能谋之矣。"

三年（戊寅，258）

1 春，正月，文钦谓诸葛诞曰："蒋班、焦彝谓我不能出而走，全端、全怿又率众逆降，此敌无备之时也，可以战矣。"诞及唐咨等皆以为然，遂大为攻具，昼夜五六日攻南围，欲决围而出。围上诸军临高发石车火箭，逆烧破其攻具，矢石雨下，死伤蔽地，血流盈堑，复还城。城内食转竭，出降者数万口。钦欲尽出北方人省食，与吴人坚守，诞不听，由是争恨。钦素与诞有隙，徒以计合，事急愈相疑。钦见诞计事，诞遂杀钦。

曰：在商、周之际，王侯世代尊贵，君臣之分久已稳固，人民已习惯于专心事其君上；深深扎根的东西难以拔除，基础稳固的东西难以迁移。在那个时代，即使是汉高祖又怎能靠持剑策马而夺取天下呢？到秦朝废弃分封侯国设置郡守之后，百姓不堪忍受秦朝的劳役，天下已经土崩瓦解，或者每年换个君主，或者每月换个主公，连鸟兽都惊恐不安，不知所从，于是豪强们并力争夺天下，如狼似虎地瓜分土地，迅速搏杀者所获就多，稍许迟后者就被吞并。如今我们与魏国都是经历改朝换代而流传的国家，既不是秦朝末年天下鼎沸纷争的时代，实际上却有六国并立称雄的形势，因此可以行文王之事，难以有汉高祖的作为。百姓的疲劳就是产生骚动不安的前兆，在上位的骄慢而对人民残暴，就会出现土崩瓦解的形势。谚语说：'射幸数跌，不如审发。'因此有智谋的人不为蝇头小利而动心，不为似是而非的情况改变常态，时机成熟以后再行动，形势适宜以后再举兵，所以商汤、周武的军队不用再次战斗就能取胜，实在是因为重视人民的劳苦状况而能审时度势。如果竟然竭尽武力滥用征伐，出现了土崩瓦解的形势，又不幸遭遇危难，那么即使有有智谋的人也将不会有挽回局势的谋略了。"

魏高贵乡公甘露三年(戊寅，公元 258 年)

1　春季，正月，文钦对诸葛诞说："蒋班、焦彝认为我们不能出城而走，全端、全怿又已率众投降，这正是敌人没有防备的时机，可以出城一战了。"诸葛诞和唐咨等人都认为很对，于是就大力准备进攻的器具，连续五六个昼夜进攻南面的包围，想要突破重围而出。包围圈上的魏国诸军站在高处发射石车火箭，迎面烧破敌方的进攻器具，箭石像雨一样泻下，死伤者遍地，血流充满了堑沟，只得又返回城中。城内的粮食越来越少，出城投降者有数万人之多。文钦想让北方人都出城投降以节省粮食，留下他与吴国人一起坚守，但诸葛诞不同意，从此两人之间互相怨恨。文钦平时就与诸葛诞有矛盾，只是因为计策相同而暂且相合，事态紧急了就愈加相互猜疑。文钦进见诸葛诞策划事情，诸葛诞就杀掉了文钦。

钦子鸯、虎将兵在小城中，闻钦死，勒兵赴之，众不为用，遂单走逾城出，自归于司马昭。军吏请诛之，昭曰："钦之罪不容诛，其子固应就戮；然鸯、虎以穷归命，且城未拔，杀之是坚其心也。"乃赦鸯、虎，使将数百骑巡城，呼曰："文钦之子犹不见杀，其馀何惧！"又表鸯、虎皆为将军，赐爵关内侯。城内皆喜，且日益饥困。司马昭身自临围，见城上持弓者不发，曰："可攻矣！"乃四面进军，同时鼓噪登城。二月乙酉，克之。诞窘急，单马将其麾下突小城欲出，司马胡奋部兵击斩之，夷其三族。诞麾下数百人，皆拱手为列，不降，每斩一人，辄降之，卒不变，以至于尽。吴将于诠曰："大丈夫受命其主，以兵救人，既不能克，又束手于敌，吾弗取也。"乃免胄冒陈而死。唐咨、王祚等皆降。吴兵万众，器仗山积。

司马昭初围寿春，王基、石苞等皆欲急攻之，昭以为："寿春城固而众多，攻之必力屈；若有外寇，表里受敌，此危道也。今三叛相聚于孤城之中，天其或者使同就戮，吾当以全策縻之。但坚守三面，若吴贼陆道而来，军粮必少；吾以游兵轻骑绝其转输，可不战而破也。吴贼破，钦等必成禽矣！"乃命诸军按甲而守之，卒不烦攻而破。议者又以为："淮南仍为叛逆，吴兵室家在江南，不可纵，宜悉坑之。"昭曰："古之用兵，全国为上，戮其元恶而已。吴兵就得亡还，适可以示中国之大度耳。"一无所杀，分布三河近郡以安处之。拜唐咨安远将军，其馀裨将，咸假位号，众皆悦服，其淮南将士吏民为诞所胁略者，皆赦之。听文鸯兄弟收敛父丧，给其车牛，致葬旧墓。

文钦之子文鸯、文虎领兵在小城中，听到文钦的死讯，就想带兵去为父报仇，但众人不为他们效命，二人随即独自越过城墙逃出来，投降了司马昭。军吏请求杀了他们，司马昭说："文钦罪不容诛，他的儿子本来也应该杀掉；但文鸯、文虎因走投无路而归顺，而且城还没攻破，杀了他们就更坚定了城内敌兵的死守之心。"于是赦免了文鸯、文虎，让他们率数百骑兵巡城高呼："文钦之子尚且不被杀，其馀之人有什么可害怕的！"又让文鸯、文虎都担任将军，并赐爵关内侯。城内之人闻讯都很高兴，而且人们也日益饥饿困乏。司马昭亲自登临围堡，见城上持弓者不对他发箭，就说："可以进攻了。"于是下令四面进军，同时鼓噪呐喊登上城墙。二月乙酉（二十日），攻克寿春城。诸葛诞情急窘迫，单枪匹马率领麾下突击小城想要闯出城，司马胡奋手下的兵士把他杀死，又诛杀其三族。诸葛诞麾下的数百人，都拱手排成队列，却不投降，每杀一人，就问其馀的人降不降，而他们的态度终究不变，以至于最后全部杀尽。吴将于诠说："大丈夫受命于君主，带兵来救人，既不能取胜，又要被敌人俘虏，我决不如此。"于是就脱掉盔甲突入敌人兵阵而死。唐咨、王祚等人都投降了。俘虏的吴国兵卒有一万多人，缴获的兵器堆得像山一样。

　　司马昭当初包围寿春之时，王基、石苞等人都想加紧攻城，司马昭认为："寿春城墙坚固而兵力众多，攻城必然损失兵力；如果再有外部敌人来犯，就要表里受敌，这是危险的做法。现在三个叛将相聚在孤城之中，天意或许会让他们同时被杀，我当以完备的计策把他们围困在城中。我们只坚守三面，如果吴兵从陆地而来，军粮必少；我们就用游动的轻骑兵断绝他们的运粮道路，这样可以不战而打败敌人。吴兵失败，文钦等人必成笼中之鸟了！"于是命令诸军停止进攻坚守不动，终于不用频频进攻而破城取胜。议论者又认为："淮南地区仍为叛逆之徒所占据，这些吴兵的家室都在江南，不可放他们回去，应该把他们全活埋。"司马昭说："古人用兵，以保全其国之民为宗旨，只杀其首恶而已。吴兵能得以逃回去，正好可以显示我国的宽宏大度。"结果一个不杀，把俘虏分布在三河地区接近京师的地方加以安置。又授予唐咨安远将军之职，其馀的副将，也都给了他们相应的地位和封号，众人都心悦诚服，那些淮南将士吏民被诸葛诞所胁迫掠虏而来的，也都赦免放回。听任文鸯兄弟收敛其父之尸，并给他们车与牛，拉到旧墓安葬。

昭遗王基书曰:"初议者云云,求移者甚众,时未临履,亦谓宜然。将军深算利害,独秉固志,上违诏命,下拒众议,终至制敌禽贼,虽古人所述,不是过也。"昭欲遣诸军轻兵深入,招迎唐咨等子弟,因衅有灭吴之势。王基谏曰:"昔诸葛恪乘东关之胜,竭江表之兵以围新城,城既不拔,而众死者大半。姜维因洮西之利,轻兵深入,粮饷不继,军覆上邽。夫大捷之后,上下轻敌,轻敌则虑难不深。今贼新败于外,又内患未弭,是其修备设虑之时也。且兵出逾年,人有归志,今俘馘十万,罪人斯得,自历代征伐,未有全兵独克如今之盛者也。武皇帝克袁绍于官渡,自以所获已多,不复追奔,惧挫威也。"昭乃止。以基为征东将军、都督扬州诸军事,进封东武侯。

习凿齿曰:君子谓司马大将军于是役也,可谓能以德攻矣。夫建业者异道,各有所尚而不能兼并也。故穷武之雄,毙于不仁;存义之国,丧于懦退。今一征而禽三叛,大虏吴众,席卷淮浦,俘馘十万,可谓壮矣。而未及安坐,赏王基之功;种惠吴人,结异类之情;宠鸯葬钦,忘畴昔之隙;不咎诞众,使扬土怀愧。功高而人乐其成,业广而敌怀其德。武昭既敷,文算又洽,推是道也,天下其孰能当之哉!

2 司马昭之克寿春,锺会谋画居多;昭亲待日隆,委以腹心之任,时人比之子房。

司马昭给王基写信说:"当初议论众说纷纭,要求转移到北山的人很多,当时我没有亲临营垒实地勘察,也认为应该转移。将军深入地考虑利害得失,独自坚持固定的意志,上不从朝廷诏命,下拒绝众人之议,终于取得制服敌人擒获贼兵的胜利,即使是古人所说那些忠臣,也不能超过你。"司马昭想派遣诸军轻兵深入,招徕迎接唐咨等人的子弟,利用敌人的内部裂痕造成消灭吴国的形势。王基进谏说:"以前诸葛恪乘着东关获胜之机,竭尽江表的兵力以围攻新城,城既没有攻克,而兵士也死了大半。姜维凭借洮西的便利条件,轻兵深入,结果粮饷不继,军队在上邽遭到覆没。在取得大胜之后,上下之人就会轻敌,轻敌则考虑困难就不能深入。如今敌人在外部刚刚失败,内部忧患又没有弥合,这正是他们加紧防备设计御敌的时候。而且我们的兵士外出已经一年多了,人人都有归家之心,如今我们歼灭敌兵十万,又擒获很多罪人,自历代征伐以来,还没有既保全所有兵力又获得全面胜利的战役能像这次这样盛大的。武皇帝在官渡战胜袁绍,自认为所获已很多,就不再追杀,这是惧怕挫伤自己的威势。"于是司马昭就停止了这次行动。任命王基为征东将军,都督扬州诸军事,并晋封他为东武侯。

习凿齿说:君子认为,司马大将军在这次战役中,可说是能以仁德进攻了。建功立业者采用的方法不同,各有所崇尚却不能同时兼顾。因此穷兵黩武的雄杰,就会死于不仁;心存小义之国,就会丧于懦弱退让。如今一次征战而擒获三个叛逆,俘虏众多吴国兵士,全部占据了淮浦地区,歼敌十万,可谓十分壮观了。但还没等坐安稳,就奖赏王基的功劳;在吴人中播种恩惠,笼络异国之人的感情;恩宠文鸯,安葬文钦,不记往日的怨恨;不责怪诸葛诞手下的兵将,使扬州的人们心怀惭愧。功高盖世而人们乐于看到他的成功,业绩广大而敌人也怀念他的恩德。武功的光芒既已流布天下,文德的计划又非常广博,请问这种治国之道,天下还有谁能够承当呢?

2 司马昭攻克寿春,钟会出谋划策很多;因此,司马昭对他日益亲近重视,委任他办理机密要事,当时人把他比之为汉代的张良。

3　汉姜维闻诸葛诞死,复还成都,复拜大将军。

4　夏,五月,诏以司马昭为相国,封晋公,食邑八郡,加九锡;昭前后九让,乃止。

5　秋,七月,吴主封故齐王奋为章安侯。

6　八月,以骠骑将军王昶为司空。

7　诏以关内侯王祥为三老,郑小同为五更,帝率群臣诣太学,行养老乞言之礼。小同,玄之孙也。

8　吴孙绲以吴主亲览政事,多所难问,甚惧;返自镬里,遂称疾不朝,使弟威远将军据入仓龙门宿卫,武卫将军恩、偏将军幹、长水校尉闿分屯诸营,欲以自固。吴主恶之,乃推朱公主死意,全公主惧曰:“我实不知,皆朱据二子熊、损所白。”是时熊为虎林督损为外部督,吴主皆杀之。损妻,即孙峻妹也。绲谏,不从,由是益惧。

吴主阴与全公主及将军刘丞谋诛绲。全后父尚为太常、卫将军,吴主谓尚子黄门侍郎纪曰:“孙绲专势,轻小于孤。孤前敕之使速上岸,为唐咨等作援,而留湖中不上岸一步;又委罪于朱异,擅杀功臣,不先表闻;筑第桥南,不复朝见。此为自在,无所复畏,不可久忍,今规取之。卿父作中军都督,使密严整士马,孤当自出临桥,率宿卫虎骑、左右无难一时围之,作版诏敕绲所领皆解散,不得举手。正尔,自当得之;卿去,但当使密耳!卿宣诏卿父,勿令卿母知之;女人既不晓大事,且绲同堂姊,邂逅漏泄,误孤非小也!”纪承诏以告尚。尚无远虑,以语纪母,母使人密语绲。

3 蜀汉的姜维听到诸葛诞已死,又返回成都,重新担任大将军之职。

4 夏季,五月,诏令任命司马昭为相国,封为晋公,食邑八个郡,加赐九锡;司马昭先后推辞了九次,才收回成命。

5 秋季,七月,吴主封以前的齐王孙奋为章安侯。

6 八月,任命骠骑将军王昶为司空。

7 诏令以关内侯王祥为三老,郑小同为五更,魏帝率领群臣到太学去,行养老乞言的礼仪。郑小同是郑玄之孙。

8 吴国孙綝因吴主亲自管理政事,对他又多次问难,就非常害怕;从镬里返回之后,就称病不上朝,又让他的弟弟威远将军孙据进入苍龙门担任宿卫,武卫将军孙恩、偏将军孙幹、长水校尉孙闿,分别驻守各军营,想用以自保。吴主非常厌恶他,于是就追问朱公主被杀的情况,全公主害怕地说:"我实在不知情,都是朱据的两个儿子朱熊、朱损所说的。"当时朱熊担任虎林督,朱损担任外部督,吴主把他们都杀了。朱损之妻,就是孙峻的妹妹。孙綝劝谏,吴主不从,从此孙綝更加恐惧。

吴主暗地里与全公主和将军刘丞谋划杀掉孙綝。全后的父亲全尚任太常、卫将军,吴主对全尚之子黄门侍郎全纪说:"孙綝专擅权势,轻视小看我。我以前命令他迅速上岸,为唐咨等人作后援,但他却留在湖中不上岸一步;他又把罪责推卸给朱异,擅自杀掉有功之臣,也不事先上表奏明;他还在朱雀桥南建筑府第,不再上朝进见。在家自由自在,无所忌惮,不知还有君上,这种情况不能长久忍耐,我如今要图谋取缔他。你的父亲担任中军都督,让他秘密地整顿兵马,我当亲自出宫登临桥上,率领宿卫虎骑将军、左右无难督突然包围孙綝府第,再作版诏命令孙綝统领的兵士都解散,不得反抗。如果一切事情都按我所说的去做,必然能够成功;你出去,必须秘密行事!向你的父亲宣明诏令,千万不要让你母亲知道;女人既不明晓大事,而且她又是孙綝的姐姐,如果见到孙綝泄漏出去,就会误我大事!"全纪接受诏令告诉了全尚。但全尚没有认真考虑,就把此事告诉了全纪的母亲,她又派人秘密地告诉了孙綝。

九月戊午，綝夜以兵袭尚，执之，遣弟恩杀刘承于苍龙门外，比明，遂围宫。吴主大怒，上马带鞬执弓欲出，曰："孤大皇帝適子，在位已五年，谁敢不从者！"侍中近臣及乳母共牵攀止之，不得出，叹咤不食，骂全后曰："尔父愦愦，败我大事！"又遣呼纪，纪曰："臣父奉诏不谨，负上，无面目复见。"因自杀。綝使光禄勋孟宗告太庙，废吴主为会稽王。召群臣议曰："少帝荒病昏乱，不可以处大位，承宗庙，已告先帝废之。诸君若有不同者，下异议。"皆震怖，曰："唯将军令！"綝遣中书郎李崇夺吴主玺绶，以吴主罪班告远近。尚书桓彝不肯署名，綝怒，杀之。典军施正劝綝迎立琅邪王休，綝从之。己未，綝使宗正楷与中书郎董朝迎琅邪王于会稽。遣将军孙耽送会稽王亮之国，亮时年十六。徙全尚于零陵，寻追杀之；迁全公主于豫章。

冬，十月戊午，琅邪王行至曲阿，有老公遮王叩头曰："事久变生，天下喁喁。"是日，进及布塞亭。孙綝以琅邪王未至，欲入居宫中，召百官会议，皆惶怖失色，徒唯唯而已。选曹郎虞汜曰："明公为国伊、周，处将相之任，擅废立之威，将上安宗庙，下惠百姓，大小踊跃，自以伊、霍复见。今迎王未至而欲入宫，如是，群下摇荡，众听疑惑，非所以永终忠孝，扬名后世也。"綝不怿而止。汜，翻之子也。

綝命弟恩行丞相事，率百僚以乘舆法驾迎琅邪王于永昌亭。筑宫，以武帐为便殿，设御坐。己卯，王至便殿，止东厢。孙恩奉上玺符，王三让，乃受。群臣以次奉引，王就乘舆，百官陪位。綝以兵千人迎于半野，拜于道侧；王下车答拜。即日，御正殿，大赦，改元永安。

九月戊午(二十六日),孙綝深夜派兵袭击全尚,把他扣押起来,又派其弟孙恩在苍龙门外杀掉刘承,等到天将明时,就包围了王宫。吴主勃然大怒,骑上马带了弓箭就要出宫,说道:"我是大皇帝的嫡子,在位已经五年,谁敢不服从我!"侍中近臣以及乳母等人一起连牵带扯地制止他,未能出宫,吴主叹气发怒吃不下饭,又大骂全后说:"你的父亲昏聩无能,坏了我的大事!"又派人去叫全纪,全纪说:"我父亲奉行诏命不谨慎,辜负了君上,我没有脸面再见皇上了。"然后就自杀而死。孙綝让光禄勋孟宗祭告太庙,把吴主废为会稽王。又召来群臣议论说:"少帝耽于享乐多病昏乱,不可以处于天子之位,继承宗庙统绪,已经祭告先帝把他废了,诸君若有不同意者,请提出异议。"众人都很震惊恐怖,说道:"愿服从将军的命令!"孙綝派中书郎李崇夺来吴主的玺绶,把吴主的罪状布告远近各地。尚书桓彝不肯签署名字,孙綝大怒,杀掉了他。典军施正劝孙綝把琅邪王孙休迎来立为天子,孙綝同意了。己未(二十七日),孙綝派宗正孙楷与中书郎董朝到会稽迎接琅邪王。派遣将军孙耽送会稽王孙亮到他的封国,孙亮这年十六岁。把全尚迁徙到零陵,随即又去追杀了他,把全公主迁到豫章。

　　冬季,十月戊午,琅邪王走到曲阿,有位老人拦住他叩头说:"事久生变,天下之人随声附和。"这一天,行进到布塞亭。孙綝因琅邪王没到,想要进入宫中居住,召集百官商议,众人都惊惶失色,只唯唯地应着而不置可否。选曹郎虞汜说:"您是我国的伊尹、周公,担当将相的重任,执掌废立的大权,必将上安定宗庙社稷,下施恩惠于百姓,上下大小之人一片欢呼跳跃,认为您是伊尹、霍光再现于世。现在琅邪王还未迎来而您却想入宫居住,如果这样,那么群臣百姓就会动荡不安,众人的心里就会产生疑惑,这不是永远发扬忠孝、扬名于后世的做法。"孙綝很不高兴地放弃入宫居住的想法。虞汜是虞翻之子。

　　孙綝让其弟孙恩执行丞相的职事,率领百官用皇帝乘坐的车到永昌亭去迎接琅邪王。修筑王宫,用军队的帐篷临时搭起便殿,设置了御坐。己卯(十八日),琅邪王到达便殿,止于东厢。孙恩奉上御玺,琅邪王辞让三次才接受。群臣按照次序在前导引车驾,琅邪王上了乘舆,百官在旁陪伴。孙綝率兵千人到郊外迎接,拜于道旁;琅邪王下车答拜。当天,驾临正殿,实行大赦,改年号为永安。

孙綝称"草莽臣",诣阙上书,上印绶、节钺,求避贤路。吴主引见慰谕,下诏以綝为丞相、荆州牧,增邑五县;以恩为御史大夫、卫将军、中军督,封县侯。孙据、幹、闿皆拜将军,封侯。又以长水校尉张布为辅义将军,封永康侯。

先是,丹阳太守李衡数以事侵琅邪王,其妻习氏谏之,衡不听。琅邪王上书乞徙他郡,诏徙会稽。及琅邪王即位,李衡忧惧,谓妻曰:"不用卿言,以至于此。吾欲奔魏,何如?"妻曰:"不可。君本庶民耳,先帝相拔过重,既数作无礼,而复逆自猜嫌,逃叛求活,以此北归,何面目见中国人乎!"衡曰:"计何所出?"妻曰:"琅邪王素好善慕名,方欲自显于天下,终不以私嫌杀君明矣。可自囚诣狱,表列前失,显求受罪。如此,乃当逆见优饶,非但直活而已。"衡从之。吴主诏曰:"丹阳太守李衡,以往事之嫌,自拘司败。夫射钩、斩袪,在君为君,其遣衡还郡,勿令自疑。"又加威远将军,授以棨戟。

己丑,吴主封故南阳王和子皓为乌程侯。
群臣奏立皇后、太子,吴主曰:"朕以寡德,奉承洪业,莅事日浅,恩泽未敷,后妃之号,嗣子之位,非所急也。"有司固请,吴主不许。
孙綝奉牛酒诣吴主,吴主不受,赍诣左将军张布;酒酣,出怨言曰:"初废少主时,多劝吾自为之者;吾以陛下贤明,故迎之。

孙綝自称"草莽臣",赴皇帝殿庭上书,交上印绶、节钺,请求避让进贤之路。吴主引见他并以好言慰解,又下诏任命孙綝为丞相、荆州牧,增加封邑五个县;任命孙恩为御史大夫、卫将军、中军督,封为县侯。孙据、孙幹、孙闿也都授予将军之职,进封侯爵。又任命长水校尉张布为辅义将军,封为永康侯。

早先,丹阳太守李衡多次因事侵扰琅邪王,他的妻子习氏规劝他,他也不听。后来琅邪王上书请求迁居其他郡,诏命让他到会稽。等到琅邪王即位为天子,李衡十分恐惧,就对他妻子说:"没听你的话,结果弄到这个地步。我想去投奔魏国,怎么样?"其妻说:"不行。你本是一个庶民百姓,先帝把你提拔到高位,现在你既已多次对琅邪王无礼,而又在心里胡乱猜疑,还想逃亡背主乞求活命,以你这样的情况跑到北方,又有什么脸面去见中原之人呢?"李衡说:"那我应该怎么办?"其妻说:"琅邪王平时就好善而追求声名,现在他正想使自己显扬于天下,终究不会因私人怨恨而杀你,这是很明白的。你可以到牢狱把自己囚禁起来,上表陈述以前的过失,公开地要求接受处罚。这样,就会受到更优厚的待遇,岂是仅仅保住性命而已。"李衡照她的话做了。吴主下诏说:"丹阳太守李衡,因往事的一些嫌隙,自我拘禁到刑狱之中。春秋时管仲箭射齐桓公带钩,披砍断晋文公的衣袖,但齐桓、晋文当了君主就行君主之事而不计前嫌,我也会如此,送李衡回郡,让他不要自我生疑。"同时授李衡威远将军之职,又赠以显示官阶品级的棨戟。

己丑(二十八日),吴主封已故南阳王孙和之子孙皓为乌程侯。

群臣奏请立皇太后、太子,吴主说:"我以微薄之德继承了祖宗的大业,即位时间很短,也没有广施恩泽,所以后妃名号、太子地位的确立,不是当务之急。"有关部门仍坚持要求,但吴主不准。

孙綝带着牛和酒去拜见吴主,但吴主不收,只好送到左将军张布家里;酒意正浓的时候,孙綝口出怨言说:"当初废掉少主之时,很多人劝我自立为君;我认为陛下贤明,因此把他迎来。

帝非我不立,今上礼见拒,是与凡臣无异,当复改图耳。"布以告吴主,吴主衔之,恐其有变,数加赏赐。戊戌,吴主诏曰:"大将军掌中外诸军事,事统烦多,其加卫将军、御史大夫恩侍中,与大将军分省诸事。"或有告綝怀怨侮上,欲图反者,吴主执以付綝,綝杀之,由是益惧,因孟宗求出屯武昌,吴主许之。綝尽敕所督中营精兵万馀人,皆令装载;又取武库兵器,吴主咸令给与。綝求中书两郎典知荆州诸军事,主者奏中书不应外出,吴主特听之。其所请求,一无违者。

　　将军魏邈说吴主曰:"綝居外,必有变。"武卫士施朔又告綝谋反。吴主将讨綝,密问辅义将军张布,布曰:"左将军丁奉,虽不能吏书,而计略过人,能断大事。"吴主召奉告之,且问以计画,奉曰:"丞相兄弟支党甚盛,恐人心不同,不可卒制,可因腊会有陛兵以诛之。"吴主从之。

　　十二月丁卯,建业中谣言明会有变,綝闻之,不悦。夜,大风,发屋扬沙,綝益惧。戊辰,腊会,綝称疾不至;吴主强起之,使者十馀辈,綝不得已,将入,众止焉。綝曰:"国家屡有命,不可辞。可豫整兵,令府内起火,因是可得速还。"遂入,寻而火起,綝求出,吴主曰:"外兵自多,不足烦丞相也。"綝起离席,奉、布目左右缚之。綝叩头曰:"愿徙交州。"吴主曰:"卿何不徙滕胤、吕据于交州乎!"綝复曰:"愿没为官奴。"吴主曰:"卿何不以胤、据为奴乎!"遂斩之。以綝首令其众曰:"诸与綝同谋者,皆赦之。"放仗者五千人。孙闿乘船欲降北,追杀之。夷綝三族,发孙峻棺,取其印绶,斫其木而埋之。

没有我他当不了皇帝,但我今天给他送礼却遭到拒绝,这是对我与一般大臣没有区别,我当再另立别人为君。"张布把这些话告诉了吴主,吴主怀恨在心,恐怕他发动变乱,所以多次加以赏赐。戊戌,吴主下诏说:"大将军掌管中外诸军事,事务繁多,今加卫将军、御史大夫孙恩侍中之职,与大将军一起分担各种事务。"有人报告孙綝心怀怨恨侮辱主上,想图谋造反,吴主就把那人抓起来交给孙綝,孙綝把那人杀了,但从此心里更加害怕,通过孟宗向吴主要求外出驻扎在武昌,吴主答应了。孙綝命令他所统领的中军精兵万馀人,都让他们上船;又取走了武库中的兵器,吴主都下令给他。孙綝又要求让中书两郎一同去管理荆州诸军事,主管者奏明中书不应外出,但吴主也特许孙綝带走中书。孙綝的请求没有一件不同意的。

将军魏邈对吴主说:"孙綝居住在外,必然会有变乱。"武卫士施朔也报告说孙綝要谋反。吴主将要讨伐孙綝,就秘密地向辅义将军张布询问计策,张布说:"左将军丁奉,虽不能撰写文书,但他计谋过人,能决断大事。"吴主召来了丁奉,讲了自己的想法,并向他询问计策,丁奉说:"丞相的兄弟党羽很多,恐怕人心不同,不能突然制服他,可以乘腊祭集会之机用宿卫之兵杀掉他。"吴主同意了。

十二月丁卯(初七),建业城中有谣言流传说明日腊祭要有事变,孙綝听到后,很不高兴。夜里,刮起了大风,吹掀了屋顶扬起漫天风沙,孙綝更加害怕。戊辰(初八),腊祭集会,孙綝称病不去;东吴君主强令他来,派使者催促十多次,孙綝不得已,将要入宫,众人劝他别去。孙綝说:"国家多次下令,我不可推辞。你们可以预先整顿好兵力,在府内放一把火,以这个为借口我可以很快回来。"随即入宫,不久府内起了火,孙綝要求出去看看,东吴君主说:"外面兵力自然很多,不用麻烦丞相亲自去。"孙綝起身离席,丁奉、张布用眼色示意左右之人把他绑起来。孙綝叩头说:"我愿意迁徙到交州。"东吴君主说:"你为什么不把滕胤、吕据迁到交州?"孙綝又说:"我愿当个官家奴隶。"东吴君主说:"你为什么不让滕胤、吕据为奴呢?"随即就把他杀了。又拿着孙綝的首级对他手下的兵将说:"凡与孙綝同谋的人,一律赦免。"放下兵器投降者有五千人。孙阖乘船逃走想要投降魏国,吴主派人追杀了他。诛杀了孙綝的三族,又掘开孙峻的坟墓,取出他的印绶,削薄了他的棺木然后再埋上。

己巳,吴主以张布为中军督。改葬诸葛恪、滕胤、吕据等,其罹恪等事远徙者,一切召还。朝臣有乞为诸葛恪立碑者,吴主诏曰:"盛夏出军,士卒伤损,无尺寸之功,不可谓能;受托孤之任,死于竖子之手,不可谓智。"遂寝。

9 初,汉昭烈留魏延镇汉中,皆实兵诸围以御外敌,敌若来攻,使不得入。及兴势之役,王平捍拒曹爽,皆承此制。及姜维用事,建议以为"错守诸围,适可御敌,不获大利。不若使敌至,诸围皆敛兵聚谷,退就汉、乐二城,听敌入平,重关头镇守以捍之,令游军旁出以伺其虚。敌攻关不克,野无散谷,千里运粮,自然疲乏;引退之日,然后诸城并出,与游军并力搏之,此殄敌之术也"。于是汉主令督汉中胡济却住汉寿,监军王含守乐城,护军蒋斌守汉城。

四年(己卯,259)

1 春,正月,黄龙二见宁陵井中。先是,顿丘、冠军、阳夏井中屡有龙见,群臣以为吉祥,帝曰:"龙者,君德也。上不在天,下不在田,而数屈于井,非嘉兆也。"作《潜龙诗》以自讽,司马昭见而恶之。

2 夏,六月,京陵穆侯王昶卒。

3 汉主封其子谌为北地王,询为新兴王,虔为上党王。尚书令陈祗以巧佞有宠于汉主,姜维虽位在祗上,而多率众在外,希亲朝政,权任不及祗。秋,八月丙子,祗卒;汉主以仆射义阳董厥为尚书令,尚书诸葛瞻为仆射。

己巳(初九),东吴君主任命张布为中军督。又改葬了诸葛恪、滕胤、吕据等人,凡受诸葛恪等人之事连累而迁徙远方的人全部召回。朝廷大臣中有人请求为诸葛恪立碑,东吴君主说:"他盛夏出军,士卒损伤严重,又没有取得任何成功,不能说是有才能;他接受托孤的重任,却死于无名小子之手,不能说是有智。"于是为他立碑的建议就作罢了。

9 当初,汉昭烈帝刘备留魏延镇守汉中,他在各个外围营地布满兵力以抵御入侵之敌,敌人如果来进攻,不让他们攻入。在兴势的战役中,王平勇猛地抗拒曹爽,也都承用了这种用兵之法。到姜维掌兵时,提出建议,认为"置兵驻守各个外围,只能抵御入侵之敌,不能获得大胜。不如让敌兵进入,各外围营地都收敛兵力积聚粮食,退守汉、乐二城,任凭敌人进入平原之地,我们镇守重要的关口以抵御敌人,再派游动军队在附近埋伏以伺察敌人的虚弱之处加以攻击。敌人攻关不能取胜,野外又没有分散的粮食,他们从千里之外运送粮食,自然会非常疲乏劳顿;乘敌人撤兵的时候,我们各城守军一起出击,与游动军队共同与敌人拼杀,这是消灭敌人的战术"。于是汉主下令让督领汉中的胡济撤兵进驻汉寿,让监军王含镇守乐城,让护军蒋斌镇守汉城。

魏高贵乡公甘露四年(己卯,公元 259 年)

1 春季,正月,黄龙两次出现于宁陵的井中。在此之前,顿丘、冠军、阳夏地方的井中多次有龙出现,群臣认为这是吉祥的象征,魏帝说:"龙代表了君主之德。它上不在天,下不在田,而多次屈居于井中,这不是好的兆头。"于是作《潜龙诗》以自我讽喻,司马昭看后十分不满。

2 夏季,六月,京陵穆侯王昶去世。

3 汉主封其子刘谌为北地王,刘询为新兴王,刘虔为上党王。尚书令陈祗因善于花言巧语逢迎讨好,深得汉主宠幸,姜维的地位虽在陈祗之上,但大部分时间率兵在外,很少参与朝政,所以权力不如陈祗大。秋季,八月丙子(二十日),陈祗去世;汉主任命仆射、义阳人董厥为尚书令,尚书诸葛瞻为仆射。

4 冬,十一月,车骑将军孙壹为婢所杀。

5 是岁,以王基为征南将军,都督荆州诸军事。

元皇帝上
景元元年(庚辰,260)

1 春,正月朔,日有食之。

2 夏,四月,诏有司率遵前命,复进大将军昭位相国,封晋公,加九锡。

3 帝见威权日去,不胜其忿。五月己丑,召侍中王沈、尚书王经、散骑常侍王业,谓曰:"司马昭之心,路人所知也。吾不能坐受废辱,今日当与卿自出讨之。"王经曰:"昔鲁昭公不忍季氏,败走失国,为天下笑。今权在其门,为日久矣,朝廷四方皆为之致死,不顾逆顺之理,非一日也。且宿卫空阙,兵甲寡弱,陛下何所资用;而一旦如此,无乃欲除疾而更深之邪!祸殆不测,宜见重详。"帝乃出怀中黄素诏投地曰:"行之决矣!正使死何惧,况不必死邪!"于是入白太后。沈、业奔走告昭,呼经欲与俱,经不从。帝遂拔剑升辇,率殿中宿卫苍头官僮鼓噪而出。昭弟屯骑校尉伷遇帝于东止车门,左右呵之,伷众奔走。中护军贾充自外入,逆与帝战于南阙下,帝自用剑。众欲退,骑督成倅弟太子舍人济问充曰:"事急矣,当云何?"充曰:"司马公畜养汝等,正为今日。今日之事,无所问也!"济即抽戈前刺帝,殒于车下。昭闻之,大惊,自投于地。太傅孚奔往,枕帝股而哭甚哀,曰:"杀陛下者,臣之罪也!"

4　冬季,十一月,车骑将军孙壹被奴婢所杀。

5　这一年,任命王基为征南将军,都督荆州诸军事。

元皇帝上
魏元帝景元元年(庚辰,公元 260 年)

1　春季,正月朔(初一),发生日食。

2　夏季,四月,诏令有关官员一切遵照以前的命令,再次晋升大将军司马昭为相国,封为晋公,加赐九锡。

3　魏帝见自己的权力威势日渐削弱,感到不胜忿恨。五月己丑(初七),召见侍中王沈、尚书王经、散骑常侍王业,对他们说:"司马昭的野心,连路上的行人都知道。我不能坐等被废黜的耻辱,今日我将亲自与你们一起出去讨伐他。"王经说:"古时鲁昭公因不能忍受季氏的专权,讨伐失败而逃,丢掉了国家,被天下人所耻笑。如今权柄掌握在司马昭之手已经很久了,朝廷之内以及四方之臣都为他效命而不顾逆顺之理,也不是一天了。而且宫中宿卫空缺,兵力十分弱小,陛下怎能使用他们;而您一旦这样做,不是想要除去疾病却反而使病更厉害了吗? 祸患恐怕难以预测,应该重新加以详细考虑。"魏帝这时就从怀中拿出黄绸诏书扔在地上说:"这样做已经决定了! 纵使死了又有什么可怕的,何况不一定会死呢!"说完就进内宫禀告太后。王沈、王业跑出去告诉司马昭,想叫王经与他们一起,但王经不去。魏帝随即拔出剑上了车辇,率领殿中宿卫和奴仆们呼喊着出了宫。司马昭的弟弟屯骑校尉司马伷在东止车门遇到魏帝,魏帝左右之人怒声呵斥他们,司马伷的兵士被吓得逃走了。中护军贾充从外而入,迎面与魏帝战于南面宫阙之下,魏帝亲自用剑拼杀。众人想要退却,骑督成倅之弟太子舍人成济问贾充说:"事情紧急了,你说怎么办?"贾充说:"司马公养你们这些人,正是为了今日。今日之事,没什么可问的!"于是成济立即抽出长戈上前刺杀魏帝,把他杀死于车下。司马昭闻讯大惊,自己跌坐在地上。太傅司马孚奔跑过去,把魏帝的头枕在自己的腿上哭得十分悲哀,哭喊着说:"陛下被杀,是我的罪过啊!"

昭入殿中,召群臣会议。尚书左仆射陈泰不至,昭使其舅尚书荀颛召之,泰曰:"世之论者以泰方于舅,今舅不如泰也。"子弟内外咸共逼之,乃入,见昭,悲恸,昭亦对之泣曰:"玄伯,卿何以处我?"泰曰:"独有斩贾充,少可以谢天下耳。"昭久之曰:"卿更思其次。"泰曰:"泰言惟有进于此,不知其次。"昭乃不复更言。颛,彧之子也。

太后下令,罪状高贵乡公,废为庶人,葬以民礼。收王经及其家属付廷尉。经谢其母,母颜色不变,笑而应曰:"人谁不死,正恐不得其所;以此并命,何恨之有!"及就诛,故吏向雄哭之,哀动一市。王沈以功封安平侯。庚寅,太傅孚等上言,请以王礼葬高贵乡公,太后许之。

使中护军司马炎迎燕王宇之子常道乡公璜于邺,以为明帝嗣。炎,昭之子也。

4　辛卯,群公奏太后自今令书皆称诏制。

5　癸卯,司马昭固让相国、晋公、九锡之命,太后诏许之。

6　戊申,昭上言:"成济兄弟大逆不道,夷其族。"

7　六月癸丑,太后诏常道乡公更名奂。甲寅,常道乡公入洛阳,是日,即皇帝位,年十五,大赦,改元。

8　丙辰,诏进司马昭爵位九锡如前,昭固让,乃止。

9　癸亥,以尚书右仆射王观为司空。

10　吴都尉严密建议作浦里塘,群臣皆以为难;唯卫将军陈留濮阳兴以为可成,遂会诸军民就作,功费不可胜数,士卒多死亡,民大愁怨。

司马昭进入殿中，召集群臣议论。尚书左仆射陈泰不来，司马昭让陈泰之舅尚书荀颛去叫他，陈泰说："人们议论说陈泰与舅舅不相上下，今天看来舅舅不如我陈泰。"但子弟们里里外外都逼着陈泰去，这才不得已而入宫，见到司马昭悲恸欲绝，司马昭也对着他流泪，说："玄伯，你将怎样对待我呢？"陈泰说："只有杀掉贾充，才能少许谢罪于天下。"司马昭考虑了很久才说："你再想想其他办法。"陈泰说："我说的只能是这些，不知其他。"司马昭就不再说话了。荀颛是荀彧之子。

太后下令，列举高贵乡公的罪状，把他废为庶人，以百姓的丧礼安葬。逮捕了王经及其家属交付廷尉处置。王经向他母亲谢罪，他母亲脸色不变，笑着回答说："人谁能不死，只恐怕死的不得其所；为此事大家同死，还有什么遗恨！"到被诛杀的那天，故吏向雄为之痛哭，悲哀之情感动了整个街市之人。王沈因有功被封为安平侯。庚寅（初八），太傅司马孚等人向朝廷进言，请求以诸侯王的丧礼安葬高贵乡公，太后同意了。

派中护军司马炎到邺城去迎接燕王曹宇之子常道乡公曹璜，做魏明帝的继承人。司马炎是司马昭之子。

4 辛卯（初九），各位公侯向太后奏明，从今日起太后下达的命令文书都称为诏。

5 癸卯（二十一日），司马昭坚决推辞相国、晋公、九锡的命令，太后下诏同意。

6 戊申（二十六日），司马昭进言说："成济兄弟大逆不道，要诛灭其族。"

7 六月癸丑（初一），太后下诏让常道乡公改名为奂。甲寅（初二），常道乡公进入洛阳，当天，即皇帝位，时年十五岁，实行大赦，改年号为景元。

8 丙辰（初四），诏令晋升司马昭的爵位、九锡如前所命，司马昭坚决推辞，于是作罢。

9 癸亥（十一日），任命尚书右仆射王观为司空。

10 吴国都尉严密建议建造浦里塘，群臣都认为很困难；只有卫将军、陈留人濮阳兴认为可以建成，于是集中各地军民去建造，工程耗资巨大，士卒也有很多人死亡，百姓十分愁苦怨恨。

11　会稽郡谣言王亮当还为天子,而亮宫人告亮使巫祷祠,有恶言,有司以闻。吴主黜亮为候官侯,遣之国;亮自杀,卫送者皆伏罪。

12　冬,十月,阳乡肃侯王观卒。

13　十一月,诏尊燕王,待以殊礼。

14　十二月甲午,以司隶校尉王祥为司空。

15　尚书王沈为豫州刺史。初到,下教敕属城及士民曰:"若有能陈长吏可否,说百姓所患者,给谷五百斛。若说刺史得失,朝政宽猛者,给谷千斛。"主簿陈廞、褚䂮入白曰:"教旨思闻苦言,示以劝赏。窃恐拘介之士或惮赏而不言,贪昧之人将慕利而妄举。苟不合宜,赏不虚行,则远听者未知当否之所在,徒见言之不用,因谓设而不行。愚以为告下之事,可小须后。"沈又教曰:"夫兴益于上,受分于下,斯乃君子之操,何不言之有!"褚䂮复白曰:"尧、舜、周公所以能致忠谏者,以其款诚之心著也。冰炭不言而冷热之质自明者,以其有实也。若好忠直,如冰炭之自然,则谔谔之言将不求而自至。若德不足以配唐、虞,明不足以并周公,实不可以同冰炭,虽悬重赏,忠谏之言未可致也。"沈乃止。

二年(辛巳,261)

1　春,三月,襄阳太守胡烈表言:"吴将邓由、李光等十八屯同谋归化,遣使送质任,欲令郡兵临江迎拔。"诏王基部分诸军径造沮水以迎之。"若由等如期到者,便当因此震荡江表。"

11 会稽郡有谣言说会稽王孙亮会重返天子之位,而孙亮的宫人告发孙亮让巫者祈祷,说了些不好的话,有关官吏把这些情况奏告朝廷。吴主贬孙亮为候官侯,并遣送他去封国;孙亮自杀,护送之人也都受到惩治。

12 冬季,十月,阳乡肃侯王观去世。

13 十一月,诏令尊崇燕王曹宇,并以特殊的礼遇待之。

14 十二月甲午(十六日),任命司隶校尉王祥为司空。

15 尚书王沈担任豫州刺史。上任之初,下命令给属城及士民百姓说:"如有能陈述官吏的好坏,诉说百姓忧虑的人,赐给粮食五百斛。如有能说出刺史得失,朝政宽严的人,赐给粮食一千斛。"主簿陈廞、褚䂮入府禀告说:"教令的宗旨是想听一听百姓的苦衷之言,加以劝勉和赏赐。我们恐怕那些清正廉洁之士害怕受赏赐而不说,而那些贪婪昏昧之人将要追逐利益而胡言乱语。如果说得不合适,赏赐不会白白地给他,但那些不了解内情的人不知正确错误之所在,只看到说的话不被采用,于是认为您设置赏格而不真正实行。我们认为告示百姓之事,可以稍等一等再说。"王沈又训诲说:"进言有益于上,赏赐给予百姓,这是君子的德操,百姓怎么会不说话?"褚䂮又禀告说:"尧、舜、周公之所以能使人忠心进谏,是因为他们诚恳真挚的心十分显著。冰炭不会说话而其冷热的本质自然很明确,这是因为它们都是实在的。如果喜好忠直之言,能像冰炭那样自然,那么忠直之言将不用求就会自然而至。如果德操不足以同唐尧、虞舜相配,贤明不足以同周公相比,实质不能像冰炭一样,那么尽管出具重赏,忠心直谏之言也不会听到。"于是王沈就停止了赏赐进言的做法。

魏元帝景元二年(辛巳,公元261年)

1 春季,三月,襄阳太守胡烈上表说:"吴国将领邓由、李光等十八个营垒共同商定归顺我国,并派遣使者送来人质,想让我们的军队开到长江边去迎取。"诏令让王基的部分军队直接到沮水去迎接。诏书说:"如果邓由等人能如期到达,就会因此而震荡江表。"

基驰驿遗司马昭书,说由等可疑之状:"且当清澄,未宜便举重兵深入应之。"又曰:"夷陵东西道皆险狭,竹木丛蔚,卒有要害,弩马不陈。今者筋角濡弱,水潦方降,废盛农之务,要难必之利,此事之危者也。姜维之趣上邽,文钦之据寿春,皆深入求利,以取覆没,此近事之鉴戒也。嘉平已来,累有内难,当今之宜,当务镇安社稷,抚宁上下,力农务本,怀柔百姓,未宜动众以求外利也。"昭累得基书,意狐疑,敕诸军已上道者,且权停住所在,须候节度。基复遗昭书曰:"昔汉祖纳郦生之说,欲封六国,寤张良之谋而趣销印。基谋虑浅短,诚不及留侯,亦惧襄阳有食其之谬。"昭于是罢兵,报基书曰:"凡处事者多曲相从顺,鲜能确然共尽理实,诚感忠爱,每见规示,辄依来旨,已罢军严。"既而由等果不降。烈,奋之弟也。

2　秋,八月甲寅,复命司马昭进爵位如前,不受。

3　冬,十月,汉主以董厥为辅国大将军,诸葛瞻为都护、卫将军,共平尚书事,以侍中樊建为尚书令。时中常侍黄皓用事,厥、瞻皆不能矫正,士大夫多附之,唯建不与皓往来。秘书令郤正久在内职,与皓比屋,周旋三十馀年,澹然自守,以书自娱,既不为皓所爱,亦不为皓所憎,故官不过六百石,而亦不罹其祸。汉主弟甘陵王永憎皓,皓谮之,使十年不得朝见。

王基派驿使快速送信给司马昭，陈述邓由等人的可疑情况："此事还应当进一步澄清查证，不应立即发重兵深入敌境去接应。"又说："夷陵的东西都是险要狭隘之地，竹木丛密茂盛，如果敌人突然在要害之地出去，那么我们的兵马就不能施展力量。如今正值春夏之交，弓弩柔软无力，而且水潦之灾就要来临，此时废弃繁忙的农事，邀取难以必得的利益，这是危险的事情。姜维趋进上邽，文钦占据寿春，都是因深入敌境求取利益而遭到全军覆没的结局，这是近来之事的戒鉴。嘉平年间以来，多次发生内部危难，当今我们应做的事宜，最重要的是力求安定国家社稷，抚慰上下臣民，努力从事农业生产，安抚百姓，不应兴师动众以求外部利益。"司马昭多次得到王基书信，犹疑不定，命令已经上路的诸军暂时停止前进驻扎在所至之处，等候新的部署。王基又给司马昭写信说："以前汉高祖采纳郦生的意见，想要分封六国，明白张良的谋略后就迅速追回销毁了已刻之印。我的谋虑短浅实在不如留侯张良，但也害怕襄阳之事会出现听信郦食其之言的错误。"于是司马昭停止进兵，又给王基写回信说："一般人处事大多曲己而顺从，很少能明确而详尽地向我陈述实在的道理，真诚地感谢你的忠爱，多次得到你的规劝晓谕，今依照你来信的意思，已经停止了发兵。"到了约定日期，邓由等人果然不来投降。胡烈是胡奋之弟。

2　秋季，八月甲寅，再次命令司马昭晋升以前所说的爵位，他仍然不接受。

3　冬季，十月，汉主任命董厥为辅国大将军，诸葛瞻为都护、卫将军，共同管理尚书事，又任命侍中樊建为尚书令。当时宦官中常侍黄皓当政，董厥、诸葛瞻都不能纠正他的错误行事，士大夫们也都依附于他，只有樊建不与黄皓往来。秘书令郤正多年在内宫任职，与黄皓的房屋相邻，周旋共处三十多年，淡然自守，每日以读书为乐，既不被黄皓所喜爱，也不被黄皓所憎恶，因此官职不过六百石，但也没遭受祸患。汉主的弟弟甘陵王刘永憎恶黄皓，黄皓就在汉主面前诋毁他，使他十年都不得朝见。

吴主使五官中郎将薛珝聘于汉,及还,吴主问汉政得失,对曰:"主暗而不知其过,臣下容身以求免罪,入其朝不闻直言,经其野民皆菜色。臣闻燕雀处堂,子母相乐,以为至安也,突决栋焚,而燕雀怡然不知祸之将及,其是之谓乎!"珝,综之子也。

4　是岁,鲜卑索头部大人拓跋力微始遣其子沙漠汗入贡,因留为质。力微之先,世居北荒,不交南夏。至可汗毛,始强大,统国三十六,大姓九十九。后五世至可汗推寅,南迁大泽。又七世至可汗邻,使其兄弟七人及族人乙旃氏、车焜氏分统部众为十族,邻老,以位授其子诘汾,使南迁,遂居匈奴故地。诘汾卒,力微立,复徙居定襄之盛乐,部众浸盛,诸部皆畏服之。

吴主派五官中郎将薛珝到蜀汉去访问,回来后,吴主向他询问蜀汉朝政的得失,他回答说:"主上昏乱暗弱而不知自己的错误,臣下安身其间只求免罪不思进取,进入其朝廷听不到忠直之言,途经其田野看到百姓们都面有饥色。我听说燕雀处于堂屋之上,子母之间相互嬉乐,认为这是最安定的地方,突然之间屋栋被焚,而燕雀仍怡然自得而不知祸之将至,这指的就是蜀汉目前的状况!"薛珝,是薛综的儿子。

　　4　这一年,鲜卑族索头部大人拓跋力微第一次派他的儿子沙漠汗入朝进贡,于是就留下他为人质。拓跋力微的祖先,世代居住在北部荒远之地,不与南方的华夏交往。到可汗拓跋毛时,开始强大起来,统治的小国有三十六个,大姓之族九十九个。经历五代到可汗拓跋推寅,向南迁至大泽。又经历了七世至可汗拓跋邻,让他的兄弟七人以及同族人乙旃氏、车焜氏,分开统领部族百姓成为十个部族,拓跋邻老了之后,传位给他的儿子拓跋诘汾,让他再往南迁,就定居在匈奴人的故地。拓跋诘汾死后,拓跋力微即位,又迁居到定襄郡的盛乐县,部族的兵民日益强盛,其他各部族都畏惧服从他。

卷第七十八　魏紀十

起壬午(262)尽甲申(264)凡三年

元皇帝下
景元三年(壬午,262)

1　秋,八月乙酉,吴主立皇后朱氏,朱公主之女也。戊子,立子霱为太子。

2　汉大将军姜维将出军,右车骑将军廖化曰:"兵不戢,必自焚,伯约之谓也。智不出敌而力小于寇,用之无厌,将何以存!"冬,十月,维入寇洮阳,邓艾与战于侯和,破之,维退住沓中。初,维以羁旅依汉,身受重任,兴兵累年,功绩不立。黄皓用事于中,与右大将军阎宇亲善,阴欲废维树宇。维知之,言于汉主曰:"皓奸巧专恣,将败国家,请杀之!"汉主曰:"皓趋走小臣耳,往董允每切齿,吾常恨之,君何足介意!"维见皓枝附叶连,惧于失言,逊辞而出。汉主敕皓诣维陈谢。维由是自疑惧,返自洮阳,因求种麦沓中,不敢归成都。

3　吴主以濮阳兴为丞相,廷尉丁密、光禄勋孟宗为左右御史大夫。初,兴为会稽太守,吴主在会稽,兴遇之厚;左将军张布尝为会稽王左右督将,故吴主即位,二人皆贵宠用事;布典宫省,兴关军国,以佞巧更相表里,吴人失望。

吴主喜读书,欲与博士祭酒韦昭、博士盛冲讲论,张布以昭、冲切直,恐其入侍,言己阴过,固谏止之。吴主曰:

元皇帝下
魏元帝景元三年(壬午,公元262年)

1 秋季,八月乙酉(十六日),吴主立皇后朱氏,她是朱公主的女儿。戊子(十九日),立子孙霕为太子。

2 蜀汉大将军姜维将要出兵征战,右车骑将军廖化说:"兵不止,必自焚,说的就是姜维。智谋超不出敌人而力量也小于敌人,却频频出兵毫不厌倦,将何以保存实力?"冬季,十月,姜维入侵洮阳,邓艾与他在侯和交战,打败了他,姜维撤兵驻扎在沓中。当初,姜维因寄居在外而投奔蜀汉,身受重任,连年兴兵,但没有建立什么功绩。黄皓在朝内当政,与右大将军阎宇关系交好,暗地里想废掉姜维而树立阎宇。姜维知道后,就对汉主说:"黄皓奸诈巧伪专权妄为,将会败坏国家,请杀了他!"汉主说:"黄皓不过是在前面往来奔走的小臣,以前董允也常对他切齿痛恨,我也常常恨他,你何必介意他!"姜维见黄皓的党羽像树木的枝叶那样相互依附勾结,害怕自己失言,说了几句谦恭的话就出来了。汉主让黄皓到姜维府上表示道歉。姜维从此就更加疑虑恐惧,从洮阳返回后,就要求到沓中去种麦,不敢返回成都。

3 吴主任命濮阳兴为丞相,廷尉丁密、光禄勋孟宗为左右御史大夫。当初,濮阳兴任会稽太守,吴主居住在会稽,濮阳兴对他很好;左将军张布曾任会稽王的左右督将,因此吴主即位之后,濮阳兴和张布两人受到尊崇而执掌朝政;张布主管朝内官署,濮阳兴主管军国之事,两人在里里外外逢迎奸巧阿谀奉承,吴国人很失望。

吴主喜爱读书,想要与博士祭酒韦昭、博士盛冲一起讲论学术,张布因为韦昭、盛冲两人性情耿直,害怕他们入侍之后,对吴主说自己暗地里做的错事,因此坚持劝谏,不让他们入宫。吴主说:

"孤之涉学,群书略遍,但欲与昭等讲习旧闻,亦何所损!君特当恐昭等道臣下奸慝,故不欲令入耳。如此之事,孤已自备之,不须昭等然后乃解也。"布皇恐陈谢,且言惧妨政事,吴主曰:"王务、学业,其流各异,不相妨也,此无所为非,而君以为不宜,是以孤有所及耳。不图君今日在事更行此于孤也,良甚不取!"布拜表叩头。吴主曰:"聊相开悟耳,何至叩头乎!如君之忠诚,远近所知,吾今日之巍巍,皆君之功也。《诗》云:'靡不有初,鲜克有终。'终之实难,君其终之。"然吴主恐布疑惧,卒如布意,废其讲业,不复使昭等入。

4 谯郡嵇康,文辞壮丽,好言老、庄而尚奇任侠,与陈留阮籍、籍兄子咸、河内山涛、河南向秀、琅邪王戎、沛国刘伶特相友善,号竹林七贤。皆崇尚虚无,轻蔑礼法,纵酒昏酣,遗落世事。

阮籍为步兵校尉,其母卒,籍方与人围棋,对者求止,籍留与决赌。既而饮酒二斗,举声一号,吐血数升,毁瘠骨立。居丧,饮酒无异平日。司隶校尉何曾恶之,面质籍于司马昭座曰:"卿,纵情、背礼、败俗之人,今忠贤执政,综核名实,若卿之曹,不可长也!"因谓昭曰:"公方以孝治天下,而听阮籍以重哀饮酒食肉于公座,何以训人!宜摈之四裔,无令污染华夏。"昭爱籍才,常拥护之。曾,夔之子也。

阮咸素幸姑婢,姑将婢去,咸方对客,遽借客马追之,累骑而还。

"我涉猎学术,群书大概都读了一遍,现在只想与韦昭等人讲论学习以前所学的内容,这又有什么损害?你特别害怕韦昭等人谈论臣下的奸诈邪慝之行,所以不想让他们入宫。像这类事情,我自己已经有所了解,不须韦昭等人说了然后才知道。"张布十分惶恐地谢罪,又说这是恐怕妨碍政事,吴主说:"国家政事和学术问题,其源流各不相同,不会相互妨碍,让他们入宫没有什么不对的,而你却认为不宜让他们来,因此我才说起这些事。没想到你今日在官任事又对我做这种不让接近儒生的事,这实在让我很不满意!"张布跪下叩头。吴主说:"我不过是开导开导你,何必叩头谢罪呢!像你这样的忠诚,远近之人都很了解,我能有今日南面为君的尊严,全都是你的功劳。《诗》云:'事皆有始,却少能终。'坚持到最后是很难的,希望你能坚持到最后。"但吴主担心张布会怀疑害怕,终究还是顺了张布之意,废弃谈学术的事,不再让韦昭等人入宫。

4 谯郡的嵇康,文章写得雄壮清丽,喜好谈论老子、庄子,而且做事常常出人意外,很讲义气,他与陈留的阮籍、阮籍的侄子阮咸、河内的山涛、河南的向秀、琅邪的王戎、沛国的刘伶是至交好友,号称"竹林七贤"。他们都崇尚虚无之论,轻蔑礼仪法度,每日以纵情饮酒为乐,不问世事。

阮籍任步兵校尉,他母亲去世时,他正在与别人下围棋,对方要求停止,但阮籍却要他留下一决胜负。一会儿喝了两斗酒,高声一喊,吐血数升,极度哀痛而消瘦得只剩皮包骨了。居丧期间,和平日一样饮酒无度。司隶校尉何曾很讨厌他,就在司马昭座位前当面指责阮籍说:"你是个纵情无度、违背礼仪、败坏风俗的人,如今忠贤之人执掌朝政,要综合考察人事的名与实,像你这类人,不可助长你的恶习!"于是就对司马昭说:"您正在以孝道治理天下,却听任阮籍居丧期间在您的座前饮酒吃肉,以后还怎么教训别人?应该把他流放到四方荒远之地,不让他污染我们华夏民族。"司马昭喜爱阮籍的才华,常常扶助保护他。何曾是何夔之子。

阮咸喜欢姑姑的婢女,姑姑把婢女领走时,阮咸正在陪客,赶快借了客人的马去追,然后两人骑一匹马回来了。

刘伶嗜酒，常乘鹿车，携一壶酒，使人荷锸随之，曰："死便埋我。"当时士大夫皆以为贤，争慕效之，谓之放达。

锺会方有宠于司马昭，闻嵇康名而造之，康箕踞而锻，不为之礼。会将去，康曰："何所闻而来，何所见而去？"会曰："闻所闻而来，见所见而去！"遂深衔之。

山涛为吏部郎，举康自代；康与涛书，自说不堪流俗，而非薄汤、武。昭闻而怒之。康与东平吕安亲善，安兄巽诬安不孝，康为证其不然。会因谮"康尝欲助毌丘俭，且安、康有盛名于世，而言论放荡，害时乱教，宜因此除之"。昭遂杀安及康。康尝诣隐者汲郡孙登，登曰："子才多识寡，难乎免于今之世矣！"

5　司马昭患姜维数为寇，官骑路遗求为刺客入蜀，从事中郎荀勖曰："明公为天下宰，宜杖正义以伐违贰，而以刺客除贼，非所以刑于四海也。"昭善之。勖，爽之曾孙也。

昭欲大举伐汉，朝臣多以为不可，独司隶校尉锺会劝之。昭谕众曰："自定寿春以来，息役六年，治兵缮甲以拟二虏。今吴地广大而下湿，攻之用功差难，不如先定巴蜀，三年之后，因顺流之势，水陆并进，此灭虢取虞之势也。计蜀战士九万，居守成都及备他境不下四万，然则馀众不过五万。今绊姜维于沓中，使不得东顾，直指骆谷，出其空虚之地以袭汉中，以刘禅之暗，而边城外破，士女内震，其亡可知也。"乃以锺会为镇西将军，都督关中。征西将军邓艾以为蜀未有衅，屡陈异议；昭使主簿师纂为艾司马以谕之，艾乃奉命。

刘伶喜好饮酒,常常乘一辆小车,带着一壶酒出游,又让人扛着锹跟着,说:"死了就把我埋掉。"当时士大夫都认为他贤明,争相仿效他的做法,称作放达。

钟会正受到司马昭的宠爱,听到嵇康的名声就去拜访他,嵇康伸腿仍坐在那里毫不在乎地打铁,不礼貌地对待钟会。钟会将要离去,嵇康问他说:"你听到了什么而来,见到了什么而去?"钟会说:"听我所听到的而来,见我所见到的而去!"从此他对嵇康怀恨在心。

山涛任吏部郎,推荐嵇康代替自己;嵇康给山涛写信,说自己不堪忍受流俗,又诋毁鄙薄商汤、周武王。司马昭听到后十分生气。嵇康与东平的吕安是好朋友,吕安之兄吕巽诬陷吕安不孝,嵇康为他作证说并非不孝。钟会借此事诋毁他们说"嵇康曾经想帮助毌丘俭,而且吕安、嵇康在世上享有盛名,但他们的言论放荡不羁,为害时俗,扰乱政教,应该乘此机会把他们除掉"。于是司马昭就杀了吕安和嵇康。嵇康曾去拜访隐士汲郡人孙登,孙登说:"你才气多见识少,在当今之世难免被杀!"

5 司马昭忧虑姜维屡次进犯,官骑路遗要求当刺客入蜀去杀姜维,从事中郎荀勖说:"司马公是天下的主宰,应该依仗正义去讨伐不归服者,而用刺客去除掉敌人,不是被四海之人作为表率的做法。"司马昭很赞成他的话。荀勖是荀爽的曾孙。

司马昭想要大举讨伐蜀汉,朝臣们大都认为不可,只有司隶校尉钟会赞成。司马昭告谕众人说:"自从平定寿春以来,已经六年没有战事了,我们要整治军队去攻打两个敌国。如今吴国土地广大而地势低湿,攻打它施展兵力较为困难,不如先平定巴蜀,三年之后,就顺流而下,水陆并进,这就是春秋时晋献公先灭虢国再乘势攻取虞国的那种形势。蜀国的战士共计有九万,居守成都以及防卫其他边境的不下四万人,这样剩余的战士不过五万人。如今把姜维牵制在沓中,让他不能向东出兵,我们发兵直向骆谷,通过他们的空虚地带去袭击汉中,以刘禅的暗弱无能,又加上边境城市在外面被攻破,蜀国的男女老少就会在内地震恐不安,这样敌人的灭亡就是意料之中的事。"于是任命钟会为镇西将军,都督关中。征西将军邓艾认为蜀国没有可乘之机,屡次陈述不同意见;司马昭让主簿师纂担任邓艾的司马去给他讲明道理,于是邓艾也就奉命行事了。

姜维表汉主:"闻锺会治兵关中,欲规进取,宜并遣左右车骑张翼、廖化,督诸军分护阳安关口及阴平之桥头,以防未然。"黄皓信巫鬼,谓敌终不自致,启汉主寝其事,群臣莫知。

四年(癸未,263)

1 春,正月,复命司马昭进爵位如前,又辞不受。

2 吴交趾太守孙谞贪暴,为百姓所患;会吴主遣察战邓荀至交趾,荀擅调孔爵三十头送建业,民惮远役,因谋作乱。夏,五月,郡吏吕兴等杀谞及荀,遣使来请太守及兵,九真、日南皆应之。

3 诏诸军大举伐汉,遣征西将军邓艾督三万馀人自狄道趣甘松、沓中,以连缀姜维;雍州刺史诸葛绪督三万馀人自祁山趣武街桥头,绝维归路。锺会统十馀万众分从斜谷、骆谷、子午谷趣汉中。以廷尉卫瓘持节监艾、会军事,行镇西军司。瓘,觊之子也。

会过幽州刺史王雄之孙戎,问:"计将安出?"戎曰:"道家有言,'为而不恃'。非成功难,保之难也。"或以问参相国军事平原刘寔曰:"锺、邓其平蜀乎?"寔曰:"破蜀必矣,而皆不还。"客问其故,寔笑而不答。

秋,八月,军发洛阳,大赍将士,陈师誓众。将军邓敦谓蜀未可讨,司马昭斩以徇。

汉人闻魏兵且至,乃遣廖化将兵诣沓中为姜维继援,张翼、董厥等诣阳安关口为诸围外助。大赦,改元炎兴。敕诸围皆不得战,退保汉、乐二城,城中各有兵五千人。翼、厥北至阴平,闻诸葛绪将向建威,留住月馀待之。锺会率诸军平行至汉中。九月,锺会使前将军李辅统万人围王含于乐城,护军荀恺围蒋斌于汉城。会径过西趣阳安口,遣人祭诸葛亮墓。

姜维向汉主上表说："听说钟会在关中整治军队,想图谋进攻,应该派遣左右车骑将军张翼、廖化率领诸军分别守护阳安关口和阴平的桥头,以防患于未然。"黄皓相信鬼神巫术,认为敌人终究不会自己找上门来,于是就奏明汉主让他不提这件事,因而群臣没人知道。

魏元帝景元四年(癸未,公元263年)

1 春季,二月,再次命令司马昭晋升以前所说的爵位,但司马昭又推辞不受。

2 吴国交趾太守孙谞贪婪残暴,被百姓所厌恨;恰好此时东吴君主又派遣察战邓荀到交趾去,而邓荀又擅自调发三十头孔雀送往建业,百姓害怕遥远的劳役,于是就图谋作乱。夏季,五月,郡吏吕兴等人杀掉了孙谞和邓荀,派使者来请求给他派太守和兵力,九真、日南二郡也都响应他。

3 诏令诸军大举进攻蜀汉,派征西将军邓艾率领三万多人从狄道奔赴甘松、沓中,以牵制姜维;派雍州刺史诸葛绪率领三万多人从祁山奔赴武街桥头,断绝姜维的退路。钟会统兵十万多人分别从斜谷、骆谷、子午谷奔赴汉中。让廷尉卫瓘持符节监督邓艾、钟会的军事,执行镇西军司职事。卫瓘是卫觊之子。

钟会去拜访幽州刺史王雄之孙王戎,问他:"我将怎样去干?"王戎说:"道家有句话,'为而不恃'。也就是说成功并不难,而保持它则很难。"有人问参相国军事、平原人刘寔说:"钟会、邓艾能平定蜀国吗?"刘寔说:"破蜀是必然的,但他们都回不来。"对方问是什么原因,刘寔笑而不答。

秋季,八月,从洛阳发兵,大赏全军将士,列队誓师。将军邓敦说不能去讨伐蜀国,司马昭就把他杀了示众。

汉人听到魏兵将至,就派遣廖化率兵到沓中作姜维的后援,派张翼、董厥等人到阳安关口帮助各个外围营地。实行大赦,改年号为炎兴。命令各外围营地不得与敌人交战,退守汉、乐二城,城中各有兵力五千人。张翼、董厥向北到达阴平,听到诸葛绪将向建威发兵,就留住一个多月等待敌兵。钟会率诸军齐头并进,到达汉中。九月,钟会让前将军李辅统兵万人把王含包围在乐城,让护军荀恺把蒋斌包围在汉城。钟会直接从西路奔向阳安口,派人祭奠了诸葛亮墓。

初，汉武兴督蒋舒在事无称，汉朝令人代之，使助将军傅金守关口，舒由是恨。锺会使护军胡烈为前锋，攻关口。舒诡谓金曰："今贼至不击而闭城自守，非良图也。"金曰："受命保城，惟全为功；今违命出战，若丧师负国，死无益矣。"舒曰："子以保城获全为功，我以出战克敌为功，请各行其志。"遂率其众出。金谓其战也，不设备。舒率其众迎降胡烈，烈乘虚袭城，金格斗而死。金，彤之子也。锺会闻关口已下，长驱而前，大得库藏积谷。

邓艾遣天水太守王颀直攻姜维营，陇西太守牵弘邀其前，金城太守杨欣趣甘松。维闻锺会诸军已入汉中，引兵还，欣等追蹑于强川口，大战，维败走。闻诸葛绪已塞道屯桥头，乃从孔函谷入北道，欲出绪后，绪闻之，却还三十里。维入北道三十馀里，闻绪军却，寻还，从桥头过，绪趣截维，较一日不及。维遂还至阴平，合集士众，欲赴关城；未到，闻其已破，退趣白水，遇廖化、张翼、董厥等，合兵守剑阁以拒会。

4　安国元侯高柔卒。

5　冬，十月，汉人告急于吴。甲申，吴主使大将军丁奉督诸军向寿春；将军留平就施绩于南郡，议兵所向；将军丁封、孙异如沔中以救汉。

6　诏以征蜀诸将献捷交至，复命大将军昭进位，爵赐一如前诏，昭乃受命。

昭辟任城魏舒为相国参军。初，舒少时迟钝质朴，不为乡亲所重，从叔父吏部郎衡，有名当世，亦不知之，使守水碓，每叹曰：

当初,蜀汉的武兴督蒋舒在位庸碌无为,汉朝让人代替了他,派他协助将军傅佥把守关口,蒋舒因此怀恨在心。锺会派护军胡烈为前锋,进攻关口。蒋舒诡诈地向傅佥说:"如今敌兵到了,不去进击而闭城自守,不是好的计策。"傅佥说:"我受命保城,只要保全此城就是功劳;如今违抗命令出战,如果丧失军队有负于国家,即使战死也不会获益。"蒋舒说:"你以保全此城为功劳,我以出战打败敌人为功劳,希望我们各行其志。"于是率领他的兵士出城。傅佥认为他是去交战,因此没有防备。蒋舒率领他的士兵迎接投降了胡烈,胡烈乘虚袭击城池,傅佥格斗拼杀而死。傅佥是傅肜之子。锺会听到关口已被攻克,就长驱直入,获得大量库藏的粮食。

邓艾派遣天水太守王颀直攻姜维营垒,陇西太守牵弘在前面阻截,金城太守杨欣奔赴甘松。姜维听说锺会诸军已经进入汉中,就领兵返回,杨欣等人在后面紧追至强川口,激烈交战,姜维败走。姜维又听到诸葛绪已经阻塞道路占据了桥头,于是就从孔函谷进入北部道路,想绕到诸葛绪的身后,诸葛绪知道后,往回退却三十里。姜维进入北道三十多里后,听到诸葛绪退兵,赶紧往回走,从桥头过去,诸葛绪赶上去阻截姜维,但晚了一天没有赶上。姜维于是退至阴平,聚集军队,想要奔赴关城;还没到达,听说关城已破,于是退兵奔向白水,遇到了廖化、张翼、董厥等人,兵合一处据守剑阁以抵御锺会。

4　安国元侯高柔去世。

5　冬季,十月,汉人向吴国告急求援。甲申,吴主派大将军丁奉率领诸军进兵寿春;让将军留平到南郡的施绩那里,商议向何处进兵之事;让将军丁封、孙异到沔中去救援蜀汉。

6　诏令因征蜀的各位将领捷报频传,再次命大将军司马昭晋位,所赐爵位一切都与前面的诏令相同,司马昭终于接受了任命。

司马昭提升任城人魏舒为相国参军。最初,魏舒少年时反应迟钝,较为质朴,不受乡里亲戚的重视,他的堂叔吏部郎魏衡,在当时很有名望,也不了解魏舒,就让他去看守水碓,而且常常叹气说:

"舒堪数百户长,我愿毕矣!"舒亦不以介意,不为皎厉之事。唯太原王乂谓舒曰:"卿终当为台辅。"常振其匮乏,舒受而不辞。年四十馀,郡举上计掾,察孝廉。宗党以舒无学业,劝令不就,可以为高。舒曰:"若试而不中,其负在我,安可虚窃不就之高以为己荣乎!"于是自课,百日习一经,因而对策升第,累迁后将军锺毓长史。毓每与参佐射,舒常为画筹而已;后遇朋人不足,以舒满数,舒容范闲雅,发无不中。举坐愕然,莫有敌者。毓叹而谢曰:"吾之不足以尽卿才,有如此射矣,岂一事哉!"及为相国参军,府朝碎务,未尝见是非;至于废兴大事,众人莫能断者,舒徐为筹之,多出众议之表。昭深器重之。

7 癸卯,立皇后卞氏,昭烈将军秉之孙也。

8 邓艾进至阴平,简选精锐,欲与诸葛绪自江油趣成都,绪以本受节度邀姜维,西行非本诏,遂引军向白水,与锺会合。会欲专军势,密白绪畏懦不进,槛车征还,军悉属会。

姜维列营守险,会攻之不能克,粮道险远,军食乏,欲引还。邓艾上言:"贼已摧折,宜遂乘之,若从阴平由邪径经汉德阳亭趣涪,出剑阁西百里,去成都三百馀里,奇兵冲其腹心,出其不意,剑阁之守必还赴涪,则会方轨而进,剑阁之军不还,则应涪之兵寡矣。"遂自阴平行无人之地七百馀里,凿山通道,造作桥阁。山谷高深,至为艰险,又粮运将匮,濒于危殆,艾以毡自裹,推转而下。将士皆攀木缘崖,鱼贯而进。先登至江油,蜀守将马邈降。

"魏舒如果能担当数百户的官长,我也就心满意足了!"魏舒毫不介意,也不干那些能显示抬高自己的事。只有太原的王义对魏舒说:"你终究会达到三公宰相的地位。"又常常拿出钱财周济魏舒,魏舒也毫不推辞地接受。四十多岁时郡里推举掌簿记的官吏,考察孝廉。亲戚朋友认为魏舒没有什么学业,劝他不要去应考,还可以显示清高。魏舒说:"如果考试不中,是我本事不够,怎能感到心虚暗自不敢去就高位却把这当成自己的荣耀呢?"于是刻苦自学,每百日学一部经书,因而上殿对策得到提升,不断升迁担任后将军钟毓的长史。钟毓每次与参军、佐吏一起举行射箭比赛,魏舒总是只为他们计算成绩而已;后来遇到比赛人数不足,就让魏舒来凑数,魏舒音容仪范娴雅大度,发无不中。所有的人都十分愕然,没有人能敌得过他。钟毓感叹地道歉说:"我不能够充分发挥你的才能,就像这次射箭一样,其实何止这一件事呢!"魏舒担任相国参军之后,处理相国府中琐碎的事务,未曾出现什么是非;至于废兴大事,众人不能决断,魏舒都能从容地为之筹划,而且大多比众人的议论高明。因此,司马昭非常器重魏舒。

7 癸卯(十一日),魏国立皇后卞氏,卞氏是昭烈将军卞秉的孙女。

8 邓艾进兵到达阴平,挑选了精锐部队,想要与诸葛绪一起经江油直奔成都,诸葛绪因为本来接受的命令是阻截姜维,而向西行进不是给他的诏令,所以率军奔向白水,与钟会会合。钟会想要专擅军权,就秘密汇报说诸葛绪畏惧敌兵不敢前进,于是用囚车把诸葛绪召回,而军权全部归钟会掌握了。

姜维排列营垒据守险要之地,钟会进攻不能取胜,而且运粮道路既危险又遥远,想要领兵撤回。邓艾上书说:"敌兵已经受到摧折,应乘胜进军,如果从阴平出发由小路经过蜀汉的德阳亭奔赴涪县,此地在剑阁西一百里,离成都三百多里,在这里出奇兵冲击其腹心之地,那么剑阁的守军必然往回奔赴涪县,而钟会就可以两车并行着向前推进,如果剑阁的守军不往回撤,那么接应涪县的兵力就会很少了。"于是从阴平出发走了七百多里的无人之地,凿山开路,架桥梁建阁道。山高谷深,非常艰险,运来的粮食也将吃尽,濒临危险的绝境,邓艾用毡毯裹住自己,翻转着滚下山去,将士们也都攀缘着树木崖壁,鱼贯而进。邓艾首先到达江油,蜀国守将马邈投降。

诸葛瞻督诸军拒艾,至涪,停住不进。尚书郎黄崇,权之子也,屡劝瞻宜速行据险,无令敌得入平地,瞻犹豫未纳;崇再三言之,至于流涕,瞻不能从。艾遂长驱而前,击破瞻前锋,瞻退住绵竹。艾以书诱瞻曰:"若降者,必表为琅邪王。"瞻怒,斩艾使,列阵以待艾。艾遣子惠唐亭侯忠出其右,司马师纂等出其左。忠、纂战不利,并引还,曰:"贼未可击!"艾怒曰:"存亡之分,在此一举,何不可之有!"叱忠、纂等,将斩之。忠、纂驰还更战,大破,斩瞻及黄崇。瞻子尚叹曰:"父子荷国重恩,不早斩黄皓,使败国殄民,用生何为!"策马冒陈而死。

汉人不意魏兵卒至,不为城守调度;闻艾已入平土,百姓扰扰,皆迸山泽,不可禁制。汉主使群臣会议,或以蜀之与吴,本为与国,宜可奔吴;或以为南中七郡,阻险斗绝,易以自守,宜可奔南。光禄大夫谯周以为:"自古以来,无寄他国为天子者,若入吴国,亦当臣服。且治政不殊,则大能吞小,此数之自然也。由此言之,则魏能并吴,吴不能并魏明矣。等为称臣,为小孰与为大,再辱之耻何与一辱!且若欲奔南,则当早为之计,然后可果;今大敌已近,祸败将及,群小之心,无一可保,恐发足之日,其变不测,何至南之有乎!"或曰:"今艾已不远,恐不受降,如之何?"周曰:"方今东吴未宾,事势不得不受,受之不得不礼。若陛下降魏,魏不裂土以封陛下者,周请身诣京都,以古义争之。"众人皆从周议。汉主犹欲入南,狐疑未决。

诸葛瞻率诸军抵御邓艾,到达涪县后,停住不进。尚书郎黄崇是黄权之子,他屡次劝说诸葛瞻应迅速前进占据险要,不让敌人进入平地,诸葛瞻犹豫不决没有采纳;黄崇再三劝说,甚至流着眼泪说,但诸葛瞻仍然不听。于是邓艾长驱直入,击败诸葛瞻的前锋,诸葛瞻退兵驻扎在绵竹。邓艾写信劝诱诸葛瞻说:"如果投降,必定表奏你为琅邪王。"诸葛瞻大怒,杀掉邓艾的使者,排列阵势以等待邓艾进攻。邓艾派他儿子惠唐亭侯邓忠攻其右翼,派司马师纂等人攻其左翼。邓忠与师纂战斗不利,都撤兵而还,说:"敌兵不可击破!"邓艾大怒说:"存亡之别就在此一举,有什么不可的!"怒叱邓忠、师纂等人,说再攻不破就要杀了他们。邓忠、师纂跑回来再战,大败敌兵,杀了诸葛瞻和黄崇。诸葛瞻之子诸葛尚叹息说:"我们父子蒙受国家重恩,没有早点杀了黄皓,致使国败民亡,活着还有什么用!"于是骑马冲入敌阵而死。

汉人没想到魏兵突然而至,没做守城的准备;听说邓艾已经进入平地,百姓们惊恐万状,都逃往山林大泽,不可禁止。汉主召集群臣讨论,有人认为蜀与吴本来是友好邻邦,应该投奔到吴国;有人认为南中七郡,山势陡峭险峻,容易防守,应该奔向南面。光禄大夫谯周却认为:"自古以来,没有寄居别国仍为天子的,如果到吴国去,也当臣服于吴。而且治理国家从来没有什么不同,大国就能吞并小国,这是形势发展的自然趋势。从这点上说,魏国能吞并吴国,而吴国不能吞并魏国,这是很明显的事。同样是称臣,对小国称臣就不如对大国称臣,与其忍受两次受辱之耻不如一次受辱!而且如果想要奔赴南方,就应当及早计划好,才能成功;如今大敌已经临近,灾祸失败也将要到了,而且众小人之心,没有一个可保其不变,恐怕我们出发之后,其变化不可预料,怎么能到达南中呢?"有人说:"如今邓艾已经不远,恐怕他不接受我们投降,怎么办呢?"谯周说:"现在东吴还没有臣服于魏,事情的形势使他不得不接受,接受了也不得不待之以礼。如果陛下投降魏国,而魏国不划分土地封给陛下的话,我请求只身到洛阳,用古代的大义与他们争辩。"众人都听从了谯周的建议。汉主仍然想入南中,犹豫不决。

周上疏曰:"南方远夷之地,平常无所供为,犹数反叛,自丞相亮以兵威逼之,穷乃率从。今若至南,外当拒敌,内供服御,费用张广,他无所取,耗损诸夷,其叛必矣!"汉主乃遣侍中张绍等奉玺绶以降于艾。北地王谌怒曰:"若理穷力屈,祸败将及,便当父子君臣背城一战,同死社稷,以见先帝可也,奈何降乎!"汉主不听。是日,谌哭于昭烈之庙,先杀妻子而后自杀。

张绍等见邓艾于雒,艾大喜,报书褒纳。汉主遣太仆蒋显别敕姜维使降锺会,又遣尚书郎李虎送士民簿于艾,户二十八万,口九十四万,甲士十万二千,吏四万人。艾至成都城北,汉主率太子诸王及群臣六十馀人,面缚舆榇诣军门。艾持节解缚焚榇,延请相见;检御将士,无得虏略,绥纳降附,使复旧业;辄依邓禹故事,承制拜汉王禅行骠骑将军,太子奉车、诸王驸马都尉,汉群司各随高下拜为王官,或领艾官属;以师纂领益州刺史,陇西太守牵弘等领蜀中诸郡。艾闻黄皓奸险,收闭,将杀之,皓赂艾左右,卒以得免。

姜维等闻诸葛瞻败,未知汉主所向,乃引军东入于巴。锺会进军至涪,遣胡烈等追维。维至郪,得汉主敕命,乃令兵悉放仗,送节传于胡烈,自从东道与廖化、张翼、董厥等同诣会降。将士咸怒,拔刀斫石。于是诸郡县围守皆被汉主敕罢兵降。锺会厚待姜维等,皆权还其印绶节盖。

9 吴人闻蜀已亡,乃罢丁奉等兵。吴中书丞吴郡华覈诣宫门上表曰:"伏闻成都不守,臣主播越,社稷倾覆,失委附之土,弃贡献之国。臣以草芥,窃怀不宁,陛下圣仁,恩泽远抚,卒闻如此,必垂哀悼。臣不胜忡怅之情,谨拜表以闻!"

谯周上疏说:"南方偏远蛮夷之地,平常就不交纳供奉租税,还多次反叛,自丞相诸葛亮用武力威逼他们,走投无路才顺服。如今如果去南中,外要抗拒敌兵,内要供奉日常粮食物品,费用浩大,没有其他地方可以收取,只能耗损各个夷人部族,那他们必然会反叛!"于是汉主就派侍中张绍等人捧着御玺向邓艾投降。北地王刘谌愤怒地说:"如果我们理穷力屈,灾祸败亡将至,就应当父子君臣一起背城一战,共同为社稷而死,这样才能见先帝于地下,为什么要投降?"汉主不听。这一天,刘谌哭诉于昭烈帝刘备之庙,先杀了妻子儿女,然后自杀而死。

张绍等人在雒县见到邓艾,邓艾大喜,写信褒扬接纳投降。汉主又派遣太仆蒋显去命令姜维向钟会投降,又派尚书郎李虎把士民户口簿交给邓艾,共计有二十八万户,九十四万人,兵士十万二千人,官吏四万人。邓艾到达成都城北,汉主率太子、诸王以及群臣六十多人,缚手于后,拉着棺木走到军营门前。邓艾持节解开缚绳,焚烧了棺木,请进军营相见;约束控制将士,不许掠夺百姓,安抚接纳投降依附之人,让他们恢复旧业;然后就依照东汉初年邓禹的旧事,秉承皇帝旨意授予汉主刘禅行骠骑将军,太子奉车、诸王驸马都尉之职,蜀汉的群官各随其职位的高低授予王官,或担任邓艾属下官吏;让师纂任益州刺史,陇西太守牵弘等人担任蜀中各郡的官职。邓艾听说黄皓为人奸诈阴险,把他收押起来,准备杀掉,后来黄皓贿赂邓艾的左右亲近之人,终于免于一死。

姜维等人听说诸葛瞻失败,但不知汉主的意向,于是率军向东进入巴中。钟会进军到涪县,派遣胡烈等人追击姜维。姜维到达郪县,得到汉主的命令,于是命令士兵都放下武器,把符节传送交给胡烈,自己从东道与廖化、张翼、董厥等一起到钟会那里投降。将士们都十分震怒,气得挥刀砍石。至此各郡县的围守部队都接到汉主的命令而罢兵投降。钟会给了姜维等人优厚的待遇,把印绶、符节、车盖等都暂时还给了他们。

9 吴国人听说蜀国已经灭亡,于是就停止了丁奉等人的军事行动。吴国中书丞吴郡的华覈走到宫门上表说:"我听说成都已经失守,君臣都已散亡,国家遭到覆灭,失去了委身依附的土地,抛弃了进献纳贡的小国。我这个草芥之民,心里暗自感到很不安宁,陛下圣明仁厚,恩泽抚慰远方,突然听到此事,必然会产生哀悼之情。我克制不住自己的忧虑惆怅之情,恭敬地上表讲给您听!"

魏之伐蜀也,吴人或谓襄阳张悌曰:"司马氏得政以来,大难屡作,百姓未服,今又劳力远征,败于不暇,何以能克!"悌曰:"不然。曹操虽功盖中夏,民畏其威而不怀其德也。丕、睿承之,刑繁役重,东西驱驰,无有宁岁。司马懿父子累有大功,除其烦苛而布其平惠,为之谋主而救其疾苦,民心归之亦已久矣。故淮南三叛,而腹心不扰;曹髦之死,四方不动。任贤使能,各尽其心,其本根固矣,奸计立矣。今蜀阉宦专朝,国无政令,而玩戎黩武,民劳卒敝,竞于外利,不修守备。彼强弱不同,智算亦胜,因危而伐,殆无不克。噫!彼之得志,我之忧也。"吴人笑其言,至是乃服。

10 吴人以武陵五溪夷与蜀接界,蜀亡,惧其叛乱,乃以越骑校尉锺离牧领武陵太守。魏已遣汉葭县长郭纯试守武陵太守,率涪陵民入迁陵界,屯于赤沙,诱动诸夷进攻酉阳,郡中震惧。牧问朝吏曰:"西蜀倾覆,边境见侵,何以御之?"皆对曰:"今二县山险,诸夷阻兵,不可以军惊扰,惊扰则诸夷盘结;宜以渐安,可遣恩信吏宣教慰劳。"牧曰:"不然。外境内侵,诳诱人民,当及其根柢未深而扑取之,此救火贵速之势也。"敕外趣严。抚夷将军高尚谓牧曰:"昔潘太常督兵五万,然后讨五溪夷。是时刘氏连和,诸夷率化。今既无往日之援,而郭纯已据迁陵,而明府欲以三千兵深入,尚未见其利也。"牧曰:"非常之事,何得循旧!"即帅所领,晨夜进道,缘山险行垂二千里,斩恶民怀异心者魁帅百馀人,及其支党凡千馀级。纯等散走,五溪皆平。

魏国伐蜀时，吴国有人对襄阳人张悌说："司马氏得到朝政大权以来，国内的大乱屡次出现，百姓还没有归服，如今又费尽辛劳去远征，他会败于没有时间休整，怎能取胜？"张悌说："不是这样。曹操虽然功盖中原，百姓们畏惧他的威严却不感念他的恩德。曹丕、曹睿继承他，刑罚繁重劳役沉重，驱使人民东西往来奔走，没有一年安宁过。司马懿父子累世立有大功，废除对百姓烦琐苛刻的赋税而实行对百姓较为平和有利的赋税，为百姓谋划着想而解救他们的疾苦，民心归顺他已经很久了。因此淮南出现三个叛逆，而腹心之地不受惊扰；曹髦被杀而死，四方也不发动叛乱。而且能够任用贤能，使他们各尽其心，所以他的根基是很牢固的，奸诈之计也得以建立了。而如今蜀国却是宦官专擅朝政，国家没有政策法令，而且穷兵黩武，人民劳顿兵士疲惫，竞争于外利，不加强防务。他们强弱不同，魏国的智谋又胜过蜀国，魏国乘其危难而攻伐，大概战无不胜。唉！魏国得志，是我们的忧患。"起初吴人都取笑他的话，到魏国取胜后才信服。

10　吴人因武陵五溪夷与蜀国接壤，蜀国灭亡后，害怕五溪夷人叛乱，于是就让越骑校尉锺离牧担任武陵太守。魏国已经派遣汉葭县长郭纯担任武陵太守，率领涪陵百姓进入迁陵界内，驻扎在赤沙，引诱各夷族部落进攻酉阳，郡中之人一片震恐。锺离牧问郡吏说："西蜀灭亡，边境受到侵犯，我们如何抵御？"众人回答说："这两个县山势险要，各夷族部落都拥兵自守，我们不能用军队去惊扰他们，一旦被惊扰，他们就会联合起来抵抗；应该慢慢地安抚他们，可以派恩信吏去宣教慰劳他们。"锺离牧说："不能这样。境外之敌入侵，诳骗引诱人民闹事，我们应乘其根柢未深之时就迅速地扑灭他们，这是救火贵在快速的形势。"于是命令外边加紧治兵。抚夷将军高尚对锺离牧说："以前潘太常领兵五万人，然后才去讨伐五溪夷。当时还与刘氏联合，所以诸夷族部落都顺服。如今既没有往日的援助，而且郭纯已经占据了迁陵，而您却想用三千兵力深入作战，我看很难取得胜利。"锺离牧说："非常之事，怎能依循旧例！"随即率领他的兵士夜间就上了路，沿着危险的山路行走了近两千里，杀了作恶之民中怀异心者的首领一百多人以及其他同党一千多人。郭纯等人四散逃走，终于平定了五溪等地。

11 十二月庚戌,以司徒郑冲为太保。

12 壬子,分益州为梁州。

13 癸丑,特赦益州士民,复除租税之半五年。

14 乙卯,以邓艾为太尉,增邑二万户;锺会为司徒,增邑万户。

15 皇太后郭氏殂。

16 邓艾在成都,颇自矜伐,谓蜀士大夫:"诸君赖遭艾,故得有今日耳,如遇吴汉之徒,已殄灭矣。"艾以书言于晋公昭曰:"兵有先声而后实者,今因平蜀之势以乘吴,吴人震恐,席卷之时也。然大举之后,将士疲劳,不可便用,且徐缓之。留陇右兵二万人、蜀兵二万人,煮盐兴冶,为军农要用。并作舟船,豫为顺流之事。然后发使告以利害,吴必归化,可不征而定也。今宜厚刘禅以致孙休,封禅为扶风王,锡其资财,供其左右。郡有董卓坞,为之宫舍,爵其子为公侯,食郡内县,以显归命之宠;开广陵、城阳以待吴人,则畏威怀德,望风而从矣!"昭使监军卫瓘喻艾:"事当须报,不宜辄行。"艾重言曰:"衔命征行,奉指授之策,元恶既服,至于承制拜假,以安初附,谓合权宜。今蜀举众归命,地尽南海,东接吴、会,宜早镇定。若待国命,往复道途,延引日月。《春秋》之义:'大夫出疆,有可以安社稷、利国家,专之可也。'今吴未宾,势与蜀连,不可拘常,以失事机。《兵法》:'进不求名,退不避罪。'艾虽无古人之节,终不自嫌以损国家计也!"

11　十二月庚戌(十九日),任命司徒郑冲为太保。

12　壬子(二十一日),从益州中又分出一个梁州。

13　癸丑(二十二日),特赦益州士人百姓,又下令在五年之内免除一半租税。

14　乙卯(二十四日),任命邓艾为太尉,增加食邑两万户;任命钟会为司徒,增加食邑一万户。

15　皇太后郭氏去世。

16　邓艾在成都,颇为居功自傲,他对蜀国的士大夫们说:"诸君多亏是遇到了我,所以才能有今日,如果遇到东汉初年吴汉那样的人,恐怕已经灭亡了。"邓艾写信对晋公司马昭说:"用兵有先造声势然后发兵的情形,如今乘平定蜀国的威势去攻打吴国,吴人必将受到震恐,这是一举攻灭吴国的大好时机。但是我们在大规模用兵之后,将士们都十分疲劳,不能立即用兵,应暂缓一些时日。我想留下陇右兵两万人、蜀兵两万人,在这里煮盐炼铁,以备军事农事之用。同时制作舟船,预先从顺流攻吴做准备。然后派出使者告以利害,吴国必定归顺,可以不用征战就平定吴国。如今应厚待刘禅以招致孙休,封刘禅为扶风王,赐给他资财,供给他左右侍奉之人。扶风郡有董卓坞,可当做他的宫府,赐给他儿子以公侯的爵位,以郡内的县为食邑,以此来显示归顺所受到的恩宠。再开放广陵、城阳两郡作为封国以等待吴人归顺,这样他们畏惧我们的威严,感念我们的恩德,就会望风而顺从了。"司马昭让监军卫瓘去晓谕邓艾说:"做事当须上报,不宜立即按己意实行。"邓艾严厉地说:"我受命出征,奉行指示给我的计策,现在首恶已经归服,至于秉承旨意授予他们官爵,以安抚刚刚依附之人,我认为也是合乎权宜的计策。如今蜀举国上下都已归顺,国土南至南海,东接吴郡、会稽,应该尽早使其镇定下来。如果等待国命,来往于道路,就会拖延时日。《春秋》之义说:'大夫出国在外,如果有可以安社稷、利国家之事,自行决断是可以的。'如今吴国尚未归服,势必与蜀国联合,所以不可拘于常理,而失去事情的机会。《兵法》上说:'进不求名,退不避罪。'我虽然没有古人的节操,也终究不会自我疑惑而损害国家利益!"

　　锺会内有异志,姜维知之,欲搆成扰乱,乃说会曰:"闻君自淮南已来,算无遗策,晋道克昌,皆君之力。今复定蜀,威德振世,民高其功,主畏其谋,欲以此安归乎!何不法陶朱公泛舟绝迹,全功保身邪!"会曰:"君言远矣,我不能行。且为今之道,或未尽于此也。"维曰:"其他则君智力之所能,无烦于老夫矣。"由是情好欢甚,出则同舆,坐则同席。会因邓艾承制专事,乃与卫瓘密白艾有反状。会善效人书,于剑阁要艾章表、白事,皆易其言,令辞指悖傲,多自矜伐;又毁晋公昭报书,手作以疑之。

咸熙元年(甲申,264)

　　1　春,正月壬辰,诏以槛车徵邓艾。晋公昭恐艾不从命,敕锺会进军成都,又遣贾充将兵入斜谷。昭自将大军从帝幸长安,以诸王公皆在邺,乃以山涛为行军司马,镇邺。

　　初,锺会以才能见任,昭夫人王氏言于昭曰:"会见利忘义,好为事端,宠过必乱,不可大任。"及会将伐汉,西曹属邵悌言于晋公曰:"今遣锺会率十馀万众伐蜀,愚谓会单身无任,不若使馀人行也。"晋公笑曰:"我宁不知此邪!蜀数为边寇,师老民疲,我今伐之,如指掌耳,而众言蜀不可伐。夫人心豫怯则智勇并竭,智勇并竭而强使之,适所以为敌禽耳。惟锺会与人意同,今遣会伐蜀,蜀必可灭。灭蜀之后,就如卿虑,何忧其不能办邪!夫蜀已破亡,遗民震恐,不足与共图事;中国将士各自思归,不肯与同也。会若作恶,只自灭族耳。卿不须忧此,慎勿使人闻也!"

钟会内心怀有叛离之志,姜维已有所察觉,就想促成他作乱,于是劝说钟会:"听说您自淮南之战以来,计策从未有过失误,晋的运道能够昌盛,全依赖您的力量。如今又平定了蜀国,威德振世,百姓颂扬您的功劳,主上畏惧您的谋略,您还想因此安然而归吗?何不效法陶朱公范蠡泛舟湖上远避是非,以保全自己的功名性命呢!"钟会说:"您说得太远了,我不能遵从。而且从现在的形势看,还没有到这种地步。"姜维说:"其他的事情凭您的智慧、力量就能做到,用不着我多言了。"从此他们俩感情融洽关系密切,出则同车,坐则同席。钟会因邓艾承旨专权行事,就与卫瓘一起密报邓艾有谋反的表现。钟会善于摹仿别人的字体,就在剑阁拦截了邓艾的奏章和上报事情的书信,改写了其中的话,让言辞狂悖傲慢,有很多居功自夸之处;同时又毁掉晋公司马昭的回信,亲手重新再写以使邓艾生疑。

魏元帝咸熙元年(甲申,公元 264 年)

　　1　春季,正月壬辰,诏令用囚车押回邓艾。晋公司马昭怕邓艾不从命,就命令钟会进军成都,又派遣贾充率兵入斜谷。司马昭则亲自率领大军跟着魏帝到达长安,因诸王公都在邺,就任命山涛为行军司马,镇守邺城。

　　当初,钟会因有才能受到重用,司马昭的夫人王氏对司马昭说:"钟会见利忘义,好生事端,恩宠太过必然作乱,不可让他担当大任。"钟会将伐蜀汉时,西曹属邵悌对晋公说:"如今派钟会率领十万多人去伐蜀,我认为钟会单身一人没有家人做质任,不如派别人去。"晋公笑着说:"我怎能不知道此事呢?蜀国多次进犯,军队倦怠百姓疲劳,我们去讨伐,易如反掌,但众人都说蜀不可伐。如果人先心存畏惧,那么智勇都会衰竭,智勇衰竭而强使他出兵,就会被敌人所擒获。只有钟会与我意见相同,如今派钟会去伐蜀,蜀必定可以灭亡。灭蜀之后,就按你的考虑办,如果钟会作乱,何愁不能处理他?蜀已灭亡,遗留的人受到震恐,不足与钟会共同谋乱;而中原的将士都想急于回家,也不肯与他在一起。钟会如果作乱,只会自我招致灭族之祸。你不必担忧此事,但要谨慎,不要让人知道!"

及晋公将之长安，悌复曰："锺会所统兵，五六倍于邓艾，但可救会取艾，不须自行。"晋公曰："卿忘前言邪，而云不须行乎？虽然，所言不可宣也。我要自当以信意待人，但人不当负我耳，我岂可先人生心哉！近日贾护军问我：'颇疑锺会不？'我答言：'如今遣卿行，宁可复疑卿邪？'贾亦无以易我语也。我到长安，则自了矣。"

锺会遣卫瓘先至成都收邓艾，会以瓘兵少，欲令艾杀瓘，因以为艾罪。瓘知其意，然不可得距，乃夜至成都，檄艾所统诸将，称："奉诏收艾，其馀一无所问；若来赴官军，爵赏如先；敢有不出，诛及三族！"比至鸡鸣，悉来赴瓘，唯艾帐内在焉。平旦，开门，瓘乘使者车，径入至艾所；艾尚卧未起，遂执艾父子，置艾于槛车。诸将图欲劫艾，整仗趣瓘营；瓘轻出迎之，伪作表草，将申明艾事，诸将信之而止。

丙子，会至成都，送艾赴京师。会所惮惟艾，艾父子既禽，会独统大众，威震西土，遂决意谋反。会欲使姜维将五万人出斜谷为前驱，会自将大众随其后。既至长安，令骑士从陆道、步兵从水道，顺流浮渭入河，以为五日可到孟津，与骑兵会洛阳，一旦天下可定也。会得晋公书云："恐邓艾或不就征，今遣中护军贾充将步骑万人径入斜谷，屯乐城，吾自将十万屯长安，相见在近。"会得书惊，呼所亲语之曰："但取邓艾，相国知我独办之；今来大重，必觉我异矣，便当速发。事成，可得天下；不成，退保蜀、汉，不失作刘备也！"

等晋公将去长安时,邵悌又说:"锺会所统领的兵力是邓艾的五六倍,只让锺会去攻取邓艾就行了,不必亲自去。"晋公说:"你忘记以前说的话了,怎能说不用去呢?尽管如此,我们所说的也不可宣扬出去。我自当会以信义待人,但别人不当辜负我,我岂可先于别人而生疑心呢?最近护军贾充问我:'是否很怀疑锺会?'我回答说:'如果现在派你去,难道可以再怀疑你吗?'贾充也不能不同意我的话。我到长安,就自会了断此事。"

锺会派卫瓘先到成都拘捕邓艾,锺会因卫瓘兵力少,想让邓艾杀掉卫瓘,再借此事定邓艾的罪。卫瓘知道他的意图,但又不能抗拒命令,于是在深夜到达成都,传檄文给邓艾所统领的将领,声称:"我奉诏来拘捕邓艾,其馀的人一概不予追究;如果到官军这方来,则如先前平蜀时一样再加爵赏,如胆敢不出,则要诛及三族!"等到鸡鸣时分,诸将都跑到卫瓘这里,只有邓艾帐内之人未来。到早晨,打开营门,卫瓘乘坐使者车,直接进入邓艾帐内;邓艾还躺着未起,于是把邓艾父子抓起来,把邓艾置于囚车中。诸将想要劫持邓艾,就整兵奔向卫瓘之营;卫瓘不带卫兵只身出来迎接,又假装书写表章,说将要申明邓艾没有反心,诸将相信了他而未劫持。

丙子(十五日),锺会到了成都,送邓艾奔赴京师。锺会所忌惮者只有邓艾,邓艾父子既已被擒,锺会则独自统领大众,威震西部地区,于是下定决心阴谋反叛。锺会想让姜维率五万人出斜谷为前驱,自己率领大众跟随其后。到长安之后,命令骑兵从陆路走,步兵从水路走,顺流从渭水进入黄河,认为五日即可到达孟津,再与骑兵会合于洛阳,一时之间就能平定天下。恰在此时,锺会收到了晋公的信,信中说:"恐怕邓艾不甘心接受惩处,现已派遣中护军贾充率领步骑兵一万人直接进斜谷,驻扎在乐城,我亲自率十万人驻扎在长安,近日即可相见。"锺会接到书信大惊失色,叫来亲信之人对他们说:"如果只取邓艾,相国知道我能独自办理;如今带来重兵,必定觉察到我有变异,我们应当迅速发难。事情成功了,就可得天下;不成功,就可以退保蜀汉,仍可做个刘备一样的人!"

丁丑，会悉请护军、郡守、牙门骑督以上及蜀之故官，为太后发哀于蜀朝堂，矫太后遗诏，使会起兵废司马昭，皆班示坐上人，使下议讫，书版署置，更使所亲信代领诸军；所请群官，悉闭著益州诸曹屋中，城门宫门皆闭，严兵围守。卫瓘诈称疾笃，出就外廨。会信之，无所复惮。

姜维欲使会尽杀北来诸将，已因杀会，尽坑魏兵，复立汉主，密书与刘禅曰："愿陛下忍数日之辱，臣欲使社稷危而复安，日月幽而复明。"会欲从维言诛诸将，犹豫未决。

会帐下督丘建本属胡烈，会爱信之。建愍烈独坐，启会，使听内一亲兵出取饮食，诸牙门随例各内一人。烈绐语亲兵及疏与子渊曰："丘建密说消息，会已作大坑，白棓数千，欲悉呼外兵入，人赐白帢，拜散将，以次棓杀，内坑中。"诸牙门亲兵亦咸说此语，一夜，转相告，皆遍。己卯，日中，胡渊率其父兵雷鼓出门，诸军不期皆鼓噪而出，曾无督促之者，而争先赴城。时会方给姜维铠杖，白外有匈匈声，似失火者，有顷，白兵走向城。会惊，谓维曰："兵来似欲作恶，当云何？"维曰："但当击之耳！"会遣兵悉杀所闭诸牙门郡守，内人共举机以拄门，兵斫门，不能破。斯须，城外倚梯登城，或烧城屋，蚁附乱进，矢下如雨，牙门郡守各缘屋出，与其军士相得。姜维率会左右战，手杀五六人，众格斩维，争前杀会。会将士死者数百人，杀汉太子璿及姜维妻子，军众钞略，死丧狼籍。卫瓘部分诸将，数日乃定。

丁丑(十六日),锺会把护军、郡守、牙门骑督以上的官吏以及蜀国的故官都请了来,在成都的朝堂为郭太后致哀,并假造了太后的遗诏,说让锺会起兵废掉司马昭,把遗诏向坐上众人宣布,让大家议论之后,开始授官任职,又让所亲信之人代领诸军;把所请来的群官,都关在益州各官署的屋中,关闭了城门宫门,派重兵把守。卫瓘诈称病重,出来住在外面的官舍。锺会相信他,对他也无所忌惮。

姜维想让锺会杀尽从北方来的诸将,自己再借机杀掉锺会,全部坑杀魏国兵士,重立汉主,他给刘禅写密信说:"希望陛下再忍受数日之辱,我要让国家危而复安,日月幽而复明。"锺会想听从姜维的意见诛杀诸将,但仍犹豫不决。

锺会的帐下督丘建,本属于胡烈手下,锺会喜爱并信任他。丘建怜悯胡烈一人独自被囚,就请求锺会,让他允许一名亲兵进出取饮食,各牙门将也都随此例让一人进来侍奉。胡烈欺骗亲兵并让他传递消息给儿子胡渊说:"丘建秘密地透露消息,说锺会已经挖了大坑,作了数千个白棒杖,想叫外面的兵士全部进来,每人赐一白帽,授散将之职,依次棒杀诸将,埋入坑中。"诸牙门将的亲兵也都说同样的话,一夜之间,辗转相告,大家都知道了。己卯(十八日),中午时分,胡渊率领其父的兵士擂鼓而出,各军也都不约而同地呐喊着跑出来,竟然连督促之人都没有,就争先恐后地跑向城里。当时锺会正在给姜维铠甲兵器,报告说外面有汹汹嘈杂之声,好像是失火似的,一会儿,又报告说有兵跑往城里。锺会大惊,问姜维说:"兵来似乎是想作乱,应当怎么办?"姜维说:"只能攻击他们!"锺会派兵去杀那些被关起来的牙门将、郡守,而里面的人都拿起几案顶住门,兵士砍门却砍不破。过了一会儿,城外的人爬着梯子登上城墙,有的人焚烧城内的屋子,兵士们像蚂蚁那样乱哄哄地涌进来,箭如雨下,那些牙门将、郡守都从屋子上爬出来,与他们手下的军士汇合在一处。姜维带着锺会左右拼杀,亲手杀死五六人,众人格杀了姜维,又争相向前杀死了锺会。锺会的将士死了数百人,兵士们又杀了蜀汉太子刘璿和姜维的妻子儿女,并到处抢掠,死伤满地一片狼藉。卫瓘部署诸将去平息,过了几天才平定下来。

邓艾本营将士追出艾于槛车,迎还。卫瓘自以与会共陷艾,恐其为变,乃遣护军田续等将兵袭艾,遇于绵竹西,斩艾父子。艾之入江油也,田续不进,艾欲斩续,既而舍之,及瓘遣续,谓曰:“可以报江油之辱矣。”镇西长史杜预言于众曰:“伯玉其不免乎!身为名士,位望已高,既无德音,又不御下以正,将何以堪其责乎!”瓘闻之,不候驾而谢预。预,恕之子也。邓艾馀子在洛阳者悉伏诛,徙其妻及孙于西城。

锺会兄毓尝密言于晋公曰:“会挟术难保,不可专任。”及会反,毓已卒,晋公思锺繇之勋与毓之贤,特原毓子峻、辿,官爵如故。会功曹向雄收葬会尸,晋公召而责之曰:“往者王经之死,卿哭于东市而我不问,锺会躬为叛逆,又辄收葬,若复相容,当如王法何!”雄曰:“昔先王掩骼埋胔,仁流朽骨,当时岂先卜其功罪而后收葬哉!今王诛既加,于法已备,雄感义收葬,教亦无阙。法立于上,教弘于下,以此训物,不亦可乎,何必使雄背死违生,以立于世!明公雠对枯骨,捐之中野,岂仁贤之度哉!”晋公悦,与宴谈而遣之。

2 二月丙辰,车驾还洛阳。

3 庚申,葬明元皇后。

4 初,刘禅使巴东太守襄阳罗宪将兵二千人守永安,闻成都败,吏民惊扰,宪斩称成都乱者一人,百姓乃定。及得禅手敕,乃帅所统临于都亭三日。吴闻蜀败,起兵西上,外托救援,内欲袭宪。宪曰:“本朝倾覆,吴为唇齿,不恤我难而背盟徼利,不义甚矣。且汉已亡,吴何得久,我宁能为吴降虏乎!”

邓艾本营的将士追上囚车把邓艾救出并迎接回来。卫瓘认为自己与钟会共同陷害邓艾，恐怕他回来会有变乱，就派遣护军田续等人领兵去袭击邓艾，在绵竹西边遇上，于是杀了邓艾父子。当初邓艾进入江油时，田续不往前进，邓艾想杀了他，后来又放了他，卫瓘派遣田续时，对他说："你可以为江油受的耻辱报仇了。"镇西长史杜预对众人说："卫瓘是免不了一死的！他身为名士，地位声望很高，但是既没有颂其美德的赞誉，又不能用正道御使其下属，他怎能承担自己的责任呢？"卫瓘听到后，不等车驾来到就跑去感谢杜预。杜预是杜恕之子。邓艾其馀的儿子在洛阳者都被诛杀，又把他的妻子及孙子迁到西城县。

　　钟会之兄钟毓曾秘密地对晋公说："钟会爱玩弄权术，不可过于信任。"及钟会反叛，钟毓已经去世，晋公思念钟繇的功勋与钟毓的仁贤，特别宽宥了钟毓之子钟峻、钟迆，官爵如故。钟会的功曹向雄收葬钟会之尸，晋公召他来责备说："从前王经死时，你哭于东市而我没有责问，钟会身为叛逆，你又特地去收葬，如果再容忍你，还有没有王法？"向雄说："以前先王掩埋枯骨腐尸，仁德施于朽骨，当时难道是先计算其功罪而后再收葬吗？现在王者的诛罚已经加于其身，从法度上说已经很完备，我有感于大义而收葬他，教化也就没有了缺憾。法度立于上，教化弘扬于下，以此来作为万物的法则不是很好吗？何必要让我背弃死者违背生者而立于当世？您以仇怨对待枯骨，把他弃之野外，这难道是仁贤之人的气度吗？"晋公很高兴，与他一起宴饮交谈之后才送走他。

　　2　二月丙辰（二十六日），魏帝车驾返回洛阳。

　　3　庚申（三十日），安葬明元皇后。

　　4　当初，刘禅让巴东太守、襄阳人罗宪领兵两千人驻守永安，罗宪听到成都兵败，吏民一片惊恐，便杀了一个述说成都变乱的人，百姓们才安定下来。等到得到刘禅的手令，罗宪就率领他手下的兵士到永安的都亭呆了三日。吴国听说蜀国失败，就起兵西上，表面上扬言来救援，实际上是想袭击罗宪。罗宪说："我国已经覆亡，吴国是我们的唇齿邻邦，却不怜悯我们的危难而背弃盟约谋取利益，实在不讲信义。而且汉已灭亡，吴国怎能长久，我岂能成为吴国的降将俘虏！"

保城缮甲，告誓将士，厉以节义，莫不愤激。吴人闻锺、邓败，百城无主，有兼蜀之志，而巴东固守，兵不得过，乃使抚军步协率众而西。宪力弱不能御，遣参军杨宗突围北出，告急于安东将军陈骞，又送文武印绶、任子诣晋公。协攻永安，宪与战，大破之。吴主怒，复遣镇军陆抗等帅众三万人增宪之围。

5　三月丁丑，以司空王祥为太尉，征北将军何曾为司徒，左仆射荀𫖮为司空。

6　己卯，进晋公爵为王，增封十郡。王祥、何曾、荀𫖮共诣晋王，𫖮谓祥曰："相王尊重，何侯与一朝之臣皆已尽敬，今日便当相率而拜，无所疑也。"祥曰："相国虽尊，要是魏之宰相，吾等魏之三公；王、公相去一阶而已，安有天子三公可辄拜人者！损魏朝之望，亏晋王之德，君子爱人以礼，我不为也。"及入，𫖮遂拜，而祥独长揖。王谓祥曰："今日然后知君见顾之重也！"

7　刘禅举家东迁洛阳，时扰攘仓卒，禅之大臣无从行者，惟秘书令郤正及殿中督汝南张通舍妻子单身随禅，禅赖正相导宜适，举动无阙，乃慨然叹息，恨知正之晚。

初，汉建宁太守霍弋都督南中，闻魏兵至，欲赴成都，刘禅以备敌既定，不听。成都不守，弋素服大临三日。诸将咸劝弋宜速降，弋曰："今道路隔塞，未详主之安危，去就大故，不可苟也。若魏以礼遇主上，则保境而降不晚也。若万一危辱，吾将以死拒之，何论迟速邪！"得禅东迁之问，始率六郡将守上表曰："臣闻人生于三，事之如一，惟难所在，则致其命。今臣国败主附，守死无所，是以委质，不敢有贰。"晋王善之，拜南中都尉，委以本任。

于是坚守城池整治军队,告诫全军将士,用节义激励他们,全军上下莫不激愤。吴人听说锺会、邓艾失败,百城无主,于是有兼并蜀国之心,但巴东防守坚固,兵士不能通过,于是让抚军步协率兵向西挺进。罗宪实力薄弱不能抵抗,就派参军杨宗突围跑向北面,向安东将军陈骞告急,又给晋公送去文武官员的印绶和人质。步协攻打永安,罗宪与他交战,大败步协。吴主大怒,又派遣镇军陆抗等人率三万兵士增援对罗宪的包围。

5 三月丁丑(十七日),任命司空王祥为太尉,征北将军何曾为司徒,左仆射荀颢为司空。

6 己卯(十九日),升晋公的爵位为王,增加封邑十个郡。王祥、何曾、荀颢共同去见晋王,荀颢对王祥说:"相王地位尊贵,何曾及满朝的文武大臣都对他极为恭敬,今日我们就应当相继跪拜,不要迟疑。"王祥说:"相国虽然地位尊重,但他还是魏国的宰相,而我们是魏国的三公;王、公相差只一级而已,哪有天子的三公可以随便拜人的?这不仅有损魏朝的威望,也有亏晋王之德,君子要以礼仪敬爱别人,我不能跪拜。"进去后,荀颢就跪拜于地,只有王祥长揖不拜。晋王对王祥说:"今日之后才知你对我的关心之情是多么深厚!"

7 刘禅的全家迁居洛阳,临行时十分纷乱仓促,刘禅的大臣没有随行者,只有秘书令郤正和殿中督汝南人张通舍弃妻儿老小单身随刘禅而行,刘禅仰仗郤正的导引帮助,才使自己的言谈举止合乎礼仪而无所缺憾,于是他慨然长叹,恨自己了解郤正之晚。

当初,汉建宁太守霍弋都督南中,听说魏兵来攻,就想赴成都协助防御,刘禅认为对敌之策已经确定就没让他来。成都失守后,霍弋穿着白色衣服哭吊三日。诸将都劝霍弋应快点投降,霍弋说:"如今道路隔绝阻塞,不知道主上的安危,去留是件大事,不可随随便便。如果魏国以礼对待主上,那我们再全境而降也不晚。如果万一主上遭受危难侮辱,我将要以死抵抗,还论什么快慢!"得到刘禅东迁洛阳的消息后,才开始率六郡的将军郡守上表说:"我听说人生在世所赖者有三,即父、母、君上,对这三者要事之如一,无论他们谁发生危难,都要舍命相随。如今我们国家败亡,主上降附,想要坚持至死而不变也没有了处所,因此决定归顺,不敢有二心。"晋王很称赞他,授予他南中都尉之职,仍在原来的地方任职。

丁亥，封刘禅为安乐公，子孙及群臣封侯者五十多人。晋王与禅宴，为之作故蜀技，旁人皆为之感怆，而禅喜笑自若。王谓贾充曰："人之无情，乃至于此；虽使诸葛亮在，不能辅之久全，况姜维邪！"他日，王问禅曰："颇思蜀否？"禅曰："此间乐，不思蜀也。"郤正闻之，谓禅曰："若王后问，宜泣而答曰：'先人坟墓，远在岷、蜀，乃心西悲，无日不思。'因闭其目。"会王复问，禅对如前，王曰："何乃似郤正语邪！"禅惊视曰："诚如尊命。"左右皆笑。

8　夏，四月，新附督王稚浮海入吴句章，略其长吏及男女二百馀口而还。

9　五月庚申，晋王奏复五等爵，封骑督以上六百馀人。

10　甲戌，改元。

11　癸未，追命舞阳文宣侯懿为晋宣王，忠武侯师为景王。

12　罗宪被攻凡六月，救援不到，城中疾病太半。或说宪弃城走，宪曰："吾为城主，百姓所仰，危不能安，急而弃之，君子不为也，毕命于此矣！"陈骞言于晋王，遣荆州刺史胡烈将步骑二万攻西陵以救宪，秋，七月，吴师退。晋王使宪因仍旧任，加陵江将军，封万年亭侯。

13　晋王奏使司空荀顗定礼仪，中护军贾充正法律，尚书仆射裴秀议官制，太保郑冲总而裁焉。

14　吴分交州置广州。

15　吴主寝疾，口不能言，乃手书呼丞相濮阳兴入，令子霍出拜之。休把兴臂，指霍以托之。癸未，吴主殂，谥曰景帝。群臣尊朱皇后为皇太后。

丁亥(二十七日),封刘禅为安乐公,刘禅的子孙及群臣封侯者五十多人。晋王与刘禅一起宴饮,为他表演蜀国的歌舞,旁人都为之伤感不已,而刘禅却喜笑自若。晋王对贾充说:"人之无情,竟然到这种程度;即使诸葛亮还在,也不能辅佐他长久平安,何况姜维呢!"过了几天,晋王问刘禅说:"你还思念蜀国吗?"刘禅说:"在这里很快乐,不思念蜀国。"郤正听到后,就对刘禅说:"如果晋王以后再问,你应当哭着回答说:'祖先的坟墓,都远在岷、蜀,我心常常西望而悲,没一天不思念。'然后闭上眼睛。"后来晋王又问他,刘禅就像郤正说的那样回答,晋王说:"你说得怎么像郤正的话!"刘禅惊讶地睁开眼说:"实际上就是他教我这样说的。"左右之人都哈哈大笑。

8 夏季,四月新附督王稚从海路进入吴国的句章,抢掠了其官吏及男女百姓两百多人而还。

9 五月庚申(初一),晋王上奏恢复五等爵位,封了骑督以上六百多人的爵位。

10 甲戌(十五日),改年号为咸熙。

11 癸未(二十四日),追任舞阳文宣侯司马懿为晋宣王,忠武侯司马师为景王。

12 罗宪被攻近六个月,救援仍然未到,城中之人病了大半。有人劝罗宪弃城而走,罗宪说:"我是此城之主,为百姓们所仰仗,他们有了危难而不能安定,情况紧急就弃之逃跑,这不是君子所为,我要战死在这里!"陈骞把这些告诉了晋王,于是派遣荆州刺史胡烈率步骑兵两万人攻打西陵以救援罗宪,秋季,七月,吴国军队撤退。晋王让罗宪仍旧在原地任职,又加陵江将军之职,封为万年亭侯。

13 晋王上奏让司空荀𫖯制定礼仪,中护军贾充订正法律,尚书仆射裴秀议论官制,太保郑冲总揽其事加以裁定。

14 吴国从交州中分置广州。

15 吴主卧病不起,口不能言,就用手书叫丞相濮阳兴入内,又让其子孙𩅦出来拜见濮阳兴。孙休拉着濮阳兴的手臂,手指着孙𩅦托付给他。癸未(二十五日),吴主孙休去世,谥为景帝。群臣尊朱皇后为皇太后。

　　吴人以蜀初亡,交趾携叛,国内恐惧,欲得长君。左典军万彧尝为乌程令,与乌程侯晧相善,称"晧之才识明断,长沙桓王之俦也;又加之好学,奉遵法度"。屡言之于丞相兴、左将军布,兴、布说朱太后,欲以晧为嗣。朱后曰:"我寡妇人,安知社稷之虑,苟吴国无陨,宗庙有赖,可矣。"于是遂迎立晧,改元元兴,大赦。

　　16　八月庚寅,命中抚军司马炎副贰相国事。

　　17　初,锺会之伐汉也,辛宪英谓其夫之从子羊祜曰:"会在事纵恣,非持久处下之道,吾畏其有他志也。"会请其子郎中琇为参军,宪英忧曰:"他日吾为国忧,今日难至吾家矣。"琇固请于晋王,王不听。宪英谓琇曰:"行矣,戒之,军旅之间,可以济者,其惟仁恕乎!"琇竟以全归。癸巳,诏以琇尝谏会反,赐爵关内侯。

　　18　九月戊午,以司马炎为抚军大将军。

　　19　辛未,诏以吕兴为安南将军,都督交州诸军事,以南中监军霍弋遥领交州刺史,得以便宜选用长吏。弋表遣建宁爨谷为交趾太守,率牙门董元、毛炅、孟幹、孟通、爨能、李松、王素等将兵助兴,未至,兴为其功曹王统所杀。

　　20　吴主贬朱太后为景皇后,追谥父和曰文皇帝,尊母何氏为太后。

　　21　冬,十月丁亥,诏以寿春所获吴相国参军事徐绍为散骑常侍,水曹掾孙彧为给事黄门侍郎,以使于吴,其家人在此者悉听自随,不必使还,以开广大信。晋王因致书吴主,谕以祸福。

　　22　初,晋王娶王肃之女,生炎及攸,以攸继景王后。攸性孝友,多才艺,清和平允,名闻过于炎,晋王爱之,常曰:

吴人因蜀国刚刚灭亡,交阯的吕兴又反叛,国内十分恐惧,想要有一位年长的君主统治。左典军万彧曾担任乌程令,与乌程侯孙晧相友善,就声称"孙晧的才识和明断能力,可以和长沙桓王孙策相比拟;同时他又十分好学,能遵奉法度"。他屡次对丞相濮阳兴和左将军张布说这些话,濮阳兴和张布又劝说朱太后,想要立孙晧为君。朱后说:"我是个寡妇,怎能考虑国家的大事,只要吴国不遭陨灭,宗庙有所依赖,就可以了。"于是就迎立孙晧,改年号为元兴,实行大赦。

　　16　八月庚寅(初三),任命中抚军司马炎辅佐相国事宜。

　　17　当初,钟会伐汉之时,辛宪英对她丈夫的侄子羊祜说:"钟会做事恣意放纵,这不是长久地处于臣下地位的做法,我恐怕他有其他的志向。"钟会请求让她儿子郎中羊琇为参军,辛宪英忧虑地说:"以前我为国家担忧,今日大难降临我家了。"羊琇坚决向晋王请求不担任参军,但晋王不答应。辛宪英对羊琇说:"你去吧,但要警惕小心,在军队之中可以行得通的,只有仁恕二字!"结果羊琇竟然安全地返回。癸巳(初六),诏命因羊琇曾劝谏钟会不要反叛,而赐爵关内侯。

　　18　九月戊午(初一),任命司马炎为抚军大将军。

　　19　辛未(十四日),诏令任命吕兴为安南将军,都督交州诸军事,任命南中监军霍弋兼任交州刺史,可以按照便利条件选用官吏。霍弋上表推荐建宁人爨谷为交阯太守,派他率领牙门将董元、毛炅、孟幹、孟通、爨能、李松、王素等人领兵去帮助吕兴,还未到达,吕兴就被他的功曹王统所杀。

　　20　吴主贬朱太后为景皇后,追谥父亲孙和为文皇帝,又尊母亲何氏为皇太后。

　　21　冬季,十月丁亥(初一),诏令任命寿春之战所俘获的吴国相国参军事徐绍为散骑常侍,水曹掾孙彧为给事黄门侍郎,让他们出使吴国,他们的家人在魏国者,完全可听任他们相随而去,也不必让他们回来,以此来扩大魏国讲求信义的影响。晋王还因此给吴主写信,晓谕祸福的道理。

　　22　当初,晋王娶王肃的女儿为妻,生了司马炎和司马攸,把司马攸过继给景王司马师为后。司马攸性情孝顺,爱交朋友,多才多艺,清静平和,为人公正,名望超过司马炎,晋王很喜爱他,常常说:

"天下者,景王之天下也,吾摄居相位,百年之后,大业宜归
攸。"炎立发委地,手垂过膝,尝从容问裴秀曰:"人有相否?"
因以异相示之。秀由是归心。羊琇与炎善,为炎画策,察时
政所宜损益,皆令炎豫记之,以备晋王访问。晋王欲以攸为
世子,山涛曰:"废长立少,违礼不祥。"贾充曰:"中抚军有君
人之德,不可易也。"何曾、裴秀曰:"中抚军聪明神武,有超世
之才,人望既茂,天表如此,固非人臣之相也。"晋王由是意
定,丙午,立炎为世子。

23　吴主封太子霅及其三弟皆为王,立妃滕氏为皇后。

24　初,吴主之立,发优诏,恤士民,开仓廪,振贫乏,科
出宫女以配无妻者,禽兽养于苑中者皆放之。当时翕然称为
明主。及既得志,粗暴骄盈,多忌讳,好酒色,大小失望,濮阳
兴、张布窃悔之。或谮诸吴主,十一月朔,兴、布入朝,吴主执
之,徙于广州,道杀之,夷三族。以后父滕牧为卫将军,录尚
书事。牧,胤之族人也。

25　是岁,罢屯田官。

"天下本是景王的天下,我不过是代理宰相之位,我死之后,大业应该归于司马攸。"司马炎垂直了长发可以拖到地面,双手下垂超过膝盖,他曾经从容地问裴秀说:"人能不能看相?"于是就把自己奇异的相貌展示给裴秀。裴秀从此就归顺了他。羊琇与司马炎相友善,就为司马炎出谋划策,观察时政所应减损和补益之处,让司马炎都预先记住,以备晋王问时回答。晋王想立司马攸为世子,山涛说:"废弃长子而立幼子。违背礼义很不吉祥。"贾充说:"中抚军有君主的德操,不可让别人代替。"何曾、裴秀也说:"中抚军聪慧过人,神明而威武,有超越世人的奇才,已经享有极高的声望,帝王的仪容就是如此,这本不是人臣的相貌。"晋王因此拿定了主意,丙午(二十日),立司马炎为世子。

23 吴主封太子孙霾和他的三个弟弟为王,立妃子滕氏为皇后。

24 当初,吴主即位时,发优抚诏书,体恤士民百姓,打开仓库,赈济贫困之人,按条例放出宫女做那些无妻者的配偶,养在御花苑中的禽兽也都放归山林。当时人们交口赞誉称之为明主。而他得志之后,开始变得粗暴骄横,既有很多忌讳,又沉湎于酒色,全国上下大失所望,濮阳兴、张布也暗自后悔不迭。有人向吴主诬陷濮阳兴和张布,十一月朔(初一),濮阳兴和张布入朝,吴主把他们抓起来,迁徙到广州,结果在半路上就把他们杀了,又诛灭了他们的三族。任命皇后的父亲滕牧为卫将军,录尚书事。滕牧是滕胤家族的人。

25 这一年,废置了屯田官。

卷第七十九　晋纪一

起乙酉(265)尽壬辰(272)凡八年

世祖武皇帝上之上

泰始元年(乙酉,265)

1　春,三月,吴主使光禄大夫纪陟、五官中郎将洪璆与徐绍、孙彧偕来报聘。绍行至濡须,有言绍誉中国之美者,吴主怒,追还,杀之。

2　夏,四月,吴改元甘露。

3　五月,魏帝加文王殊礼,进王妃曰后;世子曰太子。

4　癸未,大赦。

5　秋,七月,吴主逼杀景皇后,迁景帝四子于吴;寻又杀其长者二人。

6　八月辛卯,文王卒,太子嗣为相国、晋王。

7　九月乙未,大赦。

8　戊子,以魏司徒何曾为晋丞相;癸亥,以骠骑将军司马望为司徒。

9　乙亥,葬文王于崇阳陵。

10　冬,吴西陵督步阐表请吴主徙都武昌,吴主从之,使御史大夫丁固、右将军诸葛靓守建业。阐,骘之子也。

11　十二月壬戌,魏帝禅位于晋。甲子,出舍于金墉城。太傅司马孚拜辞,执帝手,流涕歔欷不自胜,曰:"臣死之日,固大魏之纯臣也。"丙寅,王即皇帝位,大赦,改元。丁卯,奉魏帝为陈留王,即宫于邺。优崇之礼,皆仿魏初故事。魏氏诸王皆降为侯。

世祖武皇帝上之上
晋武帝泰始元年(乙酉,公元 265 年)

1 春季,三月,吴国派遣光禄大夫纪陟、五官中郎将洪璆,与徐绍、孙彧一起去魏国回报聘问。徐绍走到濡须的时候,有人说徐绍曾称赞中原之国的美好,吴主动怒,追回徐绍,把他杀死。

2 夏季,四月,吴国改年号为甘露。

3 五月,魏元帝施与晋文王特殊的礼遇,晋升王妃为王后;世子改称为太子。

4 癸未(三十日),大赦天下。

5 秋季,七月,吴主逼杀吴景帝皇后,把景帝的四个儿子迁到吴;不久,又把四人中两个年龄大的杀了。

6 八月辛卯(初九),晋文王司马昭去世,太子司马炎继位为相国、晋王。

7 九月乙未,大赦天下。

8 戊子(初七),任命魏司徒何曾为晋丞相;癸亥(十二日),任命骠骑将军司马望为司徒。

9 乙亥(二十四日),在崇阳陵埋葬晋文王。

10 冬季,吴国西陵督步阐上表,请求吴主把国都迁到武昌,吴主听从了他的建议,委派御史大夫丁固、右将军诸葛靓镇守建业。步阐是步骘的儿子。

11 十二月壬戌(十二日),魏元帝把皇位禅让给晋王。甲子(十四日),魏元帝搬到金墉城居住。太傅司马孚与魏元帝辞别,拉着魏元帝的手,流泪叹息不能自制,说:"我到死的那一天,仍然是大魏真正的臣子。"丙寅(十六日),晋王司马炎登上皇帝位,大赦天下,改年号为泰始。丁卯(十七日),尊奉魏元帝为陈留王,宫室安排在邺城,优厚高贵的礼制待遇,都仿效魏国初期的制度。魏宗室诸王都降为侯。

追尊宣王为宣皇帝,景王为景皇帝,文王为文皇帝;尊王太后曰皇太后。封皇叔祖孚为安平王,叔父幹为平原王、亮为扶风王、伷为东莞王、骏为汝阴王、肜为梁王,伦为琅邪王、弟攸为齐王、鉴为乐安王、机为燕王;又封群从司徒望等十七人皆为王。以石苞为大司马,郑冲为太傅,王祥为太保,何曾为太尉,贾充为车骑将军,王沈为骠骑将军;其馀文武增位进爵有差。乙亥,以安平王孚为太宰,都督中外诸军事。未几,又以车骑将军陈骞为大将军,与司徒义阳王望、司空荀颢,凡八公,同时并置。帝惩魏氏孤立之敝,故大封宗室,授以职任。又诏诸王皆得自选国中长吏,卫将军齐王攸独不敢,皆令上请。

12　诏除魏宗室禁锢,罢部曲将及长吏纳质任。

13　帝承魏氏刻薄奢侈之后,矫以仁俭。太常丞许奇,允之子也。帝将有事于太庙,朝议以奇父受诛,不宜接近左右,请出为外官。帝乃追述允之宿望,称奇之才,擢为祠部郎。有司言御牛青丝绁断,诏以青麻代之。

14　初置谏官,以散骑常侍傅玄、皇甫陶为之。玄,幹之子也。玄以魏末士风颓敝,上疏曰:"臣闻先王之御天下,教化隆于上,清议行于下。近者魏武好法术而天下贵刑名,魏文慕通达而天下贱守节,其后纲维不摄,放诞盈朝,遂使天下无复清议。陛下龙兴受禅,弘尧、舜之化,惟未举清远有礼之臣以敦风节,未退虚鄙之士以惩不恪,臣是以犹敢有言。"上嘉纳其言,使玄草诏进之,然亦不能革也。

追尊晋宣王司马懿为宣皇帝,晋景王司马师为景皇帝,晋文王司马昭为文皇帝;尊王太后为皇太后。封皇帝的叔祖司马孚为安平王,叔父司马幹为平原王,司马亮为扶风王,司马伷为东莞王,司马骏为汝阴王,司马肜为梁王,司马伦为琅邪王,封皇帝之弟司马攸为齐王、司马鉴为乐安王、司马机为燕王;又把司徒司马望等诸子侄共十七人都封为王。任命石苞为大司马,郑冲为太傅,王祥为太保,何曾为太尉,贾充为车骑将军,王沈为骠骑将军;其馀的文武官员,提级封爵各有差别。乙亥(二十五日),任命安平王司马孚为太宰,统领朝廷内外的军事事务。过了不久,又任命车骑将军陈骞为大将军,与司徒义阳王司马望、司空荀颉等,总共是八公,同时并列设置。晋武帝以魏氏孤立无援的弊害作为警戒,因而大封宗室,赋予他们职权。晋武帝又诏告诸王可以自己选择封国中的官吏,只有卫将军齐王司马攸不敢自选,全部官吏都请求晋武帝指派。

12 晋武帝下诏,免除魏宗室的禁锢令,废除部曲将领及州郡长吏纳人质于京师的制度。

13 晋武帝是继魏氏苛酷奢侈的政治之后登极的,他以仁厚节俭的作风纠正魏氏的弊端。太常丞许奇是许允的儿子。晋武帝将要在太庙行事,朝廷中议事的时候,大臣们认为,许奇的父亲因过被诛,许奇不宜在武帝身边供职,应当委派他担任朝廷外的官职。晋武帝于是追述许允的名望,称赞许奇的才能,提拔他担任祠部郎。有关部门称,宫中所用的青丝牵牛绳断了,晋武帝下诏,用青麻代替青丝。

14 当初设置谏官的时候,任命散骑常侍傅玄、皇甫陶担任。傅玄是傅幹的儿子。傅玄看到魏末士风衰败,于是上疏说:"我听说先王治理天下,教化昌盛于上,公正的评论通行于下。近世以来,魏武帝喜好法术而天下重视刑名,魏文帝思慕通达而天下轻贱操守名分,从这以后纲纪不整,浮夸虚无的风气充满朝廷,于是使天下不再有公正的评论。陛下接受禅让登极,弘扬尧、舜之风,唯独没有选拔清明广远有礼法之臣,以促进风化与操守,没有斥退虚浮鄙陋之人,以惩戒不恭敬不谨慎的人,因此我才冒昧地说这番话。"晋武帝赞许并采纳了他的意见,让傅玄起草诏书以便实行,但是也未能改变当时的风气。

15　初，汉征西将军司马钧生豫章太守量，量生颍川太守隽，隽生京兆尹防，防生宣帝。

二年(丙戌,266)

1　春，正月丁亥，即用魏庙祭征西府君以下，并景帝凡七室。

2　尊景帝夫人羊氏曰景皇后，居弘训宫。

3　丙午，立皇后弘农杨氏。后，魏通事郎文宗之女也。

4　群臣奏："五帝，即天帝也，王气时异，故名号有五。自今明堂、南郊宜除五帝座。"从之。帝，王肃外孙也，故郊祀之礼，有司多从肃议。

5　二月，除汉宗室禁锢。

6　三月戊戌，吴遣大鸿胪张俨、五官中郎将丁忠来吊祭。

7　吴散骑常侍王蕃，体气高亮，不能承颜顺指，吴主不悦。散骑常侍万彧、中书丞陈声从而谮之。丁忠使还，吴主大会群臣，蕃沉醉顿伏。吴主疑其诈，舁蕃出外。顷之，召还。蕃好治威仪，行止自若。吴主大怒，呵左右于殿下斩之，出，登来山，使亲近掷蕃首，作虎跳狼争咋啮之，首皆碎坏。

丁忠说吴主曰："北方无守战之备，弋阳可袭而取。"吴主以问群臣，镇西大将军陆凯曰："北方新并巴、蜀，遣使求和，非求援于我也，欲蓄力以俟时耳。敌势方强，而欲徼幸求胜，未见其利也。"吴主虽不出兵，然遂与晋绝。凯，逊之族子也。

15 当初,汉征西将军司马钧生下豫章太守司马量,司马量生下颍川太守司马隽,司马隽生下京兆尹司马防,司马防生下晋宣帝司马懿。

晋武帝泰始二年(丙戌,公元266年)

1 春季,正月丁亥(初八),权且采用魏庙,祭祀征西府君司马钧以下,连同景帝司马师共七室。

2 辛丑(二十二日),尊奉景帝夫人羊氏为景皇后,居住在弘训宫。

3 丙午(二十七日),立弘农人杨氏为皇后。皇后是魏通事郎杨文宗的女儿。

4 群臣上书说:"五帝就是天帝,王气时时不同,所以名号有五个。从现在起,明堂、南郊都应当除去五帝的位置。"晋武帝听从了这一建议。晋武帝是王肃的外孙,所以祭天地的礼仪,有关官吏大都遵从王肃的意见。

5 二月,解除魏对汉宗室的禁锢。

6 三月戊戌(二十日),吴国派遣大鸿胪张俨、五官中郎将丁忠到晋朝吊祭。

7 吴国散骑常侍、庐江人王蕃,气质、风度高尚,不会看人脸色顺从其意行事,吴主对此不高兴。散骑常侍万彧、中书丞陈声便乘机诬陷他。丁忠出使回来,吴主大会群臣,王蕃喝醉了酒,趴伏在那里起不来。吴主疑心他是故意装出来的,就用车子把他送出去,过了一会儿,又召他回来。王蕃容貌举止庄严,行止自如,吴主勃然大怒,喝令左右在殿堂之下把他杀了,然后出去登来山,让左右亲随抛掷王蕃的首级,像虎狼那样争抢啃咬,使其首级碎裂。

丁忠对吴主说:"北方的晋国没有做好战备,我们可以袭击并夺取弋阳。"吴主询问群臣,镇西大将军陆凯说:"北方新近吞并了巴、蜀,派使者来求和,这并不是向我们求援,只不过是想积蓄力量以等待时机。敌人的势力正当强大的时候,想要侥幸取胜,我看不出这样做有什么好处。"吴主虽然不出兵了,但是却与晋国断绝了关系。陆凯是陆逊同族兄弟的儿子。

8　夏,五月壬子,博陵元公王沈卒。

9　六月丙午晦,日有食之。

10　文帝之丧,臣民皆从权制,三日除服。既葬,帝亦除之,然犹素冠疏食,哀毁如居丧者。秋,八月,帝将谒崇阳陵,群臣奏言,秋暑未平,恐帝悲感摧伤。帝曰:"朕得奉瞻山陵,体气自佳耳。"又诏曰:"汉文不使天下尽哀,亦帝王至谦之志。当见山陵,何心无服! 其议以衰绖从行。群臣自依旧制。"尚书令裴秀奏曰:"陛下既除而复服,义无所依;若君服而臣不服,亦未之敢安也。"诏曰:"患情不能跂及耳,衣服何在! 诸君勤勤之至,岂苟相违。"遂止。

中军将军羊祜谓傅玄曰:"三年之丧,虽贵遂服,礼也。而汉文除之,毁伤礼义,常以叹息。今主上至孝,虽夺其服,实行丧礼。若因此复先王之法,不亦善乎!"玄曰:"以日易月,已数百年,一旦复古,难行也。"祜曰:"不能使天下如礼,且使主上遂服,不犹愈乎!"玄曰:"主上不除而天下除之,此为但有父子,无复君臣也。"乃止。

戊辰,群臣奏请易服复膳,诏曰:"每感念幽冥,而不得终苴绖之礼,以为沉痛。况当食稻衣锦乎! 适足激切其心,非所以相解也。朕本诸生家,传礼来久,何至一旦便易此情于所天! 相从已多,可试省孔子答宰我之言,无事纷纭也!"遂以疏素终三年。

8 夏季,五月壬子,博陵元公王沈去世。

9 六月丙午晦,出现日食。

10 晋文帝的丧事,臣民都遵守临时制定的法令,服丧三日。葬礼结束,晋武帝也除去丧服,但仍然戴白冠,吃素食,哀伤如同丧期。秋季,八月,晋武帝将要拜谒崇阳陵,群臣上奏称,秋暑还没有平息,恐怕皇帝悲哀伤感会损害健康。晋武帝说:"朕能够瞻仰先人陵墓,身体、精神自然就会好。"又下诏说:"汉文帝不使天下的臣民都为他而悲哀,这也达到帝王谦逊的最高点了。要拜见先人陵墓,怎么忍心不穿丧服!应当决定穿丧服。群臣自然可依照旧制行事。"尚书令裴秀上奏说:"陛下已经除去了丧服现在又穿上,这样做于礼仪没有依据;如果君王穿丧服而臣下却不穿,做臣子的心里也不安。"晋武帝下诏说:"朕担忧的是,哀慕之心不能充分地表达出来,不在乎丧服!诸位一片殷勤好意,朕不忍心再违背了。"于是同意不穿丧服。

中军将军羊祜对傅玄说:"三年之丧,即使尊贵为天子也要身穿孝服,这是礼制。但是汉文帝却把它废除了,毁坏、损伤礼义,我常常因此而叹息。如今皇帝至孝,虽然除去了丧服,仍实行丧礼。如果能借此机会恢复先王的法规,难道不是很好吗?"傅玄说:"把穿丧服的时间从以月计改为以日计,已经有几百年了,一旦要恢复古制,是很难行得通的。"羊祜说:"不能使天下人都遵从礼法,暂且使皇帝再穿孝服,不是还好些吗?"傅玄说:"皇帝不除丧服而天下除丧服,这就是只有父子,不再有君臣的行为。"羊祜于是不再提让天下恢复古制的话。

戊辰(二十二日),群臣上奏请求晋武帝更换正常的服饰和膳食,晋武帝下诏说:"每当感念先灵,而朕不能完成穿丧服之礼,就为此沉痛,更不要说食稻米、穿锦绣了。这样做只会激起朕的痛切之心,不能够缓解朕的沉痛。朕本生于儒者之家,礼法传习已久,何至于一时之间便对自己的父亲改变了这种感情!听从你们的已经够多了,你们可以对照孔子回答宰我的话反省自己,不要再多说了!"于是以疏食素服度过三年。

臣光曰：三年之丧，自天子达于庶人，此先王礼经，百世不易者也。汉文师心不学，变古坏礼，绝父子之恩，亏君臣之义；后世帝王不能笃于哀戚之情，而群臣谄谀，莫肯厘正。至于晋武独以天性矫而行之，可谓不世之贤君；而裴、傅之徒，固陋庸臣，习常玩故，而不能将顺其美，惜哉！

11　吴改元宝鼎。

12　吴主以陆凯为左丞相，万彧为右丞相。吴主恶人视己，群臣侍见，莫敢举目。陆凯曰："君臣无不相识之道，若猝有不虞，不知所赴。"吴主乃听凯自视，而他人如故。

吴主居武昌，扬州之民溯流供给，甚苦之，又奢侈无度，公私穷匮。凯上疏曰："今四边无事，当务养民丰财，而更穷奢极欲；无灾而民命尽，无为而国财空，臣窃忧之。昔汉室既衰，三家鼎立；今曹、刘失道，皆为晋有，此目前之明验也。臣愚但为陛下惜国家耳。武昌土地危险塉确，非王者之都；且童谣云：'宁饮建业水，不食武昌鱼；宁还建业死，不止武昌居。'以此观之，足明人心与天意矣。今国无一年之蓄，民有离散之怨，国有露根之渐，而官吏务为苛急，莫之或恤。大帝时，后宫列女及诸织络数不满百，景帝以来，乃有千数，此耗财之甚也。又左右之臣，率非其人，群党相扶，害忠隐贤，此皆蠹政病民者也。臣愿陛下省息百役，罢去苛扰，料出宫女，清选百官，则天悦民附，国家永安矣。"吴主虽不悦，以其宿望，特优容之。

臣司马光说：上自天子，下至平民百姓，都要服丧三年，这是先王礼经所规定，百世不可改变。汉文帝以己意为师，不守成规，改变古制，败坏礼法，断绝父子之间的恩德，毁坏君臣之间的情义，使后世的帝王不能真诚专一于哀悼先人的感情，而群臣谄媚、阿谀，没有人肯加以改正。到了晋武帝，唯独以自己的天性加以纠正并实行，可称是非凡的贤君；而裴秀、傅玄之徒，是见识鄙陋的平庸之臣，习惯于常规，蔑视旧法，不能够承顺晋武帝的美意，可惜啊！

　11　吴国改年号为宝鼎。

　12　吴主任命陆凯为左丞相，万彧为右丞相。吴主憎恶别人注视他，群臣朝见或在一旁侍候，没有人敢抬眼看他。陆凯说："君臣之间没有不相识的道理，如果突然发生了意料不到的事情，就不知道该怎么办了。"吴主于是听凭陆凯注视他，而对别人却依然如故。

　　吴主居住在武昌，扬州的百姓逆流而上提供物资，异常劳苦。再加上吴主奢侈无度，使得国家和人民都穷困匮乏。陆凯上疏说："如今四周边境都没有战事，应当致力于休养民力，积蓄财富，然而却愈发穷奢极欲；还没有发生灾难而百姓的精力已尽，还没有什么作为而国库的资财已经空虚，我私下为此感到忧虑。从前汉室衰微，三家鼎立；如今曹、刘失道，都被晋所占有，这是近在眼前的、十分明显的证据。我蠢笨无知，只是为陛下珍惜国家而已。武昌地势高险，土质薄，多山石，并非称王的都城；况且童谣说：'宁饮建业水，不食武昌鱼；宁还建业死，不止武昌居。'由此看来，是可以证明人心与天意了。现在国家仅有不足一年的积蓄，百姓有离散的怨言，国家这棵大树已经渐渐露出了根本，而官吏却致力于苛刻催逼百姓，没有人体恤他们。大帝的时候，后宫的女子以及各种织工，人数不足百人，景帝以来，人数已经上千，这就使资财的耗费非常严重了。另外，您身边的臣子，大多没有什么才能，他们结成帮派相互扶持，陷害忠良，埋没贤达，这都是些损政害民的人。我希望陛下减省、停止多种劳役，免去苛刻的骚扰，清理、减少宫女，严格选拔官吏，那么就会使天喜悦而民归附，国家长久安定了。"吴主虽然不高兴，但由于陆凯的名望大，就对他特别宽容。

13　九月，诏："自今虽诏有所欲，及已奏得可，而于事不便者，皆不可隐情。"

14　戊戌，有司奏："大晋受禅于魏，宜一用前代正朔、服色，如虞遵唐故事。"从之。

15　冬，十月丙午朔，日有食之。

16　永安山贼施但，因民劳怨，聚众数千人，劫吴主庶弟永安侯谦作乱，北至建业，众万馀人，未至三十里住，择吉日入城。遣使以谦命召丁固、诸葛靓，固、靓斩其使，发兵逆战于牛屯。但兵皆无甲胄，即时败散。谦独坐车中，生获之。固不敢杀，以状白吴主，吴主并其母及弟俊皆杀之。初，望气者云：荆州有王气，当破扬州。故吴主徙都武昌。及但反，自以为得计，遣数百人鼓噪入建业，杀但妻子，云："天子使荆州兵来破扬州贼。"

17　十一月，初并圜丘、方丘之祀于南北郊。

18　罢山阳国督军，除其禁制。

19　十二月，吴主还都建业，使后父卫将军、录尚书事滕牧留镇武昌。朝士以牧尊戚，颇推令谏争，滕后之宠由是渐衰，更遣牧居苍梧，虽爵位不夺，其实迁也，在道以忧死。何太后常保佑滕后，太史又言中宫不可易，吴主信巫觋，故得不废，常供养升平宫，不复进见。诸姬佩皇后玺绶者甚众，滕后受朝贺表疏而已。吴主使黄门遍行州郡，料取将吏家女，其二千石大臣子女，岁岁言名，年十五、六一简阅，简阅不中，乃得出嫁。后宫以千数，而采择无已。

13　九月，晋武帝下诏书：“从现在开始，即使诏令有要求，以及已上奏并获得批准，但是在实际执行中有不便之处的，都不得隐瞒实情。”

14　戊戌（二十三日），有关部门上奏称：“大晋接受魏的禅让，应当一概沿用前代历法与车马祭牲的颜色，如同虞舜遵循唐尧旧制一样。”晋武帝听从了这一意见。

15　冬季，十月丙午朔（初一），出现日食。

16　永安山贼施但，乘百姓劳苦有怨言，聚集了民众数千人，劫持了吴主庶弟、永安侯孙谦作乱，他们向北到建业，徒众有一万多人，离建业不到三十里时驻扎下来，选择吉日进城。施但派使者以孙谦的名义召丁固、诸葛靓，丁固、诸葛靓杀了使者，发兵在牛屯迎战施但。施但的兵士都没有盔甲，立时就被打败而逃散了。孙谦独自坐在车子里，被活捉了。丁固不敢杀他，把情况禀告吴主，吴主连同孙谦的母亲及弟弟孙俊都杀了。当初，望云气的人说：荆州有帝王之气，应当能攻破扬州。因此吴主迁都到武昌。等到施但造反，吴主自以为预言应验了，就派遣数百人击鼓呼叫进入建业，杀了施但的妻子儿女，说：“天子派荆州兵来打败扬州贼。”

17　十一月，晋开始把冬至在圜丘祭天、夏至在方泽祭地的仪式合并于南郊和北郊。

18　晋罢免了汉朝后裔居住的山阳国的监督卫队，解除了对山阳国的禁制。

19　十二月，吴主又把国都迁回建业，派皇后的父亲、卫将军、录尚书事滕牧留下来镇守武昌。朝廷中的官吏因滕牧是显贵的皇亲，都推举他，让他向吴主谏诤，滕皇后因此逐渐地失去了恩宠。吴主又让滕牧去苍梧居住，虽然没有削夺他的爵位，实际上是把他放逐了，他在半路上由于忧郁而死去。何太后时常护佑着滕后，又加上太史说皇后不可更换，吴主信巫术，所以滕后没有被废，日常供养在升平宫，不再进见吴主。宫中的姬妾很多人都佩带着皇后印玺，滕后只是接受大臣们的朝贺和上奏的表疏而已。吴主派遣宦官黄门走遍了州郡，挑选将吏家中的女子，只要是二千石大臣家里的女儿，每年都要申报姓名年龄，到了十五六岁就要进行考察、检选，没有被选中的才可以出嫁。后宫女子已有上千人，吴主仍然不断地挑选新人入宫。

三年(丁亥,267)

1 春,正月丁卯,立子衷为皇太子。诏以:"近世每立太子必有赦。今世运将平,当示之以好恶,使百姓绝多幸之望。曲惠小人,朕无取焉!"遂不赦。

2 司隶校尉上党李憙劾故立进令刘友、前尚书山涛、中山王睦、尚书仆射武陔各占官稻田,请免涛、睦等官,陔已亡,请贬其谥。诏曰:"友侵剥百姓以缪惑朝士,其考竟以惩邪佞。涛等不贰其过,皆勿有所问。憙亢志在公,当官而行,可谓邦之司直矣。光武有云:'贵戚且敛手以避二鲍。'其申敕群僚,各慎所司,宽宥之恩,不可数遇也!"睦,宣帝之弟子也。

臣光曰:政之大本,在于刑赏,刑赏不明,政何以成!晋武帝赦山涛而褒李憙,其于刑赏两失之。使憙所言为是,则涛不可赦;所言为非,则憙不足褒。褒之使言,言而不用,怨结于下,威玩于上,将安用之!且四臣同罪,刘友伏诛而涛等不问,避贵施贱,可谓政乎!创业之初而政本不立,将以垂统后世,不亦难乎!

3 帝以李憙为太子太傅,征犍为李密为太子洗马。密以祖母老,固辞,许之。密与人交,每公议其得失而切责之,常言:"吾独立于世,顾影无俦,然而不惧者,以无彼此于人故也。"

4 吴大赦,以右丞相万彧镇巴丘。

晋武帝泰始三年(丁亥,公元 267 年)

1　春季,正月丁卯,晋武帝立其子司马衷为皇太子。诏令中说:“近代每当立太子,必定大赦天下。如今世事的盛衰变化将要走向清平,应当表示出喜好与憎恶,使百姓断绝侥幸的希望。曲意地赐以微小的仁爱,为朕所不取!”于是不赦天下。

2　司隶校尉、上党人李憙,揭发从前的立进县令刘友、前尚书山涛、中山王司马睦、尚书仆射武陔等都有霸占官府稻田的行为,请求免去山涛、司马睦等人的官职,武陔已经死亡,请求将他的谥号降级。晋武帝下诏说:“刘友欺凌掠夺百姓,迷惑朝廷官吏,应对其拷问处死以惩罚邪佞之人。山涛等人不会重犯已往的过错,对他们不要再追究。李憙一心为公,对官员行使职责,可称为邦国中之司直了。汉光武帝有言:‘贵戚尚且缩起手以躲避二鲍。’即指整肃百官群僚,使他们各自谨慎于自己的职责,而宽容的恩典是不应该经常使用的!”司马睦是晋宣帝弟弟的儿子。

　　臣司马光说:政治的根本在于刑与赏,刑赏不分明,政治如何能成就! 晋武帝赦免山涛而褒奖李憙,在刑与赏两方面都丧失了。如果李憙所言是正确的,那么山涛就不可以赦免;所言为非,李憙就不值得褒奖。褒奖李憙让他说话,他说了却又不采用,结果在下属中结下怨恨,在上则使权威被轻慢,这样又将如何使用李憙? 况且四位大臣罪行相同,但刘友被处死而对山涛等人却不问罪,避开权贵而施法于轻贱,这能说是治政之道吗? 正处于创业之初却不能树立治理国家的根本,要想把基业传给后世,不是很难的事吗?

3　晋武帝任命李憙为太子太傅,征召犍为人李密为太子洗马。李密因为祖母上了年纪,坚决辞让不受,晋武帝允许了。李密与人交往,往往公然议论其得失优劣而严厉地责备其人,他常常说:“我独自立于人世,自顾其影而没有伴侣,但我却心无恐惧,就是因为我与任何一方都没有利害关系的缘故。”

4　吴国大赦天下,任命右丞相万彧镇守巴丘。

5　夏,六月,吴主作昭明宫,二千石以下,皆自入山督伐木。大开苑囿,起土山、楼观,穷极伎巧,功役之费以亿万计。陆凯谏,不听。中书丞华覈上疏曰:"汉文之世,九州晏然,贾谊独以为如抱火厝于积薪之下而寝其上。今大敌据九州之地,有太半之众,欲与国家为相吞之计,非徒汉之淮南、济北而已也,比于贾谊之世,孰为缓急!今仓库空匮,编户失业,而北方积谷养民,专心东向。又,交趾沦没,岭表动摇,胸背有嫌,首尾多难,乃国朝之厄会也。若舍此急务,尽力功作,卒有风尘不虞之变,当委版筑而应烽燧,驱怨民而赴白刃,此乃大敌所因以为资者也。"时吴俗奢侈,覈又上疏曰:"今事多而役繁,民贫而俗奢,百工作无用之器,妇人为绮靡之饰,转相仿效,耻独无有。兵民之家,犹复逐俗,内无儋石之储而出有绫绮之服,上无尊卑等级之差,下有耗财费力之损,求其富给,庸可得乎!"吴主皆不听。

6　秋,七月,王祥以睢陵公罢。

7　九月甲申,诏增吏俸。

8　以何曾为太保,义阳王望为太尉,荀顗为司徒。

9　禁星气、谶纬之学。

10　吴主以孟仁守丞相,奉法驾东迎其父文帝神于明陵,中使相继,奉问起居。巫觋言见文帝被服颜色如平生。吴主悲喜,迎拜于东门之外。既入庙,比七日三祭,设诸倡伎,昼夜娱乐。

11　是岁,遣鲜卑拓跋沙漠汗归其国。

5　夏季,六月,吴主兴建昭明宫,俸禄二千石以下的官吏,都亲自进山督促伐木。大规模地开辟苑囿,兴建土山、楼台,极尽才艺工巧,工程、劳役的花费以亿万计算。陆凯进谏劝阻,也没有用。中书丞华覈上疏说:"汉文帝时,九州安逸,唯独贾谊认为,当时的局势就如同在燃烧着的柴堆上睡觉。现在,强大的敌人占有九州之地,拥有一多半民众,计谋着想要吞并我国,不仅仅是汉代时的淮南王、济北王而已。和贾谊的时代相比,哪一个局势更加紧迫?现在国库空虚匮乏,编入户籍的平民,失去谋生的常业,而北方的晋国,积蓄粮食,休养民力,一心一意地谋取东南。另外,交趾陷落,岭外一带不稳固,我们前后都有仇敌,首尾布满艰难,这正是本朝危难的时刻。如果舍弃当前紧迫的事务,尽全力于营造,一旦有意料不到的战乱发生,就要丢下营造之事而响应烽火告急,驱使积怨之民奔赴利刃相接的战场,这便是强大的敌人所乘机加以利用的机会。"当时吴国民风奢侈,华覈又上疏说:"现在事情很多而劳役繁杂,百姓贫苦而民俗奢侈,各种工匠制作无用的器物,妇女的打扮华丽浮艳,互相仿效,以自己没有为耻。兵士、平民之家,也在追逐流俗,家里没有一锅米、一石粮的储蓄,出门却穿着丝织的鲜丽服装;上没有尊卑等级的差别,下却有耗财费力的损耗,想得到富裕丰足,岂能够实现?"这些话吴主一概听不进去。

6　秋季,七月,王祥以睢陵公的爵位被免职。

7　九月甲申(十四日),晋武帝下诏,增加官吏的薪俸。

8　晋武帝任命何曾为太保,义阳王司马望为太尉,荀颢为司徒。

9　禁止占星、望气以及谶纬之学。

10　吴主任命孟仁署理丞相事,侍奉吴主车驾向东迎其父文帝神灵到明陵。路上使者来往不绝,敬问神灵的日常起居。巫者声称见到了文帝,其服装、面色和活着的时候一样。吴主又悲又喜,在东门外迎拜。等到把文帝的神灵迎进祖庙,接连在七日之内拜祭了三次,安排了各类歌舞艺人,白天黑夜地娱乐。

11　这一年,晋朝遣返鲜卑的拓跋沙漠汗回国。

四年(戊子,268)

1　春,正月丙戌,賈充等上所刊修律令。帝親自臨講,使尚書郎裴楷執讀。楷,秀之從弟也。侍中盧珽、中書侍郎范陽張華請抄新律死罪條目,懸之亭傳以示民,從之。

又詔河南尹杜預為黜陟之課,預奏:"古者黜陟,擬議于心,不泥于法;末世不能紀遠而專求密微,疑心而信耳目,疑耳目而信簡書,簡書愈繁,官方愈偽。魏氏考課,即京房之遺意,其文可謂至密;然失于苛細以違本體,故歷代不能通也。豈若申唐堯之舊制,取大舍小,去密就簡,俾之易從也!夫曲盡物理,神而明之,存乎其人;去人而任法,則以文傷理。莫若委任達官,各考所統,歲第其人,言其優劣。如此六載,主者總集,采按其言,六優者超擢,六劣者廢免,優多劣少者平敘,劣多優少者左遷。其間所對不鈞,品有難易,主者固當准量輕重,微加降殺,不足曲以法盡也。其有優劣徇情,不叶公論者,當委監司隨而彈之。若令上下公相容過,此為清議大頹,雖有考課之法,亦無益也。"事竟不行。

2　丁亥,帝耕籍田于洛水之北。

3　戊子,大赦。

4　二月,吳主以左御史大夫丁固為司徒,右御史大夫孟仁為司空。

5　三月戊子,皇太后王氏殂。帝居喪之制,一遵古禮。

晋武帝泰始四年(戊子,公元 268 年)

1　春季,正月丙戌(十八日),贾充等人奉上他们所修改的律令。晋武帝亲自讲解,让尚书郎裴楷在一旁诵读。裴楷是裴秀的堂弟。侍中卢珽、中书侍郎范阳人张华,请求抄写新律令有关死罪的条目,在驿站张贴,以告示民众,晋武帝听从了这一建议。

晋武帝又命令河南尹杜预对官吏的进退升降进行考核,杜预上奏说:"古时候进退人才,筹划于心,不拘泥于法规;到了衰亡之世,不能够约束弘远而专求细密、周到,心存疑忌就相信所见所闻,对所见所闻产生怀疑又相信文书、信札,文书、信札越来越繁琐,为官之道也越来越虚伪。魏氏考核官吏的方法,正是汉代京房遗留的法则,其文辞条令可称为极其细密;然而不足的是苛求细枝末节而违背了主体,所以历代都不能通行无阻。还不如申明唐尧时期的旧制度,取其大而舍其小,去其细密而从其简明,使之易于遵循! 要想说透事物的常理,彰明精神实质,全在于人本身;抛开人而依赖法令,就会以文辞、条令损害事理。不如委任显贵的官员,各自考核其所统领范畴内的官吏,每年都进行考查,议论其优劣,这样连续六年,主管人综合六年的情况,审查对其六年的评议,六年成绩都是优良的人,可以超格选拔,六年的成绩都是劣的,就要废黜免职。优多劣少的人公平地按照等级进用,劣多优少的人就要降职。在这当中如有考核不公正,品评有难有易,主管人自然应当准确地衡量轻重,谨慎于损益,不必曲折以求尽合于法。有对优劣的品评徇私情,不符合公正的议论的,应当交付监察部门进行弹劾。假如使上下公然地容忍过错,那么这就使公正的评论彻底地衰败,即使有对官吏考核的法令,也不会有益处。"这件事到底也没有实行。

2　丁亥(十九日),晋武帝在洛水之北耕种奉祀宗庙的籍田。

3　戊子(二十日),晋武帝大赦天下。

4　二月,吴主任命左御史大夫丁固为司徒,右御史大夫孟仁为司空。

5　三月戊子(二十一日),皇太后王氏去世。晋武帝居丧期的制度,一概遵循古代的礼节。

6　夏,四月戊戌,睢陵元公王祥卒,门无杂吊之宾。其族孙戎叹曰:"太保当正始之世,不在能言之流,及间与之言,理致清远,岂非以德掩其言乎!"

7　己亥,葬文明皇后。有司又奏:"既虞,除衰服。"诏曰:"受终身之爱而无数年之报,情所不忍也。"有司固请,诏曰:"患在不能笃孝,勿以毁伤为忧。前代礼典,质文不同,何必限以近制,使达丧阙然乎!"群臣请不已,乃许之;然犹素冠疏食以终三年,如文帝之丧。

8　秋,七月,众星西流如雨而陨。

9　己卯,帝谒崇阳陵。

10　九月,青、徐、兖、豫四州大水。

11　大司马石苞久在淮南,威惠甚著。淮北监军王琛恶之,密表苞与吴人交通。会吴人将入寇,苞筑垒遏水以自固,帝疑之。羊祜深为帝言:"苞必不然。"帝不信,乃下诏以苞不料贼势,筑垒遏水,劳扰百姓,策免其官,遣义阳王望帅大军以徵之。苞辟河内孙铄为掾,铄先与汝阴王骏善,骏时镇许昌,铄过见之。骏知台已遣军袭苞,私告之曰:"无与于祸!"铄既出,驰诣寿春,劝苞放兵,步出都亭待罪,苞从之。帝闻之,意解,苞诣阙,以乐陵公还第。

12　吴主出东关;冬,十月,使其将施绩入江夏,万彧寇襄阳。诏义阳王望统中军步骑二万屯龙陂,为二方声援。会荆州刺史胡烈拒绩,破之,望引兵还。

6 夏季,四月戊戌(初二),睢陵元公王祥去世,家中去吊唁的宾客中没有缺乏名德之人。他的同族兄弟的孙子王戎叹道:"太保王祥在正始时期,没有被列于能言善谈的那一流里,有时候与他交谈,思想情趣清明广远,莫不是他的德掩盖了他言谈方面的才能?"

7 己亥(初三),安葬文明皇后。主管部门上奏说:"安魂的祭礼已经完毕,可以除去丧服。"晋武帝下诏说:"受到母亲一生的爱抚,却没有用几年的时间回报,从感情上也不忍心。"主管部门坚持请晋武帝除去丧服,晋武帝下诏说:"我所担忧的是不能够一心一意地尽孝,你们不要为我过度悲伤而忧虑。前代的礼仪典制形式内容也有所不同,何必要用近代的制度加以限制,使通用的丧礼废缺呢?"群臣仍然请求不已,晋武帝便听从了,但是仍然戴白冠,吃素食,坚持了三年,如同为晋文帝守丧一样。

8 秋季,七月,众多的流星落向西方如雨水倾泻而下。

9 己卯(十四日),晋武帝拜谒崇阳陵。

10 九月,青、徐、兖、豫四州洪水泛滥。

11 大司马石苞长期住在淮南,威望与恩惠在当地很有名。淮北监军王琛憎恨他,秘密地上报,说石苞与吴国人有勾结。正巧吴国人将要入侵晋,石苞构筑工事,阻断水流以使防卫更加坚固,晋武帝便对石苞产生了怀疑。羊祜深切地对晋武帝说:"石苞肯定不会如此。"晋武帝不相信,下命令以石苞没有料到敌方形势,构筑工事,阻断水流,使百姓劳累被惊扰为由,免去他的官职,派遣义阳王司马望率领大军征召石苞。当时,石苞征召河内孙铄为副官,孙铄从前就与汝阴王司马骏相友善,司马骏当时镇守许昌,孙铄路过那里去看他。司马骏知道朝廷已经派出军队袭击石苞,就私下对孙铄说:"你不要卷入祸事里去!"孙铄从司马骏那里出来,急驰到寿春,劝说石苞放下兵器、军队,步行走出驿站待罪,石苞听从了他的话。晋武帝听到这个消息,放下了心,石苞来到皇帝殿庭,以乐陵公的爵位归家。

12 吴主出东关;冬季,十月,派他的将领施绩进入江夏,派万彧入侵襄阳。晋武帝命令义阳王司马望统领中军步兵、骑兵共两万人驻扎在龙陂,声援江夏与襄阳两方面。这时,荆州刺史胡烈抵御施绩的入侵并打败了施绩,司马望便领兵返回。

13　吴交州剌史刘俊、大都督脩则、将军顾容前后三攻交趾,交趾太守杨稷皆拒破之;郁林、九真皆附于稷。稷遣将军毛炅、董元攻合浦,战于古城,大破吴兵,杀刘俊、脩则,馀兵散还合浦。稷表炅为郁林太守,元为九真太守。

14　十一月,吴丁奉、诸葛靓出芍陂,攻合肥,安东将军汝阴王骏拒却之。

15　以义阳王望为大司马,荀颚为太尉,石苞为司徒。

五年(己丑,269)

1　春,正月,吴主立子瑾为皇太子。

2　二月,分雍、凉、梁州置秦州。以胡烈为剌史。先是,邓艾纳鲜卑降者数万,置于雍、凉之间,与民杂居,朝廷恐其久而为患,以烈素著名于西方,故使镇抚之。

3　青、徐、兖三州大水。

4　帝有灭吴之志。壬寅,以尚书左仆射羊祜都督荆州诸军事,镇襄阳;征东大将军卫瓘都督青州诸军事,镇临淄;镇东大将军东莞王伷都督徐州诸军事,镇下邳。

祜绥怀远近,甚得江、汉之心,与吴人开布大信,降者欲去,皆听之,减戍逻之卒,以垦田八百馀顷。其始至也,军无百日之粮;及其季年,乃有十年之积。祜在军,常轻裘缓带,身不被甲,铃阁之下,侍卫不过十数人。

5　济阴太守巴西文立上言:“故蜀之名臣子孙流徙中国者,宜量才叙用,以慰巴、蜀之心,以倾吴人之望。”帝从之。己未,诏曰:“诸葛亮在蜀,尽其心力,其子瞻临难而死义,其孙京宜随才署吏。”又诏曰:“蜀将傅佥父子,死于其主。天下之善一也,岂由彼此以为异哉!佥息著、募没入奚官,宜免为庶人。”

13　吴国交州刺史刘俊、大都督脩则、将军顾容前后三次攻打交趾,都因交趾太守杨稷的抵抗而失败了;郁林、九真两地都归附于杨稷。杨稷派将军毛炅、董元攻打合浦,在古城交战,大破吴兵,杀死刘俊、脩则,剩下的散兵逃回了合浦。杨稷表奏毛炅为郁林太守,董元为九真太守。

14　十一月,吴国丁奉、诸葛靓从芍陂出兵,攻打合肥,遭到安东将军、汝阴王司马骏的抵抗,吴兵退却。

15　晋武帝任命义阳王司马望为大司马,荀颛为太尉,石苞为司徒。

晋武帝泰始五年(己丑,公元 269 年)

1　春季,正月,吴主立其子孙瑾为皇太子。

2　二月,晋分出雍州、凉州、梁州的一部分设置秦州。任命胡烈为秦州刺史。从前,邓艾曾经招纳投降的鲜卑人数万,安置在雍州、凉州之间,与汉民族杂居,朝廷担心日久会生出祸患,因为胡烈在西部素有声望,所以派他去镇守安抚。

3　青、徐、兖三州洪水泛滥。

4　晋武帝有灭吴的志向。壬寅(十一日),任命尚书左仆射羊祜统领荆州诸项军事,镇守襄阳;任命征东大将军卫瓘统领青州诸项军事,镇守临淄;任命镇东大将军、东莞王司马伷统领徐州各项军事,镇守下邳。

羊祜对远近百姓都安抚关切,在江、汉地区深得人心,他与吴人开诚布公讲信用,投降的吴人想离开,都听从他们的心愿,羊祜裁减守边、巡逻的士兵,让他们开垦了八百多顷农田。他刚到那里的时候,军队的粮食不足以维持百日,等到了后期,已经有了够吃十年的积粮;羊祜在军中,时常穿着轻暖的裘皮衣服,衣带宽松,不披挂铠甲,他居住的地方,侍卫也不过十几人。

5　济阴太守、巴西人文立上书说:"过去流离转徙到中原地区的蜀地名臣的子孙,应当依据他们的才能分级进用,以慰藉巴、蜀之地的民心,以使吴人对我倾心。"晋武帝听从了他的话。己未(二十八日),晋武帝下诏说:"诸葛亮在蜀地竭尽心力,他的儿子诸葛瞻,面临危难守节而死,他的孙子诸葛京,应根据其才能安排官职。"又下诏说:"蜀将傅佥父子,为他们主人而死。天下美好的道德是统一的,怎么能够因为彼此对立就不同样看待呢? 傅佥的儿子傅著、傅募,因为是罪犯家属被没入官署做杂役,应赦免他们,成为平民。"

6　帝以文立为散骑常侍。汉故尚书犍为程琼,雅有德业,与立深交,帝闻其名,以问立,对曰:"臣至知其人,但年垂八十,禀性谦退,无复当时之望,故不以上闻耳。"琼闻之,曰:"广休可谓不党矣,此吾所以善夫人也。"

7　秋,九月,有星孛于紫宫。

8　冬,十月,吴大赦,改元建衡。

9　封皇子景度为城阳王。

10　初,汝南何定尝为吴大帝给使,及吴主即位,自表先帝旧人,求还内侍。吴主以为楼下都尉,典知酤籴事,遂专为威福;吴主信任之,委以众事。左丞相陆凯面责定曰:"卿见前后事主不忠,倾乱国政,宁有得以寿终者邪!何以专为奸邪,尘秽天听,宜自改厉。不然,方见卿有不测之祸。"定大恨之。凯竭心公家,忠恳内发,表疏皆指事不饰。及疾病,吴主遣中书令董朝问所欲言,凯陈:"何定不可信用,宜授以外任。奚熙小吏,建起浦里塘,亦不可听。姚信、楼玄、贺邵、张悌、郭逴、薛莹、滕脩及族弟喜、抗,或清白忠勤,或资才卓茂,皆社稷之良辅,愿陛下重留神思,访以时务,使各尽其忠,拾遗万一。"邵,齐之孙;莹,综之子;玄,沛人;脩,南阳人也。凯寻卒,吴主素衔其切直,且日闻何定之谮,久之,竟徙凯家于建安。

11　吴主遣监军虞汜、威南将军薛珝、苍梧太守丹阳陶璜从荆州道,监军李勖、督军徐存从建安海道,皆会于合浦以击交趾。

6 晋武帝任命文立为散骑常侍。蜀汉从前的尚书、犍为人程琼，德行与业绩都很有名，与文立有很深的交情，晋武帝听到他的名望，就问文立，文立回答说："我极其了解这个人，只是他年龄将近八十，禀性谦恭退让，再没有他当年的心愿，所以我没有把他的情况告诉您。"程琼听说了文立的话以后，说："文立可以称之为不结党了，这正是我之所以称赞他的原因。"

7 秋季，九月，有异星出现于紫宫星座。

8 冬季，十月，吴国实行大赦，改年号为建衡。

9 晋封皇子司马景度为城阳王。

10 当初，汝南人何定曾经担任吴大帝的内侍，等到吴主孙晧即位，自己上表陈说是先帝的旧人，请求还去做内侍。吴主让他当了楼下都尉，掌管买酒买粮等事，他便独断专行，作威作福，吴主信任他，很多事情都交给他去办。左丞相陆凯当面指责何定说："你看看前后侍奉主人不忠诚、祸害扰乱国家政权的人，难道有得以寿终正寝的吗？你为什么专做邪恶的事，污染圣上的视听，你应当改掉恶习，不然的话，正要看看你料想不到的祸事。"何定对陆凯恨之入骨。陆凯一心一意为国家，忠诚恳切发自内心，所上表疏全都摆出事实，不为文饰。等陆凯病倒了，吴主派中书令董朝去问陆凯有什么话要说，陆凯陈述道："何定不可以信用，应当授予他朝廷以外的官职。奚熙这个小官，建起浦里塘，也不要听他的话。姚信、楼玄、贺劭、张悌、郭逴、薛莹、滕脩以及我的同族弟弟陆喜、陆抗，这些人有的清白、忠诚、勤恳，有的资质才能卓越、优秀，他们都是国家贤能的辅臣，希望陛下多留神费心，国家的事与他们商议，使他们各尽忠诚，能够纠正、补漏于万一。"贺劭是贺齐的孙子；薛莹是薛综的儿子；楼玄是沛人；滕脩是南阳人。陆凯不久就去世了，吴主平时就对陆凯的严厉耿直怀恨于心，况且耳朵里天天听到何定的谗言，日久天长，终于把陆凯的家属放逐到建安去了。

11 吴主派遣监军虞汜，威南将军薛翊，苍梧太守、丹阳人陶璜，沿着荆州道，命令监军李勖、督军徐存沿着建安海路，在合浦会合，然后去攻打交趾。

12 十二月,有司奏东宫施敬二傅,其仪不同。帝曰:"夫崇敬师傅,所以尊道重教也,何言臣不臣乎!其令太子申拜礼。"

六年(庚寅,270)

1 春,正月,吴丁奉入涡口,扬州刺史牵弘击走之。

2 吴万彧自巴丘还建业。

3 夏,四月,吴左大司马施绩卒。以镇军大将军陆抗都督信陵、西陵、夷道、乐乡、公安诸军事,治乐乡。

抗以吴主政事多阙,上疏曰:"臣闻德均则众者胜寡,力侔则安者制危,此六国所以并于秦,西楚所以屈于汉也。今敌之所据,非特关右之地,鸿沟以西,而国家外无连衡之援,内非西楚之强,庶政陵迟,黎民未乂。议者所恃,徒以长江、峻山限带封域,此乃守国之末事,非智者之所先也。臣每念及此,中夜抚枕,临餐忘食。夫事君之义,犯而勿欺,谨陈时宜十七条以闻。"吴主不纳。

李勖以建安道不利,杀导将冯斐,引军还。初,何定尝为子求婚于勖,勖不许,乃白勖枉杀冯斐,擅彻军还,诛勖及徐存并其家属,仍焚勖尸。定又使诸将各上御犬,一犬至直缣数十匹,缲绁直钱一万,以捕兔供厨;吴人皆归罪于定,而吴主以为忠勤,赐爵列侯。陆抗上疏曰:"小人不明理道,所见既浅,虽使竭情尽节,犹不足任,况其奸心素笃而憎爱移易哉!"吴主不从。

12 十二月,主管部门上奏晋武帝,太子向两位老师施行恭敬之礼,礼仪应与凡人有所不同。晋武帝说:"崇敬师傅的目的,是为了尊道重教,怎么能说臣下不像臣下呢!应当让太子再行拜礼。"

晋武帝泰始六年(庚寅,公元270年)

1 春季,正月,吴国丁奉进入涡口,扬州刺史牵弘将他击退。

2 吴国万彧从巴丘返回建业。

3 夏季,四月,吴国左大司马施绩去世。任命镇军大将军陆抗统领信陵、西陵、夷道、乐乡、公安各地的军事,治所设在乐乡。

陆抗因吴主处理政事多有过失,上疏说:"我听说在恩德均等的情况下,人多的一方可以战胜人少的一方;在力量相同的情况下,安定的一方可以制服危难的一方,这正是六国之所以被秦吞并、西楚之所以屈服于汉的原因。现在敌人所凭据的,不只是关西地区,不只是鸿沟以西,而国家外没有六国时连衡之援助,内没有当时西楚那样强大,各种政务衰落,百姓没有得到治理。议论的人们所倚仗的,只不过以长江、高山这些天险为疆界,这是守卫国土中不足为凭的小事,并不是有才智的人首先要考虑的。我每当想到此,半夜里抚摸枕头睡不着,面对饭菜忘记了进食。侍奉君主的道理在于可以冒犯他却不可以欺骗他,我恭敬地陈述于时势合宜的十七条,使您能够听到。"吴主没有采纳他的意见。

李勖因为走建安那条路不顺利,杀了带路的将官冯斐,带领军队返回。当初,何定曾经为他的儿子向李勖求婚,李勖没有答应,于是何定就说李勖杀冯斐是冤枉了冯斐,李勖是擅自后撤返回的,便杀了李勖、徐存连同他们的家属,还把李勖的尸首焚烧了。何定又让各位将官进献御犬,一头犬的价值高达几十匹细绢,拴狗的缰绳价值一万钱,用这些犬捕捉兔子供应厨房。吴人都归罪于何定,而吴主却认为他忠诚殷勤,赐予他列侯的爵位。陆抗上疏说:"小人不明事理,见识浅薄,即使让他竭心尽力,也还是不能够胜任其职,更何况他一向专心于邪恶,爱与憎在他的心中都是颠倒的呢!"吴主不听从陆抗的话。

4　六月戊午,胡烈讨鲜卑秃发树机能于万斛堆,兵败,被杀。都督雍、凉州诸军事扶风王亮遣将军刘旂救之,旂观望不进。亮坐贬为平西将军,旂当斩。亮上言:"节度之咎,由亮而出,乞丐其死。"诏曰:"若罪不在旂,当有所在。"乃免亮官。

遣尚书乐陵石鉴行安西将军,都督秦州诸军事,讨树机能。树机能兵盛,鉴使秦州刺史杜预出兵击之。预以虏乘胜马肥,而官军县乏,宜并力大运刍粮,须春进讨。鉴奏预稽乏军兴,槛车徵诣廷尉,以赎论。既而鉴讨树机能,卒不能克。

5　秋,七月乙巳,城阳王景度卒。

6　丁未,以汝阴王骏为镇西大将军,都督雍、凉等州诸军事,镇关中。

7　冬,十一月,立皇子东为汝南王。

8　吴主从弟前将军秀为夏口督,吴主恶之,民间皆言秀当见图。会吴主遣何定将兵五千人猎夏口,秀惊,夜将妻子亲兵数百人来奔。十二月,拜秀骠骑将军、开府仪同三司,封会稽公。

9　是岁,吴大赦。

10　初,魏人居南匈奴五部于并州诸郡,与中国民杂居,自谓其先汉氏外孙,因改姓刘氏。

七年(辛卯,271)

1　春,正月,匈奴右贤王刘猛叛出塞。

2　豫州刺史石鉴坐击吴军虚张首级,诏曰:"鉴备大臣,吾所取信,而乃下同为诈,义得尔乎! 今遣归田里,终身不得复用。"

4 六月戊午(初四),胡烈在万斛堆讨伐鲜卑人秃发树机能,兵败被杀。都督雍州、凉州诸军事的扶风王司马亮,派遣将军刘旂去救援胡烈,刘旂观望不前。司马亮获罪被贬为平西将军,刘旂应当被斩首。司马亮上书说:"部署调度的罪过,是由我而出的,请求宽免刘旂的死罪。"晋武帝下诏说:"假如罪过不在刘旂,那就应当有承罪之人。"于是免去司马亮的官职。

晋朝派尚书乐陵人石鉴代理安西将军,统领秦州各项军事,讨伐秃发树机能。秃发树机能兵力强盛,石鉴派秦州刺史杜预出兵攻打他。杜预认为,敌人乘胜士气正盛,马又肥壮,而官军匮乏,应当集中力量运输草料和粮食,等到春天再出兵进讨。石鉴上奏杜预延误了军用物资的征集调拨,用囚车把他押送到廷尉那里,以免玄侯爵赎罪。后来石鉴征讨秃发树机能,最终也未能取胜。

5 秋季,七月乙巳(二十二日),城阳王司马景度去世。

6 丁未(二十四日),晋任命汝阴王司马骏为镇西大将军,统领雍、凉等州的各项军事行动,镇守关中。

7 冬季,十一月,晋立皇子司马东为汝南王。

8 吴主的堂弟、前将军孙秀任夏口督将,吴主憎恨他,民间流传着孙秀早晚会被人算计的说法。正巧这时吴主让何定带着五千名士兵在夏口打猎,孙秀惊慌失措,夜里带着妻子儿女及亲兵几百人来投奔晋朝。十二月,晋朝授予孙秀骠骑将军、开府仪同三司官职,封为会稽公。

9 这一年,吴国实行大赦。

10 当初,魏人把南匈奴的五部安置在并州诸郡中居住,与中原地区汉民族杂居,南匈奴人自称他们的祖先是汉朝的外孙,所以改姓为刘氏。

晋武帝泰始七年(辛卯,公元271年)

1 春季,正月,匈奴右贤王刘猛叛逃出边塞。

2 豫州刺史石鉴在攻打吴军时虚报俘获首级的数量,因而获罪,晋武帝下诏说:"石鉴身为大臣,我很信任他,而他却恶劣到弄虚作假,从道理上来看,怎么能如此行事呢?现在遣返他回故乡,终身不得再起用。"

3 吴人刁玄诈增谶文曰:"黄旗紫盖,见于东南,终有天下者,荆、扬之君。"吴主信之。是月晦,大举兵出华里,载太后、皇后及后宫数千人,从牛渚西上。东观令华覈等固谏,不听。行遇大雪,道涂陷坏,兵士被甲持仗,百人共引一车,寒冻殆死,皆曰:"若遇敌,便当倒戈。"吴主闻之,乃还。帝遣义阳王望统中军二万、骑三千屯寿春以备之。闻吴师退,乃罢。

4 三月丙戌,钜鹿元公裴秀卒。

5 夏,四月,吴交州刺史陶璜袭九真太守董元,杀之;杨稷以其将王素代之。

6 北地胡寇金城,凉州刺史牵弘讨之。众胡皆内叛,与树机能共围弘于青山,弘军败而死。

初,大司马陈骞言于帝曰:"胡烈、牵弘皆勇而无谋,强于自用,非绥边之材也,将为国耻。"时弘为扬州刺史,多不承顺骞命,帝以为骞与弘不协而毁之。于是征弘,既至,寻复以为凉州刺史。骞窃叹息,以为必败。二人果失羌戎之和,兵败身没,征讨连年,仅而能定,帝乃悔之。

7 五月,立皇子宪为城阳王。

8 辛丑,义阳成王望卒。

9 侍中、尚书令、车骑将军贾充,自文帝时宠任用事,帝之为太子,充颇有力,故益有宠于帝。充为人巧谄,与太尉、行太子太傅荀颢、侍中、中书监荀勖、越骑校尉安平冯纨相为党友,朝野恶之。帝问侍中裴楷以方今得失,对曰:"陛下受命,四海承风,所以未比德于尧、舜者,但以贾充之徒尚在朝耳。宜引天下贤人,与弘政道,不宜示人以私。"侍中乐安

3　吴人刁玄伪造谶文说：“黄色的旗帜、紫色的车盖，出现于东南方，最终得天下者，是荆、扬之地的君主。”吴主信以为真。当月的最后一天，从华里大规模地出兵，车上载着太后、皇后以及后宫几千人，从牛渚向西进发。东观令华覈等人坚持谏阻，吴主不听。行进途中遇到大雪，道路塌陷损毁，兵士身披铠甲，手持兵器，一百个人拉着一辆车子，天气寒冷，几乎要把人冻死，兵士们都说：“如果遇到敌兵，我们就倒戈。”吴主听到这些话，就返回了。晋武帝派遣义阳王司马望统率中军两万人、骑兵三千人驻扎在寿春以防备敌军。听到吴军退却的消息，就停止了军事行动。

4　三月丙戌(初七)，钜鹿元公裴秀去世。

5　夏季，四月，吴国交州刺史陶璜袭击九真太守董元，将他杀死；杨稷用他的部将王素代替董元。

6　北地胡人进犯金城，凉州刺史牵弘去征讨。内地各族胡人都叛乱，众多的胡人和秃发树机能一同在青山包围了牵弘，牵弘兵败而死。

当初，大司马陈骞对晋武帝说：“胡烈、牵弘都勇而无谋，过分相信自己的人，并不是安抚边地的人材，他们终将造成国家的耻辱。”当时牵弘任扬州刺史，时常不顺从陈骞的命令，晋武帝认为陈骞是与牵弘不和才对他进行诽谤。于是征召牵弘，牵弘来到，不久又任命他为凉州刺史。陈骞暗自叹息，认为必然失败。胡、牵两人果然丧失了与羌戎和睦的关系，兵败身死，连年出兵征讨，仅能维持表面安定，晋武帝于是后悔没听陈骞的话。

7　五月，立皇子司马宪为城阳王。

8　辛丑(二十三日)，义阳成王司马望去世。

9　侍中、尚书令、车骑将军贾充，自晋文帝时就受到宠信而当权，晋武帝能成为太子，贾充起了很大作用，所以他更加受到晋武帝宠爱。贾充为人虚伪谄媚，他与太尉、行太子太傅荀颛，侍中、中书监荀勖，越骑校尉、安平人冯紞相互结为党羽，朝野上下都憎恨他们。晋武帝询问侍中裴楷当今朝政的得失，裴楷回答说：“陛下受命于天，四海承受教化，之所以德惠还未能与尧、舜相比，只因为朝廷中还有贾充之徒而已。应当召引任用天下德才兼备的人一同弘扬为政之道，不应当让天下人看到您以个人偏爱用人。”侍中、乐安人

任恺、河南尹颍川庾纯皆与充不协,充欲解其近职,乃荐恺忠贞,宜在东宫;帝以恺为太子少傅,而侍中如故。会树机能寇乱秦、雍,帝以为忧,恺曰:"宜得威望重臣有智略者以镇抚之。"帝曰:"谁可者?"恺因荐充,纯亦称之。秋,七月癸酉,以充为都督秦、凉二州诸军事,侍中、车骑将军如故。充患之。

10 吴大都督薛珝与陶璜等兵十万,共攻交趾,城中粮尽援绝,为吴所陷,虏杨稷、毛炅等。璜爱炅勇健,欲活之;炅谋杀璜,璜乃杀之。脩则之子允,生剖其腹,割其肝,曰:"复能作贼不?"炅犹骂曰:"恨不杀汝孙晧,汝父何死狗也!"王素欲逃归南中,吴人获之,九真、日南皆降于吴。吴大赦,以陶璜为交州牧。璜讨降夷獠,州境皆平。

11 八月丙申,城阳王宪卒。

12 分益州南中四郡置宁州。

13 九月,吴司空孟仁卒。

14 冬,十月丁丑朔,日有食之。

15 十一月,刘猛寇并州,并州刺史刘钦击破之。

16 贾充将之镇,公卿饯于夕阳亭。充私问计于荀勖,勖曰:"公为宰相,乃为一夫所制,不亦鄙乎!然是行也,辞之实难,独有结婚太子,可不辞而自留矣。"充曰:"然则孰可寄怀?"勖曰:"勖请言之。"因谓冯统曰:"贾公远出,吾等失势,太子婚尚未定,何不劝帝纳贾公之女乎!"统亦然之。初,帝将纳卫瓘女为太子妃,充妻郭槐赂杨后左右,使后说帝求纳其女。帝曰:"卫公女有五可,贾公女有五不可:卫氏种贤而多子,美而长、白;

任恺,河南尹、颍川人庾纯都与贾充不和,贾充想免除任恺担任的亲近君王的职务,就向晋武帝推荐任恺,说任恺忠诚可靠,应当在东宫任职;晋武帝便让任恺担任太子少傅,而他所担任的侍中职务不变。当时,秃发树机能侵犯、骚扰秦、雍之地,晋武帝为此而忧虑,任恺说:“应当派一位有威望、有智谋才略、身居要职的大臣去安抚。”晋武帝问:“谁可以担当此任?”任恺乘机推荐贾充,庾纯也推举他。秋季,七月癸酉(二十日),晋武帝命贾充统领秦州、凉州各地军事,他的侍中、车骑将军职务依旧。贾充对此很忧虑。

10 吴国大都督薛珝与陶璜等人,率十万大军一同攻打交趾,交趾城中粮尽援绝,被吴兵打破,杨稷、毛炅等人被俘。陶璜爱惜毛炅的勇健,想留他一条性命;毛炅却图谋杀害陶璜,陶璜于是杀死毛炅。脩则的儿子脩允,破开毛炅的肚子,割下他的肝脏,说:“看你还能不能再做贼?”毛炅嘴里还在骂,说:“我恨不能杀了你们孙晧,你爹是一条死狗!”王素想逃回到南中,吴人捉住了他,九真、日南都投降了吴。吴国大赦罪人,任命陶璜为交州牧。陶璜讨伐征服了夷獠,交州疆界都予平定。

11 八月丙申(十九日),城阳王司马宪去世。

12 晋朝分出益州南中地区的四个郡,设置宁州。

13 九月,吴国司空孟仁去世。

14 冬季,十月丁丑朔(初一),出现日食。

15 十一月,刘猛侵犯并州,被并州刺史刘钦击败。

16 贾充将要赴镇守之任,公卿大臣们在夕阳亭为他饯行。贾充悄悄问荀勖有没有什么计谋,荀勖说:“您身为宰相,却被一人所控制,难道不让人小看吗? 但是此次之行,推辞掉实在很困难,只有和太子结亲,才可以不用推辞外出之任而自然地留下来。”贾充说:“那么谁可以去表达我的意愿呢?”荀勖说:“请让我去说吧。”因而就对冯紞说:“贾公要是出远门的话,我们都会失去权势,太子的婚事还没有定下来,何不劝说武帝纳娶贾公的女儿?”冯紞也赞同这个主意。当初,晋武帝将要纳娶卫瓘的女儿做太子之妃,贾充的妻子郭槐贿赂了杨皇后身边的人,让杨皇后劝说武帝请求纳娶贾充的女儿。晋武帝说:“卫公的女儿有五可,贾公的女儿有五不可:卫氏种族优秀而且儿子多,容貌美好而且身材修长,皮肤白洁;

贾氏种妒而少子,丑而短、黑。"后固以为请,荀颛、荀勖、冯纨皆称充女绝美,且有才德,帝遂从之。留充复居旧任。

17 十二月,以光禄大夫郑袤为司空,袤固辞不受。

18 是岁,安乐思公刘禅卒。

19 吴以武昌都督广陵范慎为太尉。右将军司马丁奉卒。

20 吴改明年元曰凤凰。

八年(壬辰,272)

1 春,正月,监军何桢讨刘猛,屡破之,潜以利诱其左部帅李恪,恪杀猛以降。

2 二月辛卯,皇太子纳贾妃。妃年十五,长于太子二岁,妒忌多权诈,太子嬖而畏之。

3 壬辰,安平献王孚卒,年九十三。孚性忠慎,宣帝执政,孚常自退损。后逢废立之际,未尝预谋。景、文二帝以孚属尊,亦不敢逼。及帝即位,恩礼尤重。元会,诏孚乘舆上殿,帝于阼阶迎拜。既坐,亲奉觞上寿,如家人礼。帝每拜,孚跪而止之。孚虽见尊宠,不以为荣,常有忧色。临终,遗令曰:"有魏贞士河内司马孚字叔达,不伊不周,不夷不惠,立身行道,终始若一。当衣以时服,敛以素棺。"诏赐东园温明秘器,诸所施行,皆依汉东平献王故事。其家遵孚遗旨,所给器物,一不施用。

贾氏种族妒嫉而且少子女,容貌丑陋,身材矮小,皮肤黑。"但杨皇后坚持为贾氏请求武帝,荀颛、荀勖、冯纮都称赞贾充的女儿极其美丽,而且德才兼备,晋武帝于是听从了他们的意见。留下贾充仍然担任旧职。

17 十二月,晋任命光禄大夫郑袤为司空,郑袤坚决辞让不接受。

18 这一年,安乐思公刘禅去世。

19 吴国任命武昌都督、广陵人范慎为太尉。右将军司马丁奉去世。

20 吴国改明年年号为凤凰。

晋武帝泰始八年(壬辰,公元 272 年)

1 春季,正月,晋监军何桢讨伐刘猛,多次打败刘猛,何桢暗中以利益引诱刘猛的左部帅李恪,李恪杀了刘猛投降了晋。

2 二月辛卯(十七日),晋皇太子纳贾妃。贾妃年龄十五,比太子大两岁,她生性妒忌,机巧狡诈,太子宠爱她又怕她。

3 壬辰(十八日),安平献王司马孚去世,享年九十三岁。司马孚禀性忠诚谨慎,宣帝执政时,司马孚时常自我退让、谦抑。以后每逢帝王废立之际,司马孚都不曾参与谋划。景、文两帝因司马孚属于长辈,也不敢强迫他。到晋武帝即位,对司马孚礼遇格外厚重、尊贵。元旦朝见群臣,晋武帝让司马孚乘轿子上殿,晋武帝在东阶迎接拜见。司马孚坐下后,晋武帝亲自捧上酒杯,为司马孚祝寿,就像普通家中的礼节。晋武帝每次向司马孚行拜礼,司马孚就跪下制止他。司马孚虽然被尊重恩宠,却并不以此为荣耀,常常面有忧虑之色。临终,留下遗言说:"魏朝的忠贞不移的人士、河内人司马孚,字叔达,不是伊尹,不是周公,不是伯夷,不是柳下惠,但是立身行道,始终如一。应当穿上平时的衣服,用朴素不装饰的棺材装殓。"晋武帝下令,赐予司马孚专供王公贵族所用的棺木——东园温明秘器,各项事宜的施行,全都按照汉代东平献王的先例。司马孚的家属仍遵照司马孚的遗意,凡是朝廷所供给的器具物品,一概不使用。

4　帝与右将军皇甫陶论事,陶与帝争言,散骑常侍郑徽表请罪之。帝曰:"忠谠之言,唯患不闻,徽越职妄奏,岂朕之意。"遂免徽官。

5　夏,汶山白马胡侵掠诸种,益州刺史皇甫晏欲讨之。典学从事蜀郡何旅等谏曰:"胡夷相残,固其常性,未为大患。今盛夏出军,水潦将降,必有疾疫,宜须秋、冬图之。"晏不听。胡康木子烧香言军出必败。晏以为沮众,斩之。军至观阪,牙门张弘等以汶山道险,且畏胡众,因夜作乱,杀晏,军中惊扰,兵曹从事犍为杨仓勒兵力战而死。弘遂诬晏,云"率己共反",故杀之,传首京师。晏主簿蜀郡何攀,方居母丧,闻之,诣洛证晏不反。弘等纵兵抄掠。广汉主簿李毅言于太守弘农王濬曰:"皇甫侯起自诸生,何求而反!且广汉与成都密迩,而统于梁州者,朝廷欲以制益州之衿领,正防今日之变也。今益州有乱,乃此郡之忧也。张弘小竖,众所不与,宜即时赴讨,不可失也。"濬欲先上请,毅曰:"杀主之贼,为恶尤大,当不拘常制,何请之有!"濬乃发兵讨弘。诏以濬为益州刺史。濬击弘,斩之,夷三族。封濬关内侯。

初,濬为羊祜参军,祜深知之。祜兄子暨白:"濬为人志大奢侈,不可专任,宜有以裁之。"祜曰:"濬有大才,将以济其所欲,必可用也。"更转为车骑从事中郎。濬在益州,明立威信,蛮夷多归附之;俄迁大司农。时帝与羊祜阴谋伐吴,祜以为伐吴宜藉上流之势,密表留濬复为益州刺史,使治水军。寻加龙骧将军,监益、梁诸军事。

4　晋武帝和右将军皇甫陶在一起论事,皇甫陶与晋武帝争论起来,散骑常侍郑徽上表,请求给皇甫陶判罪。晋武帝说:"忠诚正直的言论,唯恐听不到,郑徽逾越职位,胡乱禀奏,这岂是朕的意思?"于是免去郑徽的官职。

5　夏季,汶山白马胡欺凌、掠夺各民族,益州刺史皇甫晏要去征讨。典学从事、蜀郡人何旅等人谏阻说:"胡夷互相残杀,本来是他们平时的本性,并没有造成大的祸患。现在是盛夏时节,如果出兵,将遇到雨季,必然要发生疾病、瘟疫,应当等到秋、冬季节再谋划这件事。"皇甫晏不听。胡人名叫康木子烧香的人说,军队出去必打败仗。皇甫晏认为他给众人泄气,扰乱军心,就杀了他。军队行进到观阪时,牙门张弘等人因为汶山道路险要难行,又害怕胡人,就趁夜里叛乱,杀死皇甫晏,军中惊慌混乱,兵曹从事、犍为人杨仓统率军队拼力战斗而死。张弘于是诬陷皇甫晏,说"皇甫晏领着我们共同谋反",因而杀皇甫晏,将首级传送到京城。皇甫晏的主簿蜀郡人何攀,因母亲去世正在守丧,听到这个消息,便到洛阳去证明皇甫晏没有造反。张弘等人放纵兵士抢劫掠夺财物。广汉主簿李毅对太守、弘农人王濬说:"皇甫侯是读书人出身,他有什么可图的要造反?况且广汉与成都贴近,但却统属于梁州,这其中的缘由就是朝廷要以梁州来制约益州的咽喉要害,正为了防范今日的突发事故。如今益州发生动乱,便是本郡的忧患。张弘小子,众人都不屑与其为伍,应当立刻去讨伐,不要失去机会。"王濬还要先向上请示,李毅说:"杀了主人的贼子,罪恶尤其大,应当不受常规的限制,还有什么可请示的?"于是王濬便发兵讨伐张弘。晋武帝下诏,任命王濬为益州刺史。王濬攻打张弘,将他杀死,并灭三族。晋朝封王濬为关内侯。

当年,王濬曾是羊祜的参军,羊祜深知王濬的为人。羊祜的侄子羊暨对羊祜说:"王濬为人志向大,好奢侈,不可一心一意地任用他,应当有控制他的办法。"羊祜说:"王濬很有才能,足以达到目的,完全可以用他。"王濬又升迁为车骑从事中郎。王濬在益州,明显地树立自己的威望和信用,蛮夷大都投奔依附他;不久,王濬又升迁为大司农。当时,晋武帝与羊祜秘密谋划讨伐吴国,羊祜认为攻打吴国,应当凭借上游的地势,就秘密上书晋武帝,请求留下王濬还让他担任益州刺史,派他去治理水军。不久又授予王濬龙骧将军职,掌管益州、梁州各项军事。

诏濬罢屯田军,大作舟舰。别驾何攀以为"屯田兵不过五六百人,作船不能猝办,后者未成,前者已腐。宜召诸郡兵合万馀人造之,岁终可成"。濬欲先上须报,攀曰:"朝廷猝闻召万兵,必不听;不如辄召,设当见却,功夫已成,势不得止。"濬从之,令攀典造舟舰器仗。于是作大舰,长百二十步,受二千馀人,以木为城,起楼橹,开四出门,其上皆得驰马往来。

时作船木柿,蔽江而下,吴建平太守吴郡吾彦取流柿以白吴主曰:"晋必有攻吴之计,宜增建平兵以塞其冲要。"吴主不从。彦乃为铁锁横断江路。

王濬虽受中制募兵,而无虎符。广汉太守敦煌张敩收濬从事列上。帝召敩还,责曰:"何不密启而便收从事?"敩曰:"蜀、汉绝远,刘备尝用之矣。辄收,臣犹以为轻。"帝善之。

6 壬辰,大赦。

7 秋,七月,以贾充为司空,侍中、尚书令、领兵如故。充与侍中任恺皆为帝所宠任,充欲专名势而忌恺,于是朝士各有所附,朋党纷然。帝知之,召充、恺宴于式乾殿而谓之曰:"朝廷宜壹,大臣当和。"充、恺等各拜谢。既而充、恺以帝已知而不责,愈无所惮,外相崇重,内怨益深。充乃荐恺为吏部尚书,恺侍觐转希;充因与荀勖、冯统承间共譖之,恺由是得罪,废于家。

晋武帝命令王濬解散屯田军,大量建造战船。别驾何攀认为"屯田兵只不过有五六百人,不能很快地把船造出来,后面的船还没有造成,前面造好的船也已经朽烂了。应当召集各郡士兵,凑足一万多人造船,年终就能完成任务"。王濬想先向上报告请示,何攀说:"朝廷突然听到要召集一万名兵士的消息,肯定不会同意;不如先自作主张马上去办,假如被拒绝,工程人力已成定局,其趋势已不能阻止了。"王濬听从了何攀的话,命令何攀掌管制造战船及所需用具、兵器。于是制作大战船,船身长度为一百二十步,能容纳二千多人,用木头造成楼,筑起瞭望敌军的高台,四面开出可以进出的门,船上可以骑着马往来奔跑。

当时造船砍削下的木片,遮盖了江面,顺江水而下,吴国建平太守、吴郡人吾彦,拿着顺江流而下的木片禀报吴主说:"晋国必然有攻吴的计划,应当增加建平的兵力,以堵住要害地区。"吴主不听。吾彦就用铁锁横拦江面,阻断江上通路。

王濬虽然接受了朝廷的命令招募兵员,但是他却没有虎符。广汉太守、敦煌人张敩就收了王濬的从事印玺而上报。晋武帝召回张敩,责备他说:"你为什么不秘密禀告却直接就收了他的从事呢?"张敩回答说:"蜀汉之地极其僻远,当年刘备就曾以此地割据。立时收了他的印,我还觉得这是轻的呢。"晋武帝称赞了他。

6 壬辰(十八日),晋朝大赦天下。

7 秋季,七月,晋朝任命贾充为司空,其侍中、尚书令、领兵等职务依旧。贾充与侍中任恺都被晋武帝所宠爱、信任,贾充想独占名誉、权势而嫉妒任恺,于是朝中官吏各自都有依附的靠山,各种宗派集团众多而庞杂。晋武帝知道了这些情况,召来贾充、任恺,在式乾殿宴请他们,说:"朝廷应当是一个统一的整体,大臣之间要和睦相处。"贾充、任恺各自拜谢了晋武帝。以后贾充、任恺认为晋武帝已经知道了他们之间不和却又没有责备他们,更加无所顾忌,表面上他们互相推崇、尊重,内心里的怨恨却越来越深。贾充于是荐举任恺任吏部尚书,任恺侍从会见皇帝的机会变少了,贾充便与荀勖、冯统一起乘机诬陷任恺,任恺因此获罪,被罢免呆在家里。

8 八月，吳主征昭武將軍、西陵督步闡。闡世在西陵，猝被征，自以失職，且懼有讒，九月，據城來降，遣兄子璣、璿詣洛陽為任。詔以闡為都督西陵諸軍事、衞將軍、開府儀同三司、侍中，領交州牧，封宜都公。

9 冬，十月辛未朔，日有食之。

10 敦煌太守尹璩卒。涼州刺史楊欣表敦煌令梁澄領太守。功曹宋質輒廢澄，表議郎令狐豐為太守。楊欣遣兵擊之，為質所敗。

11 吳陸抗聞步闡叛，亟遣將軍左奕、吾彥等討之。帝遣荊州刺史楊肇迎闡于西陵，車騎將軍羊祜帥步軍出江陵，巴東監軍徐胤帥水軍擊建平以救闡。陸抗敕西陵諸軍筑嚴圍，自赤溪至于故市，內以圍闡，外以禦晉兵，晝夜催切，如敵已至，眾甚苦之。諸將諫曰："今宜及三軍之銳，急攻闡，比晉救至，必可拔也，何事于圍，以敝士民之力！"抗曰："此城處勢既固，糧谷又足，且凡備御之具，皆抗所宿規，今反攻之，不可猝拔。北兵至而無備，表裏受難，何以禦之！"諸將皆欲攻闡，抗欲服眾心，聽令一攻，果無利。圍備始合，而羊祜兵五萬至江陵。諸將咸以抗不宜上，抗曰："江陵城固兵足，無可憂者。假令敵得江陵，必不能守，所損者小。若晉據西陵，則南山群夷皆當擾動，其患不可量也！"乃自帥眾赴西陵。

初，抗以江陵之北，道路平易，敕江陵督張咸作大堰遏水，漸漬平土以絕寇叛。羊祜欲因所遏水以船運糧，揚聲將破堰以通步軍。抗聞之，使咸亟破之。諸將皆惑，屢諫不聽。祜至當陽，聞堰敗，乃改船以車運糧，大費功力。

8　八月，吴主征召昭武将军、西陵督步阐。步阐世代居住在西陵，突然被召，自以为是因公事失职，而且害怕有人进了谗言，九月，占据西陵城投降晋国，派侄子步玑、步璿到洛阳去当人质。晋朝诏令任命步阐为都督西陵诸事、卫将军、开府仪同三司、侍中，兼任交州牧，封步阐为宜都公。

9　冬季，十月辛未朔（初一），出现日食。

10　晋朝敦煌太守尹璩去世。凉州刺史杨欣上表，请示让敦煌令梁澄兼任太守。功曹宋质擅自废黜了梁澄，上表请让议郎令狐丰任敦煌太守。杨欣派兵攻打宋质，结果被宋质打败。

11　吴陆抗听到步阐背叛的消息，马上派将军左奕、吾彦等去讨伐。晋武帝派荆州刺史杨肇到西陵迎接步阐，车骑将军羊祜统率步兵进攻江陵，巴东监军徐胤率水军攻打建平救援步阐。陆抗命令西陵各军筑造高峻的围墙，从赤溪一直到故市，内可用来围困步阐，外可以此抵御晋兵，陆抗白天黑夜地催逼筑围，就好像敌人已经来到眼前，众人为此异常劳苦。诸位将官进谏说：“当前应乘三军的锐气，急速攻打步阐，等晋的救兵到来，必定已攻克西陵，何必去做筑围的事，使士兵、百姓的气力都疲惫了！”陆抗说：“西陵城所处的地势已是很稳固了，粮谷又充足，况且所有守备防御的设施、器具，都是我早先在西陵任职时所设置准备的，现在反过来攻打它，不可能很快取胜。晋兵到来而我们没有防备，内外受敌，靠什么来抵御？”诸将都想攻打步阐，陆抗想使众人心服，就听任他们去试一试，果然没有得到好处。于是开始齐心协力筑围防守，这时，羊祜的五万兵到了江陵。诸位将官都认为陆抗不适宜去西陵，陆抗说：“江陵城坚固，兵员足，没有什么可担忧的。假如敌人得到了江陵，必然守不住，我们的损失小。如果晋兵占据了西陵，那么南山的众多夷人都会骚乱动摇，这样的话，祸患就不可估量了！”于是，亲自率领部众奔赴西陵。

当初，陆抗因江陵以北道路平坦开阔，命令江陵督张咸兴造大坝阻断水流，浸润平地以断绝敌人侵犯和内部叛乱。羊祜想借大坝阻住的水用船运送粮草，就故意扬言要破坝以通过步兵。陆抗听到这个消息，让张咸急速毁坏大坝。诸将都迷惑不解，多次谏阻陆抗也不听。结果羊祜到了当阳，听说大坝已毁，只好改用车子运粮，耗费了许多人力和时间。

十一月,杨肇至西陵。陆抗令公安督孙遵循南岸拒羊祜,水军督留虑拒徐胤,抗自将大军凭围对肇。将军朱乔营都督俞赞亡诣肇。抗曰:“赞军中旧吏,知吾虚实。吾常虑夷兵素不简练,若敌攻围,必先此处。”即夜易夷兵,皆以精兵守之。明日,肇果攻故夷兵处,抗命击之,矢石雨下,肇众死者相属。十二月,肇计屈,夜遁。抗欲追之,而虑步阐畜力伺间,兵不足分,于是但鸣鼓戒众,若将追者。肇众凶惧,悉解甲挺走,抗使轻兵蹑之,肇兵大败,祜等皆引军还。抗遂拔西陵,诛阐及同谋将吏数十人,皆夷三族,自馀所请赦者数万口。东还乐乡,貌无矜色,谦冲如常。吴主加抗都护。羊祜坐贬平南将军,杨肇免为庶人。

吴主既克西陵,自谓得天助,志益张大,使术士尚广筮取天下,对曰:“吉。庚子岁,青盖当入洛阳。”吴主喜,不修德政,专为兼并之计。

12　贾充与朝士宴饮,河南尹庾纯醉,与充争言。充曰:“父老,不归供养,卿为无天地!”纯曰:“高贵乡公何在?”充惭怒,上表解职;纯亦上表自劾。诏免纯官,仍下五府正其臧否。石苞以为纯荣官忘亲,当除名;齐王攸等以为纯于礼律未有违。诏从攸议,复以纯为国子祭酒。

13　吴主之游华里也,右丞相万彧与右大司马丁奉、左将军留平密谋曰:“若至华里不归,社稷事重,不得不自还。”吴主颇闻之,以彧等旧臣,隐忍不发。是岁,吴主因会,以毒酒饮彧,传酒人私减之。又饮留平,平觉之,服他药以解,得不死。彧自杀,平忧懑,月馀亦死。徙彧子弟于庐陵。

十一月,晋朝杨肇到达西陵。陆抗命令公安督孙遵沿着南岸抵御羊祜,水军督留虑抵御徐胤,陆抗亲自率领大军凭藉长围与杨肇对峙。将军朱乔营中的都督俞赞逃到了杨肇那里。陆抗说:"俞赞是军队中的旧官吏,了解我军虚实。我常常担心夷兵平时的训练不够,敌人如果围攻,必定先打夷兵防守的地方。"于是当夜更换夷兵,全都用精兵把守。第二天,杨肇果然攻打原来夷兵防守的地方,陆抗下令反击,箭与石块像下雨一样袭来,杨肇的部众死伤不断。十二月,杨肇无计可施,夜里逃走了。陆抗想追杨肇,又担心步阐一直积蓄力量,窥伺时机,自己的兵力不足以分开对付两头,就只擂鼓警戒部众,作出要追赶的样子来。杨肇的部众恐惧骚动,全都丢弃铠甲脱身而逃。陆抗派轻兵紧随在后,杨肇兵大败,羊祜等人都领兵而还。陆抗于是攻克西陵,杀死步阐以及与他同谋的将吏共几十人,全都夷灭三族,请求对剩下几万人赦免。陆抗返回东边的乐乡,脸上没有骄傲、自负之色,还像以往一样谦虚。吴主加封陆抗为都护。晋朝羊祜获罪,被贬为平南将军,杨肇被免去官职成为平民。

吴主攻克西陵后,自认为是得到了上天的佑助,志向益发显扬,他让术士尚广为他占卜是否能得到天下,尚广回答说:"吉。庚子年,青色的车盖会进入洛阳。"吴主大喜,不整治政令,一心一意地谋划兼并天下的事情。

12　贾充与晋朝廷官员在一起宴饮,河南尹庾纯喝醉了酒,与贾充争论起来。贾充说:"你的父亲年老,不回家去奉养,你是无天无地之人!"庾纯反问:"你的先主高贵乡公在何处?"贾充又羞又怒,上表请求辞官;庾纯也上表弹劾自己。晋武帝下诏,免去庾纯官职,按制度让五公府评定他的善恶、得失。石苞认为,庾纯以做官为荣耀而忘记了父母,应当除去其名籍;齐王司马攸等人认为,庾纯并没有违反礼仪、律令。晋武帝听从了司马攸的建议,又任命庾纯为国子祭酒。

13　去年吴主去华里游玩时,右丞相万彧与右大司马丁奉、左将军留平密谋说:"如果皇上到华里不回来,国家的事情重大,我们就不得不自己返回了。"吴主听到了他们的话,因为万彧等人是旧臣,就克制忍耐着没有发作。这一年,吴主借着会见的机会,拿毒酒给万彧喝,递送酒杯的人暗中把毒酒减少了。吴主又拿着毒酒给留平喝,留平察觉,服别的药解了毒,得以不死。万彧自杀而死,留平忧愤郁闷,一个多月以后也死了。吴主把万彧的子弟都放逐到庐陵。

初,或请选忠清之士以补近职,吴主以大司农楼玄为宫下镇,主殿中事。玄正身帅众,奉法而行,应对切直,吴主浸不悦。

中书令领太子太傅贺邵上疏谏曰:"自顷年以来,朝列纷错,真伪相贸,忠良排坠,信臣被害。是以正士摧方而庸臣苟媚,先意承指,各希时趣。人执反理之评,士吐诡道之论,遂使清流变浊,忠臣结舌。陛下处九天之上,隐百里之室,言出风靡,令行景从。亲洽宠媚之臣,日闻顺意之辞,将谓此辈实贤而天下已平也。臣闻兴国之君乐闻其过,荒乱之主乐闻其誉。闻其过者过日消而福臻,闻其誉者誉日损而祸至。陛下严刑法以禁直辞,黜善士以逆谏口,杯酒造次,死生不保,仕者以退为幸,居者以出为福,诚非所以保光洪绪,熙隆道化也。何定本仆隶小人,身无行能,而陛下爱其佞媚,假以威福。夫小人求入,必进奸利。定间者妄兴事役,发江边戍兵以驱麋鹿,老弱饥冻,大小怨叹。《传》曰:'国之兴也,视民如赤子;其亡也,以民为草芥。'今法禁转苛,赋调益繁,中官、近臣所在兴事,而长吏畏罪,苦民求办。是以人力不堪,家户离散,呼嗟之声,感伤和气。今国无一年之储,家无经月之蓄,而后宫之中坐食者万有馀人。又,北敌注目,伺国盛衰,长江之限,不可久恃,苟我不能守,一苇可杭也。愿陛下丰基强本,割情从道,则成、康之治兴,圣祖之祚隆矣!"吴主深恨之。

当初,万彧请求挑选忠诚、清正的人来补充担任君主左右的职位,吴主任命大司农楼玄为宫下镇,主管宫中事务。楼玄修身率众,遵奉法度行事,对答恳切耿直,吴主渐渐地心中不快。

中书令兼太子太傅贺卲上疏进谏说:"近年以来,百官杂乱,真伪相混,忠良之人被排挤、贬斥,诚实的大臣遭受陷害。因此正直之士削去棱角,而平庸之臣苟且逢迎,揣摩旨意,奉承恭顺,各自都迎合时尚的趋向。人们坚持的是不合道理的评论,说出的是违背道义的言谈,于是使得清高之士变得混浊,忠诚之臣不敢说话。陛下处于九天之上,深居于百里之远的屋室,圣言一出,百姓顺风倾倒,命令传布,天下紧相追随,如影随形。陛下与受宠、巴结的臣子亲近和协,每天听到的是顺承心意的言辞,将会以为这些人确有德才而且天下也已经平定。我听说振兴国家的君王乐于听到自己的过失,荒废紊乱的君主愿意听到别人的称赞。愿意听自己过失的人,他的过失一天比一天减少而福佑也就到了;喜欢听别人对自己赞誉的人,他的好名声一天一天地丧失而灾祸也就来临。陛下严厉刑法用以制止正直的言辞;摈弃品行高尚的人以拒绝直言规劝,哪怕是一杯酒的过失,死生就得不到保障,做官的人以退职为幸运,居住都城的人以离国为福气,这实在不是保住荣耀的伟业、使道德风习昌盛兴隆的做法。何定本来是地位卑贱的人,身无品行及才能,而陛下却喜爱他的奸巧谄媚,给予他权势。小人谋求进用,必然会进献包藏奸心的好处。何定近来狂妄地兴起劳役,发动江边防守的兵士去驱赶麋鹿,老人与体弱的人饥寒交迫,成人与孩童怨恨叹息。《传》说:'国家兴盛,视百姓如同幼儿;国家衰亡,把百姓当作一棵小草。'现在法律、禁令变得苛刻,赋税征调日益繁杂,宦官、近臣到处兴起事端,而地方长官害怕获罪,劳苦百姓去满足他们的要求。因此人力担负不起沉重的负荷,家家户户离别四散,叹息之声,使和顺的风气受到了伤害。现在国家没有一年的储备,百姓之家没有度过一个月的积蓄,而后宫中不劳而食的人有一万多。另外,北方的敌人虎视眈眈,窥伺我国的盛衰,长江之险阻,不能长久地依赖,假如我们没有守备的能力,一束苇草当作船就能渡过来。希望陛下充实基础,强化根本,割断私人的情欲,遵循正道,那么周代成王、康王时代的治平之世就会兴起,圣祖孙权开创的基业就会昌盛!"吴主对贺卲恨之入骨。

于是左右共诬楼玄、贺邵相逢，驻共耳语大笑，谤讪政事，俱被诘责，送玄付广州，邵原复职。既而复徙玄于交趾，竟杀之。久之，何定奸秽发闻，亦伏诛。

14 羊祜归自江陵，务修德信以怀吴人。每交兵，刻日方战，不为掩袭之计。将帅有欲进谲计者，辄饮以醇酒，使不得言。祜出军行吴境，刈谷为粮，皆计所侵，送绢偿之。每会众江、沔游猎，常止晋地，若禽兽先为吴人所伤而为晋兵所得者，皆送还之。于是吴边人皆悦服。祜与陆抗对境，使命常通：抗遗祜酒，祜饮之不疑；抗疾，求药于祜，祜以成药与之，抗即服之。人多谏抗，抗曰："岂有鸩人羊叔子哉！"抗告其边戍曰："彼专为德，我专为暴，是不战而自服也。各保分界而已，无求细利。"吴主闻二境交和，以诘抗，抗曰："一邑一乡不可以无信义，况大国乎！臣不如此，正是彰其德，于祜无伤也。"

吴主用诸将之谋，数侵盗晋边。陆抗上疏曰："昔有夏多罪而殷汤用师，纣作淫虐而周武授钺，苟无其时，虽复大圣，亦宜养威自保，不可轻动也。今不务力农富国，审官任能，明黜陟，任刑赏，训诸司以德，抚百姓以仁，而听诸将徇名，穷兵黩武，动费万计，士卒凋瘁，寇不为衰而我已大病矣。今争帝王之资而昧十百之利，此人臣之奸便，非国家之良策也！昔齐、鲁三战，鲁人再克，而亡不旋踵。何则？大小之势异也。况今师所克获，不补所丧乎！"吴主不从。

从这时起,吴主左右的人就一起诬陷楼玄与贺邵,说他们两人相逢,停下车子交头接耳,然后一起大笑,毁谤、讽刺政事,于是两人都遭到审讯、谴责,楼玄被送到广州,贺邵受到宽赦恢复了官职。不久,又把楼玄迁徙到交趾,最终杀了他。过了一段时间,何定邪恶丑陋的行为败露传播出来,也被处以死刑。

14 羊祜从江陵回来以后,致力于整治道德信义以使吴人归顺。每次与吴国交战,都要约定日期才开战,不做乘其不备、突然袭击的打算。将帅当中有要献诡诈计谋的人,羊祜总是给他喝醇厚的美酒,使他酒醉不能说话。羊祜的军队外出在吴境内行走,割了谷子做口粮,全都记下所取的数量,然后送去绢偿还。每次与部众在长江、沔水一带打猎,经常只限于晋的领地,如果禽兽先被吴人所杀伤而后被晋兵所得,都要送还吴人。于是吴国边境的百姓对羊祜心悦诚服。羊祜与陆抗在边境相对,双方的使者常奉命相互来往,陆抗送给羊祜的酒,羊祜喝起来从不生疑;陆抗病了,向羊祜求药,羊祜把成药送给他,陆抗也马上就服下。许多人谏阻陆抗,陆抗说:“怎么会有用毒酒杀人的羊叔子?”陆抗对守边的士兵说:“别人专门行恩惠,我们专门作恶,这就等于不战而自己就屈服了。现在双方各自保住疆界就可以了,我们不要再想占小便宜。”吴主听说双方边境交往和谐,就以此事责难陆抗,陆抗说:“一邑一乡都不可以不讲信义,更何况大国呢!我如果不这样做,正是显扬了羊祜的恩惠,对羊祜毫无损伤。”

吴主采用诸将的策略,多次侵犯掠夺晋国边境。陆抗上疏说:“从前夏朝多行罪恶而商汤用兵,商纣王邪恶残暴而周武王举起讨伐大斧,假如不到时机,即使遇到至圣之人,也应当积蓄威势而自保,不可以轻举妄动。现在不致力于兴农事以富国,不审查官吏任用贤能,不明确进退、升降的标准,不谨慎地使用刑罚奖赏,不以道德教诲各部门,不以仁爱安抚百姓,而却听任诸将追求功名,穷兵黩武,动不动就耗费数以万计的钱财,士卒凋伤憔悴,敌军还没有削弱而我们却已经很劳累了。现在以争夺天下帝王霸业的资本,去贪图几十几百的小便宜,这是臣下邪恶的便利,并不是国家的良策!从前齐、鲁打了三次仗,鲁人两次克敌制胜,但是,不及转足之间鲁国就灭亡。这是什么原因?势力的大小有差别。何况如今军队战胜所得到的,还不能够弥补它所丧失的呢!”吴主不听。

　　羊祜不附结中朝权贵,荀勖、冯𫄸之徒皆恶之。从甥王衍尝诣祜陈事,辞甚清辩;祜不然之,衍拂衣去。祜顾谓宾客曰:"王夷甫方当以盛名处大位,然败俗伤化,必此人也。"及攻江陵,祜以军法将斩王戎。衍,戎之从弟也,故二人皆憾之,言论多毁祜。时人为之语曰:"二王当国,羊公无德。"

羊祜不攀附结交朝廷中的权贵,荀勖、冯统之徒都憎恨他。羊祜堂外甥王衍曾经去羊祜那里陈述事情,言辞非常清晰明辨;羊祜对他并不赞赏,王衍拂衣而去。羊祜回过头对宾客们说:"王夷甫应当能以极大的名声达到高位,然而败坏风俗、损伤教化的必定是他。"等到攻打江陵时,羊祜曾依军法要斩王戎。王衍是王戎的堂弟,所以两人都怨恨羊祜,言谈之间经常诽谤羊祜。当时的人为此有句话说:"二王执掌朝政,羊公一无是处。"

卷第八十　晋纪二

起癸巳(273)尽己亥(279)凡七年

世祖武皇帝上之下
泰始九年(癸巳,273)

1　春,正月辛酉,密陵元侯郑袤卒。

2　二月癸巳,乐陵武公石苞卒。

3　三月,立皇子祇为东海王。

4　吴以陆抗为大司马、荆州牧。

5　夏,四月戊辰朔,日有食之。

6　初,邓艾之死,人皆冤之,而朝廷无为之辨者。及帝即位,议郎敦煌段灼上疏曰:"邓艾心怀至忠而荷反逆之名,平定巴、蜀而受三族之诛;艾性刚急,矜功伐善,不能协同朋类,故莫肯理之。臣窃以为艾本屯田掌犊人,宠位已极,功名已成,七十老公,复何所求。正以刘禅初降,远郡未附,矫令承制,权安社稷。锺会有悖逆之心,畏艾威名,因其疑似,构成其事。艾被诏书,即遣强兵,束身就缚,不敢顾望,诚知奉见先帝,必无当死之理也。会受诛之后,艾官属将吏,愚戆相聚,自共追艾,破坏槛车,解其囚执,艾在困地,狼狈失据,未尝与腹心之人有平素之谋,独受腹背之诛,岂不哀哉!陛下龙兴,阐弘大度,谓可听艾归葬旧墓,还其田宅,以平蜀之功继封其后,使艾阖棺定谥,死无所恨,则天下徇名之士,思立功之臣,必投汤火,乐为陛下死矣!"

世祖武皇帝上之下

晋武帝泰始九年(癸巳,公元273年)

1　春季,正月辛酉(二十二日),密陵元侯郑袤去世。

2　二月癸巳(二十五日),乐陵武公石苞去世。

3　三月,晋朝立皇子司马祗为东海王。

4　吴国任命陆抗为大司马、荆州牧。

5　夏季,四月戊辰朔(初一),出现日食。

6　当初,对于邓艾的死,人们都觉得他冤屈,但是朝廷之中却没有为他辩解的人。等晋武帝即位,议郎敦煌人段灼上疏说:"邓艾心中怀着极大的忠诚却背着反叛的罪名,平定了巴、蜀之地却受到夷灭三族的惩罚;邓艾性格刚强急躁,夸耀自己的功劳和长处,不能和朋友、同事和睦相处,所以没有人肯为他申辩。我私下认为,邓艾本来是屯田养牛人,对他来说,尊宠荣耀的地位已经达到了极点,功名已经成就,一个七十岁的老人,还有什么可要求的。当时正因为刘禅刚投降,远处的郡县还没有归附,邓艾假托秉承皇帝旨意,是为了让国家安定下来。锺会有悖乱忤逆之心,他害怕邓艾的威名,乘着是非难辨之际,构成了这件事。邓艾接受诏书时,立即遣散了手下强兵,投案就缚,不敢再有别的想法,因为他心里明白,如果见到先帝,定不会把他处死。锺会被杀之后,邓艾属下的将吏,愚昧不明事理,聚在一起,自发地去追赶邓艾,毁坏了囚车,为邓艾松了绑,当时邓艾处境困难,孤立无援,他与手下的心腹之人平时没有预谋,却被杀戮,难道不是很悲哀吗?陛下即天子之位,应显扬您的宽宏大度,如果您下令允许邓艾的尸骨归葬于旧墓,归还他的田地房宅,并以邓艾平定蜀国的功绩加封他的后代,使邓艾能够在盖棺之后确定封谥,死而无憾,那么天下那些舍身为名之士以及想要建立功勋的大臣,必然会赴汤蹈火,乐意为陛下献身效命了!"

帝善其言而未能从。会帝问给事中樊建以诸葛亮之治蜀，曰："吾独不得如亮者而臣之乎？"建稽首曰："陛下知邓艾之冤而不能直，虽得亮，得无如冯唐之言乎！"帝笑曰："卿言起我意。"乃以艾孙朗为郎中。

7　吴人多言祥瑞者，吴主以问侍中韦昭，昭曰："此家人筐箧中物耳！"昭领左国史，吴主欲为其父作纪，昭曰："文皇不登极位，当为传，不当为纪。"吴主不悦，渐见责怒。昭忧惧，自陈衰老，求去侍、史二官，不听。时有疾病，医药监护，持之益急。吴主饮群臣酒，不问能否，率以七升为限。至昭，独以茶代之，后更见逼强。又酒后常使侍臣嘲弄公卿，发摘私短以为欢；时有愆失，辄见收缚，至于诛戮。昭以为外相毁伤，内长尤恨，使群臣不睦，不为佳事，故但难问经义而已。吴主以为不奉诏命，意不忠尽，积前后嫌忿，遂收昭付狱。昭因狱上辞，献所著书，冀以此求免。而吴主怪其书垢故，更被诘责。遂诛昭，徙其家于零陵。

8　五月，以何曾领司徒。

9　六月乙未，东海王祗卒。

10　秋，七月丁酉朔，日有食之。

11　诏选公卿以下女备六宫，有蔽匿者以不敬论；采择未毕，权禁天下嫁娶。帝使杨后择之，后惟取洁白长大而舍其美者。帝爱卞氏女，欲留之。后曰："卞氏三世后族，不可屈以卑位。"帝怒，乃自择之，中选者以绛纱系臂，公卿之女为三夫人、九嫔，二千石、将、校女补良人以下。

晋武帝很赞许他的话,但却没有照办。后来晋武帝向给事中樊建询问诸葛亮治理蜀国的事情,说:"难道我就不能得到一个像诸葛亮那样的人做我的臣下吗?"樊建跪拜于地,说:"陛下了解邓艾的冤情,却不能为他平反,即使得到诸葛亮,会不会像汉文帝时冯唐所说的那样,得到了也不能任用呢?"晋武帝笑了,说:"你的话提醒了我。"于是任命邓艾的孙子邓朗为郎中。

7 吴国有许多谈论吉祥符瑞的人,吴主向侍中韦昭询问这件事,韦昭说:"这不过是人家箱笼里的寻常物罢了!"韦昭担任左国史之职,吴主想给自己的父亲作纪,韦昭说:"文皇帝没有登天子之位,应当作传,不应当作纪。"吴主心中不快,逐渐显露出对韦昭的谴责与怒气。韦昭忧郁恐惧,于是上书陈述自己年事已高,请求免去侍中及左国史二项官职,但是吴主不允许。这时韦昭得了病,吴主派医生、送医药监视护理,催促他快些上朝。吴主召集群臣饮酒,不管能不能喝,一律限定必须喝七升。至于韦昭,唯独用茶代替酒,但以后就越来越强逼他。另外,饮酒之后,吴主经常支使近臣嘲弄公卿大臣,揭露他们的隐私和短处拿来取乐;大臣们若有过失,就会被拘禁起来,甚至于杀头。韦昭认为,不顾脸面地诽谤、中伤,会使人的内心增长怨恨情绪,使群臣之间不和睦,这并不是好事,所以他只是在经义方面发难质问而已。吴主认为韦昭没有奉行他的命令,不忠心尽职,把前前后后对韦昭的愤恨、仇怨都积累起来,于是拘捕了韦昭,把他投进监狱。韦昭通过狱吏上书陈词,献上了他写的书,希望以此求得赦免。但吴主却责备他的书又脏又破,愈加责怪他。于是杀死韦昭,把他的家族放逐到零陵。

8 五月,晋任命何曾兼任司徒。

9 六月乙未(二十九日),东海王司马祗去世。

10 秋季,七月丁酉朔(初一),出现日食。

11 晋武帝下诏,挑选公卿以下人家的女子补充六宫,有隐蔽藏匿的以不敬论处;挑选未结束时,暂时禁止天下嫁娶。晋武帝让杨皇后去挑选美女,杨皇后只挑选皮肤洁白、身材修长的而舍弃了容貌美丽的女子。晋武帝喜爱卞氏之女,想把她留下。杨皇后说:"卞氏是三代为皇后的家族,不能屈尊以就后宫的卑微地位。"晋武帝动了怒,就自己挑选,凡是中选的女子,就用深红色的纱巾系在臂上,公卿之家的女子封为三夫人、九嫔,俸禄二千石的官员以及将校之女,补充良人以下的位置。

12　九月,吴主悉封其子弟为十一王,王给三千兵,大赦。

13　是岁,郑冲以寿光公罢。

14　吴主爱姬遣人至市夺民物。司市中郎将陈声素有宠于吴主,绳之以法。姬诉于吴主,吴主怒,假他事烧锯断声头,投其身于四望之下。

十年(甲午,274)

1　春,正月乙未,日有食之。

2　闰月癸酉,寿光成公郑冲卒。

3　丁亥,诏曰:“近世以来,多由内宠以登后妃,乱尊卑之序,自今不得以妾媵为正嫡。”

4　分幽州置平州。

5　三月癸亥,日有食之。

6　诏又取良家及小将吏女五千人入宫选之,母子号哭于宫中,声闻于外。

7　夏,四月己未,临淮康公荀颢卒。

8　吴左夫人王氏卒。吴主哀念,数月不出,葬送甚盛。时何氏以太后故,宗族骄横。吴主舅子何都貌类吴主,民间讹言:“吴主已死,立者何都也。”会稽又讹言:“章安侯奋当为天子。”奋母仲姬墓在豫章,豫章太守张俊为之扫除。临海太守奚熙与会稽太守郭诞书,非议国政;诞但白熙书,不白妖言。吴主怒,收诞系狱,诞惧,功曹邵畴曰:“畴在,明府何忧!”遂诣吏自列曰:“畴厕身本郡,位极朝右,以噂沓之语,本非事实,疾其丑声,不忍闻见,欲含垢藏疾,不彰之翰墨,镇躁归静,使之自息。

12　九月,吴主把他的十一个子弟都封了王,每个王都配备三千士兵,大赦罪犯。

13　这一年,晋朝郑冲以寿光公的身份、地位免职。

14　吴主的宠妾派人到集市上抢夺百姓的财物。司市中郎将陈声一向受到吴主的宠幸,他依法处理了这件事。吴主的宠妾向吴主诉说,吴主勃然大怒,借口其他事情,烧红刀锯截断陈声的头颅,把他的身躯扔到四望山下。

晋武帝泰始十年(甲午,公元274年)

1　春季,正月乙未(初二),出现日食。

2　闰月癸酉(十一日),晋朝寿光成公郑冲去世。

3　丁亥(二十五日),晋武帝下诏说:"近代以来,时常由姬妾登上后妃的位子,乱了尊卑的次序,从现在起,不得以侍妾的身份任正宗的后妃。"

4　晋朝分出幽州的一部分,设置了平州。

5　三月癸亥(初二),出现日食。

6　晋武帝又下诏,求取清白人家以及小将吏家的女子共五千人,入宫进行挑选,母女的号哭声响彻宫中,声音传到了宫外。

7　夏季,四月己未(二十八日),晋朝临淮康公荀颙去世。

8　吴国左夫人王氏去世。吴主悲哀思念,几个月不出门,葬礼非常隆重。当时,由于何太后的缘故,何氏宗族骄傲专横。吴主舅舅的儿子何都,相貌与吴主相似,民间流传的谣言说:"吴主已经死了,现在在位的是何都。"会稽又流传谣言说:"章安侯孙奋,将要成为天子。"孙奋的母亲仲姬的坟墓在豫章,豫章太守张俊就为孙奋的母亲打扫坟墓。临海太守奚熙写信给会稽太守郭诞,非议国政,郭诞只是禀告了奚熙的书信,却没有提民间流传的谣言。吴主大怒,把郭诞抓进监狱,郭诞非常害怕,功曹邵畴说:"有我邵畴在,太守您不用发愁!"于是他到官吏那里陈述说:"我置身于本郡,地位达到了州郡长官的辅佐,我认为人们聚在一起议论纷纭,所说的并不是事实,我憎恨这种毁谤诬蔑的声音,不能容忍这样的议论让天子听到,所以我想藏污纳垢,不写成文字使这种议论显露,以使议论平静下来,事情自然平息。

故诞屈其所是,默以见从。此之为愆,实由于畴,不敢逃死,归罪有司。"因自杀。吴主乃免诞死,送付建安作船。遣其舅三郡督何植收奚熙。熙发兵自守,其部曲杀熙,送首建业。又车裂张俊,皆夷三族;并诛章安侯奋及其五子。

9　秋,七月丙寅,皇后杨氏殂。初,帝以太子不慧,恐不堪为嗣,常密以访后。后曰:"立子以长不以贤,岂可动也!"镇军大将军胡奋女为贵嫔,有宠于帝,后疾笃,恐帝立贵嫔为后,致太子不安,枕帝膝泣曰:"叔父骏女芷有德色,愿陛下以备六宫。"帝流涕许之。

10　以前太常山涛为吏部尚书。涛典选十馀年,每一官缺,辄择才资可为者启拟数人,得诏旨有所向,然后显奏之。帝之所用,或非举首,众情不察,以涛轻重任意,言之于帝。帝益亲爱之。涛甄拔人物,各为题目而奏之,时称"山公启事"。

涛荐嵇绍于帝,请以为秘书郎。帝发诏征之。绍以父康得罪,屏居私门,欲辞不就。涛谓之曰:"为君思之久矣,天地四时,犹有消息,况于人乎!"绍乃应命,帝以为秘书丞。

初,东关之败,文帝问僚属曰:"近日之事,谁任其咎?"安东司马王仪,脩之子也,对曰:"责在元帅。"文帝怒曰:"司马欲委罪孤邪!"引出斩之。仪子哀痛父非命,隐居教授,

所以郭诞屈服了他自己正确的主张，而默默地听从了我的意见。这次罪过，实在是因我而起，我不敢逃脱死罪，现在向主管部门认罪自首。"于是邵畴自杀。吴主便赦免了郭诞的死罪，把他送到建安去造船。吴主派他的舅舅三郡督何植去拘捕奚熙。奚熙发兵防守，部下将他杀了，把首级送到建业。吴主又车裂了张俊，奚熙与张俊都被灭了三族；同时被杀的还有章安侯孙奋和他的五个儿子。

9　秋季，七月丙寅（初六），晋皇后杨氏去世。当初，晋武帝觉得太子不聪明，担心他不能挑起继承王位的重任，曾经秘密地和皇后商议。皇后说："立太子是以长子而不以才德，怎么能改变？"镇军大将军胡奋的女儿是贵嫔，受到晋武帝的宠爱，杨皇后病重时，担忧晋武帝以后会立贵嫔为皇后，将会威胁太子的地位，她头枕着晋武帝的膝，流着眼泪说："叔父杨骏的女儿杨芷，既有德，又有容貌，希望陛下选她入宫。"晋武帝流着眼泪答应了。

10　晋朝任命前太常山涛为吏部尚书。山涛掌管选拔官吏的职务十几年，每当有一个官职空缺，他总是选择几名才能与资历都合适的人，告诉晋武帝，得到武帝诏令，对任用某人有倾向性的意见时，他才明确地为这名人选上奏。因此，晋武帝所任用的人，有的并不是选拔人中最好的，大家对这些情况并不了解，有人就说山涛凭自己意志推举官吏，并禀告晋武帝，晋武帝对山涛却更加亲近宠爱。山涛甄别选拔人材，对每一个人都进行评量品题然后上奏，当时的人把这称为"山公启事"。

山涛向晋武帝荐举嵇绍，请求晋武帝任用嵇绍为秘书郎。晋武帝下诏征召嵇绍。嵇绍由于父亲嵇康获罪，所以隐居在家，他想拒绝征召，不去赴任。山涛对他说："我为你想了很久了，天地、四季尚且有消有长，互为更替，更何况对于人呢！"于是嵇绍答应了任命，晋武帝让他做秘书丞。

当初，晋在东关一战失败，晋文帝问他的僚属说："最近这件事，由谁来承担罪责？"安东司马王仪是王脩的儿子，他回答说："责任在元帅。"晋文帝勃然大怒，说："司马是想把罪过推给我吗？"拉出去把他杀了。王仪的儿子王裒哀痛他父亲死于非命，就隐居起来传授学业，

三征七辟，皆不就。未尝西向而坐，庐于墓侧，旦夕攀柏悲号，涕泪著树，树为之枯。读《诗》至"哀哀父母，生我劬劳"，未尝不三复流涕，门人为之废《蓼莪》。家贫，计口而田，度身而蚕；人或馈之，不受，助之，不听。诸生密为刈麦，衰辄弃之，遂不仕而终。

　　臣光曰：昔舜诛鲧而禹事舜，不敢废至公也。嵇康、王仪，死皆不以其罪，二子不仕晋室可也。嵇绍苟无荡阴之忠，殆不免于君子之讥乎！

　　11　吴大司马陆抗疾病，上疏曰："西陵、建平，国之蕃表，既处上流，受敌二境。若敌泛舟顺流，星奔电迈，非可恃援他部以救倒县也。此乃社稷安危之机，非徒封疆侵陵小害也。臣父逊，昔在西垂上言：'西陵国之西门，虽云易守，亦复易失。若有不守，非但失一郡，荆州非吴有也。如其有虞，当倾国争之。'臣前乞屯精兵三万，而主者循常，未肯差赴。自步阐以后，益更损耗。今臣所统千里，外御强对，内怀百蛮，而上下见兵，财有数万，羸敝日久，难以待变。臣愚以为诸王幼冲，无用兵马以妨要务，又，黄门宦官开立占募，兵民避役，逋逃入占。乞特诏简阅，一切料出，以补疆场受敌常处，使臣所部足满八万，省息众务，并力备御，庶几无虞。若其不然，深可忧也！臣死之后，乞以西方为属。"及卒，吴主使其子晏、景、玄、机、云分将其兵。机、云皆善属文，名重于世。

任凭朝廷三次征召,以及公府、州郡七次授职,他一概不去。晋都城洛阳,位于王裒居住地的西方,王裒从来不面向西就座,他在父亲坟墓的旁边修建茅庐居住,早晚攀着柏树悲哀号哭,眼泪落于树上,天长日久,树因此而干枯。他读《诗经》,每当读到"可怜我的父和母,生我养我多辛苦"时,总要再三流泪,他的弟子们因此就不敢讲习《诗经·蓼莪》篇了。王裒家境贫苦,他计算着人口食用耕种,度量着身材养蚕制衣。有人馈赠物品,他不接受;予以帮助,他不允许。学生们偷偷地帮他割麦,他就把麦子扔了,他一直到死都没有去做官。

　　臣司马光说:从前舜诛杀了禹的父亲鲧,而禹却为舜效力,这是因为禹不敢废弃国家大事。嵇康、王仪的死,都不是因为他们犯了罪,所以他们二人的儿子不做晋朝的官是可以的。嵇绍如果没有在荡阴表现出来的忠诚,难免不被君子讥笑和非议吧!

　　11　吴国大司马陆抗病情加重,他上疏吴主说:"西陵、建平,是国家的屏障,地势既处于上流,二郡边境的西面、北面又与敌人的边境接壤。如果敌人泛舟顺流而下,那么就如同星奔电驰一样迅速,到那时,就不能依赖别的地区援助来解救危难了。这可是关系到国家安危的关键,不只是国家疆界受到侵犯的小祸患。我的父亲陆逊,从前在西部边境时曾上书说:'西陵是国家的西门,虽然说容易防守,但同时也容易丧失。假如守不住的话,那就不只是失掉一个郡,就连荆州也会不属于吴所有了。如果西陵有忧患,就要竭尽国家的力量去争夺它。'我过去曾经请求在西陵驻守三万精兵,但是主管的官员遵循常规,不肯派兵赴西陵。自从步阐事件以后,我方兵力愈加损耗。现在我统率着千里方圆的地方,对外抵御着强大的敌人,对内又要安抚各蛮族,上上下下的现有军队,才有几万,久已疲惫、衰败,很难应付突发的事变。我认为,诸王年幼,不要给他们配备兵马,使要紧的事务受到损害,另外,黄门宦官创立招募以来,士兵百姓为了躲避兵役,纷纷逃亡应招入籍。我请求特别下诏书对黄门宦官进行检查,凡是清理出来的,一律都把他们补充到边境经常与敌人冲突的地方,以使我所统领的军队,兵员满额为八万,节省、停止众多的事务,集中力量准备防御,也许可以避免忧患。如果不这样做,那就非常令人担忧了!我死了以后,请特别注意西方边境。"陆抗死后,吴主让陆抗的儿子陆晏、陆景、陆玄、陆机、陆云分别统领陆抗的士兵。陆机、陆云都善于写文章,为当世所推重。

初,周鲂之子处,膂力绝人,不修细行,乡里患之。处尝问父老曰:"今时和岁丰而人不乐,何邪?"父老叹曰:"三害不除,何乐之有!"处曰:"何谓也?"父老曰:"南山白额虎,长桥蛟,并子为三矣。"处曰:"若所患止此,吾能除之。"乃入山求虎,射杀之,因投水,搏杀蛟;遂从机、云受学,笃志读书,砥节砺行,比及期年,州府交辟。

12　八月戊申,葬元皇后于峻阳陵。帝及群臣除丧即吉,博士陈逵议,以为:"今时所行,汉帝权制,太子无有国事,自宜终服。"尚书杜预以为:"古者天子、诸侯三年之丧,始同齐、斩,既葬除服,谅暗以居,心丧终制。故周公不言高宗服丧三年而云谅暗,此服心丧之文也;叔向不讥景王除丧而讥其宴乐已早,明既葬应除,而违谅暗之节也。子之于礼,存诸内而已;礼非玉帛之谓,丧岂衰麻之谓乎!太子出则抚军,守则监国,不为无事,宜卒哭除衰麻,而以谅暗终三年。"帝从之。

臣光曰:规矩主于方圆,然庸工无规矩则方圆不可得而制也;衰麻主于哀戚,然庸人无衰麻则哀戚不可得而勉也。《素冠》之诗,正为是矣。杜预巧饰《经》、《传》以附人情,辩则辩矣,臣谓不若陈逵之言质略而敦实也。

13　九月癸亥,以大将军陈骞为太尉。

当初,周鲂的儿子周处,体力超过常人,他不拘小节,乡里的百姓都认为他是祸患。周处曾经询问乡里的老人说:"如今四时谐调,又是丰收之年,而人们却不欢喜,这是为什么?"老人叹气说:"三害没有除掉,哪里会有快乐!"周处说:"三害是什么?"老人说:"南山的白额虎,长桥的蛟龙,再加上你就是三害了。"周处说:"如果所忧的只限于这三害,那我就能把它除了。"于是,周处进山搜寻老虎,将老虎射死;他跳到河里,与蛟龙搏斗,杀死蛟龙;然后他跟随陆机、陆云求学,专心致志地读书,磨炼操守与德行,过了一年,州郡的官府争相征召他去做官。

12 八月戊申(十九日),晋朝在峻阳陵埋葬了元皇后。晋武帝以及群臣除去丧服,博士陈逵提议,认为"现在所实行的,是汉代帝王暂时制定的丧礼规定,太子没有担负国家大事,自然应当穿丧服一直到守丧期满"。尚书杜预认为:"古时候天子、诸侯守丧三年,开始同样穿丧服齐衰和斩衰,等到葬礼结束,就除下丧服,守丧而居,在心中悼念,度过三年。所以周公不说高宗服丧三年而只说天子居丧,这就是在心里哀悼、服心丧的制度;叔向不讥讽景王除去丧服却讥讽他饮宴娱乐过早,很明显是说葬礼结束就应当除去丧服,但是景王过早地宴乐,就是违背了还应服心丧的仪节。君对于礼,保存在自己的心里而已,礼并非就是瑞玉缣帛,丧礼难道就是衰麻之类的丧服吗?太子外出则从君出征,守在国都之内是在君王外出时代行处理国政,不能说没有事情可做,所以太子应当哭别之后,除去丧服,仪节居丧三年。"晋武帝同意了。

臣司马光说:圆规和曲尺的作用是画出圆形和方形,然而平庸的工匠没有圆规和曲尺就不知如何作出方形和圆形来;丧服的作用是为了表达悲哀、伤悼的心情,然而平庸的人没有丧服,就不能尽力表达悲哀伤悼的心情。《诗经·素冠》,正是为此而作。杜预巧妙地假托《经》《传》以附会人情,倒是很有说服力,但是我却认为,不如陈逵的话质朴简要而且厚重诚实。

13 九月癸亥(初四),晋任命大将军陈骞为太尉。

14 杜预以孟津渡险,请建河桥于富平津。议者以为"殷、周所都,历圣贤而不作者,必不可立故也。"预固请为之。及桥成,帝从百寮临会,举觞属预曰:"非君,此桥不立。"对曰:"非陛下之明,臣亦无所施其巧。"

15 是岁,邵陵厉公曹芳卒。初,芳之废迁金墉也,太宰中郎陈留范粲素服拜送,哀动左右。遂称疾不出,阳狂不言,寝所乘车,足不履地。子孙有婚宦大事,辄密谘焉,合者则色无变,不合则眠寝不安,妻子以此知其旨。子乔等三人,并弃学业,绝人事,侍疾家庭,足不出邑里。及帝即位,诏以二千石禄养病,加赐帛百匹,乔以父疾笃,辞不敢受。粲不言凡三十六年,年八十四,终于所寝之车。

16 吴比三年大疫。

咸宁元年(乙未,275)

1 春,正月戊午朔,大赦,改元。

2 吴掘地得银尺,上有刻文,吴主大赦,改元天册。

3 吴中书令贺邵中风不能言,去职数月。吴主疑其诈,收付酒藏,掠考千数,卒无一言,乃烧锯断其头,徙其家属于临海。又诛楼玄子孙。

4 夏,六月,鲜卑拓跋力微复遣其子沙漠汗入贡,将还,幽州刺史卫瓘表请留之,又密以金赂其诸部大人离间之。

14 杜预认为孟津渡口险要,请求在富平津渡口建造一座桥。有人议论说:"殷、周时期的都城,都建在黄河边上,但是经历了圣人贤人的时代而没有造桥,必定是不宜于建桥的缘故。"但是杜预仍然坚持要造桥。等到桥建起,晋武帝和百官一起集会,他举起酒杯敬杜预说:"如果不是你,这桥就建不起来。"杜预回答说:"如果不是陛下圣明,我也没有机会施展我的技巧。"

15 这一年,邵陵厉公曹芳去世。当初,曹芳被废,迁到了金墉城,太宰中郎、陈留人范粲,身穿白色的衣服为他送行,哀伤之情使身边的人都被感动了。这以后,范粲就称病不出门,装疯不说话,睡在自己的乘车上,脚不踩地。子孙当中如果有婚姻、做官的大事,家人总是悄悄与他商议,他如果表示同意,脸色就没有变化,如果不同意,睡卧就不安稳,他的妻子和儿子因此知道他的想法。他的儿子范乔等三人,一起抛弃了学业,断绝人世间一切事情,在家里侍奉他的疾病,从来不走出他们居住的地区。到晋武帝即位,下诏给范粲二千石俸禄让他养病,又赐给他一百匹缣帛,范乔以父亲病重的缘故,推辞不敢接受。范粲总共三十六年没说话,在他八十四岁的时候,死在他睡卧的车子上。

16 吴国接连三年闹起大瘟疫。

晋武帝咸宁元年(乙未,公元 275 年)

1 春季,正月戊午朔(初一),晋大赦天下,改年号为咸宁。

2 吴国挖地时得到了银尺,上面刻着文字,吴主便下令大赦,改年号为天册。

3 吴国中书令贺邵得了中风病不能说话,便离职几个月。吴主怀疑他装病,把他拘捕起来,押送到储藏酒的仓库里拷打,打了他上千次,他最后也没有说一句话,吴主叫人烧红刀锯割断了他的头颅,把他的家属放逐到临海。吴主又诛杀了楼玄的儿子和孙子。

4 夏季,六月,鲜卑人拓跋力微又派他的儿子拓跋沙漠汗到晋朝进献贡品,沙漠汗将要返回的时候,幽州刺史卫瓘上表请求把他留下来,又暗地里用金子贿赂鲜卑各部落的首领,挑拨他们与沙漠汗之间的关系。

5　秋，七月甲申晦，日有食之。

6　冬，十二月丁亥，追尊宣帝庙曰高祖，景帝曰世宗，文帝曰太祖。

7　大疫，洛阳死者以万数。

二年（丙申，276）

1　春，令狐丰卒，弟宏继立，杨欣讨斩之。

2　帝得疾甚剧，及愈，群臣上寿。诏曰："每念疫气死亡者，为之怆然。岂以一身之休息，忘百姓之艰难邪！"诸上礼者，皆绝之。

初，齐王攸有宠于文帝，每见攸，辄抚床呼其小字曰："此桃符座也！"几为太子者数矣。临终，为帝叙汉淮南王、魏陈思王事而泣，执攸手以授帝。太后临终，亦流涕谓帝曰："桃符性急，而汝为兄不慈，我若不起，必恐汝不能相容，以是属汝，勿忘我言！"及帝疾甚，朝野皆属意于攸。攸妃，贾充之长女也。河南尹夏侯和谓充曰："卿二婿，亲疏等耳。立人当立德。"充不答。攸素恶荀勖及左卫将军冯统倾谄，勖乃使统说帝曰："陛下前日疾若不愈，齐王为公卿百姓所归，太子虽欲高让，其得免乎！宜遣还藩，以安社稷。"帝阴纳之，乃徙和为光禄勋，夺充兵权，而位遇无替。

3　吴施但之乱，或谮京下督孙楷于吴主曰："楷不时赴讨，怀两端。"吴主数诘让之，征为宫下镇、骠骑将军。楷自疑惧，夏，六月，将妻子来奔，拜车骑将军，封丹阳侯。

5　秋季,七月甲申晦(三十日),出现日食。

6　冬季,十二月丁亥(初五),晋朝追尊晋宣帝司马懿庙号为高祖,晋景帝司马师庙号为世宗,晋文帝司马昭庙号为太祖。

7　晋国流行大瘟疫,洛阳因瘟疫而死的人数以万计。

晋武帝咸宁二年(丙申,公元276年)

1　春季,令狐丰去世,他的弟弟令狐宏继他之后任敦煌太守,杨欣前去征讨令狐宏,把他杀死。

2　晋武帝得病十分严重,等他痊愈了,大臣们都去为他祝寿。晋武帝下诏说:“每当我想到因瘟疫死去的人,就为他们悲伤。我怎能因为我一个人平安了,就忘记百姓的艰难呢?”于是,拒绝了祝贺送礼的人。

当初,齐王司马攸受到晋文帝的宠爱,晋文帝每当见到司马攸,总是抚摸着床,叫着司马攸的小名说:“这是桃符的座位!”好几次几乎被立为太子。晋文帝临死的时候,给晋武帝讲述了汉代淮南王、魏陈思王的遭遇,他流着眼泪,拉着司马攸的手,然后把司马攸的手放在晋武帝的手上。太后临死时,也流着眼泪对晋武帝说:“桃符性子急躁,而你这做哥哥的又不慈爱。我的病如果好不了,我很担心你容不下他,我因此嘱咐你,你不要忘记我的话!”后来晋武帝病得很重时,朝野上下都归心于司马攸。司马攸的妻子是贾充的长女。河南尹夏侯和对贾充说:“你的二位女婿,与皇帝的亲疏是相等的。树人应当树立有德之人。”贾充不回答。司马攸平素就憎恨荀勖以及左卫将军冯统专事谄媚、逢迎,荀勖于是让冯统对晋武帝说:“陛下前些天的病如果不能痊愈,公卿大臣及百姓们,都对齐王司马攸归心,太子虽然打算谦让,最后也免不了灾祸!应当打发齐王返回他的封国,以使国家安宁。”晋武帝不动声色地采纳了冯统的意见,于是把河南尹夏侯和的官职迁为光禄勋,削夺贾充的兵权,但是地位和待遇不变。

3　吴国发生了施但造反作乱的事,有人在吴主面前诬陷京下督孙楷说:“孙楷不准时去征讨施但,他是两头观望,脚踏两只船。”吴主多次指责孙楷,召他任宫下镇、骠骑将军。孙楷从此心中又疑忌又害怕,夏季的六月,他带着妻子儿女投奔了晋朝,晋朝任命他为车骑将军,封为丹阳侯。

秋，七月，吴人或言于吴主曰："临平湖自汉末薉塞，长老言：'此湖塞，天下乱；此湖开，天下平。'近无故忽更开通，此天下当太平，青盖入洛之祥也。"吴主以问奉禁都尉历阳陈训，对曰："臣止能望气，不能达湖之开塞。"退而告其友曰："青盖入洛者，将有衔璧之事，非吉祥也。"

或献小石刻"皇帝"字，云得于湖边。吴主大赦，改元天玺。

湘东太守张咏不出算缗，吴主就在所斩之，徇首诸郡。会稽太守车濬公清有政绩，值郡旱饥，表求振贷，吴主以为收私恩，遣使枭首。尚书熊睦微有所谏，吴主以刀镮撞杀之，身无完肌。

4　八月己亥，以何曾为太傅，陈骞为大司马，贾充为太尉，齐王攸为司空。

5　吴历阳山有七穿骈罗，穿中黄赤，俗谓之石印，云："石印封发，天下当太平。"历阳长上言石印发，吴主遣使者以太牢祠之。使者作高梯登其上，以朱书石曰："楚九州渚，吴九州都。扬州士，作天子，四世治，太平始。"还以闻。吴主大喜，封其山神为王，大赦，改明年元曰天纪。

6　冬，十月，以汝阴王骏为征西大将军，羊祜为征南大将军，皆开府辟召，仪同三司。

祜上疏请伐吴曰："先帝西平巴、蜀，南和吴、会，庶几海内得以休息，而吴复背信，使边事更兴。夫期运虽天所授，而功业必因人而成，不一大举扫灭，则兵役无时得息也。蜀平之时，天下皆谓吴当并亡，自是以来，十有三年矣。夫谋

秋季,七月,吴国有人对吴主说:"临平湖自从汉末就荒芜阻塞了,老人们说:'此湖塞,天下乱;此湖开,天下平。'近来无缘无故,临平湖忽然又开通了,这是天下将要太平,青色车盖进入洛阳的吉祥征兆。"吴主以此事去询问奉禁都尉、历阳人陈训,陈训对他说:"我只会望云气,不能通达湖水开通阻塞的奥秘。"陈训退下来就对他的朋友说:"青车盖入洛阳,这是说将要有战败亡国之事,并不是吉祥的兆头。"

有人献上小石头,上面刻着"皇帝"的字样,献者说,他是在湖边上得到的。吴主因此大赦罪犯,改年号为天玺。

湘东太守张咏不上交赋税,吴主就地杀了他,把他的首级在各郡示众。会稽太守车濬公正清廉有政绩,当时,会稽郡大旱,老百姓没有粮食吃,车濬上表,请求借贷救济,吴主认为他是想以私人的恩惠收买民心,就派人杀了他,把头悬挂在柱子上示众。尚书熊睦稍微说了几句劝谏的话,吴主就用刀头上的环把他砸死,身上的皮肉没有一处是完好的。

4 八月己亥(二十一日),晋朝任命何曾为太傅,陈骞为大司马,贾充为太尉,齐王司马攸为司空。

5 吴国历阳山上有七个洞孔并排罗列,洞孔里面呈黄赤色,当时的习俗把这称之为石印,也就是指石头上有色彩的纹理,民间流传说:"石印显露,天下太平。"历阳官长上报石印显现,吴主派遣使者用羊猪牛祭祀。使者造了很高的梯子登上历阳山,用大红色在石头上书写道:"楚地是九州中的岛,吴国是九州之都。扬州之士作天子,四世得治,太平开始。"使者返回,禀告吴主。吴主大喜,封历阳山神为王,大赦罪犯,把第二年的年号改为天纪。

6 冬季,十月,晋任命汝阴王司马骏为征西大将军,羊祜为征南大将军,二人都设立府署,征召属员,仪节与三司相同。

羊祜上疏请求讨伐吴国,说:"先帝在西面平定了巴、蜀地区,在南面与东吴、会稽地区和平相处,海内几乎可以休息了,但是吴国却再次背信弃义,使边境又生事端。运数虽说是由上天所授予,而功勋业绩却必须由人来成就,如果不用一次大规模的行动把敌人彻底消灭,那么兵役就没有停息的时候。平定蜀国的时候,天下人都认为吴国也应当一同灭亡,从那时到现在,已经十三年了。谋略

之虽多，决之欲独。凡以险阻得全者，谓其势均力敌耳。若轻重不齐，强弱异势，虽有险阻，不可保也。蜀之为国，非不险也，皆云一夫荷戟，千人莫当。及进兵之日，曾无藩篱之限，乘胜席卷，径至成都，汉中诸城，皆鸟栖而不敢出，非无战心，诚力不足以相抗也。及刘禅请降，诸营堡索然俱散。今江、淮之险不如剑阁，孙皓之暴过于刘禅，吴人之困甚于巴、蜀，而大晋兵力盛于往时，不于此际平壹四海，而更阻兵相守，使天下困于征戍，经历盛衰，不可长久也。今若引梁、益之兵水陆俱下，荆、楚之众进临江陵，平南、豫州直指夏口，徐、扬、青、兖并会秣陵，以一隅之吴当天下之众，势分形散，所备皆急。巴、汉奇兵出其空虚，一处倾坏，则上下震荡，虽有智者不能为吴谋矣。吴缘江为国，东西数千里，所敌者大，无有宁息。孙皓恣情任意，与下多忌，将疑于朝，士困于野，无有保世之计，一定之心。平常之日，犹怀去就，兵临之际，必有应者，终不能齐力致死，已可知也。其俗急速不能持久，弓弩戟楯不如中国，唯有水战是其所便，一入其境，则长江非复所保，还趣城池，去长入短，非吾敌也。官军县进，人有致死之志，吴人内顾，各有离散之心，如此，军不逾时，克可必矣。"帝深纳之。而朝议方以秦、凉为忧，祜复表曰："吴平则胡自定，但当速济大功耳。"议者多有不同，贾充、荀勖、冯紞尤以伐吴为不可。祜叹曰："天下不如意事十常居七、八。天与不取，岂非更事者恨于后时哉！"唯度支尚书杜预、中书令张华与帝意合，赞成其计。

虽然很多,却需要独自决断。凡是凭借险阻得到保全的,是因为其势力与敌方相等罢了。如果轻重不等,强弱之间势力不同,即使有险阻,也保不住。蜀作为一个国家,其地势并非不险,人们都说,一夫当关,万夫莫开。但是,到了我军进兵之日,却不曾有藩篱的阻碍,我军乘胜席卷而下,直接到了成都,汉中各城,都如栖息之鸟,不敢出动。并不是因为他们没有抵抗之心,实在是其力量不足以与我军相抗衡。等到刘禅请求投降,各个营堡索然离散。现在长江、淮水的险峻不如蜀之剑阁,孙皓的残暴超过了刘禅,吴人的困苦胜于巴、蜀,而大晋的兵力比以往任何时候都强盛,不在此时平定统一四海,却还要坚守要塞防守,使天下为远行守边而窘迫,将士们常年出征,由盛年到衰老,这样下去是不会长久的。现在如果率领梁州和益州之兵沿水路、陆路齐下,荆、楚之兵进逼江陵,平南、豫州的军队直趋夏口,徐、扬、青、兖各路兵马在秣陵会合,这样的话,吴国依凭其一隅之地,抵挡天下之众,必然会分兵把守,所守之处,处处危急。然后,乘其空虚,从巴、汉出奇兵袭击,只要有一处被摧毁,就会引起上下震动,即使再有谋略之士也不能为吴国谋划了。吴国沿着长江建立了国家,其地从东到西有几千里,敌对的战线过于广大,所以没有安宁。孙皓放纵任性,为所欲为,常常猜忌臣下,结果使将官在朝中感到疑虑不安,兵士于原野困顿疲惫,没有保卫国家的计谋和长久的打算。平常的日子里,尚且考虑是否离去,到了战事临头之际,必然会有反应,最终不能齐心协力以效死命,这一点现在就已经很清楚了。吴人的习性是急而快但不能持久,他们运用弓弩戟盾等兵器也不如中原地区的士兵熟练,只有水战是他们所适宜的,但是我军一入吴境,那么长江就不再是他们所要保住的,等他们回过头来奔救城池,正是丢弃了长处而拾起短处,就不是我们的对手了。我军深入敌境,人人有献身效命的决心,吴人牵挂后方,各自怀有离散之心,这样,我军过不了多久,克敌制胜就是必然的了。”晋武帝深为赞同,采纳了羊祜的意见。当时朝廷议事,正为秦州、凉州的胡人而忧虑,羊祜又上表说:“平定了吴国,胡人自然就安定了,现在只应当迅速去成就伟大的功业。”朝中不少人不同意羊祜的意见,贾充、荀勖、冯统尤其认为不能伐吴。羊祜叹道:“天下不如意的事情,常占十之七八。上天赐与时机人却不去获取,这岂不是使经历其事的人以后扼腕长叹吗!”当时只有度支尚书杜预、中书令张华与晋武帝意见相合,赞成羊祜的计划。

7　丁卯,立皇后杨氏,大赦。后,元皇后之从妹也,美而有妇德。帝初聘后,后叔父珧上表曰:"自古一门二后,未有能全其宗者,乞藏此表于宗庙,异日如臣之言,得以免祸。"帝许之。

十二月,以后父镇军将军骏为车骑将军,封临晋侯。尚书褚䂮、郭奕皆表骏小器,不可任社稷之重。帝不从。骏骄傲自得,胡奋谓骏曰:"卿恃女更益豪邪!历观前世,与天家婚,未有不灭门者,但早晚事耳。"骏曰:"卿女不在天家乎?"奋曰:"我女与卿女作婢耳,何能为损益乎!"

三年(丁酉,277)

1　春,正月丙子朔,日有食之。

2　立皇子裕为始平王;庚寅,裕卒。

3　三月,平虏护军文鸯督凉、秦、雍州诸军讨树机能,破之,诸胡二十万口来降。

4　夏,五月,吴将邵颙、夏祥帅众七千馀人来降。

5　秋,七月,中山王睦坐招诱逋亡,贬为丹水县侯。

6　有星孛于紫宫。

7　卫将军杨珧等建议,以为:"古者封建诸侯,所以藩卫王室;今诸王公皆在京师,非扞城之义。又,异姓诸将居边,宜参以亲戚。"帝乃诏诸王各以户邑多少为三等,大国置三军五千人,次国二军三千人,小国一军一千一百人;诸王为都督者,各徙其国使相近。八月癸亥,徙扶风王亮为汝南王,出为镇南大将军,都督豫州诸

7 丁卯(二十一日),晋朝立杨氏为皇后,大赦天下。皇后是元皇后的堂妹,容貌美丽而且具有妇女的德行。晋武帝当初和皇后订婚的时候,皇后的叔父杨珧上表说:"自古以来,一门里有两位皇后,还没有能够保全其宗族的。我请求把我所上之表收藏在宗庙里,哪一天如果我的话应验了,我也可因此而免于灾祸。"晋武帝答应了他。

十二月,晋朝任命皇后的父亲、镇军将军杨骏为车骑将军,封为临晋侯。尚书褚䂮、郭奕都上表,说杨骏度量狭隘,不可委以国家重任。晋武帝不听。杨骏骄傲自得,胡奋对杨骏说:"你仗着女儿越来越强横了!历观前代历史,凡是和天子结亲的,没有不遭灭门之祸的,只不过早晚而已。"杨骏说:"您的女儿不是也在天子家里吗?"胡奋说:"我的女儿只是给你的女儿当女仆而已,利害都与她无关!"

晋武帝咸宁三年(丁酉,公元 277 年)

1 春季,正月丙子朔(初一),出现日食。

2 晋朝立皇子司马裕为始平王;庚寅(十五日),司马裕去世。

3 三月,平虏护军文鸯统领凉州、秦州、雍州各军征讨秃发树机能,将其打败,胡人各部落共二十万人归降晋。

4 夏季,五月,吴将邵颛、夏祥率领部众七千余人投降了晋。

5 秋季,七月,中山王司马睦因为招募逃亡的罪犯而获罪,被贬为丹水县侯。

6 异星出现于紫宫星座。

7 卫将军杨珧等人建议,认为:"古时候分封诸侯,是为了藩屏护卫王室;现在诸位王公都住在京都,这就失去了保卫的意义。另外,异姓诸将领居住在国家边境地区时,应当让皇室的亲戚参与其中。"晋武帝于是下诏书,诸王根据所食户邑的多少被分为三等,大国设三军共五千人,次国设二军共三千人,小国设一军一千一百人;诸王中任都督的,各自迁往封国使他们靠近任所。八月癸亥(二十一日),迁扶风王司马亮为汝南王,出任镇南大将军,总领豫州

军事;琅邪王伦为赵王,督邺城守事;勃海王辅为太原王,监并州诸军事;以东莞王伷在徐州,徙封琅邪王;汝阴王骏在关中,徙封扶风王;又徙太原王颙为河间王;汝南王柬为南阳王。辅,孚之子;颙,孚之孙也。其无官者,皆遣就国。诸王公恋京师,皆涕泣而去。又封皇子玮为始平王,允为濮阳王,该为新都王,遐为清河王。

其异姓之臣有大功者,皆封郡公、郡侯。封贾充为鲁郡公。追封王沈为博陵郡公。

徙封钜平侯羊祜为南城郡侯,祜固辞不受。祜每拜官爵,常多避让,至心素著,故特见申于分列之外。祜历事二世,职典枢要,凡谋议损益,皆焚其草,世莫得闻;所进达之人皆不知所由。常曰:"拜官公朝,谢恩私门,吾所不敢也。"

8　兖、豫、徐、青、荆、益、梁七州大水。

9　冬,十二月,吴夏口督孙慎入江夏、汝南,略千馀家而去。诏遣侍臣诘羊祜不追讨之意,并欲移荆州。祜曰:"江夏去襄阳八百里,比知贼问,贼已去经日,步军安能追之!劳师以免责,非臣志也。昔魏武帝置都督,类皆与州相近,以兵势好合恶离故也。疆场之间,一彼一此,慎守而已。若辄徙州,贼出无常,亦未知州之所宜据也。"

10　是岁,大司马陈骞自扬州入朝,以高平公罢。

军事;迁琅邪王司马伦为赵王,督率邺城的防务;迁勃海王司马辅为太原王,督察并州各项军务;东莞王司马伷在徐州,被迁封为琅邪王;汝阴王司马骏在关中,被迁封为扶风王;又迁太原王司马颙为河间王;汝南王司马柬为南阳王。司马辅是司马孚的儿子;司马颙是司马孚的孙子。诸王中不担任官职的,都把他们遣返回各自的封国。各位王公留恋京都,一个个都流着眼泪走了。晋朝又封皇子司马玮为始平王,封司马允为濮阳王,司马该为新都王,司马遐为清河王。

异姓大臣中有立过大功的,都被封为郡公或郡侯。贾充被封为鲁郡公。王沈被追封为博陵郡公。

钜平侯羊祜被迁封为南城郡侯,羊祜坚决推辞不接受。羊祜每当被授予官职和爵位时,经常避让,他的至诚之心一贯有名,所以他被特许不接受分封官爵。羊祜经历了两代帝王,一直掌管关键部门,凡是他参与谋划商议的事情,不管是利是弊,他都把草稿烧掉,使世人不能知道;由羊祜荐举而做了官的人,自己都不知道是谁推荐的。羊祜常常说:"在朝廷里被授予官职,但是却让人向你个人谢恩,这样的事情是我所不敢做的。"

8　兖、豫、徐、青、荆、益、梁七州洪水泛滥。

9　冬季,十二月,吴国夏口督孙慎进犯江夏、汝南,抢劫了一千多家然后离去。晋武帝下诏,派身边的大臣责问羊祜,不追击讨伐孙慎是什么意思,晋武帝还打算迁徙荆州。羊祜说:"江夏距离襄阳有八百里,等知道了贼人的消息,贼人已经离开几天了,步兵如何能追上他们?为了使自己免遭责备,就让部队受苦受累,这不是我的愿望。从前,魏武帝设置都督,大抵都与州相接近,就是因为喜欢兵力集中而厌恶兵力分散的缘故。战场上的事情,一彼一此,只是要谨慎防守而已。如果总是迁州,贼人出没无常,也不知把州设在哪里才便于据守。"

10　这一年,大司马陈骞从扬州入朝,以高平公的身份免职。

11　吴主以会稽张俶多所谮白,甚见宠任,累迁司直中郎将,封侯。其父为山阴县卒,知俶不良,上表曰:"若用俶为司直,有罪乞不从坐。"吴主许之。俶表置弹曲二十人,专纠司不法,于是吏民各以爱憎互相告讦,狱犴盈溢,上下嚣然。俶大为奸利,骄奢暴横,事发,父子皆车裂。

12　卫瓘遣拓跋沙漠汗归国。自沙漠汗入质,力微可汗诸子在侧者多有宠。及沙漠汗归,诸部大人共谮而杀之。既而力微疾笃,乌桓王库贤亲近用事,受卫瓘赂,欲扰动诸部,乃砺斧于庭,谓诸大人曰:"可汗恨汝曹谗杀太子,欲尽收汝曹长子杀之。"诸大人惧,皆散走。力微以忧卒,时年一百四。子悉禄立,其国遂衰。

初,幽、并二州皆与鲜卑接,东有务桓,西有力微,多为边患。卫瓘密以计间之,务桓降而力微死。朝廷嘉瓘功,封其弟为亭侯。

四年(戊戌,278)

1　春,正月庚午朔,日有食之。

2　司马督东平马隆上言:"凉州刺史杨欣失羌戎之和,必败。"夏,六月,欣与树机能之党若罗拔能等战于武威,败死。

3　弘训皇后羊氏殂。

11　会稽人张俶经常在吴主面前搬弄口舌,诬陷别人,因而深受吴主宠爱信任,被多次升迁,任司直中郎将,还被封为侯。张俶的父亲在山阴县当差,知道张俶不是善良之辈,就上表说:"如果任用张俶为司直,我请求,他犯了罪不要牵连到我。"吴主答应了他。张俶上表,设置弹曲二十人,专门负责举报检查种种不法行为,于是官吏百姓各自凭自己的好恶互相告发检举,一时间监狱里人满为患,人人惶恐不安。而张俶却借机为自己大谋私利,骄奢专横,后来张俶的罪恶暴露出来,父亲儿子都遭到车裂的酷刑。

12　卫瓘送拓跋沙漠汗回国。自从沙漠汗入中原做人质,拓跋力微可汗身边的儿子们大多受到力微可汗的宠爱。沙漠汗回国以后,各部落的首领一起诬陷并且杀了他。不久,拓跋力微可汗病倒了,病势沉重,乌桓王库贤由于与力微可汗亲近而当权,他受了卫瓘的贿赂,想把各部落搅乱,于是他在朝堂上磨斧子,对各部落首领说:"可汗恨你们进谗言杀了太子,要把你们的长子都抓起来杀了。"部落首领们害怕,都四散逃跑。力微可汗由于忧虑而去世,死时一百零四岁。他的儿子拓跋悉禄继位,鲜卑国从此就衰落了。

当初,幽州、并州都和鲜卑接壤,东边有务桓,西边有力微,经常成为边境地区的祸患。后来,卫瓘秘密用计谋离间鲜卑各部,结果务桓投降晋国而力微死去。朝廷表彰卫瓘的功勋,封卫瓘的弟弟为亭侯。

晋武帝咸宁四年(戊戌,公元278年)

1　春季,正月庚午朔(初一),出现日食。

2　司马督东平人马隆上书说:"凉州刺史杨欣丧失了与羌戎之间的和睦关系,他必然要失败。"夏季,六月,杨欣与秃发树机能的党羽若罗拔能等人在武威作战,兵败身死。

3　弘训皇后羊氏去世。

4　羊祜以病求入朝，既至，帝命乘辇入殿，不拜而坐。祜面陈伐吴之计，帝善之。以祜病，不宜数入，更遣张华就问筹策，祜曰："孙皓暴虐已甚，于今可不战而克。若皓不幸而没，吴人更立令主，虽有百万之众，长江未可窥也，将为后患矣！"华深然之。祜曰："成吾志者，子也。"帝欲使祜卧护诸将，祜曰："取吴不必臣行，但既平之后，当劳圣虑耳。功名之际，臣不敢居，若事了，当有所付授，愿审择其人也。"

5　秋，七月己丑，葬景献皇后于峻平陵。

6　司、冀、兖、豫、荆、扬州大水，螟伤稼。诏问主者："何以佐百姓？"度支尚书杜预上疏，以为："今者水灾东南尤剧，宜敕兖、豫等诸州留汉氏旧陂，缮以蓄水，馀皆决沥，令饥者尽得鱼菜螺蚌之饶，此目下日给之益也。水去之后，滇淤之田，亩收数钟，此又明年之益也。典牧种牛有四万五千馀头，不供耕驾，至有老不穿鼻者，可分以给民，使及春耕种，谷登之后，责其租税，此又数年以后之益也。"帝从之，民赖其利。预在尚书七年，损益庶政，不可胜数，时人谓之"杜武库"，言其无所不有也。

7　九月，以何曾为太宰。辛巳，以侍中、尚书令李胤为司徒。

4　羊祜因病请求入朝见晋武帝,到了朝廷,晋武帝让他乘着车子上殿,不行拜礼坐下。羊祜向晋武帝当面陈述伐吴的计划,晋武帝非常赞赏。因为羊祜有病,不便一次次地面见晋武帝,晋武帝便派张华去羊祜那里询问伐吴的谋划,羊祜说:"孙皓凶暴残酷已经到了极点,如果现在行动,可以不战而胜。假如孙皓不幸而死去,吴人再立一个贤明的君主,那么我们虽然有百万之众,长江也不是我们可以窥伺的了,这样就将成为后患!"张华非常赞同他的话。羊祜说:"成就我的志向的人,就是你。"晋武帝想让羊祜卧病在车上总领各位将领,羊祜说:"夺取吴国我不一定必须去,但是等平吴之后,就要劳累您圣明的思虑了。我不敢居于功绩与名声之间,但是如果事情结束,应当委派官员去东南地区镇抚时,希望您慎重地选择合适的人选。"

5　秋季,七月己丑(二十二日),晋朝在峻平陵埋葬了景献皇后。

6　司、冀、兖、豫、荆、扬各州洪水泛滥,螟虫毁坏了庄稼。晋武帝下诏书询问主管人:"用什么来帮助老百姓呢?"度支尚书杜预上疏,认为:"当前的水灾,以东南地区尤其严重,应当告诫兖、豫等各州,修理汉代遗留下来的池塘,用来蓄水,把多余的水引走,这样饥饿的百姓就可以得到丰足的螺蚌鱼菜充饥,这是眼前就能得益的每日供给。等到大水退了以后,淤泥的田地,每亩能收获几钟粮食,这又是第二年就能得到的好处。另外,朝廷的典牧官有四万五千多头种牛,这些牛不耕田,不驾车,甚至有的牛到老鼻子也不穿绳,可以把这些牛分给百姓使用,让这些牛赶上春天的耕种,等到粮食丰收以后,再向老百姓索取租税,这又是几年以后可以得到的好处。"晋武帝采纳了杜预的意见,老百姓以此得到了利益。杜预任尚书七年,经他斟酌修正的各种政务数不胜数,当时的人称他为"杜武库",意思是说他富有才干,像一个储藏武器的仓库,无所不有。

7　九月,晋朝任命何曾为太宰。辛巳(十五日),任命侍中、尚书令李胤为司徒。

8　吴主忌胜己者,侍中、中书令张尚,纮之孙也,为人辩捷,谈论每出其表,吴主积以致恨。后问:"孤饮酒可以方谁?"尚曰:"陛下有百觚之量。"吴主曰:"尚知孔丘不王,而以孤方之。"因发怒,收尚。公卿已下百馀人,诣宫叩头,请尚罪,得减死,送建安作船,寻就杀之。

9　冬,十月,征征北大将军卫瓘为尚书令。是时,朝野咸知太子昏愚,不堪为嗣,瓘每欲陈启而未敢发。会侍宴陵云台,瓘阳醉,跪帝床前曰:"臣欲有所启。"帝曰"公所言何邪?"瓘欲言而止者三,因以手抚床曰:"此座可惜!"帝意悟,因谬曰:"公真大醉邪?"瓘于此不复有言。帝悉召东宫官属,为设宴会,而密封尚书疑事,令太子决之。贾妃大惧,倩外人代对,多引古义。给使张泓曰:"太子不学,陛下所知,而答诏多引古义,必责作草主,更益谴负,不如直以意对。"妃大喜,谓泓曰:"便为我好答,富贵与汝共之。"泓即具草,令太子自写,帝省之甚悦。先以示瓘,瓘大踧踖,众人乃知瓘尝有言也。贾充密遣人语妃云:"卫瓘老奴,几破汝家!"

10　吴人大佃皖城,欲谋入寇。都督扬州诸军事王浑遣扬州刺史应绰攻破之,斩首五千级,焚其积谷百八十馀万斛,践稻田四千馀顷,毁船六百馀艘。

8　吴主嫉妒比他强的人,侍中、中书令张尚,是张纮的孙子。张尚能言善辩,谈论起来往往出人意外,吴主天长日久积下了对他的憎恨。后来有一次吴主问张尚:"我喝酒可以和谁相比?"张尚回答说:"陛下有能饮百觚的酒量。"吴主说:"张尚明明知道孔丘没有做君主,他还要拿我和孔丘相比。"因为古谚有"尧饮千钟,孔子百觚"之说,于是勃然大怒,把张尚抓了起来。公卿以下的官吏一百多人,到宫里去叩头,替张尚求情,张尚这才得以减罪免死,被送到建安去造船,但不久吴主就把他杀了。

9　冬季,十月,晋朝征召征北大将军卫瓘任尚书令。当时,朝廷上下都知道太子糊涂愚蠢,不能负起王位继承人的重任,卫瓘每次想向晋武帝陈说这件事都没敢开口。后来,有一次陪晋武帝在陵云台宴饮,卫瓘假装喝醉了酒,跪在晋武帝的床前说:"我有事情要向您启奏。"晋武帝说:"你要说什么?"卫瓘欲言又止一共三次,趁势用手抚摸着床说:"这个座位可惜了!"晋武帝明白了他的意思,也顺着他说道:"你真是大醉了吗?"从这以后,卫瓘对这件事不再提起。晋武帝把东宫的官吏都召集到一起,为他们设宴,他把尚书决定不下来的事情密封起来,让太子决断应如何处理。贾妃听到这个消息非常恐惧,就借助外人代替太子回答问题,引用了很多古义。给使张泓说:"太子学问不好,这是陛下所了解的,但是答题却引用许多古义,这必然会引起陛下对起草人的责问,反而更增加了太子的过错与不足,倒不如直接以意思来回答问题。"贾妃听了非常高兴,对张泓说:"你这就给我好好地答题,我和你共享富贵。"张泓立即动手准备草稿,让太子亲笔抄录下来,晋武帝看了之后非常高兴,先拿给卫瓘看,卫瓘局促不安,众人于是知道了卫瓘曾经说过有关太子的话。贾充秘密派人对贾妃说:"卫瓘这个老奴才,差点破了你的家!"

10　吴人在皖城大规模地屯田,想图谋进犯。都督扬州诸军事王浑派遣扬州刺史应绰去攻打皖城,打败了吴军,斩首五千级,焚烧储备的粮食一百八十馀万斛,践踏了稻田四千多顷,毁坏船只六百馀艘。

11　十一月辛巳，太医司马程据献雉头裘，帝焚之于殿前。甲申，敕内外敢有献奇技异服者，罪之。

12　羊祜疾笃，举杜预自代。辛卯，以预为镇南大将军、都督荆州诸军事。祜卒，帝哭之甚哀。是日，大寒，涕泪沾须鬓皆为冰。祜遗令不得以南城侯印入柩。帝曰："祜固让历年，身没让存，今听复本封，以彰高美。"南州民闻祜卒，为之罢市，巷哭声相接。吴守边将士亦为之泣。祜好游岘山，襄阳人建碑立庙于其地，岁时祭祀，望其碑者无不流涕，因谓之堕泪碑。

杜预至镇，简精锐，袭吴西陵督张政，大破之。政，吴之名将也，耻以无备取败，不以实告吴主。预欲间之，乃表还其所获。吴主果召政还，遣武昌监留宪代之。

13　十二月丁未，朗陵公何曾卒。曾厚自奉养，过于人主。司隶校尉东莱刘毅数劾奏曾侈汰无度，帝以其重臣，不问。及卒，博士新兴秦秀议曰："曾骄奢过度，名被九域。宰相大臣，人之表仪，若生极其情，死又无贬，王公贵人复何畏哉！谨按《谥法》'名与实爽曰缪，怙乱肆行曰丑'，宜谥丑缪公。"帝策谥曰孝。

11 十一月辛巳(十六日),太医司马程据献上用雉鸡头上的羽毛制成的裘衣,晋武帝在殿前焚烧了这件衣服。甲申(十九日),晋武帝告诫朝廷内外,如果有敢于献上奇特的技艺或者怪异的服装的,就判他的罪。

12 羊祜病重,荐举杜预代替他。辛卯(二十六日),任命杜预为镇南大将军、都督荆州诸军事。羊祜去世,晋武帝哭得特别哀伤。那天天气很冷,晋武帝流下的眼泪沾在胡须和鬓发上,立刻结成了冰。羊祜留下遗言,不让把南城侯印放入棺木。晋武帝说:"羊祜坚持谦让已经有很多年了,现在人死了而谦让的美德还在,如今就按他的意思办,恢复他原来的封号,以彰明他高尚的美德。"南方州郡的百姓们听到羊祜去世的消息,为他罢市,在里巷里聚在一起哭泣,哭声接连不绝。就连吴国守卫边境的将士们也为羊祜的死而流泪。羊祜喜欢游岘山,襄阳的百姓就在岘山上建庙立碑,一年四季祭祀,看见这座碑的人没有不落泪的,所以人们称这座碑为堕泪碑。

杜预到任后,他挑选精兵,袭击吴国西陵督张政,使吴兵大败。张政是吴国的名将,他因为没有防备而打了败仗,感到羞耻,所以没有把实情告诉吴主。杜预想使离间计,于是上表晋武帝,把战斗中的缴获物都还给了张政。吴主果然召回了张政,派武昌监留宪代替张政。

13 十二月丁未(十三日),晋朗陵公何曾去世。何曾生活豪华奢侈,超过了君主。司隶校尉、东莱人刘毅多次揭发检举何曾奢侈无度,晋武帝因为何曾是身居要职的大臣,所以不去过问。何曾死后,博士、新兴人秦秀议论说:"何曾骄奢过度,名声传遍了九州。宰相大臣是做人的表率,如果活着的时候随心所欲,死了以后又不受贬抑,那么王公贵人还怕什么呢? 我恭敬地根据《谥法》所说'名与实有差失叫作缪;乘乱取利、肆意妄为叫作丑',觉得应当为何曾定谥号为丑缪公。"晋武帝没有采纳秦秀的建议,下令赐何曾谥号为孝。

14　前司隶校尉傅玄卒。玄性峻急，每有奏劾，或值日暮，捧白简，整簪带，竦踊不寐，坐而待旦。由是贵游震慑，台阁生风。玄与尚书左丞博陵崔洪善，洪亦清厉骨鲠，好面折人过，而退无后言，人以是重之。

15　鲜卑树机能久为边患，仆射李憙请发兵讨之，朝议皆以为出兵重事，虏不足忧。

五年(己亥,279)

1　春，正月，树机能攻陷凉州。帝甚悔之，临朝而叹曰："谁能为我讨此虏者?"司马督马隆进曰："陛下能任臣，臣能平之。"帝曰："必能平贼，何为不任，顾方略何如耳!"隆曰："臣愿募勇士三千人，无问所从来，帅之以西，虏不足平也。"帝许之。乙丑，以隆为讨虏护军、武威太守。公卿皆曰："见兵已多，不宜横设赏募，隆小将妄言，不足信也。"帝不听。隆募能引弓四钧、挽弩九石者取之，立标简试，自旦至日中，得三千五百人。隆曰："足矣。"又请自至武库选仗，武库令与隆忿争，御史中丞劾奏隆。隆曰："臣当毕命战场，武库令乃给以魏时朽仗，非陛下所以使臣之意也。"帝命惟隆所取，仍给三年军资而遣之。

14 前任司隶校尉傅玄去世。傅玄性格严厉急躁,常常向皇帝上奏揭发罪行的文状,有时写完正当黄昏时分,傅玄也手捧状子,整理好上朝用的簪笔和身上的衣带,由于心绪不宁而无法入睡,他就坐在那里等待天亮。因此王公贵族恐惧,而政府官署却增添了气势。傅玄与尚书左丞、博陵人崔洪友好,崔洪也是清廉正直的人,喜欢当面斥责别人的过失,但在背后却不议论别人,人们因此而尊重他。

15 鲜卑人秃发树机能,长久以来一直是边境地区的祸患,仆射李憙请求发兵征讨树机能,朝廷议事时,大臣们都认为出兵是重大的事情,而树机能还不值得朝廷忧虑。

晋武帝咸宁五年(己亥,公元279年)

1 春季,正月,秃发树机能攻陷了凉州。晋武帝异常悔恨,在朝廷上叹道:"有谁能为我征讨此虏?"司马督马隆上前说道:"陛下如能任用我,我能平定树机能。"晋武帝说:"你如果一定能平定贼人,我为什么不用你,只是你的计谋策略怎么样?"马隆说:"我打算招募三千名勇士,不管他们是从哪儿来、从前是干什么的,率领他们向西去,一个树机能都不够我打的。"晋武帝同意了。乙丑(初一),任命马隆为讨虏护军、武威太守。官员们都说:"我们目前的兵员就已经很多了,不应当再任意地设立赏格与招募,马隆这个小将不过是胡说,不值得相信他。"晋武帝不听。马隆招募的标准是,只要能拉开一百二十斤力的弓,能拉开相当于九石力的弩,就录取,他立下标准考试挑选,从早晨到中午,招了三千五百人。马隆说:"足够了。"又请求亲自到武器库里去挑选兵器,武库令愤怒地和他吵了起来,御史中丞向皇帝告发马隆。马隆说:"我将要在战场上尽力效命,武库令却给我魏时的朽烂兵器,这可不是陛下委派我的用心。"晋武帝下令,武器库中的兵器任马隆挑选,仍然供给他三年的军用物资,然后就派他出发。

2　初,南单于呼厨泉以兄於扶罗子豹为左贤王,及魏武帝分匈奴为五部,以豹为左部帅。豹子渊,幼而隽异,师事上党崔游,博习经史。尝谓同门生上党朱纪、雁门范隆曰:"吾常耻随、陆无武,绛、灌无文。随、陆遇高帝而不能建封侯之业,绛、灌遇文帝而不能兴庠序之教,岂不惜哉!"于是兼学武事。及长,猿臂善射,膂力过人,姿貌魁伟。为任子在洛阳,王浑及子济皆重之,屡荐于帝,帝召与语,悦之。济曰:"渊有文武长才,陛下任以东南之事,吴不足平也。"孔恂、杨珧曰:"非我族类,其心必异。渊才器诚少比,然不可重任也。"及凉州覆没,帝问将于李憙,对曰:"陛下诚能发匈奴五部之众,假刘渊一将军之号,使将之而西,树机能之首可指日而枭也。"孔恂曰:"渊果枭树机能,则凉州之患方更深耳。"帝乃止。

　　东莱王弥家世二千石,弥有学术勇略,善骑射,青州人谓之"飞豹"。处士陈留董养见而谓之曰:"君好乱乐祸,若天下有事,不作士大夫矣。"渊与弥友善,谓弥曰:"王、李以乡曲见知,每相称荐,适足为吾患耳。"因歔欷流涕。齐王攸闻之,言于帝曰:"陛下不除刘渊,臣恐并州不得久安。"王浑曰:"大晋方以信怀殊俗,奈何以无形之疑杀人侍子乎?何德度之不弘也!"帝曰:"浑言是也。"会豹卒,以渊代为左部帅。

2 当初,南单于呼厨泉任命他哥哥於扶罗的儿子刘豹为左贤王,后来魏武帝把匈奴分为五部,任命刘豹为左部帅。刘豹的儿子刘渊,年幼却俊秀出众。他拜上党人崔游为师,广博地学习经与史。他曾经对与他同门的学生、上党人朱纪和雁门人范隆说:"我常常为随何、陆贾没有武功,绛侯、灌婴没有文才而感到羞愧。随何、陆贾遇到了汉高帝却不能建立封侯的业绩;绛侯、灌婴遇到了汉文帝却不能振兴文化教育,这难道不可惜吗?"于是他在习文的同时也兼学武功。等他长大了,长臂善于射箭,体力超过常人,身材高大魁梧。他因为是人质,所以留在洛阳,王浑与儿子王济都很器重刘渊,多次向晋武帝荐举,晋武帝就召来刘渊与他交谈,结果非常喜欢他。王济说:"刘渊有文武英才,陛下把东南的事情委任于他,平定吴国都不够他施展的。"孔恂、杨珧说:"刘渊非我族类,必然与我们不是一条心。刘渊的才能器量确实很少有人能和他相比,但是却不能重用他。"后来凉州陷落,晋武帝问李憙,可以用谁为将去救凉州,李憙回答说:"陛下如果真能把匈奴五部的人都发动起来,给刘渊一个将军的名号,让他率领匈奴人向西进发,那么树机能的头颅就指日可待了。"孔恂说:"刘渊要是真杀了树机能的头示众,那么凉州的祸患就会更深了。"晋武帝于是没有任用刘渊。

东莱人王弥家世袭二千石俸禄,王弥有学问,勇猛而有谋略,他善于骑射,青州人称他为"飞豹"。隐士陈留人董养看到他就对他说:"你是一个喜好动乱和灾祸的人,如果天下有乱事,你就连士大夫都不想做了。"刘渊和王弥很友好,刘渊对王弥说:"王浑和李憙因为与我是同乡所以了解我,他们时常向晋武帝荐举我,这却正是我的忧虑。"说着就抽泣起来。齐王司马攸知道了这件事,他对晋武帝说:"陛下如不除掉刘渊,我恐怕并州不能够长久安宁了。"王浑说:"大晋正要以信义来安抚异族,为什么要为了无形的怀疑,就要杀了人家入侍皇帝的儿子呢?为什么恩惠的气度就不能宽宏大量呢?"晋武帝说:"王浑说得对。"正巧刘豹去世,委派刘渊接替,担任左部帅。

3 夏,四月,大赦。

4 除部曲督以下质任。

5 吴桂林太守脩允卒,其部曲应分给诸将。督将郭马、何典、王族等累世旧军,不乐离别,会吴主料实广州户口,马等因民心不安,聚众攻杀广州督虞授,马自号都督交、广二州诸军事,使典攻苍梧,族攻始兴。秋,八月,吴以军师张悌为丞相,牛渚都督何植为司徒,执金吾滕脩为司空。未拜,更以脩为广州牧,帅万人从东道讨郭马。马杀南海太守刘略,逐广州刺史徐旗。吴主又遣徐陵督陶濬将七千人,从西道与交州牧陶璜共击马。

6 吴有鬼目菜,生工人黄耉家;有买菜,生工人吴平家。东观案图书,名鬼目曰芝草,买菜曰平虑草。吴主以耉为侍芝郎,平为平虑郎,皆银印青绶。

吴主每宴群臣,咸令沉醉。又置黄门郎十人为司过,宴罢之后,各奏其阙失,谇视谬言,罔有不举,大者即加刑戮,小者记录为罪,或剥人面,或凿人眼。由是上下离心,莫为尽力。

益州刺史王濬上疏曰:“孙皓荒淫凶逆,宜速征伐。若一旦皓死,更立贤主,则强敌也。臣作船七年,日有朽败;臣年七十,死亡无日。三者一乖,则难图也。诚愿陛下无失事机。”帝于是决意伐吴。会安东将军王浑表孙皓欲北上,边戍皆戒严,朝廷乃更议明年出师。王濬参军何攀奉使在洛,上疏称:“皓必不敢出,宜因戒严,掩取甚易。”

3　夏季,四月,晋朝大赦天下。

4　晋朝废除部曲督以下官员纳人质的规定。

5　吴国桂林太守脩允去世,脩允的部下应当分别归属于各个将领。督将郭马、何典、王族等人几代都在这支军队中,不愿意分离,这时,吴主正在调查、核实广州的户口,郭马等人就乘民心不安的时机,聚众起事,杀了广州督虞授,郭马自己封为都督交、广二州诸军事,派何典去攻打苍梧,派王族去进攻始兴。秋季,八月,吴国任命军师张悌为丞相,牛渚都督何植为司徒,执金吾滕脩为司空。还没来得及授官,又任命滕脩为广州牧,率领一万人从东路去讨伐郭马。郭马杀了南海太守刘略,赶走了广州刺史徐旗。吴主又派遣徐陵督陶濬率领七千人,从西路与交州牧陶璜一起攻打郭马。

6　吴国发现了鬼目菜,生长在工人黄耇家里;又发现了买菜,生长在工人吴平家。负责管理国家图书的官吏,查考书籍,给鬼目菜起名叫芝草,买菜起名叫平虑草。吴主任命黄耇为侍芝郎,吴平为平虑郎,授予他们银印和青色的绶带。

吴主每次宴会群臣,都要把大臣们灌醉。他设置了黄门郎十人,专门负责搜集大臣们的过失,每次宴会结束以后,这十个人就向吴主汇报大臣们的过失,凡是大臣中有抵触的、说了错话的,都向吴主举报,严重的被判刑、处死,轻的也要当作罪状记录下来,有的被剥下脸上的皮,有的被挖去眼睛。因此朝廷上下人心相离,没有人肯为吴主尽力。

晋朝益州刺史王濬上疏说:“孙皓荒淫,凶暴反常,应当迅速地征讨他。如果一旦孙皓死了,吴国又立了一个贤明的君王,那么就成为我们的强敌了。我造船已经七年,每天都有船因腐烂而毁坏;我年已七十,离死亡没有几天了。这三点只要一有失误,那么伐吴的大事就难以实现。我真诚地希望陛下不要失去机会。”晋武帝于是下定决心伐吴。这时,安东将军王浑上表说,孙皓要北上,吴国边境地区已经戒备森严,朝廷于是又商议明年再出兵。王濬的参军何攀奉命出使正在洛阳,他上疏说:“孙皓必然不敢出兵,应当乘着吴国防备严密而突然袭击,这样更容易取胜。”

杜预上表曰:"自闰月以来,贼但敕严,下无兵上。以理势推之,贼之穷计,力不两完,必保夏口以东以延视息,无缘多兵西上,空其国都。而陛下过听,便用委弃大计,纵敌患生,诚可惜也。向使举而有败,勿举可也。今事为之制,务从完牢,若或有成,则开太平之基,不成不过费损日月之间,何惜而不一试之!若当须后年,天时人事,不得如常,臣恐其更难也。今有万安之举,无倾败之虑,臣心实了,不敢以暧昧之见自取后累,惟陛下察之。"旬月未报,预复上表曰:"羊祜不先博谋于朝臣,而密与陛下共施此计,故益令朝臣多异同之议。凡事当以利害相校,今此举之利十有八、九,而其害一、二,止于无功耳。必使朝臣言破败之形,亦不可得,直是计不出己,功不在身,各耻其前言之失而固守之也。自顷朝廷事无大小,异意锋起,虽人心不同,亦由恃恩不虑后患,故轻相同异也。自秋已来,讨贼之形颇露,今若中止,孙晧或怖而生计,徙都武昌,更完修江南诸城,远其居民,城不可攻,野无所掠,则明年之计或无所及矣!"帝方与张华围棋,预表适至,华推枰敛手曰:"陛下圣武,国富兵强,吴主淫虐,诛杀贤能,当今讨之,可不劳而定,愿勿以为疑!"帝乃许之。以华为度支尚书,量计运漕。贾充、荀勖、冯紞固争之,帝大怒,充免冠谢罪。仆射山涛退而告人曰:"自非圣人,外宁必有内忧,今释吴为外惧,岂非算乎!"

杜预上表说:"自从闰月以来,贼人只是防备得严,下游地区并不见吴兵沿江而上。依道理及形势推测,贼人已无计可施,其兵力不足以保全两边,必然要保住夏口以东地区以便苟延残喘,没有理由派很多兵士向西,而使国都空虚。但是陛下却由于误听,而丢开大计,放纵敌人而留下了后患,实在是可惜。过去假如举兵有可能失败,那么也可以不举兵。现在事情已经做了决定,务必要做得完美牢靠,假如能成功,那么就开创了太平的基础;如果不能成功,损失耗费也不过在数日几月之间,何必吝惜而不去试一试呢! 如果还要等到以后,那么天时人事就不能和往常一样了,我担心到时会更难。当前的举动万分妥帖,绝没有覆灭失败的忧虑,我已下定了决心,决不敢以暧昧不明的态度以自取日后的麻烦,请陛下明察。"一个月过去了,杜预还没有得到晋武帝的答复,杜预于是又上表说:"羊祜事先没有广泛地和大臣们商议、谋划,却秘密地与陛下一起推行这个计划,所以就更使得朝廷大臣有很多不同的议论。任何事情都应当把利益与损害相互比较,现在这一行动的利益占十之八九,而弊端只占十之一二,最多只是没有功劳而已。如果一定要让大臣们说出计划的弊端,也是不可能的,他们之所以对计划有不同的看法,只是因为计划不是他们制定的,自己没有功劳。即使对自己以前说的话有过失感到羞愧,但还要坚持自己的意见,以保住面子。近来,朝廷中的事情无论大小,总是各种意见蜂起,虽说人心各有不同,但是也是由于倚仗着恩宠而不考虑后患,所以很轻易地表示自己相同或者不同的意见。入秋以来,讨贼的举动越来越显露出来,现在假如中止行动,孙皓或许会因恐怖而产生出新的计划,迁都武昌,更完备地修整长江以南各城,把居民迁到很远的地方去,使城不可以攻,原野之中找不到东西,那么明年的计划或许就用不上了!"当时,晋武帝正和张华下围棋,杜预所上表正好送到,张华推开棋盘拱手说:"陛下圣明英武,国富兵强,吴主邪恶凶残,诛杀贤良有才能的人,现在就去讨伐他,可以不受劳累而平定,希望您不要再犹豫了!"晋武帝接受了他的意见。任命张华为度支尚书,按计划从水路运粮。贾充、荀勖、冯纨等人不同意伐吴,坚持他们的意见,晋武帝大怒,贾充立即脱帽认罪。仆射山涛退朝回来和别人说:"古人云,'假如不是圣人,外部安宁了就必然有内部的忧患,现在留下吴作为外部的忧惧,难道不是谋略吗?"

冬，十一月，大举伐吴，遣镇军将军琅邪王伷出涂中，安东将军王浑出江西，建威将军王戎出武昌，平南将军胡奋出夏口，镇南大将军杜预出江陵，龙骧将军王濬、巴东监军鲁国唐彬下巴、蜀，东西凡二十馀万。命贾充为使持节、假黄钺、大都督，以冠军将军杨济副之。充固陈伐吴不利，且自言衰老，不堪元帅之任。诏曰：“君若不行，吾便自出。”充不得已，乃受节钺，将中军南屯襄阳，为诸军节度。

7 马隆西渡温水，树机能等以众数万据险拒之。隆以山路狭隘，乃作扁箱车，为木屋，施于车上，转战而前，行千馀里，杀伤甚众。自隆之西，音问断绝，朝廷忧之，或谓已没。后隆使夜到，帝抚掌欢笑，诘朝，召群臣谓曰：“若从诸卿言，无凉州矣。”乃诏假隆节，拜宣威将军。隆至武威，鲜卑大人猝跋韩且万能帅万馀落来降。十二月，隆与树机能大战，斩之，凉州遂平。

8 诏问朝臣以政之损益，司徒左长史傅咸上书，以为：“公私不足，由设官太多。旧都督有四，今并监军乃盈于十；禹分九州，今之刺史几向一倍；户口比汉十分之一，而置郡县更多；虚立军府，动有百数，而无益宿卫；五等诸侯，坐置官属。诸所廪给，皆出百姓，此其所以困乏者也。当今之急，在于并官息役，上下务农而已。”咸，玄之子也。时又议省州、郡、县半吏以赴农功，中书监荀勖以为：“省吏不如省官，省官不如省事，省事不如清心。昔萧、曹相汉，载其清静，民以宁壹，所谓清心也。

冬季,十一月,晋朝大举出兵讨伐吴,派遣镇军将军、琅邪王司马伷从涂中出兵,安东将军王浑从江西出兵,建威将军王戎出武昌,平南将军胡奋从夏口出兵,镇南大将军杜预从江陵出兵,龙骧将军王濬和巴东监军鲁国人唐彬向巴、蜀进军,东西合计共有二十余万人。任命贾充为使持节、假黄钺、大都督,任命冠军将军杨济协助贾充,做贾充的副手。贾充坚持陈述伐吴不利,而且自称已经衰老,不能担当元帅的重任。晋武帝下诏说:"你如果不去,那么我就亲自出征。"贾充不得已,于是接受了符节与斧钺,率领中军向南驻扎在襄阳,负责各部队的部署、调度与节制。

　　7　马隆向西渡过温水,秃发树机能等人带领几万名部众凭借险阻抵抗。因为山路狭隘,马隆就造了扁箱车,还造了木屋,置于车上,边作战边前进,走了一千多里,打得敌人死的死,伤的伤,损失惨重。自从马隆西去,音讯断绝,朝廷为他担忧,有的人说他们已经都死了。后来马隆的使者夜里到了,晋武帝拍着手高兴地笑了,清晨,召集群臣对他们说:"假如听从了诸位的意见,就没有凉州了。"于是下命令,赐给马隆符节,授官宣威将军。马隆到了武威,鲜卑部落首领猝跋韩且万能率领一万多部落来归降。十二月,马隆与树机能大战,杀了树机能,凉州于是平定。

　　8　晋武帝下诏询问朝廷大臣如何改进政务,司徒左长史傅咸上书,认为:"公与私都不充实的原因,是由于设置的官吏太多了。从前都督是四个,而现在连同监军却多至十人;禹分华夏为九州,现在的刺史几乎是从前的一倍;现在的户口相当于汉代的十分之一,而所设置的郡县却比汉代多;虚设的将帅幕府,动不动就有上百个,但是却无益于值宿、警卫;五个等级的诸侯,坐在那里也要设置官属。所有这些官吏的粮食供应,全都从老百姓身上出,这就是穷困匮乏的原因。当前最紧迫的事情,在于合并官署,停止劳役,从上至下都致力于农事。"傅咸是傅玄的儿子。当时,朝廷中又商议,减省州、郡、县一半的官吏,让他们去从事农业。中书监荀勖认为:"减吏不如减官,减官不如减事,减事不如清心。从前萧何、曹参辅佐汉王,清静无为,百姓因此而安宁统一,这就是所说的清心。

抑浮说，简文案，略细苛，宥小失，有好变常以徼利者，必行其诛，所谓省事也。以九寺并尚书，兰台付三府，所谓省官也。若直作大例，凡天下之吏皆减其半，恐文武众官，郡国职业，剧易不同，不可以一概施之。若有旷阙，皆须更复，或激而滋繁，亦不可不重也。”

抑制毫无根据的空言,精简公文案卷,省略细碎繁琐的事务,原谅微小的过失,如果有喜好改变常规而求利的人,一定要进行惩治,这就是所谓省事。把九卿寺并入尚书,把御史台交付三公府,这就是所谓的省官。如果只做大的规定,那么普天下的官吏,都要裁减一半,恐怕众多的文武官员,郡国的各种职责,难易程度不同,不可以一概推行。假如出现公务废弛,全都需要再恢复,或者就会因激发而更加繁多,这也不能不加以重视。"

卷第八十一　晋纪三

起庚子(280)尽戊申(288)凡九年

世祖武皇帝中
太康元年(庚子,280)

1　春,正月,吴大赦。

2　杜预向江陵,王浑出横江,攻吴镇、戍,所向皆克。二月戊午,王濬、唐彬击破丹阳监盛纪。吴人于江碛要害之处,并以铁锁横截之,又作铁锥,长丈馀,暗置江中,以逆拒舟舰。濬作大筏数十,方百馀步,缚草为人,被甲持仗,令善水者以筏先行,遇铁锥,锥辄著筏而去。又作大炬,长十馀丈,大数十围,灌以麻油,在船前,遇锁,然炬烧之,须臾,融液断绝,于是船无所碍。庚申,濬克西陵,杀吴都督留宪等。壬戌,克荆门、夷道二城,杀夷道监陆晏。杜预遣牙门周旨等帅奇兵八百泛舟夜渡江,袭乐乡,多张旗帜,起火巴山。吴都督孙歆惧,与江陵督伍延书曰:“北来诸军,乃飞渡江也。”旨等伏兵乐乡城外,歆遣军出拒王濬,大败而还。旨等发伏兵随歆军而入,歆不觉,直至帐下,虏歆而还。乙丑,王濬击杀吴水军都督陆景。杜预进攻江陵,甲戌,克之,斩伍延。於是沅、湘以南,接于交、广,州郡皆望风送印绶。预杖节称诏而绥抚之。凡所斩获吴都督、监军十四,牙门、郡守百二十馀人。胡奋克江安。

世祖武皇帝中
晋武帝太康元年(庚子,公元 280 年)

1　春季,正月,吴国实行大赦。

2　杜预向江陵进发,王浑从横江出兵,攻打吴的兵镇及边防营垒,攻无不克。二月戊午(初一),王濬、唐彬打败了丹阳监盛纪。吴人把江边浅滩上的要害区域,用铁锁拦住,还打造了一丈多长的大铁锥,暗中放进江里,用以阻挡战船。王濬造了几十个大木筏,每一个木筏,长、宽都有一百馀步,让人扎了许多草人,草人披铠甲,拿兵器,放在大木筏上,让水性好的人与木筏走在前面,遇到铁锥,铁锥就扎到木筏上,被木筏带走了。王濬又造了许多大火把,火把长十几丈,有几十围粗,用麻油浇在火把上,把火把放在船的前面,遇到铁锁就点燃火把,一会儿工夫,铁锁就被火把烧得融化而断开,于是战船就无所阻挡。庚申(初三),王濬攻克了西陵,杀了吴都督留宪等人。壬戌(初五),又攻下了荆门、夷道两座城,杀了夷道监陆晏。杜预派遣牙门周旨等人率领八百名奇兵,在夜里泛舟渡过长江,袭击乐乡,树起许多旗帜,又在巴山点起火。吴都督孙歆非常恐惧,写信给江陵督伍延说:"从北边过来的军队,是飞渡过江的。"周旨等人把军队埋伏在乐乡城外,孙歆派兵出城去打王濬,结果大败而回。周旨等人让伏兵尾随孙歆的军队进了城,孙歆没有觉察,周旨的兵一直到了孙歆的帐幕之下,活捉孙歆而回。乙丑(初八),王濬打败了吴水军都督陆景,把他杀了。杜预进攻江陵,甲戌(十七日),攻克了江陵,杀了伍延。这时候,沅、湘以南地区以及地界相接的交、广等州郡,都闻声把印绶送来。杜预手持符节按照皇帝的诏命安抚了这些州郡。总共俘获、斩杀吴都督、监军十四人,牙门、郡守一百二十多人。胡奋又攻克了江安。

乙亥，诏："王濬、唐彬既定巴丘，与胡奋、王戎共平夏口、武昌，顺流长骛，直造秣陵。杜预当镇静零、桂，怀辑衡阳。大兵既过，荆州南境固当传檄而定。预等各分兵以益濬、彬，太尉充移屯项。"

王戎遣参军襄阳罗尚、南阳刘乔将兵与王濬合攻武昌，吴江夏太守刘朗、督武昌诸军虞昞皆降。昞，翻之子也。

杜预与众军会议，或曰："百年之寇，未可尽克，方春水生，难于久驻，宜俟来冬，更为大举。"预曰："昔乐毅藉济西一战以并强齐，今兵威已振，譬如破竹，数节之后，皆迎刃而解，无复著手处也。"遂指授群帅方略，径造建业。

吴主闻王浑南下，使丞相张悌督丹阳太守沈莹、护军孙震、副军师诸葛靓帅众三万渡江逆战。至牛渚，沈莹曰："晋治水军于蜀久矣，上流诸军，素无戒备，名将皆死，幼少当任，恐不能御也。晋之水军必至于此，宜畜众力以待其来，与之一战，若幸而胜之，江西自清。今渡江与晋大军战，不幸而败，则大事去矣！"悌曰："吴之将亡，贤愚所知，非今日也。吾恐蜀兵至此，众心骇惧，不可复整。及今渡江，犹可决战。若其败丧，同死社稷，无所复恨。若其克捷，北敌奔走，兵势万倍，便当乘胜南上，逆之中道，不忧不破也。若如子计，恐士众散尽，坐待敌到，君臣俱降，无一人死难者，不亦辱乎！"

乙亥(十八日),晋武帝下诏书说:"王濬、唐彬已经平定了巴丘,再与胡奋、王戎一同平定夏口、武昌,顺长江长驱直入,直到秣陵。杜预则应当安定零陵、桂阳,安抚衡阳。大军过后,荆州以南的区域,传布檄文自然会平定。杜预等人各自分兵以增援王濬、唐彬,太尉贾充转移到项驻扎。"

　　王戎派遣参军、襄阳人罗尚,南阳人刘乔领兵与王濬一起攻打武昌,吴江夏太守刘朗、督武昌诸军虞昺都投降了。虞昺是虞翻的儿子。

　　杜预与众将领议事,有人说:"百年的寇贼,不可能一下子彻底消灭,现在正是春季,有雨水,军队难以长时间驻扎,最好等到冬季来临,再大举发兵。"杜预说:"从前,乐毅凭藉济西一役而一举吞并了强大的齐国,目前我军兵威已振,这就好比破竹,破开数节之后,就都迎刃而解了,不会再有吃力的地方了。"于是,指点传授众将领计谋,部队一直打到了建业。

　　吴主听说王浑领兵南下,就派丞相张悌,督率丹阳太守沈莹、护军孙震、副军师诸葛靓率领部众三万人渡过长江迎战。走到牛渚时,沈莹说:"晋在蜀地整治水军已经有很长时间了,我上流各部队,素来没有戒备,名将又都死了,只是些年少之人担当重任,恐怕抵挡不住。晋的水军必然要到这些地方,我们应当集中大家的力量等他们到来,与晋打一仗,假如有幸能够取胜,那么长江以北的地区自然就太平了。如果现在渡江与晋大军交战,不幸而打败了,那么大事就完了!"张悌说:"吴将要亡国,这是无论聪明还是愚笨的人都知道的事实,不是今日才有的事。我担心蜀地之兵到了这里,我军恐惧惊慌,就不可能再整肃起来了。趁着现在渡江,尚且还能与晋决一死战。如果败亡,就一同为国而死,再没有什么可遗憾的了。假如能够取胜,那么敌军奔逃,我军声势就将倍增,然后就乘胜向南进军,在半路上迎击敌人,那就不愁不能破敌。要是依了你的计谋,恐怕兵士都四散奔逃,坐等敌军到来,君臣一起投降,没有一个人死于国难,这难道不是耻辱吗?"

三月,悌等济江,围浑部将城阳都尉张乔于杨荷。乔众才七千,闭栅请降。诸葛靓欲屠之,悌曰:"强敌在前,不宜先事其小,且杀降不祥。"靓曰:"此属以救兵未至,力少不敌,故且伪降以缓我,非真伏也。若舍之而前,必为后患。"悌不从,抚之而进。悌与扬州刺史汝南周浚,结陈相对,沈莹帅丹阳锐卒、刀楯五千,三冲晋兵,不动。莹引退,其众乱,将军薛胜、蒋班因其乱而乘之,吴兵以次奔溃,将帅不能止,张乔自后击之,大败吴兵于版桥。诸葛靓帅数百人遁去,使过迎张悌,悌不肯去,靓自往牵之曰:"存亡自有大数,非卿一人所支,奈何故自取死!"悌垂涕曰:"仲思,今日是我死日也!且我为儿童时,便为卿家丞相所识拔,常恐不得其死,负名贤知顾。今以身徇社稷,复何道邪!"靓再三牵之,不动,乃流泪放去,行百馀步,顾之,已为晋兵所杀,并斩孙震、沈莹等七千八百级,吴人大震。

初,诏书使王濬下建平,受杜预节度,至建业,受王浑节度。预至江陵,谓诸将曰:"若濬得建平,则顺流长驱,威名已著,不宜令受制于我。若不能克,则无缘得施节度。"濬至西陵,预与之书曰:"足下既摧其西藩,便当径取建业,讨累世之逋寇,释吴人于涂炭,振旅还都,亦旷世一事也!"濬大悦,表陈预书。及张悌败死,扬州别驾何恽谓周浚曰:"张悌举全吴精兵殄灭于此,吴之朝野莫不震慑。今王龙骧既破武昌,乘胜东下,所向辄克,土崩之势见矣。谓宜速引兵渡江,直指建业,

三月，张悌等人渡过长江，在杨荷包围了王浑的部将、城阳都尉张乔。张乔手下只有七千人，他关闭了栅栏请求投降。诸葛靓想把他们都杀了，张悌说："强敌还在前面，不宜先去做无关紧要的事情，况且杀了投降的人不吉利。"诸葛靓说："这些人是因为救兵还没有到、力量弱小抵挡不住，所以才暂且假装投降以拖延时间，并不是真正的屈服了。如果放了他们，我们继续前进，必然会成为后患。"张悌不听，安抚他们往前走。张悌与扬州刺史、汝南人周浚，组成阵列相对，沈莹率领丹阳精兵以及手持大刀、盾牌的士兵共五千人，三次向晋兵发起冲锋，晋军不可动摇。沈莹领兵退却，部众开始乱起来，这时，晋将军薛胜、蒋班乘吴兵混乱之机打过来，吴兵接二连三地奔逃溃散，将帅们也制止不住，张乔又从背后杀过来，结果在版桥，晋大破吴兵。诸葛靓带着几百人逃走，他派人去接张悌，张悌不肯离开，诸葛靓又亲自拉他走，说："存亡自有气数，并不是你一个人所能支撑的，为什么一定要自己求死呢？"张悌流泪说："诸葛靓，今天是我死的日子！况且我还是幼儿的时候，就被你家丞相诸葛恪所赏识提拔，我常常怕我死得没有意义，辜负了名贤对我的了解与照顾。我今天以身殉国，还有什么可说的呢！"诸葛靓再三拉他走，还是拉不动他，于是就流着眼泪放开手离去，走了一百多步远，回过头去看张悌，他已经被晋兵杀了，同时被斩首的，还有孙震、沈莹等七千八百人，吴人受到了极大的震动。

　　当初，晋武帝下诏书，命令王濬攻下建平，接受杜预的节制调度，到了建业，接受王浑的部署、调度。杜预到江陵，对各位将领说："如果王濬攻克了建平，就会顺长江长驱直进，他的威名已经显著，就不适合再让他受我的节制。如果他不能取胜，那么我就没有缘分对他施行节制调度了。"王濬到了西陵，杜预写信对他说："您已经摧毁了敌人的西部屏障，应立即直取建业，讨伐历代的逃寇，从水深火热之中解救吴人，整顿部队，返回都城，这也是前所未有的一件事！"王濬非常高兴，上表陈述杜预的信。张悌战败身死时，扬州别驾何恽对周浚说："张悌发动的全吴的精兵就在这里灭亡了，这使吴朝野上下没有人不震动恐惧。现在，王濬已经攻下了武昌，正乘胜东下，所向无敌，敌人土崩瓦解之势已经显露出来了。我认为应当立即领兵渡江，直指建业，

大军猝至，夺其胆气，可不战禽也！”浚善其谋，使白王浑。恽曰：“浑暗于事机，而欲慎己免咎，必不我从。”浚固使白之，浑果曰：“受诏但令屯江北以抗吴军，不使轻进，贵州虽武，岂能独平江东乎！今者违命，胜不足多，若其不胜，为罪已重。且诏令龙骧受我节度，但当具君舟楫，一时俱济耳。”恽曰：“龙骧克万里之寇，以既成之功来受节度，未之闻也。且明公为上将，见可而进，岂得一一须诏令乎！今乘此渡江，十全必克，何疑何虑而淹留不进！此鄙州上下所以恨恨也。”浑不听。

王濬自武昌顺流径趣建业。吴主遣游击将军张象帅舟师万人御之，象众望旗而降。濬兵甲满江，旌旗烛天，威势甚盛，吴人大惧。

吴主之嬖臣岑昏，以倾险谀佞，致位九列，好兴功役，为众患苦。及晋兵将至，殿中亲近数百人叩头请于吴主曰：“北军日近而兵不举刃，陛下将如之何？”吴主曰：“何故？”对曰：“正坐岑昏耳。”吴主独言：“若尔，当以奴谢百姓！”众因曰：“唯！”遂并起收昏，吴主骆驿追止，已屠之矣。

陶濬将讨郭马，至武昌，闻晋兵大入，引兵东还。至建业，吴主引见，问水军消息，对曰：“蜀船皆小，今得二万兵，乘大船以战，自足破之。”于是合众，授濬节钺。明日当发，其夜，众悉逃溃。

大军突然到来，必然使敌人胆战心惊，失去勇气，我们就能不战而擒敌了！"周浚赞赏何恽的计谋，让他去报告王浑。何恽说："王浑不懂得把握事情的时机，但他想行事谨慎，不使自己有过失，所以他肯定不会听从我的意见。"周浚坚持让他去向王浑禀告，王浑果然说："我接受皇帝的命令，只让我驻扎在长江以北，以便抗击吴军，并没有让我轻易进兵，你们州的军队虽然勇武，又岂能独立地平定江东之地呢！现在如果违反诏命而出兵，打了胜仗固然值得称赞，如果没有取胜，那么犯下的罪过就已经很严重了。而且皇帝命令王濬接受我的部署调度，你们所应该做的，只是准备好船和桨，一齐渡江。"何恽说："王濬攻克了万里之敌，他会以成就功勋的身份来接受您的部署调度，这样的事情我可没有听说过。况且明公您身为上将，抓住适当的机会就可以行动，怎么可以事事都等待命令呢？现在如果乘机渡江，完全有把握取胜，您还犹豫、顾虑什么而停留不进呢！这正是使鄙州上上下下的人士抱恨不已的原因。"王浑不听。

王濬从武昌顺着长江直接向建业进逼。吴主派遣游击将军张象率领舟师一万人抵抗，张象的部下望见王濬的旌旗就投降了。这时候，江中布满了身披铠甲的王濬的士兵，旌旗映照着天空，气势极其盛大，吴人异常恐惧。

吴主的宠臣岑昏，由于阴险狡诈、谄媚逢迎而爬上了九卿的地位，他喜好大兴工程劳役，使众人深受困苦与祸患。等晋兵就要到达的时候，宫中亲近的几百名随从官吏向吴主叩头请求说："北方的敌军一天一天地逼近了，而我们的士兵却不拿起武器抵抗，陛下您打算怎么办呢？"吴主问："是什么原因？"众人回答说："正是由于岑昏的缘故。"吴主只说了一句："要是这样，就拿这个奴才去向老百姓谢罪吧！"众人答应"是！"从地上爬起来就去抓岑昏，等到吴主后悔，不断地派人去追赶制止，岑昏已经被杀了。

陶濬要去征讨郭马，到了武昌，听说晋兵已大举进逼，就领兵返回东边。到了建业，吴主派人引他来见面，向他询问水军的情况。陶濬回答说："蜀地的船都很小，现在给两万名士兵，乘大船作战，我有把握打败敌人。"于是吴召集兵员，授予陶濬符节斧钺。原定第二天出发，但当天夜里，陶濬召集的士兵全都跑光了。

时王浑、王濬及琅邪王伷皆临近境,吴司徒何植、建威将军孙晏悉送印节诣浑降。吴主用光禄勋薛莹、中书令胡冲等计,分遣使者奉书于浑、濬、伷以请降。又遗其群臣书,深自咎责,且曰:"今大晋平治四海,是英俊展节之秋,勿以移朝改朔,用损厥志。"使者先送玺绶于琅邪王伷。壬寅,王濬舟师过三山,王浑遣信要濬暂过论事,濬举帆直指建业,报曰:"风利,不得泊也。"是日,濬戎卒八万,方舟百里,鼓噪入于石头,吴主皓面缚舆榇,诣军门降。濬解缚焚榇,延请相见。收其图籍,克州四,郡四十三,户五十二万三千,兵二十三万。

朝廷闻吴已平,群臣皆贺上寿,帝执爵流涕曰:"此羊太傅之功也。"骠骑将军孙秀不贺,南向流涕曰:"昔讨逆弱冠以一校尉创业,今后主举江南而弃之,宗庙山陵,于此为墟,悠悠苍天,此何人哉!"

吴之未下也,大臣皆以为未可轻进,独张华坚执以为必克。贾充上表称:"吴地未可悉定,方夏,江、淮下湿,疾疫必起,宜召诸军还,以为后图。虽腰斩张华不足以谢天下。"帝曰:"此是吾意,华但与吾同耳。"荀勖复奏,宜如充表。帝不从。杜预闻充奏乞罢兵,驰表固争,使至轘辕而吴已降。充惭惧,诣阙请罪,帝抚而不问。

这时，王浑、王濬以及琅邪王司马伷都已逼近建业附近，吴司徒何植、建威将军孙晏都把印玺、符节送到王浑那里投降了。吴主采用光禄勋薛莹、中书令胡冲等人的计谋，分别派遣使者向王浑、王濬、司马伷奉上书信请求投降。吴主又给大臣们一封信，在信中深深地谴责了自己的罪过，还说："当前，大晋平治四海，这正是杰出优秀的人材发挥、施展其气节操守的时期，不要因为改朝换代就因此丧失了志向。"吴主的使者先把印玺送到琅邪王司马伷那里。壬寅（十五日），王濬的舟师经过三山，王浑派信使邀请王濬暂时过来商议事情，王濬正扬帆直逼建业，回复王浑说："船行正顺风，不便停下来。"这一天，王濬的八万士兵，乘着相连百里的战船，擂鼓呐喊进入石头城。吴主孙皓反绑双手，载着棺材，到军营门前投降。王濬为孙皓松了绑，焚烧了棺材，请他相见。晋接收了吴的地图、户籍，攻克了吴的四个州，四十三个郡，五十二万三千户，二十三万名士兵。

晋朝廷听到吴已平定的消息，大臣们都去庆贺，为晋武帝祝寿，晋武帝手持酒杯流泪说："这是太傅羊祜的功劳。"骠骑将军孙秀没有和大家一起庆贺，他面朝南方流泪说："从前，先主孙策刚满二十岁，以一个校尉的身份创下了基业，如今后主把整个江南之地都抛弃了，宗庙陵墓从此将成为废墟，悠悠青天啊，这究竟是谁造成的啊！"

当初，还没有攻陷吴国的时候，大臣们都认为不可以轻易进军，只有张华坚持进军，认为一定能成功。贾充当时上表说："吴地不能全都平定，现在正是夏季，长江、淮水下游地区潮湿，必然会发生疾病瘟疫，应当把各部队都召回来，以后再作打算。即使腰斩张华，也不足以向天下人谢罪。"晋武帝说："这正是我的意思，张华只不过是与我意见相同而已。"荀勖又上奏，大致与贾充的看法相同。晋武帝没有听他们的话。杜预听说贾充上奏请求停止进兵，急忙上表晋武帝，坚决地争论，派使者拿了给晋武帝的表文，飞驰而去。使者走到辕辕时吴已经投降了。贾充又惭愧又害怕，到宫里去请罪，晋武帝抚慰了他而没有追究。

夏,四月甲申,诏赐孙皓爵归命侯。

乙酉,大赦,改元。大酺五日。遣使者分诣荆、扬抚慰,吴牧、守已下皆不更易;除其苛政,悉从简易。

滕脩讨郭马未克,闻晋伐吴,帅众赴难,至巴丘,闻吴亡,缟素流涕,还,与广州刺史闾丰、苍梧太守王毅各送印绶请降。孙皓遣陶璜之子融持手书谕璜,璜流涕数日,亦送印绶降。帝皆复其本职。

王濬之东下也,吴城戍皆望风款附,独建平太守吾彦婴城不下,闻吴亡,乃降。帝以彦为金城太守。

初,朝廷尊宠孙秀、孙楷,欲以招来吴人。及吴亡,降秀为伏波将军,楷为度辽将军。

琅邪王伷遣使送孙皓及其宗族诣洛阳。五月丁亥朔,皓至,与其太子瑾等泥头面缚,诣东阳门。诏遣谒者解其缚,赐衣服、车乘、田三十顷,岁给钱谷、绵绢甚厚。拜瑾为中郎,诸子为王者皆为郎中。吴之旧望,随才擢叙。孙氏将吏渡江者复十年,百姓复二十年。

庚寅,帝临轩,大会文武有位及四方使者,国子学生皆预焉。引见归命侯皓及吴降人。皓登殿稽颡。帝谓皓曰:“朕设此座以待卿久矣。”皓曰:“臣于南方,亦设此座以待陛下。”贾充谓皓曰:“闻君在南方凿人目,剥人面皮,此何等刑也?”皓曰:“人臣有弑其君及奸回不忠者,则加此刑耳。”充默然甚愧,而皓颜色无怍。

夏季,四月甲申(二十八日),晋武帝下诏,赐予孙皓归命侯爵位。

乙酉(二十九日),大赦天下,改年号为太康。晋朝聚餐饮酒五天。派遣使者分别到荆州、扬州去抚慰,吴原来的牧、守以下的官吏全都不更换;废除了吴的繁琐的规章制度,一切都遵循简便易行的原则,吴人非常高兴。

滕脩讨伐郭马没有成功,听说晋征讨吴,就率领部下前来救难,到巴丘,听到吴已亡国的消息,于是身穿白色的丧服流泪,然后就返回了,他与广州刺史闾丰、苍梧太守王毅各自向晋送去印玺绶带请求投降。孙皓派陶璜的儿子陶融,拿着他亲笔写的信指示陶璜降晋,陶璜哭了好几天,最后也送去了印玺绶带投降了。晋武帝全都恢复了他们原来的官职。

王濬向东挺进时,吴各城的守备都望风而降,只有建平太守吾彦环绕着城固守,没有攻下来,后来他听到吴亡国的消息就投降了。晋武帝任命吾彦为金城太守。

当初,朝廷对孙秀、孙楷尊重恩宠,是想利用他们招来吴人。等到吴灭亡了,孙秀就被降职为伏波将军,孙楷降为度辽将军。

琅邪王司马伷派使者送孙皓及其宗族去洛阳。五月丁亥朔(初一),孙皓到了洛阳,他和太子孙瑾等人用泥涂在脸上,反绑了双手,来到洛阳的东阳门。晋武帝下诏,派谒者解开他们的绳索,赐以衣服、车子、三十顷田地,每年都供应他们非常充足的钱币、粮食和布匹。晋授予孙瑾中郎的官职,孙皓其他的儿子,凡是原先为王的,都被任命为郎中。吴从前的有名望的人士,都根据他们的才能提拔进用。孙皓的将领、官吏渡过长江的,免除十年的赋税、劳役,老百姓免除二十年的赋税、劳役。

庚寅(初四),晋武帝来到堂前的长廊,会见文武官员中有爵位的以及四方来晋的使者,国子学生也都参加会见。晋武帝派人把归命侯孙皓以及投降的吴人带来相见。孙皓登上大殿向晋武帝叩头。晋武帝对孙皓说:"朕设了这个座位等待你已经很久了。"孙皓说:"我在南方,也设了这个座位以等待陛下。"贾充对孙皓说:"听说你在南方,凿人的眼睛,剥人的脸皮,这是哪一等级的刑法?"孙皓说:"为人臣子的,杀了他的君王以及邪恶不忠的就处以这种刑法。"贾充沉默无语,非常羞愧,而孙皓却面无愧色。

帝从容问散骑常侍薛莹,孙晧所以亡,对曰:"晧昵近小人,刑罚放滥,大臣诸将,人不自保,此其所以亡也。"他日,又问吾彦,对曰:"吴主英俊,宰辅贤明。"帝笑曰:"若是,何故亡?"彦曰:"天禄永终,历数有属,故为陛下禽耳。"帝善之。

王濬之入建业也,其明日,王浑乃济江,以濬不待己至,先受孙晧降,意甚愧忿,将攻濬。何攀劝濬送晧与浑,由是事得解。何恽以浑与濬争功,与周浚笺曰:"《书》贵克让,《易》大谦光。前破张悌,吴人失气,龙骧因之,陷其区宇。论其前后,我实缓师,即失机会,不及于事,而今方竞其功,彼既不吞声,将亏雍穆之弘,兴矜争之鄙,斯实愚情之所不取也。"浚得笺,即谏止浑。浑不纳,表濬违诏不受节度,诬以罪状。浑子济,尚常山公主,宗党强盛。有司奏请槛车徵濬,帝弗许,但以诏书责让濬以不从浑命,违制昧利。濬上书自理曰:"前被诏书,令臣直造秣陵,又令受太尉充节度。臣以十五日至三山,见浑军在北岸,遣书邀臣,臣水军风发,径造贼城,无缘回船过浑。臣以日中至秣陵,暮乃被浑所下当受节度之符,欲令臣明十六日悉将所领还围石头,又索蜀兵及镇南诸军人名定见。臣以为晧已来降,无缘空围石头;又,兵人定见,不可仓猝得就,皆非当今之急,不可承用,非敢忽弃明制也。

晋武帝从容地询问散骑常侍薛莹,孙皓为什么会亡国,薛莹回答说:"孙皓亲近小人,任意地施行刑罚,大臣和各位将领,人人都不能自保,这就是孙皓灭亡的原因。"又一天,晋武帝用同样的问题问吾彦,吾彦回答说:"吴君王才智出众,辅佐的大臣贤能聪明。"晋武帝笑着说:"要是这样,为什么会亡国?"吾彦说:"天赐的福禄永久断绝,天道却有归属,所以才被陛下所擒。"晋武帝赞赏他的话。

王濬进入建业的第二天,王浑就渡过长江,王浑因为王濬不等他到,就先接受孙皓投降,心中又羞愧又怨恨,就想攻打王濬。何攀劝王濬把孙皓送给王浑,事情才得到缓解。何恽因为王浑与王濬争功,就写信给周浚说:"《尚书》重视能退让,《易经》赞赏谦逊的光荣。前些时候打败了张悌,使吴人丧失了胆量勇气,王濬乘这个机会,攻下了吴的疆土。如果要论谁先谁后,我们确实是慢了,已经失去了机会,没有及时赶上,而目前又在争功,他既然咽不下这口怨气,就会使谐和的风气受到损坏,而使自矜争功的鄙陋之习兴起,这实在是我从心里所不敢同意的。"周浚收到信,立即进谏劝止王浑。王浑不听,上表说王濬违反诏命,不服从调度,还捏造事实诬告王濬有罪。王浑的儿子王济和晋武帝的女儿常山公主结了亲,在朝廷宗族都派中很有势力。于是,有关部门就上奏晋武帝,请求用囚车把王濬召回来,但是晋武帝没有同意,只是下诏书责备王濬不服从王浑的命令,违抗诏命,去求功利。王濬上书为自己申辩说:"我先接到诏命,让我直接到秣陵,又命令我接受太尉贾充调度。我于十五日到三山,看见王浑的军队在北岸,王浑写信邀请我去他那里,当时我的水军正顺风乘势直到贼城,没有理由再调转船头返回去见王浑。我在中午时到秣陵,黄昏时分才接到受王浑调度的命令,命令我于第二天十六日,率领全部属下,回过头去包围石头城,还索取我率领的蜀地兵士以及随我东下的镇南各军的确切人数。我认为孙皓已经来投降,没有理由徒劳地包围石头城;另外,士兵的确切人数,不可能在匆促之间就能得知,而且都不是眼前急迫的事情,不能顺从施行,并不是我胆敢忽略、弃置圣明的诏令。

晧众叛亲离,匹夫独坐,雀鼠贪生,苟乞一活耳。而江北诸军不知虚实,不早缚取,自为小误。臣至便得,更见怨恚,并云守贼百日,而令他人得之。臣愚以为事君之道,苟利社稷,死生以之。若其顾嫌疑以避咎责,此是人臣不忠之利,实非明主社稷之福也!"浑又腾周浚书云:"濬军得吴宝物。"又云:"濬牙门将李高放火烧晧伪宫。"濬复表曰:"臣孤根独立,结恨强宗。夫犯上干主,其罪可救;乖忤贵臣,祸在不测。伪中郎将孔摅说:去二月武昌失守,水军行至,晧按行石头还,左右人皆跳刀大呼云:'要当为陛下一死战决之。'晧意大喜,意必能然,便尽出金宝以赐与之。小人无状,得便驰走。晧惧,乃图降首。降使适去,左右劫夺财物,略取妻妾,放火烧宫。晧逃身窜首,恐不脱死。臣至,遣参军主者救断其火耳。周浚先入晧宫,浑又先登晧舟,臣之入观,皆在其后。晧宫之中,乃无席可坐,若有遗宝,则浚与浑先得之矣。浚等云臣屯聚蜀人,不时送晧,欲有反状。又恐动吴人,言臣皆当诛杀,取其妻子,冀其作乱,得骋私忿。谋反大逆,尚以见加,其馀谤嗜,故其宜耳。今年平吴,诚为大庆;于臣之身,更受咎累。"濬至京师,有司奏濬违诏,大不敬,请付廷尉科罪。诏不许。又奏濬赦后烧贼船百三十五艘,辄敕付廷尉禁推。诏勿推。

孙皓众叛亲离,匹夫独坐,像麻雀、老鼠那样贪生,苟且乞求一条活命而已。但是江北的各部队不了解虚实,不早些来捉拿孙皓,自己造成了失误。我一到便得手,就更遭到怨恨与不满,还说什么守贼守了一百天,却让别人得到了。我认为,侍奉君王的原则是假如有利于国家,无论生与死都要追求。如果顾虑别人猜忌怀疑因而逃避过错责任,这是做臣子的以不忠诚得到的私利,实在不是圣明的君主与国家的福气!"王浑又递上周浚的书信,信上说:"王濬军队得到了吴的珍贵物品。"还说:"王濬的牙门将李高,放火烧了孙皓的宫殿。"王濬又上表说:"我孤根独立,与强大的宗派结下了仇怨。如果是冒犯了君王的罪过还可能得救;但要是得罪了权贵之臣,灾祸就难以预料了。吴中郎将孔摅说:二月武昌失守,晋水军马上就要到了,孙皓巡行石头城回来,他手下的人都挥舞着刀大呼,说:'正要为了陛下去决一死战。'孙皓非常高兴,觉得必然能如此,就把他的金器宝物全都拿出来赐给这些人。然而小人无礼,这些人得了值钱的东西就飞快地逃走了。孙皓非常恐惧,于是打算投降伏罪。孙皓派出的使者刚离开,他手下的人就开始抢夺财物,掠夺孙皓的妻女,放火烧了宫殿。孙皓抱头鼠窜,唯恐不能活命。我到那里时,派参军主者才把火扑灭。周浚先进入孙皓的宫殿,王浑又先登上孙皓的船,我进去和我所见到的,全都在他们之后。孙皓的宫里,连可以坐的席子都没有,假如有遗留下来的珍贵之物,也是周浚与王浑先得到了。周浚等人说我聚集蜀人,不准时把孙皓送去,是想谋反。他们还吓唬吴人,说我要把他们都杀了,把他们的妻子儿女都抓走,希望吴人作乱,以发泄他们的私恨。像谋反这种大逆不道的罪名,他们尚且用来加到我的头上,其他的诽谤与诬陷也就是必然的了。今年平定了吴,的确是大庆;但是对于我个人来说,却遭到了灾祸与忧患。"王濬到了京都,有关部门上奏皇帝,说王濬违抗诏命,极不恭敬,请求把他交付廷尉依法判罪。晋武帝下诏书不同意。于是他们又上奏,说王濬在赦免了吴人之后还放火烧了吴人的一百三十五艘船,应立即下令把他交付廷尉,关进监狱里追究审问。晋武帝下诏书,不同意追究。

浑、濬争功不已,帝命守廷尉广陵刘颂校其事,以浑为上功,濬为中功。帝以颂折法失理,左迁京兆太守。

庚辰,增贾充邑八千户;以王濬为辅国大将军,封襄阳县侯;杜预为当阳县侯;王戎为安丰县侯;封琅邪王伷二子为亭侯;增京陵侯王浑邑八千户,进爵为公;尚书关内侯张华进封广武县侯,增邑万户;荀勖以专典诏命功,封一子为亭侯;其馀诸将及公卿以下,赏赐各有差。帝以平吴功,策告羊祜庙,乃封其夫人夏侯氏为万岁乡君,食邑五千户。

王濬自以功大,而为浑父子及党与所挫抑,每进见,陈其攻伐之劳及见枉之状,或不胜忿愤,径出不辞,帝每容恕之。益州护军范通谓濬曰:"卿功则美矣,然恨所以居美者未尽善也。卿旋旆之日,角巾私第,口不言平吴之事;若有问者,则曰:'圣人之德,群帅之力,老夫何力之有!'此蔺生所以屈廉颇也,王浑能无愧乎!"濬曰:"吾始惩邓艾之事,惧祸及身,不得无言;其终不能遣诸胸中,是吾褊也。"时人咸以濬功重报轻,为之愤邑。博士秦秀等并上表讼濬之屈,帝乃迁濬镇军大将军。王浑尝诣濬,濬严设备卫,然后见之。

杜预还襄阳,以为天下虽安,忘战必危,乃勤于讲武,申严戍守。又引滍、淯水以浸田万馀顷,开扬口通零、桂之漕,公私赖之。预身不跨马,射不穿札,而用兵制胜,诸将莫及。预在镇,数饷遗洛中贵要,或问其故,预曰:"吾但恐为害,不求益也。"

王浑与王濬,为了功劳而争执不休,晋武帝命令守廷尉广陵人刘颂来审定、处理这件事,刘颂认为王浑立了上功,王濬是中功。晋武帝认为刘颂断法不合理,就把他降职为京兆太守。

庚辰,增加贾充封邑八千户;任命王濬为辅国大将军,封为襄阳县侯;杜预被封为当阳县侯;王戎被封为安丰县侯;琅邪王司马伷的两个儿子被封为亭侯;增加京陵侯王浑食邑八千户,提升爵位为公;尚书关内侯张华,被进爵封为广武县侯,增加食邑至万户;荀勖因为专门掌管诏命的功劳,一个儿子被封为亭侯;其馀各位将领以及公卿大臣以下的官吏,受到的赏赐各不相同。晋武帝以平吴的功绩,到羊祜庙里用简书告慰他,封羊祜的夫人夏侯氏为万岁乡君,食邑五千户。

王濬自以为功劳大,却遭到了王浑父子及其党羽的打击和冤枉,所以每次进见晋武帝,总要陈述他讨伐攻战的辛劳以及被冤屈的情况,有时候忍不住愤恨与不满,竟不辞而别,晋武帝总是宽容、原谅他。益州护军范通对王濬说:"你的功劳确实值得赞美,但遗憾的是,你以别人的赞美自居,这就不完全值得赞赏了。你应当凯旋之后就隐居在自己家里,嘴里不谈平吴的事情,如果有人问到平吴之事,你就说:'这是圣明的君主的德行,是各位将帅的力量,我这个老头子又有什么功劳!'蔺相如就是用这个办法把廉颇降服了,王浑他能不惭愧吗!"王濬说:"我开始那样做是吸取了邓艾的教训,害怕把灾祸惹上身,我不能不说,但是我最终也不能放开这件事,还是因为我心地狭窄。"当时,人们都觉得王濬的功劳大,但是对他的报偿轻了,都对此愤恨不平。博士秦秀等人一起上表,替王濬叫屈,晋武帝于是授予王濬镇军大将军官职。王浑曾经到王濬那里去,王濬设置了森严的戒备、护卫,然后会见王浑。

杜预回到襄阳以后,觉得天下虽然安定了,但是如果忘记了战事就必然会导致危难,于是他勤于讲习武事,命令部下要严于防守。他还引来滍水和淯水浇灌田地一万多顷,开凿扬口,与零、桂之水相通,以利水上运输,公与私都赖此而得到方便。杜预身不跨战马,射箭不能透甲,但是他以善于用兵战胜对方,诸将都比不上他。杜预在镇守的地方,却多次向京都的权贵赠送礼品,有人问他为什么要这样做,杜预回答说:"我只怕他们会加害于我,并不是想要捞取什么好处。"

王浑迁征东大将军,复镇寿阳。

诸葛靓逃窜不出。帝与靓有旧,靓姊为琅邪王妃,帝知靓在姊间,因就见焉。靓逃于厕,帝又逼见之,谓曰:"不谓今日复得相见!"靓流涕曰:"臣不能漆身皮面,复睹圣颜,诚为惭恨!"诏以为侍中,固辞不拜,归于乡里,终身不向朝廷而坐。

3 六月,复封丹水侯睦为高阳王。

4 秋,八月己未,封皇弟延祚为乐平王,寻薨。

5 九月庚寅,贾充等以天下一统,屡请封禅,帝不许。

6 冬,十月,前将军青州刺史淮南胡威卒。威为尚书,尝谏时政之宽。帝曰:"尚书郎以下,吾无所假借。"威曰:"臣之所陈,岂在丞、郎、令史,正谓如臣等辈,始可以肃化明法耳!"

7 是岁,以司隶所统郡置司州,凡州十九,郡国一百七十三,户二百四十五万九千八百四十。

8 诏曰:"昔自汉末,四海分崩,刺史内亲民事,外领兵马。今天下为一,当韬戢干戈,刺史分职,皆如汉氏故事;悉去州郡兵,大郡置武吏百人,小郡五十人。"交州牧陶璜上言:"交、广东西数千里,不宾属者六万馀户,至于服从官役,才五千馀家。二州唇齿,唯兵是镇。又,宁州诸夷,接据上流,水陆并通,州兵未宜约损,以示单虚。"仆射山涛亦言"不宜去州郡武备",帝不听。及永宁以后,盗贼群起,州郡无备,不能禽制,天下遂大乱,如涛所言。然其后刺史复兼兵民之政,州镇愈重矣。

王浑升迁为征东大将军,又去镇守寿阳。

诸葛靓逃走以后,就隐藏起来不露面。晋武帝与诸葛靓有旧交情,诸葛靓的姐姐是琅邪王司马伷的妻子,晋武帝知道诸葛靓躲在他姐姐那里,因此就去那里见他。诸葛靓逃进厕所躲着不见,晋武帝又强行见他,对他说:"没想到今天又见面了!"诸葛靓流泪说:"我没能做到往身上涂漆,把脸上的皮刮下来,又见到了圣上您的面容,我实在是又愧又恨!"晋武帝下诏书任命诸葛靓为侍中,诸葛靓坚决推辞不接受,后来诸葛靓回到了家乡,一生也没有面朝着晋朝廷的方向就座。

3 六月,重新封丹水侯司马睦为高阳王。

4 秋季,八月己未(初五),封武帝弟司马延祚为乐平王,不久他就去世了。

5 九月庚寅(初六),贾充等人认为天下已经统一了,多次请求到泰山上举行祭天地的典礼,晋武帝不同意。

6 冬季,十月,前将军、青州刺史、淮南人胡威去世。胡威任尚书,曾经进谏,认为当时的政治措施宽松。晋武帝说:"尚书郎以下的官吏,我没有对他们宽容。"胡威说:"我所陈述的,难道是丞、郎、令史这一类官吏吗?我正是说像我同辈的官员,才可以严肃教化,彰明法度!"

7 这一年,以司隶所统领的郡设置司州,一共有十九个州,一百七十三个郡国,两百四十五万九千八百四十户。

8 晋武帝下诏说:"从前自汉末开始,四海之内分崩离析,刺史对内亲自处理民事,对外统领兵马。如今天下一统,应当收藏起兵器,把刺史的职权区分开,全都依照汉时的制度行事;把州郡的兵都去掉,大郡设置武官一百人,小郡设置五十人。"交州牧陶璜上书说:"交州、广州,从东到西有几千里,不归顺的有六万多户,至于服从官府劳役的,只有五千多家。两个州唇齿相依,只有靠军队才能镇守住。另外,宁州各蛮夷,与上流地区接壤,他们据守在那里,水路陆路都通,所以,不应该减损州兵,以显出官府的力量单薄虚弱。"仆射山涛也说"不应当去掉州郡的军事守备",晋武帝却不听。到了永宁以后,盗贼群起,州郡由于没有军队和武器,没有办法捉拿制止,于是天下大乱,正像山涛所说的那样。然而从这以后,刺史又兼管兵民的政务,地方的军事力量更加强大了。

9 汉、魏以来，羌、胡、鲜卑降者，多处之塞内诸郡。其后数因忿恨，杀害长吏，渐为民患。侍御史西河郭钦上疏曰："戎狄强犷，历古为患。魏初民少，西北诸郡，皆为戎居，内及京兆、魏郡、弘农，往往有之。今虽服从，若百年之后有风尘之警，胡骑自平阳、上党不三日而至孟津，北地、西河、太原、冯翊、安定、上郡尽为狄庭矣。宜及平吴之威，谋臣猛将之略，渐徙内郡杂胡于边地，峻四夷出入之防，明先王荒服之制，此万世之长策也。"帝不听。

二年(辛丑,281)

1 春,三月,诏选孙晧宫人五千人入宫。帝既平吴,颇事游宴,怠于政事,掖庭殆将万人。常乘羊车,恣其所之,至便宴寝。宫人竞以竹叶插户,盐汁洒地,以引帝车。而后父杨骏及弟珧、济始用事,交通请谒,势倾内外,时人谓之三杨,旧臣多被疏退。山涛数有规讽,帝虽知而不能改。

2 初,鲜卑莫护跋始自塞外入居辽西棘城之北,号曰慕容部。莫护跋生木延,木延生涉归,迁于辽东之北,世附中国,数从征讨有功,拜大单于。冬十月,涉归始寇昌黎。

3 十一月壬寅,高平武公陈骞薨。

4 是岁,扬州刺史周浚移镇秣陵。吴民之未服者,屡为寇乱,浚皆讨平之。宾礼故老,搜求俊义,威惠并行,吴人悦服。

9 汉、魏以来,羌、胡、鲜卑等投降的部落,大多居住在关塞之内的各个郡里。以后多次因为不满和怨恨,杀害了郡县的长官,逐渐成为百姓的祸患。侍御史、西河人郭钦上疏说:"戎狄强暴蛮横,自古以来就是祸患。魏初期百姓人数少,西北各郡,都被戎人居住,内地一直到京兆、魏郡、弘农,也往往有戎人居住。现在虽然服从我们,但如果百年之后,发生了战乱的危机,胡人的骑兵从平阳、上党地区,用不了三天就能到孟津,那么北地、西河、太原、冯翊、安定、上郡这些地区,就都成为狄人的占地了。应当趁平吴的威势,谋臣猛将的谋略,逐渐迁徙内地各郡居住的胡人到边境地区去,加强夷狄经常出入地区的防卫,以彰明先王所制定的使戎狄远离都城的制度,这是千年万代的长远策略。"晋武帝不听。

晋武帝太康二年(辛丑,公元281年)

1 春季,三月,晋武帝下诏书,挑选孙晧的宫女五千人进宫。晋武帝已经平定了吴,他开始把很多时间花费在游乐、宴饮上,对政事的处理懈怠了,宫中妃嫔的人数几乎接近一万人。晋武帝经常乘坐着羊拉的车子,听凭羊走到哪里,就在哪里宴饮、入寝。宫女们都争先恐后地用竹叶插在门上,用盐水洒地,诱使羊把车子拉到自己门前。皇后的父亲杨骏及杨骏的弟弟杨珧、杨济开始当权,他们互相勾结,互相利用,权势倾动朝廷内外,当时的人称他们为"三杨",朝廷里的旧臣,许多都被疏远、贬退了。山涛多次规劝、谏阻晋武帝,晋武帝心里也明白,但就是改不了。

2 当初,鲜卑人莫护跋开始从塞外入关,居住在辽西棘城的北边,其称号是慕容部。莫护跋生下了木延,木延生下涉归,迁移到辽东以北地区,世代归附中国,曾经多次随从官府的军队去征讨,立了功,被封为大单于。冬季十月,涉归开始入侵昌黎。

3 十一月壬寅(二十五日),高平武公陈骞去世。

4 这一年,扬州刺史周浚把治所迁移到秣陵。吴百姓中没有归顺的,经常骚扰抢掠,都被周浚讨伐平定了。周浚以宾客之礼对待元老旧臣,访求有才德的人,威势与恩惠并用,吴人心悦诚服。

三年(壬寅,282)

1　春,正月丁丑朔,帝亲祀南郊。礼毕,喟然问司隶校尉刘毅曰:“朕可方汉之何帝?”对曰:“桓、灵。”帝曰:“何至于此?”对曰:“桓、灵卖官钱入官库,陛下卖官钱入私门,以此言之,殆不如也。”帝大笑曰:“桓、灵之世,不闻此言,今朕有直臣,固为胜之。”

毅为司隶,纠绳豪贵,无所顾忌。皇太子鼓吹入东掖门,毅劾奏之。中护军、散骑常侍羊琇,与帝有旧恩,典禁兵,豫机密十馀年,恃宠骄侈,数犯法。毅劾奏琇罪当死。帝遣齐王攸私请琇于毅,毅许之。都官从事广平程卫径驰入护军营,收琇属吏,考问阴私,先奏琇所犯狼籍,然后言于毅。帝不得已,免琇官。未几,复使以白衣领职。

琇,景献皇后之从父弟也;后将军王恺,文明皇后之弟也;散骑常侍石崇,苞之子也。三人皆富于财,竞以奢侈相高:恺以粭澳釜,崇以蜡代薪;恺作紫丝步障四十里,崇作锦步障五十里;崇涂屋以椒,恺用赤石脂。帝每助恺,尝以珊瑚树赐之,高二尺许。恺以示石崇,崇便以铁如意碎之。恺怒,以为疾己之宝。崇曰:“不足多恨,今还卿!”乃命左右悉取其家珊瑚树,高三四尺者六七株,如恺比者甚众,恺怅然自失。

晋武帝太康三年(壬寅,公元 282 年)

1　春季,正月丁丑朔(初一),晋武帝亲自到南郊祭祀。典礼结束后,晋武帝感叹地询问司隶校尉刘毅说:"我可以和汉代的哪一个帝王相比?"刘毅回答说:"可与桓帝、灵帝相比。"晋武帝说:"何至于到这个地步?"刘毅说:"桓帝、灵帝出卖官职的钱都进了官府的仓库,陛下出卖官职的钱都进了个人的家门,凭这一点来说,大概还不如桓帝、灵帝。"晋武帝大笑道:"桓帝、灵帝的时代,听不到这样的话,现在朕有正直的臣下,已经胜过桓帝、灵帝了。"

刘毅任司隶,惩处豪门权贵,无所顾忌。皇太子吹打着乐器进入宫中的东掖门,违反了宫中的规定,刘毅就上奏皇帝检举他。中护军、散骑常侍羊琇,过去曾有恩于晋武帝,他掌管皇帝的亲兵,十几年来一直参与朝廷机密要事,倚仗着皇帝的恩宠,骄横奢侈,多次犯法。刘毅上奏皇帝,检举羊琇的罪行,认为他所犯下的罪应当处以死刑。晋武帝派齐王司马攸私下去找刘毅,为羊琇求情,刘毅同意了。这时,都官从事、广平人程卫,直接进入护军营,拘捕了羊琇的手下官吏,拷打审问他暗中所做的隐秘之事。他先把羊琇所犯下的不检点的事上奏皇帝,然后告诉了刘毅。晋武帝不得已,免了羊琇的官。但是没过多久,又让他以平民的身份兼任职务。

羊琇是景献皇后的叔伯堂弟;后将军王恺,是文明皇后的弟弟;散骑常侍石崇,是石苞的儿子。这三个人都有丰富的财物,他们互相攀比,谁最奢侈谁就最受尊重。王恺用糖膏刷锅,石崇就用蜜蜡当柴烧;王恺用紫色的蚕丝作路两旁的屏幕,长达四十里,石崇就用锦做屏幕,长五十里;石崇用花椒粉和泥涂房屋,王恺就用赤石腊涂墙。晋武帝时常帮助王恺,曾经赐给王恺珊瑚树,有二尺多高。王恺把珊瑚树拿给石崇看,石崇就用铁如意把王恺的珊瑚树击碎了。王恺动了怒,认为石崇是嫉妒他的珍贵之物。石崇说:"你不值得生那么大的气,我现在就还给你!"于是命令手下人把他家中的珊瑚树全都拿了出来,其中高三四尺的有六七株,和王恺的珊瑚树相同的有很多,王恺惘然失意,不知所措。

车骑司马傅咸上书曰："先王之治天下，食肉衣帛，皆有其制，窃谓奢侈之费，甚于天灾。古者人稠地狭，而有储蓄，由于节也。今者土广人稀，而患不足，由于奢也。欲人崇俭，当诘其奢，奢不见诘，转相高尚，无有穷极矣！"

2　尚书张华，以文学才识，名重一时，论者皆谓华宜为三公。中书监荀勖、侍中冯紞以伐吴之谋深疾之。会帝问华："谁可托后事者？"华对以"明德至亲，莫如齐王"。由是忤旨，勖因而潛之。甲午，以华都督幽州诸军事。华至镇，抚循夷夏，誉望益振，帝复欲征之。冯紞侍帝，从容语及锺会，紞曰："会之反，颇由太祖。"帝变色曰："卿是何言邪！"紞免冠谢曰："臣闻善御者必知六辔缓急之宜，故孔子以仲由兼人而退之，冉求退弱而进之。汉高祖尊宠五王而夷灭，光武抑损诸将而克终。非上有仁暴之殊，下有愚智之异也，盖抑扬与夺，使之然耳。锺会才智有限，而太祖夸奖无极，居以重势，委以大兵，使会自谓算无遗策，功在不赏，遂搆凶逆耳。向令太祖录其小能，节以大礼，抑之以威权，纳之以轨则，则乱心无由生矣。"帝曰："然。"紞稽首曰："陛下既然臣之言，宜思坚冰之渐，勿使如会之徒复致倾覆。"帝曰："当今岂复有如会者邪？"紞因屏左右而言曰："陛下谋画之臣，著大功于天下，据方镇，总戎马者，皆在陛下圣虑矣。"帝默然，由是止不征华。

车骑司马傅咸上书说:"先王治理天下,对吃肉、穿丝织的衣服,都有规定,我私下认为,由于奢侈而造的浪费,比天灾还要严重。古时候人多地少,然而有积蓄,这是因为节俭的缘故。现在土地辽阔,人丁稀少,但是却为物品不充足而忧虑,这是由于奢侈的缘故。要想让人们都崇尚节俭,那就应当整治奢侈的习气,奢侈而不被整治,反而互相攀比,那就没有止境了!"

2 尚书张华由于他的文章、博学、才能与见识,在当时很有名气,被人尊重,议论的人都认为张华应当担任三公的职务。中书监荀勖、侍中冯紞,由于伐吴的谋略,深深地嫉恨张华。这时晋武帝问张华:"谁是我可以向他托付后事的人呢?"张华回答说:"聪明有德行,又是您的至亲之人,没有人比齐王更合适了。"这一句话就触犯了晋武帝的心思,荀勖就乘机诽谤张华。甲午(十八日),任命张华统领幽州诸军事。张华到了镇守,安抚汉族及夷的平民百姓,声望更高了,这时,晋武帝又想把他召回来。冯紞正在晋武帝身旁侍候,他不慌不忙地和晋武帝谈到了钟会,冯紞说:"钟会之所以谋反,很大部分原因在于太祖。"晋武帝变了脸色,说:"你这是什么话!"冯紞脱帽谢罪说:"我听说善于驾驭车马的人必然懂得六根缰绳的掌握要缓急适度,所以孔子因为仲由胜过别人而贬退他,因为冉求退缩、软弱而推举他。汉高祖尊重、宠爱的五位王最终都被除掉,光武帝抑制、贬损各位将领,他们因而能善终。这并不是因为圣贤、帝王有仁爱、残暴的区别,臣下有愚昧、聪明的不同,这是由于褒贬和与夺才使得他们这样。钟会的才能、谋略有限,但是太祖对他的赞赏没有止境,让他担任重要的职权,把大军托付给他,使钟会自认为谋划周密,没有遗漏,有功劳却得不到赏赐,于是就导致了谋反。假使太祖任用他的小才能,用大的礼法来压制他,用威势和权力抑制他,使他纳入法则制度,那么他作乱之心就没有产生的机会了。"晋武帝说:"是这样。"冯紞跪拜,说:"陛下既然同意了我的话,就应当想一想坚冰之所以形成,非一日之寒,不要让像钟会那样的人再导致颠覆。"晋武帝说:"当今难道还有像钟会那样的人吗?"冯紞于是屏退身边的人,然后说:"为陛下谋划的大臣,在天下有显著的大功,据守一方,统领兵马的人,都在陛下您圣明的思虑之中了。"晋武帝沉默不语,从此就不征召张华了。

3　三月，安北将军严询败慕容涉归于昌黎，斩获万计。

4　鲁公贾充老病，上遣皇太子省视起居。充自忧谥传，从子模曰："是非久自见，不可掩也！"夏，四月庚午，充薨，世子黎民早卒，无嗣，妻郭槐欲以充外孙韩谧为世孙，郎中令韩咸、中尉曹轸谏曰："礼无异姓为后之文，今而行之，是使先公受讥于后世而怀愧于地下也。"槐不听。咸等上书，求改立嗣，事寝不报。槐遂表陈之，云充遗意。帝许之，仍诏"自非功如太宰，始封、无后者，皆不得以为比"。及太常议谥，博士秦秀曰："充悖礼溺情，以乱大伦。昔鄅养外孙莒公子为后，《春秋》书'莒人灭鄅'。绝父祖之血食，开朝廷之乱原。按《谥法》'昏乱纪度曰荒'，请谥荒公。"帝不从，更谥曰武。

5　闰月丙子，广陆成侯李胤薨。

6　齐王攸德望日隆，荀勖、冯紞、杨珧皆恶之。紞言于帝曰："陛下诏诸侯之国，宜从亲者始。亲者莫如齐王，今独留京师，可乎？"勖曰："百僚内外皆归心齐王，陛下万岁后，太子不得立矣。陛下试诏齐王之国，必举朝以为不可，则臣言验矣。"帝以为然。冬，十二月甲申，诏曰："古者九命作伯，或入毗朝政，或出御方岳，其揆一也。侍中、司空、齐王攸，佐命立勋，勤劳王室，其以为大司马、都督青州诸军事，侍中如故，仍加崇典礼，主者详按旧制施行。"以汝南王亮为太尉、录尚书事、领太子太傅，光禄大夫山涛为司徒，尚书令卫瓘为司空。

3 三月,安北将军严询在昌黎打败了慕容涉归,斩首、俘获敌人以万计。

4 鲁公贾充上了年纪又有病,晋武帝派皇太子去问候探望他的日常生活。贾充很忧虑他死后的谥号以及修史者对他的记载,他的侄子贾模说:"是与非天长日久自然就显现出来,不是能掩盖得住的!"夏季,四月庚午(二十五日),贾充去世,他的长子贾黎民死得早,没有后嗣,贾充的妻子郭槐想以贾充的外孙韩谧作嫡长孙,郎中令韩咸、中尉曹轸谏阻说:"礼法中没有让异姓作后代的条文,现在如果这样做了,这是让先公在后世受到讥笑而在地下心怀羞愧。"郭槐不听。韩咸等人又上书,请求更改立嗣,但是事情就搁置下来,没有答复。郭槐又上表陈述,说这是贾充的遗愿,晋武帝同意了,还下诏说:"如果功劳不如太宰的,初次封号、没有后代的,都不可以和贾充相比。"等到太常开始议论给贾充定谥号的事,博士秦秀说:"贾充违反礼法,沉迷于私情,因而败坏了伦常大道。从前,鄫国养育外孙、莒公的儿子为后代,《春秋》中写道'莒人灭鄫'。断绝了父系祖先的祭祀,开了朝廷败坏变乱的根源。按照《谥法》的规定'混淆毁坏纲纪法度叫作荒',请求给贾充封谥为荒公。"晋武帝没有听从秦秀的话,更改贾充谥号为武。

5 闰月丙子(初一),广陆成侯李胤去世。

6 齐王司马攸的德行与名望一天比一天受人尊崇,荀勖、冯统、杨珧都憎恨他。冯统对晋武帝说:"陛下命令诸侯回到自己的封国去,应当从亲属开始执行。与您最亲的没有人能比得上齐王了,如今却只有他还留在京城,这可以吗?"荀勖说:"朝廷内外的百官,都从心里归附齐王,陛下万年之后,太子就不可能即天子之位了。陛下可以试着命令齐王回封国,必定是朝廷上下都认为不可以,那么我说的话就应验了。"晋武帝同意了。冬季,十二月甲申(十三日),晋武帝下诏说:"古时候九级官爵可以作方伯,或者是在朝廷里辅佐帝王处理朝政,或者外出统治一方,无论在内在外,都遵循着一个准则。侍中、司空、齐王司马攸,辅佐天子,建立了功勋,为了国家而辛勤劳作,任命他为大司马、统领青州诸军事,侍中之职依旧,仍然增加、提高典制礼仪,令主管人详细地按照旧制施行。"任命汝南王司马亮为太尉、录尚书事、兼领太子太傅,光禄大夫山涛任司徒,尚书令卫瓘任司空。

征东大将军王浑上书,以为:"攸至亲盛德,侔于周公,宜赞皇朝,与闻政事。今出攸之国,假以都督虚号,而无典戎干方之实,亏友于款笃之义,惧非陛下追述先帝、文明太后待攸之宿意也。若以同姓宠之太厚,则有吴、楚逆乱之谋,汉之吕、霍、王氏,皆何人也!历观古今,苟事之轻重所在,无不为害,唯当任正道而求忠良耳。若以智计猜物,虽亲见疑,至于疏者,庸可保乎!愚以为太子太保缺,宜留攸居之,与汝南王亮、杨珧共干朝事。三人齐位,足相持正,既无偏重相倾之势,又不失亲亲仁覆之恩,计之尽善者也。"于是扶风王骏、光禄大夫李憙、中护军羊琇、侍中王济、甄德皆切谏,帝并不从。济使其妻常山公主及德妻长广公主俱入,稽颡涕泣,请帝留攸。帝怒,谓侍中王戎曰:"兄弟至亲,今出齐王,自是朕家事,而甄德、王济连遣妇来生哭人邪!"乃出济为国子祭酒,德为大鸿胪。羊琇与北军中候成粲谋见杨珧,手刃杀之。珧知之,辞疾不出,讽有司奏琇,左迁太仆,琇愤怨,发病卒。李憙亦以年老逊位,卒于家。憙在朝,姻亲故人,与之分衣共食,而未尝私以王官,人以此称之。

7　是岁,散骑常侍薛莹卒。或谓吴郡陆喜曰:"莹于吴士当为第一乎?"喜曰:"莹在四五之间,安得为第一!夫以孙皓无道,吴国之士,沉默其体,潜而勿用者,第一也;避尊居卑,禄以代耕者,第二也;侃然体国,执正不惧者,第三也;斟酌时宜,时献微益者,第四也;温恭修慎,不为谄首者,第五也。过此以往,不足复数。故彼上士多沦没而远悔吝,中士有声位而近祸殃。观莹之处身本末,又安得为第一乎!"

征东大将军王浑上书,他说:"司马攸是皇帝至亲,又很有德行,可以与周公相比,应当让他辅佐皇朝,参与、过问政事。如今派遣司马攸离开朝廷去封国,给他一个都督的虚号,却没有领兵治理一方的实权,毁坏忠诚恳挚的兄弟友爱之情,我感到恐惧的是,这并不是陛下追随、遵循先帝与文明太后,对待司马攸的平素心意。如果是害怕对同姓王的恩宠太深重,会发生吴、楚叛变作乱的阴谋,那么何不看一看汉代的吕后、霍光、王莽都是些什么人! 历观古今,假如事情的轻重所在没有不为害的,那么就只有任用正直忠诚善良的人。如果凭着智巧计谋猜疑事物,即使是亲属也被怀疑,那么对于关系疏远的人,难道就能保证吗? 我认为太子太保是个空缺,应当留下司马攸来担任,与汝南王司马亮、杨珧一起办理朝廷的事务。三个人地位相等,足可以互相保持中正,既没有偏倚、互相排挤的形势,又不失去与亲近者相亲、以仁爱庇荫的恩德,这是尽善尽美的计谋。"这时,扶风王司马骏,光禄大夫李憙,中护军羊琇,侍中王济、甄德都直言极谏,晋武帝一概不听。王济让他的妻子常山公主以及甄德的妻子长广公主一起去见晋武帝,她们跪下磕头,哭着请求晋武帝留下司马攸。晋武帝动了怒,对侍中王戎说:"兄弟是至亲,如今派齐王离开京城,自然是朕的家事,但是甄德、王济却接连打发妇人到这里来哭死哭活的!"于是派王济出去担任国子祭酒,甄德任大鸿胪。羊琇和北军中候成粲密谋,去见杨珧,然后持刀杀了他。杨珧知道他们的意图,推辞有病不出来相见,并让有关部门上奏羊琇,把他降职为太仆,羊琇又怒又恨,结果生病死了。李憙也因上了年纪而退职,后来死在家里。李憙在朝廷任职时,他的亲戚、旧友分穿他的衣服,和他一起吃饭,但是他却不曾以私人关系为他们谋个官做,人们因此而赞赏他。

7 这一年,散骑常侍薛莹去世。有人对吴郡人陆喜说:"薛莹在吴士人中应当排在第一吗?"陆喜说:"薛莹排在第四和第五之间,怎么能排在第一呢? 由于孙晧无道,吴国的士人,采取沉默态度、隐藏起来不显露才能的,这是第一等;避开尊贵的地位而居于卑下的官职,以俸禄代替耕种,这是第二等;直抒己见、体恤国情,坚持正道而不畏惧,这是第三等;斟酌时势所宜,时常做一些微小的补益工作,这是第四等;温和谦恭,遵循谨慎的原则,不带头奉承献媚,这是第五等。过了这五等再往下,就不值得数了。所以那些属于上等的士人大多都湮没无闻而远离悔恨,中等士人有名声地位却靠近灾祸。观察薛莹的处世为人,他又怎能算是第一呢?"

四年(癸卯,283)

1 春,正月甲申,以尚书右仆射魏舒为左仆射,下邳王晃为右仆射。晃,孚之子也。

2 戊午,新沓康伯山涛薨。

3 帝命太常议崇锡齐王之物。博士庾旉、太叔广、刘暾、缪蔚、郭颐、秦秀、傅珍上表曰:"昔周选建明德以左右王室,周公、康叔、聃季,皆入为三公,明股肱之任重,守地之位轻也。汉诸侯王,位在丞相、三公上,其入赞朝政者,乃有兼官,其出之国,亦不复假台司虚名为隆宠也。今使齐王贤邪,则不宜以母弟之亲尊居鲁、卫之常职;不贤邪,不宜大启土宇,表建东海也。古礼,三公无职,坐而论道,不闻以方任婴之。惟宣王救急朝夕,然后命召穆公征淮夷,故其诗曰:'徐方不回,王曰旋归。'宰相不得久在外也。今天下已定,六合为家,将数延三事,与论太平之基,而更出之,去王城二千里,违旧章矣。"旉,纯之子;暾,毅之子也。旉既具草,先以呈纯,纯不禁。

事过太常郑默、博士祭酒曹志,志怆然叹曰:"安有如此之才,如此之亲,不得树本助化,而远出海隅!晋室之隆,其殆矣乎!"乃奏议曰:"古之夹辅王室,同姓则周公,异姓则太公,皆身居朝廷,五世反葬。及其衰也,虽有五霸代兴,岂与周、召之治同日而论哉!自羲皇以来,岂一姓所能独有!当推至公之心,与天下共其利害,乃能享国久长。是以秦、魏欲独擅其权而才得没身,周、汉能分其利而亲疏为用,此前事之明验也。志以为当如博士等议。"

晋武帝太康四年(癸卯,公元 283 年)

1　春季,正月甲申,任命尚书右仆射魏舒为左仆射,下邳王司马晃为右仆射。司马晃是司马孚的儿子。

2　戊午(十八日),新沓康伯山涛去世。

3　晋武帝命令太常商议敬赐齐王之物。博士庾旉、太叔广、刘暾、缪蔚、郭颐、秦秀、傅珍上表说:"从前,周选择树立有完美德行的人辅佐协助朝廷,周公、康叔、聃季都被选入朝廷任三公之职,这就显示出辅佐君王的责任重大,掌管地方的地位轻一些。汉代的诸侯王,地位在丞相、三公之上,但如果进入朝廷佐助朝政,就要有兼职,如果离开朝廷去封国,也不再给予高级职务的虚名作为尊贵的恩宠。现在假如齐王贤德的话,那么就不应当以同母之弟的尊贵与亲近去担任鲁、卫之地的寻常职务;如果他不贤德,就不应当开拓疆域,在东海边建国。古时候的礼法是,三公没有职守,陪侍帝王议论政事,没听说过以一方的重任去烦扰他。只有周宣王为了解救危急于一时,命令召穆公征讨淮夷,所以《诗经》说:'徐地不违逆,宣王令班师。'宰相不应当长久在外。现在天下已经平定,天地四方都成了自己的家,应马上遵循古时候的做法,让齐王参与议论太平的基业,现在反而派他出去,离开都城两千里,这样做就违反了过去的规章了。"庾旉是庾纯的儿子;刘暾是刘毅的儿子。庾旉已经拟好了草稿,他先呈送给庾纯过目,庾纯没有禁止他。

这件事经过太常郑默、博士祭酒曹志时,曹志悲叹道:"哪里有如此才能,如此亲近的关系,不但不用他建立基业、辅佐教化,反而打发他去天涯海角! 晋朝宗室的兴旺,大概危险了吧?"于是他上奏晋武帝说:"古时候在左右辅佐王室的人,同姓的是周公,异姓的是太公,他们都身居朝廷,到了第五代,都归葬于周地。后来世道衰微,即使有五霸代之而兴起,又怎能与周公、召公辅佐王室的政治清明同日而语呢? 自从伏羲以来,天下岂是一姓所能独自占有的? 应当以至公之心待人,与天下共有利与害,这样才能长久地拥有天下。秦、魏想独揽国政所以才灭亡,周、汉能够把利益分给别人,无论关系是亲是疏都被其所用,这是前代所发生的明显的证明。我认为应当按照博士们的意见去做。"

帝览之,大怒曰:"曹志尚不明吾心,况四海乎!"且谓:"博士不答所问而答所不问,横造异论。"下有司策免郑默。于是尚书朱整、褚䂮奏:"志等侵官离局,迷罔朝廷,崇饰恶言,假托无讳,请收志等付廷尉科罪。"诏免志官,以公还第;其馀皆付廷尉科罪。

庾纯诣廷尉自首:"䂮以议草见示,愚浅听之。"诏免纯罪。廷尉刘颂奏䂮等大不敬,当弃市。尚书奏请报听廷尉行刑。尚书夏侯骏曰:"官立八座,正为此时。"乃独为驳议。左仆射下邳王晃亦从骏议。奏留中七日,乃诏曰:"䂮是议主,应为戮首,但䂮家人自首,宜并广等七人皆丐其死命,并除名。"

二月,诏以济南郡益齐国。己丑,立齐王攸子长乐亭侯寔为北海王。命攸备物典策,设轩县之乐,六佾之舞,黄钺朝车,乘舆之副从焉。

4 三月辛丑朔,日有食之。

5 齐献王攸愤怨发病,乞守先后陵。帝不许,遣御医诊视,诸医希旨,皆言无疾。河南尹向雄谏曰:"陛下子弟虽多,然有德望者少。齐王卧居京邑,所益实深,不可不思也。"帝不纳,雄愤恚而卒。攸疾转笃,帝犹催上道。攸自强入辞,素持容仪,疾虽困,尚自整厉,举止如常,帝益疑其无疾,辞出数日,欧血而薨。帝往临丧,攸子冏号踊,诉父病为医所诬。诏即诛医,以冏为嗣。

晋武帝看了曹志的上奏,非常生气,说:"曹志尚且不明白我的心,更何况四海之内的人!"于是就说:"博士们不回答我所问的,却回答我所不问的,肆意制造不同的议论。"晋武帝命令有关部门免去郑默的职务。这时尚书朱整、褚䂮上奏说:"曹志等人越犯职权,脱离职责,蒙蔽朝廷,尊崇、粉饰邪恶的言论,却假托直言无忌,请拘捕曹志等人,把他们交付廷尉,依法判罪。"晋武帝就下诏免除了曹志的官职,让他以鄄城县公的身份回到家里;其他的人都被交付廷尉依法判罪。

庾纯到廷尉去自首,说:"庾旉上表的草稿我看到了,但是我却肤浅无知没有阻止他。"晋武帝下诏免庾纯的罪。廷尉刘颂上奏,认为庾旉等人极不恭敬,应当处以死刑,陈尸街头示众。尚书上奏,请求报与廷尉,让廷尉决定执行刑罚。尚书夏侯骏说:"朝廷设立了八座官员,正是为了在这种时候能派上用场。"于是他独自上书,提出了不同的意见。左仆射下邳王司马晃也同意夏侯骏的意见。大臣们的表奏在皇帝那里搁置了七天,晋武帝才下诏说:"庾旉是提出议论的主要人物,按理应杀头,但是他的家人已经自首了,所以庾旉应当与太叔广等共七人一起都免去他们的死罪,但要把他们都除去名位。"

二月,晋武帝下诏书,把济南郡归并到齐国。己丑(十九日),立齐王司马攸的儿子长乐亭侯司马寔为北海王。下命令规定了司马攸所用物品及行使权力的规格,他陈列乐器,应三面悬挂,所用乐舞,舞者分成六列,其他如黄钺朝车、车马的标准等都遵从以上的标准。

4　三月辛丑朔(初二),出现日食。

5　齐献王司马攸由于愤怒、怨恨而生了病,他请求去守文明皇后的陵墓。晋武帝不答应,派了御医给他看病,各位御医为了迎合晋武帝,都说司马攸没有病。河南尹向雄进谏说:"陛下子弟虽然多,但是有德行名望的却很少。让齐王卧病居住在京都,所带来的好处实际上是很深远的,不可以不考虑。"晋武帝不采纳他的意见,向雄由于愤怒怨恨而死。这时,司马攸的病开始加重,晋武帝仍然催促他上路。司马攸勉力支撑着去向晋武帝辞行,他平日里一贯保持容貌与仪表,虽然病得很厉害,他还是整齐振作,举止和往常一样,晋武帝越发怀疑他没有病。司马攸辞别上路,没有几天,就吐血而死。晋武帝去司马攸那里亲临丧事,司马攸的儿子司马冏顿足号哭,诉说他父亲的病是被医生给耽误了,受了医生的欺骗。晋武帝立即下令杀了医生,司马冏接替了司马攸的地位。

初,帝爱攸甚笃,为荀勖、冯统等所构,欲为身后之虑,故出之。及薨,帝哀恸不已。冯统侍侧,曰:"齐王名过其实,天下归之,今自薨殒,社稷之福也,陛下何哀之过!"帝收泪而止。诏攸丧礼依安平献王故事。

攸举动以礼,鲜有过事,虽帝亦敬惮之。每引之同处,必择言而后发。

6　夏,五月己亥,琅邪武王伷薨。

7　冬,十一月,以尚书左仆射魏舒为司徒。

8　河南及荆、扬等六州大水。

9　归命侯孙皓卒。

10　是岁,鲜卑慕容涉归卒。弟删篡立,将杀涉归子廆,廆亡匿于辽东徐郁家。

五年(甲辰,284)

1　春,正月己亥,有青龙二,见武库井中。帝观之,有喜色。百官将贺,尚书左仆射刘毅表曰:"昔龙降夏庭,卒为周祸。《易》称'潜龙勿用,阳在下也'。寻按旧典,无贺龙之礼。"帝从之。

2　初,陈群以吏部不能审核天下之士,故令郡国各置中正,州置大中正,皆取本土之人任朝廷官、德充才盛者为之,使铨次等级以为九品,有言行修著则升之,道义亏缺则降之,吏部凭之以补授百官。行之浸久,中正或非其人,奸敝日滋。刘毅上疏曰:"今立中正,定九品,高下任意,荣辱在手,操人主之威福,夺天朝之权势,公无考校之负,私无告讦之忌,

当初,晋武帝对司马攸的疼爱之情是很深厚的。但是,由于荀勖、冯𬘘等人的挑拨,晋武帝要为自己死后的事做打算,所以就让司马攸离开京都。等司马攸死了,晋武帝悲痛不已。这时,冯𬘘正在身旁侍候,就说:"齐王的名声超过了他的实际,天下的人都归附他,现在他死了,这是国家的福气,陛下为什么要过分悲哀呢!"晋武帝于是止住了眼泪,命令司马攸的丧礼要依照安平献王司马孚的规格去办。

司马攸的行为举止都合于礼法,很少有过错,即使是晋武帝也对他又敬又畏。每次拉着他在一起相处时,总是斟酌词语然后才说话。

6　夏季,五月己亥(初一),琅邪武王司马伷去世。

7　冬季,十一月,任命尚书左仆射魏舒为司徒。

8　河南以及荆、扬等六州洪水泛滥。

9　归命侯孙皓去世。

10　这一年,鲜卑慕容涉归去世。他的弟弟慕容删篡位代立,想杀掉慕容涉归的儿子慕容廆,慕容廆逃跑了,隐藏在辽东人徐郁的家里。

晋武帝太康五年(甲辰,公元 284 年)

1　春季,正月己亥(初四),武器库的井里出现了两条青龙。晋武帝去观看,脸上现出欢喜的神色来。百官们要去道贺,尚书左仆射刘毅上表说:"从前,龙降临在夏代的厅堂里,最后酿成了周代的祸殃。《周易》里说'龙潜伏不作施展,是因为阳气低沉'。我寻查了旧典籍,前人没有恭贺龙的礼节。"晋武帝听从了刘毅的话。

2　当初,陈群由于吏部不能够审查核实天下的士人,所以就命令郡国各自设置中正,州设置大中正,都选取本地区的人担任朝廷的官职,只有富于德才的人才能够当选,按照士人的才能、政绩、资历分为不同的九品等级,如果言行卓越显著就可以被提升,道义缺损的就被降级,吏部就凭借这个来补充朝廷的百官。这个制度实行的日子越来越长久,有的中正并不是合格的人选,于是邪恶敝败的风气一天一天地滋长。刘毅针对这种状况上书说:"如今设立中正来决定官职的九品等级,品级的高与低,中正可以随自己的心愿来决定,别人的荣与辱都攥在他们的手里。他们掌握着人君才能有的威与福,夺取了朝廷的权势,他们对公,不因为自己的考查失实而觉得有所亏负;对私,也不为揭人隐私而有所避忌,

用心百态，营求万端，廉让之风灭，争讼之俗成，臣窃为圣朝耻之！盖中正之设，于损政之道有八：高下逐强弱，是非随兴衰，一人之身，旬日异状，上品无寒门，下品无势族，一也。置州都者，本取州里清议咸所归服，将以镇异同，一言议也。今重其任而轻其人，使驳违之论横于州里，嫌仇之隙结于大臣，二也。本立格之体，为九品者，谓才德有优劣，伦辈有首尾也。今乃使优劣易地，首尾倒错，三也。陛下赏善罚恶，无不裁之以法，独置中正，委以一国之重，曾无赏罚之防，又禁人不得诉讼，使之纵横任意，无所顾惮，诸受枉者，抱怨积直，不获上闻，四也。一国之士，多者千数，或流徙异邦，或取给殊方，面犹不识，况尽其才！而中正知与不知，皆当品状，采誉于台府，纳毁于流言，任己则有不识之蔽，听受则有彼此之偏，五也。凡求人才，欲以治民也，今当官著效者或附卑品，在官无绩者更获高叙，是为抑功实而隆空名，长浮华而废考绩，六也。凡官不同人，事不同能。今不状其才之所宜而但第为九品，以品取人，或非才能之所长，

这种制度使人们以各种各样的用心从各个方面去钻营,廉洁谦让的风气消失了,争斗的习俗形成了,我私下为朝廷感到羞耻!中正制度的设立,对于政治的损害有八点:品级的高下,随着势力的强弱为转移,是与非的标准,以人的兴盛衰败来决定,同一个人,十天之内,处境就发生了变化,上品的官员没有出身于贫贱之家的,下品的官员,没有出身于有权势的大族的,这是第一。设置中正的目的,是要使州里公正的评论都能够归服顺从,要以此来安定异同,使言论归于统一。现在却重视中正的职权而轻视担任中正的人选,使得违悖的言论在州中放任,在大臣之间结下了憎恶的仇怨,这是第二。本着设置这项制度的规则,之所以要把士人分为九个等级,就是因为人的才与德有优劣的不同,资历、辈分也有前有后。现在的做法却使得优与劣调换了位置,前与后颠倒,这是第三。陛下奖赏善良,惩罚邪恶,从来都是依法来裁决,唯独设置中正,把一国的重任托付给他,却没有能控制他的奖赏与惩罚的办法,还禁止人们控告中正,这就使中正为所欲为,肆无忌惮,受了冤枉的人,有一肚子的怨言和真心话,却不能使陛下听到,这是第四。一个国家里的士人,多得可以以千计数,他们或者流徙于异邦,或者是到别的地方谋求衣食,对这些人的相貌都不曾见过,更何况要发挥他们的才能!作为中正,对这些人无论是了解还是不了解,都应当评论、衡量他们的表现,不管是官府对他们的赞誉之词,还是败坏他们名声的流言蜚语,都应当全面地听取,对这些意见如果只相信自己的判断,就会被不了解所蒙蔽,只听别人告诉你的话,就会因为彼此的局限而陷于片面与狭隘,这是第五。凡是寻求人材的目的,就是为了用他们来治理民众,现在担任官职有显著成绩的人,有的却处于很低的等级,担任官职没有政绩的人,反而获得很高的级别,这就压抑了确实有功劳的人而崇尚空虚的名声,助长了浮华的风气,使得对官员政绩的考核被废除,这是第六。所有的官职都是由不同的人担任的,各种各样的事情也需要不同才能的人来处理。现在是不问其才能是否合适,只管让他登上九品,以品级来选取人,有的人的才能与品级并不相符,

以状取人,则为本品之所限,徒结白论而品状相妨,七也。九品所下不彰其罪,所上不列其善,各任爱憎,以植其私,天下之人焉得不懈德行而锐人事,八也。由此论之,职名中正,实为奸府;事名九品,而有八损,古今之失,莫大于此!愚臣以为宜罢中正,除九品,弃魏氏之敝法,更立一代之美制。"太尉、汝南王亮、司空卫瓘亦上疏曰:"魏氏承丧乱之后,人士流移,考详无地,故立九品之制,粗且为一时选用之本耳。今九域同规,大化方始,臣等以为宜皆荡除末法,咸用土断,自公卿以下,以所居为正,无复县客,远属异土,尽除中正九品之制,使举善进才,各由乡论,则华竞自息,各求于己矣。"始平王文学江夏李重上疏:以为:"九品既除,宜先开移徙,听相并就,则土断之实行矣。"帝虽善其言而终不能改也。

3 冬,十二月庚午,大赦。

4 闰月,当阳成侯杜预卒。

5 是岁,塞外匈奴胡太阿厚帅部落二万九千三百人来降;帝处之塞内西河。

6 罢宁州入益州,置南夷校尉以护之。

六年(乙巳,285)

1 春,正月,尚书左仆射刘毅致仕,寻卒。

若要根据具体人的情况来选取人,又被品级所局限,不过是空话,官职的品级与人的才德不相吻合,这是第七。九品中恶劣的人,也不揭露他的罪过,对所推举的人也不陈述他们的优点,各自放任自己的爱憎,培植自己的亲信,那么天下的人又如何不懈怠于德行而专心于人情世故呢?这是第八。由此看来,职务名为中正,实际上是邪恶的处所;事务名为九品,却有八点损害,古今的过失,没有比这更大的了!我愚昧地认为,应当罢免中正,废除九品,抛弃魏氏的这一敝陋之法,再重新建立一代美好的制度。"太尉、汝南王司马亮,司空卫瓘也上疏说:"魏氏在丧乱之后当权,人士四处流徙迁移,要想详细地加以考察是办不到的,所以建立了九品官职的制度,以作为一时选拔人才的大致标准和依据。如今九州有了统一的制度,伟大的教化正要开始推行,我们认为,应当扫除浅陋的措施,改用以所在地区为主的土断之法,从公卿以下,以自己的居住地为准,不要再像客居当地似的,隶属于远处的其他地区,全部废除九品中正制度,荐举选拔优秀的人材,由乡里讨论决定,这样争相追求浮华的习气自然就会止息,人们也就会尽心于自己的努力了。"在始平王那里任文学之职的江夏人李重上疏,他认为:"九品制度废除后,应当先开始流动迁徙,听任人们相互合并附就,那么真正的土断之法就开始实行了。"晋武帝虽然对这些建议很赞赏,但是最终也没能实行改革。

3　冬季,十二月庚午(初十),实行大赦。

4　闰月,当阳成侯杜预去世。

5　这一年,塞外的匈奴人太阿厚,率领他的部落两万九千三百人归降晋,晋武帝让他们在塞内西河居住。

6　废除了宁州,归并入益州,设置南夷校尉监理益州。

晋武帝太康六年(乙巳,公元 285 年)

1　春季,正月,尚书左仆射刘毅辞官回家,不久就去世了。

2 戊辰,以王浑为尚书左仆射,浑子济为侍中。浑主者处事不当,济明法绳之。济从兄佑,素与济不协,因毁济不能容其父,帝由是疏济,后坐事免官。济性豪侈,帝谓侍中和峤曰:"我将骂济而后官之,如何?"峤曰:"济俊爽,恐不可屈。"帝召济,切让之,既而曰:"颇知愧不?"济曰:"《尺布》、《斗粟》之谣,常为陛下愧之。他人能令亲者疏,臣不能令亲者亲,以此愧陛下耳。"帝默然。峤,洽之孙也。

3 青、梁、幽、冀州旱。

4 秋,八月丙戌朔,日有食之。

5 冬,十二月庚子,襄阳武侯王濬卒。

6 是岁,慕容删为其下所杀,部众复迎涉归子廆而立之。涉归与宇文部素有隙,廆请讨之,朝廷弗许。廆怒,入寇辽西,杀略甚众。帝遣幽州军讨廆,战于肥如,廆众大败。自是每岁犯边,又东击扶馀,扶馀王依虑自杀,子弟走保沃沮。廆夷其国城,驱万馀人而归。

七年(丙午,286)

1 春,正月甲寅朔,日有食之。魏舒称疾,固请逊位,以剧阳子罢。舒所为,必先行而后言,逊位之际,莫有知者。卫瓘与舒书曰:"每与足下共论此事,日日未果,可谓'瞻之在前,忽焉在后'矣。"

2 戊辰（初九），任命王浑为尚书左仆射，任命王浑的儿子王济为侍中。王浑手下的主管人处理事务不当，王济严明法纪处置了他。王济的堂兄王佑，平素就与王济不和，这时就抓住这件事情诽谤王济，说他容不下他的父亲，晋武帝从此就疏远了王济，后来王济由于获罪被免去了官职。王济性情豪放豁达，晋武帝对侍中和峤说："我将要责骂王济，然后给他封官，他会怎么样呢？"和峤说："王济性格豪爽，怕是不能屈服。"晋武帝召来王济，严厉地责备他，然后问他："你是不是心里有点儿知道惭愧了？"王济回答说："像《尺布》《斗粟》这些歌谣所说的，我常常因此而为陛下感到羞愧。别人能够使亲近的人疏远，我却不能让亲近的人更亲，因为这一点，我有愧于陛下。"晋武帝听了他的话沉默不语。和峤是和洽的孙子。

3 青、梁、幽、冀州闹旱灾。

4 秋季，八月丙戌朔（初一），出现日食。

5 冬季，十二月庚子（十七日），襄阳武侯王濬去世。

6 这一年，慕容删被他的手下人杀了，他的部众又去迎接慕容涉归的儿子慕容廆继了位。慕容涉归和鲜卑的宇文部素有仇怨，慕容廆请求去讨伐宇文部，而朝廷不允许。慕容廆于是发怒，入侵辽西，杀人抢掠，造成了很大的损害。晋武帝就派遣幽州的军队讨伐慕容廆，双方在肥如打了起来，慕容廆的部众被打得大败。从这时开始，慕容廆每年都要侵犯边境地区，他还向东去打扶馀，扶馀王依虑自杀，依虑的儿子弟兄们都逃到沃沮防守。慕容廆就把扶馀国的城削平，驱赶着一万多人返回部落。

晋武帝太康七年（丙午，公元 286 年）

1 春季，正月甲寅朔（初一），出现日食。魏舒声称有病，坚决请求退位，他以剧阳子的身份免职。魏舒做事，总是先有了行动然后才说出来，所以他退位的时候没有人知道。卫瓘写信给魏舒说："常常和您在一起议论退位的事情，可是一天一天地过去了，却没有能够实现，真可说是'瞻望于前，忽然就落在后头'了。"

2 夏,慕容廆寇辽东,故扶馀王依虑子依罗求帅见人还复旧国,请援于东夷校尉何龛,龛遣督护贾沈将兵送之。廆遣其将孙丁帅骑邀之于路,沈力战,斩丁,遂复扶馀。

3 秋,匈奴胡都大博及萎莎胡各帅种落十万馀口诣雍州降。

4 九月戊寅,扶风武王骏薨。

5 冬,十一月壬子,以陇西王泰都督关中诸军事。泰,宣帝弟馗之子也。

6 是岁,鲜卑拓跋悉鹿卒,弟绰立。

八年(丁未,287)

1 春,正月戊申朔,日有食之。

2 太庙殿陷,九月,改营太庙,作者六万人。

3 是岁,匈奴都督大豆得一育鞠等复帅种落万一千五百口来降。

九年(戊申,288)

1 春,正月壬申朔,日有食之。

2 夏,六月庚子朔,日有食之。

3 郡国三十三大旱。

4 秋,八月壬子,星陨如雨。

5 地震。

2　夏季,慕容廆侵犯辽东,从前的扶馀王依虑的儿子依罗,请求率领他还留存的部下,返回他的国家去恢复它,他向东夷校尉何龛请求援助,何龛派遣督护贾沈带领兵士送依罗回扶馀国。慕容廆派遣他的部将孙丁,率领骑兵在半路上拦截依罗,贾沈奋力作战,杀了孙丁,于是恢复了扶馀国。

3　秋季,匈奴人都大博以及萎莎人各自率领种族部落十万多人到雍州投降。

4　九月戊寅(二十九日),扶风武王司马骏去世。

5　冬季,十一月壬子(初四),任命陇西王司马泰统领关中诸军事。司马泰是晋宣帝的弟弟司马馗的儿子。

6　这一年,鲜卑人拓跋悉鹿去世,他的弟弟拓跋绰继位。

晋武帝太康八年(丁未,公元 287 年)

1　春季,正月戊申朔(初一),出现日食。

2　太庙的殿堂陷落了,秋季,九月,改建太庙,有六万人参加营建。

3　这一年,匈奴都督大豆得一育鞠等人又率领其种族部落一万一千五百人投降了晋。

晋武帝太康九年(戊申,公元 288 年)

1　春季,正月壬申朔(初八),出现日食。

2　夏季,六月庚子朔(初一),出现日食。

3　有三十三个郡国大旱。

4　秋季,八月壬子(十四日),星星像下雨似的坠落下来。

5　地震。

卷第八十二　晋纪四

起己酉(289)尽戊午(298)凡十年

世祖武皇帝下
太康十年(己酉,289)

1　夏,四月,太庙成。乙巳,袷祭。大赦。

2　慕容廆遣使请降。五月,诏拜廆鲜卑都督。廆谒见何龛,以士大夫礼,巾衣到门,龛严兵以见之,廆乃改服戎衣而入。人问其故,廆曰:"主人不以礼待客,客何为哉!"龛闻之,甚惭,深敬异之。时鲜卑宇文氏、段氏方强,数侵掠廆,廆卑辞厚币以事之。段国单于阶以女妻廆,生皝、仁、昭。廆以辽东僻远,徙居徒河之青山。

3　冬,十月,复明堂及南郊五帝位。

4　十一月丙辰,尚书令济北成侯荀勖卒。勖有才思,善伺人主意,以是能固其宠。久在中书,专管机事。及迁尚书,甚罔怅。人有贺之者,勖曰:"夺我凤皇池,诸君何贺邪!"

5　帝极意声色,遂至成疾。杨骏忌汝南王亮,排出之。甲申,以亮为侍中、大司马、假黄钺、大都督、督豫州诸军事,治许昌;徙南阳王柬为秦王,都督关中诸军事;始平王玮为楚王,都督荆州诸军事;濮阳王允为淮南王,都督扬、江二州诸军事;

世祖武皇帝下
晋武帝太康十年(己酉,公元 289 年)

1 夏季,四月,太庙建成。乙巳(十一日),集中远近祖先进行祫祭。大赦天下罪犯。

2 慕容廆派使者来晋朝请求投降。五月,晋武帝下诏拜慕容廆为鲜卑都督。慕容廆晋见何龛,持士大夫的礼节,以幅巾裹发,身着单衣,他到了门口,何龛却整肃部队会见他,慕容廆于是又改换军服进了门。有人问他为什么要这样做,慕容廆说:"主人不以礼节来接待宾客,客人又能怎么样呢?"何龛听到了他的话,心中非常惭愧,同时又深深地敬重他,认为他不同寻常。这时,鲜卑的宇文氏、段氏正处于强盛时期,多次侵犯掠夺慕容廆,慕容廆只好以恭敬谦卑的言辞和丰厚的钱财侍奉他们。段国单于段阶,把女儿嫁给慕容廆,生下了慕容皝、慕容仁、慕容昭。慕容廆因辽东位于偏僻遥远之地,于是迁居到徒河的青山。

3 冬季,十月,恢复了明堂以及南郊五帝的牌位。

4 十一月丙辰,尚书令、济北成侯荀勖去世。荀勖才思敏捷,善于观察人君的心思,因此能巩固皇帝对他的宠爱。他长期在中书省供职,专门掌管机密要事。后来他升迁为尚书令,心中非常惆怅。有人向他贺喜,他说:"夺去我的凤皇池,诸君有什么可祝贺的呢!"

5 晋武帝沉湎于音乐和女色,以至于得了病。杨骏嫉妒汝南王司马亮,把他排挤得离开了朝廷。甲申(二十三日),任命司马亮为侍中、大司马、假黄钺、大都督、督豫州诸军事,镇守许昌;迁南阳王司马柬为秦王,都督关中诸军事;任命始平王司马玮为楚王,都督荆州诸军事;任命濮阳王司马允为淮南王,都督扬、江两州诸军事。

并假节之国。立皇子乂为长沙王,颖为成都王,晏为吴王,炽为豫章王,演为代王;皇孙遹为广陵王。又封淮南王子迪为汉王,楚王子仪为毗陵王,徙扶风王畅为顺阳干,畅弟歆为新野公。畅,骏之子也。琅邪王觐弟澹为东武公,繇为东安公。觐,伷之子也。

初,帝以才人谢玖赐太子,生皇孙遹。宫中尝夜失火,帝登楼望之,遹年五岁,牵帝裾入暗中曰:“暮夜仓猝,宜备非常,不可令照见人主。”帝由是奇之。尝对群臣称遹似宣帝,故天下咸归仰之。帝知太子不才,然恃遹明慧,故无废立之心。复用王佑之谋,以太子母弟柬、玮、允分镇要害。又恐杨氏之逼,复以佑为北军中候,典禁兵。帝为皇孙遹高选僚佐,以散骑常侍刘寔志行清素,命为广陵王傅。

寔以时俗喜进趣,少廉让,欲令初除官通谢章者,必推贤让能,乃得通之。一官缺则择为人所让最多者用之。以为:“人情争则欲毁己所不如,让则竞推于胜己。故世争则优劣难分,时让则贤智显出。当此时也,能退身修己,则让之者多矣;虽欲守贫贱,不可得也。驰骛进趋而欲人见让,犹却行而求前也。”

淮南相刘颂上疏曰:“陛下以法禁宽纵,积之有素,未可一旦以直绳御下,此诚时宜。然至于矫世救弊,自宜渐就清肃。譬犹行舟,虽不横截迅流,然当渐靡而往,稍向所趋,然后得济也。

以上诸王,都持节去他们各自的封国。立皇子司马乂为长沙王,司马颖为成都王,司马晏为吴王,司马炽为豫章王,司马演为代王;皇孙司马遹为广陵王。又封淮南王的儿子司马迪为汉王,楚王的儿子司马仪为毗陵王,迁扶风王司马畅为顺阳王,司马畅的弟弟司马歆为新野公。司马畅是司马骏的儿子。封琅邪王司马勤的弟弟司马澹为东武公,司马繇为东安公。司马觐是司马伷的儿子。

当初,晋武帝把才人谢玖赐给太子,生下了皇孙司马遹。有一天夜里,皇宫中失火了,晋武帝登上楼观望,司马遹当时只有五岁,他牵着晋武帝的衣襟走进昏暗的地方,说:"夜里突然出事,应当防备突如其来的变故,不可以站在亮处,让别人看到人君。"晋武帝从此认为司马遹很不一般。晋武帝曾经当着群臣称赞司马遹像晋宣帝,所以天下的人都归心敬慕司马遹。晋武帝知道太子没有才能,但是凭借司马遹的聪明才智,晋武帝才没有废黜太子的想法。晋武帝又用王佑的计谋,把太子的同母弟弟司马柬、司马玮、司马允都派出去镇守要害地区。晋武帝担心会受到杨氏的逼迫,又任王佑为北军中候,掌管皇帝的亲兵。晋武帝为了皇孙司马遹,以很高的标准挑选他身边的僚属与辅佐,散骑常侍刘寔志向与操守高洁清廉,因此被任命为广陵王司马遹的老师。

刘寔看到当时的风气是喜好趋附,缺少廉洁与谦让,曾经写了《崇让论》,建议初次被授予官职、递交谢表的人,必须是能够推举、谦让贤能的人,才能够让他通过。如果有空缺的官职,那么就要挑选平时为人谦让最多的人来担任。他认为:"人的本性是:如果争斗起来的话,就要毁谤自己所比不上的人,如果谦让,就会争着推举胜过自己的人。所以如果争斗,世上就优劣难以区分,如果有了谦让的风气,那么贤能才智之人就会显现出来。在现在这种时候,能够退身自我修养,谦让的人就会多起来,谦让的人多了,即使想守着贫贱不做官,也不可能了。奔走趋附而想让别人对自己谦让,这就如同想向前走却向后倒退一样。"

淮南相刘颂上疏说:"陛下由于刑法禁令宽松放任,想改变这种状况,但是这种局面是平时日积月累形成的,不可能一下子就能用公正的标准治理下民,这确实要等到时势所宜的机会。然而至于矫正世风,救治时弊,自然应当逐渐走向清廉整肃。这就好比行船,虽然不能径直渡过急流,然而应当渐渐随着水势往前走,一点一点地朝着自己要去的方向,然后就能渡过河去。

"自泰始以来，将三十年，凡诸事业，不茂既往。以陛下明圣，犹未反叔世之敝，以成始初之隆，传之后世，不无虑乎！使夫异时大业，或有不安，其忧责犹在陛下也。

"臣闻为社稷计，莫若封建亲贤。然宜审量事势，使诸侯率义而动者，其力足以维带京邑；若包藏祸心，其势不足独以有为。其齐此甚难，陛下宜与达古今之士，深共筹之。周之诸侯，有罪诛放其身，而国祚不泯；汉之诸侯，有罪或无子者，国随以亡。今宜反汉之敝，循周之旧，则下固而上安矣。

"天下至大，万事至众，人君至少，同于天日，是以圣王之化，执要于己，委务于下，非恶劳而好逸，诚以政体宜然也。夫居事始以别能否，甚难察也，因成败以分功罪，甚易识也。今陛下每精于造始而略于考终，此政功所以未善也。人主诚能居易执要，考功罪于成败之后，则群下无所逃其诛赏矣。

"古者六卿分职，冢宰为师；秦、汉已来，九列执事，丞相都总。今尚书制断，诸卿奉成，于古制为太重。可出众事付外寺，使得专之；尚书统领大纲，若丞相之为，岁终课功，校簿赏罚而已，斯亦可矣。今动皆受成于上，上之所失，不得复以罪下，岁终事功不建，不知所责也。

"自从泰始以来,已将近三十年了,各项事业却并没有比以往更加兴旺。凭着陛下的圣明,还没有纠正衰乱时代的弊病,以成就最初的隆盛,传之于后世,这难道不值得忧虑吗?假使以后大业或许不安稳,那么忧虑与责任也还是在陛下。

　　"我听说为国家打算,不如分封亲属与贤能之人。然而应当审度、衡量事情发展的趋势,假使诸侯服从正义而行动,其力量足以护卫京城;如果他们包藏祸心,那么他们的势力也不足以独立地有所作为。这件事情要整治好是很困难的,陛下应当与通达古今的人士在一起,共同深入地筹划这件事情。周代的诸侯,如果犯了罪就要遭到惩罚放逐,但其爵位不断绝;汉代的诸侯如果犯了罪或者没有儿子,那么他的封国也就随之失去了。如今应当改变汉代的弊端,遵循周代的旧制度,那么下面巩固上面也就安定了。

　　"天下极其大,事物极其多,而君王却极少,就像天空和太阳,因此圣明的君王实行教化,要自己掌握住根本,把事务委托给手下去办理,这并不是好逸恶劳,实在是由于国家的体制适宜于如此。处理事情在一开始的时候就去区分事情办得好还是不好,是很难观察出来的,等到事情的发展显示出了成功与失败,这时候再去区分功劳与罪过就很容易识别了。如今陛下常常是精心于初始的构建却忽略对结局的考察,这正是治理的功效所以不完美的原因。人君如果确实能够处于平易而抓住根本,于成功失败的结局之后考察功劳与罪过,那么手下的官员们就没有地方逃避奖赏与惩治的处理了。

　　"古时候六卿分工,各司其职,冢宰是统领;秦、汉以来,九卿的职掌,由丞相总管。现在事情都由尚书裁断,各官署奉行成规,与古时候的制度相比,尚书的事务太重。可以把众多的事务交付各官署办理,使各官署有专门负责的权力;尚书统领根本大纲,如同丞相所做的,年终考查功效,校阅簿籍,实行赏罚而已,这也就可以了。现在动不动就接受上面的现成的决定,上面如果有失误、过错,就不能怪罪于下属,等到年终没有功绩上的建树,也不知该由谁来承担责任。

"夫细过谬妄,人情之所必有,而悉纠以法,则朝野无立人矣。近世以来为监司者,类大纲不振而微过必举,盖由畏避豪强而又惧职事之旷,则谨密网以罗微罪,使奏劾相接,状似尽公,而挠法在其中矣。是以圣王不善碎密之案,必责凶猾之奏,则害政之奸,自然禽矣。夫创业之勋,在于立教定制,使遗风系人心,馀烈匡幼弱,后世凭之,虽昏犹明,虽愚若智,乃足尚也。

"至夫修饰官署,凡诸作役,恒伤太过,不患不举,此将来所不须于陛下而自能者也。今勤所不须以伤所凭,窃以为过矣。"帝皆不能用。

6　诏以刘渊为匈奴北部都尉。渊轻财好施,倾心接物,五部豪桀,幽、冀名儒,多往归之。

7　奚轲男女十万口来降。

孝惠皇帝上之上
永熙元年(庚戌,290)
1　春,正月辛酉朔,改元太熙。
2　己巳,以王浑为司徒。
3　司空、侍中、尚书令卫瓘子宣,尚繁昌公主。宣嗜酒,多过失,杨骏恶瓘,欲逐之,乃与黄门谋共毁宣,劝武帝夺公主。瓘惭惧,告老逊位。诏进瓘位太保,以公就第。

"细微的过失,荒谬的言行,这是人的本性所难免的,但是全都用刑法来矫正,那么朝野上下就没有人能够立身了。近世以来,担任监察的官员,大都不抓根本大事,却对微小的过失抓住不放,这大概是因为畏惧、躲避豪强却又担心荒废了职责,因此就谨慎地使法律周密,以搜罗微小的过错,使得上奏的揭发罪行的文状接连不断,表面看来是在为公事尽职,实际上却扰乱了法规。因此圣明的君王对那些琐碎细密的公事不感兴趣,而对于那些揭发了凶恶、奸诈大事的奏章则一定要过问,那么损害国家政事的邪恶的人或事,自然就被抓住了。创立基业的功勋,在于设立政令,制定规章,使得遗留下来的风尚能够使后人的心有所寄托,遗留下来的功业,能够辅助、纠正年小而又软弱的后人,后代能够凭借前代制定的法规,即使是昏庸的人,仍然能做出明智的事情,即使是蠢笨无知的人,也如同有才智的人,使得后人足以得到帮助。

"至于那修饰官署的事情,各种劳作,通常是过分得成了一种妨害,这种事情不用担心发动不起来,这是即使到了将来,没有陛下的命令也自然能办成的事情。现在的问题在于,对于不急的事情抓得紧,办得勤恳,但却损伤了所赖以依仗的根本,我私下认为有些过分了。"对他的意见晋武帝都没有采纳。

6 晋武帝下诏,任命刘渊为匈奴北部都尉。刘渊轻视钱财,喜好施舍,倾心与人交际,匈奴五部的豪杰之士以及幽州、冀州的名儒,都去投奔、归附他。

7 奚轲人男女共十万人投降了晋。

孝惠皇帝上之上
晋惠帝永熙元年(庚戌,公元 290 年)

1 春季,正月辛酉朔(初一),改年号为太熙。

2 己巳(初九),任命王浑为司徒。

3 司空、侍中、尚书令卫瓘的儿子卫宣,娶繁昌公主。卫宣嗜酒贪杯,时常因喝酒而误事,杨骏憎恨卫瓘,就想把他驱逐出去,于是,他就和宦官黄门密谋一起诽谤卫宣,劝晋武帝不要把公主嫁给卫宣。卫瓘知道了这件事以后,又惭愧又恐惧,就以上了年纪为由,请求退职。晋武帝下诏,晋升卫瓘为太保,以淄阳公的身份回到家里。

4　剧阳康子魏舒薨。

5　三月甲子，以右光禄大夫石鉴为司空。

6　帝疾笃，未有顾命。勋旧之臣多已物故，侍中、车骑将军杨骏独侍疾禁中。大臣皆不得在左右，骏因辄以私意改易要近，树其心腹。会帝小间，见其新所用者，正色谓骏曰："何得便尔！"时汝南王亮尚未发，乃令中书作诏，以亮与骏同辅政，又欲择朝士有闻望者数人佐之。骏从中书借诏观之，得便藏去，中书监华廙恐惧，自往索之，终不与。会帝复迷乱，皇后奏以骏辅政，帝颔之。夏，四月辛丑，皇后召华廙及中书令何劭，口宣帝旨作诏，以骏为太尉、太子太傅、都督中外诸军事、侍中、录尚书事。诏成，后对廙、劭以呈帝，帝视而无言。廙，歆之孙；劭，曾之子也。遂趣汝南王亮赴镇。帝寻小间，问："汝南王来未？"左右言未至，帝遂困笃。己酉，崩于含章殿。帝宇量弘厚，明达好谋，容纳直言，未尝失色于人。

太子即皇帝位，大赦，改元，尊皇后曰皇太后，立妃贾氏为皇后。

杨骏入居太极殿，梓宫将殡，六宫出辞，而骏不下殿，以虎贲百人自卫。

诏石鉴与中护军张劭监作山陵。

4　剧阳康子魏舒去世。

5　三月甲子(初五),任命右光禄大夫石鉴为司空。

6　晋武帝病势沉重,没有遗诏。有功绩的旧臣们大多已经死亡,侍中、车骑将军杨骏独自在宫中侍候晋武帝。杨骏不让大臣们守候在晋武帝身边,他趁着这个机会,擅自做主把晋武帝身边重要亲近的职位都换了人,培植他自己的心腹。晋武帝的病情稍微有了好转,他看到身边的人都被更换了,就严肃地对杨骏说:"你怎么能这么做呢?"这时汝南王司马亮还没有离开京都,晋武帝就命令中书作诏书,命令司马亮与杨骏一同辅佐政事,还打算选择中央的官吏中有名望的几个人协助司马亮和杨骏,杨骏从中书借来诏书观看,拿到手里就收藏起来走了。中书监华廙非常害怕,就到杨骏那里去索要诏书,杨骏最终也没有把诏书还给他。这时晋武帝又进入昏迷状态,皇后上奏任命杨骏辅政,晋武帝点头答应了她。夏季,四月辛丑(十二日),皇后召来华廙以及中书令何劭,口头宣布晋武帝的旨意作为诏书,任命杨骏为太尉、太子太傅、都督中外诸军事、侍中、录尚书事。诏书写成之后,皇后当着华廙、何劭的面呈送给晋武帝,晋武帝看了诏书后什么也没有说。华廙是华歆的孙子;何劭是何曾的儿子。随后,催促汝南王司马亮奔赴镇所。过了不久,晋武帝的病又有了好转,他就问:"汝南王来了没有?"身边的人说还没有到。晋武帝随后病重垂危。己酉(二十日),晋武帝在含章殿去世。晋武帝器宇度量开阔宽厚,聪明通达,喜好谋划,能容纳直言,从来没有在别人面前有不庄重的仪表。

太子登极做了皇帝,大赦天下,改年号为永熙。尊杨皇后为皇太后,立太子妃贾氏为皇后。

杨骏进入太极殿居住,这时晋武帝的棺材将要移到太极殿停放,六宫妃嫔都出来与晋武帝的灵柩辞别,杨骏却不下殿,用一百名勇士保卫他。

晋惠帝命令石鉴与中护军张劭监督建造陵墓。

　　汝南王亮畏骏，不敢临丧，哭于大司马门外。出营城外，表求过葬而行。或告亮欲举兵讨骏者，骏大惧，白太后，令帝为手诏与石鉴、张劭，使帅陵兵讨亮。劭，骏甥也，即帅所领趣鉴速发。鉴以为不然，保持之。亮问计于廷尉何勖，勖曰："今朝野皆归心于公，公不讨人而畏人讨邪！"亮不敢发，夜，驰赴许昌，乃得免。骏弟济及甥河南尹李斌皆劝骏留亮，骏不从。济谓尚书左丞傅咸曰："家兄若征大司马，退身避之，门户庶几可全。"咸曰："宗室外戚，相持为安。但召大司马还，共崇至公以辅政，无为避也。"济又使侍中石崇见骏言之，骏不从。

　　五月辛未，葬武帝于峻阳陵。

　　杨骏自知素无美望，欲依魏明帝即位故事，普进封爵以求媚于众。左军将军傅祗与骏书曰："未有帝王始崩，臣下论功者也。"骏不从。祗，嘏之子也。丙子，诏中外群臣皆增位一等，预丧事者增二等，二千石已上皆封关中侯，复租调一年。散骑常侍石崇、散骑侍郎何攀共上奏，以为："帝正位东宫二十馀年，今承大业，而班赏行爵，优于泰始革命之初及诸将平吴之功，轻重不称。且大晋卜世无穷，今之开制，当垂于后，若有爵必进，则数世之后，莫非公侯矣。"不从。

汝南王司马亮害怕杨骏,不敢去赴晋武帝的丧事,在大司马府门外哭晋武帝。司马亮到城外居住,上表请求过了晋武帝的葬礼再出发去镇守之地。有人告发说司马亮要兴兵讨伐杨骏,杨骏异常恐惧,告诉了太后,让晋惠帝手写诏书给石鉴和张劭,让他们两人率领修建陵墓的士兵去征讨司马亮。张劭是杨骏的外甥,他立即率领部下催促石鉴马上出发。石鉴却认为事情并不是这样,他保证司马亮不会举兵,掌握住手下的士兵不动。司马亮向廷尉何勖询问计策,何勖说:"现在朝野上下都从心里归附于您,您不去讨伐别人,却害怕别人来讨伐您吗?"司马亮不敢发兵,夜里,快马加鞭地奔赴许昌,才免去了一场灾难。杨骏的弟弟杨济以及外甥河南尹李斌都劝杨骏留下司马亮,杨骏不听。杨济对尚书左丞傅咸说:"家兄如果征召大司马司马亮,退身躲避他,那么门户也许可以保全。"傅咸说:"皇族与外戚,相互依赖才能安定。只要把大司马召回来,共同本着公正无私的原则辅佐朝政,用不着躲避司马亮。"杨济又让侍中石崇去见杨骏,对他说了这些话,杨骏不听。

　　五月辛未(十三日),在峻阳陵安葬了晋武帝。

　　杨骏心里明白他平时就没有好名声,他想效法魏明帝即位的先例,普遍给大臣们进封爵位,以便讨好众人,收买人心。左军将军傅祗写信对杨骏说:"还没有听说帝王刚死,就给臣下论功行赏的事。"杨骏不听。傅祗是傅嘏的儿子。丙子(十八日),下诏书,朝廷内外群臣一律晋升一级,参与晋武帝丧事的晋升二级,二千石以上的官员一律封为关中侯,免除一年的赋税。散骑常侍石崇、散骑侍郎何攀一起上奏,认为:"皇帝被正式立为太子有二十多年,现在继承了大业,但是遍施奖赏,赐予爵位,比泰始革命之初以及各位将领平吴的功绩得到的奖励还要丰厚,这就使轻重不相称了。况且占卜得知,大晋传国世代无穷,现在开创的制度,是要传之于后世的,如果有爵位就必得进升,那么几代以后,就没有人不是公侯了。"他们的意见不被采纳。

诏以太尉骏为太傅、大都督、假黄钺,录朝政,百官总己以听。傅咸谓骏曰:"谅暗不行久矣。今圣上谦冲,委政于公,而天下不以为善,惧明公未易当也。周公大圣,犹致流言,况圣上春秋非成王之年乎!窃谓山陵既毕,明公当审思进退之宜,苟有以察其忠款,言岂在多!"骏不从。咸数谏,骏渐不平,欲出咸为郡守。李斌曰:"斥逐正人,将失人望。"乃止。杨济遗咸书曰:"谚云:'生子痴,了官事。'官事未易了也。想虑破头,故具有白。"咸复书曰:"卫公有言:'酒色杀人,甚于作直。'坐酒色死,人不为悔,而逆畏以直致祸,此由心不能正,欲以苟且为明哲耳。自古以直致祸者,当由矫枉过正,或不忠笃,欲以亢厉为声,故致忿耳,安有悾悾忠益而返见怨疾乎!"

杨骏以贾后险悍,多权略,忌之,故以其甥段广为散骑常侍,管机密;张劭为中护军,典禁兵。凡有诏命,帝省讫,入呈太后,然后行之。

骏为政,严碎专愎,中外多恶之。冯翊太守孙楚谓骏曰:"公以外戚居伊、霍之任,当以至公、诚信、谦顺处之。今宗室强盛,而公不与共参万机,内怀猜忌,外树私昵,祸至无日矣!"骏不从。楚,资之孙也。

晋惠帝下诏书,任命太尉杨骏为太傅、大都督、假黄钺,总领朝政,百官各自掌管自己的职责,听命于杨骏。傅咸对杨骏说:"居丧三年的制度,已经有很久不实行了。如今皇帝谦虚,把政事委托给您,但是天下的人们并不认为这样做好,恐怕您还不容易抵挡。周公是大圣之人,尚且招来了流言蜚语,何况皇帝的年龄并不是当年成王的年龄呢!我私下认为,武帝葬事既已办完,您应当慎重考虑进退的事情了,如果可以证明您的真诚,岂在于言辞的多少呢?"杨骏不听傅咸的话,傅咸又多次劝谏,杨骏逐渐坐不住了,想把傅咸赶出朝廷让他去做郡守。李斌劝杨骏说:"斥逐了正直的人,就要失去人们对你的敬仰。"杨骏才没有赶走傅咸。杨济给傅咸的信上说:"俗语说:'生子痴,了官事。'对官场上的事情是不宜搞得太清楚的。我为你思考忧虑脑袋都要破了,所以写信提醒你。"傅咸回信说:"卫公有言:'酒色杀人,比直言杀人还要厉害。'因酒色获罪而死,人们不觉得后悔,但是却害怕由于正直而招来的祸殃,这是由于心不能正,想把苟且偷生当作明智的处世方法以保全自己。自古以来由于正直而招来了灾祸的人,是由于矫正邪恶过了头,或者是因为不是真心实意,想以严酷来博取名声,所以会招来怨恨,哪里会有忠诚恳切做好事,却反而被人憎恨的道理呢?"

杨骏因为贾后阴险蛮横,精于权术谋略,而忌恨她,所以他任命自己的外甥段广为散骑常侍,掌管机密要事;张劭为中护军,统领皇帝的亲兵。凡是有诏命,皇帝看过之后,呈送给太后,然后实行。

杨骏当政,严厉琐碎而又专断固执,朝廷内外的人都恨他。冯翊太守孙楚对杨骏说:"您以外戚身份担当着伊尹、霍光的重任,应当以公正无私、诚实不欺、谦虚和顺为人处事。当前皇族强盛,而您却不与他们一起参与日常政务,心里怀着猜疑妒忌,在外培植亲近宠爱的人,这样下去,灾祸临头的日子就没有几天了!"杨骏不听。孙楚是孙资的孙子。

弘训少府蒯钦,骏之姑子也,数以直言犯骏,他人皆为之惧,钦曰:"杨文长虽暗,犹知人之无罪不可妄杀,不过疏我,我得疏,乃可以免;不然,与之俱族矣。"

骏辟匈奴东部人王彰为司马,彰逃避不受。其友新兴张宣子怪而问之,彰曰:"自古一姓二后,未有不败。况杨太傅昵近小人,疏远君子,专权自恣,败无日矣。吾逾海出塞以避之,犹惧及祸,奈何应其辟乎!且武帝不惟社稷大计,嗣子既不克负荷,受遗者复非其人,天下之乱,可立待也。"

7　秋,八月壬午,立广陵王遹为皇太子。以中书监何劭为太子太师,卫尉裴楷为少师,吏部尚书王戎为太傅,前太常张华为少傅,卫将军杨济为太保,尚书和峤为少保。拜太子母谢氏为淑媛。贾后常置谢氏于别室,不听与太子相见。初,和峤尝从容言于武帝曰:"皇太子有淳古之风,而末世多伪,恐不了陛下家事。"武帝默然。后与荀勖等同侍武帝,武帝曰:"太子近入朝差长进,卿可俱诣之,粗及世事。"既还,勖等并称太子明识雅度,诚如明诏。峤曰:"圣质如初。"武帝不悦而起。及帝即位,峤从太子遹入朝,贾后使帝问曰:"卿昔谓我不了家事,今日定如何?"峤曰:"臣昔事先帝,曾有斯言;言之不效,国之福也。"

8　冬,十月辛酉,以石鉴为太尉,陇西王泰为司空。

9　以刘渊为建威将军、匈奴五部大都督。

弘训少府蒯钦，是杨骏姑姑的儿子，多次以直言冒犯杨骏，别人都为他担惊受怕，蒯钦说："杨骏虽然昏庸，还知道对没有罪过的人不可以乱杀，他只不过会疏远我，我被他疏远，就可以免去灾祸；要是不这么做，我就会和他一起被灭族了。"

　　杨骏征召匈奴东部人王彰为司马，王彰逃避不接受。王彰的朋友新兴人张宣子责怪他，问他为什么这样做，王彰说："自古以来，一姓却有两位皇后，就没有不败亡的。何况太傅杨骏亲近小人，疏远君子，专权放纵，败亡没有几天了。我跨海出关地躲避他，尚且害怕祸事殃及我身上，为什么还要响应他的征召呢？而且武帝不考虑国家的大计，继位的儿子已经不能挑起重担，接受遗诏辅佐的人又不是合适的人选，天下的动乱很快就会到来。"

　　7　秋季，八月壬午（二十六日），立广陵王司马遹为皇太子。任命中书监何劭为太子太师，卫尉裴楷为少师，吏部尚书王戎为太傅，前太常张华为少傅，卫将军杨济为太保，尚书和峤为少保。拜太子的母亲谢氏为淑媛。贾后常常把谢氏安排在另外的房间居住，不让她和太子相见。当初，和峤曾经从容地对晋武帝说："皇太子朴质而有古风，但是将要衰乱的时代多伪诈，恐怕他不能办好陛下的家事。"晋武帝沉默不语。后来，和峤与荀勖等人一起在晋武帝身边伺候，晋武帝说："太子近来进入朝廷稍微有了长进，你们可以一起去他那里，粗略地问他一些当世的事情。"于是他们就去了太子那里，回来以后，荀勖等人都称赞太子聪明有见识，气度不凡，确实如武帝说的那样。和峤却说："太子的资质和他原来一样。"晋武帝不高兴地站起身来。等到太子继位做了皇帝，和峤跟随太子司马遹入朝，贾后让晋惠帝问和峤："你以前说我不明了家事，今天究竟怎么样呢？"和峤说："我从前侍奉先帝，曾经说过这话，我说的话没有得到证实，这是国家的幸运。"

　　8　冬季，十月辛酉（初六），任命石鉴为太尉，陇西王司马泰为司空。

　　9　任命刘渊为建威将军、匈奴五部大都督。

元康元年(辛亥,291)

1　春,正月乙酉朔,改元永平。

2　初,贾后之为太子妃也,尝以妒,手杀数人,又以戟掷孕妾,子随刃堕。武帝大怒,修金墉城,将废之。荀勖、冯紞、杨珧及充华赵粲共营救之,曰:"贾妃年少,妒者妇人常情,长自当差。"杨后曰:"贾公闾有大勋于社稷,妃亲其女,正复妒忌,岂可遽忘其先德邪!"妃由是得不废。

后数诫厉妃,妃不知后之助己,返以后为构己于武帝,更恨之。及帝即位,贾后不肯以妇道事太后,又欲干预政事,而为太傅骏所抑。殿中中郎渤海孟观、李肇,皆骏所不礼也,阴构骏,云将危社稷。黄门董猛,素给事东宫,为寺人监,贾后密使猛与观、肇谋诛骏,废太后。又使肇报汝南王亮,使举兵讨骏,亮不可。肇报都督荆州诸军事楚王玮,玮欣然许之,乃求入朝。骏素惮玮勇锐,欲召之而未敢,因其求朝,遂听之。二月癸酉,玮及都督扬州诸军事、淮南王允来朝。

三月辛卯,孟观、李肇启帝,夜作诏,诬骏谋反,中外戒严,遣使奉诏废骏,以侯就第。命东安公繇帅殿中四百人讨骏,楚王玮屯司马门,以淮南相刘颂为三公尚书,屯卫殿中。段广跪言于帝曰:"杨骏孤公无子,岂有反理,愿陛下审之!"帝不答。

时骏居曹爽故府,在武库南,闻内有变,召众官议之。太傅主簿朱振说骏曰:"今内有变,其趣可知,必是阉竖为贾后设谋,不利于公,宜烧云龙门以胁之,索造事者首,开万春门,引东宫及外营兵拥皇太子入宫,取奸人,殿内震惧,必斩送之。不然,无以免难。"骏素怯懦,不决,乃曰:"云龙门,

晋惠帝元康元年(辛亥,公元291年)

1　春季,正月乙酉朔(初一),改年号为永平。

2　当初,贾皇后还是太子妃时,曾经由于嫉妒,亲手杀了几个人,她还用戟投掷怀有身孕的姬妾,使孕妇的胎儿随着刀锋而落地。晋武帝动怒,修了金墉城要把她废黜。荀勖、冯𬘡、杨珧以及嫔妃赵粲都想办法救她,对晋武帝说:"贾妃年轻,嫉妒本是妇人的本性,长大了自然就会变好的。"杨皇后说:"贾充对国家有大功,贾妃是他的女儿,即使嫉妒,怎么可以这么快就忘记她先人的功德呢?"贾妃因此而没有被废。

杨皇后多次训斥贾妃,贾妃不知皇后这样做是为了帮助自己,反而认为皇后在武帝面前陷害她,因而仇恨杨皇后。后来晋惠帝即位,贾皇后不肯以儿媳的身份侍奉皇太后,还想要干预政事,但却被太傅杨骏所遏制。殿中中郎渤海人孟观、李肇,都是杨骏不以礼相待的人,暗地里图谋陷害杨骏,说他将危害国家。宦官黄门董猛,平时在东宫供职,主管宦官,贾皇后秘密指使董猛与孟观、李肇谋划除掉杨骏,废黜太后。又派李肇告知汝南王司马亮,让他发兵讨伐杨骏,司马亮没有答应。李肇告诉了都督荆州诸军事楚王司马玮,司马玮欣然同意,就请求入朝。杨骏平时就畏惧司马玮的勇猛强悍,想召他来又不敢,这次司马玮请求入朝,杨骏就同意了。二月癸酉(二十日),司马玮和都督扬州诸军事、淮南王司马允入朝求见。

三月辛卯(初八),孟观、李肇禀告晋惠帝,夜里撰写诏书,诬陷杨骏谋反,朝廷内外戒严,晋惠帝派遣使者遵诏命废除杨骏,以侯爵的身份回家。命令东安公司马繇率领殿中四百人讨伐杨骏,楚王司马玮驻守在司马门,任命淮南相刘颂为三公尚书,驻兵守卫殿中。段广跪着对晋惠帝说:"杨骏孤单没有儿子,岂有谋反的道理,希望陛下慎重考虑!"晋惠帝不回答。

当时杨骏住在曹爽从前的宅第,位置在武器库南边,他听到皇宫内有变动,就召集各位官员商议。太傅主簿朱振劝杨骏道:"现在宫中发生了事变,它的趋向可以知道,一定是那些宦官给贾皇后出的主意,对您很不利。应当烧了云龙门逼迫他们,索要起事者的人头,打开万春门,带领东宫以及外营兵围护着皇太子进宫,捉拿恶人,宫殿之内震动恐惧,必定会斩肇事者送来。不这样的话,没有办法免于灾难。"杨骏素来怯懦,下不了决心,说道:"云龙门

魏明帝所造,功费甚大,奈何烧之!"侍中傅祇白骏,请与尚书武茂入宫观察事势,因谓群僚曰:"宫中不宜空。"遂揖而下阶。众皆走,茂犹坐。祇顾曰:"君非天子臣邪?今内外隔绝,不知国家所在,何得安坐!"茂乃惊起。骏党左军将军刘豫陈兵在门,遇右军将军裴頠,问太傅所在,頠绐之曰:"向于西掖门遇公乘素车,从二人西出矣。"豫曰:"吾何之?"頠曰:"宜至廷尉。"豫从頠言,遂委而去。寻诏頠代豫领左军将军,屯万春门。頠,秀之子也。皇太后题帛为书,射之城外曰:"救太傅者有赏。"贾后因宣言太后同反。寻而殿中兵出,烧骏府,又令弩手于阁上临骏府而射之,骏兵皆不得出。骏逃于马厩,就杀之。孟观等遂收骏弟珧、济,张劭、李斌、段广、刘豫、武茂及散骑常侍杨邈、中书令蒋俊、东夷校尉文鸯,皆夷三族,死者数千人。

珧临刑,告东安公繇曰:"表在石函,可问张华。"众谓宜依钟毓例为之申理。繇不听,而贾氏族党趣使行刑。珧号叫不已,刑者以刀破其头。繇,诸葛诞之外孙也,故忌文鸯,以为骏党而诛之。是夜,诛赏皆自繇出,威振内外。王戎谓繇曰:"大事之后,宜深远权势。"繇不从。

壬辰,赦天下,改元。

贾后矫诏,使后军将军荀悝送太后于永宁宫,特全太后母高都君庞氏之命,听就太后居。寻复讽群公有司奏曰:"皇太后阴渐奸谋,图危社稷,飞箭系书,要募将士,同恶相济,自绝于天。鲁侯绝文姜,《春秋》所许。盖奉祖宗,任至公于天下,陛下虽怀无已之情,臣下不敢奉诏。"

是魏明帝所造,劳力、耗费非常大,为什么要把它烧了?"侍中傅祗禀告杨骏,请求和尚书武茂进宫观察事态的发展,他对官员们说:"宫中不宜空虚。"然后拱手行礼下了台阶。官员们都跑了,武茂还坐在那里。傅祗回过头对他说:"你难道不是天子的臣下吗?如今内外隔绝,不知道天子在哪里,你怎么还能坐得住呢?"武茂于是惊觉而起。杨骏的党羽、左军将军刘豫,领兵列阵守候在门外,遇到右军将军裴颜,他问裴颜杨骏在哪里,裴颜欺骗他说:"我刚才在西掖门遇到杨骏,他乘着白色的车子,有两个人跟着他向西去了。"刘豫说:"我应该去哪里?"裴颜说:"应该去廷尉。"刘豫听从裴颜的话,就把士兵托付给裴颜,他就走了。不久,晋惠帝下诏命令裴颜代替刘豫兼任左军将军,驻守万春门。裴颜是裴秀的儿子。皇太后把信写在绢帛上,用箭射出城外,上面写着:"救太傅者有赏。"贾后就利用这件事宣称太后与杨骏一起谋反。不久,宫中的士兵们出去放火烧杨骏的府第,弓弩手在楼阁上对着杨骏的府第放箭,杨骏的士兵没有办法出来。杨骏逃到马房,被人杀死在那里。孟观等人于是拘捕了杨骏的弟弟杨珧、杨济、张劭、李斌、段广、刘豫、武茂以及散骑常侍杨邈、中书令蒋俊、东夷校尉文鸯,这些人都被夷灭三族,被处死的有几千人。

　　杨珧临刑时,请求东安公司马繇说:"我以前给晋武帝的表奏就放在石头匣子里,你可以问张华。"众人认为应当按照锺毓的先例为杨珧申述昭雪。司马繇不答应,而贾氏家族的同党又催促赶快执行死刑。杨珧不停地呼号叫喊,执行死刑的人用刀劈开了他的头。司马繇是诸葛诞的外孙,以前就忌恨文鸯,这次就把文鸯当作杨骏的党羽一起杀了。这一夜,要杀谁,要赏谁,都由司马繇说了算,他的威势震动了朝廷内外。王戎对司马繇说:"大事处理完之后,应当深藏远离权势。"司马繇不听。

　　壬辰(初九),赦天下,改年号为元康。

　　贾皇后诈称皇帝诏书,派后军将军荀悝送太后去永宁宫居住,特别保全了太后母亲高都君庞氏的性命,同意她去太后那里居住。不久,贾皇后又劝说各位大臣通过有关部门上奏说:"皇太后早就在暗中进行邪恶的谋划,企图危害国家,用飞箭捎带书信,招募将士,与邪恶之人狼狈为奸,自动与天相绝。鲁侯与文姜断绝关系,这是《春秋》所赞许的。至于侍奉祖宗,在天下担当起公正无私的责任,陛下虽然是怀着不得已的感情,臣下也不敢奉命而行。"

诏曰:"此大事,更详之。"有司又奏:"宜废太后曰峻阳庶人。"中书监张华议:"太后非得罪于先帝,今党其所亲,为不母于圣世,宜依汉废赵太后为孝成后故事,贬皇太后之号,还称武皇后,居异宫,以全始终之恩。"左仆射荀恺与太子少师下邳王晃等议曰:"皇太后谋危社稷,不可复配先帝,宜贬尊号,废诣金墉城。"于是有司奏从晃等议,废太后为庶人,诏可。又奏:"杨骏造乱,家属应诛,诏原其妻庞命,以尉太后之心。今太后废为庶人,请以庞付廷尉行刑。"诏不许,有司复固请,乃从之。庞临刑,太后抱持号叫,截发稽颡,上表诣贾后称妾,请全母命,不见省。董养游太学,升堂叹曰:"朝廷建斯堂,将以何为乎!每览国家赦书,谋反大逆皆赦,至于杀祖父母、父母不赦者,以为王法所不容故也。奈何公卿处议,文饰礼典,乃至此乎!天人之理既灭,大乱将作矣。"

有司收骏官属,欲诛之。侍中傅祗启曰:"昔鲁芝为曹爽司马,斩关赴爽,宣帝用为青州刺史。骏之僚佐,不可悉加罪。"诏赦之。

壬寅,征汝南王亮为太宰,与太保卫瓘皆录尚书事,辅政。以秦王柬为大将军,东平王楙为抚军大将军,楚王玮为卫将军、领北军中候,下邳王晃为尚书令,东安公繇为尚书左仆射,进爵为王。楙,望之子也。封董猛为武安侯,三兄皆为亭侯。

惠帝下诏书说："这是大事,要再慎重一些。"有关部门又上奏说:
"应当废太后为峻阳庶人。"中书监张华提议:"太后并没有获罪于
先帝,如今偏私她所亲近的人,为人之母,在圣世没有做出榜样,
应当按照汉代废赵太后为孝成后的旧例,贬皇太后的尊号,还称
她为武皇后,让她在别的宫里居住,以保全从始到终的德惠。"左
仆射荀恺与太子少师、下邳王司马晃等人提议说:"皇太后图谋危
害国家,不能再与先帝相配,应当贬去她的尊号,废为平民送到金
墉城。"这时,有关部门上奏,遵从司马晃等人的提议,把太后废为
平民。皇帝下诏书同意这一决定。又有有关部门上奏说:"杨骏
造反作乱,他的家属应当被处死,诏命恕免了他的妻子庞氏的性
命,以安慰太后之心。现在太后被废为平民,请求把庞氏交付廷
尉执行死刑。"皇帝诏命不许,有关部门又坚持请求,皇帝就听从
了这个意见。庞氏临刑的时候,太后抱住她号哭叫喊,割断头发,
跪下来以额触地,太后上表要去贾后那里当奴仆,请求保全母亲
性命,却不被理睬。董养出游到了太学,登上殿堂感叹地说:"朝
廷建立了此堂,将要用它来做什么呢? 每当观看国家大赦的文
书,像谋反这样极大的罪恶都能赦免,但是对于杀了祖父、祖母、
杀了父亲、母亲之罪却不赦免,原因就在于这样的罪恶是帝王制
定的法律所不能宽容的。但是为什么公卿处理意见,修饰礼仪制
度,竟到了如此地步呢? 天道人事的法则已经灭绝,大的动乱就
要兴起了。"

　　有关机构拘捕了杨骏的下属官吏,想杀了他们。侍中傅祗陈
述说:"从前鲁芝任曹爽的司马,冲破关隘去奔赴曹爽,晋宣帝还任
用他为青州刺史。杨骏的僚属,不能都给他们加上罪名。"于是皇
帝下诏书赦免了他们。

　　壬寅(十九日),征召汝南王司马亮任太宰,与太保卫瓘都任录
尚书事,辅佐朝政。任命秦王司马柬为大将军,东平王司马楙为抚
军大将军,楚王司马玮为卫将军、兼北军中候,下邳王司马晃为尚
书令,东安公司马繇为尚书左仆射,晋升爵位为王。司马楙是司马
望的儿子。封董猛为武安侯,他的三个哥哥都被封为亭侯。

　　亮欲取悦众心,论诛杨骏之功,督将侯者千八十一人。御史中丞傅咸遗亮书曰:"今封赏熏赫,震动天地,自古以来,未之有也。无功而获赏,则人莫不乐国之有祸,是祸原无穷也。凡作此者,由东安公。人谓殿下既至,当有以正之,正之以道,众亦何怒! 众之所怒者,在于不平耳,而今皆更倍论,莫不失望。"亮颇专权势,咸复谏曰:"杨骏有震主之威,委任亲戚,此天下所以喧哗。今之处重,宜反此失,静默颐神,有大得失,乃维持之,自非大事,一皆抑遣。比过尊门,冠盖车马,填塞街衢,此之禽习,既宜弭息。又夏侯长容无功而暴擢为少府,论者谓长容,公之姻家,故至于此,流闻四方,非所以为益也。"亮皆不从。

　　贾后族兄车骑司马模、从舅右卫将军郭彰、女弟之子贾谧与楚王玮、东安王繇,并预国政。贾后暴戾日甚,繇密谋废后,贾氏惮之。繇兄东武公澹,素恶繇,屡谮之于太宰亮曰:"繇专行诛赏,欲擅朝政。"庚戌,诏免繇官;又坐有悖言,废徙带方。

　　于是贾谧、郭彰权势愈盛,宾客盈门。谧虽骄奢而好学,喜延士大夫,郭彰、石崇、陆机、机弟云、和郁及荥阳潘岳、清河崔基、勃海欧阳建、兰陵缪征、京兆杜斌、挚虞、琅邪诸葛诠、弘农王粹、襄城杜育、南阳邹捷、齐国左思、沛国刘瓌、周恢、安平牵秀、颍川陈眕、高阳许猛、彭城刘讷、中山刘舆、舆弟琨皆附于谧,号曰二十四友。郁,峤之弟也。崇舆岳尤诣事谧,每候谧及广城君郭槐出,皆降车路左,望尘而拜。

司马亮想取得众人对他的喜爱之心，论次评定铲除杨骏的功劳，督将中有一千零八十一人分别被封了侯。御史中丞傅咸写信给司马亮说："如今赏赐显赫盛大，震动了天地，是自古以来所不曾有过的。没有功劳却可以得到奖赏，那么人人都希望国家有祸事，这就使灾祸的根源没有穷尽了。开了这个头的人是东安公司马繇。人们以为殿下您来到后，应当有所匡正、整饬，以法规来匡正政务，众人又有什么可发怒的理由呢？众人之所以动怒，原因在于不公正，而现在加倍论功行赏更甚于东安公，大家都很失望。"司马亮对于权势独断专行，傅咸又进谏说："杨骏有震动君王的权势，任用他的亲戚，这正是天下喧闹的原因。您现在处于重要的地位，应当纠正杨骏的错误，沉静缄默，保养精神，有了大的事情就去维系、保持，如果不是什么大事，就不要去管。我多次经过府上，看到官吏的车马把道路都堵塞了，这种众人争相趋附的状况应当停止。另外，夏侯骏没有功劳却突然被越级提拔为少府，人们议论说，夏侯骏就因为是和您有婚姻关系的亲戚，所以才能有今天的地位，传闻远播四方，这并不是有益的事情。"司马亮一概听不进去。

贾皇后同族哥哥、车骑司马贾模，贾皇后母亲的堂兄弟、右卫将军郭彰，贾皇后妹妹的儿子贾谧，与楚王司马玮、东安王司马繇一起参与国政。贾皇后的凶恶乖张一天比一天厉害，司马繇秘密谋划要废掉贾皇后，贾氏很害怕。司马繇的哥哥、东武公司马澹，平时就憎恨司马繇，多次在太宰司马亮面前诬陷司马繇说："司马繇擅自决定惩罚与赏赐，他这是要独揽朝政。"庚戌(二十七日)，皇帝下诏书免去司马繇的官职；又因为有忤逆言论而获罪，被废黜迁徙到带方县。

从这时开始，贾谧、郭彰的权势日益兴盛起来，宾客挤破了门。贾谧虽然骄横奢侈，但却爱好学问，喜欢接纳士大夫，郭彰、石崇、陆机、陆机的弟弟陆云、和郁以及荥阳人潘岳、清河人崔基、勃海人欧阳建、兰陵人缪征、京兆人杜斌、挚虞，琅邪人诸葛诠、弘农人王粹、襄城人杜育、南阳人邹捷、齐国人左思、沛国人刘瑰、周恢、安平人牵秀、颍川人陈眕、高阳人许猛、彭城人刘讷、中山人刘舆、刘舆的弟弟刘琨，都归附于贾谧的门下，号称"二十四友"。和郁是和峤的弟弟。石崇和潘岳，格外谄媚地侍奉贾谧，每当等到贾谧以及广城君郭槐出来时，就赶紧从车子上下来，站在道路的左边，望着贾谧、郭槐车后扬起的尘土行跪拜礼。

3 太宰亮、太保瓘以楚王玮刚愎好杀,恶之,欲夺其兵权,以临海侯裴楷代玮为北军中候,玮怒。楷闻之,不敢拜。亮复与瓘谋,遣玮与诸王之国,玮益忿怨。玮长史公孙宏、舍人岐盛,皆有宠于玮,劝玮自昵于贾后,后留玮领太子少傅。盛素善于杨骏,卫瓘恶其反覆,将收之。盛乃与宏谋,因积弩将军李肇矫称玮命,谮亮、瓘于贾后,云将谋废立。后素怨瓘,且患二公执政,己不得专恣。夏,六月,后使帝作手诏赐玮曰:"太宰、太保欲为伊、霍之事,王宜宣诏,令淮南、长沙、成都王屯诸宫门,免亮及瓘官。"夜,使黄门赍以授玮。玮欲覆奏,黄门曰:"事恐漏泄,非密诏本意也。"玮亦欲因此复私怨,遂勒本军,复矫诏召三十六军,告以:"二公潜图不轨,吾今受诏都督中外诸军,诸在直卫者,皆严加警备;其在外营,便相帅径诣行府,助顺讨逆。"又矫诏:"亮、瓘官属,一无所问,皆罢遣之。若不奉诏,便军法从事。"遣公孙宏、李肇以兵围亮府,侍中清河王遐收瓘。

亮帐下督李龙,白"外有变,请拒之",亮不听。俄而兵登墙大呼,亮惊曰:"吾无贰心,何故至此!诏书其可见乎?"宏等不许,趣兵攻之。长史刘准谓亮曰:"观此必是奸谋。府中俊乂如林,犹可力战。"又不听,遂为肇所执,叹曰:"我之赤心,可破示天下也。"与世子矩俱死。

3　太宰司马亮、太保卫瓘,由于楚王司马玮傲慢固执又喜好杀人,因而憎恨他,想夺了他的兵权,让临海侯裴楷代替司马玮担任北军中候的职务,司马玮大怒。裴楷听说以后,不敢接受北军中候的官职。司马亮又和卫瓘在一起密谋,派司马玮和各诸侯王去自己的封国,司马玮越发愤恨不满。司马玮的长史公孙宏、舍人岐盛,都受到司马玮的宠爱,他们劝说司马玮主动去亲近贾皇后,贾皇后就留下司马玮兼任太子少傅。岐盛从前与杨骏友好,卫瓘厌恶他变化无常,要拘捕他。岐盛就和公孙宏谋划,依靠积弩将军李肇,诈称是司马玮的命令,在贾皇后面前诬陷司马亮和卫瓘,说他们将要谋划废立君王的事情。贾皇后平时就怨恨卫瓘,而且担心司马亮与卫瓘执掌朝政,她就不能专断放纵了。夏季,六月,贾皇后指使晋惠帝亲笔撰写诏书赐予司马玮,诏书说:"太宰、太保想做伊尹、霍光做过的事情,你应当宣布诏命,命令淮南王、长沙王、成都王驻守各宫门,免去司马亮及卫瓘的官职。"夜里,派宦官黄门送诏书给司马玮。司马玮想重新上奏,黄门说:"事情害怕泄露出去,这可不是密诏的本意。"司马玮也想借这个机会报复私怨,于是统率自己的部队,又诈称皇帝的诏命召集三十六军,向他们宣告说:"司马亮与卫瓘,暗中图谋不轨之事,我今天接受了皇帝的命令统领朝廷内外各军,各位正在值勤、担任卫护、防守之职的人,都要严加警备。在外的部队,就互相跟从直接去朝廷委派的机构,协助天道,讨伐叛逆。"还伪称皇帝命令说:"司马亮、卫瓘的下属官吏,一概不问,全部罢免遣散。如果有不服从命令的,按照军法处置。"司马玮派遣公孙宏、李肇领兵包围了司马亮的住宅,让侍中、清河王司马遐去逮捕卫瓘。

司马亮的帐下督李龙,禀告司马亮说"外面发生了变乱,请求抵抗",司马亮没有同意。过了一会儿,士兵爬上墙头大声喊叫,司马亮吃惊地说:"我没有二心,为什么到了如此地步! 我可以看一看诏书吗?"公孙宏等人不答应,催促士兵加紧进攻。长史刘准告诉司马亮说:"我观察这肯定是邪恶的阴谋。府里有才能的人很多,还可以尽力作战。"司马亮还是不同意,于是被李肇抓住,他感叹说:"我的真诚的心,可以剖开让天下人看一看。"司马亮和他的长子司马矩一起被处死。

卫瓘左右亦疑遹矫诏,请拒之,须自表得报,就戮未晚,瓘不听。初,瓘为司空,帐下督荣晦有罪,斥遣之。至是,晦从遹收瓘,辄杀瓘及子孙共九人,遹不能禁。

岐盛说玮:"宜因兵势,遂诛贾、郭以正王室,安天下。"玮犹豫未决。会天明,太子少傅张华使董猛说贾后曰:"楚王既诛二公,则天下威权尽归之矣,人主何以自安!宜以玮专杀之罪诛之。"贾后亦欲因此除玮,深然之。是时内外扰乱,朝廷恟惧,不知所出。张华白帝,遣殿中将军王宫赍驺虞幡出麾众曰:"楚王矫诏,勿听也!"众皆释仗而走。玮左右无复一人,窘迫不知所为,遂执之,下廷尉,乙丑,斩之。玮出怀中青纸诏,流涕以示监刑尚书刘颂曰:"幸托体先帝,而受枉乃如此乎!"公孙宏、岐盛并夷三族。

玮之起兵也,陇西王泰严兵将助玮,祭酒丁绥谏曰:"公为宰相,不可轻动。且夜中仓猝,宜遣人参审定问。"泰乃止。

卫瓘女与国臣书曰:"先公名谥未显,每怪一国蔑然无言,《春秋》之失,其咎安在?"于是太保主簿刘繇等执黄幡,挝登闻鼓,上言曰:"初,矫诏者至,公即奉送章绶,单车从命。如矫诏之文唯免公官,而故给使荣晦,辄收公父子及孙,一时斩戮。乞验尽情伪,加以明刑。"乃诏族诛荣晦,追复亮爵位,谥曰文成。封瓘为兰陵郡公,谥曰成。

卫瓘的手下人也怀疑司马繇是假冒皇帝诏命，请求卫瓘抵抗，等候上表有了答复，再听任惩罚也不迟，但是卫瓘不听从劝告。当初，卫瓘任司空的时候，帐下督荣晦犯了罪，卫瓘斥责并且赶走了他。到了此时，荣晦跟随司马繇拘捕了卫瓘，自作主张杀了卫瓘及其子孙一共九人，司马繇都制止不了。

岐盛劝说司马玮："应当借着军队的气势，顺便除掉贾、郭，以扶正王室，安定天下。"司马玮犹豫不决。这时天亮了，太子少傅张华派董猛劝说贾后道："楚王已经杀了司马亮和卫瓘，天子的威势权力全都归属于他了，君王还能依赖什么得到安稳呢？应当凭着司马玮专擅杀人的罪行惩处他。"贾皇后也想乘此机会除掉司马玮，所以深深地赞同这一主张。这时内外混乱，朝廷纷乱恐惧，不知如何是好。张华禀告晋惠帝，派遣殿中将军王宫拿着标有义兽驺虞的旗帜指挥众人说："楚王诈称皇帝命令，不要听他的话！"众人都放下兵器逃走了，司马玮的身边一个人也没有了，他手足无措，随后被捕，押到廷尉，乙丑，被杀。司马玮临死以前掏出藏在怀里的青纸诏书，流着泪拿给监刑尚书刘颂看，说："我幸运地托先帝之体而出生，但是却蒙受了如此的冤屈啊！"公孙宏、岐盛也被夷灭三族。

司马玮起兵的时候，陇西王司马泰整肃部队准备协助司马玮，祭酒丁绥进谏说："您身为宰相，不可以轻举妄动。而且夜里很仓促，应当派人去验证核实确切的消息。"司马泰于是没有行动。

卫瓘的女儿写信给国中的大臣说："我死去的父亲没有显扬的谥号，我常常奇怪，一国之内都轻视这件事情而没有人说话，这种做法不合于《春秋》，其罪过在何处呢？"于是，太保主簿刘繇等人手执黄旗，敲响了登闻鼓，向惠帝陈诉说："当初，诈称皇帝命令的人到了，卫瓘立即奉送了印章绶带，单人独车地听命于人。依照假造诏书的条文，只是免去卫瓘的官职，但是，从前的随从荣晦，擅自拘捕了卫瓘父子及孙子，一起都给杀了。请求考察全部事情的真伪，给荣晦施以公开示众的刑罚。"于是皇帝下诏书，诛灭荣晦的家族，恢复、追认司马亮的爵位，谥号为文成。封卫瓘为兰陵郡公，定谥号为成。

于是贾后专朝,委任亲党,以贾模为散骑常侍,加侍中。贾谧与后谋,以张华庶姓,无逼上之嫌,而儒雅有筹略,为众望所依,欲委以朝政。疑未决,以问裴頠,頠赞成之。乃以华为侍中、中书监,頠为侍中,又以安南将军裴楷为中书令,加侍中,与右仆射王戎并管机要。华尽忠帝室,弥缝遗阙,贾后虽凶险,犹知敬重华。贾模与华、頠同心辅政,故数年之间,虽暗主在上而朝野安静,华等之功也。

4 秋,七月,分荆、扬十郡为江州。

5 八月辛未,立陇西王泰世子越为东海王。

6 九月甲午,秦献王柬薨。

7 辛丑,征征西大将军梁王肜为卫将军、录尚书事。

二年(壬子,292)

1 春,二月己酉,故杨太后卒于金墉城。是时,太后尚有侍御十馀人,贾后悉夺之,绝膳八日而卒。贾后恐太后有灵,或诉冤于先帝,乃覆而殡之,仍施诸厌劾符书、药物等。

2 秋,八月壬子,赦天下。

三年(癸丑,293)

1 夏,六月,弘农雨雹,深三尺。

2 鲜卑宇文莫槐为其下所杀,弟普拨立。

3 拓拔绰卒,子弗立。

从此以后，贾皇后独揽朝政，信任亲族，任命贾模为散骑常侍，兼领侍中。贾谧和贾皇后谋划，认为张华不是同姓，没有胁迫皇帝的嫌疑，而且张华儒雅有谋略，又是众望所归之人，就想把朝政托付给张华。犹豫不决时，就去询问裴𫖳的意见，裴𫖳赞成这个决定。于是就任命张华为侍中、中书监，裴𫖳任侍中，又任命安南将军裴楷为中书令，兼领侍中，和右仆射王戎一起掌管机密要事。张华对皇族竭尽忠诚，弥补缝合朝政中的过失、遗漏，贾皇后虽然凶暴阴险，却还知道敬重张华。贾模与张华、裴𫖳同心合力辅佐国政，所以几年之内，虽然是昏庸的君王居于皇帝之位，但是朝野上下安稳平静，这全都是张华等人的功劳。

　　4　秋季，七月，分出荆州、扬州的十个郡设置了江州。

　　5　八月辛未（二十日），立陇西王司马泰的长子司马越为东海王。

　　6　九月甲午（十四日），秦献王司马柬去世。

　　7　辛丑（二十一日），征召征西大将军、梁王司马肜为卫将军、录尚书事。

晋惠帝元康二年(壬子,公元 292 年)

　　1　春季，二月己酉（初一），从前的杨太后在金墉城去世。当时，太后还有十几名侍从，贾皇后把他们全都弄走，太后八天不进饮食而死。贾皇后恐怕太后有灵魂，或许会向晋武帝诉说冤情，就把太后翻过身来埋葬，还在上面压上了镇邪驱鬼的符书、药物等。

　　2　秋季，八月壬子（初七），大赦天下。

晋惠帝元康三年(癸丑,公元 293 年)

　　1　夏季，六月，弘农下雹子，三尺深。

　　2　鲜卑人宇文莫槐被他的部下所杀，他的弟弟宇文普拨即位。

　　3　拓跋绰去世，他的弟弟的儿子拓跋弗即位。

四年(甲寅,294)

1 春,正月丁酉,安昌元公石鉴薨。

2 夏,五月,匈奴郝散反,攻上党,杀长吏。秋,八月,郝散帅众降,冯翊都尉杀之。

3 是岁,大饥。

4 司隶校尉傅咸卒。咸性刚简,风格峻整,初为司隶校尉,上言:"货赂流行,所宜深绝。"时朝政宽弛,权豪放恣,咸奏免河南尹澹等官,京师肃然。

5 慕容廆徙居大棘城。

6 拓跋弗卒,叔父禄官立。

五年(乙卯,295)

1 夏,六月,东海雨雹,深五寸。

2 荆、扬、兖、豫、青、徐六州大水。

3 冬,十月,武库火,焚累代之宝及二百万人器械。十二月丙戌,新作武库,大调兵器。

4 拓跋禄官分其国为三部:一居上谷之北,濡源之西,自统之;一居代郡参合陂之北,使兄沙漠汗之子猗㐌统之;一居定襄之盛乐故城,使猗㐌弟猗卢统之。猗卢善用兵,西击匈奴、乌桓诸部,皆破之。代人卫操与从子雄及同郡箕澹往依拓跋氏,说猗㐌、猗卢招纳晋人。猗㐌悦之,任以国事,晋人附者稍众。

六年(丙辰,296)

1 春,正月,赦天下。

2 下邳献王晃薨。以中书监张华为司空。太尉陇西王泰行尚书令,徙封高密王。

晋惠帝元康四年(甲寅,公元294年)

1 春季,正月丁酉(初一),安昌元公石鉴去世。

2 夏季,五月,匈奴郝散叛乱,攻打上党,杀了长官。秋季,八月,郝散率领部众投降,冯翊都尉把他杀了。

3 这一年,严重饥荒。

4 司隶校尉傅咸去世。傅咸性情坚强朴直,风格严正庄重,他刚担任司隶校尉时,上言说:"现在盛行用财货来贿赂人,这是应当严厉断绝的。"当时朝政松弛,豪门权贵恣意放任,没有约束,傅咸上奏罢免了河南尹司马澹等人的官职,京都的人都对他十分敬畏。

5 慕容廆迁移到大棘城居住。

6 拓跋弗去世,他的叔父拓跋禄官即位。

晋惠帝元康五年(乙卯,公元295年)

1 夏季,六月,东海下雹子,深五寸。

2 荆、扬、兖、豫、青、徐六州洪水泛滥。

3 冬季,十月,武器库发生了火灾,焚毁了历代的珍贵之物以及供两百万人使用的器具、兵器等。十二月丙戌(初一),建造新的武器库,大量地调运兵器。

4 拓跋禄官把他的国家分成三部分:一部分在上谷以北,濡源以西,他亲自统领;一部分位于代郡参合陂的北面,派他的哥哥沙漠汗的儿子拓跋猗㐌统领;还有一部分在定襄的盛乐故城,派猗㐌的弟弟拓跋猗卢统领。拓跋猗卢善于用兵,向西攻打匈奴、乌桓各部落,都打败了对方。代人卫操和他的侄子卫雄以及同郡人箕澹去投奔拓跋氏,劝说猗㐌、猗卢招纳晋人。猗㐌很喜欢他们,把国家大事托付他们,晋人来归附的逐渐多起来了。

晋惠帝元康六年(丙辰,公元296年)

1 春季,正月,大赦天下。

2 下邳献王司马晃去世。任命中书监张华为司空。太尉、陇西王司马泰掌管尚书令职务,被迁封为高密王。

3　夏,郝散弟度元与冯翊、北地马兰羌、卢水胡俱反,杀北地太守张损,败冯翊太守欧阳建。

征西大将军赵王伦信用嬖人琅邪孙秀,与雍州刺史济南解系争军事,更相表奏,欧阳建亦表伦罪恶。朝廷以伦挠乱关右,征伦为车骑将军,以梁王肜为征西大将军、都督雍、凉二州诸军事。系与其弟御史中丞结,皆表请诛秀以谢氐、羌,张华以告梁王肜,使诛之,肜许诺。秀友人辛冉为之说肜曰:"氐、羌自反,非秀之罪。"秀由是得免。伦至洛阳,用秀计,深交贾、郭,贾后大爱信之,伦因求录尚书事,又求尚书令,张华、裴頠固执以为不可,伦、秀由是怨之。

秋,八月,解系为郝度元所败,秦、雍氐、羌悉反,立氐帅齐万年为帝,围泾阳。御史中丞周处,弹劾不避权威,梁王肜尝违法,处按劾之。冬,十月,诏以处为建威将军,与振威将军卢播俱隶安西将军夏侯骏,以讨齐万年。中书令陈准言于朝曰:"骏及梁王皆贵戚,非将帅之才,进不求名,退不畏罪。周处吴人,忠直勇果,有仇无援。宜诏积弩将军孟观,以精兵万人为处前锋,必能殄寇。不然,梁王当使处先驱,以不救而陷之,其败必也。"朝廷不从。齐万年闻处来,曰:"周府君尝为新平太守,有文武才,若专断而来,不可当也;或受制于人,此成禽耳!"

4　关中饥、疫。

3 夏季,郝散的弟弟郝度元与冯翊、北地的马兰羌人、卢水胡人一起造反,杀了北地太守张损,打败了冯翊太守欧阳建。

征西大将军、赵王司马伦信任使用他所宠爱的琅邪人孙秀,司马伦和雍州刺史、济南人解系为军事方面的事情争斗起来,他们争相上表禀奏,欧阳建也上表陈述司马伦的罪恶。朝廷因为司马伦扰乱关右地区,征召司马伦任车骑将军,任命梁王司马肜为征西大将军,都督雍、凉二州诸军事。解系和他的弟弟、御史中丞解结,都上表请求杀孙秀以向氐、羌人谢罪,张华把这件事告诉了梁王司马肜,让司马肜杀孙秀,司马肜应允了。孙秀的朋友辛冉替孙秀向司马肜说情道:"氐、羌自己起来造反,并不是孙秀的罪过。"孙秀因此免去一死。司马伦到了洛阳,采用孙秀的计谋,下功夫去结交贾、郭,贾皇后对他十分宠爱信任,司马伦趁机索求录尚书事的职务,还请求担任尚书令,张华、裴颜坚决不同意,司马伦、孙秀因此怨恨张华和裴颜。

秋季,八月,解系被郝度元打败,秦、雍地区的氐、羌全都叛变,立氐统帅齐万年为帝,包围了泾阳。御史中丞周处,检举官吏的过失、罪状,不回避有权势的皇亲国戚,梁王司马肜曾经违犯法律,周处审查揭发了他。冬季,十一月,皇帝下诏任命周处为建威将军,与振威将军卢播一起隶属于安西将军夏侯骏,让他们去讨伐齐万年。中书令陈准向朝廷进言说:"夏侯骏和梁王都是皇帝的亲族,不是担任将帅的人才,他们进也不求名誉,退却不怕获罪。周处是吴人,忠诚正直,勇敢果断,有仇人却没有援助他的人。应当命令积弩将军孟观,率领一万精兵担任周处的前锋,一定能够消灭敌人。不然的话,梁王就会让周处担任前锋,不去救援他而陷害他,那么失败就是必然的了。"朝廷不按他的意见办。齐万年听说周处来了,说:"周府君曾经任职新平太守,能文能武,他如果是独自决断而来,就会不可抵挡;如果他被别人所控制,那么我这次就能捉住他!"

4 关中发生饥荒和瘟疫。

5 初,略阳清水氐杨驹始居仇池。仇池方百顷,其旁平地二十馀里,四面斗绝而高,为羊肠蟠道三十六回而上。至其孙千万附魏,封为百顷王。千万孙飞龙浸强盛,徙居略阳。飞龙以其甥令狐茂搜为子,茂搜避齐万年之乱,十二月,自略阳帅部落四千家还保仇池,自号辅国将军、右贤王。关中人士避乱者多依之,茂搜迎接抚纳;欲去者,卫护资送之。

6 是岁,以扬烈将军巴西赵廞为益州刺史,发梁、益兵粮助雍州讨氐、羌。

七年(丁巳,297)

1 春,正月,齐万年屯梁山,有众七万。梁王肜、夏侯骏使周处以五千兵击之。处曰:"军无后继,必败,不徒亡身,为国取耻。"肜、骏不听,逼遣之。癸丑,处与卢播、解系攻万年于六陌。处军士未食,肜促令速进,自旦战至暮,斩获甚众,弦绝矢尽,救兵不至。左右劝处退,处按剑曰:"是吾效节致命之日也!"遂力战而死。朝廷虽以尤肜,而亦不能罪也。

2 秋,七月,雍、秦二州大旱,疾疫,米斛万钱。

3 丁丑,京陵元公王浑薨。九月,以尚书右仆射王戎为司徒,太子太师何劭为尚书左仆射。

戎为三公,与时浮沉,无所匡救,委事僚案,轻出游放。性复贪吝,园田遍天下,每自执牙筹,昼夜会计,常若不足。家有好李,卖之恐人得种,常钻其核。凡所赏拔,专事虚名。阮咸之子瞻尝见戎,戎问曰:"圣人贵名教,老、庄明自然,其旨同异?"瞻曰:"将无同!"戎咨嗟良久,遂辟之。时人谓之"三语掾"。

5　当初,略阳清水氐族人杨驹最早在仇池居住。仇池方圆有上百顷土地,它的旁边有二十多里平地,四面是陡峭险峻的高山,有羊肠小道盘曲环绕三十六次而上。后来,杨驹的孙子杨千万归附了魏,被封为百顷王。杨千万的孙子杨飞龙逐渐强盛起来,迁居到略阳。杨飞龙把他的外甥令狐茂搜当作儿子,令狐茂搜躲避齐万年的战乱,十二月,从略阳率领部落四千家回去保卫仇池,自己封号为辅国将军、右贤王。关中地区躲避战乱的人,很多都去依附令狐茂搜,令狐茂搜对他们接纳安抚;想要离去的人,也保护他们,送给他们财物。

6　这一年,任命扬烈将军、巴西人赵廞为益州刺史,征调梁州、益州的军队和粮食援助雍州讨伐氐、羌人。

晋惠帝元康七年(丁巳,公元 297 年)

1　春季,正月,齐万年驻守梁山,有部众七万人。梁王司马肜、夏侯骏派周处率领五千士兵攻打齐万年。周处说:"军队没有后面的接续,必然要失败,这不只是个人丧命,还会给国家带来耻辱。"司马肜、夏侯骏不听他的劝告,逼着他出发。癸丑(初四),周处与卢播、解系在六陌攻打齐万年。周处军队的士兵们还没有吃饭,司马肜就催促命令他们马上进攻,从早上一直战斗到晚上,斩杀俘获了大批敌军,周处的军队弓弦断了,箭矢也用尽了,救兵就是不来。周处身边的人劝他撤退,他抚摸长剑说道:"这正是我效忠舍命的日子!"于是拼力作战,直到战死。朝廷虽然因此而责怪司马肜,但是也不能治他的罪。

2　秋季,七月,雍州、秦州大旱,瘟疫流行,一斛米价值一万钱。

3　丁丑,京陵元公王浑去世。九月,任命尚书右仆射王戎为司徒,太子太师何劭为尚书左仆射。

王戎担任三公,随着当时的趋向升降、沉浮,对于国家的政事没有匡正与救助,他把事情委托给下属,轻身外出游玩。他生性贪婪、吝啬,园林、田地遍天下,时常独自手持筹码,昼夜计算,常常好像不满足的样子。他自己家里种的李子非常好,卖出去恐怕别人得到种子,就在李子核上钻了洞。他所赏识提拔的人也都只看虚名。阮咸的儿子阮瞻曾经与王戎会面,王戎问他说:"圣人看重名分,老、庄明了自然,他们的宗旨是相同还是不同?"阮瞻说:"恐怕没什么不同!"王戎赞叹不已,于是征召阮瞻。当时的人称之为"三语掾"。

是时,王衍为尚书令,南阳乐广为河南尹,皆善清谈,宅心事外,名重当世,朝野之人,争慕效之。衍与弟澄,好题品人物,举世以为仪准。衍神情明秀,少时,山涛见之,嗟叹良久,曰:"何物老妪,生宁馨儿!然误天下苍生者,未必非此人也!"乐广性冲约,与物无竞。每谈论,以约言析理,厌人之心,而其所不知,默如也。凡论人,必先称其所长,则所短不言自见。王澄及阮咸、咸从子脩、泰山胡毋辅之、陈国谢鲲、城阳王尼、新蔡毕卓,皆以任放为达,至于醉狂裸体,不以为非。胡毋辅之尝酣饮,其子谦之窥而厉声呼其父字曰:"彦国!年老,不得为尔!"辅之欢笑,呼入共饮。毕卓尝为吏部郎,比舍郎酿熟,卓因醉,夜至瓮间盗饮之,为掌酒者所缚,明旦视之,乃毕吏部也。乐广闻而笑之曰:"名教内自有乐地,何必乃尔!"

初,何晏等祖述老、庄,立论以为:"天地万物,皆以无为本。无也者,开物成务,无往而不存者也。阴阳恃以化生,贤者恃以成德。故无之为用,无爵而贵矣!"王衍之徒皆爱重之。由是朝廷士大夫皆以浮诞为美,弛废职业。裴頠著《崇有论》以释其蔽曰:"夫利欲可损而未可绝有也,事务可节而未可全无也。盖有饰为高谈之具者,深列有形之累,盛陈空无之美。形器之累有征,空无之义难检;辩巧之文可悦,似象之言足惑。

当时，王衍担任尚书令，南阳人乐广任河南尹，他们都喜好清谈，存心于事务之外，在当时很有名望，朝野上下倾慕他们并争相仿效。王衍和他的弟弟王澄，喜好评论人物并定其高下，当世之人都把他们的评价作为标准。王衍精神意态聪明秀美。他小的时候，山涛见到了他，赞叹了很久，说："什么样的老妇人，生下了这样的孩子！但是妨害天下百姓的人，未必就不是这个人！"乐广性情淡泊谦和、简约，清明广远，与世无争。他谈论起来，总是以简略的语言辨析事理，使人感到心服、满足，对于他所不知道的事情，他就保持沉默。他谈论人，必定先称赞这个人的长处，那么这人的短处不用他说自然也就显现出来了。王澄以及阮咸、阮咸的侄子阮脩、泰山人胡毋辅之、陈国人谢鲲、城阳人王尼、新蔡人毕卓，都以放纵任性为通达，甚至喝醉了酒发狂、裸体，也不觉得有什么不好。胡毋辅之曾经畅饮，他的儿子胡毋谦之见到了，厉声叫着他的字说："彦国，你是上了年纪的人了，不应当这样做！"胡毋辅之欢喜地笑起来，叫他过来一起喝酒。毕卓曾经任职吏部郎，邻室的主人酿造的酒熟了，毕卓喝醉了酒，夜里溜到放置酒瓮的房间里去偷酒喝，被看管酒的人捆绑起来，第二天早晨一看，原来是毕吏部。乐广听说以后笑他说："名分礼教之内自有欢乐之处，何必如此！"

　　当初，何晏等人师法老子、庄子，他们所树立的观点认为："天地万物，都以无作根本。所谓无，就是明了事物的真相，以成就天下的事务，这是无论走到哪里都存在的道理。阴阳赖此而发育滋长，贤能的人赖此而成就德行。所以无的功用，虽然没有爵位却很重要！"王衍之徒都很喜爱和尊重何晏。从此，朝廷的士大夫都把虚浮放诞当作美好的行为，对自己的职务松懈荒废。裴頠撰写《崇有论》解说这种风气的弊端说："利益和欲望可以减损却不可以断绝它的存在，事物可以节制却不可完全没有。有装扮成为具有发表议论的才能的人，深刻地列举了有形的过失，盛赞空无的美好。有形的器物虽然有妨碍但却可以证验，空无的义理却难以考察；美妙善辩的文字能使人欢喜，似乎是那么一回事的言谈足以使人迷惑。

众听眩焉，溺其成说。虽颇有异此心者，辞不获济，屈于所习，因谓虚无之理诚不可盖。一唱百和，往而不反，遂薄综世之务，贱功利之用，高浮游之业，卑经实之贤。人情所徇，名利从之，于是文者衍其辞，讷者赞其旨。立言藉于虚无，谓之玄妙；处官不亲所职，谓之雅远；奉身散其廉操，谓之旷达。故砥砺之风，弥以陵迟。放者因斯，或悖吉凶之礼，忽容止之表，渎长幼之序，混贵贱之级，甚者至于裸袒亵慢，无所不至，士行又亏矣。

"夫万物之有形者，虽生于无，然生以有为已分，则无是有之所遗者也。故养既化之有，非无用之所能全也；治既有之众，非无为之所能修也。心非事也，而制事必由于心，然不可谓心为无也；匠非器也，而制器必须于匠，然不可谓匠非有也。是以欲收重渊之鳞，非偃息之所能获也；陨高墉之禽，非静拱之所能捷也。由此而观，济有者皆有也，虚无奚益于已有之群生哉！"然习俗已成，颜论亦不能救也。

4 拓跋猗㐌度漠北巡，因西略诸国，积五岁，降附者三十馀国。

八年(戊午,298)
1 春,三月壬戌,赦天下。
2 秋,九月,荆、豫、徐、扬、冀五州大水。

众人听了这些言论为之迷乱,沉迷于已有说法。虽然有一些不赞同这些说法的人,但由于言辞不能通,就屈从于所形成的习俗,因此认为虚无的道理的确不可以掩盖。一人唱而百人应和,去而不返,于是看不起治理天下的事务,轻贱功劳业绩的作用,崇尚游手好闲的事务,蔑视有经世之实的贤能之人。人情这样趋向,名与利随之而来,于是能文之士扩大其辞,言语迟钝的人赞美其宗旨。创立学说凭借于虚无的意旨,就被称为玄妙;居于官位而不亲临自己的职务,就被称为风雅深远;侍奉自身、疏略廉洁的操守,被称之为心胸开阔,没有拘束。所以磨炼节操与德行的风气,更加衰落。放纵的人借着这种风习,有的违背祭祀、丧葬的礼仪,忽视形貌举止的仪表,轻慢长幼之间的次序,混淆贵贱之间的等级;更有甚者,到了赤身露体不庄重的地步,真是无所不至,士大夫的操行又被毁坏。

"有形的万物,虽然是由无滋生出来的,然而既已生出来,有与无就已经有了区别,那么无就是被有所遗弃的了。所以繁殖已经在生长的有,并不是无的作用所能够达到的;治理已经存在的百姓,并不是无为就能掌管的。心并不就是事务,但是控制事务必须要通过心,然而却不能说心是无;工匠并不是器具,但是制作器具必须要由工匠才行,然而却不能说工匠是不存在的。因此要想捕捞深水中的鱼虾,并不是安卧就能得到的;要想让高墙上的鸟儿落下来,并不是安静地拱手就可以成功的。由此看来,增益有形的事物是有用的,虚无对于已有的百姓又有什么好处呢?"然而习俗已经形成,裴𬱖的议论也不能阻止。

4 拓跋猗㐌越过沙漠以北去巡视,借此向西攻打各国,经过了五年,投降归附他的有三十多个国家。

晋惠帝元康八年(戊午,公元 298 年)

1 春季,三月壬戌(十九日),大赦天下。

2 秋季,九月,荆、豫、徐、扬、冀五州闹大水灾。

3 初,张鲁在汉中,賨人李氏自巴西宕渠往依之。魏武帝克汉中,李氏将五百馀家归之,拜为将军,迁于略阳北土,号曰巴氏。其孙特、庠、流,皆有材武,善骑射,性任侠,州党多附之。

及齐万年反,关中荐饥,略阳、天水六郡民流移就谷入汉川者数万家,道路有疾病穷乏者,特兄弟常营护振救之,由是得众心。流民至汉中,上书求寄食巴、蜀,朝议不许,遣侍御史李苾持节慰劳,且监察之,不令入剑阁。苾至汉中,受流民赂,表言:"流民十万馀口,非汉中一郡所能振赡,蜀有仓储,人复丰稔,宜令就食。"朝廷从之。由是散在梁、益,不可禁止。李特至剑阁,太息曰:"刘禅有如此地,面缚于人,岂非庸才邪!"闻者异之。

4 张华、陈准以赵王、梁王,相继在关中,皆雍容骄贵,师老无功,乃荐孟观沉毅有文武才用,使讨齐万年。观身当矢石,大战十数,皆破之。

3 当初,张鲁在汉中,贾人李氏从巴西宕渠去依附张鲁。魏武帝攻克了汉中,李氏带领五百多家归附魏武帝,被授予将军职,迁移到略阳以北地区,号为巴氏。李氏的孙子李特、李庠、李流,都有材力而又勇武,善于骑马射箭,性格仗义好抱不平,州中与之志同道合的人都去归附他们。

到了齐万年造反的时候,关中连年庄稼不熟,略阳、天水六个郡的老百姓流亡、迁移,寻找粮谷进入汉川的有几万家,路上见到有病和穷苦的人,李特兄弟经常救助赈济、保护这些人,从此得到了众人之心。流亡的百姓到了汉中,上书请求在巴、蜀寄食,朝廷议政时不允许,派遣侍御史李苾持符节慰劳,同时监督他们,不让他们进入剑阁。李苾到了汉中,接受了流民的贿赂,上表说:"流民有十万多人,不是汉中一个郡所能够救济的,蜀地有粮食储备,人又丰足富裕,可以让流民去那里解决吃饭问题。"朝廷听从了李苾的意见。从此,流民散布于梁州、益州,不能禁止。李特到了剑阁,不由得长叹说:"刘禅拥有这样的地方,竟然投降了别人,难道不是才能平庸、低下的人吗?"听到的人,都觉得他不一般。

4 赵王和梁王相继在关中,他们都悠闲自得,傲慢尊贵,不理军事,部队长久无事,没有机会建立功劳,张华和陈准基于这个原因,就推荐孟观,说他深沉刚毅,文武双全,派他去讨伐齐万年。孟观亲临战阵,以身体迎着敌人的石头箭矢,大战十几次,每一次都打败了敌人。

卷第八十三　晋纪五

起己未(299)尽庚申(300)凡二年

孝惠皇帝上之下
元康九年(己未,299)

1　春,正月,孟观大破氐众于中亭,获齐万年。

2　太子洗马陈留江统,以为戎、狄乱华,宜早绝其原,乃作《徙戎论》以警朝廷曰:"夫夷、蛮、戎、狄,地在要荒,禹平九土而西戎即叙。其性气贪婪,凶悍不仁。四夷之中,戎、狄为甚,弱则畏服,强则侵叛。当其强也,以汉高祖困于白登、孝文军于霸上。及其弱也,以元、成之微而单于入朝。此其已然之效也。是以有道之君牧夷、狄也,惟以待之有备,御之有常,虽稽颡执贽而边城不弛固守,强暴为寇而兵甲不加远征,期令境内获安,疆场不侵而已。

"及至周室失统,诸侯专征,封疆不固,利害异心,戎、狄乘间,得入中国,或招诱安抚以为己用,自是四夷交侵,与中国错居。及秦始皇并天下,兵威旁达,攘胡,走越,当是时,中国无复四夷也。

"汉建武中,马援领陇西太守,讨叛羌,徙其馀种于关中,居冯翊、河东空地。数岁之后,族类蕃息,既恃其肥强,且苦汉人侵之;永初之元,群羌叛乱,覆没将守,屠破城邑,邓骘败北,侵及河内,十年之中,夷、夏俱敝,任尚、马贤,仅乃克之。自此之后,馀烬不尽,小有际会,辄复侵叛,

孝惠皇帝上之下

晋惠帝元康九年(己未,公元 299 年)

1   春季,正月,孟观在中亭击溃氐人,抓获齐万年。

2   太子洗马陈留人江统,认为戎人、狄人祸患中华,应当尽早断绝为祸的根源,于是作《徙戎论》以提醒朝廷,说:"东夷、南蛮、西戎、北狄,处于极边远的地区,禹平定九州而西戎服从了安排。西戎禀性贪婪,凶暴强悍,无仁爱之心。四夷之中,戎、狄最为突出,势力衰弱则敬畏服从,势力强大就侵扰叛乱。当他们强盛时,像汉高祖那样的实力也被困于白登,像孝文帝那样的实力也曾驻军霸上。等到他们衰弱时,像汉元帝、成帝时那样的微弱国力,单于还得来朝见。这些都是已经发生过的实证。因此有道的君王处理夷、狄事务,就是防御夷、狄常备不懈,虽然他们叩头进贡宝物珍奇,边城并不放松守备,当他们起来作乱时,军队也不加以远征,就是希望境内安宁,疆域不受侵扰而已。

"等到周王朝失去纲纪,诸侯恣意征伐,因此,彼此的疆域不稳定,诸侯因为利害关系而各存异心,西戎、北狄得以乘隙进入中原,有的诸侯招抚利诱他们为自己所用,从此四方各族交相杂入,与中原人错综而居。到秦始皇统一天下,兵威震邻,打击胡人,驱逐越人,到这时,中原地区不再有各种夷族了。

"东汉建武年间,马援担任陇西太守,征讨叛乱的羌人,迁徙羌人残馀到关中,让他们居住在冯翊、河东的空荒之地。数年后,他们人口繁衍生息,既倚仗自己的富强,又苦于汉人的骚扰;东汉永初元年,羌人叛乱,消灭了当地守军,屠城破邑,邓骘也被击败,羌人侵入河内郡,十年之中,羌汉都衰败了,任尚、马贤仅仅是压制住他们而已。从此以后,残馀火种不灭,稍有机会,他们就不断骚扰叛乱,

中世之寇，惟此为大。魏兴之初，与蜀分隔，疆埸之戎，一彼一此。武帝徙武都氏于秦川，欲以弱寇强国，扞御蜀虏，此盖权宜之计，非万世之利也。今者当之，已受其敝矣。

"夫关中土沃物丰，帝王所居，未闻戎、狄宜在此土也。非我族类，其心必异。而因其衰敝，迁之畿服，士庶玩习，侮其轻弱，使其怨恨之气毒于骨髓；至于蕃育众盛，则坐生其心。以贪悍之性，挟愤怒之情，候隙乘便，辄为横逆；而居封域之内，无障塞之隔，掩不备之人，收散野之积，故能为祸滋蔓，暴害不测，此必然之势，已验之事也。当今之宜，宜及兵威方盛，众事未罢，徙冯翊、北地、新平、安定界内诸羌，著先零、罕幵、析支之地，徙扶风、始平、京兆之氐，出还陇右，著阴平、武都之界，廪其道路之粮，令足自致，各附本种，反其旧土，使属国、抚夷就安集之。戎、晋不杂，并得其所，纵有猾夏之心，风尘之警，则绝远中国，隔阂山河，虽有寇暴，所害不广矣。

"难者曰：氐寇新平，关中饥疫，百姓愁苦，咸望宁息；而欲使疲悴之众，徙自猜之寇，恐势尽力屈，绪业不卒，前害未及弭而后变复横出矣。答曰：子以今者群氐为尚挟馀资，悔恶反善，怀我德惠而来柔附乎？将势穷道尽，智力俱困，惧我兵诛以至于此乎？曰：无有馀力，势穷道尽故也。然则我能制其短长之命而令其进退由己矣。夫乐其业者不易事，安其居者无迁志。方其自疑危惧，畏怖促遽，故可制以兵威，使之左右无违也。

中世时的寇患,以这支羌人最严重。魏兴盛之初,与蜀国分隔,疆场上的戎人,也分属两国。魏武帝迁徙武都的氐人到秦川,想以此而削弱乱寇增强国力,抵御蜀国,这实际是权宜之计,而不是从万世的利益上考虑的。今天我们所承受的这个现实,就已经遭受到那权宜之计的弊病的影响了。

"关中土地肥沃,物产丰富,是帝王居住的地方,没有听说西戎、北狄应当在这块土地上居住。不属于我们的族类,他们的想法必定不同。但因为他们衰弱,把他们迁到离京城不远的地方,士人百姓玩乐开心,欺侮他们的软弱,使他们的怨恨刻骨铭心;一旦人口繁育强盛,便产生反叛之心。以他们贪婪强悍的本性,带着愤怒的心情,等候机会合适,就伺机叛乱;他们居住在封疆之内,没有障碍工事阻隔,抢掠没有防备的人,收掠散野的财物,所以能够成为祸患而迅速蔓延,危害不可测度,这种必然的趋势,是已经验证的事实。当今最好的办法是,趁军队威势正旺盛,战时的一切都未取消,迁徙冯翊、北地、新平、安定界内的各部落羌人,安置在先零、罕开、析支等地;迁徙扶风、始平、京兆的氐人,让他们出去还归陇右,安置在阴平、武都地区,发给路上所需的口粮,足以使他们自己到达。各自归附本族,返回故乡,让属国都尉、抚夷护军等官员依所辖地区集中安置他们。这样,西戎人与晋国人不相杂居,各得其所,即使他们有为乱华夏之心,兴起战乱的预兆,也与中原相隔极远,隔山阻河,虽然有敌寇作乱,所危害的地区也不会太广泛。

"驳难的人说:氐人叛乱刚刚平定,关中饥馑,流行时疫,百姓愁苦,都盼望着安定休息;而要让疲惫病弱的人去迁移心存疑忌的敌人,恐怕会士气耗尽而力量不足,完成不了这一事业,这样,先前的灾害还没来得及消除,新的变故又会突然出来。回答说:您认为现在氐人是还依靠剩馀的资财,悔恨自己的过错而归于正道,感念我们的好意恩惠而来顺从归附呢,还是走投无路,心智与兵力都已困乏,害怕我们武力剿除才到这一地步呢?我说:是没有馀力,走投无路的缘故。这样我们就能掌握他们的命运而使他们的进退都听从我们的调遣了。喜欢自己职业的人不会调换工作,满意自己住所的人没有迁居的想法。这时,他们正疑心有危险而惧怕,恐怖而紧张急迫,所以能够用武力的威慑来制服,使他们一点都不敢违抗。

追其死亡流散，离逖未鸠，与关中之人，户皆为仇，故可遹迁远处，令其心不怀土也。夫圣贤之谋事也，为之于未有，治之于未乱，道不著而平，德不显而成。其次则能转祸为福，因败为功，值困必济，遇否能通。今子遭敝事之终而不图更制之始，爱易辙之勤而遵覆车之轨，何哉！且关中之人百馀万口，率其少多，戎、狄居半，处之与迁，必须口实。若有穷乏，糁粒不继者，故当倾关中之谷以全其生生之计，必无挤于沟壑而不为侵掠之害也。今我迁之，传食而至，附其种族，自使相赡，而秦地之人得其半谷，此为济行者以廪粮，遗居者以积仓，宽关中之逼，去盗贼之原，除旦夕之损，建终年之益。若惮暂举之小劳而忘永逸之弘策，惜日月之烦苦而遗累世之寇敌，非所谓能创业垂统，谋及子孙者也。

"并州之胡，本实匈奴桀恶之寇也，建安中，使右贤王去卑诱质呼厨泉，听其部落散居六郡。咸熙之际，以一部太强，分为三率，泰始之初，又增为四；于是刘猛内叛，连结外虏，近者郝散之变，发于谷远。今五部之众，户至数万，人口之盛，过于西戎，其天性骁勇，弓马便利，倍于氐、羌。若有不虞风尘之虑，则并州之域可为寒心。

"正始中，毌丘俭讨句骊，徙其馀种于荥阳。始徙之时，户落百数；子孙孳息，今以千计；数世之后，必至殷炽。今百姓失职，犹或亡叛，犬马肥充，则有噬啮，况于夷、狄，能不为变！但顾其微弱，势力不逮耳。

趁着他们死亡逃离，流散各处，远离而没有聚集，加之他们与关中人，户户都是仇敌，所以能够把他们迁到僻远处，让他们不怀念这个地方。圣贤之人谋事，在事情未发生时就进行处置，在尚未动乱时就去治理，至道未显现天下就已平定，恩德未炫露事情就已成功。其次则能够转祸为福，转败势为成功，陷于困境能够渡过，遭遇阻塞而得疏通。现在您承受着旧措施所带来的结果而不谋求开始改变这一措施，偏爱不断变换路线而又沿着翻车的轨道，这是为什么呢？再说关中的人口一百多万，大概是这个数目上下，戎人、狄人占了一半，让他们继续居住或是迁移，都必须有口粮。如果出现欠缺，粥饭供应不能接继，就得拿出关中的全部粮食来保全他们的生计，绝没有把他们弃置沟壑而不侵扰掠夺的道理。现在我们将他们迁徙，沿途供给粮食而使他们到达，让他们归往自己族类所在地，使他们自己养活自己，而秦地的人口就能得到另一半粮食，这就是供给迁徙者以途中口粮，给留居者装满的粮仓，缓解关中的紧张，消除盗贼的根源，花费一朝一夕的开销，成就常年获益的基础。如果害怕短暂行动的小工程，而忘却一劳永逸的弘大方略，吝啬日月之间的麻烦劳苦，而给后世留下寇敌之患，这不是所说的能够创业并流传后世，为子孙后代着想的人。

"并州的胡人，原本就是凶恶的匈奴强盗，东汉建安年间，派右贤王去卑诱骗呼厨泉作为人质，听任自己的部落散居在并州六个郡。魏咸熙年间，因为一支部落太强，分为三个部落，晋泰始初年，又增为四部落；这时刘猛从内部叛乱，勾结外族敌人，近年郝散之变，也发端于谷远这个地方。现在匈奴有五个部落，几万户之多，人口的兴盛，超过西戎，他们天性骁勇，擅长射箭骑马，超过氐、羌一倍。如果说应该想到发生没有准备的战事的话，那么并州一带就值得忧惧。

"魏正始年间，毌丘俭征讨句骊，将他们的残馀迁到荥阳。刚迁徙时，只有百户；子孙繁衍，现在人数已达几千；几代之后，一定会达到繁盛。现在百姓失业，还有人流亡叛乱，犬马肥壮而众多，就会互相啮咬，何况像夷、狄那样，哪能不发生变故！他们只是感到自己微弱，势力还不能达到罢了。

"夫为邦者,忧不在寡而在不安,以四海之广,士民之富,岂须夷虏在内然后取足哉!此等皆可申谕发遣,还其本域,慰彼羁旅怀土之思,释我华夏纤介之忧,'惠此中国,以绥四方',德施永世,于计为长也!"朝廷不能用。

3　散骑常侍贾谧侍讲东宫,对太子倨傲,成都王颖见而叱之。谧怒,言于贾后,出颖为平北将军,镇邺。征梁王肜为大将军、录尚书事;以河间王颙为镇西将军,镇关中。初,武帝作石函之制,非至亲不得镇关中,颙轻财爱士,朝廷以为贤,故用之。

4　夏,六月,高密文献王泰薨。

5　贾后淫虐日甚,私于太医令程据等;又以簏箱载道上年少入宫,复恐其漏泄,往往杀之。贾模恐祸及己,甚忧之。裴颜与模及张华议废后,更立谢淑妃。模、华皆曰:"主上自无废黜之意,而吾等专行之,傥上心不以为然,将若之何!且诸王方强,朋党各异,恐一旦祸起,身死国危,无益社稷。"颜曰:"诚如公言。然宫中逞其昏虐,乱可立待也。"华曰:"卿二人于中宫皆亲戚,言或见信,宜数为陈祸福之戒,庶无大悖,则天下尚未至于乱,吾曹得以优游卒岁而已。"颜旦夕说其从母广城君,令戒谕贾后以亲厚太子,贾模亦数为后言祸福;后不能用,反以模为毁己而疏之。模不得志,忧愤而卒。

"治理国家的人,忧虑不在人少而在于国家不安定,以四海的辽阔,百姓的富裕,哪里一定得异族人在其中然后才能满足自己的收入呢!这些异族人都可以发布告示遣送,使他们归还本来的地方,慰藉他们客居怀乡的思绪,解除我们中华心中的芥蒂。《诗经》说:'施给中原德惠,安定四方部族。'恩德施于永世,这个计策是长远的!"结果朝廷没有能够采用这个计策。

　　3　散骑常侍贾谧在东宫为太子讲学,对太子态度傲慢,成都王司马颖发现后斥责他。贾谧大怒,告到贾皇后处,随即发落司马颖为平北将军,镇守邺城。惠帝征召梁王司马肜任大将军、录尚书事;任命河间王司马颙为镇西将军,镇守关中。起初,晋武帝曾规定了一个制度,藏于宗庙的石匣之中,规定不是直系亲属不能镇守关中,司马颙看轻财物而爱惜士人,朝廷认为他德才兼备,可以重用他。

　　4　夏季,六月,高密文献王司马泰去世。

　　5　皇后贾氏淫乱暴虐日甚一日,与太医令程据等人私通;还让人把路上的少年装进竹箱偷带入宫,但又怕这些少年把事泄漏出去,往往杀掉他们。贾模怕这些事牵连自己,非常忧虑。裴𫖮与贾模以及张华商议废黜贾皇后,改立谢淑妃为皇后。贾模、张华都说:"皇帝自己没有废黜皇后的想法,我们擅自进行这事,假如皇帝并不同意,那该怎么办?再说各诸侯王正当强盛时,都有各自的势力和亲近的人,恐怕一旦事情不成,招来祸患,性命丢掉而国家危殆,对国家社稷不利。"裴𫖮说:"确实如你们所说。但是皇后在宫中昏乱暴虐而肆意放任,她的麻烦很快就会来临。"张华说:"你两人都是皇后的亲戚,你们的意见她可能相信,应该多向她陈述戒惧祸福,希望她不要过分,那样天下还不至于出现祸乱,我们也就能够悠闲自在地度日了。"裴𫖮从早到晚地劝说他姨母广城君,让她告诫皇后贾氏能够亲近厚待太子,贾模也多次对皇后讲述祸福的道理,皇后听不进去,反而认为贾模这样是诋毁自己,因而疏远他。贾模不能得其所欲,忧郁激愤而死去。

秋,八月,以裴頠为尚书仆射。頠虽贾后亲属,然雅望素隆,四海惟恐其不居权位。寻诏頠专任门下事,頠上表固辞,以"贾模适亡,复以臣代之,崇外戚之望,彰偏私之举,为圣朝累。"不听。或谓頠曰:"君可以言,当尽言于中宫。言而不从,当远引而去。傥二者不立,虽有十表,难以免矣。"頠慨然久之,竟不能从。

帝为人戆騃,尝在华林园闻虾蟆,谓左右曰:"此鸣者,为官乎,为私乎?"时天下荒馑,百姓饿死,帝闻之曰:"何不食肉糜?"由是权在群下,政出多门,势位之家,更相荐托,有如互市。贾、郭恣横,货赂公行。南阳鲁褒作《钱神论》以讥之曰:"钱之为体,有《乾》《坤》之象,亲之如兄,字曰孔方。无德而尊,无势而热,排金门,入紫闼,危可使安,死可使活,贵可使贱,生可使杀。是故忿争非钱不胜,幽滞非钱不拔,怨仇非钱不解,令闻非钱不发。洛中朱衣、当涂之士,爱我家兄,皆无已已,执我之手,抱我终始。凡今之人,惟钱而已!"

又,朝臣务以苛察相高,每有疑议,群下各立私意,刑法不壹,狱讼繁滋。裴頠上表曰:"先王刑赏相称,轻重无二,故下听有常,群吏安业。去元康四年大风,庙阙屋瓦有数枚倾落,免太常荀寓。事轻责重,有违常典。五年二月有大风,兰台主者惩惧前事,求索阿栋之间,得瓦小邪十五处,遂禁止太常,复兴刑狱。

秋季,八月,任命裴頠为尚书仆射。裴頠虽然是皇后贾氏的亲属,但是美好的声名一直广为人知,各地都唯恐他不能担当重要的职务。不久,惠帝下诏书让裴頠独掌门下事要职,裴頠上书惠帝坚持推辞,说:"贾模刚刚去世,又让我来取代他的职位,这样提高外戚的声望,显露出偏向和私情的安排,会给神圣的朝廷带来麻烦。"惠帝不同意。有人对裴頠说:"您可以对皇帝说,还应该对皇后详细地说。说了仍然不同意,那就应远远地离去。假如这两条路都不走,即使上书十次,也难以逃脱灾祸。"裴頠感慨了好久,但终究也没有听从。

惠帝为人愚鲁痴呆,一次在华林园听到蛤蟆的叫声,就问左右随从说:"这叫的东西,是为公事叫呢,还是为私事叫呢?"当时天下灾荒饥馑,有的百姓都饿死了,惠帝听到后说:"他们为什么不吃肉粥呢?"因此权力都由手下的小人掌握,政令出自许多部门而不能统一发布,有权势地位的人家互相推举,如同市场交易。贾氏、郭氏肆意妄为,官场上贿赂公然进行。南阳人鲁褒作了一篇《钱神论》讥讽这种现象说:"钱的形象,像天地一样有圆有方,人们亲它爱它如同兄弟,尊称它叫孔方。没有美德而备受尊崇,没有权势而炙手可热,出入宫廷高门,可以转危为安,起死复生,变尊贵为卑贱,使活着的人被杀死。所以愤怒争执时没有钱就不能取胜,冤屈困厄时没有钱就不能得救,冤家仇敌没有钱就不能解怨释仇,美好的声誉没有钱就不能传播。当今都城的王公贵族、权势要人,个个爱我们孔方兄而没有休止,拿钱的手,紧抱着钱始终不放松。当今的人心中只有钱罢了!"

还有,朝廷官员都追求苛峻明察来比较高下,每当遇到有疑义的问题,小人们都拿出自己的解释,这样,惩罚罪犯的法律不相统一,以致案件与官司层出不穷。裴頠上奏表说:"先王刑罚奖赏都恰当合适,轻重的尺度统一,所以下面遵从执行起来有一定的法度,官吏们也安心自己的职业。过去元康四年刮大风,祖庙宫殿的屋瓦被风刮落了几片,就罢免了太常荀寓。事情轻而处罚重,违背了故有的法律。元康五年二月又刮大风,兰台主事的官员以前面的事为教训,非常害怕,在房梁屋角之间仔细寻找,找到瓦片略有歪斜的地方有十五处,于是将太常囚禁,又兴起了刑罚案件。

今年八月，陵上荆一枝围七寸二分者被斫，司徒、太常奔走道路，虽知事小，而按劾难测，搔扰驱驰，各竞免负，于今太常禁止未解。夫刑书之文有限而舛违之故无方，故有临时议处之制，诚不能皆得循常也。至于此等，皆为过当，恐奸吏因缘，得为浅深也。"既而曲议犹不止，三公尚书刘颂复上疏曰："自近世以来，法渐多门，令甚不一，吏不知所守，下不知所避，奸伪者因以售其情，居上者难以检其下，事同议异，狱犴不平。夫君臣之分，各有所司。法欲必奉，故令主者守文；理有穷塞，故使大臣释滞；事有时宜，故人主权断。主者守文，若释之执犯跸之平也；大臣释滞，若公孙弘断郭解之狱也；人主权断，若汉祖戮丁公之为也。天下万事，自非此类，不得出意妄议，皆以律令从事。然后法信于下，人听不惑，吏不容奸，可以言政矣。"乃下诏，"郎、令史复出法驳案者，随事以闻"，然亦不能革也。

颂迁吏部尚书，建九班之制，欲令百官居职希迁，考课能否，明其赏罚。贾、郭用权，仕者欲速，事竟不行。

裴頠荐平阳韦忠于张华，华辟之，忠辞疾不起。人问其故，忠曰："张茂先华而不实，裴逸民欲而无厌，弃典礼而附贼后，此岂大丈夫之所为哉！逸民每有心托我，我常恐其溺于深渊而馀波及我，况可褰裳而就之哉！"

今年八月,陵园里有一枝粗七寸二分的荆条被砍断,司徒、太常等官员急得往来奔走,虽说知道事情不大,但如何处罚却难以预料,四处疏通,各自竞相洗刷自己,到现在对太常的囚禁还没有解除。刑法的条文有限而违反法律的缘故却多得漫无边际,所以虽有处罚时依事讨论议定处置的制度,确实不能都得以按照惯例处置。至于上述这类例证,都属于超过限度,这样恐怕奸邪的官吏就会因袭而随意判定罪的轻重。”过后,曲解法律条文随意议处的事仍然没有停止,三公尚书刘颂又上书朝廷,说:“自近代以来,法律逐渐出自许多部门,法令非常不统一,官吏不知道应该遵守什么,下面也不知道哪些是违法而应该避免的,奸诈的人因此而得售其奸,身居高位的人难以核查下属,事体相同而评论不同,结果判决不公平。国君与臣下,各有所执掌的职司。要使法令人人必须遵奉,所以要求有关负责人遵守条文;章理有不通之处,所以让大臣来解释;情况特殊,可以由国君根据情况随机相应断处。有关负责官员遵守条文,如西汉张释之公允地依法处理违反皇帝出行时清道法律的人;大臣解释不通的地方,如西汉公孙弘判处郭解案。国君根据情况随机相应断处,如汉高祖杀死丁公的行动。天下事情多不胜数,自然不一定都属于这类事,但不能随意妄加议处,都应该依照法规、律令来处理。这样才能使法律取信于百姓,人们所听到的没有疑惑,官吏们没有做坏事的机会,这样就能谈论治理国家的事了。”于是朝廷下诏书说,“郎、令史等官员再遇到法律规定之外而需要讨论议处的事情,要随案件本身上报处理意见”,但是还是不能革除随意议处的弊端。

刘颂升任吏部尚书,建立了将官员分九个等级考核的制度,计划使朝廷大小官员在职位上都企求升迁,考核官员胜任与否,明确对官员的奖惩制度。但是贾氏、郭氏专擅朝廷大权,想当官的人都想迅速升迁,这样刘颂的计划没有能够实行。

裴颜向张华推荐平阳人韦忠,张华起用韦忠,韦忠称病推辞。有人问他原因,韦忠说:“张华华而不实,裴颜贪得无厌,他们抛弃朝廷的制度礼仪而依附于作乱的皇后,这难道是大丈夫所做的事吗!裴颜几次都有心推举我,但我常常担心他沉溺于深渊,馀波会牵连我,难道能撩起衣服而跟随他吗!”

关内侯敦煌索靖,知天下将乱,指洛阳宫门铜驼叹曰:"会见汝在荆棘中耳!"

6 冬,十一月甲子朔,日有食之。

7 初,广城君郭槐,以贾后无子,常劝后使慈爱太子。贾谧骄纵,数无礼于太子,广城君恒切责之。广城君欲以韩寿女为太子妃,太子亦欲婚韩氏以自固。寿妻贾午及后皆不听,而为太子聘王衍少女。太子闻衍长女美,而后为贾谧聘之,心不能平,颇以为言。及广城君病,临终,执后手,令尽心于太子,言甚切至。又曰:"赵粲、贾午,必乱汝家事,我死后,勿复听入。深记吾言!"后不从,更与粲、午谋害太子。

太子幼有令名,及长,不好学,惟与左右嬉戏,贾后复使黄门辈诱之为奢靡威虐。由是名誉浸减,骄慢益彰,或废朝侍而纵游逸,于宫中为市,使人屠酤,手揣斤两,轻重不差。其母,本屠家女也,故太子好之。东宫月俸钱五十万,太子常探取二月,用之犹不足。又令西园卖葵菜、蓝子、鸡、面等物而收其利。又好阴阳小数,多所拘忌。洗马江统上书陈五事:"一曰虽有微苦,宜力疾朝侍。二曰宜勤见保傅,咨询善道。三曰画室之功,可宜减省,后园刻镂杂作,一皆罢遣。四曰西园卖葵、蓝之属,亏败国体,贬损令闻。五曰缮墙正瓦,不必拘挛小忌。"太子皆不从。中舍人杜锡,恐太子不得安其位,每尽忠谏,劝太子修德业,保令名,言辞恳切。太子患之,置针著锡常所坐毡中,刺之流血。锡,预之子也。

关内侯敦煌人索靖,预知天下将要大乱,指着洛阳皇宫门前的铜塑骆驼感叹说:"大概以后会在荆棘中看到你吧!"

6　冬季,十一月甲子朔(初一),发生日食。

7　当初,广城君郭槐,因为皇后贾氏没有孩子,经常劝皇后,让她慈爱太子。贾谧骄横放肆,多次对太子无礼,广城君经常严厉地叱责他。广城君打算让韩寿的女儿去做太子妃,太子也想与韩氏联姻以稳固自己的地位。韩寿的妻子贾午及皇后都不同意,却为太子聘定王衍的小女儿。太子听说王衍的大女儿长得漂亮,而皇后却为贾谧聘定了她,太子心里愤愤不平,有一些不满的话。等到广城君病危,临终时拉住贾皇后的手,叫她对太子尽心,言辞非常恳切中肯。又说:"赵粲、贾午,一定会把你家的事搅乱,我死后,不要再听任他们随便进宫。请用心记住我的话!"皇后没有听从广城君的告诫,又与赵粲、贾午图谋陷害太子。

太子年幼时有好的名声,长大后却不喜欢学习,只知道与周围的人嬉笑玩耍,贾皇后又让宦官一伙人引诱他,使他变得奢侈挥霍又骄横暴虐。因此太子的声誉与日俱下,而骄横傲慢却日益突出,有时沉溺于游乐之中,竟不顾每日清晨问候侍奉皇帝的规定。还在宫中做买卖让手下人买卖酒肉,太子亲手掂量分量,斤两竟不差分毫。太子的母亲,原来就是屠夫家的女儿,所以太子也爱好卖肉。太子每月有五十万钱的俸禄,却经常预支两个月,还不够花销。又让西园出售蔬菜、蓝草籽、鸡、面粉等物品,以此赚钱。太子还爱好阴阳家的小把戏,平常有很多禁戒忌讳。任太子洗马职的江统给他上书,陈述五件事:"一是即使稍微有些小病痛,也应勉力支撑遵守每日清晨问候、侍奉皇帝的规定。二是应当经常面见太保、太傅,向他们请教为善的道理。三是在画室作画的时间,应当减少或免去,在后园雕刻之类的劳作,也同时都取消。四是西园卖菜之类的行为,损害国家的形象,也贬低自己的声誉。五是对修缮墙壁房屋之类,没有必要拘泥于琐细的忌讳。"太子都没有接受。中舍人杜锡,担心太子的地位不稳定,经常尽心尽意地劝谏,规劝太子修习有关德行品性的功业,维护好的名声,言辞恳切。太子反倒怨恨杜锡,把针放在杜锡经常坐的毡子中,杜锡被针扎得流血。杜锡是杜预的儿子。

　　太子性刚，知贾谧恃中宫骄贵，不能假借之。谧时为侍中，至东宫，或舍之，于后庭游戏。詹事裴权谏曰："谧，后所亲昵，一旦交构，则事危矣。"不从。谧谮太子于后曰："太子多畜私财以结小人者，为贾氏故也。若宫车晏驾，彼居大位，依杨氏故事，诛臣等，废后于金墉，如反手耳。不如早图之，更立慈顺者，可以自安。"后纳其言，乃宣扬太子之短，布于远近。又诈为有娠，内药物、产具，取妹夫韩寿子慰祖养之，欲以代太子。

　　于时朝野咸知贾后有害太子之意，中护军赵俊请太子废后，太子不听。左卫率东平刘卞，以贾后之谋问张华，华曰："不闻。"卞曰："卞自须昌小吏，受公成拔以至今日。士感知己，是以尽言；而公更有疑于卞邪！"华曰："假令有此，君欲如何？"卞曰："东宫俊乂如林，四率精兵万人。公居阿衡之任，若得公命，皇太子因朝入录尚书事，废贾后于金墉城，两黄门力耳。"华曰："今天子当阳，太子，人子也，吾又不受阿衡之命，忽相与行此，是无君父而以不孝示天下也。况权戚满朝，威柄不一，成可必乎！"贾后常使亲党微服听察于外，颇闻卞言，乃迁卞为雍州刺史。卞知言泄，饮药而死。

太子性格刚愎，知道贾谧倚仗皇后的势力而傲慢高贵，不能容忍和敷衍贾谧。贾谧当时担任侍中，到太子住处时，太子有时就把他撇在一边，自己到后边庭园游玩。太子的官员詹事裴权劝谏太子说："贾谧是皇后所亲近溺爱的人，一旦他进谗言，那情况就危险了。"太子不接受。果然贾谧向皇后进谗言陷害太子说："太子储备很多私财用来结交小人，就是因为图谋您的缘故。如果皇帝驾崩，他登上皇位，一定会按照您过去对杨骏、太后的做法来对待您，对他来说，诛杀我们，把您废黜并囚禁在金墉城，易如反掌。还不如早做打算，重新立一个心慈而顺从的人为太子，这样您就能够安全了。"皇后采纳了贾谧的计策，就宣扬太子的短处，并广为传播。还假称自己已怀孕，在宫内准备了禾草、接生的工具等物品，接来妹夫韩寿的儿子韩慰祖来抚养，计划让韩慰祖来取代太子。

这时朝廷内外都知道贾皇后有谋害太子的想法，中护军赵俊请太子废掉皇后，太子没有听从。左卫率东平人刘卞，向张华询问贾皇后的图谋，张华说："不知道。"刘卞说："我本来是须昌的小官吏，受您的成全提拔才有今天。为士的感念知遇之恩，所以言无不尽；可您却对我有重重疑虑！"张华说："如果贾皇后有这种图谋，您打算怎么办？"刘卞说："太子身边聚集着很多有才能的俊杰，护卫太子的左卫率、右卫率、前卫率、后卫率统辖着一万精兵。您身居辅导国君、主持国政的要职，如果能够得到您的命令，皇太子便入朝总领录尚书事，这样把贾皇后废黜在金墉城，只需两个小宦官的力量而已。"张华说："现在天子治理国家，太子是他的儿子，我又没有接受主持国政的使命，匆匆与太子干这样的事，这是无视君王、无视父亲而把自己的不孝向天下展示的举动。何况有权势的外戚充满朝廷，威权不出于一处，能有一定成功的把握吗？"当时，贾皇后常常派亲近党羽隐蔽身份在朝廷外探听察看，听到了一些有关刘卞要协助太子废黜皇后的言论，于是就将刘卞调任为雍州刺史。刘卞知道自己的话已泄露出去，就服毒自杀。

十二月,太子长子彪病,太子为彪求王爵,不许。彪疾笃,太子为之祷祀求福。贾后闻之,乃诈称帝不豫,召太子入朝。既至,后不见,置于别室,遣婢陈舞以帝命赐太子酒三升,使尽饮之。太子辞以不能饮三升,舞逼之曰:"不孝邪!天赐汝酒而不饮,酒中有恶物邪!"太子不得已,强饮至尽,遂大醉。后使黄门侍郎潘岳作书草,令小婢承福,以纸笔及草,因太子醉,称诏使书之,文曰:"陛下宜自了,不自了,吾当入了之。中宫又宜速自了,不自了,吾当手了之。并与谢妃共要,刻期两发,勿疑犹豫,以致后患。茹毛饮血于三辰之下,皇天许当扫除患害,立道文为王,蒋氏为内主。愿成,当以三牲祠北君。"太子醉迷不觉,遂依而写之。其字半不成,后补成之,以呈帝。

壬戌,帝幸式乾殿,召公卿入,使黄门令董猛以太子书及青纸诏示之曰:"遹书如此,今赐死。"遍示诸公王,莫有言者。张华曰:"此国之大祸,自古以来,常因废黜正嫡以致丧乱。且国家有天下日浅,愿陛下详之!"裴𫖮以为宜先检校传书者,又请比校太子手书,不然,恐有诈妄。贾后乃出太子启事十馀纸,众人比视,亦无敢言非者。贾后使董猛矫以长广公主辞白帝曰:"事宜速决,而群臣各不同,其不从诏者,宜以军法从事。"议至日西,不决。后见华等意坚,惧事变,乃表免太子为庶人,诏许之。于是使尚书和郁等持节诣东宫,废太子为庶人。太子改服出,拜受诏,步出承华门,乘粗犊车,东武公澹以兵杖送太子及妃王氏、三子彪、臧、尚同幽于金墉城。王衍自表离婚,许之,妃恸哭而归。杀太子母谢淑媛及彪母保林蒋俊。

十二月,太子的大儿子司马虨生病,太子为他谋求亲王爵位,没有批准。司马虨病重,太子为他祈祷祭神求平安。贾皇后听说后,就假称惠帝身体不适,宣召太子入朝。太子进宫后,皇后不见他,把他安排在另外的房间,派婢女陈舞假称惠帝的命令赐给太子三升酒,让他全部喝掉。太子推辞说喝不了三升,陈舞胁迫说:"不孝呀!天子赐酒而你不喝,难道酒中有脏物吗?"太子迫不得已,勉强喝完,于是大醉。贾皇后让黄门侍郎潘岳书写了一封信的草稿,又让小婢女承福,拿着纸、笔和草稿,趁太子喝醉,诈称惠帝下诏命令他抄写,文中说:"陛下应当自己了断,不自己了断,我就要进宫替您了断。皇后也应该尽快自己了断,如不自己了断,我当亲手来了断。同时与谢妃约定,到时皇宫内外一起举事,请不要迟疑犹豫,以遭致后患。我在日、月、星三辰之下设盟饮血,皇天允许我担当扫除祸患,立道文为王,立蒋氏为王后。愿望实现,我将用猪、牛、羊三牲供奉北君星斗。"太子醉得昏昏沉沉,于是就照着写了。字有一半看不清,皇后描补成字,便以此呈交惠帝。

壬戌(三十日),惠帝到式乾殿,召公、卿入宫,让黄门令董猛出示太子的信以及青纸写的诏书,惠帝说:"司马遹的信这样大逆不道,现在赐死。"把太子信及青纸诏书给王公大臣们传看,大家都不做声。张华说:"这是国家的大祸患,自古以来,常常因为废黜原定的太子而导致丧亡祸乱。再说我朝拥有天下的时间尚短,希望陛下仔细考虑!"裴颜认为应当先检验核查传递这信的人,再比较核对一下太子平日的手书笔迹,不然,恐怕其中有虚假失实的地方。贾皇后就拿出太子写的十几张启事,众官员对照着看,也没有敢说不一样的。贾皇后又让董猛假托长广公主的言辞对惠帝说:"这件事应当尽快决断,而大臣们意见还不相同,对那些不同意这个诏令的,应当按照军法处理。"大臣们商议到太阳偏西,还没有议定。皇后见张华等大臣态度坚决,害怕事情发生变化,就建议把太子贬黜为平民,惠帝批准了这个建议。于是派遣尚书和郁等拿着符节到东宫,废黜太子为平民。太子更换了衣服出去,拜接了诏书,走出承华门,乘坐粗陋的牛车,东武公司马澹带领一队兵士押送太子及妃子王氏,还有司马虨、司马臧、司马尚三个儿子到金墉城关押起来。王衍上表请求让女儿与太子离婚,得到同意,妃子王氏恸哭着回到娘家。惠帝处死了太子的母亲谢淑媛以及具有保林身份的司马虨之母蒋俊。

永康元年(庚申,300)

1　春,正月癸亥朔,赦天下,改元。

2　西戎校尉司马阎缵舆棺诣阙上书,以为:"汉戾太子称兵拒命,言者犹曰罪当笞耳。今遹受罪之日,不敢失道,犹为轻于戾太子。宜重选师傅,先加严诲,若不悛改,弃之未晚也。"书奏,不省。缵,圃之孙也。

贾后使黄门自首,欲与太子为逆。诏以黄门首辞班示公卿,遣东武公澹以千兵防卫太子,幽于许昌宫,令持书御史刘振持节守之,诏宫臣不得辞送。洗马江统、潘滔、舍人王敦、杜蕤、鲁瑶等冒禁至伊水,拜辞涕泣。司隶校尉满奋收缚统等送狱。其系河南狱者,乐广悉解遣之;系洛阳县狱者,犹未释。都官从事孙琰说贾谧曰:"所以废徙太子,以其为恶故耳。今宫臣冒罪拜辞,而加以重辟,流闻四方,乃更彰太子之德也,不如释之。"谧乃语洛阳令曹摅使释之,广亦不坐。敦,览之孙;摅,肇之孙也。太子至许,遗王妃书,自陈诬枉,妃父衍不敢以闻。

3　丙子,皇孙彪卒。

4　三月,尉氏雨血,妖星见南方,太白昼见,中台星拆。张华少子韪劝华逊位,华不从,曰:"天道幽远,不如静以待之。"

晋惠帝永康元年(庚申,公元300年)

1　春季,正月癸亥朔(初一),大赦天下,改年号为永康。

2　西戎校尉司马阎缵带着棺材到皇宫前上书,认为:"汉朝戾太子拥兵抗拒武帝的命令,大家都不过说太子的罪过应当受笞刑而已。现在司马遹接受惩罚时,仍不敢违背道统,他的罪过比起戾太子还要轻得多。应该重新为太子选择太师、太傅,先加以严厉的教诲,如果还不悔改,再抛弃他也不晚。"书奏呈递上后,惠帝没有看。阎缵是阎圃的孙子。

　　贾皇后又安排了一个宦官自首,谎说是打算参与太子的叛乱。惠帝下诏令,让把这份自首文字在公卿大臣间公布,并派遣东武公司马澹率一千兵卒看押太子,将他幽禁于许昌宫,命令持书御史张振携带符节看守,还下诏令说,太子周围的臣僚不能与太子辞别送行。洗马江统、潘滔,舍人王敦、杜蕤、鲁瑶等人冒着禁违到伊水,流着眼泪向太子辞别。司隶校尉满奋将江统等人逮捕送到牢狱。其中被押送到河南牢狱的人,河南尹乐广把他们全部释放送走;被押送到洛阳县牢狱的人,都还没有释放。都官从事孙琰对贾谧说:"所以把太子废黜遣送,是因为他作恶多端。现在太子东宫的臣僚冒着犯罪的危险与太子告别,而对他们严厉处罚,这事广为流传,反而宣扬了太子的美德,不如释放他们。"于是贾谧就告诉洛阳县令曹摅把他们释放,乐广也没有因擅自放人而受处罚。王敦是王览的孙子;曹摅是曹肇的孙子。太子到了许昌,给妃子王氏去信,陈述自己被诬陷冤枉的经过,而妃子的父亲王衍不敢把信上报惠帝。

3　丙子(十四),皇孙司马虨死去。

4　三月,尉氏县降下血雨,不知名的妖星出现在南方,太白星在白天出现,中台的两颗星分开。张华的小儿子张韪劝张华辞去职位避祸,张华不接受,说:"上天之道幽深远长而不可测度,不如静观其变。"

5　太子既废,众情愤怒。右卫督司马雅、常从督许超,皆尝给事东宫,与殿中中郎士猗等谋废贾后,复太子。以张华、裴𬱟安常保位,难与行权,右军将军赵王伦执兵柄,性贪冒,可假以济事。乃说孙秀曰:“中宫凶妒无道,与贾谧等共诬废太子。今国无嫡嗣,社稷将危,大臣将起大事,而公名奉事中宫,与贾、郭亲善,太子之废,皆云豫知,一朝事起,祸必相及,何不先谋之乎!”秀许诺,言于伦,伦纳焉,遂告通事令史张林及省事张衡等,使为内应。

事将起,孙秀言于伦曰:“太子聪明刚猛,若还东宫,必不受制于人。明公素党于贾后,道路皆知之,今虽建大功于太子,太子谓公特逼于百姓之望,翻覆以免罪耳,虽含忍宿忿,必不能深德明公,若有瑕衅,犹不免诛。不若迁延缓期,贾后必害太子,然后废贾后,为太子报仇,非徒免祸而已,乃更可以得志。”伦然之。

秀因使人行反间,言殿中人欲废皇后,立太子,贾后数遣宫婢微服于民间听察,闻之甚惧。伦、秀因劝谧等早除太子以绝众望。癸未,贾后使太医令程据和毒药,矫诏使黄门孙虑至许昌毒太子。太子自废黜,恐被毒,常自煮食于前。虑以告刘振,振乃徙太子于小坊中,绝其食,宫人犹窃于墙上过食与之。虑逼太子以药,太子不肯服,虑以药杵椎杀之。有司请以庶人礼葬,贾后表请以广陵王礼葬之。

5　太子被废黜后，群情激愤。右卫督司马雅、常从督许超，都曾经在太子东宫任过职，与殿中中郎士猗等图谋废黜贾皇后，恢复太子的地位。因为张华、裴頠只图安稳保住自己的地位，难以与他们合作，而右军将军赵王司马伦掌握兵权，性情贪婪冒失，能够借用他的力量完成此事。于是劝孙秀说："皇后凶暴嫉妒为非作歹，与贾谧等人勾结诬陷并废黜太子。现在国家没有正宗的继承人，社稷面临着危险，大臣将要发起大的行动，而您名分上是在皇后的中宫任职，与贾氏、郭氏亲密要好，太子的废黜，都说您事先就知道了，一旦行动开始，祸患一定会牵连到您，为什么不先考虑废黜皇后呢？"孙秀答应这样做，又告诉了司马伦，司马伦也接受了这个建议，于是告诉了通事令史张林和省事张衡等人，让他们在宫内接应。

将要行事时，孙秀对司马伦说："太子聪明而刚愎凶猛，如果让他回到东宫，一定不肯受别人的约束。您一直是贾皇后的人，路人皆知，今天即使为太子立下大功，太子也会说您只是迫于百姓的愿望，才反过来协助太子以求免受惩罚罢了，您即使忍气吞声不念旧怨，太子也一定不能真正感激您，如果出现一点小事，您还是不免被杀。不如拖延时间，这期间贾皇后一定会加害太子，那时您再出来废黜皇后，为太子报仇，不只免除了祸患，而且还可以进一步满足您的愿望。"司马伦认为很对。

孙秀就派人挑拨离间，散布说殿中的人图谋废黜贾皇后，重立太子。贾皇后多次派宫女换上平民的衣服到民间探听察看，听到这些流言后非常害怕。司马伦、孙秀就劝说贾谧等人尽快除掉太子，断绝人们的希望。癸未（二十二日），贾皇后让太医令程据配制毒药，假称惠帝的诏令让黄门孙虑到许昌毒杀太子。太子被废黜后，就担心被毒死，经常在自己跟前烹煮食物。孙虑把事情告诉看守太子的刘振，于是刘振把太子搬迁到别的小房中，断绝了他的食品，宫人还偷偷从墙上传递食物给太子。孙虑拿药逼迫太子服食，太子不肯吃，孙虑就用捣药的木杵把太子打死。有关部门请示以平民的礼仪埋葬太子，贾后奏请用广陵王的礼仪埋葬太子。

6 夏,四月辛卯朔,日有食之。

7 赵王伦、孙秀将讨贾后,告右卫佽飞督闾和,和从之,期以癸巳丙夜一筹,以鼓声为应。癸巳,秀使司马雅告张华曰:"赵王欲与公共匡社稷,为天下除害,使雅以告。"华拒之。雅怒曰:"刃将在颈,犹为是言邪!"不顾而出。

及期,伦矫诏敕三部司马曰:"中宫与贾谧等杀吾太子,今使车骑入废中宫,汝等皆当从命,事毕,赐爵关中侯,不从者诛三族。"众皆从之。又矫诏开门,夜入,陈兵道南,遣翊军校尉齐王冏将百人排阁而入,华林令骆休为内应,迎帝幸东堂,以诏召贾谧于殿前,将诛之。谧走入西钟下,呼曰:"阿后救我!"就斩之。贾后见齐王冏,惊曰:"卿何为来?"冏曰:"有诏收后。"后曰:"诏当从我出,何诏也!"后至上阁,遥呼帝曰:"陛下有妇,使人废之,亦行自废矣。"是时,梁王肜亦预其谋,后问冏曰:"起事者谁?"冏曰:"梁、赵。"后曰:"系狗当系颈,反系其尾,何得不然!"遂废后为庶人,幽之于建始殿。收赵粲、贾午等付暴室考竟。诏尚书收捕贾氏亲党,召中书监、侍中、黄门侍郎、八座皆夜入殿。尚书始疑诏有诈,郎师景露版奏请手诏,伦等斩之以徇。

伦阴与秀谋篡位,欲先除朝望,且报宿怨,乃执张华、裴𫖳、解系、解结等于殿前。华谓张林曰:"卿欲害忠臣邪?"林称诏诘之曰:"卿为宰相,太子之废,不能死节,何也?"华曰:"式乾之议,臣谏事具存,可覆按也。"林曰:"谏而不从,何不去位?"华无以对。遂皆斩之,仍夷三族。解结女

6　夏季,四月辛卯朔(初一),发生日食。

7　赵王司马伦和孙秀打算征讨贾后,告诉了右卫佽飞督闾和,闾和同意,约定癸巳(初三)三更一点的时候,以鼓声为号。癸巳(初三),孙秀派司马雅告诉张华说:"赵王司马伦打算与您一起共同扶助朝廷,为天下除害,派我来通知您。"张华拒绝。司马雅生气地说:"刀都要架在脖子上了,还说这样的话吗!"头也不回地走了。

到了约定的时候,司马伦假称惠帝诏令,命令皇宫禁卫军三部司马说:"皇后与贾谧等人杀害朕的太子,现在派车骑将军进宫废黜皇后,你们都应该服从,事情结束,赐予关中侯的爵位,不服从的人,诛杀三族。"大家都听从了司马伦。又假称惠帝诏令骗开宫门,趁夜晚进去,把兵卒安排在路的南侧,派翊军校尉齐王司马冏带领一百兵士推开小门进去,华林园令骆休为内应,接惠帝到东堂,用诏令宣召贾谧到殿前,将要诛杀他。贾谧跑到西钟下面,大呼:"皇后救救我!"随即被斩首。贾皇后看到齐王司马冏,吃惊地问:"你为什么来这儿?"司马冏说:"有诏令要逮捕您。"皇后说:"诏书应该从我这儿发出,哪来的什么诏书!"皇后到门口,远远地向惠帝呼喊:"陛下有妻子,却派人废黜,也就等于自己将要被废黜。"这时,梁王司马肜也事先知道这个计划,贾皇后问司马冏说:"图谋起事的是谁?"司马冏说:"梁王和赵王。"皇后说:"系狗应该系狗的脖颈,却反倒系在狗的尾巴上,怎么能不有这样的结果呢?"于是皇后被废黜为平民,囚禁在建始殿。又逮捕赵粲、贾午等人送往染织之室拷问罪行,下诏命令尚书逮捕贾氏亲信党羽,宣召中书监、侍中、黄门侍郎等八部门的高级官员连夜入殿。尚书起初怀疑诏书是假的,尚书郎师景用公文奏请惠帝的亲笔诏书,司马伦等人就将他杀了昭示大臣。

司马伦暗地与孙秀图谋篡夺皇位,打算先除掉朝廷中有名望的大臣,并且借机报复过去曾结怨的人,就把张华、裴颜、解系、解结等人押到宫殿前。张华对张林说:"你想谋害忠臣吗?"张林声称惠帝在诏书中质问张华说:"你身为宰相,太子被废黜,却不能为气节而死,这是为什么呢?"张华说:"式乾殿前的争议,我劝谏皇帝的过程全部都记录留存下来,可以复查。"张林说:"劝谏而不被采纳,为什么不辞职?"张华无言以对。于是把他们全部杀了,并诛杀三族。解结的女儿

适裴氏,明日当嫁而祸起,裴氏欲认活之,女曰:"家既如此,我何以活为!"亦坐死。朝廷由是议革旧制,女不从死。甲午,伦坐端门,遣尚书和郁持节送贾庶人于金墉;诛刘振、董猛、孙虑、程据等;司徒王戎及内外官坐张、裴亲党黜免者甚众。阎缵抚张华尸恸哭曰:"早语君逊位而不肯,今果不免,命也!"

于是赵王伦称诏赦天下,自为使持节、都督中外诸军事、相国、侍中,一依宣、文辅魏故事,置府兵万人,以其世子散骑常侍荂领冗从仆射,子馥为前将军,封济阳王;虔为黄门郎,封汝阴王;诩为散骑侍郎,封霸城侯。孙秀等皆封大郡,并据兵权,文武官封侯者数千人,百官总己以听于伦。伦素庸愚,复受制于孙秀。秀为中书令,威权振朝廷,天下皆事秀而无求于伦。

诏追复故太子遹位号,使尚书和郁帅东宫官属迎太子丧于许昌,追封遹子虨为南阳王,封虨弟臧为临淮王,尚为襄阳王。

有司奏:"尚书令王衍备位大臣,太子被诬,志在苟免,请禁锢终身。"从之。

相国伦欲收人望,选用海内名德之士,以前平阳太守李重、荥阳太守荀组为左、右长史,东平王堪、沛国刘谟为左、右司马,尚书郎阳平束皙为记室,淮南王文学荀崧、殿中郎陆机为参军。组,勖之子;崧,彧之玄孙也。李重知伦有异志,辞疾不就,伦逼之不已,忧愤成疾,扶曳受拜,数日而卒。

已许配裴氏,第二天就要出嫁,但祸事来临,裴家打算认亲使她活下来,解结女儿说:"家既然已经这样,我还活着干什么!"于是也被牵连处死。朝廷因此商议革除旧的制度,女儿不跟随父母家处死。甲午(初四),司马伦坐于端门旁,派遣尚书和郁持符节把贬为平民的贾氏押送到金墉城;诛杀了刘振、董猛、孙虑、程据等人;司徒王戎及在皇宫内外供职的官员,因是张华、裴顾等人的亲戚党羽而被牵连罢官免职的有很多人。阎缵抚摸着张华的尸体痛哭流涕地说:"早就劝告您辞职而不肯,今天果然不免一死,这是命呀!"

于是赵王司马伦假称圣旨,赦免天下罪犯,自己担任持节都督、都督中外诸军事、相国、侍中等显要官职,完全模仿当年宣帝、文帝辅佐曹魏王朝时所为,设置一万府兵,让他的长子散骑常侍司马荂任冗从仆射,儿子司马馥为前将军,封为济阳王;司马虔为黄门郎,封为汝阴王;司马诩为散骑侍郎,封为霸城侯。对孙秀等人都封给大郡,并让他们掌握兵权,文武官员有几千人封侯,百官都维持自己的职务以听命于司马伦。司马伦品性平庸而愚蠢,不久又受制于孙秀。孙秀任中书令,权力威势震慑朝廷,全国都侍从孙秀而用不着请示司马伦。

诏令恢复已故太子司马遹的爵位封号,派尚书和郁带领东宫的官员僚属到许昌迎接太子的遗体,追封司马遹已故的儿子司马虨为南阳王,封司马虨的弟弟司马臧为临淮王,司马尚封为襄阳王。

有关部门奏报:"尚书令王衍空占着大臣的位置,太子被陷害后,想苟全自己逃避责任,请求对他终身禁止做官。"奏请得到批准。

相国司马伦想要笼络人心,选择任用海内德高望重的人。以前平阳太守李重,荥阳太守荀组担任左、右长史,东平人王堪、沛国人刘谟担任左、右司马,尚书郎阳平人束皙担任记室,曾任淮南王文学职的荀崧、殿中郎陆机担任参军。荀组是荀勖的儿子;荀崧是荀彧的五世孙。李重知道司马伦怀有篡位的异心,托病不去就职,司马伦不断逼迫,忧愁气愤成疾,不得已勉强任职,几天后就死了。

8 丁酉,以梁王肜为太宰,左光禄大夫何劭为司徒,右光禄大夫刘寔为司空。

9 太子遹之废也,将立淮南王允为太弟,议者不合。会赵王伦废贾后,乃以允为骠骑将军、开府仪同三司,领中护军。

10 己亥,相国伦矫诏遣尚书刘弘赍金屑酒赐贾后死于金墉城。

11 五月己巳,诏立临海王臧为皇太孙,还妃王氏以母之;太子官属即转为太孙官属,相国伦行太孙太傅。

12 己卯,谥故太子曰愍怀;六月壬寅,葬于显平陵。

13 清河康王遐薨。

14 中护军淮南王允,性沉毅,宿卫将士皆畏服之。允知相国伦及孙秀有异志,阴养死士,谋讨之。伦、秀深惮之。秋,八月,转允为太尉,外示优崇,实夺其兵权。允称疾不拜。秀遣御史刘机逼允,收其官属以下,劾以拒诏,大逆不敬。允视诏,乃秀手书也。大怒,收御史,将斩之,御史走免,斩其令史二人。厉色谓左右曰:"赵王欲破我家!"遂帅国兵及帐下七百人直出,大呼曰:"赵王反,我将讨之,从我者左袒。"于是归之者甚众。允将赴宫,尚书左丞王舆闭掖门,允不得入,遂围相府。允所将兵皆精锐,伦与战屡败,死者千馀人。太子左率陈徽勒东宫兵鼓噪于内以应允。允结陈于承华门前,弓弩齐发,射伦,飞矢雨下。主书司马眭秘以身蔽伦,箭中其背而死。伦官属皆隐树而立,每树辄中数百箭,自辰至未。

8　丁酉(初七),任命梁王司马肜为太宰,左光禄大夫何劭为司徒,右光禄大夫刘寔为司空。

9　废黜太子司马遹时,曾打算立淮南王司马允为太弟,但意见不统一。遇到赵王司马伦废黜贾皇后,就让司马允担任骠骑将军、开府仪同三司,统领中护军。

10　己亥(初九),相国司马伦假借诏令派遣尚书刘弘送金屑酒赐给贾皇后,贾皇后饮后死于金墉城。

11　五月己巳(初九),惠帝诏令立临海王司马臧为皇太孙,让太子司马遹妃王氏回宫做太孙的母亲;太子所属的官员臣僚转为太孙的官属,相国司马伦兼任太孙太傅的职责。

12　己卯(十九日),给已故太子定谥号,称愍怀;六月壬寅(十三日),将太子在显平陵安葬。

13　清河康王司马遐去世。

14　中护军淮南王司马允,性格沉着坚毅,皇宫禁卫官兵都敬畏服从他。司马允知道相国司马伦和孙秀有篡国的意图,就暗中培养敢死之士,图谋征讨他们。司马伦、孙秀非常害怕他。秋季,八月,转调司马允为太尉,表面上显示出优待推崇司马允,而实际上是剥夺他的兵权。司马允托病不接受任命。孙秀派御史刘机逼迫司马允,拘捕司马允的部下,弹劾司马允抗拒诏令,大逆不道。司马允审视诏书,发现是孙秀的笔迹,勃然大怒,拘捕御史准备杀掉,结果御史逃脱,就杀了御史刘机的两个令史。司马允面色严峻对部下们说:"赵王司马伦想毁了我的家!"于是率领亲兵和军帐下的兵卒七百人冲出去,大声呼喊:"赵王司马伦造反,我将征讨他!跟随我的人请袒露左臂。"于是跟从他的人很多。司马允快到皇宫时,尚书左丞王舆紧闭宫门,司马允无法进去,于是包围了司马伦的相府。司马允所带领的都是强悍而武器精良的兵,司马伦与他交战屡战屡败,死了一千多人。太子左率陈徽带领太子东宫的兵士在东宫里击鼓叫嚷响应司马允。司马允在承华门前摆开兵阵,弓、弩齐发,射向司马伦,箭如雨下。主书司马眭秘用身体掩护司马伦,脊背中箭而死。司马伦的部下都在树后躲避,结果每棵树都被射了几百箭,从辰时直到未时。

中书令陈准,徽之兄也,欲应允,言于帝曰:"宜遣白虎幡以解斗。"乃使司马督护伏胤将骑四百持幡从宫中出,侍中汝阴王虓在门下省,阴与胤誓曰:"富贵当与卿共之。"胤乃怀空版出,诈言有诏助淮南王。允不之觉,开阵内之,下车受诏,胤因杀之,并杀允子秦王郁、汉王迪,坐允夷灭者数千人。曲赦洛阳。

初,孙秀尝为小吏,事黄门郎潘岳,岳屡挞之。卫尉石崇之甥欧阳建素与相国伦有隙,崇有爱妾曰绿珠,孙秀使求之,崇不与。及淮南王允败,秀因称石崇、潘岳、欧阳建奉允为乱,收之。崇叹曰:"奴辈利吾财尔!"收者曰:"知财为祸,何不早散之!"崇不能答。初,潘岳母常诮责岳曰:"汝当知足,而乾没不已乎!"及败,岳谢母曰:"负阿母。"遂与崇、建皆族诛,籍没崇家。相国伦收淮南王母弟吴王晏,欲杀之。光禄大夫傅祗争之于朝堂,众皆谏止,伦乃贬晏为宾徒县王。

齐王冏以功迁游击将军,冏意不满,有恨色,孙秀觉之,且惮其在内,乃出为平东将军,镇许昌。

15 以光禄大夫陈准为太尉,录尚书事。未几,薨。

16 孙秀议加相国伦九锡,百官莫敢异议。吏部尚书刘颂曰:"昔汉之锡魏,魏之锡晋,皆一时之用,非可通行。周勃、霍光,其功至大,皆不闻有九锡之命也。"张林积忿不已,以颂为张华之党,将杀之。孙秀曰:"杀张、裴已伤时望,不可复杀颂。"林乃止。

中书令陈准是陈徽的哥哥,想接应司马允,告诉惠帝说:"应该派人举起白虎幡以解除争斗。"于是惠帝让司马督护伏胤带领四百骑士持白虎幡从宫中出去,但是侍中汝阴王司马虔在门下省,暗地与伏胤发誓说:"富贵将与你共同享用。"伏胤就怀揣空白诏令出去,假称惠帝有诏令帮助淮南王司马允。司马允没有察觉,打开兵阵把伏胤放了进去,自己下战车接受诏令,伏胤趁机杀了司马允,事后又杀了司马允的儿子秦王司马郁、汉王司马迪,受司马允牵连被灭族杀死的有几千人。又宣布赦免洛阳城中的罪犯。

当初,孙秀当小官吏时,服侍黄门郎潘岳,潘岳曾几次抽打侮辱他。卫尉石崇的外甥欧阳建一直与相国司马伦有怨恨,此外,石崇有一个爱妾叫绿珠,孙秀曾派人求石崇转让,石崇不给。到淮南王司马允失败,孙秀就趁机声称石崇、潘岳、欧阳建都追随司马允叛乱,而拘捕了他们。石崇感叹说:"奴才之辈贪图我的财富呀!"来拘捕他的人说:"知道财能带来灾祸,为什么不早散发?"石崇无言以对。当初,潘岳的母亲曾经责备潘岳说:"你应该知道满足,怎么能沉溺于计较利益得失而没有止境呢?"这次失败后,潘岳惭愧地对母亲说:"辜负了母亲。"这样,潘岳与石崇、欧阳建都被灭族杀头,石崇的家产也被没收。相国司马伦还逮住了淮南王司马允的胞弟吴王司马晏,也想杀掉他。光禄大夫傅祗在朝廷上为他争辩,大家也都劝说不要杀,司马伦才把司马晏贬为宾徒县王。

齐王司马冏因功升任游击将军,司马冏内心不满,有怨恨的表情,孙秀察觉到这种情况,又对司马冏在都城内感到惧怕,就让司马冏出任平东将军,镇守许昌。

15　任命光禄大夫陈准为太尉,总领尚书事务。没过多久陈准就死了。

16　孙秀在朝廷中商议为相国司马伦加赐九锡,文武百官没有谁敢提出不同意见。只有吏部尚书刘颂说:"过去东汉封曹魏九锡,曹魏封晋九锡,都是当时的特殊运用,不能认为是通例。周勃、霍光,他们的功勋卓著,都没有听说给他们加赐九锡。"张林听后特别愤怒,把刘颂当作张华的党羽,要杀掉刘颂。孙秀说:"杀张华、裴𫖮已经造成不良影响,不能再杀刘颂。"张林才没有动手。

以颂为光禄大夫。遂下诏加伦九锡,复加其子荂抚军将军,虔中军将军,诩为侍中。又加孙秀侍中、辅国将军,相国司马、右率如故。张林等并居显要。增相府兵为二万人,与宿卫同,并所隐匿之兵,数逾三万。

九月,改司徒为丞相,以梁王肜为之,肜固辞不受。

伦及诸子皆顽鄙无识,秀狡黠贪淫,所与共事者,皆邪佞之士,惟竞荣利,无远谋深略,志趣乖异,互相憎嫉。秀子会为射声校尉,形貌短陋,如奴仆之下者,秀使尚帝女河东公主。

17　冬,十一月甲子,立皇后羊氏,赦天下。后,尚书郎泰山羊玄之之女也。外祖平南将军乐安孙旂,与孙秀善,故秀立之。拜玄之光禄大夫、特进、散骑常侍,封兴晋侯。

18　诏征益州刺史赵廞为大长秋,以成都内史中山耿滕为益州刺史。廞,贾后之姻亲也。闻征,甚惧,且以晋室衰乱,阴有据蜀之志,乃倾仓廪,赈流民,以收众心。以李特兄弟材武,其党类皆巴西人,与廞同郡,厚遇之以为爪牙。特等凭恃廞势,专聚众为盗,蜀人患之。滕数密表:"流民刚剽,蜀人懦弱,主不能制客,必为乱阶,宜使还本居。若留之险地,恐秦、雍之祸更移于梁、益矣。"廞闻而恶之。

司马伦等让刘颂担任光禄大夫。于是下诏加赐司马伦九锡，又升任司马伦的儿子司马荂为抚军将军，司马虔为中军将军，司马诩为侍中。又升孙秀为侍中、辅国将军，相国司马、右卫率等职仍由他兼任。张林等人都高居显要官职。把相府兵增加为两万人，与皇宫禁卫的人数相同，加上司马伦所隐藏未让朝廷知道的兵，总数超过三万。

九月，改司徒之职为丞相，让梁王司马肜担任，司马肜坚持推辞而不接受。

司马伦和他的几个儿子都顽劣粗鄙没有见识，孙秀则狡黠奸诈，贪婪淫乱，与他在一起共事的，都是奸邪投机的人，只知竞相追名逐利，没有深谋远虑，志向趣味也各不相同，并且互相厌恶嫉妒。孙秀的儿子孙会担任射声校尉，形体短小相貌丑陋，就像下层做奴仆杂役的人，孙秀却让他娶了惠帝的女儿河东公主。

17　冬季，十一月甲子(初七)，将羊氏册立为皇后，大赦天下。皇后是尚书郎泰山人羊玄之的女儿。她外祖父平南将军乐安人孙旂，与孙秀要好，所以孙秀拥立她。任命羊玄之为光禄大夫、加特晋级、散骑常侍，并封为兴晋侯。

18　诏令征召益州刺史赵廞为大长秋，让成都内史中山人耿滕任益州刺史。赵廞是贾皇后的姻亲，听到这个征召任命，非常害怕，加上他因为晋朝的衰微败乱，心里已存有占据蜀地的愿望，就拿出仓库中的粮食，赈济流民，来收买民心。因为李特兄弟材力勇武，手下都是巴西郡人，与赵廞同郡，赵廞对待他们非常优厚，作为自己的爪牙。李特等人凭仗着赵廞的权势，专门聚众做强盗，蜀人十分忌恨他们。耿滕曾多次秘密奏报："流民剽悍骁勇，而蜀人怯懦软弱，主人对付不了客人，一定会造成祸乱，应该让流民还归本土。如果让他们留在地势险要的蜀地，恐怕秦州、雍州地区的灾祸就要转移到梁、益地区了。"赵廞听说后非常憎恨耿滕。

　　州被诏书,遣文武千馀人迎滕。是时,成都治少城,益州治太城,廞犹在太城,未去。滕欲入州,功曹陈恂谏曰:"今州、郡构怨日深,入城必有大祸,不如留少城以观其变,檄诸县合村保以备秦氏,陈西夷行至,且当待之。不然,退保犍为,西渡江源,以防非常。"滕不从。是日,帅众入州,廞遣兵逆之,战于西门,滕败死,郡吏皆窜走,惟陈恂面缚诣廞,请滕死,廞义而许之。

　　廞又遣兵逆西夷校尉陈总。总至江阳,闻廞有异志,主簿蜀郡赵模曰:"今州郡不协,必生大变,当速行赴之。府是兵要,助顺讨逆,谁敢动者!"总更缘道停留,比至南安鱼涪津,已遇廞军,模白总:"散财募士以拒战,若克州军,则州可得;不克,顺流而退,必无害也。"总曰:"赵益州忿耿侯,故杀之;与吾无嫌,何为如此!"模曰:"今州起事,必当杀君以立威,虽不战,无益也。"言至垂涕,总不听,众遂自溃。总逃草中,模著总服格战;廞兵杀模,见其非是,更搜求得总,杀之。

　　廞自称大都督、大将军、益州牧,署置僚属,改易守令,王官被召,无敢不往。李庠帅妹婿李含、天水任回、上官晶、扶风李攀、始平费他、氐苻成、隗伯等四千骑归廞。廞以庠为威寇将军,封阳泉亭侯,委以心膂,使招合六郡壮勇至万馀人,以断北道。

益州接到诏书,派文武官员一千多人迎接耿滕。这时,成都郡治所在少城,益州治所在太城,赵廞仍留在太城,没有离开。耿滕打算进太城,功曹陈恂劝谏说:“现在益州与成都郡结怨一天比一天深,你进城一定有大灾祸,不如留在少城观察太城的变化,向各县发布檄令让各村保联合做好抵御秦氏人的准备,西夷校尉陈总就要到成都,暂且先等他来。不这样的话,就退到犍为防守,西渡到江源,以防不测。”耿滕不听从。这天,耿滕率众进州城,赵廞派兵阻挡他,在西门发生战斗,耿滕失败而死,他手下僚属都逃窜了,只有陈恂两手反绑去面见赵廞,请求索要耿滕的遗体,赵廞赞赏他的义气而同意了他。

赵廞又派兵阻拦西夷校尉陈总。陈总到江阳,听到赵廞怀有谋反的心思,主簿蜀郡人赵模说:“现在州、郡关系恶劣,一定会出现大的变乱,应该迅速赶到那里。您的职责是掌握蜀地兵权,帮助顺从朝廷的人征讨谋反者,有谁敢乱动!”陈总却沿途走走停停,等到了南安县鱼涪津渡口,已碰到了赵廞的兵马,赵模向陈总建议说:“分发财物招募兵士来作战,如果打败赵廞的州军,就可以得到益州;如果不能战胜,还可顺流而退,一定没有坏处。”陈总说:“益州刺史赵廞痛恨耿滕,所以才杀他,赵廞与我又没有仇怨,为什么这样呢?”赵模说:“现在益州挑起事端,一定会杀掉您来树立军威,您即使不与他发生战斗,也没有好处。”说得声泪俱下,但陈总还是没有听取,果然一交手兵众都溃散了。陈总躲到草中,赵模穿上陈总的衣服与赵廞的州兵格杀交战,赵廞的兵杀死赵模,发现不是陈总,于是四下搜求找到陈总,将他杀死。

赵廞自封为大都督、大将军、益州牧,安排设置僚属,改换所属的郡守县令,晋朝廷所任命的官员,没有敢不听从赵廞的。李庠带领妹夫李含和天水人任回、上官晶,扶风人李攀,始平人费他,氐人符成、隗伯等人以及所属四千骑士归服赵廞。赵廞任命李庠为威寇将军,封为阳泉亭侯,把他看作亲信心腹,让他募集六郡的强壮勇武的人,发展到一万馀人,以截断北来的道路。

卷第八十四　晋纪六

起辛酉(301)尽壬戌(302)凡二年

孝惠皇帝中之上
永宁元年(辛酉,301)

1　春,正月,以散骑常侍安定张轨为凉州刺史。轨以时方多难,阴有保据河西之志,故求为凉州。时州境盗贼纵横,鲜卑为寇。轨至,以宋配、氾瑗为谋主,悉讨破之,威著西土。

2　相国伦与孙秀使牙门赵奉诈传宣帝神语云:“伦宜早入西宫。”散骑常侍义阳王威,望之孙也,素谄事伦,伦以威兼侍中,使威逼夺帝玺绶,作禅诏,又使尚书令满奋持节、奉玺绶禅位于伦。左卫将军王舆、前军将军司马雅等帅甲士入殿,晓谕三部司马,示以威赏,无敢违者。张林等屯守诸门。乙丑,伦备法驾入宫,即帝位。赦天下,改元建始。帝自华林西门出居金墉城,伦使张衡将兵守之。

丙寅,尊帝为太上皇,改金墉曰永昌宫,废皇太孙为濮阳王。立世子荂为皇太子,封子馥为京兆王,虔为广平王,诩为霸城王,皆侍中将兵。以梁王肜为宰衡,何劭为太宰,孙秀为侍中、中书监、票骑将军、仪同三司,义阳王威为中书令,张林为卫将军,其馀党与,皆为卿、将,超阶越次,不可胜纪;下至奴卒,亦加爵位。每朝会,貂蝉盈座,时人为之谚曰:“貂不

孝惠皇帝中之上

晋惠帝永宁元年(辛酉,公元 301 年)

1 春季,正月,任命散骑常侍安定人张轨为凉州刺史。张轨因为时势多灾多难,心里有保守占据河西地区的想法,所以要求任职凉州。当时凉州境内盗贼横行,又有鲜卑人劫掠。张轨到凉州后,以宋配、氾瑗为主要谋士,把这些盗贼全部讨平,在河西地区威名昭著。

2 相国司马伦和孙秀让牙门赵奉假称宣帝有神语,散布说:"司马伦应当尽快入西宫即帝位。"散骑常侍义阳王司马威,是司马望的孙子,一直对司马伦谄谀奉承,司马伦就让司马威兼任侍中,派他逼迫惠帝交出皇帝玺印与绶带,作禅让帝位的诏书,又派尚书令满奋持符节取来玺印与绶带,奉交给司马伦,表示惠帝已禅位给司马伦。左卫将军王舆、前军将军司马雅带领全副武装的兵士进入宫殿,通告三部司马,向他们宣示威势与封赏,没有谁胆敢违抗。张林等人在各宫门前驻扎防守。乙丑(初九),司马伦乘皇帝的专车进入皇宫,即帝位。大赦天下,改年号为建始。惠帝从华林园西门出宫到金墉城居住,司马伦派张衡带兵看守惠帝。

丙寅(初十),将惠帝尊为太上皇,把金墉城改名为永昌宫,把皇太孙废黜为濮阳王。立司马伦长子司马荂为皇太子,儿子司马馥封为京兆王,司马虔封为广平王,司马诩为霸城王,都为侍中并带兵。任命梁王司马肜为宰衡,何劭为太宰,孙秀任侍中、中书监、骠骑将军、仪同三司,义阳王司马威为中书令,张林为卫将军,其馀党羽都任用为列卿以及各种名目的将军,任意越级提拔的人,多得不可胜数;下到奴仆士卒,也都封官加爵。每当朝会时,戴插貂尾、蝉羽等高官饰物的人充斥席位,当时人对这种滥封官爵的情况编谣谚说:"貂不

足,狗尾续。"是岁,天下所举贤良、秀才、孝廉皆不试;郡国计吏及太学生年十六以上皆署吏;守令赦日在职者皆封侯;郡纲纪并为孝廉,县纲纪并为廉吏。府库之储,不足以供赐与。应侯者多,铸印不给,或以白板封之。

初,平南将军孙旂之子弼、弟子髦、辅、琰皆附会孙秀,与之合族,旬月间致位通显。及伦称帝,四子皆为将军,封郡侯,以旂为车骑将军、开府。旂以弼等受伦官爵过差,必为家祸,遣幼子回责之,弼等不从,旂不能制,恸哭而已。

3 癸酉,杀濮阳哀王臧。

孙秀专执朝政,伦所出诏令,秀辄改更与夺,自书青纸为诏,或朝行夕改,百官转易如流。张林素与秀不相能,且怨不得开府,潜与太子荂笺,言:"秀专权不合众心,而功臣皆小人,挠乱朝廷,可悉诛之。"荂以书白伦,伦以示秀。秀劝伦收林,杀之,夷其三族。秀以齐王冏、成都王颖、河间王颙,各拥强兵,据方面,恶之,乃尽用其亲党为三王参佐,加冏镇东大将军、颖征北大将军,皆开府仪同三司,以宠安之。

4 李庠骁勇得众心,赵廞浸忌之而未言。长史蜀郡杜淑、张粲说廞曰:"将军起兵始尔,而遽遣李庠握强兵于外。非我族类,其心必异,此倒戈授人也,宜早图之。"会庠劝廞称尊号,淑、粲因白廞以庠大逆不道,引斩之,并其子侄十馀人。时李特、李流皆将兵在外,廞遣人慰抚之曰:"庠非所宜言,罪应死。兄弟罪不相及。"复以特、流为督将。特、流怨廞,引兵归绵竹。

足,狗尾续。"这一年,全国所荐举的贤良、秀才、孝廉等各名目的候选官员都没有经过考试;各郡和封国掌管簿计的官员与十六岁以上的太学生都成为朝廷正式署官;全国大赦这一天在职的郡守县令都封了侯;郡属小官吏全都荐举为孝廉,县属小官吏全都荐举为廉吏。国家府、库的储备,都不够用来分发赏赐。封侯的人众多,来不及铸印,有时就用无字光板代替。

当初,平南将军孙旂的儿子孙弼、弟弟的儿子孙髦、孙辅、孙琰等人都依附奉承孙秀,与孙秀合为一族,一个月的工夫就都升任显要的高位。等到司马伦称帝,这四人都升任将军,封为郡侯,任用孙旂为车骑将军,并开设府署。孙旂认为儿子孙弼等人接受司马伦的官职爵位超过等级,一定会带来家祸,派小儿子孙回去责备他们,孙弼等人不听从,孙旂没有办法,只能痛哭而已。

3 癸酉(十七日),杀濮阳哀王司马臧。

孙秀专擅把持朝政,司马伦所下的诏令,孙秀随意改动增删,甚至自己写在青纸上作诏书,有时朝令夕改,百官像流水一样换来换去。张林一直与孙秀不和,加之怨恨没得到开建府署的资格,暗地里给太子司马荂一封密信,说:"孙秀专权不能服众,而功臣都是小人,扰乱了朝廷,应当把他们全部诛杀。"司马荂将这封信告诉了司马伦,司马伦又把信交给孙秀看。孙秀就劝说司马伦拘捕了张林,把他杀了,并夷灭三族。孙秀因为齐王司马冏、成都王司马颖,河间王司马颙,各自拥有强大的军队,独据一方,而认为他们很危险,便把这三个亲王的僚属全部任用自己的亲信党羽充当,又加封司马冏为镇东大将军,司马颖为征北大将军、开府仪同三司,来优宠安抚他们。

4 李庠骁勇又很得人心,赵𢐗逐渐忌恨他,但又没有说。长史蜀郡人杜淑、张粲劝说赵𢐗道:"将军刚刚起兵,就仓促派李庠在外掌握重兵。他不是我们的族类,一定不会和我们一条心,这是倒转长矛交给别人让他向我们攻击,应当尽快设法对付他。"正碰上李庠劝说赵𢐗称帝,杜淑、张粲告诉赵𢐗这是李庠大逆不道,便把李庠与他的儿子侄子十余人一齐杀了。当时李特、李流都在外带兵,赵𢐗派人去安抚告慰他们说:"李庠说了不应该说的话,应判死罪。与你们兄弟不相干。"又任命李特、李流为督将。李特、李流怨恨赵𢐗,便带领兵马回归绵竹。

廞牙门将涪陵许弇求为巴东监军,杜淑、张粲固执不许,弇怒,手杀淑、粲于廞阁下,淑、粲左右复杀弇。三人,皆廞之腹心也,廞由是遂衰。

廞遣长史犍为费远、蜀郡太守李苾、督护常俊督万馀人断北道,屯绵竹之石亭。李特密收兵得七千馀人,夜袭远等军,烧之,死者十八九,遂进攻成都。费远、李苾及军祭酒张微,夜斩关走,文武尽散。廞独与妻乘小船走,至广都,为从者所杀。特入成都,纵兵大掠,遣使诣洛阳,陈廞罪状。

初,梁州刺史罗尚,闻赵廞反,表:“廞非雄才,蜀人不附,败亡可计日而待。”诏拜尚平西将军、益州刺史,督牙门将王敦、蜀郡太守徐俭、广汉太守辛冉等七千馀人入蜀。特等闻尚来,甚惧,使其弟骧于道奉迎,并献珍玩。尚悦,以骧为骑督。特、流复以牛酒劳尚于绵竹,王敦、辛冉说尚曰:“特等专为盗贼,宜因会斩之,不然,必为后患。”尚不从。冉与特有旧,谓特曰:“故人相逢,不吉当凶矣。”特深自猜惧。

三月,尚至成都。汶山羌反,尚遣王敦讨之,为羌所杀。

5 齐王冏谋讨赵王伦,未发,会离狐王盛、颍川处穆聚众于浊泽,百姓从之,日以万数。伦以其将管袭为齐王军司,讨盛、穆,斩之。冏因收袭,杀之,与豫州刺史何勖、龙骧将军董艾等起兵,遣使告成都王颖、河间王颙、常山王乂及南中郎将新野公歆,移檄征、镇、州、郡、县、国,称:“逆臣孙秀,迷误赵王,当共诛讨。有不从命者,诛及三族。”

赵廞的牙门将涪陵人许弇请求担任巴东监军,杜淑、张粲坚持不答应,许弇大怒,亲手在赵廞门前杀了杜淑、张粲,杜淑、张粲的左右随从又杀了许弇。这三人都是赵廞的心腹亲信,赵廞因此而衰败。

　　赵廞派长史犍为人费远、蜀郡太守李苾、督护常俊率领一万馀人截断北来的道路,驻扎在绵竹的石亭。李特秘密聚集了七千多兵卒,夜袭费远等人所率的军队,用火烧他们,被烧死的十有八九,于是进攻成都。费远、李苾以及军祭酒张微,趁夜夺路而逃,文武官员全部跑散。赵廞一个人与妻子乘小船逃走,到广都时,被随从杀死。李特进入成都,纵兵大肆抢掠,派遣使者到洛阳,陈述赵廞的罪状。

　　当初,梁州刺史罗尚,听说赵廞谋反,曾上表说:“赵廞不是有雄才大略的人,蜀地人们不会归附他,他的失败灭亡指日可待。”朝廷任命罗尚为平西将军、益州刺史,督牙门将王敦、蜀郡太守徐俭、广汉太守辛冉等率七千馀人进入蜀地。李特等人听说罗尚到来,非常惧怕,派弟弟李骧在路上迎接,并献上珍宝古玩。罗尚非常高兴,任用李骧为骑督。李特、李流又在绵竹用牛、酒犒劳罗尚,王敦、辛冉劝罗尚说:“李特等人专会作盗贼,应当趁机杀了,否则一定是后患。”罗尚没有听从。辛冉与李特以前虽有过交往,辛冉对李特说:“故人相逢,不是吉祥便是凶险。”李特深深猜疑害怕。

　　三月,罗尚到成都。汶山羌人造反,罗尚派王敦征讨他们,被羌人杀死。

　　5　齐王司马同商议征讨赵王司马伦,还没有动兵,碰上离狐县人王盛、颍川人处穆在浊泽聚众,百姓响应跟随他们,一天就有万人。司马伦派他的属将管袭任齐王的军司,征讨王盛、处穆,杀死他们。司马同则趁机拘捕并杀死了管袭,与豫州刺史何勖、龙骧将军董艾等人起兵,派遣使者通告成都王司马颖、河间王司马颙、常山王司马义以及南中郎将新野公司马歆,向征、镇、州、郡、县、国等各地行政部门传布檄文,说:“叛逆之臣孙秀,迷惑妨害赵王,应该共同讨伐。有不听从命令的,诛灭三族。”

使者至邺，成都王颖召邺令卢志谋之。志曰："赵王篡逆，人神共愤，殿下收英俊以从人望，杖大顺以讨之，百姓必不召自至，攘臂争进，蔑不克矣。"颖从之，以志为谘议参军，仍补左长史。志，毓之孙也。颖以兖州刺史王彦、冀州刺史李毅、督护赵骧、石超等为前锋，远近响应。至朝歌，众二十余万。超，苞之孙也。

常山王乂在其国，与太原内史刘暾各帅众为颖后继。

新野公歆得囧檄，未知所从。嬖人王绥曰："赵亲而强，齐疏而弱，公宜从赵。"参军孙询大言于众曰："赵王凶逆，天下当共诛之，何亲疏强弱之有！"歆乃从囧。

前安西参军夏侯奭在始平，合众数千人以应囧，遣使邀河间王颙。颙用长史李含谋，遣振武将军河间张方讨擒奭及其党，腰斩之。囧檄至，颙执囧使送于伦，遣张方将兵助伦。方至华阴，颙闻二王兵盛，复召方还，更附二王。

囧檄至扬州，州人皆欲应囧。刺史郗隆，虑之玄孙也，以兄子鉴及诸子悉在洛阳，疑未决，悉召僚吏谋之。主簿淮南赵诱、前秀才虞潭皆曰："赵王篡逆，海内所疾，今义兵四起，其败必矣。为明使君计，莫若自将精兵，径赴许昌，上策也；遣将将兵会之，中策也；量遣小军，随形助胜，下策也。"隆退，密与别驾顾彦谋之，彦曰："诱等下策，乃上计也。"治中留宝、主簿张褒、西曹留承闻之，请见，曰："不审明使君今当何施？"隆曰："我俱受二帝恩，无所偏助，欲守州而已。"承曰：

使者到邺县,成都王司马颖召集邺县令卢志商议计划。卢志说:"赵王篡权叛逆,神怒人怨,殿下召集英雄俊杰以顺从民意、扶持正义征讨他,百姓一定会不召而自来,举起胳臂争相前来,没有不成功的道理。"司马颖采纳了卢志的话,以卢志为谘议参军,仍补任左长史。卢志是卢毓的孙子。司马颖以兖州刺史王彦、冀州刺史李毅,督护赵骧、石超等人为前锋,远方近处纷纷响应。到达朝歌,人数已达二十多万人。石超是石苞的孙子。

常山王司马乂在他的封国,与太原内史刘暾各率人马作为司马颖的后续军队。

新野公司马歆接到司马冏的檄文,不知听从谁合适。他的宠信王绥说:"赵王亲近而又强大,齐王疏远而又微弱,您应该跟随赵王。"参军孙询高声对众人说:"赵王凶暴叛逆,天下应当共同讨伐他,还讲什么亲疏强弱?"于是,司马歆就跟随了司马冏。

前安西参军夏侯奭在始平,聚集几千人响应司马冏,派使者邀请河间王司马颙。司马颙采用长史李含的计谋,派遣振武将军河间人张方征伐擒获并腰斩夏侯奭及其党羽。司马冏的檄文传到,司马颙抓住司马冏的使者送给司马伦,派遣张方率兵帮助司马伦。张方到达华阴,司马颙又听说司马冏、司马颖二王兵势强大,又召张方回来,改为附随司马冏、司马颖二王。

司马冏的檄文到扬州,扬州人都打算响应他。刺史郗隆是郗虑的五世孙,因为哥哥的儿子郗鉴和几个儿子都在洛阳,而迟疑不定,就召集全体僚属谋划此事。主簿淮南人赵诱、前秀才虞潭都说:"赵王篡权叛逆,海内都憎恨他,现在四处都兴起举义兵马,赵王必败无疑。为您考虑,不如亲率精兵,直赴许昌,这是上策;派遣将领率兵响应,是中策;酌量派遣小支兵马,看形势而动,是下策。"郗隆退下,又与别驾顾彦密谋此事,顾彦说:"赵诱等人所说的下策,是上策。"治中留宝、主簿张褒、西曹留承听说后,请求进见,说:"不明白您现在打算怎么办?"郗隆说:"我受宣帝、武帝之恩,没有倾向偏助哪一方,只打算守住我所管辖的扬州而已。"留承说:

"天下,世祖之天下也。太上承代已久,今上取之,不平,齐王顺时举事,成败可见。使君不早发兵应之,狐疑迁延,变难将生,此州岂可保也!"隆不应。潭,翻之孙也。隆停檄六日不下,将士愤怨。参军王邃镇石头,将士争往归之,隆遣从事于牛渚禁之,不能止。将士遂奉邃攻隆,隆父子及顾彦皆死,传首于冏。

安南将军、监沔北诸军事孟观,以为紫宫帝座无他变,伦必不败,乃为之固守。

伦、秀闻三王兵起,大惧,诈为冏表曰:"不知何贼猝见攻围,臣懦弱不能自固,乞中军见救,庶得归死。"以其表宣示内外,遣上军将军孙辅、折冲将军李严帅兵七千自延寿关出,征虏将军张泓、左军将军蔡璜、前军将军闾和帅兵九千自崿阪关出,镇军将军司马雅、扬威将军莫原帅兵八千自成皋关出,以拒冏。遣孙秀子会督将军士猗、许超帅宿卫兵三万以拒颖。召东平王楙为卫将军,都督诸军;又遣京兆王馥、广平王虔帅兵八千为三军继援。伦、秀日夜祷祈、厌胜以求福;使巫觋选战日;又使人于嵩山著羽衣,诈称仙人王乔,作书述伦祚长久,欲以惑众。

6　闰月丙戌朔,日有食之。自正月至于是月,五星互经天,纵横无常。

7　张泓等进据阳翟,与齐王冏战,屡破之。冏军颍阴,夏,四月,泓乘胜逼之,冏遣兵逆战。诸军不动,而孙辅、徐建军夜乱,径归洛自首曰:"齐王兵盛,不可当,泓等已没矣!"赵王伦大恐,秘之,而召其子虔及许超还。会泓破冏露布至,伦乃复遣之。泓等悉帅诸军济颍攻冏营,冏出兵击其别将孙髦、司马谭等,破之,泓等乃退。孙秀诈称已破冏营,擒得冏,令百官皆贺。

"天下是文帝打下的天下。太上皇继承帝位已很长时间,赵王取代他,不公平,齐王顺应时势举事,成败能够想见。您不早些发兵响应他,而狐疑拖延,变故灾难就要发生,扬州怎么能保住呢?"郗隆没有回答。虞潭是虞翻的孙子。郗隆压住檄文六天没有下达,将士官兵激愤怨恨。参军王邃镇守石头城,将士们争相前去归附,郗隆派遣从事到牛渚拦截他们,却不能阻止。将士们就都跟随王邃攻打郗隆,郗隆父子和顾彦都被杀死,首级传献给司马冏。

安南将军、监沔北诸军事孟观,夜观星象认为紫宫帝座没有其他变化,那么司马伦一定不会失败,于是就为司马伦顽强防守。

司马伦、孙秀听说司马冏等三亲王兴兵,非常恐惧,伪造司马冏给朝廷的奏表,说:"不知是什么强盗突然包围了我,我懦弱无能无法自保,乞求朝廷派禁军救援,使我能够回到朝廷领罪。"司马伦等把这份伪造的奏表在朝廷内外传扬展示,又派遣上军将军孙辅、折冲将军李严带领七千兵卒出延寿关,派征虏将军张泓、左军将军蔡璜、前军将军闾和带领九千兵卒出崿阪关,派镇军将军司马雅、扬威将军莫原带领八千兵卒出成皋关,用以抵御司马冏。派遣孙秀的儿子孙会督率将军士猗、许超带领三万宿卫兵来抵御司马颖。宣召东平王司马楙为卫将军,监督各支兵马,又派遣京兆王司马馥、广平王司马虔带领八千兵卒作为三支兵马的预备后援。司马伦、孙秀日夜祈祷,用诅咒制胜的法术祈求鬼神降福保佑;让男巫选择确定作战的日期;又派人穿上羽衣到嵩山,乔装打扮自称仙人王乔,写信说司马伦的帝位定会长久,想以此迷惑众人。

6　闰月丙戌朔(初一),出现日食。从正月到这个月,五个星在白昼出现,位置错乱失去规律。

7　张泓等人攻占阳翟,与齐王司马冏交战,多次打败司马冏。司马冏驻扎在颍阴,夏季,四月,张泓乘胜进逼司马冏,司马冏派兵迎战。司马伦的各支军马都没有变化,而孙辅、徐建所率军队夜间出现变乱,就直接逃回洛阳请罪说:"齐王兵势强大,势不可当,张泓等人已全军覆没了!"赵王司马伦大为恐慌,对孙辅等所说的秘而不宣,急忙召他儿子司马虔及许超回来。这时张泓打败司马冏的战报到了,赵王伦才又派司马虔与许超带兵回去。张泓等人率各支兵马渡颍水攻打司马冏的兵营,司马冏出兵打败了配合张泓主力行动的孙髦、司马谭等人的军队,张泓等人也就退却了。孙秀等人却造谣宣称已经击破司马冏的兵营,活捉了司马冏,还让文武百官都来祝贺。

成都王颖前锋至黄桥，为孙会、士猗、许超所败，杀伤万
馀人，士众震骇。颖欲退保朝歌，卢志、王彦曰："今我军失
利，敌新得志，有轻我之心。我若退缩，士气沮衄，不可复用。
且战何能无胜负！不若更选精兵，星行倍道，出敌不意，此用
兵之奇也。"颖从之。伦赏黄桥之功，士猗、许超与孙会皆持
节。由是各不相从，军政不一，且恃胜轻颖而不设备。颖帅
诸军击之，大战于溴水，会等大败，弃军南走。颖乘胜长驱
济河。

自冏等起兵，百官将士皆欲诛伦、秀，秀惧，不敢出中书
省。及闻河北军败，忧懑不知所为。孙会、许超、士猗等至，
与秀谋，或欲收馀卒出战；或欲焚宫室，诛不附己者，挟伦南
就孙旂、孟观；或欲乘船东走入海。计未决。辛酉，左卫将军
王舆与尚书广陵公漼帅营兵七百馀人自南掖门入宫，三部司
马为应于内，攻孙秀、许超、士猗于中书省，皆斩之，遂杀孙
奇、孙弼及前将军谢惔等。漼，仙之子也。王舆屯云龙门，召
八坐皆入殿中，使伦为诏曰："吾为孙秀所误，以怒三王。今
已诛秀。其迎太上皇复位，吾归老于农亩。"传诏以驺虞幡敕
将士解兵。黄门将伦自华林东门出，及太子荂皆还汶阳里
第，遣甲士数千迎帝于金墉城。百姓咸称万岁。帝自端门
入，升殿，群臣顿首谢罪。诏送伦、荂等赴金墉城。广平王虔
自河北还，至九曲，闻变，弃军，将数十人归里第。

成都王司马颖所部前锋到达黄桥,被孙会、士猗、许超的军队打败,死伤一万多人,士卒们都感到震惊恐惧。司马颖打算撤退到朝歌防守,卢志、王彦说:"现在我军失利,敌人刚刚得志,心里轻视我们。我们如果退缩,士气势必沮丧受挫,而不能再用。再说打仗怎么能没有胜负?还不如另选精兵,星夜赶路,出敌不意,这就是用兵要出人意外。"司马颖采纳了这个建议。司马伦奖赏黄桥之战的有功之人,士猗、许超与孙会都具有了掌握符节发号施令的权力。因此他们互相都不听从对方,军队政令不统一,又倚仗着初战告捷而轻视司马颖,没有设防备战。司马颖带领所属各支兵马袭击他们,与他们在溴水展开激烈战斗,孙会等人惨败,临阵丢下军队向南仓皇逃窜。司马颖乘胜长驱直入渡过黄河。

自从司马同等人起兵,朝廷文武百官以及禁军将士都想诛杀司马伦和孙秀,孙秀非常胆怯,不敢离开中书省。等到听说河北的军队战败,忧郁烦闷不知所措。孙会、许超、士猗等人逃回来后,与孙秀商议,有的提出聚集剩馀的兵力去交战;有的提出焚毁皇宫殿堂,诛杀不听从自己的人,挟制司马伦南逃,投奔孙旃、孟观;有的还提出乘船东行入海。但没有商议出结果。辛酉(初七),左卫将军王舆和尚书广陵公司马漼,带领七百多兵士从南掖门进入皇宫,三部司马在里面为内应,在中书省向孙秀、许超、士猗发起攻击,把他们全杀了,于是又杀了孙奇、孙弼及前将军谢惔等人。司马漼是司马伷的儿子。王舆在云龙门驻守,召集朝廷八个部门的高级官吏都进入宫殿,让司马伦下诏书说:"我被孙秀等人所害,因此激怒三亲王。现在已诛杀孙秀。要迎接太上皇恢复皇位,我则归田养老。"传诏官用驺虞幡命令将士解除武装。宦官把司马伦从华林园东门带出,和太子司马荂一起都送回到汶阳里府第,派遣几千武装兵士到金墉城迎接惠帝。百姓都呼喊万岁。惠帝从端门进宫,登上宫殿,大臣们都跪拜叩头请罪。诏令把司马伦、司马荂等人送到金墉城。广平王司马虔从河北回来,到达九曲,听说朝廷的变故,就丢下军队,带几十人回归自己的府第。

癸亥,赦天下,改元,大酺五日。分遣使者慰劳三王。梁王肜等表:"赵王伦父子凶逆,宜伏诛。"丁卯,遣尚书袁敞持节赐伦死,收其子荂、馥、虔、诩,皆诛之。凡百官为伦所用者皆斥免,台、省、府、卫,仅有存者。是日,成都王颖至。己巳,河间王颙至。颖使赵骧、石超助齐王冏讨张泓等于阳翟,泓等皆降。自兵兴六十馀日,战斗死者近十万人。斩张衡、闾和、孙髦于东市,蔡璜自杀。五月,诛义阳王威。襄阳太守宗岱承冏檄斩孙旂,永饶冶令空桐机斩孟观,皆传首洛阳,夷三族。

8　立襄阳王尚为皇太孙。

9　六月乙卯,齐王冏帅众入洛阳,顿军通章署,甲士数十万,威震京都。

10　戊辰,赦天下。

11　复封宾徒王晏为吴王。

12　甲戌,诏以齐王冏为大司马,加九锡,备物典策,如宣、景、文、武辅魏故事;成都王颖为大将军,都督中外诸军事,假黄钺,录尚书事,加九锡,入朝不趋,剑履上殿;河间王颙为侍中、太尉,加三赐之礼;常山王乂为抚军大将军,领左军;进广陵公漼爵为王,领尚书,加侍中;进新野公歆爵为王,都督荆州诸军事,加镇南大将军。齐、成都、河间三府,各置掾属四十人,武号森列,文官备员而已,识者知兵之未戢也。己卯,以梁王肜为太宰,领司徒。

癸亥(初九),宣布赦免天下,改年号为永宁,诏赐臣民聚饮五天。分别派遣使者去慰劳司马冏等三个亲王。梁王司马肜表奏:"赵王司马伦父子凶暴叛逆,应当处死。"丁卯(十三日),派遣尚书袁敞持符节赐司马伦死,拘捕他的儿子司马荂、司马馥、司马虔、司马诩,全部处死。文武百官中凡为司马伦任用过的全部贬斥罢免,台、省、府、卫各部门留任的官员所剩无几。当天,成都王司马颖到达。己巳(十五日),河间王司马颙到达。司马颖派赵骧、石超到阳翟去帮助齐王司马冏讨伐张泓等人,张泓等人全部投降。自从战事爆发六十多天,有近十万人在战争中丧命。接着在东市杀张衡、闾和、孙髦,蔡璜自杀。五月,诛杀义阳王司马威。襄阳太守宗岱遵照司马冏的檄文杀孙旗,永饶冶令空桐机杀死孟观,都将首级送到洛阳,并夷杀孙旗、孟观三族。

8　立襄阳王司马尚为皇太孙。

9　六月乙卯(初二),齐王司马冏带领部众进入洛阳,军队在通章署停留,全副武装的兵士几十万人,威震京都洛阳。

10　戊辰(十五日),大赦天下。

11　重新封宾徒王司马晏为吴王。

12　甲戌(二十日),下诏任命齐王司马冏为大司马,赐加九锡,为他准备的物品典制策书,像过去宣帝、景帝、文帝、武帝辅佐曹魏时那样;成都王司马颖担任大将军、都督中外诸军事、录尚书事,并给与天子使用的黄金钺,赐加九锡,特许入朝时可穿鞋并携带佩剑,不必趋行;河间王司马颙担任侍中、太尉,加赐弓矢、铁钺、圭瓒三锡;常山王司马乂担任抚军大将军,统领左军;封广陵公司马漼为王,并兼任尚书,加授侍中;封新野公司马歆为王,都督荆州诸军事,加授镇南大将军。齐王、成都王、河间王三个王府,分别设置僚属四十人,有武号的属官森然排列,文官仅配充数而已,因此头脑清醒的人都认识到兵祸并没有止息。己卯(二十六日),任梁王司马肜为太宰,兼任司徒。

　　光禄大夫刘蕃女为赵世子荂妻,故蕃及二子散骑侍郎舆、冠军将军琨皆为赵王伦所委任。大司马冏以琨父子有才望,特宥之,以舆为中书郎,琨为尚书左丞。又以前司徒王戎为尚书令,刘暾为御史中丞,王衍为河南尹。

　　新野王歆将之镇,与冏同乘谒陵,因说冏曰:"成都王至亲,同建大勋,今宜留之与辅政。若不能尔,当夺其兵权。"常山王乂与成都王颖俱拜陵,乂谓颖曰:"天下者,先帝之业,王宜维正之。"闻其言者莫不忧惧。卢志谓颖曰:"齐王众号百万,与张泓等相持不能决,大王径前济河,功无与贰。今齐王欲与大王共辅朝政。志闻两雄不俱立,宜因太妃微疾,求还定省,委重齐王,以收四海之心,此计之上也。"颖从之。帝见颖于东堂,慰劳之。颖拜谢曰:"此大司马冏之勋,臣无豫焉。"因表称冏功德,宜委以万机,自陈母疾,请归藩。即辞出,不复还营,便谒太庙,出自东阳城门,遂归邺。遣信与冏别,冏大惊,驰出送颖,至七里涧,及之。颖住车言别,流涕滂沱,惟以太妃疾苦为忧,不及时事。由是士民之誉皆归颖。

　　冏辟新兴刘殷为军谘祭酒,洛阳令曹摅为记室督,尚书郎江统、阳平太守河内苟晞参军事,吴国张翰为东曹掾,孙惠为户曹掾,前廷尉正顾荣及顺阳王豹为主簿。惠,贲之曾孙;荣,雍之孙也。殷幼孤贫,养曾祖母以孝闻,人以谷帛遗之,殷受而不谢,直云:"待后贵当相酬耳。"及长,博通经史,性倜傥有大志,俭而不陋,清而不介,望之颓然而不可侵也。冏以何勖为中领军,董艾典枢机,又封其将佐有功者葛旟、路秀、卫毅、刘真、韩泰皆为县公,委以心膂,号曰"五公"。

光禄大夫刘蕃的女儿是赵王长子司马荂的妻子,所以刘蕃和两个儿子散骑侍郎刘舆、冠军将军刘琨都是赵王司马伦委任的。大司马司马冏因为刘琨父子有才能及声望,特地宽宥了他们,任刘舆为中书郎,刘琨为尚书左丞。又让前司徒王戎任尚书令,任刘暾为御史中丞,王衍为河南尹。

新野王司马歆将要赴镇南大将军之任时,与司马冏同车去拜谒陵墓,借机对司马冏说:"成都王与惠帝关系最为亲近,又同您一起建立大功勋,现在应当把他留下来与您一起辅佐朝政。如果不能这样,应该剥夺他的兵权。"常山王司马乂和成都王司马颖也一起去拜谒陵墓,司马乂对司马颖说:"今天的天下,是先帝的功业,你应当考虑主持朝政。"听到这话的人无不感到忧虑恐惧。卢志对司马颖说:"齐王军队虽然号称百万,但和张泓等人作战时却相持而不能决胜,您则一直前进渡过黄河,功劳无人能够与您相提并论。现在齐王却要同您共同辅佐朝政。我听说两雄不能并存,应当趁太妃有小病,请求回封国侍奉太妃,把大权让给齐王,这样来使天下人心都归附您,这是上策。"司马颖采纳了这个意见。惠帝在东堂会见司马颖,慰问犒劳他。司马颖拜谢说:"这是大司马司马冏的功劳,我并没有参与什么。"于是就上奏表称赞司马冏的功劳与美德,应当委以处理天下大事的重任,又陈说母亲有病,请求回归封地。随即告辞出宫,不再回住地,立刻拜谒太庙,从东阳城门出去,就回封地邺城了。派信使去同司马冏辞别,司马冏非常惊讶,急驰出城送司马颖,到七里涧,追上了他。司马颖停下车话别,泪如雨下,只是忧虑太妃的病,而没有说到时政。因此士人与百姓的赞誉都归向司马颖。

司马冏征召新兴人刘殷担任军谘祭酒,洛阳令曹摅任记室督,尚书郎江统、阳平太守河内人苟晞任参军,吴国人张翰任东曹掾,孙惠为户曹掾,前廷尉正顾荣和顺阳人王豹任主簿。孙惠是孙贲的曾孙;顾荣是顾雍的孙子。刘殷年幼时失去父母,家境贫寒,赡养曾祖母而以孝著称,有人送给他粮食布帛,刘殷接受而不道谢,直说:"等我富贵了一定酬谢。"长大后,学识渊博,精通经史典籍,性情卓越胸怀大志,节俭而不粗陋,清高而不孤僻,使人看到他不由得感到恭顺而不能侵犯。司马冏任用何勖为中领军,让董艾掌握枢密机要,又把有功的军事长官葛旟、路秀、卫毅、刘真、韩泰都封为县公,作为心腹臂膊依靠,号称"五公"。

成都王颖至邺,诏遣使者就申前命,颖受大将军,让九锡殊礼。表论兴义功臣,皆封公侯。又表称:"大司马冏前在阳翟,与贼相持既久,百姓困敝,乞运河北邸阁米十五万斛,以赈阳翟饥民。"造棺八千馀枚,以成都国秩为衣服,敛祭黄桥战士,旌显其家,加常战亡二等。又命温县瘗赵王伦战士万四千馀人。皆卢志之谋也。颖貌美而神昏,不知书,然气性敦厚,委事于志,故得成其美焉。诏复遣使谕颖入辅,并使受九锡。颖嬖人孟玖不欲还洛,又,程太妃爱恋邺都,故颖终辞不拜。

初,大司马冏疑中书郎陆机为赵王伦撰禅诏,收,欲杀之。大将军颖为之辩理,得免死,因表为平原内史,以其弟云为清河内史。机友人顾荣及广陵戴渊,以中国多难,劝机还吴。机以受颖全济之恩,且谓颖有时望,可与立功,遂留不去。

13 秋,七月,复封常山王乂为长沙王,迁开府、骠骑将军。

14 东莱王蕤,凶暴使酒,数陵侮大司马冏,又从冏求开府不得而怨之,密表冏专权,与左卫将军王舆谋废冏。事觉,八月,诏废蕤为庶人,诛舆三族,徙蕤于上庸,上庸内史陈钟承冏旨潜杀之。

15 赦天下。

16 东武公澹坐不孝徙辽东。九月,征其弟东安王繇复旧爵,拜尚书左仆射。繇举东平王楙为都督徐州诸军事,镇下邳。

成都王司马颖到达邺城,朝廷诏令使者到邺城重申以前的任命,司马颖接受了大将军的职位,而辞让九锡这种特殊的礼仪。司马颖上奏表评价讨伐赵王过程中的功臣,都被封为公、侯。又上奏表称:"大司马在阳翟时,曾与贼兵相持了很久,百姓因此困顿疲惫,请求准许运送所辖的黄河以北地区的邸阁米十五万斛,去赈济阳翟的灾民。"又打造了八千多副棺木,用自己的俸禄缝制衣服,装殓祭祀黄桥之战的死亡兵士,表彰他们的家属,使他们感到荣耀,抚恤也比平常战亡提高两级。又命令温县地区掩埋赵王司马伦的死亡兵士一万四千多人。这些都是卢志的计谋。司马颖相貌漂亮而神智糊涂,不通文书,但是性格敦厚,将事务都委托给卢志,所以能够成就美名。朝廷又下诏派使者通告司马颖入朝辅政,并让他接受九锡礼仪。司马颖的宠信孟玖不想回洛阳,又加上程太妃眷恋喜欢邺都,所以司马颖始终推辞而不去接受任命。

当初,大司马司马冏怀疑中书郎陆机为赵王司马伦撰写惠帝禅让帝位的诏书而拘捕了他,打算处死。大将军司马颖为陆机辩护说理,陆机得以免除死罪,司马颖又表奏陆机为平原内史,陆机的弟弟陆云为清河内史。陆机的朋友顾荣和广陵人戴渊,因为中原多灾多难,就劝陆机回到吴地。陆机因为受了司马颖保全济助的恩德,再说司马颖当时深孚众望,以为可以为他做事立功,于是就留下没有离去。

13 秋季,七月,朝廷又封常山王司马乂为长沙王,升为有开置府署资格的骠骑将军。

14 东莱王司马蕤,凶暴酗酒,多次欺凌侮辱大司马司马冏,又向司马冏请求开府没有如愿而怨恨他,秘密表奏司马冏专擅权力,与左卫将军王舆密谋废黜司马冏。事情被发现,八月,诏令把司马蕤废黜为平民,诛杀王舆三族,发配司马蕤到上庸,上庸内史陈钟秉承司马冏的旨意把司马蕤秘密处死。

15 大赦天下。

16 东武公司马澹因为不孝之罪被发配辽东。九月,征召他的弟弟东安王司马繇,恢复旧的爵位,任命为尚书左仆射。司马繇举荐东平王司马楙为都督徐州诸军事,镇守下邳。

17 初,朝廷符下秦、雍州,使召还流民入蜀者,又遣御史冯该、张昌督之。李特兄辅自略阳至蜀,言中国方乱,不足复还。特然之,累遣天水阎式诣罗尚求权停至秋,又纳赂于尚及冯该,尚、该许之。朝廷论讨赵𢁉功,拜特宣威将军,弟流奋武将军,皆封侯。玺书下益州,条列六郡流民与特同讨𢁉者,将加封赏。广汉太守辛冉欲以灭𢁉为己功,寝朝命,不以实上,众咸怨之。

罗尚遣从事督遣流民,限七月上道。时流民布在梁、益,为人佣力,闻州郡逼遣,人人愁怨,不知所为;且水潦方盛,年谷未登,无以为行资。特复遣阎式诣尚,求停至冬,辛冉及犍为太守李苾以为不可。尚举别驾杜弢秀才,式为弢说逼移利害,弢亦欲宽流民一年;尚用冉、苾之谋,不从;弢乃致秀才板,出还家。冉性贪暴,欲杀流民首领,取其资货,乃与苾白尚,言:“流民前因赵𢁉之乱,多所剽掠,宜因移设关以夺取之。”尚移书梓潼太守张演,于诸要施关,搜索宝货。

特数为流民请留,流民皆感而怙之,多相帅归特。特乃结大营于绵竹以处流民,移辛冉求自宽。冉大怒,遣人分榜通衢,购募特兄弟,许以重赏。特见之,悉取以归,与弟骧改其购云:“能送六郡酋豪李、任、阎、赵、上官及氏、叟侯王一首,赏百匹。”于是流民大惧,归特者愈众,旬月间过二万人。流亦聚众数千人。

17 当初,朝廷下令秦州、雍州,命令召回流入蜀地的流民,又派遣御史冯该、张昌监督执行。李特的哥哥李辅从略阳到蜀,说中原刚发生过变乱,不必回去。李特同意这个主张,多次让天水人阎式拜访益州刺史罗尚,请求通融暂且停留到秋天,又贿赂罗尚和冯该,罗尚、冯该同意了李特的请求。朝廷讨论讨伐赵廞的功劳,任命李特为宣威将军,弟李流为奋武将军,都封为侯。朝廷文书下达益州,让开列同李特一起讨伐赵廞的六郡流民名单,准备赐以奖赏。广汉太守辛冉想把消灭赵廞贪为己功,不执行朝廷旨意,不如实上报,大家都怨恨他。

罗尚派从事去监督遣送流民,限令七月上路。当时流民分布在梁州、益州地区,为人当佣工,听说州郡逼迫遣返,人人忧愁怨恨,不知所措;加上雨水很多,当年的粮谷还没有收打,没有东西用作路费。李特又派阎式拜访罗尚,请求暂缓到冬天,辛冉和犍为太守李苾认为不能延缓。罗尚荐举别驾杜弢为秀才,阎式为杜弢陈说逼迫迁移的利害关系,杜弢也想对流民宽限一年;而罗尚却采用了辛冉、李苾的建议,没有听从;杜弢就送还秀才板,回家了。辛冉性情贪婪凶暴,打算杀掉流民的首领,掠取流民的财产,就和李苾告诉罗尚说:"流民以前趁赵廞叛乱,剽窃抢掠了很多财物,应当下发公文设置关卡收取这些财物。"罗尚下文给梓潼太守张演,在各路口要地设置关卡,搜查宝物财货。

李特多次请求留下流民,流民们都感激而倚仗他,许多人相继归附李特。李特就在绵竹设棚帐来安置流民,给辛冉去文求他宽免自己。辛冉勃然大怒,派人在各条大路张贴告示,悬赏捉拿李特兄弟,许下很重的赏格。李特看见后,全部取下带回,与弟弟李骧将悬赏的内容改为:"能送六郡首领李、任、阎、赵、上官各姓及氏、叟的侯王之中的任何一个人首级的,赏百匹布。"这样流民大为恐惧,归附李特的人越来越多,一月之间超过两万人。李流也聚集了几千民众。

　　特又遣阎式诣罗尚求申期,式见营栅冲要,谋掩流民,叹曰:"民心方危,今而速之,乱将作矣。"又知辛冉、李苾意不可回,乃辞尚还绵竹。尚谓式曰:"子且以吾意告诸流民,今听宽矣。"式曰:"明公惑于奸说,恐无宽理。弱而不可轻者民也,今趣之不以理,众怒难犯,恐为祸不浅。"尚曰:"然。吾不欺子,子其行矣!"式至绵竹,言于特曰:"尚虽云尔,然未可信也。何者?尚威刑不立,冉等各拥强兵,一旦为变,亦非尚所能制,深宜为备。"特从之。冬,十月,特分为二营,特居北营,流居东营,缮甲厉兵,戒严以待之。

　　冉、苾相与谋曰:"罗侯贪而无断,日复一日,令流民得展奸计。李特兄弟并有雄才,吾属将为所虏矣!宜为决计,罗侯不足复问也。"乃遣广汉都尉曾元、牙门张显、刘并等潜帅步骑三万袭特营。罗尚闻之,亦遣督护田佐助元。元等至,特安卧不动,待其众半入,发伏击之,死者甚众。杀田佐、曾元、张显,传首以示尚、冉。尚谓将佐曰:"此虏成去矣,而广汉不用吾言以张贼势,今若之何!"

　　于是六郡流民共推特行镇北大将军,承制封拜;以其弟流行镇东大将军,号东督护,以相镇统;又以兄辅为骠骑将军,弟骧为骁骑将军,进兵攻冉于广汉。尚遣李苾、费远帅众救冉,畏特,不敢进。冉出战屡败,溃围奔德阳。特入据广汉,以李超为太守,进兵攻尚于成都。尚以书谕阎式,式复书曰:"辛冉倾巧,曾元小竖,李叔平非将帅之才。式前为节下及杜景文论留、徙之宜。人怀桑梓,孰不愿之!

李特又派阎式去见罗尚请求延期,阎式看到要冲在营建栅栏,图谋捕取流民,感叹说:"民心正不安定,现在却又急于遣送,变乱就要发生了。"又得知辛冉、李苾态度不会改变,就辞别罗尚返回绵竹。罗尚对阎式说:"你就权且告诉流民说,我的意见是听任放宽期限了。"阎式说:"您受奸说蒙蔽,恐怕没有宽期的道理。百姓是卑弱而不能轻视的,现在不讲道理一味催促他们,众怒难犯,恐怕为祸不浅。"罗尚说:"是的。我不欺骗你,你走吧!"阎式到绵竹,对李特说:"罗尚虽然这样说了,但是也不可相信。为什么呢?罗尚的威势和刑法都没有确立,辛冉等人都各把持着强大的兵力,一旦他们变乱,也不是罗尚所能制服的,应当做好充分准备。"李特采纳了这个意见。冬季,十月,李特把部下分为两个军营驻扎,李特在北营,李流在东营,修整铠甲磨砺兵器,严阵以待。

辛冉、李苾互相商议说:"罗尚贪婪而无决断能力,日复一日,使流民奸诈的计谋能够得以施展。李特兄弟都具有雄武的才能,我们势必会被李特俘虏!应当为此做出决策,罗尚不值得再去请示。"就派广汉都尉曾元、牙门张显、刘并等暗地带领三万步兵、骑兵袭击李特的营帐。罗尚听说后,也派督护田佐援助曾元。曾元等人到了,李特按兵不动,等到曾元的人马进来了一半,埋伏的士兵突然向他们猛击,打死很多人。这一伏击杀了田佐、曾元、张显,李特将三人的首级都送到罗尚、辛冉那里给他们看。罗尚对属下军官说:"李特这个贼虏终于势成而离去,而广汉太守辛冉不听我的话,使李特的气势更为嚣张,现在该怎么办?"

这样,六郡的流民一致推举李特为镇北大将军,按照正式程序拜官受爵;封任他的弟弟李流为镇东大将军,号称东督护,镇守统领一方;又任命哥哥李辅为骠骑将军,弟弟李骧为骁骑将军,进军广汉攻打辛冉。罗尚派李苾、费远率兵救助辛冉,但这些人害怕李特,而不敢向前。辛冉出兵迎战,屡次败北,最后突围逃奔德阳。李特进入并占据广汉,让李超担任太守,又进军成都攻打罗尚。罗尚给阎式去信通告,阎式回信说:"辛冉狡诈刁猾,曾元是小人,李苾不是带兵的将帅之才。我以前给您和杜弢论说有关对于流民留下还是迁徙的适当办法。人人都怀念故乡,谁不愿意返回故乡呢?

但往日初至,随谷庸赁,一室五分,复值秋潦,乞须冬熟,而终不见听。绳之太过,穷鹿抵虎,流民不肯延颈受刀,以致为变。即听式言,宽使治严,不过去九月尽集,十月进道,令达乡里,何有如此也!"

特以兄辅、弟骧、子始、荡、雄及李含、含子国、离、任回、李攀、攀弟恭、上官晶、任臧、杨褒、上官惇等为将帅,阎式、李远等为僚佐。罗尚素贪残,为百姓患。特与蜀民约法三章,施舍赈贷,礼贤拔滞,军政肃然,蜀民大悦。尚频为特所败,乃阻长围,缘郫水作营,连延七百里,与特相拒,求救于梁州及南夷校尉。

18　十二月,颍昌康公何劭薨。

19　封大司马冏子冰为乐安王,英为济阳王,超为淮南王。

太安元年(壬戌,302)

1　春,三月,冲太孙尚薨。

2　夏,五月己酉,梁孝王肜薨。

3　以右光禄大夫刘寔为太傅,寻以老病罢。

4　河间王颙遣督护衙博讨李特,军于梓潼;朝廷复以张微为广汉太守,军于德阳;罗尚遣督护张龟军于繁城。特使其子镇军将军荡等袭博;而自将击龟,破之。荡败博兵于阳沔,梓潼太守张演委城走,巴西丞毛植以郡降。荡进攻博于葭萌,博走,其众尽降。河间王颙更以许雄为梁州刺史。特自称大将军、益州牧、都督梁益二州诸军事。

只是流民以前初来乍到,为口粮而给人雇佣卖力,一家四处分离,却又碰上秋雨绵绵,只能乞求冬作成熟,可是我的话始终没有被你接受。对流民的措施过于严厉,无路可走的鹿也会拼死与虎相斗,流民不会答应伸着脖颈等着宰割,所以导致变乱。假如接受我的意见,放宽期限使流民能够从容整理行装,也不过九月过完就能全部聚集,十月就可以上路,使他们回到故乡,哪里会有现在这个局面呢?"

李特让兄李辅,弟李骧,儿子李始、李荡、李雄以及李含,李含的儿子李国、李离,任回,李攀,李攀弟李恭,上官晶,任臧,杨褒,上官惇等人担任将帅,让阎式、李远等人为僚属。罗尚平素贪婪、残忍,是百姓的祸害。李特则与蜀地百姓约法三章,遍施恩惠,取消劳役,赈济帮助百姓,以礼尊待贤人,提拔怀才不遇之士,军队政务严肃井然,蜀地百姓非常高兴。罗尚多次被李特击败,就设置大量工事,沿着郫水安营扎寨,战线长达七百里,与李特对峙,并向梁州和南夷校尉请求救援。

18　十二月,颍昌康公何勗去世。

19　封大司马司马冏的儿子司马冰为安乐王,封司马英为济阳王,司马超为淮南王。

晋惠帝太安元年(壬戌,公元 302 年)

1　春季,三月,皇太孙司马尚去世。

2　夏季,五月己酉(初七),梁孝王司马肜去世。

3　任命右光禄大夫刘寔为太傅,不久又因为他年迈生病而罢免。

4　河间王司马颙派督护衙博征讨李特,在梓潼驻军;朝廷又让张微担任广汉太守在德阳驻军;罗尚派督护张龟在繁城驻军。李特派他儿子镇军将军李荡袭击衙博;自己带兵攻击张龟,击溃了张龟。李荡在阳沔击败衙博的军队,梓潼太守张演弃城而逃,巴西丞毛植献郡投降。李荡在葭萌进攻衙博,衙博逃跑,他的兵卒全部投降。河间王司马颙换许雄担任梁州刺史。李特自封为大将军、益州牧、都督梁、益两州诸军事。

5　大司马冏欲久专大政,以帝子孙俱尽,大将军颖有次立之势。清河王覃,遐之子也,方八岁,乃上表请立之。癸卯,立覃为皇太子,以冏为太子太师,东海王越为司空,领中书监。

6　秋,八月,李特攻张微,微击破之,遂进攻特营。李荡引兵救之,山道险狭,荡力战而前,遂破微兵。特欲还涪,荡及司马王幸谏曰:"微军已败,智勇俱竭,宜乘锐气遂禽之。"特复进攻微,杀之,生禽微子存,以微丧还之。

特以其将骞硕守德阳。李骧军毗桥,罗尚遣军击之,屡为骧所败。骧遂进攻成都,烧其门。李流军成都之北。尚遣精勇万人攻骧,骧与流合击,大破之,还者什一二。许雄数遣军攻特,不胜,特势益盛。

建宁大姓李睿、毛诜逐太守许俊,朱提大姓李猛逐太守雍约以应特,众各数万。南夷校尉李毅讨破之,斩诜。李猛奉笺降,而辞意不逊,毅诱而杀之。冬,十一月丙戌,复置宁州,以毅为刺史。

7　齐武闵王冏既得志,颇骄奢擅权,大起府第,坏公私庐舍以百数,制与西宫等,中外失望。侍中嵇绍上疏曰:"存不忘亡,《易》之善戒也。臣愿陛下无忘金墉,大司马无忘颍上,大将军无忘黄桥,则祸乱之萌无由而兆矣。"又与冏书,以为:"唐、虞茅茨,夏禹卑宫。今大兴第舍及为三王立宅,岂今日之急邪!"冏逊辞谢之,然不能从。

5　大司马司马冏想长久地独自控制朝政,但因为惠帝的子孙都死了,而大将军司马颖有按皇位继承次序递补的可能。清河王司马覃是司马遐的儿子,刚八岁,司马冏就上表奏请册立司马覃。癸卯(二十五日),立司马覃为皇太子,让司马冏担任太子太师,让东海王司马越担任司空,兼中书监。

6　秋季,八月,李特攻打张微,张微打败了李特,于是乘胜进攻李特军营。李荡率军救援李特,山路险峻狭窄,李荡奋力战斗向前推进,击溃张微的兵马。李特想返回涪陵,李荡和司马王幸劝谏说:"张微的军队已经失败,智谋与勇气都枯竭了,应当乘胜利的锐气趁机擒获他。"李特就又进攻张微,杀死张微,俘获张微的儿子张存,把张微的尸体还给张存。

李特委派他的将领骞硕驻守德阳。李骧驻军毗桥,罗尚派兵攻打他,多次被李骧打败。李骧趁势进攻成都,火烧了成都城门。这时李流驻军成都城北。罗尚派一万精兵进攻李骧,李骧与李流联合夹击,重创罗尚的军队,使罗尚生还的兵马仅仅十分之一二。许雄多次派兵攻打李特,没有取胜,李特的威势更加强大。

建宁的世家大族李睿、毛诜驱逐了建宁太守许俊,朱提的世家大族李猛驱逐了朱提太守雍约来响应李特,各自拥有几万人。南夷校尉李毅讨伐并打败他们,杀死毛诜。李猛送上书信表示投降,但措辞和文意不够恭顺,李毅就把他引诱来杀掉。冬季,十一月丙戌(十一日),朝廷重新设置宁州,委派李毅担任刺史。

7　齐王司马冏如愿以偿,颇有些骄纵奢侈而独揽大权,大规模地建造府第,拆毁公私房屋上百处,格局规模与西宫相当,在朝廷内外失去声望。侍中嵇绍给惠帝上奏章说:"存在而不忘失去,是《周易》很好的警戒。我希望陛下不要忘了在金墉城之困,大司马不要忘却颖上之败,大将军不要忘了黄桥之败,那么祸乱的发端就无从开始了。"嵇绍又给司马冏写信,认为:"尧、舜茅屋不修剪,夏禹住低矮的宫室。现在大兴土木建造房舍和给三个亲王建造宅第,难道是今天所急于做的事吗?"司马冏用谦逊客气的话来认错,但并不采纳。

　　冏耽于宴乐,不入朝见;坐拜百官,符敕三台;选用不均,嬖宠用事。殿中御史桓豹奏事,不先经冏府,即加考竟。南阳处士郑方,上书谏冏曰:"今大王安不虑危,宴乐过度,一失也。宗室骨肉,当无纤介,今则不然,二失也。蛮夷不静,大王谓功业已隆,不以为念,三失也。兵革之后,百姓穷困,不闻赈救,四失也。大王与义兵盟约,事定之后,赏不逾时,而今犹有功未论者,五失也。"冏谢曰:"非子,孤不闻过。"

　　孙惠上书曰:"天下有五难、四不可,而明公皆居之:冒犯锋刃,一难也;聚致英豪,二难也;与将士均劳苦,三难也;以弱胜强,四难也;兴复皇业,五难也。大名不可久荷,大功不可久任,大权不可久执,大威不可久居。大王行其难而不以为难,处其不可而谓之可,惠窃所不安也。明公宜思功成身退之道,崇亲推近,委重长沙、成都二王,长揖归藩,则太伯、子臧不专美于前矣。今乃忘高亢之可危,贪权势以受疑,虽遨游高台之上,逍遥重墉之内,愚窃谓危亡之忧,过于在颍、翟之时也。"冏不能用,惠辞疾去。冏谓曹摅曰:"或劝吾委权还国,何如?"摅曰:"物禁太盛,大王诚能居高虑危,褰裳去之,斯善之善者也。"冏不听。

　　张翰、顾荣皆虑及祸,翰因秋风起,思菰菜、莼羹、鲈鱼鲙,叹曰:"人生贵适志耳,富贵何为!"即引去。荣故酣饮,不省府事,长史葛旟以其废职,白冏徙荣为中书侍郎。颍川处士庾衮闻冏期年不朝,叹曰:"晋室卑矣,祸乱将兴!"帅妻子逃于林虑山中。

司马冏沉湎于宴饮嬉乐中,不上朝;而在自己府第里坐受百官的叩拜,用符节向各官署发号施令;任用官吏不讲原则,使亲宠小人掌握权力。殿中御史桓豹奏报情况,没有先经过司马冏的府署,司马冏就加以考问追究。南阳隐士郑方,上书劝谏司马冏说:"现在您居安不思危,宴饮玩乐超过限度,是失误之一。皇族骨肉之间本不应当存有细小的芥蒂,现在则不是这样,是失误之二。四方蛮族、夷族并不宁静,您却说功业已经十分盛大,不把蛮夷事务放在心上,是失误之三。战乱之后,百姓贫穷疲困,却没有听说曾经赈济救援,是失误之四。您曾与讨伐司马伦的各路举义之师在神前盟誓约定,战争成功后,及时奖赏,但现在还有未曾被论功受赏的人,是失误之五。"司马冏感谢说:"不是您,我就无法听到过失。"

孙惠上书说:"天下有五难、四不可,而您却全部具备:不避艰险锋芒迎头而上,是一难;聚集英雄豪杰,是二难;与将士官兵分担劳苦,是三难;以弱胜强,是四难;振兴恢复帝业,是五难。四不可:不可长久地享受大名,不可长久地夸耀大功,不可长久地把持大权,不可长久地保持大威。您做那些难事而不以为是难,处在不可的境况却还说这样可以,这是我内心感到不安的地方。您应该考虑功成身退之道,尊崇推举亲近的人,把重任交给长沙王与成都王,谦逊有礼地返回封地,那么辞让天下的吴太伯、辞让国家的曹子臧就不会在历史上独占美名了。现在您忘却高高至极的危险,贪婪权势则受疑忌,即使在官位的高台上面遨游,在宫城重地自由来往,我认为这危险覆亡的忧虑,超过了兵败颍川、阳翟的时候。"司马冏没有听取,孙惠称病辞离而去。司马冏对曹摅说:"有人劝说我放下权力返回封国,怎么样?"曹摅说:"事物都禁忌太盛,您如果确实能身居高位而考虑到危亡,撩起衣服离开这里,这是善策之中的善策。"司马冏也没有听。

张翰、顾荣都忧虑灾祸即将来临,张翰因为秋风吹来,怀念起故乡的菰菜、莼菜汤、鲈鱼片,感叹道:"人生在世最难得的是舒服自在,富有和显贵有什么用?"随即引退离去。顾荣则故意开怀畅饮,不去过问府中事务,长史葛旟因为他荒废职守,向司马冏汇报,把顾荣贬为中书侍郎。颍川隐士庾衮,听说司马冏整年没有上朝,慨叹道:"晋朝衰微了,祸乱即将兴起!"带领妻儿逃到林虑山中避难。

王豹致笺于囧曰:"伏思元康以来,宰相在位,未有一人获终者,乃事势使然,非皆为不善也。今公克平祸乱,安国定家,乃复寻覆车之轨,欲冀长存,不亦难乎!今河间树根于关右,成都盘桓于旧魏,新野大封于江、汉,三王方以方刚强盛之年,并典戎马,处要害之地,而明公以难赏之功,挟震主之威,独据京都,专执大权,进则亢龙有悔,退则据于蒺藜,冀此求安,未见其福也。"因请悉遣王侯之国,依周、召之法,以成都王为北州伯,治邺;囧自为南州伯,治宛。分河为界,各统王侯,以夹辅天子。囧优令答之。长沙王乂见豹笺,谓囧曰:"小子离间骨肉,何不铜驼下打杀!"囧乃奏豹谗内间外,坐生猜嫌,不忠不义,鞭杀之。豹将死,曰:"县吾头大司马门,见兵之攻齐也!"

囧以河间王颙本附赵王伦,心常恨之。梁州刺史安定皇甫商,与颙长史李含不平。含被征为翊军校尉,时商参囧军事,夏侯奭兄亦在囧府。含心不自安,又与囧右司马赵骧有隙,遂单马奔颙,诈称受密诏,使颙诛囧,因说颙曰:"成都王至亲,有大功,推让还藩,甚得众心。齐王越亲而专政,朝廷侧目。今檄长沙王使讨齐,齐王必诛长沙,吾因以为齐罪而讨之,必可禽也。去齐立成都,除逼建亲,以安社稷,大勋也。"颙从之。是时,武帝族弟范阳王虓都督豫州诸军事。颙上表陈囧罪状,且言:

王豹给司马冏去信说：“我考虑从元康年间以来，在位的宰相，没有一个人在职任上获得善终，这是事态情势所造成的，不是他们都做了不好的事。现在您平息了祸乱，使国家安宁平定，却又沿着翻车的轨道走，想希望长期在位，不也是很难的吗？现在河间王在关右培植自己的根系，成都王固守在当年曹魏属地而不肯离开，新野王在江、汉地区得到大片封地，这三个亲王正当年富力强的时候，都掌管着军队，把持要害的地方，而您靠难以再赏赐的大功，凭震慑君主的威势，独自控制京都，总揽朝政大权，再进一步则物极必反，而退下来就将处于荆棘之中，在这种情况下期望求得安稳，看不出有什么好结果。”因此请求将王侯的封国进行调换，按照周朝时周公、召公分治的办法，让成都王为北州伯，统治邺都地区；司马冏自己为南州伯，统治宛都地区。以黄河为界，各自分别管理北方南方的王侯，来共同辅佐天子。对王豹的信，司马冏用赞美语气的令文回答了他。而长沙王司马乂看了王豹的信，对司马冏说：“这小子挑拨离间我们骨肉之间的关系，为什么不把他在铜驼下打死！”司马冏就启奏王豹离间朝外内官员，凭空制造猜疑、怨恨，不忠不义，应该用鞭子抽死。王豹临死前，说：“把我的头悬挂在大司马府的门前，我要亲眼看着士兵攻打齐王！”

司马冏因为河间王司马颙原来依附赵王司马伦，心里常常忌恨他。梁州刺史安定人皇甫商，对司马颙的长史李含不满。李含被征召担任翊军校尉，这时皇甫商任司马冏的参军事，夏侯奭的哥哥也在司马冏府做事。李含心里很不自在安稳，又和司马冏的右司马赵骧不和，于是一个人骑马逃奔回司马颙那里，假称接受了秘密诏令，让司马颙诛伐司马冏，于是告诉司马颙说：“成都王是皇上的近亲，又有大功，但推辞谦让返回封地，很得人心。而齐王越过比他更近的皇亲而独揽朝政，朝廷对他都带着嫉恨的目光。现在给长沙王发出檄文让他征讨齐王，齐王一定会诛杀长沙王，我们就把这当作齐王的罪行而征讨他，一定能够把他擒获。去掉齐王而拥立成都王，除去逼宫的人而立近亲，使国家社稷安定，是一项大功勋。”司马颙采纳了这个意见。这时，晋武帝的族弟范阳王司马虓任都督豫州诸军事。司马颙上奏表陈说司马冏的罪状，并且说：

"勒兵十万,欲与成都王颖、新野王歆、范阳王虓共会洛阳,请长沙王乂废冏还第,以颖代冏辅政。"颙遂举兵,以李含为都督,帅张方等趋洛阳;复遣使邀颖,颖将应之,卢志谏,不听。

十二月丁卯,颙表至。冏大惧,会百官议之,曰:"孤首唱义兵,臣子之节,信著神明。今二王信谗作难,将若之何?"尚书令王戎曰:"公勋业诚大;然赏不及劳,故人怀贰心。今二王兵盛,不可当也。若以王就第,委权崇让,庶可求安。"冏从事中郎葛旟怒曰:"三台纳言,不恤王事。赏报稽缓,责不在府。谗言逆乱,当共诛讨,奈何虚承伪书,遽令公就第乎!汉、魏以来,王侯就第,宁有得保妻子者邪!议者可斩!"百官震悚失色,戎伪药发堕厕,得免。

李含屯阴盘,张方帅兵二万军新安,檄长沙王乂使讨冏。冏遣董艾袭乂,乂将左右百馀人驰入宫,闭诸门,奉天子攻大司马府,董艾陈兵宫西,纵火烧千秋神武门。冏使人执驺虞幡唱云:"长沙王乂矫诏。"乂又称:"大司马谋反。"是夕,城内大战,飞矢雨集,火光属天。帝幸上东门,矢集御前,群臣死者相枕。连战三日,冏众大败,大司马长史赵渊杀何勖,因执冏以降。冏至殿前,帝恻然,欲活之。乂叱左右趣牵出,斩于阊阖门外,徇首六军,同党皆夷三族,死者二千馀人。囚冏子超、冰、英于金墉城,废冏弟北海王寔。赦天下,改元。李含等闻冏死,引兵还长安。

"带领十万军队,要同成都王司马颖、新野王司马歆、范阳王司马虓共同在洛阳会师,请长沙王司马乂废黜司马冏让他回到封地府第去,让司马颖取代司马冏辅佐朝政。"司马颙就发兵点将,让李含任都督,带领张方等急赴洛阳;又派使者邀集司马颖,司马颖打算答应邀请,卢志劝谏,司马颖不听。

十二月丁卯(二十二日),司马颙的奏表到洛阳。司马冏非常惧怕,召集文武百官商议对策,说:"我首先发起义兵,尽臣子的气节,信义显现于神明。现在两亲王听信谗言而发难,怎么对待呢?"尚书令王戎说:"您的功勋业绩的确很大;但是赏赐没有都到达有功劳的人那里,所以使人怀有二心。现在两亲王兵力强盛,势不可当。如果让您隐退回家,而崇敬谦虚地把权力交出,大概可以求得平安。"司马冏的从事中郎葛旟生气地说:"尚书所说,根本不顾惜齐王的事业。报功赏赐的停顿迟缓,责任不在齐王府。听信谗言发起叛乱,应当共同征讨,更何况凭空无根据伪造书信,就让齐王您回家呢?汉、魏以来,王侯隐退回家的,难道有能够保全妻儿的吗?提这个建议的人可以杀掉!"文武百官震骇惶恐脸色大变,王戎假装药力发作掉到厕坑,得以逃脱。

李含在阴盘屯兵,张方率两万军队在新安驻扎,给长沙王司马乂发檄文让他征讨司马冏。司马冏派董艾袭击司马乂,司马乂带领身边一百多人急驰进入皇宫,关闭所有宫门,尊奉天子攻打大司马府,董艾在皇宫西侧摆开兵阵,纵火烧千秋神武门。司马冏派人举着驺虞幡呼喊说:"长沙王司马乂假称诏令。"司马乂又宣称:"大司马谋反。"这一夜,洛阳城内展开激战,箭飞如雨,火光映天。惠帝来到上东门,箭射到惠帝面前,群臣尸横遍地。一连打了三天,司马冏的兵众惨败,大司马长史赵渊杀了何勖,乘势抓住司马冏投降。司马冏被押到宫殿前,惠帝面容忧伤,想救司马冏活下来。司马乂喝令左右随从把司马冏赶快牵出去,在阊阖门外杀掉,拿他的头到各军展示,司马冏的同党都被夷灭三族,死了两千多人。把司马冏的儿子司马超、司马冰、司马英囚禁在金墉城,废黜司马冏的弟弟北海王司马寔。大赦天下,改年号为太安。李含等人听说司马冏死了,带兵回长安。

长沙王乂虽在朝廷,事无巨细,皆就邺咨大将军颖。颖以孙惠为参军,陆云为右司马。

8　是岁,陈留王奂,谥曰魏元皇帝。

9　鲜卑宇文单于莫圭部众强盛,遣其弟屈云攻慕容廆,廆击其别帅素怒延,破之。素怒延耻之,复发兵十万,围廆于棘城。廆众皆惧,廆曰:"素怒延兵虽多而无法制,已在吾算中矣,诸君但为力战,无所忧也!"遂出击,大破之,追奔百里,俘斩万计。辽东孟晖,先没于宇文部,帅其众数千家降于廆,廆以为建威将军。廆以其臣慕舆句勤恪廉靖,使掌府库,句心计默识,不按簿书,始终无漏。以慕舆河明敏精审,使典狱讼,覆讯清允。

长沙王司马乂虽然在朝廷,但事无巨细,都到邺都去请示大将军司马颖。司马颖让孙惠担任参军,陆云担任右司马。

　　8　这一年,陈留王曹奂去世,定谥号为魏元皇帝。

　　9　鲜卑人宇文单于莫圭部众人马强盛,派自己的弟弟屈云攻打慕容廆,而慕容廆则去打莫圭的偏师素怒延,并击溃素怒延。素怒延以此为羞耻,又派十万军队,在棘城包围了慕容廆。慕容廆的部众都恐惧不安,慕容廆说:"素怒延兵虽然多但没有法制纪律,他已落在我的谋算之中了,你们只要奋力战斗,没什么可忧虑的!"于是出击,击溃了素怒延,追击一百里,俘虏和杀掉敌兵数以万计。辽东孟晖,先前陷身于鲜卑宇文氏,他带领几千户投靠慕容廆,慕容廆让他担任建威将军。慕容廆因为他的大臣慕舆句勤俭恭敬清廉,让他掌管仓库,慕舆句心算默记,不用账簿,始终没有出现差错纰漏。慕容廆因为慕舆河头脑清楚敏捷,精明缜密,就让他掌管判案,覆察审讯,清廉公正。

卷第八十五　晉紀七

起癸亥(303)尽甲子(304)凡二年

孝惠皇帝中之下
太安二年(癸亥,303)

1　春,正月,李特潛渡江擊羅尚,水上軍皆散走。蜀郡太守徐儉以少城降,特入據之,惟取馬以供軍,餘無侵掠;赦其境內,改元建初。羅尚保太城,遣使求和于特。蜀民相聚為塢者,皆送款于特,特遣使就撫之;以軍中糧少,乃分六郡流民于諸塢就食。李流言于特曰:"諸塢新附,人心未固,宜質其大姓子弟,聚兵自守,以備不虞。"又與特司馬上官惇書曰:"納降如受敵,不可易也。"前將軍雄亦以為言。特怒曰:"大事已定,但當安民,何為更逆加疑忌,使之離叛乎!"

朝廷遣荊州刺史宗岱、建平太守孫阜帥水軍三萬以救羅尚。岱以阜為前鋒,進逼德陽。特遣李蕩及蜀郡太守李璜就德陽太守任臧共拒之。岱、阜軍勢甚盛,諸塢皆有貳志。益州兵曹從事蜀郡任睿言于尚曰:"李特散眾就食,驕怠無備,此天亡之時也。宜密約諸塢,刻期同發,內外擊之,破之必矣!"尚使睿夜縋出城,宣旨于諸塢,期以二月十日同擊特。睿因詣特詐降,特問城中虛實,睿曰:"糧儲將盡,但餘貨帛耳。"睿求出省家,特

孝惠皇帝中之下
晋惠帝太安二年(癸亥,公元 303 年)

1　春季,正月,李特偷渡过江攻打罗尚,水上驻防的军队都溃散而逃。蜀郡太守徐俭献出少城投降,李特进城据守,只索取马匹以供军需,并不掠取其他财物;在境内赦免罪犯,改年号为建初。罗尚在太城据守,派使者向李特求和。修筑土堡以自保的各蜀民聚居点都向李特表示归顺,李特派使者抚慰他们;又因为军队中粮食不够,就把六郡流民分到各个土堡吃饭。李流对李特说:"各土堡都是刚刚归附,人心还不稳,应当把其中的大户子弟作为人质,集中一些兵力自卫防守,以准备应付不曾意料的事变。"李流又给李特的司马上官惇去信说:"接受前来投降的人就像面对敌人一样,戒备不能改变。"前将军李雄也持同样的说法。李特生气地说:"大事已经成功,只该使人民安定,为什么反而这样对他们怀疑猜忌,是让他们离开我们去叛乱吗?"

朝廷派遣荆州刺史宗岱、建平太守孙阜带领三万水军去援救罗尚。宗岱让孙阜为前锋,迫近德阳。李特派李荡和蜀郡太守李璜一起与德阳太守任臧共同抗拒宗岱、孙阜。宗岱、孙阜军队势力强大,各个土堡都有了二心。益州兵曹从事蜀郡人任睿对罗尚说:"李特让部众分散去吃饭,骄傲懈怠没有防备,这是上天让他灭亡的时候。应当与各土堡秘密约定,到时候同时发动,内外夹攻,一定能够击溃他!"罗尚让任睿在夜里用绳子溜下了城,到各土堡宣布旨意,约定在二月十日这天共同攻击李特。任睿就到李特那里假装投降,李特向他询问城里的情况,任睿说:"粮食储备快要用完了,只剩下一些钱和布匹而已。"任睿请求出营看望家人,李特

许之,遂还报尚。二月,尚遣兵掩袭特营,诸坞皆应之,特兵大败,斩特及李辅、李远,皆焚尸,传首洛阳,流民大惧。李荡、李雄收馀众还保赤祖。流自称大将军、大都督、益州牧,保东营,荡、雄保北营。孙阜破德阳,获骞硕,任臧退屯涪陵。

三月,罗尚遣督护何冲、常深攻李流,涪陵民药绅亦起兵攻流。流与李骧拒绅,何冲乘虚攻北营,氐苻成、隗伯在营中,叛应之。荡母罗氏擐甲拒战,伯手刃伤其目,罗氏气益壮;会流等破深、绅,引兵还,与冲战,大破之。成、伯率其党突出诣尚。流等乘胜进抵成都,尚复闭城自守。荡驰马逐北,中矛而死。

朝廷遣侍中刘沈假节统罗尚、许雄等军,讨李流。行至长安,河间王颙留沈为军师,遣席莛代之。

李流以李特、李荡继死,宗岱、孙阜将至,甚惧。李含劝流降,流从之。李骧、李雄迭谏,不纳。夏,五月,流遣其子世及含子胡为质于阜军。胡兄离为梓潼太守,闻之,自郡驰还,欲谏不及。退,与雄谋袭阜军,雄曰:"为今计,当如是,而二翁不从,奈何?"离曰:"当劫之耳!"雄大喜,乃共说流民曰:"吾属前已残暴蜀民,今一旦束手,便为鱼肉,惟有同心袭阜以取富贵耳!"众皆从之。雄遂与离袭击阜军,大破之。会宗岱卒于垫江,荆州军遂退。流甚惭,由是奇雄才,军事悉以任之。

允许了，于是任睿回城向罗尚报告。二月，罗尚派兵袭击李特的兵营，各土堡全都响应，李特的军队惨败，罗尚斩杀李特和李辅、李远，焚烧了他们的尸体，将首级传报洛阳，流民非常惊惧。李荡、李雄收容残馀部众退保赤祖。李流自称大将军、大都督、益州牧，守护东营，李荡、李雄守护北营。孙阜攻破德阳，抓获塞硕，任臧撤退到涪陵驻扎。

三月，罗尚派督护何冲、常深进攻李流，涪陵人药绅也组织兵士攻打李流。李流与李骧抵御药绅，何冲乘虚攻打北营，氐人符成、隗伯在北营里叛变而响应何冲。李荡的母亲罗氏穿上甲袍参与战斗，隗伯的兵刃刺伤了罗氏的眼睛，而罗氏斗志更加旺盛。这时李流等人打败了常深、药绅，率兵回来，也加入到与何冲的战斗中，何冲惨败。符成、隗伯带领自己的人马突围投奔罗尚。李流等人乘胜进攻抵达成都，罗尚又关闭城门防守。李荡跃马扬鞭追击败逃之敌，中矛而死。

朝廷派侍中刘沈用符节统一指挥罗尚、许雄等人的军队，讨伐李流。走到长安，河间王司马颙把刘沈留下来做军师，派席荟代替他。

李流因为李特、李荡相继死去，而宗岱、孙阜即将攻来，非常恐惧。李含劝李流投降，李流采纳了这个建议。李骧、李雄接连劝谏，李流没有听取。夏季，五月，李流派他儿子李世和李含的儿子李胡到孙阜的军中做人质。李胡的哥哥李离为梓潼太守，听到这消息，急忙骑马从郡中赶回来，想劝阻却没有赶上。退回来，与李雄商议袭击孙阜的军队，李雄说："为眼前考虑，应当这样，但李流、李含二翁不听从，怎么办？"李离说："应该用武力强迫他们！"李雄非常高兴，于是一起到流民中说："我们过去残暴对待过蜀民，现在一旦束手投降，就成为任其宰割的鱼、肉，只有同心协力袭击孙阜，来夺取富贵！"大家都听从了他们。李雄于是与李离袭击孙阜的军队，把孙阜打得惨败。这时宗岱在垫江去世，荆州的军队于是退走了。李流非常羞惭，从此认为李雄的才能奇异，军中事务全部都交给李雄处理。

2 新野庄王歆，为政严急，失蛮夷心，义阳蛮张昌聚党数千人，欲为乱。荆州以壬午诏书发武勇赴益州讨李流，号"壬午兵"。民惮远征，皆不欲行。诏书督遣严急，所经之界停留五日者，二千石免官。由是郡县官长皆亲出驱逐，展转不远，辄复屯聚为群盗。时江夏大稔，民就食者数千口。张昌因之诳惑百姓，更姓名曰李辰，募众于安陆石岩山，诸流民及避戍役者多从之。太守弓钦遣兵讨之，不胜。昌遂攻郡，钦兵败，与部将朱伺奔武昌。歆遣骑督靳满讨之，满复败走。

昌遂据江夏，造妖言云："当有圣人出为民主。"得山都县吏丘沈，更其姓名曰刘尼，诈云汉后，奉以为天子，曰："此圣人也。"昌自为相国，诈作凤皇、玉玺之瑞，建元神凤；郊祀、服色，悉依汉故事。有不应募者，族诛之，士民莫敢不从。又流言："江、淮已南皆反，官军大起，当悉诛之。"互相扇动，人情惶惧，江、沔间所在起兵以应昌，旬月间众至三万，皆著绛帽，以马尾作髯。诏遣监军华宏讨之，败于障山。

歆上言："妖贼犬羊万计，绛头毛面，挑刀走戟，其锋不可当。请台敕诸军三道救助。"朝廷以屯骑校尉刘乔为豫州刺史，宁朔将军沛国刘弘为荆州刺史。又诏河间王颙遣雍州刺史刘沈将州兵万人并征西府五千人出蓝田关以讨昌。颙不奉诏，沈自领州兵至蓝田，颙又逼夺其众。于是刘乔屯汝南，刘弘及前将军赵骧、平南将军羊伊屯宛。昌遣其将黄林帅二万人向豫州，刘乔击却之。

2 新野庄王司马歆,处理政事严厉急躁,失去蛮、夷的信任,义阳蛮人张昌聚集了几千人,想叛乱。荆州根据壬午诏书,征发武士乡勇到益州讨伐李流,号称"壬午兵"。这些百姓害怕远征,都不想出行。但诏书的督促严厉急迫,在经过的一个地方耽搁五天,该地的两千石官员就要罢免官职。因此郡县负责官员都亲自出去驱逐催促,这些被征发的人辗转行军没有多远,便聚合又成为新的强盗群体。当时江夏粮食大丰收,百姓到此求生的有几千人。张昌因此欺骗迷惑百姓,自己改换姓名叫李辰,在安陆石岩山招募百姓,各方流民和逃避戍守劳役的人大多都投靠了他。太守弓钦派兵讨伐张昌,没有成功。张昌于是攻打郡城,弓钦的军队失败,弓钦就与部下将领朱伺逃奔武昌。司马歆派骑督靳满征讨张昌,结果靳满又失败逃走。

张昌于是占据江夏,制造煽动人心的妖言说:"该有圣人出现为百姓做主。"招得山都县小官吏丘沈,并把他的姓名改为刘尼,假托说是汉朝皇室的后代,尊奉为天子,说:"这就是圣人。"张昌自封为相国,伪造凤凰、玉玺等祥瑞吉兆,立年号为神凤;郊祀礼仪、服装颜色装饰,全都按照汉代过去的程式。有不接受招募的人,就对他处以灭族的惩罚,士绅百姓没有谁敢不服从。又散布流言说:"长江、淮水以南地区都造反了,官军都出动了,将要把他们全部诛杀。"百姓们互相煽动,人们的心情都很惶惑惊恐,长江、沔水地区都起兵响应张昌,一月之间聚众达三万,士卒都戴深红色的帽子,用马尾当作须髯。朝廷下诏书派监军华宏讨伐张昌,结果在障山被打败。

司马歆给朝廷上言说:"妖孽盗贼聚众数以万计,深红的头长毛脸,挥刀舞戟,锐不可当。请求朝廷命令各军分三路救援。"朝廷让屯骑校尉刘乔任豫州刺史,宁朔将军沛国人刘弘任荆州刺史。又诏令河间王司马颙派雍州刺史刘沈带领一万州兵,加上在西府征发的五千人从蓝田关出兵讨伐张昌。司马颙不听从诏令,刘沈带领州兵到蓝田,司马颙又强行剥夺了他的部众。这样刘乔在汝南屯兵,刘弘和前将军赵骧、平南将军羊伊在宛地屯兵。张昌派他的部将黄林率领两万人进发豫州,被刘乔派兵打败。

初，歆与齐王囧善，囧败，歆惧，自结于大将军颖。及张昌作乱，歆表请讨之。时长沙王乂已与颖有隙，疑歆与颖连谋，不听歆出兵，昌众日盛。从事中郎孙洵谓歆曰："公为岳牧，受阃外之托，拜表辄行，有何不可！而使奸凶滋蔓，祸衅不测，岂藩翰王室、镇静方夏之义乎！"歆将出兵，王绥曰："昌等小贼，偏裨自足制之，何必违诏命，亲矢石也！"昌至樊城，歆乃出拒之，众溃，为昌所杀。诏以刘弘代歆为镇南将军，都督荆州诸军事。六月，弘以南蛮长史陶侃为大都护，参军蒯恒为义军督护，牙门将皮初为都战帅，进据襄阳。张昌并军围宛，败赵骧军，杀羊伊。刘弘退屯梁。昌进攻襄阳，不克。

3 李雄攻杀汶山太守陈图，遂取郫城。

秋，七月，李流徙屯郫。蜀民皆保险结坞，或南入宁州，或东下荆州，城邑皆空，野无烟火，流虏掠无所得，士众饥乏。唯涪陵千馀家，依青城山处士范长生。平西参军涪陵罾说罗尚，求为汶山太守，邀结长生，与共讨流。尚不许，罾怒，出降于流，流以罾为安西将军。罾说长生，使资给流军粮，长生从之，流军由是复振。

4 初，李含以长沙王乂微弱，必为齐王囧所杀，因欲以为囧罪而讨之，遂废帝，立大将军颖，以河间王颙为宰相，己得用事。既而囧为乂所杀，颖、颙犹守藩，不如所谋。颖恃功骄奢，百度弛废，甚于囧时。犹嫌乂在内，不得逞其欲，欲去之。时皇甫商复为乂参军，商兄重为秦州刺史。含说颙曰：

当初，司马歆与齐王司马冏要好，司马冏失败了，司马歆害怕，便主动与大将军司马颖结交。等到张昌作乱，司马歆上表请求讨伐。这时长沙王司马乂已经和司马颖产生了怨隙，怀疑司马歆与司马颖共同密谋，因此不接受司马歆出兵的要求，这样张昌的部众势力日益扩大。从事中郎孙洵对司马歆说："您是一方之主，接受统兵在外的使命，您上表以后就行动，有什么不可以的！而现在使得奸凶强盗滋长蔓延，灾祸不可测度，这难道是保卫王室、使国家安定的道理吗？"司马歆将要出兵，王绥说："张昌等小小贼寇，属将自然足以制服他们，为什么一定要违抗诏命，亲自去经受箭矢与飞石呢？"张昌到达樊城，司马歆就出去阻击，部众溃散，司马歆也被张昌杀死。朝廷诏令让刘弘代替司马歆为镇南将军，都督荆州诸军事。六月，刘弘让南蛮长史陶侃任大都护，参军蒯恒任义军督护，牙门将皮初任都战帅，进军据守襄阳。张昌用全部兵力包围宛城，打败赵骧的军队，杀死羊伊。刘弘撤退，屯兵梁县。张昌进攻襄阳，没有成功。

3　李雄进攻并杀死汶山太守陈图，于是占取郫城。

秋季，七月，李流迁到郫城驻扎。蜀地百姓都修筑土堡据险自守，有的向南进入宁州，有的东去进入荆州。城镇乡邑都走空了，没有人烟，李流的军队没有掳掠到一点儿东西，兵士部众饥饿疲惫。只有涪陵的一千多户人家，依附于青城山隐士范长生。平西参军涪陵人徐舆对罗尚说，请求担任汶山太守，邀请联合范长生，相与共同讨伐李流。罗尚不允许，徐舆一生气，出去投降了李流，李流让徐舆担任安西将军。徐舆劝说范长生，让他给李流资助粮食，范长生接受了他的劝说，李流的军队因此而重新振作起来。

4　当初，李含以为长沙王司马乂力量微弱，一定会被齐王司马冏杀掉，所以想借讨伐司马冏罪行之名，废黜惠帝，拥立大将军司马颖，让河间王司马颙任宰相，这样自己便得以执掌大权。但不久司马冏却被司马乂杀掉，司马颖、司马颙仍然镇守藩地，不像自己所谋划的那样。此后，司马颖居功自傲，朝政各方面荒废松弛，比司马冏时还要严重。司马颖尤其不能忍受司马乂在禁城之内，使自己不能随心所欲，打算除掉司马乂。当时皇甫商又重新任司马乂的参军，皇甫商的哥哥皇甫重担任秦州刺史。李含对司马颙说：

"商为乂所任,重终不为人用,宜早除之。可表迁重为内职,因其过长安执之。"重知之,露檄上尚书,发陇上兵以讨含。乂以兵方少息,遣使诏重罢兵,征含为河南尹。含就征而重不奉诏,颙遣金城太守游楷、陇西太守韩稚等合四郡兵攻之。颙密使含与侍中冯荪、中书令卞粹谋杀乂;皇甫商以告乂,收含、荪、粹,杀之。骠骑从事琅邪诸葛玫、前司徒长史武邑牵秀皆出奔邺。

5 张昌党石冰寇扬州,败刺史陈徽,诸郡尽没;又攻破江州,别将陈贞攻武陵、零陵、豫章、武昌、长沙,皆陷之,临淮人封云起兵寇徐州以应冰。于是荆、江、徐、扬、豫五州之境,多为昌所据。昌更置牧守,皆桀盗小人,专以劫掠为务。

刘弘遣陶侃等攻昌于竟陵,刘乔遣其将李杨等向江夏。侃等屡与昌战,大破之,前后斩首数万级,昌逃于下儁山,其众悉降。

初,陶侃少孤贫,为郡督邮,长沙太守万嗣过庐江,见而异之,命其子结友而去。后察孝廉,至洛阳,豫章国郎中令杨晫荐之于顾荣,侃由是知名。既克张昌,刘弘谓侃曰:"吾昔为羊公参军,谓吾后当居身处。今观卿,必继老夫矣。"

弘之退屯于梁也,征南将军范阳王虓遣前长水校尉张奕领荆州。弘至,奕不受代,举兵拒弘,弘讨奕,斩之。时荆部守宰多缺,弘请补选,诏许之。弘叙功铨德,随才授任,人皆服其

"皇甫商被司马乂任用，皇甫重终究不会被别人所用，应该尽快除掉。可以表奏建议把皇甫重提升到朝廷中任职，趁他经过长安时把他抓住。"皇甫重知道了李含的阴谋，向尚书公布檄文，纠集陇上军队讨伐李含。司马乂因军队刚刚稍事休息，就派使者带诏书命令皇甫重取消这次军事行动，并征调李含去担任河南尹。李含接受征调而皇甫重却不服从诏令，司马颙派金城太守游楷、陇西太守韩稚等人联合四个郡的军队去攻打皇甫重。司马颙又秘密派遣李含与侍中冯荪、中书令卞粹谋杀司马乂，皇甫商得知后告诉司马乂，拘捕并杀掉了李含、冯荪、卞粹。骠骑从事琅邪人诸葛玫、前司徒长史武邑人牵秀都出城投奔邺城。

5 张昌党羽石冰进犯扬州，打败刺史陈徽，扬州各属郡全部陷落；石冰又攻陷江州，属将陈贞攻打武陵、零陵、豫章、武昌、长沙，全部攻陷，临淮人封云也起兵进犯徐州来响应石冰。这样，荆、江、徐、扬、豫等五个州的辖境，大多被张昌占据。张昌重新派设州牧郡守等地方长官，这些人都是行凶盗窃之类的小人，专门以抢劫掠夺为职业。

刘弘派遣陶侃等人在竟陵攻打张昌，刘乔派遣部将李扬等向江夏进发。陶侃等人屡次与张昌发生战斗，大败张昌，前后斩杀几万人，张昌逃窜到下僬山，部众全部投降。

当初，陶侃年轻时丧父，家境贫寒，担任郡督邮，长沙太守万嗣经过庐江，见到陶侃后，对他的德行和才能感到惊异，就让自己的儿子与陶侃结为朋友才离开。后来察举孝廉，陶侃到洛阳，豫章国郎中令杨晫把陶侃推荐给顾荣，陶侃因此而有了名望。等到打败了张昌，刘弘对陶侃说："我过去担任羊公的参军，说我日后一定能到他的地位。今天看到你，一定能够继承老夫我。"

刘弘当时退兵驻扎到梁县，征南将军范阳王司马虓派遣前长水校尉张奕统领荆州。刘弘到了以后，张奕不同意接替，率领军队抗拒刘弘，刘弘讨伐并杀掉了张奕。当时荆州所辖各地的长官的位置大多空缺，刘弘请求补选，朝廷下诏书批准。刘弘论评功劳、铨量德行进行选拔，按照才能安排职务，大家都佩服他处事

公当。弘表皮初补襄阳太守,朝廷以初虽有功而望浅,更以弘婿前东平太守夏侯陟为襄阳太守。弘下教曰:"夫治一国者,宜以一国为心,必若亲姻然后可用,则荆州十郡,安得十女婿然后为政哉!"乃表:"陟姻亲,旧制不得相监。皮初之勋,宜见酬报。"诏听之。弘于是劝课农桑,宽刑省赋,公私给足,百姓爱悦。

6　河间王颙闻李含等死,即起兵讨长沙王乂。大将军颖上表请讨张昌,许之。闻昌已平,因欲与颙共攻乂。卢志谏曰:"公前有大功而委权辞宠,时望美矣。今若顿军关外,文服入朝,此霸主之事也。"参军魏郡邵续曰:"人之有兄弟,如左右手。明公欲当天下之敌而先去其一手,可乎!"颖皆不从。八月,颙、颖共表:"乂论功不平,与右仆射羊玄之、左将军皇甫商专擅朝政,杀害忠良,请诛玄之、商,遣乂还国。"诏曰:"颙敢举大兵,内向京辇,吾当亲率六军以诛奸逆。其以乂为太尉、都督中外诸军事以御之。"

颙以张方为都督,将精兵七万,自函谷东趋洛阳。颖引兵屯朝歌,以平原内史陆机为前将军、前锋都督,督北中郎将王粹、冠军将军牵秀、中护军石超等军二十馀万,南向洛阳。机以羁旅事颖,一旦顿居诸将之右,王粹等心皆不服。白沙督孙惠与机亲厚,劝机让都督于粹。机曰:"彼将谓吾首鼠两端,适所以速祸也。"遂行。颖列军自朝歌至河桥,鼓声闻数百里。

公正得当。刘弘表奏皮初补任襄阳太守,朝廷因为皮初虽然有功但是名望太浅,换刘弘的女婿前东平太守夏侯陟为襄阳太守。刘弘向下发布告示说:"治理一个国家的人,应当从整个国家来考虑,如果一定要亲戚或姻亲然后才能使用,那么荆州十郡,哪里来十个女婿,然后才能处理州的政务呢?"就又上奏表说:"夏侯陟是姻亲,按过去的制度是不能互相监领的。皮初的功勋应当给以酬劳和待遇。"朝廷下诏书同意了他的奏表。刘弘于是在任上勉力督促农桑之业,放宽刑罚减免赋税,官府与百姓都经济充裕,他赢得百姓的爱戴和喜悦。

　　6　河间王司马颙听说李含等人已被杀死,当即起兵征讨长沙王司马乂。大将军司马颖上奏表请求讨伐张昌,得到允许。司马颖又听说张昌叛乱已经平定,因而想与司马颙共同攻打司马乂。卢志劝谏说:"您以前立了大功勋却交出权力辞谢天子的恩宠,当时声望很好。现在如果把军队安顿在城关之外,身着文官服饰进京朝见,这是成为霸主的基础。"参军魏郡人邵续说:"人有兄弟,如同左右手。您想抵挡天下的敌人而先砍掉一只手,能这样吗?"司马颖全都不听。八月,司马颙、司马颖共同上奏表:"司马乂论评功劳不公平,与右仆射羊玄之、左将军皇甫商独揽朝政大权,杀害忠良之人,请诛杀羊玄之、皇甫商,遣送司马乂回他的封国。"惠帝下诏说:"司马颙如果敢于兴兵,矛头指向京都帝辇,我将亲自率领六军诛讨为奸叛乱的人。任用司马乂为太尉、都督中外诸军事以抵御他们。"

　　司马颙让张方任都督,带领七万精锐军队,从函谷关向东,直指洛阳。司马颖带领军队在朝歌驻扎,让平原内史陆机为前将军、前锋都督,统领中郎将王粹、冠军将军牵秀、中护军石超等军队二十多万人,向南逼临洛阳。陆机在司马颖门下寄居充任幕僚,位置一下突然居于各将领之首,王粹等人心里都不服气。白沙督孙惠与陆机一向亲近,交情深厚,劝说陆机将都督的职位让给王粹。陆机说:"这样他们将说我迟疑不决,正好加速招致灾祸。"于是出行。司马颖排列的军队从朝歌直到河桥,战鼓声几百里外都能听见。

乙丑，帝如十三里桥。太尉乂使皇甫商将万馀人拒张方于宜阳。己巳，帝还军宣武场。庚午，舍于石楼。九月丁丑，屯于河桥。壬子，张方袭皇甫商，败之。甲申，帝军于芒山。丁亥，帝幸偃师。辛卯，舍于豆田。大将军颖进屯河南，阻清水为垒。癸巳，羊玄之忧惧而卒，帝旋军城东。丙申，幸猴氏，击牟秀，走之。大赦。张方入京城，大掠，死者万计。

7　李流疾笃，谓诸将曰："骁骑仁明，固足以济大事；然前军英武，殆天所相，可共受事于前军。"流卒，众推李雄为大都督、大将军、益州牧，治郫城。雄使武都朴泰绐罗尚，使袭郫城，云己为内应。尚使隗伯将兵攻郫，泰约举火为应，李骧伏兵于道，泰出长梯于外。隗伯兵见火起，争缘梯上，骧纵兵击，大破之。追奔夜至城下，诈称万岁，曰："已得郫城矣！"入少城，尚乃觉之，退保太城。隗伯创甚，雄生获之，赦不杀。李骧攻犍为，断尚运道。获太守龚恢，杀之。

8　石超进逼猴氏。冬，十月壬寅，帝还宫。丁未，败牟秀于东阳门外。大将军颖遣将军马咸助陆机。戊申，太尉乂奉帝与机战于建春门。乂司马王瑚使数千骑系戟于马，以突咸陈，咸军乱，执而斩之。机军大败，赴七里涧，死者如积，水为之不流。斩其大将贾崇等十六人，石超遁去。

乙丑,惠帝到十三里桥。太尉司马乂派皇甫商带领一万多人在宜阳阻击张方。己巳(二十八日),惠帝把军队撤到宣武场。庚午(二十九日),在石楼住宿。九月丁丑(初六),惠帝将兵驻扎在河桥。壬子,张方袭击皇甫商,并将皇甫商打败。甲申(十三日),惠帝在芒山驻军。丁亥(十六日),惠帝到偃师。辛卯(二十日),在豆田住宿。大将军司马颖进军于黄河以南驻扎,阻隔清水作为壁垒。癸巳(二十二日),羊玄之忧郁恐惧而死,惠帝回师城东。丙申(二十五日),惠帝到缑氏,攻击牵秀,并把他打跑。宣布大赦。张方进入京城,大肆抢掠,死者数以万计。

7 李流病危,对众部将说:"骁骑将军李骧仁德精明,本来足以成就大事;但是前将军李雄英俊勇武,大概是上天的选择,可以一起接受前将军的命令。"李流去世,大家推举李雄为大都督、大将军、益州牧,治所设在郫城。李雄派武都人朴泰欺骗罗尚,让他袭击郫城,声称自己可当内应。罗尚派隗伯带兵攻打郫城,朴泰约定以举火为信号,李骧在路旁埋伏了军队,朴泰把长梯送出城外。隗伯的军队看到火起,争相攀缘长梯登城,李骧指挥军队出击,大败隗伯。追击奔驰,连夜到达成都城下,假装呼喊万岁,说:"已经取得郫城!"于是进入了少城,罗尚发觉中计,连忙退到太城守卫。隗伯身负重伤,被李雄活捉,赦免而没被杀。李骧攻打犍为,截断罗尚运送物资的道路。抓住并杀死太守龚恢。

8 石超进军逼临缑氏。冬季,十月壬寅(初三),惠帝回到皇宫。丁未(初八),在东阳门外击败牵秀。大将军司马颖派将军马咸协助陆机。戊申(初九),太尉司马乂尊奉帝命与陆机在建春门战斗。司马乂的司马王瑚派几千骑兵把戟系在马上,冲击马咸的兵阵,马咸军队混乱,捉住马咸杀掉了。陆机军队惨败,退到七里涧,死尸堆积,把水流都堵塞住了。王瑚杀死陆机的大将贾崇等十六人,石超逃遁离去。

初,宦人孟玖有宠于大将军颖,玖欲用其父为邯郸令,左长史卢志等皆不敢违,右司马陆云固执不许,曰:"此县,公府掾资,岂有黄门父居之邪!"玖深怨之。玖弟超,领万人为小督,未战,纵兵大掠,陆机录其主者;超将铁骑百馀人直入机麾下,夺之,顾谓机曰:"貉奴,能作督不!"机司马吴郡孙拯劝机杀之,机不能用。超宣言于众曰:"陆机将反。"又还书与玖,言机持两端,故军不速决。及战,超不受机节度,轻兵独进,败没。玖疑机杀之,谮之于颖曰:"机有二心于长沙。"牵秀素谄事玖,将军王阐、郝昌、帐下督阳平公师藩皆玖所引用,相与共证之。颖大怒,使秀将兵收机。参军事王彰谏曰:"今日之举,强弱异势,庸人犹知必克,况机之明达乎!但机吴人,殿下用之太过,北土旧将皆疾之耳。"颖不从。机闻秀至,释戎服,著白帢,与秀相见,为笺辞颖,既而叹曰:"华亭鹤唳,可复闻乎!"秀遂杀之。颖又收机弟清河内史云、平东祭酒耽及孙拯,皆下狱。

记室江统、陈留蔡克、颍川枣嵩等上疏,以为:"陆机浅谋致败,杀之可也。至于反逆,则众共知其不然。宜先检校机反状,若有征验,诛云等未晚也。"统等恳请不已,颖迟回者三日。蔡克入,至颖前,叩头流血曰:"云为孟玖所怨,远近莫不闻;今果见杀,窃为明公惜之!"僚属随克入者数十人,流涕固请,颖恻然,有宥云色。孟玖扶颖入,催令杀云、耽,夷机三族。

当初,宦官孟玖受到大将军司马颖的宠信,孟玖想让他父亲担任邯郸县令,左长史卢志等人都不敢违背,只有右司马陆云坚持不同意,说:"这个县,历来是有公府掾的资格的人担任,岂有让宦官父亲担任的道理?"孟玖深深地怨恨陆云。孟玖弟孟超,是率领万人的小督,还没有战斗,就纵兵抢掠,陆机将主犯拘捕;孟超带着全副武装的一百多骑兵冲到陆机的指挥将旗之下,夺走犯人,在马上回头对陆机说:"貉奴,会当都督吗?"陆机的司马吴郡人孙拯劝说陆机把他杀掉,陆机没有采纳。孟超向大家宣告说:"陆机打算叛变。"又给孟玖去信,说陆机怀有二心,所以军队不能快些取胜。等到战斗开始,孟超不听陆机指挥调动,轻率地带兵孤军深入,以致全军覆没。孟玖怀疑是陆机把孟超杀了,对司马颖进谗言说:"陆机怀有二心勾结长沙王。"牵秀对孟玖一直阿谀谄媚,将军王阐、郝昌、帐下督阳平人公师藩等人又都是由孟玖引荐而得到任用的,这些人在一起共同证实孟玖的谗言。司马颖勃然大怒,派牵秀带兵拘捕陆机。参军事王彰劝谏说:"今天的举动,强弱力量对比悬殊,最平庸的人都知道谁一定能取胜,何况陆机那样明白通达的人呢? 只因陆机是吴地人,殿下对他过于重用,才引起北方地区的旧将对他的嫉妒怨恨罢了。"司马颖没有接受。陆机听说牵秀来了,脱下军服,戴着低贱的便帽,与牵秀相见,又写信辞别司马颖,一会儿慨叹说:"故乡华亭的鹤声,还能再听到吗?"牵秀随即将他杀了。司马颖又拘捕了陆机的弟弟清河内史陆云、平东祭酒陆耽以及孙拯,都关入牢狱。

记室江统、陈留人蔡克、颍川人枣嵩等上奏章,认为:"陆机考虑不周而导致失败,处死他是可以的。至于说他反叛,则大家都知道这不是事实。应当首先检查审核陆机谋反的情况,如果能够证实,那么再杀陆云等人也不晚。"江统等人不断地恳切请求,司马颖拖延三天也不答复。蔡克进入王府,来到司马颖面前,叩头叩得流血,说:"陆云被孟玖怨恨,远近没有不知道的,现在如果陆云果然被杀,我为您惋惜!"随蔡克进去的僚属有几十人,都流泪苦苦请求,司马颖听后也感到忧伤,面露宽宥原谅陆云的容色。孟玖扶着司马颖进屋,催促司马颖下令杀掉陆云、陆耽,夷灭陆机三族。

狱吏考掠孙拯数百，两踝骨见，终言机冤。吏知拯义烈，谓拯曰：“二陆之枉，谁不知之！君可不爱身乎？”拯仰天叹曰：“陆君兄弟，世之奇士，吾蒙知爱。今既不能救其死，忍复从而诬之乎！”玖等知拯不可屈，乃令狱吏诈为拯辞。颖既杀机，意常悔之，及见拯辞，大喜，谓玖等曰：“非卿之忠，不能穷此奸。”遂夷拯三族。拯门人费慈、宰意二人诣狱明拯冤，拯譬遣之曰：“吾义不负二陆，死自吾分，卿何为尔邪！”曰：“君既不负二陆，仆又安可负君！”固言拯冤，玖又杀之。

太尉乂奉帝攻张方，方兵望见乘舆，皆退走，方遂大败，死者五千馀人。方退屯十三里桥，众惧，欲夜遁，方曰：“胜负兵家之常，善用兵者能因败为成。今我更前作垒，出其不意，此奇策也。”乃夜潜逼洛城七里，筑垒数重，外引廪谷以足军食。乂既战胜，以为方不足忧。闻方垒成，十一月，引兵攻之，不利。朝议以为乂、颖兄弟，可辞说而释，乃使中书令王衍等往说颖，令与乂分陕而居，颖不从。乂因致书于颖，为陈利害，欲与之和解。颖复书，“请斩皇甫商等首，则引兵还邺”，乂不可。

颖进兵逼京师，张方决千金堨，水碓皆涸。乃发王公奴婢手舂给兵，一品已下不从征者，男子十三以上皆从役，又发奴助兵。公私穷蹙，米石万钱。诏命所行，一城而已。骠骑主簿范阳祖逖言于乂曰：“刘沈忠义果毅，雍州兵力足制河间，宜启上为诏与沈，使发兵袭颙。颙窘急，必召张方以自救，此良策也。”乂从之。沈奉诏驰檄四境，诸郡多起兵应之。沈合七郡之众凡万馀人，趣长安。

狱吏拷打孙拯几百下,打得露出了踝骨,但孙拯始终说陆机冤枉。狱吏知道孙拯正义而刚烈,对孙拯说:"二陆的冤枉,谁不知道! 您难道不珍惜自己的身体吗?"孙拯仰天长叹,说:"陆机兄弟,是天下不同寻常的人士,我承蒙他们的知遇和厚爱。现在既然不能把他从死亡中解救出来,怎么能忍心再诋毁他呢?"孟玖等人知道不能使孙拯屈服,就命令狱吏伪造孙拯的供词。司马颖杀了陆机后,心里常常感到后悔,等看见孙拯供词后,非常高兴,对孟玖等人说:"要不是你的忠诚,就不能够查清楚这反叛的情况。"于是夷灭孙拯三族。孙拯的学生费慈、宰意两个人到狱中申明孙拯的冤屈,孙拯开导并让他们离开,说:"我从道义上不能辜负二陆,死是我现在所应该做的,你们为什么呢?"他们回答说:"您既然不辜负二陆,我等又怎么能辜负您呢?"坚持说孙拯冤枉,孟玖又把他们杀了。

太尉司马乂侍奉惠帝攻打张方,张方的兵远远地看到惠帝的御车,都败退而逃,张方于是惨败,死了五千多人。张方撤退到十三里桥驻扎,大家惶恐不安,想趁夜逃走,张方说:"胜负是兵家常事,善于用兵的人能够转败为胜。现在我反而再到前面修筑堡垒,出其不意,这是奇妙的计策。"于是趁夜色悄悄逼近距洛阳城七里处,修筑了几层堡垒,从外面运进仓库中的粮谷作为军粮。司马乂取胜后,认为张方不足以忧虑。听说张方建成了堡垒,十一月,率领军队去进攻,一无所获。朝廷讨论认为司马乂、司马颖是兄弟,可以用言辞来排解这一纠纷,于是派中书令王衍等人到司马颖那里劝说,让司马颖与司马乂平分秋色、共同辅助皇室,司马颖不答应。司马乂又给司马颖去信,为他陈说利害关系,想与司马颖和解。司马颖回信说,"请斩掉皇甫商等人的首级,那么我就率兵回归邺城",司马乂不同意。

司马颖率兵进逼京城,张方把千里塌水坝中的水放掉,舂米的水碓全部无水可用。朝廷于是征发王公大臣的奴婢用手舂米来供给军粮,一品以下不去应征的官员,家中十三岁以上的男子全部服劳役,又征发奴隶帮助军队。公室私家都穷困窘迫,一石米价值万钱。皇帝的诏书命令所能指挥的,仅仅是京都一城罢了。骠骑主簿范阳人祖逖,对司马乂说:"刘沈忠诚正义果断坚毅,雍州的兵力足以对付河间王司马颙,应当启奏皇上给刘沈下诏书,派他出兵袭击司马颙。司马颙一旦窘迫紧急,一定要召回张方去救援自己,这是很好的计策。"司马乂采纳了。刘沈接到诏书,用快马向辖境内各郡发布檄文,各郡大多起兵响应。刘沈组织七郡一共一万多人,向长安进发。

义又使皇甫商间行,赍帝手诏,命游楷等罢兵,敕皇甫重进军讨颙。商间行至新平,遇其从甥,从甥素憎商,以告颙,颙捕商,杀之。

9 十二月,议郎周玘、前南平内史长沙王矩起兵江东以讨石冰,推前吴兴太守吴郡顾秘都督扬州九郡诸军事,传檄州郡,杀冰所署将吏。于是前侍御史贺循起兵于会稽,庐江内史广陵华谭及丹阳葛洪、甘卓皆起兵以应秘。玘,处之子;循,邵之子;卓,宁之曾孙也。

冰遣其将羌毒帅兵数万拒玘,玘击斩之。冰自临淮趋寿春。征东将军刘准闻冰至,惶惧不知所为。广陵度支庐江陈敏统众在寿春,谓准曰:"此等本不乐远戍,逼迫成贼,乌合之众,其势易离,敏请督运兵为公破之。"准乃益敏兵,使击之。

10 闰月,李雄急攻罗尚。尚军无食,留牙门张罗守城,夜,由牛鞞水东走,罗开门降。雄入成都,军士饥甚,乃帅众就谷于郫,掘野芋而食之。许雄坐讨贼不进,征即罪。

11 安北将军、都督幽州诸军事王浚,以天下方乱,欲结援夷狄,乃以一女妻鲜卑段务勿尘,一女妻素怒延,又表以辽西郡封务勿尘为辽西公。浚,沈之子也。

12 毛诜之死也,李睿奔五苓夷帅于陵丞,于陵丞诣李毅为睿请命,毅许之。睿至,毅杀之。于陵丞怒,帅诸夷反攻毅。

13 尚书令乐广女为成都王妃,或谮诸太尉乂。乂问广,广神色不动,徐曰:"广岂以五男易一女哉!"乂犹疑之。

司马乂又派皇甫商秘密出行,拿着惠帝亲笔诏书,命令游楷等人放弃军事行动,命令皇甫重出兵讨伐司马颙。皇甫商秘密走到新平,遇到他的堂外甥,堂外甥一直憎恶皇甫商,就向司马颙告发,司马颙逮捕了皇甫商,并把他杀了。

9　十二月,议郎周玘、前南平内史长沙人王矩,在江东起兵讨伐石冰,推举前吴兴太守吴郡人顾秘任都督扬州九郡诸军事,向各州郡传布檄文,杀掉石冰所署的部将官吏。于是前侍御史贺循在会稽起兵,庐江内史广陵人华谭和丹阳人葛洪、甘卓都起兵响应顾秘。周玘是周处的儿子;贺循是贺邵的儿子;甘卓是甘宁的曾孙。

石冰派部将羌毒,率领几万军队抵抗周玘,周玘猛攻并杀了羌毒。石冰从临淮赶到寿春。征东将军刘准听说石冰到了,惶恐惧怕不知所措。广陵度支庐江人陈敏在寿春统率了一些人马,对刘准说:"石冰这些人本来是因为不愿远离故土去当兵,受到逼迫才成为盗贼的,这种乌合之众,是很容易瓦解的,请让我督率运粮兵为您打败他们。"刘准于是给陈敏增派军队,让陈敏攻击石冰。

10　闰月,李雄对罗尚发起猛攻。罗尚的军队没有粮食,就留下牙门张罗守城,自己夜里从牛鞞水向东逃跑,张罗打开城门投降。李雄进入成都,军队兵士非常饥饿,就率部众到郪县寻求给养,挖掘野山芋当粮吃。许雄被判定犯了讨伐盗贼时裹足不前的罪过,朝廷召他去接受判罚。

11　安北将军、都督幽州诸军事王浚,因为天下将要发生变乱,打算结交攀援夷狄,就把一个女儿嫁给鲜卑人段务勿尘,一个女儿嫁给素怒延,又上奏表把辽西郡划给段务勿尘,并封为辽西公。王浚是王沈的儿子。

12　毛诜死后,李睿投奔了五苓夷的统帅于陵丞,于陵丞到李毅那里替李睿说情请命,李毅同意了。李睿到后,李毅把他杀了。于陵丞动怒,带领各夷人部落造反攻打李毅。

13　尚书令乐广的女儿是成都王司马颖的王妃,有人把这事密报太尉司马乂。司马乂问乐广,乐广神色不动,慢条斯理地说:"乐广我难道用五个男子去换一个女儿吗?"司马乂对他仍然心存疑忌。

永兴元年（甲子，304）

1　春，正月丙午，乐广以忧卒。

2　长沙厉王乂屡与大将军颖战，破之，前后斩获六七万人。而乂未尝亏奉上之礼。城中粮食日窘，而士卒无离心。张方以为洛阳未可克，欲还长安。而东海王越虑事不济，癸亥，潜与殿中诸将夜收乂送别省。甲子，越启帝，下诏免乂官，置金墉城。大赦，改元。城既开，殿中将士见外兵不盛，悔之，更谋劫出乂以拒颖。越惧，欲杀乂以绝众心。黄门侍郎潘滔曰："不可，将自有静之者。"乃遣人密告张方。丙寅，方取乂于金墉城，至营，炙而杀之，方军士亦为之流涕。

公卿皆诣邺谢罪。大将军颖入京师，复还镇于邺。诏以颖为丞相；加东海王越守尚书令。颖遣奋武将军石超等率兵五万屯十二城门，殿中宿所忌者，颖皆杀之。悉代去宿卫兵。表卢志为中书监，留邺，参署丞相府事。

河间王颙顿军于郑，为东军声援，闻刘沈兵起，还镇渭城，遣督护虞夔逆战于好畤。夔兵败，颙惧，退入长安，急召张方。方掠洛中官私奴婢万馀人而西。军中乏食，杀人杂牛马肉食之。

刘沈渡渭而军，与颙战，颙屡败。沈使安定太守衞博、功曹皇甫澹以精甲五千袭长安，入其门，力战至颙帐下。沈兵来迟，冯翊太守张辅见其无继，引兵横击之，杀博及澹，兵遂败，收馀卒而

晋惠帝永兴元年(甲子,公元304年)

1　春季,正月丙午(初八),乐广忧郁而死。

2　长沙厉王司马乂多次与大将军司马颖开战,打败司马颖,前后杀死或俘虏六七万人。战事紧张而司马乂对侍奉皇上的礼节却从不曾耽搁减少。城中粮食日益困窘,但士卒们却没有背离的想法。张方认为洛阳不能攻克,想返回长安。这时东海王司马越在朝中考虑事情不能成功,癸亥(二十五日),暗地与殿中各位将领趁夜把司马乂拘捕送到另外的官署。甲子(二十六日),司马越启奏惠帝,下诏书罢免司马乂的官职,把他关在金墉城。赦免罪犯,改年号为永安。城门打开后,殿中的官兵看到城外的军队并不强,因而感到后悔,又谋划劫出司马乂来抗拒司马颖。司马越惶惶不安,想杀掉司马乂使大家断绝这个想法。黄门侍郎潘滔说:"不能这样,将自然有使大家静心的人。"就派人秘密告诉张方。丙寅(二十八日),张方在金墉城带走司马乂,到军营后,把司马乂用火烧烤后杀了,连张方军中的兵士也为司马乂流泪。

朝廷公卿大臣都到邺城向司马颖认错道歉。大将军司马颖进入京城,后又回到邺城镇守。惠帝诏令任司马颖为丞相;给东海王司马越加尚书令职。司马颖派奋武将军石超等人率军队五万人驻扎在洛阳的十二个城门,朝廷中有宿怨的官员,司马颖把他们全部杀了。皇宫禁卫军也全部用自己的军队代替。表奏卢志任中书监,留驻邺城,管理丞相府事务。

河间王司马颙在郑县停兵驻扎,作为东军的声援,听说刘沈的军队进攻,就回到渭城镇守,派督护虞夔在好畤县迎战刘沈。虞夔的军队失败,司马颙恐惧不安,退入长安,急忙召张方回来。张方在洛阳抢掠了官府私家的奴婢一万多人匆忙西归。军中缺乏粮食,把人杀了混在牛马肉中吃。

刘沈渡过渭水驻军,与司马颙交战,司马颙连连失败。刘沈派遣安定太守衙博、功曹皇甫澹率领五千精兵袭击长安,攻入长安城门,奋力战斗,一直攻至司马颙的军帐前。刘沈自己带的兵来晚了,冯翊太守张辅发现衙博的兵后继无援,带兵对这支精兵拦腰截击,杀了衙博和皇甫澹,这支精兵也就失败了,收拢残馀而

退。张方遣其将敦伟夜击之,沈军惊溃,沈与麾下南走,追获
之。沈谓颙曰:"知己之惠轻,君臣之义重,沈不可以违天子
之诏,量强弱以苟全。投袂之日,期之必死,菹醢之戮,其甘
如荠。"颙怒,鞭之而后腰斩。新平太守江夏张光数为沈画
计,颙执而诘之,光曰:"刘雍州不用鄙计,故令大王得有今
日!"颙壮之,引与欢宴,表为右卫司马。

3 罗尚逃至江阳,遣使表状;诏尚权统巴东、巴郡、涪陵
以供军赋。尚遣别驾李兴诣镇南将军刘弘求粮,弘纲纪以运
道阻远,且荆州自空乏,欲以零陵米五千斛与尚。弘曰:"天
下一家,彼此无异,吾今给之,则无西顾之忧矣。"遂以三万斛
给之,尚赖以自存。李兴愿留为弘参军,弘夺其手版而遣之。
又遣治中何松领兵屯巴东为尚后继。于时流民在荆州者十
馀万户,羁旅贫乏,多为盗贼,弘大给其田及种粮,擢其贤才,
随资叙用,流民遂安。

4 三月乙酉,丞相颖表废皇后羊氏,幽于金墉城;废皇
太子覃为清河王。

5 陈敏与石冰战数十合,冰众十倍于敏,敏击之,所向
皆捷,遂与周玘合攻冰于建康。三月,冰北走,投封云,云司
马张统斩冰及云以降,扬、徐二州平。周玘、贺循皆散众还
家,不言功赏。朝廷以陈敏为广陵相。

6 河间王颙表请立丞相颖为太弟。戊申,诏以颖为皇
太弟,都督中外诸军事,丞相如故。大赦。乘舆服御皆迁于
邺,制度一如魏武帝故事。以颙为太宰、大都督、雍州牧;前
太傅刘寔为太尉。寔以老,固让不拜。

退去。张方派他的部将敦伟趁夜攻打刘沈,刘沈的军队惊慌而溃散,刘沈与部下向南逃跑,被敦伟的兵追上而抓获。刘沈对司马颙说:"朋友知己之间的恩惠微小,君臣之间的恩义重大,我不能违反天子的诏令,衡量势力的强弱来苟全性命。我在挥袖行动的时候,就预料到性命一定保不住,因此剁成肉酱的酷刑,对我来说如同品尝荠菜一样甘甜。"听后司马颙发怒,鞭笞刘沈后又将他腰斩。新平太守江夏人张光多次为刘沈出谋划策,司马颙抓住他而诘问,张光说:"雍州太守刘沈没有采纳我的计策,所以使得大王您得以有今天!"司马颙认为他壮烈,带他一起参加盛宴,表奏他为右卫司马。

3　罗尚逃到江阳,派使者向朝廷奏报情况,朝廷诏令罗尚暂且统领巴东、巴郡、涪陵,来供应军事给养。罗尚派遣别驾李兴向镇南将军刘弘求助粮食,刘弘的参佐考虑到运粮道路遥远,加之荆州本地也粮食紧张,就想从零陵拨出五千斛米给罗尚。刘弘说:"天下是一家,互相不分彼此,我现在供给他,就没有照顾担心西边的忧虑了。"于是给罗尚三万斛米,罗尚靠这些米得以生存。李兴想留下来做刘弘的参军,刘弘将他来参见用的手版夺而赶他回去。刘弘还派治中何松带兵驻扎在巴东作为罗尚的后援。当时在荆州的流民有十多万户,寄居他乡十分贫困,大多成为盗贼,刘弘分给他们大批田地和种籽,提拔其中贤德的人才,按照资质任用,流民于是安定下来。

4　三月乙酉,丞相司马颖表奏废黜皇后羊氏,幽禁在金墉城;废黜皇太子司马覃为清河王。

5　陈敏与石冰交战几十次,石冰的人数是陈敏的十倍,但陈敏攻打石冰,每次都获得胜利,于是与周玘在建康联合进攻石冰。三月,石冰失败逃窜,投奔封云,封云的司马张统杀掉石冰和封云后投降,扬、徐二州于是平定。周玘、贺循都遣散部众回家,不提功劳封赏。朝廷让陈敏担任广陵相。

6　河间王司马颙表奏请朝廷立丞相司马颖为皇太弟。戊申(十一日),惠帝下诏立司马颖为皇太弟,兼任都督中外诸军事,并保留丞相职。宣布大赦。皇太弟的车马及服饰用品都迁到邺城,制度就像魏武帝曹操那时一样。让司马颙担任太宰、大都督、雍州牧;前太傅刘寔担任太尉。刘寔声称年纪已老,坚决辞让不去就职。

7 太弟颖僭侈日甚，嬖幸用事，大失众望。司空东海王越，与右卫将军陈眕及长沙故将上官巳等谋讨之。秋，七月丙申朔，陈眕勒兵入云龙门，以诏召三公百僚及殿中，戒严讨颖。石超奔邺。戊戌，大赦，复皇后羊氏及太子覃。己亥，越奉帝北征。以越为大都督。征前侍中嵇绍诣行在。侍中秦准谓绍曰："今往，安危难测，卿有佳马乎？"绍正色曰："臣子扈卫乘舆，死生以之，佳马何为！"

越檄召四方兵，赴者云集，比至安阳，众十馀万，邺中震恐。颖会群僚问计，东安王繇曰："天子亲征，宜释甲缟素出迎请罪。"颖不从，遣石超帅众五万拒战。折冲将军乔智明劝颖奉迎乘舆，颖怒曰："卿名晓事，投身事孤。今主上为群小所逼，卿奈何欲使孤束手就刑邪！"

陈眕二弟匡、规自邺赴行在，云邺中皆已离散，由是不甚设备。己未，石超军奄至，乘舆败绩于荡阴，帝伤颊，中三矢，百官侍御皆散。嵇绍朝服，下马登辇，以身卫帝，兵人引绍于辕中斫之。帝曰："忠臣也，勿杀！"对曰："奉太弟令，惟不犯陛下一人耳。"遂杀绍，血溅帝衣。帝堕于草中，亡六玺。石超奉帝幸其营，帝馁甚，超进水，左右奉秋桃。颖遣卢志迎帝。庚申，入邺。大赦，改元曰建武。左右欲浣帝衣，帝曰："嵇侍中血，勿浣也！"

7　皇太弟司马颖超越本分奢侈一天比一天严重,所宠幸溺爱的小人执掌权力,令大家十分失望。司空东海王司马越与右卫将军陈眕以及长沙王司马乂过去的部将上官巳等谋划讨伐司马颖。秋季,七月丙申朔(初一),陈眕率兵攻入云龙门,用皇帝诏书召集三公及群臣与三部众将领,戒严征讨司马颖。石超奔向邺城。戊戌(初三),宣布大赦,恢复皇后羊氏和皇太子司马覃的地位。己亥(初四),司马越侍奉惠帝向北征伐。司马越担任大都督。征调前侍中嵇绍到惠帝身边任职。侍中秦准对嵇绍说:"现在随行,安危难以预料,你有好马吗?"嵇绍神色严肃地说:"臣子护卫皇帝御车,死与生都要忠于职守,要好马干什么?"

司马越发布檄文召集各地军队,奉诏赶来的队伍云集,行军到安阳,人数有十多万,邺城震惊惶恐。司马颖召集幕僚参佐询问计策,东安王司马繇说:"天子亲自征伐,应当放下武器身穿白色衣服出去迎接,并向天子请罪。"司马颖不同意,派石超率五万人抵御作战。折冲将军乔智明劝说司马颖尊奉迎接惠帝御驾,司马颖发怒说:"你空有知晓事理的名声,投身到我身边做事。现在皇上被小人们逼迫,你为什么想让我捆绑住自己的手脚去接受刑罚呢?"

陈眕的两个弟弟陈匡、陈规从邺城赶到惠帝身边,说邺城里已经分崩离析,因此大家都不怎么安排防备。己未(二十四日),石超的军队忽然杀到,惠帝的兵马在荡阴失败,惠帝面颊负伤,中了三箭,百官和侍卫全部溃逃。嵇绍身穿上朝的礼服,下马登上御车,用身体护卫着惠帝,兵士把嵇绍拉到车辕上就砍。惠帝说:"这是忠臣,不要杀!"兵士回答说:"奉皇太弟的命令,只是不侵犯陛下一人而已。"于是杀了嵇绍,鲜血溅到惠帝的衣服上。惠帝从车上掉到草丛中,丢失了六枚御玺。石超侍奉惠帝到自己兵营中,惠帝非常饥饿,石超送上水,左右随从奉上秋桃。司马颖派卢志迎接惠帝。庚申(二十五日),惠帝进入邺城,宣布大赦,改年号为建武。随从想为惠帝洗衣服,惠帝说:"有侍中嵇绍的血,不要洗了!"

陈眕、上官巳等奉太子覃守洛阳。司空越奔下邳,徐州都督东平王楙不纳,越径还东海。太弟颖以越兄弟宗室之望,下令招之,越不应命。前奋威将军孙惠上书劝越要结藩方,同奖王室,越以惠为记室参军,与参谋议。北军中候苟晞奔范阳王虓,虓承制以晞行兖州刺史。

8 初,三王之起兵讨赵王伦也,王浚拥众挟两端,禁所部士民不得赴三王召募。太弟颖欲讨之而未能,浚心亦欲图颖。颖以右司马和演为幽州刺史,密使杀浚。演与乌桓单于审登谋与浚游蓟城南清泉,因而图之。会天暴雨,兵器沾湿,不果而还。审登以为浚得天助,乃以演谋告浚。浚与审登密严兵,约并州刺史东嬴公腾共围演,杀之,自领幽州营兵。腾,越之弟也。太弟颖称诏征浚,浚与鲜卑段务勿尘、乌桓羯朱及东嬴公腾同起兵讨颖,颖遣北中郎将王斌及石超击之。

9 太弟颖怨东安王繇前议,八月,戊辰,收繇,杀之。初,繇兄琅邪恭王觐薨,子睿嗣。睿沉敏有度量,为左将军,与东海参军王导善。导,敦之从父弟也,识量清远,以朝廷多故,每劝睿之国。及繇死,睿从帝在邺,恐及祸,将逃归。颖先敕关津,无得出贵人,睿至河阳,为津吏所止。从者宋典自后来,以鞭拂睿而笑曰:“舍长,官禁贵人,汝亦被拘邪?”吏乃听过。至洛阳,迎太妃夏侯氏俱归国。

陈眕、上官巳等人侍奉太子司马覃留守洛阳。司空司马越逃奔下邳，徐州都督东平王司马楙不接纳，司马越就直接回到东海。皇太弟司马颖因为司马越兄弟在宗室中享有声望，下令招他来，司马越没有接受命令应召。前奋威将军孙惠给司马越去信劝说司马越团结藩王，共同辅助王室，司马越让孙惠担任记室参军，让他参与计策的谋划商讨。北军中候苟晞投奔范阳王司马虓，司马虓按照朝廷旨意让苟晞担任兖州刺史。

    8   当初，三个亲王发兵讨伐赵王司马伦，王浚辖所部脚踩两只船，禁止所属的官员百姓去应三亲王的招募。皇太弟司马颖想去讨伐王浚而没有能成行，王浚内心也想搞掉司马颖。司马颖让右司马和演任幽州刺史，派他秘密杀掉王浚。和演与乌桓单于审登谋划，在与王浚一起到蓟城南部清泉游玩时，伺机杀他。那天赶上天降暴雨，兵器被雨水打湿，徒劳而返。审登认为这是王浚得到上天佑助，就把和演的阴谋告诉了王浚。王浚与审登秘密训练军队，约并州刺史东嬴公司马腾一起围攻和演，把他杀掉，王浚自己接管了幽州所辖的军队。司马腾是司马越的弟弟。皇太弟假称诏令征召王浚，王浚与鲜卑人段务勿尘、乌桓人羯朱以及东嬴公司马腾共同起兵讨伐司马颖，司马颖派北中郎将王斌以及石超迎击他们。

    9   皇太弟司马颖对东安王司马繇前次让他向惠帝投降的议论十分怨恨，八月戊辰（初三），拘捕司马繇，把他杀了。当初，司马繇的哥哥琅邪恭王司马觐去世，儿子司马睿继承爵位。司马睿沉毅机敏而又胸怀宽广，任左将军，与东海参军王导要好。王导是王敦的叔伯弟弟，见识胸怀清明广远，因为朝廷多变故，经常劝说司马睿返回封国。等到司马繇被杀，司马睿在邺城侍从惠帝，恐怕遭到灾祸，打算逃回去。司马颖事先命令各关卡渡口，不得放贵族出去，司马睿到河阳，被渡口的官吏拦住。司马睿的随从宋典从后面赶来，用鞭子扫拂司马睿，笑着说："舍长，朝廷禁止贵族出去，怎么你也被拘在这儿呀？"官吏就让他们过去了。到洛阳，接上太妃夏侯氏一起返回封国。

10　丞相从事中郎王澄发孟玖奸利事,劝太弟颖诛之,颖从之。

11　上官已在洛阳,残暴纵横。守河南尹周馥,浚之从父弟也,与司隶满奋等谋诛之,事泄,奋等死,馥走,得免。司空越之讨太弟颖也,太宰颙遣右将军、冯翊太守张方将兵二万救之,闻帝已入邺,因命方镇洛阳。已与别将苗愿拒之,大败而还。太子覃夜袭已、愿,已、愿出走,方入洛阳。覃于广阳门迎方而拜,方下车扶止之,复废覃及羊后。

12　初,太弟颖表匈奴左贤王刘渊为冠军将军,监五部军事,使将兵在邺。渊子聪,骁勇绝人,博涉经史,善属文,弯弓三百斤;弱冠游京师,名士莫不与交。颖以聪为积弩将军。

渊从祖右贤王宣谓其族人曰:“自汉亡以来,我单于徒有虚号,无复尺土;自馀王侯,降同编户。今吾众虽衰,犹不减二万,奈何敛首就役,奄过百年! 左贤王英武超世,天苟不欲兴匈奴,必不虚生此人也。今司马氏骨肉相残,四海鼎沸,复呼韩邪之业,此其时矣!”乃相与谋,推渊为大单于,使其党呼延攸诣邺告之。

渊白颖,请归会葬,颖弗许。渊令攸先归,告宣等使招集五部及杂胡,声言助颖,实欲叛之。及王浚、东嬴公腾起兵,渊说颖曰:“今二镇跋扈,众十馀万,恐非宿卫及近郡士众所能御也,请为殿下还说五部以赴国难。”颖曰:“五部之众,果可发否? 就能发之,鲜卑、乌桓,未易当也。

10　丞相从事中郎王澄揭发孟玖用邪恶的手段谋取私利,劝说太弟司马颖把他杀掉,司马颖批准。

11　上官巳在洛阳,残暴横行。任河南尹的周馥,是周浚的堂弟,与司隶满奋等人谋划杀掉上官巳,走漏了风声,满奋等人被杀,周馥逃走,得以免死。司空司马越征讨皇太弟司马颖,太宰司马颙派右将军、冯翊太守张方率两万人的军队前去救援,听说惠帝已进入邺城,就命令张方去镇守洛阳。上官巳与另一支军队的将军苗愿抗拒张方,惨败,回到城里。太子司马覃夜袭上官巳、苗愿,上官巳、苗愿出城逃走,张方进入洛阳。司马覃在广阳门迎着张方叩拜,张方下车把他扶住不让他叩拜,再一次废黜了司马覃和羊皇后。

12　当初,皇太弟表奏匈奴左贤王刘渊任冠军将军,监理五部匈奴的军政事务,让他在邺城统领军队。刘渊的儿子刘聪,骁勇超人,博览经史典籍,善于写文章,能用三百斤张力的大弓;年轻时到京都游玩,京都名士没有不与他结交的。司马颖让他任积弩将军。

刘渊堂祖父右贤王刘宣对他的族人说:“自从汉朝灭亡以来,我们的单于都是徒有虚名,不再有一寸土地;其馀的王侯,地位却降到与百姓一样。现在我们大家虽然衰落,但也在两万人以上,怎么能俯首贴耳地充当役夫,这样匆匆地过了一百年! 左贤王英俊威武超凡绝伦,上天如果不想使匈奴兴盛,也就一定不会白白生出这个人。现在司马氏骨肉亲人互相残杀,四海动乱如同鼎中沸腾的开水,光复呼韩邪的事业,这正是时候!”于是互相谋划,推举刘渊为大单于,并派他的党羽呼延攸到邺城去告知他。

刘渊告诉司马颖,请求回乡参与葬礼,司马颖不允许。刘渊让呼延攸先回去,通知刘宣等人让他们召集五部匈奴以及各小民族,声称援助司马颖,实际打算背叛他。等到王浚、东嬴公司马腾起兵,刘渊对司马颖说:“现在幽、并两州的镇将猖獗,率众十多万人,恐怕不是禁卫军和附近郡县的军队可以抵御的,我请求为殿下回去召集五部匈奴人马赴救国难。”司马颖说:“五部匈奴的人马,真能够发动吗?即使能发动他们,鲜卑、乌桓,也不是轻易能阻挡的。

吾欲奉乘轝还洛阳以避其锋,徐传檄天下,以逆顺制之,君意何如?"渊曰:"殿下武皇帝之子,有大勋于王室,威恩远著,四海之内,孰不愿为殿下尽死力者! 何难发之有! 王浚竖子,东嬴疏属,岂能与殿下争衡邪! 殿下一发邺宫,示弱于人,洛阳不可得而至;虽至洛阳,威权不复在殿下也。愿殿下抚勉士众,靖以镇之,渊请为殿下以二部摧东嬴,三部枭王浚,二竖之首,可指日而悬也。"颖悦,拜渊为北单于、参丞相军事。

　　渊至左国城,刘宣等上大单于之号,二旬之间,有众五万,都于离石,以聪为鹿蠡王。遣左於陆王宏帅精骑五千,会颖将王粹拒东嬴公腾。粹已为腾所败,宏无及而归。

　　王浚、东嬴公腾合兵击王斌,大破之。浚以主簿祁弘为前锋,败石超于平棘,乘胜进军。候骑至邺,邺中大震,百僚奔走,士卒分散。卢志劝颖奉帝还洛阳。时甲士尚有万五千人,志夜部分,至晓将发,而程太妃恋邺不欲去,颖狐疑未决。俄而众溃,颖遂将帐下数十骑与志奉帝御犊车南奔洛阳。仓猝上下无赍,中黄门被囊中赍私钱三千,诏贷之,于道中买饭,夜则御中黄门布被,食以瓦盆。至温,将谒陵,帝丧履,纳从者之履,下拜流涕。及济河,张方自洛阳遣其子罴帅骑三千,以所乘车奉迎帝。至芒山下,方自帅万馀骑迎帝。方将拜谒,帝下车自止之。帝还宫,奔散者稍还,百官粗备。辛巳,大赦。

我想侍奉皇帝还归洛阳,避开他们的锋芒,再慢慢向天下发布檄文,用正义制服邪恶的道理说服他们,您认为怎么样?"刘渊说:"殿下是武帝的儿子,又对王室建立了大功勋,威严恩德远近闻名,四海之内,有谁不愿意为殿下拼死尽力呢?有什么难以发动的!王浚是小人,东赢公是关系疏远的皇亲,怎能与殿下争比高低呢!殿下如果离开邺城宫殿,那就是向人示弱,洛阳也不能进去了;即使到了洛阳,殿下也不会再有威势权力了。希望殿下抚慰勉励部众,使他们安定镇静,我请求为殿下用两部匈奴摧毁东赢公,三部匈奴去杀王浚,高悬两个小人的头颅,指日可待。"司马颖非常高兴,任命刘渊担任北单于、参丞相军事等职。

刘渊到左国城,刘宣等人给他封上大单于的称号,二十天之间,有了五万人,建都离石县,封刘聪为鹿蠡王。派左於陆王刘宏带领五千精锐骑兵,会同司马颖的部将王粹阻击东赢公司马腾。王粹已被司马腾打败,刘宏无功而返。

王浚、东赢公司马腾联合军队去攻打王斌,把王斌打得惨败。王浚让主簿祁弘担任前锋,在平棘县打败石超,祁弘乘胜进军。侦察骑兵到了邺城,邺城城里非常震惊,文武百官四处奔逃,士卒离散。卢志规劝司马颖侍奉惠帝返回洛阳。当时还有一万五千武装士卒,卢志连夜部署分派,到早晨将要出发,但程太妃留恋邺城不愿离开,司马颖也犹豫不决。一会儿大家溃散,司马颖于是连忙带领军帐下的几十个骑兵与卢志侍奉着惠帝登上犊车,向南逃往洛阳。仓促得君臣上下都没有带钱,中黄门行李中藏着三千私人的钱,诏令借他的这些钱,在路上买饭,夜里惠帝就用中黄门的布被,吃饭时使用瓦盆。到达温县,将要拜谒祖宗陵墓,惠帝把鞋走丢了,就把侍从的鞋要来穿上,到陵墓前流着泪下拜。过黄河时,张方派他儿子张黑带领三千骑兵,用自己的车乘侍奉迎接惠帝。行到芒山下,张方自己率领一万多骑兵迎接惠帝。张方将要叩拜谒见,惠帝下车止住了他。惠帝回到皇宫,四处奔散的官员有少数也回来,文武百官大致齐备。辛巳(八月十六日),宣布大赦。

王浚入邺,士众暴掠,死者甚众。使乌桓羯朱追太弟颖,至朝歌,不及。浚还蓟,以鲜卑多掠人妇女,命:"敢有挟藏者斩!"于是沉于易水者八千人。

13 东嬴公腾乞师于拓跋猗㐌以击刘渊,猗㐌与弟猗卢合兵击渊于西河,破之,与腾盟于汾东而还。

刘渊闻太弟颖去邺,叹曰:"不用吾言,逆自奔溃,真奴才也!然吾与之有言矣,不可以不救。"将发兵击鲜卑、乌桓,刘宣等谏曰:"晋人奴隶御我,今其骨肉相残,是天弃彼而使我复呼韩邪之业也。鲜卑、乌桓,我之气类,可以为援,奈何击之!"渊曰:"善!大丈夫当为汉高、魏武,呼韩邪何足效哉!"宣等稽首曰:"非所及也!"

14 荆州兵擒斩张昌,同党皆夷三族。

15 李雄以范长生有名德,为蜀人所重,欲迎以为君而臣之,长生不可。诸将固请雄即尊位,冬,十月,雄即成都王位,大赦,改元建兴。除晋法,约法七章。以其叔父骧为太傅,兄始为太保,李离为太尉,李云为司徒,李璜为司空,李国为太宰,阎式为尚书令,杨褒为仆射。尊母罗氏为王太后,追尊父特为成都景王。雄以李国、李离有智谋,凡事必咨而后行,然国、离事雄弥谨。

16 刘渊迁都左国城。胡、晋归之者愈众。渊谓群臣曰:"昔汉有天下久长,恩结于民。吾,汉氏之甥,约为兄弟;兄亡弟绍,不亦可乎!"乃建国号曰汉。刘宣等请上尊号,渊曰:"今四方未定,且可依高祖称汉王。"于是即汉王位,大赦,改元曰元熙。追尊安乐公禅为孝怀皇帝,作汉三祖、五宗神主而祭之。立其妻呼延氏为王后。以右贤王宣为丞相,崔游为御史大夫,左於陆王宏为太尉,范隆为大鸿胪,朱纪为太常,上党崔懿之、后部人陈元达皆为黄门郎,族子曜为建武将军。游固辞不就。

王浚进入邺城,士卒们狂暴抢掠,邺城中死了很多人。派乌桓人羯朱追击皇太弟司马颖,追至朝歌,没有追上。王浚回到蓟城,因为鲜卑大多抢劫人家妇女,就下令:"胆敢有挟藏妇女的人,斩!"结果因此被沉入易水的人有八千人。

13 东嬴公向拓跋猗㐌求兵攻打刘渊,拓跋猗㐌与弟拓跋猗卢联合在西河进攻刘渊,把刘渊打败,与司马腾在汾东结盟后回师。

刘渊听说皇太弟司马颖离开邺城,感叹说:"不采纳我的话,反倒自行奔逃溃散,真是奴才!但我与他有言在先,不能不救他。"打算发兵攻打鲜卑、乌桓,刘宣等人劝谏说:"晋朝人像奴隶一样使用我们,现在他们骨肉亲人之间互相残杀,是上天抛弃他们而让我们光复呼韩邪的事业。鲜卑、乌桓,是我们的同类,可以作为后援,怎么能攻打他们呢?"刘渊说:"好!大丈夫应当作汉高祖、魏武帝,呼韩邪哪里值得效仿呢?"刘宣等人叩头行礼说:"我们是想不到啊!"

14 荆州的军队擒获并杀掉张昌,他的同党都被诛灭三族。

15 李雄认为范长生有名气威德,被蜀地百姓所看重,想自己作为臣下迎奉他为国君,范长生不同意。各位部将坚持请求李雄登上王位,冬季,十月,李雄即位为成都王,宣布大赦,改年号为建兴。废除晋朝法律,自建法律七章。让他叔叔李骧担任太傅,兄李始担任太保,李离任太尉,李云任司徒,李璜任司空,李国任太宰,阎式任尚书令,杨褒任仆射。尊奉母亲罗氏为王太后,追尊父亲李特为成都景王。李雄因为李国、李离有智慧谋略,任何事情都必定找他们咨询后才行动,然而李国、李离也愈发谨慎。

16 刘渊将都城迁到左国城。胡人、晋朝人归附他的更加多了。刘渊对臣下们说:"过去汉能长久地拥有天下,是因为用恩德维系百姓。我作为汉朝刘氏的外甥,相约为兄弟,哥哥亡故而弟弟继承,不也可以吗?"于是建立国号称汉。刘宣等人请求给刘渊上一个尊号,刘渊说:"现在四方各地都没有平定,暂且按照汉高祖那样称汉王。"于是登上汉王王位,宣布大赦,改年号为元熙。追尊安乐公刘禅为孝怀皇帝,制作汉高祖、世祖、昭烈皇帝三祖和汉太宗、世宗、中宗、显宗、肃宗五宗的神主来祭祀他们。立他的妻子呼延氏为王后。让右贤王刘宣担任丞相,崔游任御史大夫,左於陆王刘宏担任太尉,范隆任大鸿胪,朱纪任太常,上党人崔懿之、匈奴后部人陈元达都担任黄门郎,同族侄子刘曜担任建武将军。崔游坚决辞让不去就任。

元达少有志操,渊尝招之,元达不答。及渊为汉王,或谓元达曰:"君其惧乎?"元达笑曰:"吾知其人久矣,彼亦亮吾之心,但恐不过三、二日,驿书必至。"其暮,渊果征元达。元达事渊,屡进忠言,退而削草,虽子弟莫得知也。

曜生而眉白,目有赤光,幼聪慧,有胆量,早孤,养于渊。及长,仪观魁伟,性拓落高亮,与众不群,好读书,善属文,铁厚一寸,射而洞之。常自比乐毅及萧、曹,时人莫之许也,惟刘聪重之,曰:"永明,汉世祖、魏武之流,数公何足道哉!"

17 帝既还洛阳,张方拥兵专制朝政,太弟颖不得复豫事。豫州都督范阳王虓、徐州都督东平王楙等上言:"颖弗克负荷,宜降封一邑,特全其命。太宰宜委以关右之任,自州郡以下,选举授任,一皆仰成;朝之大事,废兴损益,每辄畴咨。张方为国效节,而不达变通,未即西还,宜遣还郡,所加方官,请悉如旧。司徒戎、司空越,并忠国小心,宜干机事,委以朝政。王浚有定社稷之勋,宜特崇重,遂抚幽朔,长为北藩。臣等竭力扞城,藩屏皇家,则陛下垂拱,四海自正矣。"

张方在洛既久,兵士剽掠殆竭,众情喧喧,无复留意,议欲奉帝迁都长安;恐帝及公卿不从,欲须帝出而劫之。乃请帝谒庙,帝不许。十一月乙未,方引兵入殿,以所乘车迎帝,帝驰避后园竹中。军人引帝出,逼使上车,帝垂泣从之。

陈元达年轻时就有志气节操，刘渊曾经招用他，陈元达没有答复。等到刘渊成为汉王，有人对陈元达说："您害怕吗?"陈元达笑着说："我了解这个人已经很久了，他也明白我的心思，只恐怕过不了三两天，驿站必定送信来了。"到了傍晚，刘渊果然征用陈元达。陈元达为刘渊做事，多次进谏忠言，退朝后就删削奏稿，即使是子弟也不能得知内容。

刘曜长着白眉毛，眼睛中有赤光，年幼时很聪明，有胆量，很早就失去父母，被刘渊抚养。等长大后，仪表魁梧伟岸，性格磊落高尚，孤傲不与大家往来，喜爱读书，善于写文章，一寸厚的铁板，他能用箭射穿。常常把自己比作乐毅和萧何、曹参，当时的人没有赞许他的，只有刘聪看重他，说："刘曜属于汉世祖、魏武帝一类，乐毅等人有什么可称道的!"

17　惠帝回到洛阳后，张方倚仗着兵权而独揽控制朝政，皇太弟司马颖不能再参与政事。豫州都督范阳王司马虓、徐州都督东平王司马楙等人给惠帝上言："司马颖不能担负重任，应当把封地降为一个城邑，特许保全他的性命。应当交给太宰司马颙统领关右的职任，从州郡以下，选举人才授官任职，都让他去办理;朝廷的大事，废除兴办减损增益等事宜，都和他商量咨询。张方为国家报效气节，但不晓事理变通，没有及时回到西边，应当发遣他回到郡中，加授给张方的官职，请全部按照过去的任命。司徒王戎、司空司马越都忠于国家，小心谨慎，应当参与机要事务，把朝廷政事交给他们。王浚有稳定社稷的功勋，应当特别加以恩崇重用，让他管理幽州、朔方地区，成为北方藩篱屏障的首领。我们尽心竭力捍卫都城，保护皇室，那么陛下就可以垂衣拱手、高枕无忧，四海就自然匡正了。"

张方在洛阳时间已长，洛阳城几乎被兵士剽窃抢掠一空，士兵们喧闹吵嚷，没有再留下来的心思，商议着想侍奉着惠帝把都城迁往长安;又恐怕惠帝和公卿大臣不同意，想等待惠帝出行时将他劫持。就请惠帝去拜谒宗庙，惠帝不答应。十一月乙未(初一)，张方带兵进入宫殿，用自己的车乘去接惠帝，惠帝连忙到后园竹林中躲避。兵士将惠帝带出，逼迫着让他上车，惠帝流着泪勉强答应了。

方于马上稽首曰:"今寇贼纵横,宿卫单少,愿陛下幸臣垒,臣尽死力以备不虞。"时群臣皆逃匿,唯中书监卢志侍侧,曰:"陛下今日之事,当一从右将军。"帝遂幸方垒,令方具车载宫人、宝物。军人因妻略后宫,分争府藏,割流苏、武帐为马帙,魏、晋以来蓄积,扫地无遗。方将焚宗庙、宫室以绝人返顾之心,卢志曰:"董卓无道,焚烧洛阳,怨毒之声,百年犹存,何为袭之!"乃止。

帝停方垒三日,方拥帝及太弟颖、豫章王炽等趋长安,王戎出奔郏。太宰颙帅官属步骑三万迎于霸上,颙前拜谒,帝下车止之。帝入长安,以征西府为宫。唯尚书仆射荀藩、司隶刘暾、河南尹周馥在洛阳为留台,承制行事,号东、西台。藩,勖之子也。丙午,留台大赦,改元复为永安。辛丑,复皇后羊氏。

18　罗尚移屯巴郡,遣兵掠蜀中,获李骧妻昝氏及子寿。

19　十二月丁亥,诏太弟颖以成都王还第;更立豫章王炽为皇太弟。帝兄弟二十五人,时存者惟颖、炽及吴王晏。晏材资庸下,炽冲素好学,故太宰颙立之。诏以司空越为太傅,与颙夹辅帝室,王戎参录朝政。又以光禄大夫王衍为尚书左仆射。高密王略为镇南将军,领司隶校尉,权镇洛阳。东中郎将模为宁北将军,都督冀州诸军事,镇邺。百官各还本职。令州郡蠲除苛政,爱民务本,清通之后,当还东京。大赦,改元。

张方在马上行礼说:"现在强盗窃贼横行无忌,守护皇宫的禁卫势单力薄,希望陛下到我的营垒中去,我将拼死尽力来防备意外发生。"当时大臣们都四处逃避躲藏,只有中书监卢志在惠帝身边侍奉,说:"陛下今天的事情,应该全听右将军张方安排。"惠帝于是来到张方营垒,并让张方准备车去装载宫女、宝物。兵士们趁机到后宫抢劫污辱宫女,争夺瓜分宫中所藏的物品,割下丝织垂穗、皇宫兵器帷帐当作马鞍垫,宫中魏、晋以来蓄积的宝藏,一扫而空。张方将要焚烧宗庙、宫室,想断绝人们回返的心思,卢志说:"董卓暴虐不讲道义,在洛阳放火,怨怒愤恨的声音,一百年后还能听得见,为什么要去学他呢?"张方这才停止下来。

惠帝在张方营垒中停留了三天,张方带着惠帝和皇太弟司马颖、豫章王司马炽等向长安进发,王戎逃奔郏县。太宰司马颙率领官员僚属和步兵、骑兵共三万人在霸上迎接,司马颙上前叩拜谒见,惠帝下车阻止他。惠帝进入长安,把司马颙的征西将军府作为皇宫,只有尚书仆射荀藩、司隶刘暾、河南尹周馥在洛阳留守朝廷台署,根据皇帝的旨意处理事务,与长安新建台署分别号称东台、西台。荀藩是荀勖的儿子。丙午,洛阳留守台署宣布大赦,把年号又重新改为永安。辛丑(初七),恢复皇后羊氏的地位。

18　罗尚迁移到巴郡驻扎,派兵抢掠蜀中,抓获李骧的妻子昝氏和儿子李寿。

19　十二月丁亥(二十四日),诏令皇太弟以成都王的身份返回府第;改立豫章王司马炽为皇太弟。惠帝兄弟共二十五人,当时在世的只有司马颖、司马炽和吴王司马晏。司马晏才能平庸资质低下,司马炽自幼平和质朴好学,所以太宰司马颙拥立他。诏令司空司马越任太傅,与司马颙共同辅佐皇室,王戎参与管理朝政。又让光禄大夫王衍任尚书左仆射。让高密王司马略任镇南将军,兼任司隶校尉,暂且镇守洛阳。东中郎将司马模担任宁北将军,都督冀州诸军事,镇守邺城。让各部门大臣官员各自回到本来的职任上。命令州、郡取消苛刻的政令,爱护人民,让他们从事本业,等到形势清平通畅后,就返回东京洛阳。宣布大赦,改年号为永兴。

略、模,皆越之弟也。王浚既去邺,越使模镇之。颙以四方乖离,祸难不已,故下此诏和解之,冀获少安。越辞太傅不受。又诏以太宰颙都督中外诸军事。张方为中领军、录尚书事,领京兆太守。

20　东嬴公腾遣将军聂玄击汉王渊,战于大陵,玄兵大败。

渊遣刘曜寇太原,取泫氏、屯留、长子、中都。又遣冠军将军乔晞寇西河,取介休。介休令贾浑不降,晞杀之,将纳其妻宗氏,宗氏骂晞而哭,晞又杀之。渊闻之,大怒曰:"使天道有知,乔晞望有种乎!"追还,降秩四等,收浑尸,葬之。

司马略和司马模,都是司马越的弟弟。王浚离开邺城后,司马越派司马模在邺城镇守。司马颙因为各地抵触分裂,祸患灾难不断出现,所以下这个诏令使各地方和解,希望能够获得稍微安定的局面。司马越推辞不接受太傅的职务。又下诏让太宰司马颙任都督中外诸军事。让张方担任中领军、录尚书事,兼任京兆太守。

　　20　东嬴公司马腾派将军聂玄攻打汉王刘渊,在大陵县交战,聂玄的军队惨败。

　　刘渊派刘曜进犯太原,攻克泫氏、屯留、长子、中都等地。又派冠军将军乔晞进犯西河,攻克介休。介休县令贾浑不投降,乔晞就把他杀了,打算娶贾浑妻宗氏,宗氏痛哭怒骂乔晞,乔晞又把她杀了。刘渊听说这事,非常生气,说:"假如上天知道了,乔晞还能希望有后代吗?"将乔晞追回,降了四级官秩,收敛贾浑的尸体安葬了。

卷第八十六　晋纪八

起乙丑(305)尽戊辰(308)凡四年

孝惠皇帝下
永兴二年(乙丑,305)

1　夏,四月,张方废羊后。

2　游楷等攻皇甫重,累年不能克,重遣其养子昌求救于外。昌诣司空越,越以太宰颙新与山东连和,不肯出兵。昌乃与故殿中人杨篇诈称越命,迎羊后于金墉城。入宫,以后令发兵讨张方,奉迎大驾。事起仓猝,百官初皆从之;俄知其诈,相与诛昌。颙请遣御史宣诏喻重令降。重不奉诏。先是城中不知长沙厉王及皇甫商已死,重获御史骀人,问曰:"我弟将兵来,欲至未?"骀人曰:"已为河间王所害。"重失色,立杀骀人。于是城中知无外救,共杀重以降。颙以冯翊太守张辅为秦州刺史。

3　六月甲子,安丰元侯王戎薨于郏。

4　张辅至秦州,杀天水太守封尚,欲以立威;又召陇西太守韩稚,稚子朴勒兵击辅,辅军败,死。凉州司马杨胤言于张轨曰:"韩稚擅杀刺史,明公杖钺一方,不可不讨。"轨从之,遣中督护氾瑷帅众二万讨稚,稚诣轨降。未几,鲜卑若罗拔能寇凉州,轨遣司马宋配击之,斩拔能,俘十馀万口,威名大振。

孝惠皇帝下

晋惠帝永兴二年(乙丑,公元 305 年)

1 夏季,四月,张方废黜羊皇后。

2 游楷等人攻打皇甫重,几年都没有攻克,皇甫重派他的养子皇甫昌到外边寻求救援。皇甫昌拜见司空司马越,司马越因为太宰司马颙新近与崤山以东地区联系和解,不肯出兵。皇甫昌就与以前为殿中人的杨篇一起,伪称奉司马越的旨意,从金墉城迎出羊皇后。进入皇宫后,用皇后的命令发兵讨伐张方,尊奉迎接皇帝大驾。事情来得仓促,朝廷各部门官员开始都跟随皇甫昌;不久知道是伪令,就一起杀了皇甫昌。司马颙请求派御史向皇甫重宣布诏令,命令他投降。皇甫重不遵行诏令。开始时城里不知道长沙厉王司马乂和皇甫商已被杀死,皇甫重抓住来宣布诏令的御史马夫,询问说:"我弟弟带兵过来,快到了吗?"马夫说:"他已被河间王司马颙害死了。"皇甫重大惊失色,当即杀掉马夫。这样城里知道没有外援,就一起杀了皇甫重投降。司马颙命冯翊太守张辅担任秦州刺史。

3 六月甲子(初四),安丰元侯王戎在郏县去世。

4 张辅到秦州,杀了天水太守封尚,想以此建立权威;又要召陇西太守韩稚,韩稚的儿子韩朴带兵攻打张辅,张辅的军队失败,张辅被杀死。凉州司马杨胤对张轨说:"韩稚擅自杀死刺史,您掌握一个地区的军事,不能不去征讨。"张轨听从了他的意见,派中军督护氾瑗率领两万人征讨韩稚,韩稚到张轨那里投降。没有多久,鲜卑人若罗拔能进犯凉州,张轨派司马宋配阻击鲜卑人,杀了若罗拔能,俘虏十多万人,声威大振。

5　汉王渊攻东嬴公腾，腾复乞师于拓跋猗㐌，卫操劝猗㐌助之。猗㐌帅轻骑数千救腾，斩汉将綦毋豚。诏假猗㐌大单于，加操右将军。甲申，猗㐌卒，子普根代立。

6　东海中尉刘洽以张方劫迁车驾，劝司空越起兵讨之。秋，七月，越传檄山东征、镇、州、郡云："欲纠帅义旅，奉迎天子，还复旧都。"东平王楙闻之，惧；长史王修说楙曰："东海，宗室重望；今兴义兵，公宜举徐州以授之，则免于难，且有克让之美矣。"楙从之。越乃以司空领徐州都督，楙自为兖州刺史；诏即遣使者刘虔授之。是时，越兄弟并据方任，于是范阳王虓，及王浚等共推越为盟主，越辄选置刺史以下，朝士多赴之。

7　成都王颖既废，河北人多怜之。颖故将公师藩等自称将军，起兵于赵、魏，众至数万。初，上党武乡羯人石勒，有胆力，善骑射。并州大饥，建威将军阎粹说东嬴公腾执诸胡于山东，卖充军实。勒亦被掠，卖为茌平人师懽奴，懽奇其状貌而免之。懽家邻于马牧，勒乃与牧帅汲桑结壮士为群盗。及公师藩起，桑与勒帅数百骑赴之。桑始命勒以石为姓，勒为名。藩攻陷郡县，杀二千石、长吏，转前，攻邺。平昌公模甚惧。范阳王虓遣其将苟晞救邺，与广平太守谯国丁绍共击藩，走之。

8　八月辛丑，大赦。

5 汉王刘渊攻打东嬴公司马腾,司马腾又向拓跋猗㐌恳求援助,卫操劝拓跋猗㐌帮助司马腾。拓跋猗㐌率领几千轻装的骑兵去救援司马腾,杀了汉刘渊的将军綦毋豚。诏令把拓跋猗㐌封为大单于,加封卫操右将军。甲申(二十四日),拓跋猗㐌去世,儿子拓跋普根代他立为大单于。

6 东海中尉刘洽因为张方劫持并强行迁移皇帝车驾,劝司空司马越发兵征讨张方。秋季,七月,司马越在崤山以东的各征、镇、州、郡传布檄文说:"将集结带领正义之师,奉迎天子返回原来的都城。"东平王司马楙听到后,惶恐不安;长史王修对司马楙说:"东海王是宗室中声望最高的,现在兴起正义的军队,您应当把徐州交给他,那就可避免灾难,还享有克己谦让的美德。"司马楙同意了。司马越就以司空兼任徐州都督,司马楙自任兖州刺史;朝廷诏令立即派使者刘虔正式任命。这时,司马越兄弟都各占据一方重任,于是范阳王司马虓和王浚等人共同推举司马越做盟主,司马越则选择人才安排刺史以下的职务,朝廷的士人大多都投奔到司马越那里。

7 成都王司马颖被废黜后,河北人大多很怜悯他。司马颖过去的部将公师藩等人自称将军,在赵、魏地区起兵,人数达到几万。当初,上党武乡县羯人石勒,有胆识力量,善于骑马射箭。并州严重饥荒,建威将军阎粹向东嬴公司马腾献计,把各族胡人抓到崤山以东地区,卖了以后补充军粮。石勒也被抓住,卖给仕平人师懽做奴隶,师懽认为他的相貌奇特而放了他。师懽与放马场为邻,石勒就与放牧的首领汲桑聚集壮士成为强盗团伙。等公师藩起兵后,汲桑和石勒率领几百骑士投奔到公师藩那里。汲桑开始让石勒以石作为姓,用勒作为名。公师藩攻克了一些郡县,杀了二千石俸禄的郡守、长吏,转而向前,攻打邺城。平昌公司马模非常恐惧。范阳王司马虓派他的部将苟晞去救邺城,与广平太守谯国人丁绍共同攻打并赶跑了公师藩。

8 八月辛丑,宣布大赦。

9 司空越以琅邪王睿为平东将军,监徐州诸军事,留守下邳。睿请王导为司马,委以军事。越帅甲士三万,西屯萧县;范阳王虓自许屯于荥阳。越承制以豫州刺史刘乔为冀州刺史,以范阳王虓领豫州刺史。乔以虓非天子命,发兵拒之。虓以刘琨为司马,越以刘蕃为淮北护军,刘舆为颍川太守。乔上尚书,列舆兄弟罪恶,因引兵攻许,遣长子祐将兵拒越于萧县之灵璧,越兵不能进。东平王楙在兖州,征求不已,郡县不堪命。范阳王虓遣苟晞还兖州,徙楙都督青州。楙不受命,背山东诸侯,与刘乔合。

10 太宰颙闻山东兵起,甚惧。以公师藩为成都王颖起兵,壬午,表颖为镇军大将军、都督河北诸军事,给兵千人;以卢志为魏郡太守,随颖镇邺,欲以抚安之。又遣建武将军吕朗屯洛阳。

颙发诏,令东海王越等各就国,越等不从。会得刘乔上事,冬,十月丙子,下诏称:“刘舆迫胁范阳王虓,造构凶逆。其令镇南大将军刘弘、平南将军彭城王释、征东大将军刘准,各勒所统,与刘乔并力;以张方为大都督,统精卒十万,与吕朗共会许昌,诛舆兄弟。”释,宣帝弟子穆王权之孙也。丁丑,颙使成都王颖领将军刘褒等,前车骑将军石超领北中郎将王阐等据河桥,为刘乔继援;进乔镇东将军,假节。

刘弘遗乔及司空越书,欲使之解怨释兵,同奖王室,皆不听。弘又上表曰:“自顷兵戈纷乱,猜祸锋生,疑隙构于群王,灾难延于宗子。今日为忠,明日为逆,翻其反而,互为戎首。载籍以来,骨肉之祸未有如今者也,臣窃悲之!今边陲

9 司空司马越以琅邪王司马睿任平东将军,监徐州诸军事的职务,在下邳留守。司马睿请王导担任司马,将军队事务交给王导处理。司马越率领三万兵士,驻扎在西边的萧县;范阳王司马虓从许昌到荥阳驻扎。司马越奉制书让豫州刺史刘乔任冀州刺史,让范阳王司马虓兼任豫州刺史。刘乔认为司马虓来不是天子的旨意,就发兵抵抗司马虓。司马虓以刘琨为司马,司马越以刘蕃任淮北护军,刘舆任颍川太守。刘乔给朝廷上书,列举刘舆兄弟的罪恶,就带兵攻打许昌,并派长子刘祐带兵在萧县的灵璧阻击司马越,司马越的军队不能前进。东平王司马楙在兖州,不停地征收赋税、征发劳役,所属郡县不能忍受。范阳王司马虓派苟晞返回兖州,调司马楙都督青州。司马楙不接受任命,背叛崤山以东的诸侯,与刘乔汇合。

10 太宰司马颙听说崤山以东战事又起,非常恐惧。因为公师藩是为成都王司马颖而起兵,壬午(二十三日),司马颙表奏任司马颖为镇东大将军,都督河北诸军事,配给一千兵士;任卢志为魏郡太守,随从司马颖镇守邺城,想以此抚慰并安定公师藩。又派建武将军吕朗到洛阳驻扎。

司马颙发布诏令,命令东海王司马越等人各自回到自己的封国,司马越等人不服从。碰巧接到刘乔的上书,冬季,十月丙子(十八日),司马颙颁布诏书,声称:"刘舆逼迫威胁范阳王司马虓,制造事端。命令镇南大将军刘弘、平南将军彭城王司马释、征东大将军刘准,各自带领所辖军队,与刘乔并肩出力;任命张方为大都督,率领十万精兵,与吕朗在许昌会合,诛讨刘舆兄弟。"司马释是宣帝司马懿侄子穆王司马权的孙子。丁丑(十九日),司马颙让成都王司马颖带领将军刘褒等人,前车骑将军石超带领北中郎将王阐等人据守河桥,作为刘乔的后续援军;提升刘乔为镇东将军,发给符节。

刘弘给刘乔及司空司马越去信,想使他们之间消解怨恨停止军事行动,共同辅佐王室,但双方都不理会。刘弘又上奏表说:"自从近年战乱迭起,猜疑灾祸一起出现,疑忌仇隙在亲王们之间出现,灾难祸患延续于宗室后代身上。今天是忠于王室的,明天就成了反叛王室的,是非反复变化无常,轮流成为兴起战事的首领。有历史记载以来,骨肉相残的灾祸没有像现在这样的,我对此感到十分悲伤!现在边疆

无备豫之储，中华有杼轴之困，而股肱之臣，不惟国体，职竞寻常，自相楚剥。万一四夷乘虚为变，此亦猛虎交斗自效于卞庄者矣。臣以为宜速发明诏诏越等，令两释猜嫌，各保分局。自今以后，其有不被诏书，擅兴兵马者，天下共伐之。"时太宰颙方拒关东，倚乔为助，不纳其言。

乔乘虚袭许，破之。刘琨将兵救许，不及，遂与兄舆及范阳王虓俱奔河北；琨父母为乔所执。刘弘以张方残暴，知颙必败，乃遣参军刘盘为都护，帅诸军受司空越节度。

时天下大乱，弘专督江、汉，威行南服。谋事有成者，则曰"某人之功"，如有负败，则曰"老子之罪"。每有兴发，手书守相，丁宁款密。所以人皆感悦，争赴之，咸曰："得刘公一纸书，贤于十部从事。"前广汉太守辛冉说弘以从横之事，弘怒，斩之。

11 有星孛于北斗。

12 平昌公模遣将军宋胄趣河桥。

13 十一月，立节将军周权，诈被檄，自称平西将军，复立羊后。洛阳令何乔攻权，杀之，复废羊后。太宰颙矫诏，以羊后屡为奸人所立，遣尚书田淑敕留台赐后死。诏书屡至，司隶校尉刘暾等上奏，固执以为："羊庶人门户残破，废放空宫，门禁峻密，无缘得与奸人构乱；众无愚智，皆谓其冤。今杀一枯穷之人，而令天下伤惨，何益于治！"颙怒，遣吕朗收暾；暾奔青州，依高密王略。然羊后亦以是得免。

没有预防发生变动的储备,中原却有相当的困厄,辅助王室的重要大臣,不考虑国家的命运,却以竞争长短为能事,自相残杀。万一四边夷人乘虚而制造变乱,这也正是两个猛虎相争斗而自然成为卞庄的猎物。我认为应该赶快发布公开诏书,命令司马越等人解除猜忌仇怨,各自保持自己所分管的职位和封地。从今以后,如果有不接受诏令,擅自动用军队挑起事端的人,全国共同来讨伐他。"当时太宰司马颙刚开始进抵关东地区,要倚靠刘乔作为帮助,因而不采纳刘弘的进言。

刘乔乘虚袭击许昌,一举攻克。刘琨带兵救援许昌,已经来不及,于是和兄刘舆以及范阳王司马虓一起逃奔河北;刘琨的父母被刘乔抓住。刘弘根据张方的残暴,知道司马颙一定会失败,便派参军刘盘为都护,带领所辖各军队接受司马越的指挥。

这时天下大乱,刘弘专门督管江、汉地区,威势及于南方边远地区。谋划事情成功了,就说是"某人的功劳"。如果遇到失败,则称是"自己的责任"。每当兴师动众,亲笔写信给负责官员,详细叮咛嘱咐。所以大家都很感动和舒畅,争相到他那儿,大家都说:"能够得到刘公一纸亲笔信,胜过做十个部从事。"前广汉太守辛冉向刘弘游说割据称霸的事,刘弘发怒,把他杀了。

11 有异星出现在北斗星旁。

12 平昌公司马模派将军宋胄向河桥进兵。

13 十一月,立节将军周权,假称收到檄文,自称为平西将军,又重新立羊皇后。洛阳令何乔攻打周权,把他杀了,又废黜羊皇后。太宰司马颙假称诏令,根据羊皇后多次被坏人拥立,派尚书田淑命令留守台署赐羊皇后死。诏书几次传到,司隶校尉刘暾等人上奏,坚持认为:"羊庶人门庭早已破败,废黜放逐空宫,宫门禁卫戒备森严,没有条件能够与坏人勾结而制造变乱;大家无论愚蠢还是聪明,都说她很冤枉。现在杀这样一个潦倒穷愁的人,而使天下悲伤,对社会安定有什么好处!"司马颙发怒,派吕朗拘捕刘暾;刘暾投奔青州,依靠高密王司马略。但羊皇后也因此而得以免于一死。

14 十二月，吕朗等东屯荥阳，成都王颖进据洛阳。

15 刘琨说冀州刺史太原温羡，使让位于范阳王虓。虓领冀州，遣琨诣幽州乞师于王浚；浚以突骑资之，击王阐于河上，杀之。琨遂与虓引兵济河，斩石超于荥阳。刘乔自考城引退。虓遣琨及督护田徽东击东平王楙于廪丘，楙走还国。琨、徽引兵东迎越，击刘祐于谯；祐败死，乔众遂溃，乔奔平氏。司空越进屯阳武，王浚遣其将祁弘帅突骑鲜卑、乌桓为越先驱。

16 初，陈敏既克石冰，自谓勇略无敌，有割据江东之志。其父怒曰："灭我门者，必此儿也！"遂以忧卒。敏以丧去职。司空越起敏为右将军、前锋都督。越为刘祐所败，敏请东归收兵，遂据历阳叛。吴王常侍甘卓，弃官东归，至历阳，敏为子景娶卓女，使卓假称皇太弟令，拜敏扬州刺史。敏使弟恢及别将钱端等南略江州，弟斌东略诸郡，扬州刺史刘机、丹杨太守王旷皆弃城走。

敏遂据有江东，以顾荣为右将军，贺循为丹杨内史，周玘为安丰太守，凡江东豪杰、名士，咸加收礼，为将军、郡守者四十馀人；或有老疾，就加秩命。循诈为狂疾，得免；乃以荣领丹杨内史。玘亦称疾，不之郡。敏疑诸名士终不为己用，欲尽诛之。荣说敏曰："中国丧乱，胡夷内侮，观今日之势，不能复振，百姓将无遗种。江南虽经石冰之乱，人物尚全，荣常忧无孙、刘之主有以存之。今将军神武不世，勋效已著，带甲数万，舳舻山积，若能委信君子，使各尽怀，散蒂芥之嫌，塞谗谄之口，则上方数州，可传檄而定；不然，终不济也。"敏命僚佐推己为都督江东诸军事、大司马、楚公，加九锡，列上尚书，称被中诏，自江入沔、汉，奉迎銮驾。

14　十二月，吕朗等向东在荥阳驻扎。成都王司马颖进兵据守洛阳。

15　刘琨向冀州刺史太原人温羡游说，让他把职位让给范阳王司马虓。司马虓兼领冀州后，派刘琨到幽州向王浚求兵；王浚派精锐骑兵帮助司马虓，在黄河上袭击王阐，把王阐杀了。刘琨于是和司马虓率兵渡黄河，在荥阳杀了石超。刘乔从考城率兵撤退。司马虓派刘琨和都护田徽向东在廪丘攻打东平王司马楙，司马楙逃归封国。刘琨、田徽带兵向东迎接司马越，在谯地攻打刘祐；刘祐兵败阵亡，刘乔的军队于是溃散，刘乔逃奔平氏县。司空司马越进军到阳武驻扎，王浚派他的部将祁弘带领鲜卑、乌桓精锐骑兵作为司马越的前锋。

16　当初，陈敏战胜石冰后，自以为勇猛谋略没有对手，产生在江东割据的想法。他父亲生气地说："使我们家族灭绝的，一定是这个儿子！"于是忧郁而死。陈敏因为丧事而离职。司空司马越起用陈敏为右将军、前锋都督。司马越被刘祐打败，陈敏请求收兵东归，于是占据历阳反叛。吴王常侍甘卓，抛弃官职东归，到历阳，陈敏为自己的儿子陈景娶甘卓的女儿，并让甘卓伪称皇太弟的命令，任命陈敏为扬州刺史。陈敏派弟弟陈恢以及部将钱端等人向南攻打江州，弟弟陈斌向东攻打各郡，扬州刺史刘机、丹杨太守王旷都弃城逃跑。

陈敏于是占据了江东地区，任命顾荣为右将军，贺循为丹杨内史，周玘为安丰太守，凡是江东地区的豪族英杰、名士，都加以收揽以礼相待，其中担任将军、郡守的有四十多人；如果有年老、有病的，也封给一定的级别。贺循假装疯病，得以逃脱；就让顾荣兼任丹杨内史。周玘也称病而不到郡。陈敏怀疑各位名士最终不能为自己服务，想把他们全部杀掉。顾荣对陈敏说："中原丧乱动荡，胡人、夷人欺辱内地，看今天的趋势，国家不会再重新振兴，百姓将难以生存下去。江南地区虽然经过石冰的叛乱，但百姓与财物都还健全，我常常对没有孙权、刘备那样的领袖来使江南保存感到忧虑。现在您超凡威武举世无双，功绩已经显赫，有数万武士，高大的战舰排列如群山，如果能在君子中获得信任，让他们心情舒畅，解开他们心中小小的疑忌，堵塞住谗言陷害或阿谀奉承之人的嘴，那么长江上游的几个州，都能用传布檄文的方式稳定；不然，终究不能成功。"陈敏让下属推举自己为都督江东诸军事、大司马，封为楚公，加九锡重礼，列上尚书，声称直接接到皇帝的诏令，从长江进入沔水、汉水流域，迎接皇帝大驾。

太宰颙以张光为顺阳太守,帅步骑五千诣荆州讨敏。刘弘遣江夏太守陶侃、武陵太守苗光屯夏口,又遣南平太守汝南应詹督水军以继之。

侃与敏同郡,又同岁举吏。随郡内史扈怀言于弘曰:"侃居大郡,统强兵,脱有异志,则荆州无东门矣!"弘曰:"侃之忠能,吾得之已久,必无是也。"侃闻之,遣子洪及兄子臻诣弘以自固,弘引为参军,资而遣之。曰:"贤叔征行,君祖母年高,便可归也。匹夫之交,尚不负心,况大丈夫乎!"

敏以陈恢为荆州刺史,寇武昌,弘加侃前锋督护以御之。侃以运船为战舰,或以为不可。侃曰:"用官船击官贼,何为不可!"侃与恢战,屡破之;又与皮初、张光、苗光共破钱端于长岐。

南阳太守卫展说弘曰:"张光,太宰腹心,公既与东海,宜斩光以明向背。"弘曰:"宰辅得失,岂张光之罪!危人自安,君子弗为也。"乃表光殊勋,乞加迁擢。

17 是岁,离石大饥,汉王渊徙屯黎亭,就邸阁谷;留太尉宏守离石,使大司农卜豫运粮以给之。

光熙元年(丙寅,306)

1 春,正月戊子朔,日有食之。

2 初,太弟中庶子兰陵缪播有宠于司空越;播从弟右卫率胤,太宰颙前妃之弟也。越之起兵,遣播、胤诣长安说颙,令奉帝还洛,约与颙分陕为伯。颙素信重播兄弟,即欲从之。张方自以罪重,恐为诛首,谓颙曰:"今据形胜之地,国富兵强,奉天子以号令,谁敢不从,奈何拱手受制于人!"颙乃止。及刘乔败,颙惧,欲罢兵,与山东和解,恐张方不从,犹豫未决。

太宰司马颙以张光任顺阳太守,率领步兵骑兵五千人到荆州讨伐陈敏。刘弘派江夏太守陶侃、武陵太守苗光在夏口驻扎,又派南平太守汝南人应詹督领水军来支援陶侃等人。

陶侃与陈敏是同郡人,又同年被荐举为官吏。随郡内史扈怀对刘弘说:"陶侃在大郡任太守,统领强兵,倘若有异心,荆州就失去东大门了!"刘弘说:"陶侃的忠心和才能,我了解他已很久了,一定不会这样。"陶侃听说后,派儿子陶洪和侄子陶臻到刘弘那儿,以使自己的地位稳固,刘弘任用陶洪等二人为参军,发给钱物让他们回去,说:"你们贤德的叔叔要征战出行,而祖母年事已高,你们应该回去。村野匹夫互相交往,尚且不负心,何况大丈夫呢!"

陈敏让陈恢任荆州刺史,进犯武昌,刘弘让陶侃兼任前锋都护去抵御。陶侃以一般运输船作为战舰,有人认为不行。陶侃说:"用官船来打官贼,有什么不行!"陶侃与陈恢交战,多次把陈恢打败;又和皮初、张光、苗光在长岐共同打败钱端。

南阳太守卫展对刘弘说:"张光是太宰司马颙的心腹,您既然倾向于东海王司马越,应该杀张光来表明您的立场。"刘弘说:"太宰的得失,怎么是张光的罪过!危害别人使自己安全,君子不做这种事的。"于是表奏张光的功勋,请求朝廷提拔。

17 这一年,离石地区灾荒严重。汉王刘渊迁到黎亭驻扎,使用邸阁粮谷;让太尉刘宏留守离石,派大司农卜豫运粮供给他。

晋惠帝光熙元年(丙寅,公元 306 年)

1 春季,正月戊子朔(初一),出现日食。

2 当初,太弟中庶子兰陵人缪播受到司马越的宠信;缪播堂弟右卫率缪胤,是太宰司马颙的前妃的弟弟。司马越起兵,派缪播、缪胤到长安劝说司马颙,让他侍奉惠帝返归洛阳,并相约与司马颙分地而治,共同辅佐王室。司马颙一直信任看重缪播兄弟,当时就想听从他们的劝说。张方认为自己罪行很重,担心成为被诛杀的首犯,就对司马颙说:"现在我们占据形势险要的地方,国富兵强,挟天子发布号令,谁敢不服从,怎么能拱手被别人控制!"司马颙听后打消了与司马越联合的念头。等到刘乔兵败,司马颙畏惧,想停止军事行动,与崤山以东地区和解,但又担心张方不听从,而犹豫不决。

方素与长安富人郅辅亲善,以为帐下督。颙参军河间毕垣,尝为方所侮,因说颙曰:"张方久屯霸上,闻山东兵盛,盘桓不进,宜防其未萌。其亲信郅辅具知其谋。"缪播、缪胤复说颙:"宜急斩方以谢,山东可不劳而定。"颙使人召辅,垣迎说辅曰:"张方欲反,人谓卿知之,王若问卿,何辞以对?"辅惊曰:"实不闻方反,为之奈何?"垣曰:"王若问卿,但言尔尔;不然,必不免祸。"辅入,颙问之曰:"张方反,卿知之乎?"辅曰:"尔。"颙曰:"遣卿取之,可乎?"又曰:"尔。"颙于是使辅送书于方,因杀之。辅既昵于方,持刀而入,守阁者不疑。方火下发函,辅斩其头。还报,颙以辅为安定太守。送方头于越以请和,越不许。

宋胄袭河桥,楼褒西走。平昌公模遣前锋督护冯嵩会宋胄逼洛阳。成都王颖西奔长安,至华阴,闻颙已与山东和亲,留不敢进。吕朗屯荥阳,刘琨以张方首示之,遂降。司空越遣祁弘、宋胄、司马纂帅鲜卑西迎车驾,以周馥为司隶校尉、假节,都督诸军,屯渑池。

3 三月,慜令刘伯根反,众以万数,自称慜公。王弥帅家僮从之,柏根以弥为长史,弥从父弟桑为东中郎将。柏根寇临淄,青州都督高密王略使刘暾将兵拒之。暾兵败,奔洛阳,略走保聊城。王浚遣将讨柏根,斩之。王弥亡入长广山为群盗。

4 宁州频岁饥疫,死者以十万计。五苓夷强盛,州兵屡败。吏民流入交州者甚众,夷遂围州城。李毅疾病,救援路绝,乃上疏言:"不能式遏寇虐,坐待殄毙。若不垂矜恤,乞降大使,及臣尚存,加臣重辟;若臣已死,陈尸为戮。"朝廷不报。积数年,子钊自洛往省之,未至,毅卒。毅女秀,明达有父风,众推秀领宁州事。

张方平常和长安豪富郅辅亲近要好，让他担任帐下督。司马颙的参军河间人毕垣，曾经受到张方的侮辱，于是劝司马颙说："张方在霸上驻兵很久了，听说崤山以东地区军队强盛，所以徘徊不前，应当在他萌生反心之前做好防备。张方的亲信郅辅全部了解他的谋划。"缪播、缪胤又对司马颙进行劝说："应当迅速杀了张方向天下谢罪，崤山以东地区不用兴兵就可以平定。"司马颙派人召郅辅，毕垣迎上前对郅辅说："张方想谋反，大家都说你知道这事，亲王如果问你，你将如何回答？"郅辅吃惊地说："的确没有听说张方谋反，这怎么办？"毕垣说："亲王如果问你，你只能这样说，不然的话，一定免不了灾祸。"郅辅入府，司马颙问他说："张方谋反，你知道吗？"郅辅说："是的。"司马颙说："派你去抓他，行吗？"郅辅又说："行。"司马颙于是派郅辅给张方送信，然后趁机杀掉张方。郅辅与张方关系亲密，拿刀进去时，守门的兵士也不怀疑。张方在灯旁揭启信封，郅辅抽出刀砍掉了他的头。回去报告，司马颙让郅辅任安定太守。把张方的头送给司马越请求和解，但司马越不答应。

宋胄袭击河桥，楼褒向西逃窜。平昌公司马模派前锋督护冯嵩会同宋胄进逼洛阳。成都王司马颖向西逃奔长安，到达华阴，听说司马颙已经和崤山以东和解，便停下不敢前进。吕朗在荥阳驻扎，刘琨拿张方的头给他看，于是吕朗就投降了。司空司马越派祁弘、宋胄、司马纂带领鲜卑人向西迎接皇帝大驾，任周馥为司隶校尉，掌持符节，都督诸军，在渑池驻扎。

3　三月，恢县令刘柏根反叛，有一万多人，自称恢公。王弥带领家奴僮仆跟随他，刘柏根任王弥为长史，王弥的堂弟王桑担任东中郎将。刘柏根进犯临淄，青州都督高密王司马略派刘暾带兵阻击他。刘暾兵败，逃奔洛阳，司马略退保聊城。王浚派部将讨伐刘柏根，把他杀了。王弥逃进长广山做了强盗。

4　宁州几年连续灾荒，流行传染病，死了有十万人。五苓夷人强盛，宁州军队屡次失败。官吏百姓很多都流亡到交州，夷人趁机包围了州城。李毅身患疾病，救援的道路已断绝，于是给朝廷上奏疏，说："不能制止强盗作恶，只好坐等一死。如果朝廷不体谅救济，那么请求派来大使，我还活着，就对我施以重刑；如果我已死，就对我戮尸惩罚。"朝廷没有答复。过了几年，李毅的儿子李钊从洛阳去探视他，还没有到，李毅就去世了。李毅的女儿李秀，精明通达具有父亲的风范，于是大家推举李秀来管理宁州事务。

秀奖厉战士,婴城固守。城中粮尽,炙鼠拔草而食之。伺夷稍怠,辄出兵掩击,破之。

5 范长生诣成都,成都王雄门迎,执版,拜为丞相,尊之曰范贤。

6 夏,四月己巳,司空越引兵屯温。初,太宰颙以为张方死,东方兵必可解。既而东方兵闻方死,争入关,颙悔之,乃斩郅辅,遣弘农太守彭随、北地太守刁默将兵拒祁弘等于湖。五月壬辰,弘等击随、默,大破之,遂西入关,又败颙将马瞻、郭伟于霸水,颙单马逃入太白山。弘等入长安,所部鲜卑大掠,杀二万馀人,百官奔散,入山中,拾橡实食之。己亥,弘等奉帝乘牛车东还。以太弟太保梁柳为镇西将军,守关中。六月丙辰朔,帝至洛阳,复羊后。辛未,大赦,改元。

7 马瞻等入长安,杀梁柳,与始平太守梁迈共迎太宰颙于南山。弘农太守裴廙、秦国内史贾龛、安定太守贾疋等起兵击颙,斩马瞻、梁迈。疋,诩之曾孙也。司空越遣督护麋晃将兵击颙,至郑,颙使平北将军牟秀屯冯翊。颙长史杨腾,诈称颙命,使秀罢兵,腾遂杀秀,关中皆服于越,颙保城而已。

8 成都王雄即皇帝位,大赦,改元曰晏平,国号大成。追尊父特曰景皇帝,庙号始祖;尊王太后曰皇太后。以范长生为天地太师,复其部曲,皆不豫征税。诸将恃恩,互争班位。尚书令阎式上疏,请考汉、晋故事,立百官制度,从之。

9 秋,七月乙酉朔,日有食之。

李秀奖励战士,环城固守。城里粮食吃完了,就烧鼠拔草作为食物。等夷人稍微有些懈怠时,就发兵突然袭击,攻破了夷人的包围。

5　范长生到成都,成都王李雄到城门口迎接,拿着表示礼节的手板,任范长生为丞相,尊称他为范贤。

6　夏季,四月己巳(十三日),司空司马越率兵到温县驻扎。起初,太宰司马颙以为张方一死,东方的战事一定能够停止。不久,东方的军队听说张方死了,争相进入关中,司马颙感到后悔,就杀了郅辅,派弘农太守彭随、北地太守刁默带兵在关东湖县阻击祁弘等人。五月壬辰(初七),祁弘等人把彭随、刁默打得惨败,于是西进入关,又在霸水打败司马颙的部将马瞻、郭伟,司马颙单枪匹马逃入太白山。祁弘等人进入长安城,所部鲜卑人大肆抢掠,杀了两万多人,大臣官员们跑散,逃入山中,捡拾橡树果实当饭吃。己亥(十四日),祁弘等人侍奉惠帝乘坐牛车东返。任太弟太保梁柳为镇西将军,据守关中。六月丙辰朔(初一),惠帝到洛阳,恢复了羊皇后的地位。辛未(十六日),宣布大赦,改年号为光熙。

7　马瞻等人又回到长安,杀了梁柳,与始平太守梁迈共同在南山迎接太宰司马颙。弘农太守裴廙、秦国内史贾龛、安定太守贾疋等人起兵攻打司马颙,杀了马瞻、梁迈。贾疋是贾诩的曾孙。司空司马越派督护麋晃带兵攻打司马颙,到了郑县,司马颙派平北将军牵秀在冯翊驻扎。司马颙的长史杨腾,假称司马颙的命令,让牵秀停止军事行动,杨腾于是杀了牵秀,关中地区都归服司马越,司马颙仅仅保住长安城而已。

8　成都王李雄即皇帝位,宣布大赦,改年号为晏平,国号称为大成。追尊父亲李特为景皇帝,定庙号为始祖;把王太后尊奉为皇太后。以范长生为天地太师,恢复他的部曲,让他部下的人免交赋税。各位将领都倚仗李雄的恩德,互相争抢职位。尚书令阎式上奏疏,请求按照汉朝、晋朝的旧制,建立百官制度,李雄采纳了。

9　秋季,七月乙酉朔(初一),出现日食。

10 八月，以司空越为太傅，录尚书事；范阳王虓为司空，镇邺；平昌公模为镇东大将军，镇许昌；王浚为骠骑大将军、都督东夷、河北诸军事，领幽州刺史。越以吏部郎庾敳为军谘祭酒，前太弟中庶子胡母辅之为从事中郎，黄门侍郎郭象为主簿，鸿胪丞阮修为行参军，谢鲲为掾。辅之荐乐安光逸于越，越亦辟之。敳等皆尚虚玄，不以世务婴心，纵酒放诞；敳殖货无厌，象薄行，好招权，越皆以其名重于世，故辟之。

11 祁弘之入关也，成都王颖自武关奔新野。会新城元公刘弘卒，司马郭劢作乱，欲迎颖为主。郭舒奉弘子璠以讨劢，斩之。诏南中郎将刘陶收颖。颖北渡河，奔朝歌，收故将士，得数百人，欲赴公师藩，顿丘太守冯嵩执之，送邺，范阳王虓不忍杀而幽之。公师藩自白马南渡河，兖州刺史苟晞讨斩之。

12 进东嬴公腾爵为东燕王，平昌公模为南阳王。

13 冬，十月，范阳王虓薨。长史刘舆以颖素为邺人所附，秘不发丧，伪令人为台使称诏，夜，赐颖死，并杀其二子。颖官属先皆逃散，惟卢志随从，至死不怠，收而殡之。太傅越召志为军谘祭酒。

越将召刘舆，或曰："舆犹腻也，近则污人。"及至，越疏之。舆密视天下兵簿及仓库、牛马、器械、水陆之形，皆默识之。时军国多事，每会议，自长史潘滔以下，莫知所对，舆应机辨画，越倾膝酬接，即以为左长史，军国之务，悉以委之。舆说越遣其弟琨镇并州，以为北面之重；越表琨为并州刺史，以东燕王腾为车骑将军、都督邺城诸军事，镇邺。

10 八月,朝廷任用司空司马越为太傅,录尚书事;任用范阳王司马虓为司空,镇守邺城;任用平昌公司马模为镇东大将军,镇守许昌;任用王浚为骠骑大将军、都督东夷、河北诸军事,兼任幽州刺史。司马越任用吏部郎庾敳为军谘祭酒,任用前太弟中庶子胡母辅之为从事中郎,任用黄门侍郎郭象为主簿,任用鸿胪丞阮修为行参军,任用谢鲲为掾。胡母辅之向司马越推荐乐安人光逸,司马越也加以任用。庾敳等人都崇尚虚玄空谈,不把政务放在心上,纵酒放诞,庾敳聚敛财物贪得无厌,郭象品行轻薄,喜好贪图权位,司马越都因为他们名重于世,所以任用他们。

11 祁弘进入关中,成都王司马颖从武关逃奔新野。正遇到新城元公刘弘去世,司马郭劢搞叛乱,想把司马颖迎接来做首领。郭舒拥戴刘弘的儿子刘璠讨伐郭劢,把他杀了。朝廷诏令南中郎将刘陶拘捕司马颖。司马颖北渡黄河,逃奔朝歌,收拢旧部将士,聚集了几百人,想去找公师藩,顿丘太守冯嵩将司马颖抓住,押送到邺城,范阳王司马虓不忍心杀司马颖,把他幽禁起来。公师藩从白马南渡黄河,兖州刺史苟晞讨伐并杀掉了公师藩。

12 把东嬴公司马腾的爵位提升为东燕王,平昌公司马模的爵位提升为南阳王。

13 冬季,十月,范阳王司马虓去世。长史刘舆因为过去邺城人一直归附司马颖,所以秘不发丧,派人假装成朝廷使者传宣假诏书,夜里赐司马颖死,并且杀了他的两个儿子。司马颖的部属起先已全部逃散,只有卢志一直跟随,直到他死了也不懈怠,为司马颖收尸并安葬了他。太傅司马越宣召卢志为军谘祭酒。

司马越打算召用刘舆,有人说:“刘舆这个人好比污垢,谁接近他就会沾上这污垢。”等到刘舆来了,司马越就疏远他。刘舆暗地查阅国家的军事簿籍资料以及仓库、牛马、器械、地理的情况,都默默记下来。当时军务国政事情繁多,每次讨论,从长史潘滔以下,谁也不知怎么办,而刘舆便按照情况分析策划,司马越虚心接受采纳,就让刘舆担任左长史,军务国政的事务,全部都交给刘舆。刘舆劝说司马越派他弟弟刘琨镇守并州,以增强北方的防务,司马越就表奏刘琨为并州刺史,以东燕王司马腾任车骑将军,都督邺城诸军事,镇守邺城。

14 十一月己巳,夜,帝食饼中毒,庚午,崩于显阳殿。羊后自以于太弟炽为嫂,恐不得为太后,将立清河王覃。侍中华混谏曰:"太弟在东宫已久,民望素定,今日宁可易乎!"即露版驰召太傅越,召太弟入宫。后已召覃至尚书阁,疑变,托疾而返。癸酉,太弟即皇帝位,大赦,尊皇后曰惠皇后,居弘训宫;追尊母王才人曰皇太后;立妃梁氏为皇后。

怀帝始遵旧制,于东堂听政。每至宴会,辄与群官论众务,考经籍。黄门侍郎傅宣叹曰:"今日复见武帝之世矣!"

15 十二月壬午朔,日有食之。

16 太傅越以诏书征河间王颙为司徒,颙乃就征。南阳王模遣其将梁臣邀之于新安,车上扼杀之,并杀其三子。

17 辛丑,以中书监温羡为左光禄大夫,领司徒;尚书左仆射王衍为司空。

18 己酉,葬惠帝于太阳陵。

19 刘琨至上党,东燕王腾即自井陉东下。时并州饥馑,数为胡寇所掠,郡县莫能自保。州将田甄、甄弟兰、任祉、祁济、李恽、薄盛等及吏民万馀人,悉随腾就谷冀州,号为"乞活",所馀之户不满二万;寇贼纵横,道路断塞。琨募兵上党,得五百人,转斗而前。至晋阳,府寺焚毁,邑野萧条,琨抚循劳徕,流民稍集。

孝怀皇帝上
永嘉元年(丁卯,307)

1 春,正月癸丑,大赦,改元。

2 吏部郎周穆,太傅越之姑子也,与其妹夫御史中丞诸葛玫说越曰:"主上之为太弟,张方意也。清河王本太子,公宜立之。"越不许。重言之,越怒,斩之。

14 十一月己巳(十七日),夜间,惠帝吃麦饼中毒,庚午(十八日),在显阳殿驾崩。羊皇后自以为是太弟司马炽的嫂子,担心当不成太后,打算拥立清河王司马覃。侍中华混劝谏说:"太弟在东宫已经很久了,在百姓中的声望一直是确定的,今天难道还能改变吗!"随即用不封口的公文迅速宣召太傅司马越,宣召皇太弟入宫。皇后也已宣召司马覃到尚书阁,司马覃怀疑会有变故,就称病回去了。癸酉(二十一日),太弟司马炽即皇帝位,宣布大赦,尊奉皇后为惠皇后,安排在弘训宫;追尊母亲王才人为皇太后;册立妃梁氏为皇后。

怀帝司马炽开始遵奉旧制,在东堂听政。每到朝廷会集群臣宴会时,就与大臣官员们商讨各种政务,探讨经典的内容。黄门侍郎傅宣感叹道:"今天又看到了武帝的时代了!"

15 十二月壬午朔(初一),出现日食。

16 太傅司马越用诏书征召河间王司马颙为司徒,司马颙就前去接受征召。南阳王司马模派部将梁臣,在新安拦住司马颙,在车上把他掐死,并杀了他的三个儿子。

17 辛丑(二十日),任中书监温羡为左光禄大夫,兼任司徒;任用尚书左仆射王衍为司空。

18 己酉(二十八日),把惠帝安葬在太阳陵。

19 刘琨到上党,东燕王司马腾就从井陉东下。当时并州饥荒,多次遭到外族强盗的抢掠,各郡县没有能够保卫自己的。州属部将田甄、田甄弟田兰、任祉、祁济、李恽、薄盛等人以及官吏百姓一万多人,都随司马腾到冀州找饭吃,称为"乞活",剩下的不足两万户;强盗窃贼到处横行,道路交通阻断。刘琨在上党招募兵卒,聚集了五百人,转战向前。到达晋阳,官府房舍焚毁,城乡一片萧条,刘琨安抚慰劳,稍微聚集了一些流民。

孝怀皇帝上
晋怀帝永嘉元年(丁卯,公元 307 年)

1 春季,正月癸丑(初二),宣布大赦,改年号为永嘉。

2 吏部郎周穆是太傅司马越姑母的儿子,他与妹夫御史中丞诸葛玫劝司马越说:"皇上当时成为太弟,是张方的意图。清河王本来是太子,您应当拥立他。"司马越不同意。他们又向司马越说这件事,司马越发怒,把他们杀了。

3 二月，王弥寇青、徐二州，自称征东大将军，攻杀二千石。太傅越以公车令东莱鞠羡为本郡太守，以讨弥，弥击杀之。

4 陈敏刑政无章，不为英俊所附，子弟凶暴，所在为患。顾荣、周玘等忧之。庐江内史华谭遗荣等书曰："陈敏盗据吴、会，命危朝露。诸君或剖符名郡，或列为近臣，而更辱身奸人之朝，降节叛逆之党，不亦羞乎！吴武烈父子皆以英杰之才，继承大业。今以陈敏凶狡，七弟顽冗，欲蹑桓王之高踪，蹈大皇之绝轨，远度诸贤，犹当未许也。皇舆东返，俊彦盈朝，将举六师以清建业，诸贤何颜复见中州之士邪！"荣等素有图敏之心，及得书，甚惭，密遣使报征东大将军刘准，使发兵临江，己为内应，剪发为信。准遣扬州刺史刘机等出历阳讨敏。

敏使其弟广武将军昶将兵数万屯乌江，历阳太守宏屯牛渚。敏弟处知顾荣等有贰心，劝敏杀之，敏不从。

昶司马钱广，周玘同郡人也，玘密使广杀昶，宣言州下已杀敏，敢动者诛三族。广勒兵朱雀桥南，敏遣甘卓讨广，坚甲精兵悉委之。顾荣虑敏之疑，故往就敏。敏曰："卿当四出镇卫，岂得就我邪！"荣乃出，与周玘共说甘卓曰："若江东之事可济，当共成之。然卿观兹事势，当有济理不？敏既常才，政令反覆，计无所定，其子弟各已骄矜，其败必矣。而吾等安然坐受其官禄，事败之日，使江西诸军函首送洛，题曰'逆贼顾荣、甘卓之首'，此万世之辱也！"卓遂诈称疾，迎女，断桥，收船南岸，与玘、荣及前松滋侯相丹杨纪瞻共攻敏。

3 二月,王弥在青、徐两州作乱,自称征东大将军,攻杀郡守。太傅司马越让公车令东莱人鞠羡担任本郡太守,以讨伐王弥,王弥把他打死了。

4 陈敏处理刑罚政事都无章法,英杰们都不附从他,他的子弟凶恶残暴,当地把他们看作祸患。顾荣、周玘等人对此感到忧虑。庐江内史华谭给顾荣等人去信说:"陈敏窃据吴郡、会稽地区,性命像早晨的露水一样危险。你们或者拿着朝廷的符节在外统领名郡,或者曾为朝廷的近侍之臣,却玷污自己转而投身于奸邪的伪朝,变节投降于叛逆的败类,不耻辱吗!吴武烈皇帝孙坚父子都是以英俊杰出的才能,继承大业。现在以陈敏的凶恶狡猾,七个弟弟的刁顽庸劣,想追随桓王孙策的高绝的足迹,踩着大皇帝孙权的非凡的轨道,认真思量一下各地群贤,都不会答应。现在皇帝车驾已东返洛阳,俊杰英才充满朝廷,将要动用六师来清理建业,你们还有什么脸重新见中州的人士呢!"顾荣等人一直有除掉陈敏的想法,等见到这封信后,非常羞惭,秘密派使者向征东大将军刘准报告,让他发兵到江边,自己作为内应,剪掉头发作为记号。刘准派遣扬州刺史刘机等人从历阳出发讨伐陈敏。

陈敏派他弟弟广武将军陈昶带领数万兵马在乌江县驻扎,历阳太守陈宏在牛渚驻扎。陈敏弟陈处得知顾荣等人有二心,劝陈敏杀掉他们,陈敏不同意。

陈昶的司马钱广是周玘的同郡人,周玘秘密地让钱广杀了陈昶,并宣称州城已杀掉陈敏,有敢乱动者诛杀三族。钱广带兵停在朱雀桥南,陈敏派甘卓征讨伐钱广,把坚固的铠甲和精兵全都给了甘卓。顾荣考虑到陈敏的疑心,所以就到陈敏那里。陈敏说:"你应该四处走走镇定人心来保卫我,怎么能到我这儿来呢!"顾荣于是就出去,与周玘一起劝说甘卓道:"如果江东地区的事情能够成功,我们就应该共同努力将事办成。但是你分析一下事情的趋势,能够成功吗?陈敏才能平平,政令反复无常,计略不确定,他的儿子兄弟个个骄纵自负,他一定要失败。而我们却安心地接受担任他的官职俸禄,等事情失败的时候,假如让长江以西地区各支军队把我们的首级装在盒子里送到洛阳,上边写着'叛逆贼寇顾荣、甘卓的首级',这真是万世的耻辱啊!"甘卓于是假装称病,接回女儿,截断桥的交通,把船收回到南岸,与周玘、顾荣以及前松滋侯相丹杨人纪瞻一起攻打陈敏。

敏自帅万馀人讨卓,军人隔水语敏众曰:"本所以戮力陈公者,正以顾丹杨、周安丰耳,今皆异矣,汝等何为!"敏众狐疑未决,荣以白羽扇挥之,众皆溃去。敏单骑北走,追获之于江乘,叹曰:"诸人误我,以至今日!"谓弟处曰:"我负卿,卿不负我!"遂斩敏于建业,夷三族。于是会稽等郡尽杀敏诸弟。

时平东将军周馥代刘准镇寿春。三月己未朔,馥传敏首至京师。诏征顾荣为侍中,纪瞻为尚书郎。太傅越辟周玘为参军,陆玩为掾。玩,机之从弟也。荣等至徐州,闻北方愈乱,疑不进,越与徐州刺史裴盾书曰:"若荣等顾望,以军礼发遣!"荣等惧,逃归。盾,楷之兄子,越妃兄也。

5　西阳夷寇江夏,太守杨珉请督将议之。诸将争献方略,骑督朱伺独不言。珉曰:"朱将军何以不言?"伺曰:"诸人以舌击贼,伺惟以力耳。"珉又问:"将军前后击贼,何以常胜?"伺曰:"两敌共对,惟当忍之;彼不能忍,我能忍,是以胜耳。"珉善之。

6　诏追复杨太后尊号,丁卯,改葬之,谥曰武悼。

7　庚午,立清河王覃弟豫章王诠为皇太子。辛未,大赦。

8　帝观览大政,留心庶事。太傅越不悦,固求出藩。庚辰,越出镇许昌。

9　以高密王略为征南大将军,都督荆州诸军事,镇襄阳;南阳王模为征西大将军,都督秦、雍、梁、益诸军事,镇长安;东燕王腾为新蔡王,都督司、冀二州诸军事,仍镇邺。

陈敏亲自带领一万多人征讨甘卓,甘卓手下的将士隔水对陈敏的兵卒说:"原来所以为陈公效力,正是因为丹杨太守顾荣、安丰太守周玘而已,现在他们都改变了立场,你们这样是为什么?"陈敏的部众犹疑不定,顾荣挥动白羽扇,陈敏的部众都溃散离去。陈敏一个人骑马向北逃跑,在江乘被追上抓住,感叹道:"这些人耽误了我,才到了今天这个地步!"又对弟弟陈处说:"我辜负了你,你却没有辜负我!"陈敏在建业被杀,夷灭三族。这样会稽等郡把陈敏的几个弟弟也都杀了。

当时平东将军周馥代刘准镇守寿春。三月己未朔,周馥把陈敏的首级送往京城。朝廷诏令征召顾荣为侍中,纪瞻为尚书郎。太傅司马越任命周玘为参军,陆玩为掾。陆玩是陆机的堂弟。顾荣等人到徐州,听说北方更加乱了,迟疑不前,司马越给徐州刺史裴盾去信说:"如果顾荣等人左顾右盼,就按军法遣送他们!"顾荣等人听说后非常恐惧,就逃回去了。裴盾是裴楷的哥哥的儿子,司马越妃子的哥哥。

5 西阳夷人进犯江夏,太守杨珉请军事官员商讨对策。官员们争相提出计策,只有骑督朱伺一个人默不作声。杨珉说:"朱将军为什么不说话?"朱伺说:"大家都是用口舌攻打贼寇,我只靠力量罢了。"杨珉说:"将军前后几次攻打贼寇,为什么能够常胜不败?"朱伺说:"两军对垒,只应当忍耐;对方不能够忍耐,而我能忍耐,所以能够战胜他们。"杨珉认为很对。

6 诏令追复杨太后的尊号,丁卯(十七日),将太后改葬,定谥号为武悼。

7 庚午(二十日),立清河王司马覃的弟弟豫章王司马诠为皇太子。辛未(二十一日),宣布大赦。

8 怀帝司马炽亲自审察大政,对朝廷事务也很留心。太傅司马越对此不高兴,坚决要求出去作藩镇。庚辰(三十日),司马越离开朝廷镇守许昌。

9 任命高密王司马略为征南大将军,都督荆州诸军事,镇守襄阳;任命南阳王司马模为征西大将军,都督秦、雍、梁、益诸军事,镇守长安;封东燕王司马腾为新蔡王,都督司、冀两州诸军事,仍然镇守邺城。

10　公师藩既死,汲桑逃还苑中,更聚众劫掠郡县,自称大将军,声言为成都王报仇,以石勒为前驱,所向辄克,署勒讨虏将军,遂进攻邺。时邺中府库空竭,而新蔡武哀王腾资用甚饶。腾性吝啬,无所振惠,临急,乃赐将士米各数升,帛各丈尺,以是人不为用。夏,五月,桑大破魏郡太守冯嵩,长驱入邺,腾轻骑出奔,为桑将李丰所杀。桑出成都王颖棺,载之车中,每事启而后行。遂烧邺宫,火旬日不灭;杀士民万馀人,大掠而去。济自延津,南击兖州。太傅越大惧,使苟晞及将军王赞讨之。

11　秦州流民邓定、訇氏等据成固,寇掠汉中,梁州刺史张殷遣巴西太守张燕讨之。邓定等饥窘,诈降于燕,且赂之,燕为之缓师。定密遣訇氏求救于成,成主雄遣太尉离、司徒云、司空璜将兵二万救定,与燕战,大破之,张殷及汉中太守杜孟治弃城走。积十馀日,离等引还,尽徙汉中民于蜀。汉中人句方、白落帅吏民还守南郑。

12　石勒与苟晞等相持于平原、阳平间数月,大小三十馀战,互有胜负。秋,七月己酉朔,太傅越屯官渡,为晞声援。

13　己未,以琅邪王睿为安东将军、都督扬州江南诸军事、假节,镇建业。

14　八月己卯朔,苟晞击汲桑于东武阳,大破之。桑退保清渊。

15　分荆州、江州八郡为湘州。

16　九月戊申,琅邪王睿至建业。睿以安东司马王导为谋主,推心亲信,每事咨焉。睿名论素轻,吴人不附,居久之,士大夫莫有至者,导患之。会睿出观禊,导使睿乘肩舆,具威仪,导与诸名胜皆骑从,纪瞻、顾荣等见之惊异,相帅拜于道左。导因说睿曰:"顾荣、贺循,此土之望,宜引之以结人心,二子既至,则无不来矣。"

10　公师藩死后，汲桑逃回到苑中，转而聚众到各郡县去抢劫掠夺，自称大将军，声称要为成都王司马颖报仇，以石勒为先锋，所向披靡，又任命石勒为讨虏将军，接着进攻邺城。当时邺城里仓库已空，而新蔡武哀王司马腾用度却很奢侈。司马腾品性吝啬，部下得不到什么好处，临到军情紧急时，就赐给将士每人几升米，一丈左右的布帛，所以部下都不为他所用。夏季，五月，汲桑重创魏郡太守冯嵩，长驱直入，攻进邺城，司马腾轻装骑马出逃，被汲桑部将李丰杀死。汲桑起出成都王司马颖的棺材，装到车上，每件事都要向司马颖棺材祷告后才去办。接着焚烧了邺城王宫，大火十天都不灭；又杀掉一万多士人百姓，大肆抢掠后才离去。在延津渡过黄河，向南攻打兖州。太傅司马越非常惧怕，派苟晞和将军王赞去讨伐汲桑。

11　秦州流民邓定、訇氏等人占据成固，进犯抢掠汉中，梁州刺史张殷派遣巴西太守张燕讨伐他们。邓定等人饥饿困窘，假装向张燕投降，又贿赂张燕，张燕就为他们缓兵。邓定秘密派遣訇氏向成汉求救，成汉君主李雄派太尉李离、司徒李云、司空李璜率领二万军队去救援邓定，与张燕交战，把张燕打得惨败，张殷和汉中太守杜孟治弃城而逃。十几天后，李离等人带兵回师，把汉中百姓全部迁徙到蜀地。汉中人句方、白落带领官吏百姓回到南郑据守。

12　石勒与苟晞在平原、阳平之间相持对垒几个月，大小三十馀战，双方互有胜负。秋季，七月己酉朔（初一），太傅司马越在官渡屯兵驻扎，声援苟晞。

13　己未（十一日），朝廷任命琅邪王司马睿为安东将军、都督扬州江南诸军事，持符节，镇守建业。

14　八月己卯朔（初一），苟晞在东武阳攻打汲桑，大败汲桑。汲桑撤退到清渊防守。

15　从荆州、江州分出八个郡，建立湘州。

16　九月戊申（初一），琅邪王司马睿到达建业。司马睿让安东司马王导作为主要谋士，对他推心置腹，非常信任，每件事都找王导咨询。司马睿名望声誉一直很轻，吴地人们都不附从，在建业居住了很久，士大夫没有来拜访的，王导感到忧虑。正赶上司马睿出去观看禊祭，王导让司马睿乘上抬轿，安排了威严的仪仗，王导和名士们都骑马侍从，纪瞻、顾荣等人见了后感到惊异，一个跟着一个地在道路左边行拜礼。王导就劝说司马睿道："顾荣、贺循，都是这个地区最具名望的人了，应当结交他们来收服人心，他们两人来了，就没有不来的人。"

睿乃使导躬造循、荣,二人皆应命而至。以循为吴国内史;荣为军司,加散骑常侍,凡军府政事,皆与之谋议。又以纪瞻为军谘祭酒,卞壶为从事中郎,周玘为仓曹属,琅邪刘超为舍人,张闿及鲁国孔衍为参军。壶,粹之子;闿,昭之曾孙也。王导说睿:"谦以接士,俭以足用,以清静为政,抚绥新旧。"故江东归心焉。睿初至,颇以酒废事,导以为言。睿命酌,引觞覆之,于此遂绝。

17 苟晞追击汲桑,破其八垒,死者万馀人。桑与石勒收馀众,将奔汉,冀州刺史谯国丁绍邀之于赤桥,又破之。桑奔马牧,勒奔乐平。太傅越还许昌,加苟晞抚军将军、都督青、兖诸军事,丁绍宁北将军、监冀州诸军事,皆假节。

晞屡破强寇,威名甚盛,善治繁剧,用法严峻。其从母依之,晞奉养甚厚。从母子求为将,晞不许,曰:"吾不以王法贷人,将无后悔邪!"固求之,晞乃以为督护;后犯法,晞杖节斩之,从母叩头救之,不听。既而素服哭之曰:"杀卿者,兖州刺史,哭弟者,苟道将也。"

18 胡部大张㔨督、冯莫突等,拥众数千,壁于上党,石勒往从之,因说㔨督等曰:"刘单于举兵击晋,部大拒而不从,自度终能独立乎?"曰:"不能。"勒曰:"然则安可不早有所属!今部落皆已受单于赏募,往往聚议,欲叛部大而归单于矣。"㔨督等以为然。冬,十月,㔨督等随勒单骑归汉,汉王渊署㔨督为亲汉王,莫突为都督部大,以勒为辅汉将军、平晋王,以统之。

司马睿就派王导亲自拜访贺循、顾荣,两个人都接受邀请而来到司马睿处,司马睿让贺循担任吴国内史;顾荣担任军司马,加授散骑常侍,军政事务都与他们商议。又让纪瞻担任军咨祭酒,卞壶担任从事中郎,周玘任仓曹属,琅邪人刘超任舍人,张闿和鲁国的孔衍任参军。卞壶是卞粹的儿子;张闿是张昭的曾孙。王导对司马睿说:"以谦逊的态度对待士人,通过节俭的办法保证用度的充足,以清静无为的原则处理政务,安抚以前的故旧部下与新结交的士人。"所以得到了江东地区人们的信任。司马睿刚来时,常常因为喝酒耽误事情,王导对此进行劝说。司马睿就命令人斟上酒,他接过酒杯后把酒倒掉,从此便戒了酒。

17 苟晞追击汲桑,攻破汲桑的八个营垒,死亡的有一万多人。汲桑与石勒收拾残余部众,打算投奔刘汉,冀州刺史谯国人丁绍又在赤桥拦截,结果丁绍打败了他们。汲桑逃奔马牧,石勒逃奔乐平。太傅司马越返回许昌,给苟晞加官为抚军将军,都督青、兖诸军事,给丁绍加官为宁北将军、监冀州诸军事,都授给符节。

苟晞多次打败强大的敌寇,威名远扬,他善于治理繁重复杂的事务,运用刑法严峻。他的姨母投靠他,苟晞非常周到地侍奉赡养。姨母为她的儿子求职想做部将,苟晞不同意,说:"我不拿王法去宽贷别人,你可不要后悔呀!"姨母坚持为儿子求官,苟晞不得已让他担任督护。后来他犯了法,苟晞手持符节把他杀了,姨母叩头求救,苟晞不听。后来苟晞又换上素净的衣服去哭他说:"杀你的,是兖州刺史,来哭弟弟的,是苟道将。"

18 胡人首领部大张㔨督、冯莫突等人,有部众几千人,在上党设置军垒,石勒去投奔他们,石勒对张㔨督等人说:"单于刘渊举兵攻打晋朝,您抗拒而不随从,自己考虑一下能够最终独立吗?"张㔨督等人回答说:"不能。"石勒说:"那怎么能不早点找一靠山!现在部落都已经接受了单于的赏赐招募,常常在一起商议,想背叛部下而投归单于了。"张㔨督等人认为说得对。冬季,十月,张㔨督等人随石勒骑马投归刘汉,汉王刘渊封张㔨督为亲汉王,冯莫突为都督部大,任命石勒为辅汉将军,并封平晋王,以统率他们。

乌桓张伏利度有众两千,壁于乐平,渊屡招,不能致。勒伪获罪于渊,往奔伏利度,伏利度喜,结为兄弟,使勒帅诸胡寇掠,所向无前,诸胡畏服。勒知众心之附己,乃因会执伏利度,谓诸胡曰:"今起大事,我与伏利度谁堪为主?"诸胡咸推勒。勒于是释伏利度,帅其众归汉。渊加勒督山东征讨诸军事,以伏利度之众配之。

19　十一月戊申朔,日有食之。

20　甲寅,以尚书右仆射和郁为征北将军,镇邺。

21　乙亥,以王衍为司徒。衍说太傅越曰:"朝廷危乱,当赖方伯,宜得文武兼资以任之。"乃以弟澄为荆州都督,族弟敦为青州刺史,语之曰:"荆州有江、汉之固,青州有负海之险,卿二人在外而吾居中,足以为三窟矣。"澄至镇,以郭舒为别驾,委以府事。澄日夜纵酒,不亲庶务,虽寇戎交急,不以为怀。舒常切谏,以为宜爱民养兵,保全州境,澄不从。

22　十二月戊寅,乞活田甄、田兰、薄盛等起兵,为新蔡王腾报仇,斩汲桑于乐陵。弃成都王颖棺于故井中,颖故臣收葬之。

23　甲午,以前太傅刘寔为太尉,寔以老固辞,不许。庚子,以光禄大夫高光为尚书令。

24　前北军中候吕雍、度支校尉陈颜等谋立清河王覃为太子,事觉,太傅越矫诏囚覃于金墉城。

乌桓人张伏利度有两千部众,在乐平设置军垒,刘渊每次去招募,都没有成功。石勒假装在刘渊那里犯了罪,去投奔张伏利度,张伏利度很高兴,与石勒结拜成兄弟,派石勒带领各部胡人去抢劫,所向无敌,各部胡人都敬畏佩服。石勒知道大家的心都已归向自己,于是趁聚会时抓住张伏利度,对各部胡人说:"今天要干大事,我与张伏利度谁能够成为首领?"各部胡人都推举石勒。石勒于是放了张伏利度,率部众投归汉。刘渊给石勒加职为督山东征讨诸军事,把张伏利度的部众交给石勒指挥。

19 十一月戊申朔,出现日食。

20 甲寅(初八),朝廷任命尚书右仆射和郁为征北将军,镇守邺城。

21 乙亥(二十九日),任命王衍为司徒。王衍对太傅司马越说:"朝廷出现危险变乱,应当依靠地方最高长官,找得文武兼备的人加以任用。"于是让弟弟王澄任荆州都督,族弟王敦为青州刺史,王衍告诉他们说:"荆州有江、汉的坚固,青州有靠海的险要,你二人在外面而我在朝中,足以成为狡兔的三窟了。"王澄到任所,让郭舒担任别驾,将都督府的事务都交给了他。王澄则日夜纵情喝酒,不亲理事务,虽然盗贼军情紧急,也不放在心上。郭舒常常苦苦劝谏,认为应当爱护人民,培养军队,这样来使州境得到保全,王澄不采纳。

22 十二月,戊寅(初二),随司马腾"乞活"的州将田甄、田兰、薄盛等人起兵,为新蔡王司马腾报仇,在乐陵杀了汲桑。把成都王司马颖的棺材丢弃到陈旧的井里,司马颖的故臣又收拾好棺材安葬了。

23 甲午(十八日),朝廷任前太傅刘寔为太尉,刘寔以年事高坚决推辞,但不批准。庚子(二十四日),任命光禄大夫高光为尚书令。

24 前北军中侯吕雍、度支校尉陈颜等人密谋立清河王司马覃为太子,事情暴露,太傅司马越假称诏令把司马覃囚禁在金墉城。

25 初太傅越与苟晞亲善,引升堂,结为兄弟。司马潘滔说越曰:"兖州冲要,魏武以之创业。苟晞有大志,非纯臣也,久令处之,则患生心腹矣。若迁于青州,厚其名号,晞必悦。公自牧兖州,经纬诸夏,藩卫本朝,此所谓为之于未乱者也。"越以为然。癸卯,越自为丞相,领兖州牧,都督兖、豫、司、冀、幽、并诸军事。以晞为征东大将军、开府仪同三司,加侍中、假节、都督青州诸军事,领青州刺史,封东平郡公。越、晞由是有隙。

晞至青州,以严刻立威,日行斩戮,州人谓之"屠伯"。顿丘太守魏植为流民所逼,众五六万,大掠兖州,晞出屯无盐以讨之。以弟纯领青州,刑杀更甚于晞。晞讨植,破之。

初,阳平刘灵,少贫贱,力制奔牛,走及奔马,时人虽异之,莫能举也。灵抚膺叹曰:"天乎,何当乱也!"及公师藩起,灵自称将军,寇掠赵、魏。会王弥为苟纯所败,灵亦为王赞所败,遂俱遣使降汉。汉拜弥镇东大将军、青徐二州牧、都督缘海诸军事,封东莱公;以灵为平北将军。

26 李钊至宁州,州人奉钊领州事。治中毛孟诣京师,求刺史,屡上奏,不见省。孟曰:"君亡亲丧,幽闭穷城,万里诉哀,精诚无感,生不如死!"欲自刎,朝廷怜之,以魏兴太守王逊为宁州刺史,仍诏交州出兵救李钊。交州刺史吾彦遣其子咨将兵救之。

27 慕容廆自称鲜卑大单于。

28 拓跋禄官卒,弟猗卢总摄三部,与廆通好。

25   起初太傅司马越与苟晞关系很亲近,带他进入后堂,结拜为兄弟。司马潘滔对司马越说:"兖州地处险要,魏武帝从这儿创业。苟晞有大志向,不是纯粹的臣下,让他在这里呆久了,就会成为心腹祸患。如果把他调迁到青州,提高他的名号,苟晞一定高兴。您亲自管理兖州,规划治理全国,藩卫朝廷,这就是所谓防患于未然。"司马越认为说得正确。癸卯(二十七日),司马越自任丞相,兼兖州牧,都督兖、豫、司、冀、幽、并诸军事。让苟晞任征东大将军、开府仪同三司、加任侍中,授予符节,都督青州诸军事、兼青州刺史,封东平郡公。司马越、苟晞之间因此产生怨恨。

苟晞到青州,以严刑酷法建立威严,每天都有杀戮,青州人称他为"屠伯"。顿丘太守魏植迫于流民,聚众五六万人,到兖州大肆抢掠,苟晞出兵在无盐驻扎,来讨伐魏植。让弟弟苟纯兼任青州刺史,苟纯刑罚杀戮比苟晞还要厉害。苟晞讨伐魏植,打败了他。

当初,阳平人刘灵,年轻时贫穷低贱,力气大得能制服奔跑着的牛,跑起来能与奔马相比,当时的人们虽然认为他不同寻常,但却无人举荐他。刘灵抚胸感叹说:"天啊,为什么赶上乱世呢!"等到公师藩起兵,刘灵自称将军,进犯抢掠赵、魏地区。王弥被苟纯打败时,刘灵也被王赞打败,于是他们都派使者向汉投降。汉王刘渊任命王弥为镇东大将军,青徐二州牧,都督缘海诸军事,封东莱公;任命刘灵为平北将军。

26   李钊到宁州,州里的人们尊奉李钊兼理州刺史事务。治中毛孟到京城,请求朝廷委派刺史,多次上奏,没有被审理。毛孟说:"州君已死,州城被围困,不远万里到朝廷倾诉悲哀,心意精诚而朝廷无动于衷,生不如死!"就想自刎,朝廷怜惜他,让魏兴太守王逊任宁州刺史,同时诏令交州出兵救援李钊。交州刺史吾彦派他儿子吾咨带兵去救援李钊。

27   慕容廆自称鲜卑大单于。

28   拓跋禄官去世,弟拓跋猗卢总管三部,与慕容廆结交友好。

二年(戊辰,308)

1 春,正月丙丙午朔,日有食之。

2 丁未,大赦。

3 汉王渊遣抚军将军聪等十将南据太行,辅汉将军石勒等十将东下赵、魏。

4 二月辛卯,太傅越杀清河王覃。

5 庚子,石勒寇常山,王浚击破之。

6 凉州刺史张轨病风,口不能言,使其子茂摄州事。陇西内史晋昌张越,凉州大族,欲逐轨而代之,与其兄酒泉太守镇及西平太守曹袪,谋遣使诣长安,告南阳王模,称轨废疾,请以秦州刺史贾龛代之。龛将受之,其兄让龛曰:"张凉州一时名士,威著西州,汝何德以代之!"龛乃止。镇、袪上疏,更请刺史,未报。遂移檄废轨,以军司杜耽摄州事,使耽表越为刺史。

轨下教,欲避位,归老宜阳。长史王融、参军孟畅蹋折镇檄,排阁入言曰:"晋室多故,明公抚宁西夏,张镇兄弟敢肆凶逆,当鸣鼓诛之。"遂出,戒严。会轨长子寔自京师还,乃以寔为中督护,将兵讨镇。遣镇甥太府主簿令狐亚先往说镇,为陈利害,镇流涕曰:"人误我!"乃诣寔归罪。寔南击曹袪,走之。

朝廷得镇、袪疏,以侍中袁瑜为凉州刺史。治中杨澹驰诣长安,割耳盘上,诉轨之被诬。南阳王模表请停瑜,武威太守张琠也上表留轨,诏依模所表,且命诛曹袪。轨于是命寔帅步骑三万讨袪,斩之。张越奔邺,凉州乃定。

晋怀帝永嘉二年(戊辰,公元 308 年)

1　春季,正月丙午朔(初一),出现日食。

2　丁未(初二),宣布大赦。

3　汉王刘渊派遣抚军将军刘聪等十名将军向南占据太行,派辅汉将军石勒等十名将军向东到赵、魏地区。

4　二月辛卯(十六日),太傅司马越杀死清河王司马覃。

5　庚子(二十五日),石勒进犯常山,王浚击败了石勒。

6　凉州刺史张轨患风疾,不能说话,让他儿子张茂代理州政。陇西内史晋昌人张越,是凉州名门望族,想驱逐张轨后自己取代他的职位,与他哥哥酒泉太守张镇和西平太守曹祛商量,派使者到长安向南阳王司马模报告,说张轨因病残废,请求让秦州刺史贾龛取代他。贾龛将要接受新职,他哥哥责备贾龛说:"凉州张轨是当代名士,威名传播于西州地区,你有什么德望来代替张轨呢!"贾龛于是没有去接受这个职务。张镇、曹祛向朝廷上奏章,请求另行任命刺史,没有回音。于是发布檄文废除张轨的职务,让军司杜耽代理州政,又让杜耽表奏任命张越为刺史。

张轨下发告谕,想辞去职位,告老回故乡宜阳。长史王融、参军孟畅用脚踩碎张镇的檄文,推开门进去说:"晋朝多变故,您安抚平定西夏地区,张镇兄弟胆敢肆意逞凶叛逆,应当鸣鼓诛讨他们。"说完出去,在城中戒严。正赶上张轨的大儿子张寔从京城回来,于是就让张寔任中督护,带兵讨伐张镇。并派张镇的外甥都督府主簿令狐亚先去说服张镇,向他陈说利害关系,张镇流着眼泪说:"有人坑害我!"于是到张寔那里认罪受罚。张寔向南攻打曹祛,曹祛败走。

朝廷接到张镇、曹祛的那份奏章,就任命侍中袁瑜为凉州刺史。州治中杨澹跃马奔向长安,割掉耳朵放在盘上,诉说张轨被诬陷的情况。南阳王司马模表奏停止任命袁瑜,武威太守张琠亦上奏表挽留张轨,朝廷诏令按照司马模所奏的办,并且诏令诛杀曹祛。张轨于是命令张寔率领三万步兵和骑兵讨伐曹祛,把曹祛斩首。张越逃奔到邺城,凉州于是安定。

7　三月，太傅越自许昌徙镇鄄城。

8　王弥收集亡散，兵复大振。分遣诸将攻掠青、徐、兖、豫四州，所过攻陷郡县，多杀守令，有众数万。苟晞与之连战，不能克。夏，四月丁亥，弥入许昌。

太傅越遣司马王斌帅甲士五千人入卫京师，张轨亦遣督护北宫纯将兵卫京师。五月，弥入自轘辕，败官军于伊北，京师大震，宫城门昼闭。壬戌，弥至洛阳，屯于津阳门。诏以王衍都督征讨诸军事。北宫纯募勇士百馀人突陈，弥兵大败。乙丑，弥烧建春门而东，衍遣左卫将军王秉追之，战于七里涧，又败之。

弥走渡河，与王桑自轵关如平阳。汉王渊遣侍中兼御史大夫郊迎，令曰："孤亲行将军之馆，拂席洗爵，敬待将军。"及至，拜司隶校尉，加侍中、特进；以桑为散骑侍郎。

北宫纯等与汉刘聪战于河东，败之。

9　诏封张轨西平郡公，轨辞不受。时州郡之使，莫有至者，轨独遣使贡献，岁时不绝。

10　秋，七月甲辰，汉王渊寇平阳，太守宋抽弃郡走，河东太守路述战死。渊徙都蒲子。上郡鲜卑陆逐延、氐酋单徵并降于汉。

11　八月丁亥，太傅越自鄄城徙屯濮阳，未几，又徙屯荥阳。

12　九月，汉王弥、石勒寇邺，和郁弃城走。诏豫州刺史裴宪屯白马以拒弥，车骑将军王堪屯东燕以拒勒，平北将军曹武屯大阳以备蒲子。宪，楷之子也。

7　三月，太傅司马越从许昌迁徙到鄄城镇守。

8　王弥收拢聚集流亡逃散的残兵，军队重新大为振作。王弥又派遣部将们分别攻打抢掠青州、徐州、兖州、豫州等地，攻陷郡和县，把郡守、县令大多杀掉，聚集了几万部众。苟晞与王弥的军队接连交战，没有能够取胜。夏季，四月丁亥（十三日），王弥攻入许昌。

太傅司马越派遣担任司马的王斌带领五千兵卒进京城防卫，张轨也派遣督护北宫纯带兵保卫京城。五月，王弥从辕出发，在伊水以北打败官军，京城大为震动，宫城门白天也关闭。壬戌（十九日），王弥到达洛阳，在津阳门驻扎。诏令以王衍指挥征讨王弥的各项军事行动。北宫纯招募一百多勇士突袭王弥兵阵，王弥的军队大败。乙丑（二十二日），王弥放火烧建春门后向东逃窜，王衍派左卫将军王秉追击他，在七里涧交战，又打败了王弥。

王弥逃跑渡过黄河，与王桑从轵关到平阳。汉王刘渊派侍中兼御史大夫到郊外迎接，命令说："我将亲自去将军的府第，擦拭座席清洗酒爵，诚心诚意对待将军。"王弥到后，任他为司隶校尉兼侍中，并授以特进职位；任命王桑为散骑侍郎。

北宫纯等与汉刘聪的军队在河东交战，打败了刘聪。

9　诏令封张轨为西平郡公，张轨推辞而不接受。当时各州郡都没有到京城的使者，只有张轨独自派遣使者进贡，每年都不中断。

10　秋季，七月甲辰（初二），汉王刘渊进犯平阳，太守宋抽丢下郡城逃跑，河东太守路述战死。刘渊迁都到蒲子县。上郡鲜卑人陆逐延、氐人酋长单徵都向刘汉投降。

11　八月丁亥（十五日），太傅司马越从鄄城迁徙到濮阳驻扎，没有多久，又迁徙到荥阳驻扎。

12　九月，刘汉的王弥、石勒进犯邺城，守将和郁弃城而逃。诏令豫州刺史裴宪在白马驻扎以抵御王弥，车骑将军王堪在东燕驻扎以抵御石勒，平北将军曹武驻扎在大阳以防备蒲子。裴宪是裴楷的儿子。

13　冬,十月甲戌,汉王渊即皇帝位,大赦,改元永凤。十一月,以其子和为大将军,聪为车骑大将军,族子曜为龙骧大将军。

14　壬寅,并州刺史刘琨使上党太守刘惇帅鲜卑攻壶关,汉镇东将军綦毋达战败亡归。

15　丙午,汉都督中外诸军事、领丞相、右贤王宣卒。

16　石勒、刘灵帅众三万寇魏郡、汲郡、顿丘,百姓望风降附者五十馀垒,皆假垒主将军、都尉印绶,简其强壮五万为军士,老弱安堵如故。己酉,勒执魏郡太守王粹于三台,杀之。

17　十二月辛未朔,大赦。

18　乙亥,汉主渊以大将军和为大司马,封梁王;尚书令欢乐为大司徒,封陈留王;后父御史大夫呼延翼为大司空,封雁门郡公;宗室以亲疏悉封郡县王,异姓以功伐悉封郡县公侯。

19　成尚书令杨褒卒。褒好直言,成主雄初得蜀,用度不足,诸将有以献金银得官者,褒谏曰:“陛下设官爵,当网罗天下英豪,何有以官买金邪!”雄谢之。雄尝醉,推中书令杜太官令,褒进曰:“天子穆穆,诸侯皇皇。安有天子而为酗也!”雄惭而止。

20　成平寇将军李凤屯晋寿,屡寇汉中,汉中民东走荆沔。诏以张光为梁州刺史。荆州寇盗不禁,诏起刘璠为顺阳内史,江、汉间翕然归之。

13　冬季,十月甲戌(初三),汉王刘渊即皇帝位,宣布大赦,改年号为永凤。十一月,任命他儿子刘和为大将军,刘聪为车骑大将军,同族侄子刘曜为龙骧大将军。

14　壬寅(初一),并州刺史刘琨让上党太守刘惇带领鲜卑人攻打壶关,刘汉的镇东将军綦毋达战败而逃回。

15　丙午(初五),刘汉的都督中外诸军事、兼丞相、右贤王刘宣去世。

16　石勒、刘灵率领三万人进犯魏郡、汲郡、顿丘等地,五十多个村垒的百姓望风投降,石勒对全部村垒头目都授给将军、都尉的印章和绶带,并从百姓中挑选了五万强壮者作为兵士,对老弱病残的百姓仍让他们在原地安居。己酉(初八),石勒在三台抓住并杀了魏郡太守王粹。

17　十二月辛未朔(初一),宣布大赦。

18　乙亥(初五),汉主刘渊任命大将军刘和为大司马,封为梁王;任尚书令欢乐为大司徒,封为陈留王;任命皇后的父亲御史大夫呼延翼为大司空,封雁门郡公;宗室当中根据亲疏都封给郡县王,异姓长官根据战功都封予郡县公侯。

19　成汉尚书令杨褒去世。杨褒喜欢直言,成汉主李雄刚刚占据蜀地时,费用不够,部将当中有因为捐献金银财物而得到职任的人,杨褒劝谏说:“陛下设置官职爵位,应该网罗天下的英雄豪杰,哪里有用官职换取金钱的道理!”李雄向他谢罪。李雄曾经喝醉了酒,让中书令杖打太官令,杨褒进言说:“天子威仪庄严,诸侯仪态端正。哪里有天子酗酒的道理!”李雄感到惭愧而停止了酗酒。

20　成汉的平寇将军李凤在晋寿驻扎,多次进犯汉中,汉中百姓向东逃难到荆州、沔阳一带。朝廷诏令任命张光为梁州刺史。荆州的强盗窃贼不能禁绝,朝廷诏令起用刘璠为顺阳内史,于是,江、汉地区的百姓纷纷聚集归附刘璠。

卷第八十七　晋纪九

起己巳(309)尽辛未(311)凡三年

孝怀皇帝中
永嘉三年(己巳,309)

1　春,正月辛丑朔,荧惑犯紫微。汉太史令宣于脩之,言于汉主渊曰:"不出三年,必克洛阳。蒲子崎岖,难以久安;平阳气象方昌,请徙都之。"渊从之。大赦,改元河瑞。

2　三月戊申,高密孝王略薨。以尚书左仆射山简为征南将军、都督荆、湘、交、广四州诸军事,镇襄阳。简,涛之子也,嗜酒,不恤政事。表"顺阳内史刘璠得众心,恐百姓劫璠为主"。诏征璠为越骑校尉。南州由是遂乱,父老莫不追思刘弘。

3　丁巳,太傅越自荥阳入京师。中书监王敦谓所亲曰:"太傅专执威权,而选用表请,尚书犹以旧制裁之,今日之来,必有所诛。"

帝之为太弟也,与中庶子缪播亲善,及即位,以播为中书监,缪胤为太仆卿,委以心膂。帝舅散骑常侍王延、尚书何绥、太史令高堂冲,并参机密。越疑朝臣贰于己,刘舆、潘滔劝越悉诛播等。越乃诬播等欲为乱,乙丑,遣平东将军王秉,帅甲士三千入宫,执播等十馀人于帝侧,付廷尉,杀之。帝叹息流涕而已。

孝怀皇帝中

晋怀帝永嘉三年(己巳,公元 309 年)

1　春季,正月辛丑朔(初一),火星犯紫微星座。汉太史令宣于脩之对汉君主刘渊说:"不出三年,一定能攻克洛阳。蒲子地形崎岖,难以在这儿长久安居;平阳的天象正好昌盛,请把都城迁到那里。"刘渊采纳了这个建议。宣布大赦,改年号为河瑞。

2　三月戊申(初九),高密孝王司马略去世。任命尚书左仆射山简为征南将军,都督荆州、湘州、交州、广州四州诸军事,镇守襄阳。山简是山涛的儿子,嗜好喝酒,不把军政事务放在心上。上奏表说"顺阳内史刘璠很得人心,恐怕百姓要劫持刘璠作首领"。于是朝廷诏令任命刘璠为越骑校尉。南州地区因此而大乱,当地父老乡亲没有不追念刘璠的父亲刘弘的。

3　丁巳(十八日),太傅司马越从荥阳进入京城。中书监王敦对他所亲近的人说:"太傅独揽威势权力,但选拔任用官员仍上表请示,而尚书仍然按照过去的制度来裁定,因此太傅现在到京城,一定会杀掉一些官员。"

怀帝当太弟时,与中庶子缪播关系亲密要好,即皇帝位后,任命缪播为中书监,任命缪胤为太仆卿,把他们当作心腹。怀帝舅父散骑常侍王延和尚书何绥、太史令高堂冲一起参与朝廷的机密事务。司马越怀疑朝廷大臣对自己有异心,刘馨、潘滔也劝说司马越把缪播等人全杀了。司马越于是诬陷缪播等人图谋叛乱,乙丑(二十六日),派平东将军王秉,率领三千兵士进入皇宫,在怀帝身边逮捕缪播等十馀人,交付廷尉,把他们杀了。怀帝只能叹息流泪而已。

绥，曾之孙也。初，何曾侍武帝宴，退，谓诸子曰："主上开创大业，吾每宴见，未尝闻经国远图，惟说平生常事，非贻厥孙谋之道也；及身而已，后嗣其殆乎！汝辈犹可以免！"指诸孙曰："此属必及于难。"及绥死，兄嵩哭之曰："我祖其殆圣乎！"曾日食万钱，犹云无下箸处。子劭，日食二万。绥及弟机、羡，汰侈尤甚，与人书疏，词礼简傲。河内王尼见绥书，谓人曰："伯蔚居乱世而矜豪乃尔，其能免乎！"人曰："伯蔚闻卿言，必相危害。"尼曰："伯蔚比闻我言，自已死矣！"及永嘉之末，何氏无遗种。

臣光曰：何曾议武帝偷惰，取过目前，不为远虑；知天下将乱，子孙必与其忧，何其明也！然身为僭侈，使子孙承流，卒以骄奢亡族，其明安在哉！且身为宰相，知其君之过，不以告而私语于家，非忠臣也。

4　太傅越以王敦为扬州刺史。

5　刘寔连年请老，朝廷不许。尚书左丞刘坦上言："古之养老，以不事为优，不以吏之为重，谓宜听寔所守。"丁卯，诏寔以侯就第。以王衍为太尉。

太傅越解兖州牧，领司徒。越以顷来兴事，多由殿省，乃奏宿卫有侯爵者皆罢之。时殿中武官并封侯，由是出者略尽，皆泣涕而去。更使右卫将军何伦、左卫将军王秉领东海国兵数百人宿卫。

何绥是何曾的孙子。当初,何曾曾在武帝司马炎的宴会上侍奉,离开宴会后,对儿子们说:"皇上开创伟大的基业,我每次在宴会上见他,从没有听到治理国家的长远打算,只是听他说平生的一些日常事情,这不是替子孙后代考虑的做法。他只考虑自己,他的后代继承人危险呀!你们还能够免祸!"指着孙子们又说:"他们一定会遭到国难。"何绥死后,哥哥何嵩哭着说:"我们的祖父几乎是圣人啊!"何曾生活奢侈,吃饭一天要耗费万钱,还说没有下筷子的地方。儿子何劭,一天吃掉二万钱。何绥和弟弟何机、何羡,更加奢侈,给人写信,用词非常傲慢。河内人王尼看到何绥写的信,对人说:"伯蔚身居乱世还这样自负傲慢,难道能免祸吗!"听的人说:"伯蔚听到你的话,一定会害你。"王尼说:"等伯蔚听到我的这些话时,他自己已经死了!"等到永嘉末年,何氏一家已经没有子孙留存在世了。

臣司马光说:何曾议论晋武帝苟且懒惰,只顾眼前利益,不为长远考虑,而预知天下将要发生变乱,子孙一定会卷入这忧虑当中,多么英明!但是自己超越本分奢侈无度,使子孙效仿继承这坏毛病,最后因为骄傲奢侈而亡族,这英明又在哪里呢!再说身为宰相,知道自己君主的过错,不忠告君主却在家私下议论,不是忠臣。

4 太傅司马越任王敦为扬州刺史。

5 刘寔连年请求告老还乡,朝廷不同意。尚书左丞刘坦给朝廷上言:"古代养老,以不使任职为好,并不把任职视为看重他,所以说应当尊重刘寔自己的安排。"丁卯(二十八日),诏令刘寔以侯爵的身份回归府第。任命王衍为太尉。

太傅司马越辞去兖州牧的职务,而兼任司徒。司马越根据近年来朝廷发生变故、根由大多出在宫殿官署这一情况,于是上奏请将有侯爵身份的宫廷侍卫全都罢免。当时宫殿中的武官都封了侯,因此宫殿武官差不多都被解职,他们都流着泪离开了宫殿。然后改为让右卫将军何伦、左卫将军王秉带领几百名属于司马越的东海国兵士担任皇宫禁卫。

6 左积弩将军朱诞奔汉，具陈洛阳孤弱，劝汉主渊攻之。渊以诞为前锋都督，以灭晋大将军刘景为大都督，将兵攻黎阳，克之；又败王堪于延津，沉男女三万馀人于河。渊闻之，怒曰："景何面复见朕！且天道岂能容之！吾所欲除者，司马氏耳，细民何罪！"黜景为平虏将军。

7 夏，大旱，江、汉、河、洛皆竭，可涉。

8 汉安东大将军石勒寇钜鹿、常山，众至十馀万，集衣冠人物，别为君子营。以赵郡张宾为谋主，刁膺为股肱，夔安、孔苌、支雄、桃豹、逯明为爪牙。并州诸胡羯多从之。

初，张宾好读书，阔达有大志，常自比张子房。及石勒徇山东，宾谓所亲曰："吾历观诸将，无如此胡将军者，可与共成大业！"乃提剑诣军门，大呼请见，勒亦未之奇也。宾数以策干勒，已而皆如所言。勒由是奇之，署为军功曹，动静咨之。

9 汉主渊以王弥为侍中、都督青徐兖豫荆扬六州诸军事、征东大将军、青州牧，与楚王聪共攻壶关，以石勒为前锋都督。刘琨遣护军黄肃、韩述救之，聪败述于西涧，勒败肃于封田，皆杀之。

太傅越遣淮南内史王旷、将军施融、曹超将兵拒聪等。旷济河，欲长驱而前，融曰："彼乘险间出，我虽有数万之众，犹是一军独受敌也。且当阻水为固以量形势，然后图之。"旷怒曰："君欲沮众邪！"融退曰："彼善用兵，旷暗于事势，吾属今必死矣！"旷等于太行与聪遇，战于长平之间，旷兵大败，融、超皆死。

6 左积弩将军朱诞投奔汉,具体陈说洛阳城中势单力薄的情况,劝汉主刘渊趁机攻打洛阳。刘渊让朱诞任前锋都督,让灭晋大将军刘景任大都督,带兵攻克了黎阳;又在延津打败王堪,把三万多男女百姓沉入黄河。刘渊听说后,生气地说:"刘景有什么脸面再来见朕!再说上天之道难道能容忍这种残忍的行动!我所想要消灭的,只是司马氏家族罢了,普通百姓有什么罪!"把刘景降职为平虏将军。

7 夏季,大旱,长江、汉水、黄河、洛河都枯竭了,可以徒步渡过去。

8 汉安东大将军石勒进犯钜鹿、常山,有十多万人,聚集了一些有身份的人士,另外编成君子营。以赵郡人张宾为主要谋士,刁膺作为辅佐,以夔安、孔苌、支雄、桃豹、逯明作为助手。并州的胡人、羯人大多都跟随石勒。

当初,张宾喜欢读书,豁达而胸怀大志,常常把自己比作西汉张良。等到石勒攻取崤山以东地区,张宾对所亲近的人说:"我一一观察那些战将,没有比得上这位胡人将军的,可以和他一起成就大业!"于是提起剑到军营门前,大声呼喊请求接见,但石勒并没有认为他有超群之处。张宾多次向石勒献上计策,事情结束后全都与张宾预料的一样。石勒因此才感到他不同寻常,安排他为军功曹,一举一动都要去问他。

9 汉主刘渊以王弥担任侍中,都督青、徐、兖、豫、荆、扬六州诸军事,征东大将军,青州牧,与楚王刘聪一起进攻壶关,任石勒为前锋都督。刘琨派遣护军黄肃、韩述救援壶关,刘聪在西涧打败韩述,石勒在封田打败黄肃,把他们都杀了。

太傅司马越派遣淮南内史王旷、将军施融、曹超带兵抵御刘聪等人。王旷渡过黄河,想长驱直入,施融说"他们凭借天险抄小路出击,我们即使有几万人马,仍然还是孤军单独受敌。应该暂且借河水当作屏障来观察形势变化,然后再图谋他们。"王旷发怒说:"您要败坏士气啊!"施融退出去说:"人家善于用兵,而王旷却不明白战事情势,我们这些人今天一定要死了!"王旷等人在太行与刘聪遭遇,在长平地区交战,王旷的军队惨败,施融、曹超都战死。

聪遂破屯留、长子,凡斩获万九千级。上党太守庞淳以壶关降汉。刘琨以都尉张倚领上党太守,据襄垣。

初,匈奴刘猛死,右贤王去卑之子诰升爰代领其众。诰升爰卒,子虎立,居新兴,号铁弗氏,与白部鲜卑皆附于汉。刘琨自将击虎,刘聪遣兵袭晋阳,不克。

10 五月,汉主渊封子裕为齐王,隆为鲁王。

11 秋,八月,汉主渊命楚王聪等进攻洛阳。诏平北将军曹武等拒之,皆为聪所败。聪长驱至宜阳,自恃骤胜,怠不设备。九月,弘农太守垣延诈降,夜袭聪军,聪大败而还。

王浚遣祁弘与鲜卑段务勿尘击石勒于飞龙山,大破之,勒退屯黎阳。

12 冬,十月,汉主渊复遣楚王聪、王弥、始安王曜、汝阴王景帅精骑五万寇洛阳,大司空雁门刚穆公呼延翼帅步卒继之。丙辰,聪等至宜阳。朝廷以汉兵新败,不意其复至,大惧。辛酉,聪屯西明门。北宫纯等夜帅勇士千馀人出攻汉壁,斩其征虏将军呼延颢。壬戌,聪南屯洛水。乙丑,呼延翼为其下所杀,其众自大阳溃归。渊敕聪等还师。聪表称晋兵微弱,不可以翼、颢死故还师,固请留攻洛阳,渊许之。太傅越婴城自守。戊寅,聪亲祈嵩山,留平晋将军安阳哀王厉、冠军将军呼延朗督摄留军。太傅参军孙询说越乘虚出击朗,斩之,厉赴水死。王弥谓聪曰:“今军既失利,洛阳守备犹固,运车在陕,粮食不支数日。殿下不如与龙骧还平阳,裹粮发卒,更为后举。下官亦收兵谷,待命于兖、豫,不亦可乎!”聪自以请留,未敢还。宣于脩之言于渊曰:“岁在辛未,乃得洛阳。今晋气犹盛,大军不归,必败。”渊乃召聪等还。

刘聪于是攻陷屯留、长子，一共斩获一万九千首级。上党太守庞淳交出壶关向汉投降。刘琨派都尉张倚兼任上党太守，占据襄垣。

当初，匈奴人刘猛死去，右贤王去卑的儿子诰升爰代替他率领部众。诰升爰去世，他的儿子刘虎立为首领，居住新兴，号称铁弗氏，与白部鲜卑都归附于汉。刘琨自己带兵攻打刘虎，刘聪派兵袭击晋阳，没有攻克。

10　五月，汉主刘渊把儿子刘裕封为齐王，刘隆封为鲁王。

11　秋季，八月，汉主刘渊命令楚王刘聪等人进兵攻打洛阳。朝廷诏令平北将军曹武等人抵御刘聪，都被刘聪打败。刘聪长驱直入到达宜阳，自己倚仗着已经多次取胜，懈怠而不进行防备。九月，弘农太守垣延假装投降，夜间突袭刘聪的军队，刘聪大败而归。

王浚派遣祁弘与鲜卑人段务勿尘在飞龙山攻打石勒，石勒大败，撤退到黎阳驻扎。

12　冬季，十月，汉主刘渊再次派遣楚王刘聪、王弥、始安王刘曜、汝阴王刘景率领五万精锐骑兵进犯洛阳，大司空雁门刚穆公呼延翼带领步兵作为后续军队。丙辰（二十一日），刘聪等人到达宜阳。朝廷因为汉军刚刚失败，没有料到他们这么快又来了，大为恐慌。辛酉（二十六日），刘聪屯兵西明门。北宫纯等人带领一千多勇士趁黑夜突袭汉军营垒，杀了他们的征虏将军呼延颢。壬戌（二十七日），刘聪向南到洛水驻扎。乙丑，呼延翼被自己的部下杀死，部众从大阳溃散逃回。刘渊下令让刘聪等人撤兵回来。刘聪上奏表说，晋朝军队微弱，不能因为呼延翼、呼延颢死了而撤兵，坚持要留下来进攻洛阳，刘渊同意了。太傅司马越加强环城防守。戊寅，刘聪自己到嵩山祈祷，留下平晋将军安阳哀王刘厉、冠军将军呼延朗代理指挥留守的军队。太傅参军孙询劝司马越乘虚出兵袭击呼延朗，杀死了呼延朗，刘厉跳入洛水而死。王弥对刘聪说："现在军队既然失利，洛阳的防守还很坚固，而我们的运粮车还在陕地，粮食支持不了几天，殿下不如与龙骧大将军刘曜退还平阳，筹备粮食发给兵士，再进行下一步行动。我也收兵筹谷，在兖、豫地区待命，不也是可以的吗！"刘聪因为是自己请求留下，没有敢撤兵。宣于修之对刘渊说："到了辛未年，才能得到洛阳，现在晋朝气运还旺盛，大军不撤回来，一定失败。"刘渊于是召刘聪等人回来。

13　天水人訇琦等杀成太尉李离、尚书令阎式，以梓潼降罗尚，成主雄遣太傅骧、司徒云、司空璜攻之，不克，云、璜战死。

初，谯周有子居巴西，成巴西太守马脱杀之，其子登诣刘弘请兵以复仇。弘表登为梓潼内史，使自募巴、蜀流民，得二千人。西上，至巴郡，从罗尚求益兵，不得。登进攻宕渠，斩马脱，食其肝。会梓潼降，登进据涪城，雄自攻之，为登所败。

14　十一月甲申，汉楚王聪、始安王曜归于平阳。王弥南出轘辕，流民之在颍川、襄城、汝南、南阳、河南者数万家，素为居民所苦，皆烧城邑，杀二千石、长吏以应弥。

15　石勒寇信都，杀冀州刺史王斌。王浚自领冀州。诏车骑将军王堪、北中郎将裴宪将兵讨勒，勒引兵还，拒之。魏郡太守刘矩以郡降勒。勒至黎阳，裴宪弃军奔淮南，王堪退保仓垣。

16　十二月，汉主渊以陈留王欢乐为太傅，楚王聪为大司徒，江都王延年为大司空。遣都护大将军曲阳王贤与征北大将军刘灵、安北将军赵固、平北将军王桑，东屯内黄。王弥表左长史曹嶷行安东将军，东徇青州，且迎其家，渊许之。

17　初，东夷校尉勃海李臻，与王浚约共辅晋室，浚内有异志，臻恨之。和演之死也，别驾昌黎王诞亡归李臻，说臻举兵讨浚。臻遣其子成将兵击浚。辽东太守庞本，素与臻有隙，乘虚袭杀臻，遣人杀成于无虑。诞亡归慕容廆。诏以勃海封释代臻为东夷校尉，庞本复谋杀之，释子悛劝释伏兵请本，收斩之，悉诛其家。

13 天水人訇琦等人杀了成汉的太尉李离和尚书令阎式,献出梓潼向罗尚投降,成汉主李雄派太傅李骧、司徒李云、司空李璜攻打梓潼,没有成功,李云、李璜战死。

当初,谯周有个儿子在巴西地区居住,成汉的巴西太守马脱把他杀了,他的儿子谯登到刘弘那儿请求军队报仇。刘弘表奏谯登为梓潼内史,让他自己招募巴、蜀地区的流民,招到两千人。向西到巴郡,向罗尚请求增加些兵力,但没有得到。谯登进攻宕渠,杀了马脱,吃掉马脱的肝。正遇到梓潼投降,谯登占据涪城,李雄亲自攻打谯登,结果被谯登打败。

14 十一月甲申(二十日),汉楚王刘聪、始安王刘曜回到平阳。王弥向南出兵辕辕,在颍川、襄城、汝南、南阳、河南的流民有几万家,一直被当地居民欺负,所以放火烧城焚邑,杀掉郡守、长史等官员,响应王弥。

15 石勒进犯信都,杀了冀州刺史王斌。王浚自己兼任冀州刺史。朝廷诏令车骑将军王堪、北中郎将裴宪率兵讨伐石勒,石勒带兵回来,抵御王堪等人。魏郡太守刘矩献出本郡投降石勒。石勒到达黎阳,裴宪丢下军队自己逃奔淮南,王堪退守仓垣。

16 十二月,汉主刘渊以陈留王刘欢乐任太傅,楚王刘聪任大司徒,江都王刘延年任大司空。派遣都护大将军曲阳王刘贤与征北大将军刘灵、安北将军赵固、平北将军王桑,在东边的内黄县驻扎。王弥表奏左长史曹嶷任安东将军,向东攻略青州,顺便接他的家眷,刘渊同意了这个安排。

17 当初,东夷校尉勃海人李臻,与王浚相约共同辅佐晋皇室,王浚有另外的想法,李臻于是怨恨王浚。和演死后,别驾昌黎人王诞逃亡归附李臻,劝说李臻出兵讨伐王浚。李臻就派他儿子李成带兵攻打王浚。辽东太守庞本,一直与李臻有怨恨,乘虚袭击杀了李臻,又派人在无虑杀了李成。王诞又逃跑投奔慕容廆。朝廷诏令以勃海人封释代替李臻任东夷校尉,庞本又图谋杀他,封释的儿子封悛劝封释设伏兵邀请庞本,把庞本抓住并杀了,之后又杀了他的全家。

四年(庚午,310)

1　春,正月乙丑朔,大赦。

2　汉主渊立单徵女为皇后,梁王和为皇太子,大赦;封子义为北海王;以长乐王洋为大司马。

3　汉镇东大将军石勒济河,拔白马,王弥以三万众会之,共寇徐、豫、兖州。二月,勒袭鄄城,杀兖州刺史袁孚,遂拔仓垣,杀王堪。复北济河,攻冀州诸郡,民从之者九万馀口。

4　成太尉李国镇巴西,帐下文石杀国,以巴西降罗尚。

5　太傅越征建威将军吴兴钱璯及扬州刺史王敦。璯谋杀敦以反,敦奔建业,告琅邪王睿。璯遂反,进寇阳羡,睿遣将军郭逸等讨之。周玘纠合乡里,与逸等共讨璯,斩之。玘三定江南,睿以玘为吴兴太守,于其乡里置义兴郡以旌之。

6　曹嶷自大梁引兵而东,所至皆下,遂克东平,进攻琅邪。

7　夏,四月,王浚将祁弘败汉冀州刺史刘灵于广宗,杀之。

8　成主雄谓其将张宝曰:“汝能得梓潼,吾以李离之官赏汝。”宝乃先杀人而亡奔梓潼,訇琦等信之,委以心腹。会罗尚遣使至梓潼,琦等出送之,宝从后闭门,琦等奔巴西。雄以宝为太尉。

9　幽、并、司、冀、秦、雍六州大蝗,食草木、牛马毛皆尽。

10　秋,七月,汉楚王聪、始安王曜、石勒及安北大将军赵国围河内太守裴整于怀,诏征虏将军宋抽救怀。勒与平北大将军王桑逆击抽,杀之。河内人执整以降,汉主渊以整为尚书左丞。河内督将郭默收整馀众,自为坞主,刘琨以默为河内太守。

晋怀帝永嘉四年(庚午,公元 310 年)

1 春季,正月乙丑朔(初一),宣布大赦。

2 汉主刘渊立单微的女儿为皇后,梁王刘和为太子,宣布大赦;封儿子刘义为北海王;以长乐王刘洋任大司马。

3 汉镇东大将军石勒渡过黄河,攻克白马,王弥带领三万人与石勒会师,一同进犯徐州、豫州、兖州。二月,石勒袭击鄄城,杀兖州刺史袁孚,又攻克仓垣,杀王堪。又北渡黄河,攻打冀州各郡,九万多百姓附从石勒。

4 成汉太尉李国镇守巴西,部下文石杀死李国,献出巴西投降罗尚。

5 太傅司马越征召建威将军吴兴人钱璯和扬州刺史王敦。钱璯图谋杀死王敦后叛乱,王敦逃往建业,报告琅邪王司马睿。钱璯叛乱,进犯阳羡,司马睿派遣将军郭逸等人讨伐他。周玘组织联合乡里百姓,与郭逸等人一起讨伐钱璯,把他杀了。周玘三次平定江南,司马睿以周玘任吴兴太守,并在他家乡设置义兴郡以表彰周玘。

6 曹嶷从大梁带兵向东进攻,所向披靡,于是攻克东平,进兵攻打琅邪。

7 夏季,四月,王浚部将祁弘在广宗打败汉冀州刺史刘灵,杀死刘灵。

8 成汉主李雄告诉他的部将张宝说:"你能攻下梓潼,我把李离的官职赏给你。"张宝于是杀人后逃亡投奔梓潼,訇琦等人都信任他,把他当作心腹。正遇到罗尚派使者到梓潼,訇琦等人出城送使者,张宝则在后边关闭了城门,訇琦等人只好投奔巴西。李雄让张宝担任太尉。

9 幽、并、司、冀、秦、雍等六州遭到严重蝗灾,蝗虫把草木、牛马的毛都啃食光了。

10 秋季,七月,汉楚王刘聪、始安王刘曜、石勒和安北大将军赵国,在怀县围攻河内太守裴整,朝廷诏令征虏将军宋抽救援怀县。石勒与平北大将军王桑阻击并杀死宋抽。河内人抓住裴整投降,汉主刘渊让裴整担任尚书左丞。河内郡督将郭默收拾裴整的残馀部众,自己担任小城堡主,刘琨任命郭默为河内太守。

11　罗尚卒于巴郡,诏以长沙太守下邳皮素代之。

12　庚午,汉主渊寝疾。辛未,以陈留王欢乐为太宰,长乐王洋为太傅,江都王延年为太保,楚王聪为大司马、大单于,并录尚书事。置单于台于平阳西。以齐王裕为大司徒,鲁王隆为尚书令,北海王乂为抚军大将军、领司隶校尉,始安王曜为征讨大都督、领单于左辅,廷尉乔智明为冠军大将军、领单于右辅,光禄大夫刘殷为左仆射,王育为右仆射,任颛为吏部尚书,朱纪为中书监,护军马景领左卫将军,永安王安国领右卫将军,安昌王盛、安邑王钦、西阳王璿皆领武卫将军,分典禁兵。初,盛少时,不好读书,唯读《孝经》、《论语》,曰:"诵此能行,足矣,安用多诵而不行乎!"李熹见之,叹曰:"望之如可易,及至,肃如严君,可谓君子矣!"渊以其忠笃,故临终委以要任。丁丑,渊召太宰欢乐等入禁中,受遗诏辅政。己卯,渊卒。太子和即位。

和性猜忌无恩。宗正呼延攸,翼之子也,渊以其无才行,终身不迁官。侍中刘乘,素恶楚王聪。卫尉西昌王锐,耻不预顾命。乃相与谋,说和曰:"先帝不惟轻重之势,使三王总强兵于内,大司马拥十万众屯于近郊,陛下便为寄坐耳。宜早为之计。"和,攸之甥也,深信之。辛巳夜,召安昌王盛、安邑王钦等告之。盛曰:"先帝梓宫在殡,四王未有逆节,一旦自相鱼肉,天下谓陛下何!且大业甫尔,陛下勿信谗夫之言以疑兄弟,兄弟尚不可信,他人谁足信哉!"攸、锐怒之曰:"今日之议,理无有二,领军是何言乎!"命左右刃之。盛既死,钦惧曰:

11　罗尚在巴郡去世,朝廷诏令以长沙太守下邳人皮素代替他的职务。

12　庚午(初九),汉主刘渊卧病不起。辛未(初十),以陈留王刘欢乐任太宰,长乐王刘洋为太傅,江都王刘延年为太保,楚王刘聪为大司马、大单于,都兼任录尚书事。在平阳西侧设置单于台。以齐王刘裕任大司徒,鲁王刘隆为尚书令,北海王刘乂为抚军大将军兼司隶校尉,始安王刘曜为征讨大都督兼单于左辅,廷尉乔智明为冠军大将军兼单于右辅,光禄大夫刘殷为左仆射,王育为右仆射,任顗为吏部尚书,朱纪为中书监,护军马景兼左卫将军,永安王刘安国兼右卫将军,安昌王刘盛、安邑王刘钦、西阳王刘璿都兼任武卫将军,分别统领禁兵。当初,刘盛年幼时,不喜欢读书,只读《孝经》《论语》,说:"读这两本书能够照着去做,就足够了,哪里还用多读而不去做呢?"李熹见到他,感叹说:"远远望他好像可以轻慢他,等到了跟前,严肃如同威严的君主,可以称得上是君子了。"刘渊因为他忠诚执著,所以临终时交给他重要的职务。丁丑(十六日),刘渊宣召太宰刘欢乐等人到皇宫里,接受遗诏辅佐朝政。己卯(十八日),刘渊去世。太子刘和继承皇位。

刘和性格多疑没有恩德。宗正呼延攸是呼延翼的儿子,刘渊因为他没有才能和德行,终身没有给他升官。侍中刘乘,一直怨恨楚王刘聪。卫尉西昌王刘锐,对没有受到刘渊临终任命也感到羞耻。这几个人于是一起密谋,对刘和说:"先帝不考虑轻重的情势,使三王在皇城里统领强兵,大司马刘聪拥兵十万在近郊驻扎,这样陛下不过是在他人那里寄寓的皇帝罢了。应当尽早考虑对付这种情势。"刘和是呼延攸的外甥,所以对他深信不疑。辛巳(二十日)夜,宣召安昌王刘盛、安邑王刘钦通告他们。刘盛说:"先帝的棺椁还没有安葬,四王刘聪也没有变节,一旦自相残杀,天下会怎么说陛下?再说大业还没有成功,陛下不要听信挑拨离间的小人的谗言来疑忌兄弟,兄弟尚且都不能相信,那别人谁还值得相信呢!"呼延攸、刘锐对他发怒道:"今天商议,没有别的道理可讲,领军你这是什么话!"便命令左右随从把刘盛杀了。刘盛死后,刘钦害怕地说:

"惟陛下命。"壬午,锐帅马景攻楚王聪于单于台,攸帅永安王安国攻齐王裕于司徒府,乘帅安邑王钦攻鲁王隆,使尚书田密、武卫将军刘璿攻北海王乂。密、璿挟乂斩关归于聪,聪命贯甲以待之。锐知聪有备,驰还,与攸、乘共攻隆、裕。攸、乘疑安国、钦有异志,杀之。是日,斩裕,癸未,斩隆。甲申,聪攻西明门,克之,锐等走入南宫,前锋随之。乙酉,杀乂于光极西室,收锐、攸、乘,枭首通衢。

群臣请聪即帝位,聪以北海王乂,单后之子也,以位让之。乂涕泣固请,聪久而许之,曰:"乂及群公正以祸难尚殷,贪孤年长故耳。此家国之事,孤何敢辞!俟乂年长,当以大业归之。"遂即位。大赦,改元光兴。尊单氏曰皇太后,其母张氏曰帝太后。以乂为皇太弟、领大单于、大司徒。立其妻呼延氏为皇后。呼延氏,渊后之从父妹也。封其子粲为河内王,易为河间王,翼为彭城王,悝为高平王;仍以粲为抚军大将军、都督中外诸军事。以石勒为并州刺史,封汲郡公。

13　略阳临渭氐酋蒲洪,骁勇多权略,群氐畏服之。汉主聪遣使拜洪平远将军,洪不受,自称护氐校尉、秦州刺史、略阳公。

14　九月辛未,葬汉主渊于永光陵,谥曰光文皇帝,庙号高祖。

15　雍州流民多在南阳,诏书遣还乡里。流民以关中荒残,皆不愿归。征南将军山简、南中郎将杜蕤各遣兵送之,促期令发。京兆王如遂潜结壮士,夜袭二军,破之。于是冯翊严嶷、京兆侯脱各聚众攻城镇,杀令长以应之,未几,众至四五万,自号大将军、领司雍二州牧,称藩于汉。

"只听从陛下的旨意。"壬午(二十一日),刘锐带领马景在单于台攻打楚王刘聪,呼延攸带领永安王刘安国到司徒府攻打齐王刘裕,刘乘带领安邑王刘钦攻打鲁王刘隆,派尚书田密、武卫将军刘璿攻打北海王刘乂。田密、刘璿挟持刘乂冲过关卡归附刘聪,刘聪命令穿上铠甲等待刘锐。刘锐得知刘聪已有防备,迅速回师,与呼延攸、刘乘一起攻打刘隆、刘裕。呼延攸、刘乘怀疑刘安国、刘钦有异心,就杀了他们。当天,杀了刘裕,癸未(二十二日),杀了刘隆。甲申(二十三日),刘聪攻克西明门,刘锐等逃进南宫,前锋跟随着他。乙酉(二十四日),刘聪在光极殿西室杀了刘和,抓住刘锐、呼延攸、刘乘,在交通要道上斩首并悬挂起来。

大臣们请刘聪登上皇位,刘聪因为北海王刘乂是单太后的太子,就把皇位让给刘乂。刘乂流着泪坚持请刘聪即位,刘聪过了许久才同意,说:"刘乂和诸公正是因为祸乱困扰还多,看重我年纪大几岁罢了。这是国家的事业,我怎么敢推辞! 等刘乂长大,我将把大业交还于他。"于是即位。宣布大赦,改年号为光兴。尊奉单氏为皇太后,尊奉刘聪的母亲张氏为帝太后。以刘乂为皇太弟,兼大单于、大司徒。立自己的妻子呼延氏为皇后。呼延氏是刘渊皇后的堂妹。封儿子刘粲为河内王,刘易为河间王,刘翼为彭城王,刘悝为高平王;仍以刘粲任抚军大将军、都督中外诸军事。以石勒任并州刺史,封汲郡公。

13 略阳郡临渭县氐人酋长蒲洪,骁勇而善于权变谋略,氐人们都敬畏而服从他。汉主刘聪派使者任命蒲洪为平远将军,蒲洪不接受,而自称护氐校尉、秦州刺史、略阳公。

14 九月辛未(十一日),在永光陵安葬汉主刘渊,谥号为光文皇帝,庙号为高祖。

15 雍州流民大多在南阳谋生,朝廷下诏书要把流民遣返回故乡。流民们因为关中地区荒芜残败,都不愿意回乡。征南将军山简、南中郎将杜蕤分别派兵遣送,催促他们限期出发。京兆人王如于是暗地联系精壮勇士,趁夜袭击山简、杜蕤两军,打败了他们。于是冯翊人严嶷、京兆人侯脱分别聚众攻打城镇,杀死县令等官员来响应王如,没有多久,聚众达四五万人,王如自己号称大将军,兼司、雍两州牧,自称藩属于汉。

16　冬,十月,汉河内王粲、始安王曜及王弥帅众四万寇洛阳,石勒帅骑二万会粲于大阳,败监军裴邈于渑池,遂长驱入洛川。粲出轘辕,掠梁、陈、汝、颍间。勒出成皋关,壬寅,围陈留太守王赞于仓垣,为赞所败,退屯文石津。

17　刘琨自将讨刘虎及白部,遣使卑辞厚礼说鲜卑拓拔猗卢以请兵。猗卢使其弟弗之子郁律帅骑二万助之,遂破刘虎、白部,屠其营。琨与猗卢结为兄弟,表猗卢为大单于,以代郡封之为代公。时代郡属幽州,王浚不许,遣兵击猗卢,猗卢拒破之。浚由是与琨有隙。

猗卢以封邑去国悬远,民不相接,乃帅部落万馀家自云中入雁门,从琨求陉北之地。琨不能制,且欲倚之为援,乃徙楼烦、马邑、阴馆、繁畤、崞五县民于陉南,以其地与猗卢。由是猗卢益盛。

琨遣使言于太傅越,请出兵共讨刘聪、石勒。越忌苟晞及豫州刺史冯嵩,恐为后患,不许。琨乃谢猗卢之兵,遣归国。

刘虎收馀众,西渡河,居朔方肆卢川,汉主聪以虎宗室,封楼烦公。

18　壬子,以刘琨为平北大将军,王浚为司空,进鲜卑段务勿尘为大单于。

19　京师饥困日甚,太傅越遣使以羽檄征天下兵,使入援京师。帝谓使者曰:"为我语诸征、镇,今日尚可救,后则无及矣!"既而卒无至者。征南将军山简遣督护王万将兵入援,军于涅阳,为王如所败。如遂大掠沔、汉,进逼襄阳,简婴城自守。荆州刺史王澄自将,欲援京师,至沶口,闻简败,众散而还。朝议多欲迁都以避难,王衍以为不可,卖车牛以安众心。山简为严嶷所逼,自襄阳徙屯夏口。

16　冬季,十月,汉河内王刘粲、始安王刘曜以及王弥率领四万人进犯洛阳,石勒率领两万骑兵在大阳与刘粲会合,在渑池打败监军裴邈,于是长驱直入进入洛川。刘粲从辕辕出兵,在梁、陈、汝、颍等地区攻掠。石勒从成皋关出兵,壬寅(十三日),在仓垣包围陈留太守王赞,被王赞打败,退到文石津驻扎。

17　刘琨亲自率兵讨伐刘虎及白部鲜卑,派使者携带丰厚的礼物用谦卑的言辞劝说鲜卑拓跋猗卢请他派兵。拓跋猗卢派他弟弟拓跋弗的儿子拓跋郁律率领两万骑兵援助刘琨,于是攻破刘虎、白部鲜卑的营垒,在营垒中大肆屠杀。刘琨与拓跋猗卢结拜为兄弟,表奏拓跋猗卢为大单于,把代郡封给他并封为代公。当时代郡属于幽州,王浚不同意,派兵打拓跋猗卢,拓跋猗卢抵御并打败王浚的军队。王浚因此对刘琨产生怨恨。

拓跋猗卢因为封邑代郡距离自己的国家遥远,百姓连接不在一起,于是率领部落一万多家从云中进入雁门,向刘琨索求陉岭以北地区。刘琨不能控制他,况且也想依靠他作为自己的后援,就把楼烦、马邑、阴馆、繁畤、崞县等五个县的百姓迁徙到陉岭以南,把这些地方给予拓跋猗卢。拓跋猗卢从此更加强盛。

刘琨派使者去告诉太傅司马越,请求出兵一起讨伐刘聪、石勒。司马越因为疑忌苟晞以及豫州刺史冯嵩,担心他们会成为后患,没有同意。刘琨就辞谢拓跋猗卢的军队,让他们回国。

刘虎收拾起残馀部众,西渡黄河,居住在朔方的肆卢川,汉君主刘聪把刘虎当作宗室,封他为楼烦公。

18　壬子(二十三日),以刘琨任平北大将军,王浚任司空,把鲜卑段务勿尘封为大单于。

19　京城洛阳饥饿困顿日益严重,太傅司马越派遣使者带着插羽毛的檄文征召全国军队,让他们来救援京城。怀帝对使者说:"替我告诉各征、镇,今天还可以援救,迟了就来不及了!"但后来终究没有军队到达。征南将军山简派遣督护王万带兵前去救援,在涅阳驻军,结果被王如打败。王如于是在沔水、汉水地区大肆抢掠,进逼襄阳,山简只能围绕城墙进行防守。荆州刺史王澄亲自带兵,想去救援京城,到达沶口,听到山简的军队失败的消息,部众溃散也只好回师。朝廷商议,多数人想迁都逃难,王衍认为不行,应该卖掉车、牛来安定人心。山简被严嶷逼迫,从襄阳迁徙到夏口驻扎。

20　石勒引兵济河,将趣南阳,王如、侯脱、严嶷等闻之,遣众一万屯襄城以拒勒。勒击之,尽俘其众,进屯宛北。是时,侯脱据宛,王如据穰。如素与脱不协,遣使重赂勒,结为兄弟,说勒使攻脱。勒攻宛,克之;严嶷引兵救宛,不及而降。勒斩脱;囚嶷,送于平阳,尽并其众。遂南寇襄阳,攻拔江西垒壁三十馀所。还,趣襄城,王如遣弟璃袭勒;勒迎击,灭之,复屯江西。

21　太傅越既杀王延等,大失众望;又以胡寇益盛,内不自安,乃戎服入见,请讨石勒,且镇集兖、豫。帝曰:“今胡虏侵逼郊畿,人无固志,朝廷社稷,倚赖于公,岂可远出以孤根本!”对曰:“臣出,幸而破贼,则国威可振,犹愈于坐待困穷也。”十一月甲戌,越帅甲士四万向许昌,留妃裴氏、世子毗及龙骧将军李恽、右卫将军何伦守卫京师,防察宫省;以潘滔为河南尹,总留事。越表以行台自随,用太尉衍为军司,朝贤素望,悉为佐吏,名将劲卒,咸入其府。于是宫省无复守卫,荒馑日甚,殿内死人交横,盗贼公行,府寺营署,并掘堑自守。越东屯项,以冯嵩为左司马,自领豫州牧。

竟陵王楸白帝遣兵袭何伦,不克。帝委罪于楸,楸逃窜,得免。

22　扬州都督周馥以洛阳孤危,上书请迁都寿春。太傅越以馥不先白己而直上书,大怒,召馥及淮南太守裴硕。馥不肯行,令硕帅兵先进。硕诈称受越密旨,袭馥,为馥所败,退保东城。

20　石勒举兵渡过黄河，将要去南阳，王如、侯脱、严嶷等听说后，调遣一万人驻扎襄城来抵御石勒。石勒攻击他们，全部俘虏了他们，进入宛城之北驻扎。这时，侯脱据守宛城，王如据守穰城，王如与侯脱一直关系不和，派使者用重金贿赂石勒，结为兄弟，让他攻打侯脱。石勒攻克了宛城。严嶷率兵救援宛城，没来到就投降了。石勒杀了侯脱，囚禁了严嶷，送到平阳，把他们的部众全部兼并到自己的军队里。于是向南进犯襄阳，攻克拔除长江以西的营垒三十多处。回师，开赴襄城，王如派弟弟王璃袭击石勒。石勒迎头攻击，消灭了王璃的军队，又到长江以西的地区驻扎。

21　太傅司马越杀了王延等人后，大大地失去了大家的信任；又因为胡人敌寇日益强盛，内心也不安定，于是穿上戎装进宫拜见，请求讨伐石勒，并且屯兵镇守在兖州、豫州。怀帝说："现在胡人强盗侵入，逼临京城郊外，人都没有了坚守的心思，朝廷社稷依赖于你，怎么能远征而使根本孤立呢！"司马越回答说："我出战，如果能侥幸打败贼寇，就可以振奋国威，这比坐以待毙要强。"十一月甲戌(十五日)，司马越率领四万兵士向许昌进发，留下妃子裴氏、长子司马毗以及龙骧将军李恽、右卫将军何伦守卫京城，防卫察看宫廷，以潘滔任河南尹，总管留守事务。司马越上奏表让朝廷以行尚书台跟随自己，任用太尉王衍为军司，朝廷中享有声望的贤臣，都用作佐吏，名将勇士，全部纳入自己官署。这样，宫廷中实际再没有什么守卫，饥饿日益严重，宫殿中死人交相杂横，盗贼公然行窃，各府、寺、营、署，都挖掘壕堑自卫。司马越向东驻扎在项县，以冯嵩为左司马，自己兼任豫州牧。

竟陵王司马楸通告怀帝后派兵袭击何伦，没有成功。怀帝归罪于司马楸，司马楸逃窜，得以逃避惩罚。

22　扬州都督周馥因为洛阳孤单危险，上书请求迁都寿春。太傅司马越因为周馥不先通过自己而直接上书皇帝，勃然大怒，宣召周馥与淮南太守裴硕。周馥不肯去，让裴硕率兵先去。裴硕假称得到司马越的密令，袭击周馥，结果被周馥打败，裴硕退到东城县防守。

23　诏加张轨镇西将军、都督陇右诸军事。光禄大夫傅祗、太常挚虞遗轨书,告以京师饥匮。轨遣参军杜勋献马五百匹,毯布三万匹。

24　成太傅骧攻谯登于涪城。罗尚子宇及参佐素恶登,不给其粮。益州刺史皮素怒,欲治其罪。十二月,素至巴郡,罗宇使人夜杀素,建平都尉暴重杀宇,巴郡乱。骧知登食尽援绝,攻涪愈急。士民皆熏鼠食之,饿死甚众,无一人离叛者。骧子寿先在登所,登乃归之。三府官属表巴东监军南阳韩松为益州刺史,治巴东。

25　初,帝以王弥、石勒侵逼京畿,诏苟晞督帅州郡讨之。会曹嶷破琅邪,北收齐地,兵势甚盛,苟纯闭城自守。晞还救青州,与嶷连战,破之。

26　是岁,宁州刺史王逊到官,表李钊为朱提太守。时宁州外逼于成,内有夷寇,城邑丘墟。逊恶衣菜食,招集离散,劳来不倦,数年之间,州境复安。诛豪右不奉法者十馀家。以五苓夷昔为乱首,击灭之,内外震服。

27　汉主聪自以越次而立,忌其嫡兄恭。因恭寝,穴其壁间,刺而杀之。

28　汉太后单氏卒。汉主聪尊母张氏为皇太后。单氏年少美色,聪烝焉。太弟义屡以为言,单氏惭恚而死。义宠由是渐衰,然以单氏故,尚未之废也。呼延后言于聪曰:“父死子继,古今常道。陛下承高祖之业,太弟何为者哉!陛下百年后,粲兄弟必无种矣。”聪曰:“然,吾当徐思之。”呼延氏曰:

23　朝廷诏令让张轨担任镇西将军、都督陇右诸军事。光禄大夫傅祗、太常挚虞给张轨去信，告诉他京城饥饿，食品匮乏。张轨派遣参军杜勋去捐献了五百匹马，三万匹毯布。

24　成汉太傅李骧到涪城攻打谯登。罗尚的儿子罗宇及其幕僚一直讨厌谯登，就不给谯登提供军粮。益州刺史皮素发怒，想拿罗宇问罪。十二月，皮素到巴郡，罗宇派人在夜里杀死皮素，建平都尉暴重杀了罗宇，巴郡大乱。李骧得知谯登粮尽而后援断绝，就更加猛烈地攻击涪城。城中士人百姓都挖老鼠当作食物，饿死了很多人，但没有一人叛变离去。李骧的儿子李寿先前被关在谯登处，谯登把他释放回去。平西将军府、益州刺史府、西戎校尉府的官员上奏表让巴东监军南阳人韩松担任益州刺史，治所设在巴东。

25　当初，怀帝因为王弥、石勒进犯逼临京城地区，就下诏令让苟晞统领州郡的军队去讨伐他们。正遇上曹嶷攻陷琅邪，向北攻占齐郡地区，兵势非常强盛，苟纯只能关闭城门防守。苟晞也只好回师救援青州，与曹嶷接连交战，打败曹嶷。

26　这一年，宁州刺史王逊就任官职，表奏李钊任朱提太守。当时宁州外受成汉逼迫，内有夷人强盗，城邑都成了荒丘废墟。王逊节衣缩食，召集逃离流散的百姓，安抚而不知疲倦，几年之间，宁州辖境重新安定。又诛杀不遵守法律的十多家豪族大户。因为五苓夷人过去曾是作乱的祸首，就攻打消灭了他们，这样宁州内外都受到震慑而归服。

27　汉主刘聪自己认为是超越次序而当的皇帝，便猜忌他的嫡兄刘恭。趁刘恭睡着，挖穿房间墙壁，把刘恭刺杀。

28　汉太后单氏去世，汉主刘聪尊奉母亲张氏为皇太后。单氏年轻貌美，刘聪与她私通。单氏的儿子太弟刘乂多次对此进行劝说，单氏惭愧忧愤而死。刘聪对刘乂的宠信因此逐渐减弱，但因为单氏的缘故，还没有废黜他。皇后呼延氏对刘聪说："父亲死后由儿子继承。是古今通常的道理。陛下继承高祖刘渊的事业，太弟算是干什么的？陛下百年之后，刘粲兄弟一定不会有后代存世了。"刘聪说："是这样，我将要慢慢考虑这个问题。"呼延氏说：

"事留变生。太弟见粲兄弟浸长,必有不安之志,万一有小人交构其间,未必不祸发于今日也。"聪心然之。义舅光禄大夫单冲泣谓义曰:"疏不间亲。主上有意于河内王矣,殿下何不避之!"义曰:"河瑞之末,主上自惟嫡庶之分,以大位让义。义以主上齿长,故相推奉。天下者,高祖之天下,兄终弟及,何为不可!粲兄弟既壮,犹今日也。且子弟之间,亲疏讵几,主上宁可有此意乎!"

五年(辛未,311)

1 春,正月壬申,苟晞为曹嶷所败,弃城奔高平。

2 石勒谋保据江、汉,参军都尉张宾以为不可。会军中饥疫,死者太半,乃渡沔,寇江夏,癸酉,拔之。

3 乙亥,成太傅骧拔涪城,获谯登;太保始拔巴西,杀文石。于是成主雄大赦,改元玉衡。谯登至成都,雄欲宥之;登词气不屈,雄杀之。

4 巴蜀流民布在荆、湘间,数为土民所侵苦,蜀人李骧聚众据乐乡反,南平太守应詹与醴陵令杜弢共击破之。王澄使成都内史王机讨骧,骧请降,澄伪许而袭杀之,以其妻子为赏,沉八千馀人于江,流民益怨忿。

蜀人杜畴等复反,湘州参军冯素与蜀人汝班有隙,言于刺史荀眺曰:"巴、蜀流民皆欲反。"眺信之,欲尽诛流民。流民大惧,四五万家一时俱反,以杜弢州里重望,共推为主。弢自称梁、益二州牧、领湘州刺史。

"事情放着不处理,就会发生变故。太弟看到刘粲兄弟逐步长大,内心一定会感到不安,万一有小人在其中挑拨离间,祸患说不定就会在今天发生。"刘聪心里认为说得对。刘义的舅父光禄大夫单冲哭着对刘义说:"关系疏远的人不挑拨关系亲近的。皇上有让河内王刘粲当太子的心思,殿下为什么不躲避呢?"刘义说:"河瑞末年,主上自己考虑到嫡、庶的区别,以大位辞让给我,我因为皇上年长,所以推奉他即位。天下是高祖的天下,哥哥死了弟弟来继承,有什么不可以的! 等刘粲兄弟长大,还应该像今天这样,再说父子和兄弟之间,难道还有什么亲疏? 皇上难道有这个意思吗?"

晋怀帝永嘉五年(辛未,公元 311 年)

1 春季,正月壬申(十四日),苟晞被曹嶷打败,丢弃守城逃奔高平。

2 石勒图谋占据江、汉地区,参军都尉张宾认为不行。正遇上军中饥乏又流行疾疫,有一大半都死了,于是渡过沔水,进犯江夏,癸酉(十五日),攻克江夏。

3 乙亥(十七日),成汉太傅李骧攻克涪城,抓获了谯登。太保李始攻克巴西,杀死文石。于是成汉君主李雄宣布大赦,改年号为玉衡。谯登被押送到成都,李雄想要宽恕他,但谯登言辞志气都不屈服,李雄就杀了他。

4 巴蜀地区的流民在荆州、湘州地区,多次被土著百姓侵扰,蜀人李骧聚众占据乐乡反叛,南平太守应詹与醴陵县令杜弢一起打败了李骧。王澄派成都内史王机讨伐李骧,李骧请求投降,王澄假装同意而突袭李骧,把他杀了,用李骧的妻儿作为奖赏,把八千多人都沉入江中,流民更加怨恨愤怒。

蜀人杜畴等人再次叛乱。湘州参军冯素与蜀人汝班之间有怨恨,就对刺史荀眺说:"巴蜀地区的流民都想叛乱。"荀眺信以为真,想把流民全部杀了,流民非常恐惧,四五万家同时反叛,因为杜弢在当地有很高的名望,就一致推举杜弢作为首领。杜弢自称梁、益两州牧、兼湘州刺史。

5　裴硕求救于琅邪王睿,睿使扬威将军甘卓等攻周馥于寿春。馥众溃,奔项,豫州都督、新蔡王确执之,馥忧愤而卒。确,腾之子也。

6　扬州刺史刘陶卒。琅邪王睿复以安东军谘祭酒王敦为扬州刺史,寻加都督征讨诸军事。

7　庚辰,平原王幹薨。

8　二月,石勒攻新蔡,杀新蔡庄王确于南顿,进拔许昌,杀平东将军王康。

9　氐苻成、隗文复叛,自宜都趣巴东。建平都尉暴重讨之。重因杀韩松,自领三府事。

10　东海孝献王越既与苟晞有隙,河南尹潘滔、尚书刘望等复从而谮之。晞怒,表求滔等首,扬言:"司马元超为宰相不平,使天下淆乱,苟道将岂可以不义使之!"乃移檄诸州,自称功伐,陈越罪状。帝亦恶越专权,多违诏命;所留将士何伦等,抄掠公卿,逼辱公主。密赐晞手诏,使讨之。晞数与帝文书往来,越疑之,使游骑于成皋间伺之,果获晞使及诏书。乃下檄罪状晞,以从事中郎杨瑁为兖州刺史,使与徐州刺史裴盾共讨晞。晞遣骑收潘滔,滔夜遁,得免。执尚书刘曾、侍中程延,斩之。越忧愤成疾,以后事付王衍。三月,丙子,薨于项,秘不发丧。众共推衍为元帅,衍不敢当,以让襄阳王范,范亦不受。范,玮之子也。于是衍等相与奉越丧还葬东海。何伦、李恽等闻越薨,奉裴妃及世子毗自洛阳东走,城中士民争随之。帝追贬越为县王,以苟晞为大将军、大都督,督青、徐、兖、豫、荆、扬六州诸军事。

5 裴硕向琅邪王司马睿求救,司马睿派扬威将军甘卓到寿春攻打周馥。周馥的军队溃败,逃奔项县,豫州都督、新蔡王司马确抓住周馥,周馥忧愤而死。司马确是司马腾的儿子。

6 扬州刺史刘陶去世。琅邪王司马睿又以安东军谘祭酒王敦任扬州刺史,不久又加职都督征讨诸军事。

7 庚辰(二十二日),平原王司马幹去世。

8 二月,石勒攻打新蔡,在南顿杀新蔡王司马确,又进兵攻克许昌,杀了平东将军王康。

9 氐人符成、隗文又叛乱,从宜都赶赴巴东。建平都尉暴重征讨他们。暴重顺势杀死韩松,自己兼任三府的职务。

10 东海孝献王司马越与苟晞产生怨恨后,河南尹潘滔、尚书刘望等人又附和他并挑拨他与苟晞的关系。苟晞发怒,表奏索求潘滔等人的头颅,扬言道:“司马元超身为宰相而不公正,造成天下混乱,我难道能够不坚持正义而听任他!”于是苟晞向各州传布檄文,称颂自己的功绩,列举司马越的罪状。怀帝对司马越专权,多次违抗诏书旨意,也感到厌恶,司马越留下来的部将兵士何伦等人,抢掠公卿大臣,逼迫污辱公主。怀帝秘密赐给苟晞亲笔诏书,让苟晞征讨司马越。苟晞多次与怀帝有文书往来,司马越对此也起疑心,派游动的骑兵在成皋地区监视,果然查获苟晞的使者以及诏书。于是司马越也下达檄文公布苟晞的罪状,以从事中郎杨瑁为兖州刺史,让他与徐州刺史裴盾一同征讨苟晞。苟晞派骑兵拘捕潘滔,潘滔连夜逃跑,得以逃脱。苟晞抓住尚书刘曾、侍中程延,把他们都杀了。司马越忧愤成疾,把后事托付给王衍。三月丙子(十九日),司马越在项县去世,但秘不发丧。大家共同推举王衍为元帅,王衍不敢接受,辞让给襄阳王司马范,司马范也不接受。司马范是司马玮的儿子。于是王衍等人一起侍奉司马越的灵柩送往东海郡安葬。何伦、李恽等人听说司马越去世,就侍奉着司马越的裴妃以及长子司马毗从洛阳向东行进,城中士人百姓争相跟随他们。怀帝追贬司马越为县王,让苟晞担任大将军、大都督及督青、徐、兖、豫、荆、扬六州诸军事。

11　益州将吏共杀暴重,表巴郡太守张罗行三府事。罗与隗文等战死,文等驱掠吏民,西降于成。三府文武共表平西司马蜀郡王异行三府事,领巴郡太守。

12　初,梁州刺史张光会诸郡守于魏兴,共谋进取。张燕唱言:"汉中荒败,迫近大贼,克复之事,当俟英雄。"光以燕受邓定赂,致失汉中,今复沮众,呵出,斩之。治兵进战,累年乃得至汉中,绥抚荒残,百姓悦服。

13　夏,四月,石勒率轻骑追太傅越之丧,及于苦县宁平城,大败晋兵,纵骑围而射之,将士十馀万人相践如山,无一人得免者。执太尉衍、襄阳王范、任城王济、武陵庄王澹、西河王喜、梁怀王禧、齐王超、吏部尚书刘望、廷尉诸葛铨、豫州刺史刘乔、太傅长史庾敳等,坐之幕下,问以晋故。衍具陈祸败之由,云计不在己,且自言少无宦情,不豫世事,因劝勒称尊号,冀以自免。勒曰:"君少壮登朝,名盖四海,身居重任,何得言无宦情邪!破坏天下,非君而谁!"命左右扶出。众人畏死,多自陈述。独襄阳王范神色俨然,顾呵之曰:"今日之事,何复纷纭!"勒谓孔苌曰:"吾行天下多矣,未尝见此辈人,当可存乎?"苌曰:"彼皆晋之王公,终不为吾用。"勒曰:"虽然,要不可加以锋刃。"夜,使人排墙杀之。济,宣帝弟子景王陵之子;禧,澹之子也。剖越枢,焚其尸,曰:"乱天下者此人也,吾为天下报之,故焚其骨以告天地。"

11 益州的武将和官吏一起杀了暴重,表奏巴郡太守张罗担任三府的职务。张罗与隗文等人交战而死,隗文等人驱赶抢掠官吏和百姓,向西边的成汉投降。三府的文武官员共同表奏平西司马蜀郡人王异担任三府的职务,兼任巴郡太守。

12 当初,梁州刺史张光在魏兴与所辖各郡的郡守会集,共同谋划进取之道。张燕首先陈述意见说:"汉中地区已荒芜颓败,又靠近大盗贼,收复失地的事,还得等待英雄出现。"张光因为张燕接受了邓定的贿赂,导致失去汉中,现在又败坏大家的士气,就喝令把张燕拉出去杀了。张光整顿军队进取战斗,几年后终于取得汉中。他又安抚百姓开荒,百姓都高兴地服从他。

13 夏季,四月,石勒率轻装骑兵追击太傅司马越的灵车,在苦县宁平城追上,把晋朝军队打得大败,又放开骑兵包围并用弓箭射击,十多万晋朝官兵互相践踏堆积如山,无一人幸免。抓住太尉王衍、襄阳王司马范、任城王司马济、武陵庄王司马澹、西河王司马喜、梁怀王司马禧、齐王司马超、吏部尚书刘望、廷尉诸葛铨、豫州刺史刘乔、太傅长史庾敳等人,让他们在帐幕中坐下,询问晋朝的变故。王衍具体陈说了祸患衰败的原因,声称计策不是自己所定,并且自称从小就没有当官从政的愿望,不参与朝廷事务,并由此劝石勒称帝,希望能够解脱自己。石勒说:"您年轻力壮时就登上朝廷高职,名扬四海,身居重任,怎么说没有当官从政的欲望呢! 把天下的事情搞坏搞糟,不是您那又是谁呢!"命令随从将王衍架扶出去。大家都怕死,大多都自己陈述情况。只有襄阳王司马范表情严峻,环顾大家喝道:"今天的事情,为什么还要再说个不停!"石勒对孔苌说:"我在天下行走的地方多了,从未见过这类人,应当让他们留在世上吗?"孔苌说:"他们都是晋朝的王公大臣,终究不能为我们所用。"石勒说:"虽然这样,但也不要用刀杀了他们。"当夜,派人推倒墙把这些人压死了。司马济是宣帝司马懿弟弟的儿子景王司马陵的儿子;司马禧是司马澹的儿子。石勒又剖开司马越的灵柩,焚烧了司马越的尸体,说:"搞乱天下的就是这个人,我为天下报仇,所以焚烧他的遗骨来祭告天地。"

何伦等至洧仓,遇勒,战败,东海世子及宗室四十八王皆没于勒,何伦奔下邳,李恽奔广宗。裴妃为人所掠卖,久之,渡江。初,琅邪王睿之镇建业,裴妃意也,故睿德之,厚加存抚,以其子冲继越后。

14 汉赵固、王桑攻裴盾,杀之。

15 杜弢攻长沙。五月,荀眺弃城奔广州,弢追擒之。于是弢南破零、桂,东掠武昌,杀二千石长吏甚众。

16 以太子太傅傅祗为司徒,尚书令荀藩为司空,加王浚大司马、侍中、大都督,督幽、冀诸军事,南阳王模为太尉、大都督,张轨为车骑大将军,琅邪王睿为镇东大将军,兼督扬、江、湘、交、广五州诸军事。

初,太傅越以南阳王模不能绥抚关中,表征为司空。将军淳于定说模使不就征,模从之;表遣世子保为平西中郎将,镇上邽,秦州刺史裴苞拒之。模使帐下都尉陈安攻苞,苞奔安定,太守贾疋纳之。

17 荀晞表请迁都仓垣,使从事中郎刘会将船数十艘、宿卫五百人、谷千斛迎帝。帝将从之,公卿犹豫,左右恋资财,遂不果行。既而洛阳饥困,人相食,百官流亡者什八九。帝召公卿议,将行而卫从不备。帝抚手叹曰:"如何曾无车舆!"乃使傅祗出诣河阴,治舟楫,朝士数十人导从。帝步出西掖门,至铜驼街,为盗所掠,不得进而还。度支校尉东郡魏浚率流民数百家保河阴之峡石,时劫掠得谷麦,献之,帝以为扬威将军、平阳太守,度支如故。

何伦等人到达洧仓,与石勒遭遇,交战失败,这样东海王司马越的长子以及宗室四十八个亲王又被石勒所俘,何伦逃奔下邳,李恽逃奔广宗。裴妃被人抢走卖掉,很久以后,渡过长江。当初,琅邪王司马睿镇守建业,就是裴妃的主意,所以司马睿感念她,优厚地关照、安抚她,并把自己的儿子司马冲过继为司马越的后代。

14 汉国赵固、王桑攻打裴盾,把他杀了。

15 杜弢攻打长沙。五月,苟眺放弃守城,逃奔广州,杜弢追赶上把他抓获。于是杜弢向南攻克零陵、桂阳地区,向东攻掠武昌,杀死了很多郡守以及官吏。

16 朝廷委派太子太傅傅祗任司徒,尚书令荀潘为司空,任用王浚为大司马、侍中、大都督,督幽州、冀州诸军事,南阳王司马模任太尉、大都督,张轨任车骑大将军,琅邪王司马睿为镇东大将军,兼督扬、江、湘、交、广五州诸军事。

当初,太傅司马越因为南阳王司马模不能平定安抚关中地区,就表奏征召他为司空。将军淳于定劝说司马模不去接受征召,司马模采纳了;上奏表派长子司马保任平西中郎将,镇守上邽,秦州刺史裴苞抗拒司马保的到来。司马模派帐下都尉陈安攻打裴苞,裴苞投奔安定郡,郡太守贾疋接纳了他。

17 苟晞上奏表请求迁都仓垣,派从事中郎刘会带领几十艘船、五百禁卫兵、一千斛谷子去接怀帝。怀帝打算听从这个安排,而公卿大臣们犹豫不决,左右随从贪恋家资财产,于是没有成行。不久后洛阳城中饥饿困乏,甚至出现人吃人的现象,文武百官十有八九都流亡了。怀帝召集公卿大臣商议,打算出行,但禁卫随从却不完备。怀帝抚手慨叹说:“为什么竟没有车子乘舆呢?”于是派傅祗出城到河阴县,整理置办船只,朝廷官员几十人充当前导和随从。怀帝步行出西掖门,到铜驼街,遭到强盗掠扰,不能前进,只好回宫。度支校尉东郡人魏浚率领几百家流民在河阴的峡石防卫,当时曾抢劫掠夺了一些谷麦,就献给怀帝,怀帝任用魏浚为扬威将军、平阳太守,仍兼度支校尉。

18 汉主聪使前军大将军呼延晏将兵二万七千寇洛阳，比及河南，晋兵前后十二败，死者三万馀人。始安王曜、王弥、石勒皆引兵会之，未至，晏留辎重于张方故垒，癸未，先至洛阳，甲申，攻平昌门，丙戌，克之，遂焚东阳门及诸府寺。六月丁亥朔，晏以外继不至，俘掠而去。帝具舟于洛水，将东走，晏尽焚之。庚寅，荀藩及弟光禄大夫组奔镮辕。辛卯，王弥至宣阳门，壬辰，始安王曜至西明门，丁酉，王弥、呼延晏克宣阳门，入南宫，升太极前殿，纵兵大掠，悉收宫人、珍宝。帝出华林园门，欲奔长安，汉兵追执之，幽于端门。曜自西明门入屯武库。戊戌，曜杀太子诠、吴孝王晏、竟陵王楙、右仆射曹馥、尚书闾丘冲、河南尹刘默等，士民死者三万馀人。遂发掘诸陵，焚宫庙、官府皆尽。曜纳惠帝羊皇后，迁帝及六玺于平阳。石勒引兵出镮辕，屯许昌。光禄大夫刘蕃、尚书卢志奔并州。

丁未，汉主聪大赦，改元嘉平。以帝为特进左光禄大夫，封平阿公，以侍中庾珉、王儁为光禄大夫。珉，敳之兄也。

初，始安王曜以王弥不待己至，先入洛阳，怨之。弥说曜曰："洛阳天下之中，山河四塞，城池、宫室不假修营，宜白主上自平阳徙都之。"曜以天下未定，洛阳四面受敌，不可守，不用弥策而焚之。弥骂曰："屠各子，岂有帝王之意邪！"遂与曜有隙，引兵东屯项关。前司隶校尉刘暾说弥曰："今九州糜沸，群雄竞逐，将军于汉建不世之功，又与始安王相失，将何以自容！不如东据本州，徐观天下之势，上可以混壹四海，下不失鼎峙之业，策之上者也。"弥心然之。

18　汉主刘聪派前军大将军呼延晏率领二万七千兵士进犯洛阳，到达河南时，晋朝军队先后十二次失败，死了三万多人。始安王刘曜、王弥、石勒都带兵与呼延晏会合，还没有到，呼延晏把辎重留在张方遗留下来的旧营垒中，癸未(二十七日)，呼延晏先行到达洛阳，甲申(二十八日)，攻打平昌门，丙戌(三十日)，攻克平昌门，于是焚烧东阳门以及各府寺等房屋建筑。六月丁亥朔(初一)，呼延晏因为外面援兵还没有到，停掠了一些人和财物而离去。怀帝在洛水安排准备了一些船只，准备向东逃难，呼延晏都给焚烧了。庚寅(初四)，荀藩以及弟弟光禄大夫荀组逃奔辕辕。辛卯(初五)，王弥到达宣阳门，壬辰(初六)，始安王刘曜到达西明门，丁酉(十一日)，王弥、呼延晏攻克宣阳门，进入南宫，登上太极前殿，放纵士兵大肆抢掠，把宫人、珍宝收罗干净。怀帝出华林园门，想逃奔长安，汉兵追上把他抓住，囚禁在端门。刘曜从西明门进城到武库驻扎。戊戌(十二日)，刘曜杀死晋太子司马诠、吴孝王司马晏、竟陵王司马楙、右仆射曹馥、尚书闾丘冲、河南尹刘默等人，士人百姓死了三万多人。于是又挖掘各个陵墓，把宫庙、官府都焚烧光了。刘曜纳娶惠帝羊皇后，把怀帝以及皇帝专用的六方玉玺都送往平阳。石勒带兵从辕辕出击，到许昌驻扎。晋光禄大夫刘蕃、尚书卢志逃奔并州。

丁未(二十一日)，汉君主刘聪宣布大赦，改年号为嘉平。安排晋怀帝为特进左光禄大夫，封为平阿公，以晋朝侍中庾珉、王儁为光禄大夫。庾珉是庾敳的哥哥。

当初，始安王刘曜因为王弥不等到自己到达就抢先进入洛阳，对王弥产生了怨恨。王弥对刘曜说："洛阳处于全国中心，山河四面的要塞，城池、宫室都用不着修葺营建，应当上告君主从平阳迁都到这里。"刘曜因为天下还未平定，洛阳四面受敌，不能守御，因此不听王弥的计策而放火焚烧了洛阳。王弥骂道："这个屠各子！难道有作帝王的心思吗！"于是与刘曜产生怨恨，就带兵向东到项关驻扎。前司隶校尉刘暾对王弥说："现在九州像沸腾的粥锅一样动乱纷扰，各路英豪逐鹿中原，将军您为汉建立了无与伦比的功劳，却又和始安王刘曜失和，那将把自己放到什么地方！不如在东边占据自己的青州，慢慢地观察天下的趋势，上计能够以此统一全国，下计也不失去占据一方与人鼎立抗衡的资本，这是上策。"王弥心里认为这很对。

19　司徒傅祇建行台于河阴,司空荀藩在阳城,河南尹华荟在成皋,汝阴太守平阳李矩为之立屋,输谷以给之。荟,歆之曾孙也。

藩与弟组、族子中护军崧,荟与弟中领军恒建行台于密,传檄四方,推琅邪王睿为盟主。藩承制以崧为襄城太守,矩为荥阳太守,前冠军将军河南褚翜为梁国内史。扬威将军魏浚屯洛北石梁坞,刘琨承制假浚河南尹。浚诣荀藩谘谋军事,藩邀李矩同会,矩夜赴之。矩官属皆曰:"浚不可信,不宜夜往。"矩曰:"忠臣同心,何所疑乎!"遂往,相与结欢而去。浚族子该,聚众据一泉坞,藩以为武威将军。

豫章王端,太子诠之弟也,东奔仓垣,荀晞率群官奉以为皇太子,置行台。端承制以晞领太子太傅、都督中外诸军、录尚书事,自仓垣徙屯蒙城。

抚军将军秦王业,吴孝王之子,荀藩之甥也,年十二,南奔密,藩等奉之,南趣许昌。前豫州刺史天水阎鼎,聚西州流民数千人于密,欲还乡里。荀藩以鼎有才而拥众,用鼎为豫州刺史,以中书令李绚、司徒左长史彭城刘畴、镇军长史周颛、司马李述等为之参佐。颛,浚之子也。

时海内大乱,独江东差安,中国士民避乱者多南渡江。镇东司马王导说琅邪王睿,收其贤俊,与之共事。睿从之,辟掾属百馀人,时人谓之百六掾。以前颍川太守勃海刁协为军谘祭酒,前东海太守王承、广陵相卞壶为从事中郎,江宁令诸葛恢、历阳参军陈国陈颖为行参军,前太傅掾庾亮为西曹掾。承,浑之弟子;恢,靓之子;亮,兖之弟子也。

19　司徒傅祗在河阴建立代表朝廷的行政机构——行台,司空荀藩在阳城,河南尹华荟在成皋,汝阴太守平阳人李矩为傅祗建立房屋,并运送谷物来供给他。华荟是华歆的曾孙。

荀藩与弟弟荀组、同族侄子中护军荀崧,华荟与弟弟中领军华恒在密县又建立了一个行台,向各地传布檄文,推举琅邪王司马睿为盟主。荀藩按照朝廷旨意以荀崧任襄城太守,以李矩任荥阳太守,以前冠军将军河南人褚翜任梁国内史。扬威将军魏浚驻扎在洛水以北的石梁坞,刘琨按照朝廷旨意让魏浚任河南尹。魏浚到荀藩那里去谘询商议军队事务,荀藩邀请李矩参与这次聚会,李矩连夜赶去。李矩的属下官员都说:“不可相信魏浚,不应当连夜去。”李矩说:“忠臣都有相同的想法,有什么值得怀疑呢!”于是前往,他们在一起畅谈高兴地离去。魏浚的同族侄子魏该,聚集了一些人占据一泉坞,荀藩让他担任武威将军。

豫章王司马端是太子司马诠的弟弟,向东投奔仓垣,荀晞带领官员们尊奉他为皇太子,也设置了一个行台。司马端按照朝廷旨意让荀晞担任太子太傅、都督中外诸军事、录尚书事,从仓垣迁徙到蒙城驻扎。

抚军将军秦王司马业是吴孝王的儿子,荀藩的外甥,十二岁,南奔密县,荀藩等人侍奉他,向南奔赴许昌。前豫州刺史天水人阎鼎,在密县聚集了几千西州流民,打算返归故乡。荀潘因为阎鼎有才又聚集了一些人,就任用阎鼎为豫州刺史,让中书令李絙、司徒左长史彭城人刘畴、镇军长史周顗、司马李述等人作为阎鼎的参佐。周顗是周浚的儿子。

当时全国一片混乱,只有江东稍微安定,中原的士人百姓大多南渡长江去避乱。镇东司马王导劝说琅邪王司马睿,召收贤能英俊的人才,与他们一同成就事业。司马睿采纳了王导的意见,任用了一百多人作为掾属,当时的人称之为百六掾。让前颍川太守勃海人刁协任军谘祭酒,以前东海太守王承、广陵相卞壼任从事中郎,以江宁令诸葛恢、历阳参军陈国人陈颎任行参军,以前太傅掾庾亮任西曹掾。王承是王浑的弟弟的儿子;诸葛恢是诸葛靓的儿子;庾亮是庾凯的弟弟的儿子。

20　江州刺史华轶，歆之曾孙也，自以受朝廷之命而为琅邪王睿所督，多不受其教令。郡县多谏之，轶曰："吾欲见诏书耳。"及睿承荀藩檄，承制署置官司，改易长吏，轶与豫州刺史裴宪皆不从命。睿遣扬州刺史王敦、历阳内史甘卓与扬烈将军庐江周访合兵击轶。轶兵败，奔安成，访追斩之，及其五子。裴宪奔幽州。睿以甘卓为湘州刺史，周访为寻阳太守，又以扬武将军陶侃为武昌太守。

21　秋，七月，王浚设坛告类，立皇太子，布告天下，称受中诏承制封拜，备置百官，列署征、镇，以荀藩为太尉，琅邪王睿为大将军。浚自领尚书令，以裴宪及其婿枣嵩为尚书，以田徽为兖州刺史，李恽为青州刺史。

22　南阳王模使牙门赵染戍蒲坂，染求冯翊太守不得而怒，帅众降汉，汉主聪以染为平西将军。八月，聪遣染与安西将军刘雅帅骑二万攻模于长安，河内王粲、始安王曜帅大众继之。染败模兵于潼关，长驱至下邽。凉州将北宫纯自长安帅其众降汉。汉兵围长安，模遣淳于定出战而败。模仓库虚竭，士卒离散，遂降于汉。赵染送模于河内王粲，九月，粲杀模。关西饥馑，白骨蔽野，士民存者百无一二。聪以始安王曜为车骑大将军、雍州牧，更封中山王，镇长安。以王弥为大将军，封齐公。

23　苟晞骄奢苛暴，前辽西太守阎亨，缵之子也，数谏晞，晞杀之。从事中郎明预有疾，自舆入谏。晞怒曰："我杀阎亨，何关人事，而舆病骂我！"预曰："明公以礼待预，故预以礼自尽。今明公怒预，其如远近怒明公何！桀为天子，犹以骄暴而亡，况人臣乎！愿明公且置是怒，思预之言。"晞不从。由是众心离怨，加以疾疫、饥馑。石勒攻王赞于阳夏，擒之。遂袭蒙城，执晞及豫章王端，锁晞颈，以为左司马。汉主聪拜勒幽州牧。

20　江州刺史华轶,是华歆的曾孙,认为自己是接受皇帝的旨意,却被琅邪王司马睿所领导,所以经常不接受司马睿的命令。所属郡县长官大多都劝谏他,华轶说:"我只是想看到朝廷的诏书罢了。"司马睿接到荀藩的檄文后,按照朝廷旨意设置官职机构,更改掉换长吏等官员,华轶与豫州刺史裴宪都不服从。司马睿就派扬州刺史王敦、历阳内史甘卓与扬烈将军庐江人周访联合兵力攻打华轶。华轶的军队失败,自己逃奔安成,周访追上并杀了他,还杀了他的五个儿子。裴宪逃奔幽州。司马睿任用甘卓为湘州刺史,任周访为寻阳太守,又任命扬武将军陶侃为武昌太守。

21　秋季,七月,王浚设置祭坛祭天,立皇太子,向天下通告,声称受朝廷诏令按照皇帝的旨意举行封拜,设置文武百官,安排征、镇官员,任荀藩为太尉,琅邪王司马睿为大将军。王浚自己担任尚书令。任裴宪及其女婿枣嵩为尚书,任命田徽为兖州刺史,李恽为青州刺史。

22　南阳王司马模派牙门赵染戍守蒲坂,赵染求任冯翊太守之职没有得到后大怒,率领部众向汉投降,汉主刘聪任用赵染为平西将军。八月,刘聪派遣赵染与安西将军刘雅带领两万骑兵到长安攻打司马模,河内王刘粲、始安王刘曜率领大队人马作为后续援兵。赵染在潼关打败司马模的军队,长驱直入到达下邽。凉州武将北宫纯在长安带领自己的部众向汉投降。汉的军队围攻长安,司马模派淳于定出战也被打败。司马模的仓库已消耗一空,士卒们都逃散了,于是向汉投降。赵染把司马模送到河内王刘粲处,九月,刘粲把司马模杀了。关西地区发生饥荒,白骨遍野,士人百姓存活在世的不到百分之一二。刘聪任用始安王刘曜为车骑大将军、雍州牧,改封中山王,镇守长安。任用王弥为大将军,封为齐公。

23　苟晞骄纵奢侈苛刻暴虐,前辽西太守阎亨是阎缵的儿子,多次劝谏苟晞,结果苟晞把他杀了。从事中郎明预有病,自己乘车进去劝谏。苟晞生气地说:"我杀阎亨,关别人什么事,你还病着乘车来骂我!"明预说:"您以礼对待我,所以我也以礼尽言。现在您对我生气,那么周围远近的人生您的气您又怎么样呢?桀贵为天子,尚且因为骄纵暴躁而亡国,何况做臣下的呢! 希望您暂且放下这个怒气,考虑考虑我的话。"苟晞听不进去。因此部众人心离散怨恨,又有瘟疫和饥荒。石勒在阳夏攻打王赞,抓获了王赞。于是又袭击蒙城,抓住苟晞和豫章王司马端,锁住苟晞的脖颈,让他做左司马。汉君主刘聪任命石勒为幽州牧。

　　王弥与勒，外相亲而内相忌，刘暾说弥使召曹嶷之兵以图勒。弥为书，使暾召嶷，且邀勒共向青州。暾至东阿，勒游骑获之，勒潜杀暾而弥不知。会弥将徐邈、高梁辄引所部兵去，弥兵渐衰。弥闻勒擒苟晞，心恶之，以书贺勒曰："公获苟晞而用之，何其神也！使晞为公左，弥为公右，天下不足定也。"勒谓张宾曰："王公位重而言卑，其图我必矣。"宾因劝勒乘弥小衰，诱而取之。时勒方与乞活陈午相攻于蓬关，弥亦与刘瑞相持甚急。弥请救于勒，勒未之许。张宾曰："公常恐不得王公之便，今天以王公授我矣。陈午小竖，不足忧；王公人杰，当早除之。"勒乃引兵击瑞，斩之。弥大喜，谓勒实亲己，不复疑也。冬，十月，勒请弥燕于己吾。弥将往，长史张嵩谏，不听。酒酣，勒手斩弥而并其众，表汉主聪，称弥叛逆。聪大怒，遣使让勒"专害公辅，有无君之心"，然犹加勒镇东大将军、督并幽二州诸军事、领并州刺史，以慰其心。苟晞、王赞潜谋叛勒，勒杀之，并晞弟纯。

　　勒引兵掠豫州诸郡，临江而还，屯于葛陂。

　　初，勒之为人所掠卖也，与其母王氏相失。刘琨得之，并其从子虎送于勒，因遗勒书曰："将军用兵如神，所向无敌，所以周流天下而无容足之地，百战百胜而无尺寸之功者，盖得主则为义兵，附逆则为贼众故也。成败之数，有似呼吸，吹之则寒，嘘之则温。今相授侍中、车骑大将军、领护匈奴中郎将、襄城郡公，将军其受之！"勒报书曰："事功殊途，非腐儒所知。君当逞节本朝，吾自夷难为效。"遗琨名马、珍宝，厚礼其使，谢而绝之。

王弥与石勒，表面上亲近而内心里互相猜忌，刘暾劝王弥征召曹嶷的军队来谋取石勒。王弥就写信，让刘暾去召集曹嶷，并且邀请石勒一起到青州。刘暾到东阿时，被石勒流动巡视的骑兵抓获，石勒秘密杀掉刘暾，王弥还蒙在鼓里。又正遇到王弥部将徐邈、高梁都带领所属军队离去，王弥的军队逐渐衰弱。王弥听说石勒擒获了苟晞，心里很厌恶，但又写信祝贺石勒，说："您擒获苟晞并任用了他，多么神奇呀！让苟晞在您左边辅佐，我在您右边辅佐，天下就不难平定了。"石勒对张宾说："王弥公位高职重却语言谦卑，他一定要算计我了。"张宾因而劝石勒乘王弥出现暂时衰弱，引诱他来把他抓住。当时石勒正与"乞活"陈午在蓬关交战，王弥也与刘瑞紧张对峙。王弥向石勒请求救援，石勒没有答应。张宾说："您平常恐怕得不到引诱王公的便利条件，现在上天把王公交给我们了。陈午这小子，不值得忧虑；王公却是人中豪杰，应当尽早除掉。"石勒就带兵袭击刘瑞，把他杀了。王弥非常高兴，认为石勒确实和自己亲近，不再怀疑了。冬季，十月，石勒在己吾县宴请王弥。王弥正打算前往，长史张嵩劝谏，王弥不听而赴宴。喝酒喝得正高兴时，石勒亲手杀了王弥，兼并了他的军队又表奏汉主刘聪，称说王弥反叛。刘聪勃然大怒，派使者责备石勒"擅自害死朝廷重要辅佐官员，心中没有君主"，但还是给石勒加上了镇东大将军，督并、幽二州诸军事，兼并州刺史等职，来安慰石勒的心。苟晞、王赞密谋叛离石勒，石勒把他们杀了，还杀了苟晞的弟弟苟纯。

　　石勒带兵攻掠豫州各郡，到江边后回师，驻扎在葛陂。

　　当初，石勒被人抢走卖掉的时候，和他母亲王氏失去联系。刘琨找到了他母亲，就把他母亲和侄子石虎送到石勒那里，趁机给石勒一封信，说："将军用兵如神，所向无敌，之所以在天下周游不定而没有立足之地，百战百胜却没有一点儿功劳，完全是因为报效于正统的主人就是正义之师，而依附于叛逆者就成为贼寇之众的缘故。一个人成败的道理，如同呼吸，急促地吹气就感到寒冷，徐缓地嘘气则感到温暖。现在授予你侍中、车骑大将军，兼护匈奴中郎将等职务，封为襄城郡公，希望将军接受！"石勒回信说："从事建功立业的大事，道路不同，不是迂腐的儒生可能了解的。您应当为自己的朝廷保持发扬气节，我是夷人难以为你效劳。"并送给刘琨名马、珍宝等物，用厚礼招待刘琨的使者，谢绝了刘琨。

时虎年十七,残忍无度,为军中患。勒白母曰:"此儿凶暴无赖,使军人杀之,声名可惜,不若自除之。"母曰:"快牛为犊,多能破车,汝小忍之!"及长,便弓马,勇冠当时。勒以为征房将军,每屠城邑,鲜有遗类。然御众严而不烦,莫敢犯者,指授攻讨,所向无前,勒遂宠任之。勒攻荥阳太守李矩,矩击却之。

24 初,南阳王模以从事中郎索綝为冯翊太守。綝,靖之子也。模死,綝与安夷护军金城麹允、频阳令梁肃,俱奔安定。时安定太守贾疋与诸氐、羌皆送任子于汉,綝等遇之于阴密,拥还临泾,与疋谋兴复晋室,疋从之。乃共推疋为平西将军,率众五万向长安。雍州刺史麹特、新平太守竺恢皆不降于汉,闻疋起兵,与扶风太守梁综帅众十万会之。综,肃之兄也。汉河内王粲在新丰,使其将刘雅、赵染攻新平,不克。索綝救新平,大小百战,雅等败退。中山王曜与疋等战于黄丘,曜众大败。疋遂袭汉梁州刺史彭荡仲,杀之。麹特等击破粲于新丰,粲还平阳。于是疋等兵势大振,关西胡、晋翕然响应。

阎鼎欲奉秦王业入关,据长安以号令四方。河阴令傅畅,祗之子也,亦以书劝之,鼎遂行。荀藩、刘畴、周颛、李述等,皆山东人,不欲西行,中涂逃散,鼎遣兵追之,不及,杀李组等。鼎与业自宛趣武关,遇盗于上洛,士卒败散,收其馀众,进至蓝田,使人告贾疋,疋遣兵迎之。十二月,入于雍城,使梁综将兵卫之。

当时石虎十七岁,残忍得没有限度,军中都以他为祸患,石勒告诉母亲说:"这个小子凶暴无赖,假如军队的人把他杀了,有损声名,还不如自己来除掉他。"母亲说:"快捷的牛在牛犊时,大多都会把车弄坏,你稍微忍耐一下!"石虎长大后,擅长射弓骑马,骁勇为当时第一。石勒任他为征房将军,每当屠杀一座城邑,很少有遗留下来的人。但是驾驭部下却严厉而不繁琐,没有谁敢违反,指派他去攻战征讨,所向无敌,石勒于是宠信任用他。石勒攻打荥阳太守李矩,李矩出击打退了石勒。

24 当初,南阳王司马模任从事中郎索綝为冯翊太守。索綝是索靖的儿子。司马模死后,索綝与安夷护军金城人麹允、频阳县令梁肃,一起逃奔到安定。当时安定太守贾疋与氐人、羌人们都给汉送去了人质,索綝等人在阴密县遇到贾疋,簇拥着还归临泾,与贾疋商谋复兴晋朝,贾疋同意了。于是大家一起推举贾疋为平西将军,率领五万军队向长安进发。雍州刺史麹特、新平太守竺恢都不向汉投降,听说贾疋起兵,就与扶风太守梁综一起率领十万军队与贾疋会合。梁综是梁肃的哥哥。汉河内王刘粲在新丰,派他的部将刘雅、赵染进攻新平,没有成功。索綝去救援新平,与汉军大小百馀战,刘雅等人败退。中山王刘曜与贾疋在黄丘交战,刘曜的军队惨败。贾疋于是袭击汉梁州刺史彭荡仲,把他杀了。麹特等人在新丰打败刘粲,刘粲还归平阳。这样,贾疋等人军威气势大振,关西地区的胡人以及晋人都纷纷响应。

阎鼎打算侍奉秦王司马业到关中,占据长安来向四方发号施令。河阴县令傅畅是傅祗的儿子,也写信劝勉,阎鼎于是就出发了。荀藩、刘畴、周颉、李述等人都是崤山以东地区的人,不想西行,中途都逃散了,阎鼎派兵追他们,没有追上,就杀了李絙等人。阎鼎与司马业从宛城开赴武关,在上洛县遇到强盗,兵士被打败后逃散了,只好收拾起剩下的人马,前进到蓝田,派人通知贾疋,贾疋派人迎接他们。十二月,进入雍城,派梁综带兵保卫他们。

周颛奔琅邪王睿，睿以颛为军谘祭酒。前骑都尉谯国桓彝亦避乱过江，见睿微弱，谓颛曰："我以中州多故，来此求全，而单弱如此，将何以济！"既而见王导，共论世事，退，谓颛曰："向见管夷吾，无复忧矣！"

诸名士相与登新亭游宴，周颛中坐叹曰："风景不殊，举目有江河之异！"因相视流涕。王导愀然变色曰："当共戮力王室，克复神州，何至作楚囚对泣邪！"众皆收泪谢之。

陈频遗王导书曰："中华所以倾弊者，正以取才失所，先白望而后实事，浮竞驱驰，互相贡荐，言重者先显，言轻者后叙，遂相波扇，乃至陵迟。加有庄、老之俗，倾惑朝廷，养望者为弘雅，政事者为俗人，王职不恤，法物坠丧。夫欲制远，先由近始。今宜改张，明赏信罚，拔卓茂于密县，显朱邑于桐乡，然后大业可举，中兴可冀耳。"导不能从。

25　刘琨长于招怀而短于抚御，一日之中，虽归者数千，而去者亦相继。琨遣子遵请兵于代公猗卢，又遣族人高阳内史希合众于中山，幽州所统代郡、上谷、广宁之民多归之，众至三万。王浚怒，遣燕相胡矩督诸军，与辽西公段疾陆眷共攻希，杀之，驱略三郡士女而去。疾陆眷，务勿尘之子也。猗卢遣其子六脩将兵助琨戍新兴。

周颛投奔琅邪王司马睿，司马睿任用周颛为军谘祭酒。前骑都尉谯国人桓彝也避乱渡过长江，见司马睿势力微弱，对周颛说："我因为中州地区多变故，来到这儿求安，结果这里如此势单力薄，将靠什么来成就大业？"不久又见到王导，与王导一起议论天下大事，退出去后，又对周颛说："刚才如同见到了管仲，不再有忧虑了！"

　　名士们一起登上新亭游玩宴乐，周颛坐在中间感叹说："风景没有大差别，只是举目望去有长江、黄河的区别。"大家听了相对流泪。王导脸色立刻变了，说："应当齐心协力报效朝廷，收复神州沦陷的土地，怎么能像只知悲痛而不思进取的楚囚那样相对流泪呢？"于是大家都擦泪向王导道歉。

　　陈頵给王导去信说："中华之所以被颠覆破坏，正是因为选择人才失当，徒有虚名的优先而做实事的却靠后，竞相追逐浮华，互相荐举，言过其实者先显达，说得少一点儿的后录用，于是互相推波助澜，导致国家衰落。加上崇尚庄子、老子学说的风气，扰乱蛊惑朝廷，无所事事地修养名望的人被看作大雅士，勤勉于政事的人被认为是平庸俗气的人，不顾惜朝廷职务，朝廷的制度被丢弃。因而想要考虑远大的事业，得先从近处开始。现在就应该改弦更张，明确赏罚的标准切实实行，像光武帝在密县提拔卓茂，像汉宣帝在桐乡使朱邑显达，这样以后就能够完成大业，中兴也可以期待了。"王导没有同意。

　　25　刘琨擅长于招揽安抚远方的人，却不擅长抚慰驾驭近处的人，一天之中，虽然归附的人有几千，但离开的人数也差不多。刘琨一面派儿子刘遵去向代公拓跋猗卢请求军队援助，一面又派同家族的高阳内史刘希在中山聚合部众，幽州所统辖的代郡、上谷、广宁等地的百姓大多归附刘希，部众达到三万人。王浚发怒，派燕相胡矩带领各军，与辽西公段疾陆眷一同攻打刘希，把他杀了，并且驱赶掠夺三个郡的百姓后离去。段疾陆眷是段务勿尘的儿子。拓跋猗卢派他儿子拓跋六脩带兵驻扎到新兴援助刘琨。

琨牙门将邢延以碧石献琨,琨以与六脩,六脩复就延求之,不得,执延妻子。延怒,以所部兵袭六脩,六脩走,延遂以新兴附汉,请兵以攻并州。

26　李臻之死也,辽东附塞鲜卑素喜连、木丸津托为臻报仇,攻陷诸县,杀掠士民,屡败郡兵,连年为寇。东夷校尉封释不能讨,请与连和,连、津不从。民失业,归慕容廆者甚众,廆禀给遣还,愿留者即抚存之。

廆少子鹰扬将军翰言于廆曰:"自古有为之君,莫不尊天子以从民望,成大业。今连、津外以庞本为名,内实幸灾为乱。封使君已诛本请和,而寇暴不已。中原离乱,州师不振,辽东荒散,莫之救恤,单于不若数其罪而讨之。上则兴复辽东,下则并吞二部,忠义彰于本朝,私利归于我国,此霸王之基也。"廆笑曰:"孺子乃能及此乎!"遂帅众东击连、津,以翰为前锋,破斩之,尽并二部之众。得所掠民三千馀家,及前归廆者悉以付郡,辽东赖以复存。

封释疾病,属其孙奕于廆。释卒,廆召奕与语,说之,曰:"奇士也!"补小都督。释子冀州主簿悛、幽州参军抽来奔丧。廆见之曰:"此家拡拡千斤犍也。"以道不通,丧不得还,皆留仕廆,廆以抽为长史,悛为参军。

王浚以妻舅崔毖为东夷校尉。毖,琰之曾孙也。

刘琨牙门将邢延把一块碧石献给刘琨，刘琨又送给拓跋六脩，拓跋六脩又去邢延那里索求碧石，没有得到，就抓走邢延的妻子儿女。邢延发怒，带领所辖的军队袭击拓跋六脩，拓跋六脩撤走，邢延于是献出新兴向汉投降，并请求军队来攻打并州。

26 李臻死后，辽东靠近边境的鲜卑人素喜连、木丸津假称为李臻报仇，攻陷了辽东所属各县，杀死掠夺士人百姓，多次打败郡属军队，连年进犯抢劫。东夷校尉封释无力征讨，向素喜连求和，素喜连、木丸津不接受。百姓失去家业，投奔慕容廆的非常多，慕容廆发给他们食物遣返，愿意留下的就安抚他们。

慕容廆小儿子鹰扬将军慕容翰对慕容廆说："自古以来有作为的鲜卑君主，没有谁不尊奉天子顺应百姓的希望，来成就大业。现在素喜连、木丸津表面上是以杀庞本为李臻报仇为名，内心实际上幸灾乐祸趁机叛乱。封释长官已经杀掉庞本请求讲和，仍然劫掠作恶不停。现在中原分离变乱，平州的军队没有力量，辽东地区田原荒芜人口离散，没有谁予以救济抚恤，您不如列举素喜连、木丸津的罪状而征讨他们。上则可以复兴辽东，下则可以吞并素喜连、木丸津二人的部众，这样忠义的形象可以在晋朝彰明，我国也可以得到私利。这是作霸主的基础。"慕容廆笑着说："小孩子竟然能想到这些！"于是率领军队向东攻打素喜连、木丸津，任慕容翰为前锋，打败并杀了素喜连、木丸津，把两人所属部众全部并归于自己。得到被素喜连等两人抢掠的百姓三千多家，慕容廆把他们和以前归附来的百姓全部交给原所在郡。这样辽东依靠慕容廆又得以保存。

封释得了重病，把孙子封奕托付给慕容廆。封释去世后，慕容廆召来封奕交谈，很喜欢他，说："真是非凡的人物。"委任封奕为小都督。封释的儿子冀州主簿封悛、幽州参军封抽前来给父亲奔丧。慕容廆见到他们后，说："这一家都是上天降下来的有千斤力的神牛啊。"因为道路不通，封悛、封抽无法回去，都留下来在慕容廆处任职，慕容廆任封抽为长史，任封悛为参军。

王浚任用妻舅崔毖为东夷校尉。崔毖是崔琰的曾孙。

卷第八十八　晉紀十

起壬申(312)盡癸酉(313)凡二年

孝懷皇帝下
永嘉六年（壬申，312）

1　春，正月，漢呼延后卒，諡曰武元。

2　漢鎮北將軍靳沖、平北將軍卜珝寇并州。辛未，圍晉陽。

3　甲戌，漢主聰以司空王育、尚書令任顗女為左、右昭儀，中軍大將軍王彰、中書監范隆、左僕射馬景女皆為夫人，右僕射朱紀女為貴妃，皆金印紫綬。聰將納太保劉殷女，太弟義固諫。聰以問太宰延年、太傅景，皆曰："太保自云劉康公之後，與陛下殊源，納之何害！"聰悅，拜殷二女英、娥為左右貴嬪，位在昭儀上；又納殷女孫四人皆為貴人，位次貴妃。於是六劉之寵傾後宮，聰希復出外，事皆中黃門奏決。

4　故新野王歆牙門將胡亢聚眾於竟陵，自號楚公，寇掠荊土，以歆南蠻司馬新野杜曾為竟陵太守。曾勇冠三軍，能被甲游於水中。

5　二月壬子朔，日有食之。

6　石勒築壘於葛陂，課農造舟，將攻建業。琅邪王睿大集江南之眾於壽春，以鎮東長史紀瞻為揚威將軍，都督諸軍以討之。

孝怀皇帝下

晋怀帝永嘉六年(壬申,公元 312 年)

1 春季,正月,汉呼延皇后去世,谥号为武元。

2 汉镇北将军靳冲、平北将军卜翊进犯并州。辛未(十九日),包围晋阳。

3 甲戌(二十二日),汉君主刘聪封司空王育和尚书令任颛的女儿为左、右昭仪,中军大将军王彰、中书监范隆、左仆射马景三人的女儿都为夫人,右仆射朱纪的女儿为贵妃,都授予金印章和紫色绶带。刘聪打算纳娶太保刘殷的女儿,太弟刘乂苦苦劝谏。刘聪就此事询问太宰刘延年、太傅刘景,他们都说:"太保刘殷自称是周代刘康公的后代,与陛下不是一个族源,娶她有什么妨害?"刘聪很高兴,封刘殷的两个女儿刘英、刘娥为左、右贵嫔,地位在昭仪之上;又纳娶刘殷的四个孙女都当作贵人,地位低于贵妃。这样六刘所受的宠爱占满后宫,刘聪很少再出门到外面,政事都由黄门传达。

4 已故新野王司马歆的牙门将胡亢在竟陵聚众,自称楚公,在荆州的土地上抢掠,任司马歆的南蛮司马新野人杜曾为竟陵太守。杜曾骁勇为三军第一,能身穿铠甲在水中游泳。

5 二月壬子朔(初一),出现日食。

6 石勒在葛陂修筑营垒,向农民征税修造身船,打算进攻建业。琅邪王司马睿大规模调集江南的部队到寿春,任镇东长史纪瞻为扬威将军,统领各军队来征讨石勒。

　　会大雨，三月不止，勒军中饥疫，死者太半，闻晋军将至，集将佐议之。右长史刁膺请先送款于睿，求扫平河朔以自赎，俟其军退，徐更图之，勒愀然长啸。中坚将军夔安请就高避水，勒曰："将军何怯邪！"孔苌等三十馀将请各将兵分道夜攻寿春，斩吴将头，据其城，食其粟，要以今年破丹阳，定江南。勒笑曰："是勇将之计也！"各赐铠马一匹。顾谓张宾曰："于君意何如？"宾曰："将军攻陷京师，囚执天子，杀害王公，妻略妃主，擢将军之发，不足以数将军之罪，奈何复相臣奉乎！去年既杀王弥，不当来此。今天降霖雨于数百里中，示将军不应留此也。邺有三台之固，西接平阳，山河四塞，宜北徙据之，以经营河北，河北既定，天下无处将军之右者矣。晋之保寿春，畏将军往攻之耳。彼闻吾去，喜于自全，何暇追袭吾后，为吾不利邪！将军宜使辎重从北道先发，将军引大兵向寿春。辎重既远，大兵徐还，何忧进退无地乎！"勒攘袂鼓髯曰："张君计是也！"责刁膺曰："君既相辅佐，当共成大功，奈何遽劝孤降！此策应斩！然素知君怯，特相宥耳。"于是黜膺为将军，擢宾为右长史，号曰"右侯"。

　　勒引兵发葛陂，遣石虎帅骑二千向寿春，遇晋运船，虎将士争取之，为纪瞻所败。瞻追奔百里，前及勒军，勒结陈待之；瞻不敢击，退还寿春。

遇到大雨,三个月不停,石勒军队饥乏并流行疾病,死的人超过大半,又听到晋朝军队将要开来,就召集武将及参佐商议。右长史刁膺请石勒先向司马睿求和,请求扫平河朔来赎自己的罪,等到司马睿的军队退还江南,再慢慢谋取他,石勒听后忧伤地大声发出长叹。中坚将军夔安请石勒到地势高的地方避水,石勒说:"将军你为什么胆怯呢?"孔苌等三十多个武将请求各自带兵分路夜袭寿春,斩掉吴地武将的头颅,占据他们的城邑,吃他们的粮食,想就在今年攻下丹阳、平定江南。石勒笑着说:"这真是勇将的计策啊!"各赐他们铠甲一副、马一匹。石勒回头对张宾说:"依您看怎么办呢?"张宾说:"将军您攻陷京城,囚禁了晋朝天子,杀害亲王公卿大臣,侵占凌辱晋朝的嫔妃公主,拔下您的头发,也不够来数将军您的罪过,怎么能再以臣下的身份尊奉晋朝呢!去年杀了王弥,就不应该到这里来。现在,几百里内上天不断地降雨,这是告诉将军您不应该在这里逗留了。邺城有三个高台防守坚固,西临汉都城平阳,隔山阻河四面都有要塞,应当向北迁徙占据那里,经营黄河以北地区,河北地区稳定后,全国就没有处在将军您上面的人。晋朝保卫寿春,只是害怕您去攻打寿春罢了。他们听说我们离去了,对能够自己保全而感到高兴满足,还有什么功夫追击我军的后部,施行不利于我军的行动呢?您应当派辎重队伍从北面的道路先行出发,您带领大部军队开往寿春。辎重队伍走远后,大部军队再缓慢回撤,还忧虑什么进退无路呢?"石勒捋起衣袖抚动髯须说:"张君的计策好啊!"又责备刁膺说:"您既然做我的辅佐,就应当共同成就大功业,怎么能催促劝说我投降呢?出这个计策的应当杀头!但我平素了解您胆怯怕事,特地原谅您罢了。"于是把刁膺贬黜为将军,提拔张宾为右长史,号称"右侯"。

石勒带兵从葛陂出发,派石虎带领两千骑兵开往寿春,遇到晋朝的运输船,石虎的部将兵士争先攻取,结果被纪瞻打败。纪瞻追击了一百多里,追上石勒的军队,石勒排好兵阵等待,而纪瞻不敢攻打,退还到寿春。

7 汉主聪封帝为会稽郡公,加仪同三司。聪从容谓帝曰:"卿昔为豫章王,朕与王武子造卿,武子称朕于卿,卿言闻其名久矣,赠朕柘弓银研,卿颇记否?"帝曰:"臣安敢忘之!但恨尔日不早识龙颜!"聪曰:"卿家骨肉何相残如此?"帝曰:"大汉将应天受命,故为陛下自相驱除,此殆天意,非人事也!且臣家若能奉武皇帝之业,九族敦睦,陛下何由得之!"聪喜,以小刘贵人妻帝,曰:"此名公之孙也,卿善遇之。"

8 代公猗卢遣兵救晋阳,三月乙未,汉兵败走。卜珝之卒先奔,靳冲擅收珝,斩之。聪大怒,遣使持节斩冲。

9 聪纳其舅子辅汉将军张寔二女徽光、丽光为贵人,太后张氏之意也。

10 凉州主簿马鲂说张轨:"宜命将出师,翼戴帝室。"轨从之,驰檄关中,共尊辅秦王;且言"今遣前锋督护宋配帅步骑二万,径趋长安,西中郎将寔帅中军三万,武威太守张珫帅胡骑二万,络绎继发。"

11 夏,四月丙寅,征南将军山简卒。

12 汉主聪封其子敷为渤海王,骥为济南王,鸾为燕王,鸿为楚王,劢为齐王,权为秦王,操为魏王,持为赵王。

13 聪以鱼蟹不供,斩左都水使者襄陵王摅;作温明、徽光二殿未成,斩将作大匠望都公靳陵。观渔于汾水,昏夜不归。中军大将军王彰谏曰:"比观陛下所为,臣实痛心疾首。今愚民归汉之志未专,思晋之心犹盛,刘琨咫尺,刺客纵横。帝王轻出,一夫敌耳。愿陛下改往修来,则亿兆幸甚!"

7 汉主刘聪封晋怀帝为会稽郡公,开府仪同三司。刘聪和颜悦色地对怀帝说:"你过去当豫章王,我与王武子拜访你,王武子向你称赞我,你说久闻大名,送给我柘木良弓和银砚台,你还记得吗?"怀帝说:"臣下我怎么敢忘掉呢?只遗憾当时没有及早地认识龙颜!"刘聪说:"你家的亲骨肉为什么这样互相残杀?"怀帝说:"大汉将要承接天意,所以自相驱赶杀戮替陛下扫清道路,这是天意,不是人所能决定的!再说我家如果能尊奉武皇帝的大业,九族和睦相处,陛下从哪里得到天下呢?"刘聪听得高兴,把小刘贵人给了怀帝做妻子,说:"这是名公爵的孙女,你好好对待她。"

8 代公拓跋猗卢派兵救援晋阳,三月乙未(十四日),汉军队败退而逃。卜珝带领部众先逃跑,靳冲擅自拘捕了卜珝,把他杀了。刘聪勃然大怒,派使者拿着符节杀了靳冲。

9 刘聪纳娶他舅舅的儿子辅汉将军张寔的两个女儿张徽光、张丽光为贵人,这是太后张氏的主意。

10 凉州主簿马鲂对张轨说:"应当让武将出征,以辅助拥戴朝廷。"张轨接受了这个建议,急速将檄文传布关中地区,号召共同尊奉辅佐秦王司马业。并且说:"现在派遣前锋督护宋配率领两万步兵和骑兵,直接奔赴长安,西中郎将张寔带领中军三万军队,武威太守张琠率领两万胡人骑兵,陆续出发。"

11 夏季,四月丙寅(十六日),征南将军山简去世。

12 汉主刘聪封他的儿子刘敷为渤海王,刘骥为济南王,刘鸾为燕王,刘鸿为楚王,刘劢为齐王,刘权为秦王,刘操为魏王,刘持为赵王。

13 刘聪因为鱼蟹供应不上,杀死左都水使者襄陵王刘摅。温明、徽光两座宫殿没有建成,杀死将作大匠望都公靳陵。他到汾水观看捕鱼,黄昏黑夜都不返回。中军大将军王彰劝谏说:"近来看到陛下的行动,我实在是痛心疾首。现在愚民们归附汉的心意并不确定,而思念晋朝的心情还非常浓厚,刘琨虎视眈眈近在咫尺,刺客到处都有。帝王轻率地出行,一个人就能把您刺杀。希望陛下改变过去的做法养成新的习惯,那么百姓感到非常幸运!"

聪大怒，命斩之，王夫人叩头乞哀，乃囚之。太后张氏以聪刑
罚过差，三日不食。太弟义、单于粲舆榇切谏。聪怒曰：“吾
岂桀、纣，而汝辈生来哭人！”太宰延年、太保殷等公卿、列侯
百馀人，皆免冠涕泣曰：“陛下功高德厚，旷世少比，往也唐、
虞，今则陛下。而顷来以小小不供，亟斩王公；直言忤旨，遽
囚大将。此臣等窃所未解，故相与忧之，忘寝与食。”聪慨然
曰：“朕昨大醉，非其本心，微公等言之，朕不闻过。”各赐帛百
匹，使侍中持节赦彰曰：“先帝赖君如左右手，君著勋再世，朕
敢忘之！此段之过，希君荡然。君能尽怀忧国，朕所望也。
今进君骠骑将军、定襄郡公，后有不逮，幸数匡之！”

14　王弥既死，汉安北将军赵固、平北将军王桑恐为石
勒所并，欲引兵归平阳，军中乏粮，士卒相食，乃自硁磝津西
渡。刘琨以兄子演为魏郡太守，镇邺，桑恐演邀之，遣长史临
深为质于琨。琨以固为雍州刺史，桑为豫州刺史。

15　贾疋等围长安数月，汉中山王曜连战皆败，驱掠士
女八万馀口，奔于平阳。秦王业自雍入于长安。五月，汉主
聪贬曜为龙骧大将军，行大司马。聪使河内王粲攻傅祗于三
渚，右将军刘参攻郭默于怀。会祗病薨，城陷，粲迁祗子孙并
其士民二万馀户于平阳。

16　六月，汉主聪欲立贵嫔刘英为皇后，张太后欲立贵
人张徽光，聪不得已，许之。英寻卒。

刘聪勃然大怒,命令杀他,王彰的女儿王夫人在一旁叩头乞求宽恕,于是把王彰囚禁起来。太后张氏因为刘聪的刑罚过于严苛,三天不吃饭。太弟刘义、单于刘粲带着棺材冒死恳切地劝谏。刘聪怒冲冲地说:"我难道是暴君桀、纣吗?你们却来哭活人!"太宰刘延年、太保刘殷等公卿大臣列侯一百多人,都摘去头冠哭着说:"陛下功高德厚,从古到今很少有人能与您相比,古代有唐尧、虞舜,今天则是陛下。但近来因为物资稍微供应不上,就杀王公;直言冒犯您的旨意,就马上囚禁大将。这是我们心里所不理解的,所以大家都对此感到忧虑,乃至废寝忘食。"刘聪慨叹说:"朕昨天大醉,这些事不是我的本意,不是你们说起,朕就听不到自己的过失了。"每人赐百匹布帛,派侍中拿着符节赦免王彰说:"先帝刘渊依靠您如同左右手一样,您立下的再世之功,朕怎敢忘掉!这次的过失,希望您不要放在心上。您能够尽心忧国,正是朕所希望的。现在提升您为骠骑将军,封定襄郡公,朕将来再有做得不尽如人意的地方,还希望您多多指正!"

14　王弥死后,汉安北将军赵固、平北将军王桑担心自己的军队被石勒吞并,想带兵返回平阳。军中缺少粮食,士卒竟互相宰食,于是从碻磝津西渡黄河。刘琨任用哥哥的儿子刘演为魏郡太守,镇守邺城,王桑害怕刘演阻击,就派长史临深到刘琨处作为人质。刘琨任赵固为雍州刺史,王桑为豫州刺史。

15　贾疋等人包围长安几个月,汉中山王刘曜接连出战都失败了,强行驱赶八万多男女逃奔平阳。秦王司马业从雍州进入长安。五月,汉主刘聪把刘曜贬为龙骧大将军,行大司马。刘聪派河内王刘粲在三渚攻打傅祗,派右将军刘参到怀县攻打郭默。正遇上傅祗因病去世,三渚城陷落,刘粲把傅祗的子孙以及士人百姓两万余户都迁往平阳。

16　六月,汉主刘聪打算立贵嫔刘英为皇后,而张太后要立贵人张徽光,刘聪没办法,只好同意。刘英不久就去世了。

17　汉大昌文献公刘殷卒。殷为相,不犯颜忤旨,然因事进规,补益甚多。汉主聪每与群臣议政事,殷无所是非,群臣出,殷独留,为聪敷畅条理,商榷事宜,聪未尝不从之。殷常戒子孙曰:"事君当务几谏。凡人尚不可面斥其过,况万乘乎! 夫几谏之功,无异犯颜,但不彰君之过,所以为优耳。"官至侍中、太保、录尚书,赐剑履上殿、入朝不趋、乘舆入殿。然殷在公卿间,常恂恂有卑让之色,故能处骄暴之国,保其富贵,不失令名,以寿考自终。

18　汉主聪以河间王易为车骑将军,彭城王翼为卫将军,并典兵宿卫。高平王悝为征南将军,镇离石;济南王骥为征西将军,筑西平城以居之;魏王操为征东将军,镇蒲子。

19　赵固、王桑自怀求迎于汉,汉主聪遣镇远将军梁伏疵将兵迎之。未至,长史临深、将军牟穆帅众一万叛归刘演。固随疵而西,桑引其众东奔青州,固遣兵追杀之于曲梁,桑将张凤帅其馀众归演。聪以固为荆州刺史、领河南太守,镇洛阳。

20　石勒自葛陂北行,所过皆坚壁清野,虏掠无所获,军中饥甚,士卒相食。至东燕,闻汲郡向冰聚众数千壁枋头,勒将济河,恐冰邀之。张宾曰:"闻冰船尽在渎中未上,宜遣轻兵间道袭取,以济大军,大军既济,冰必可擒也。"秋,七月,勒使支雄、孔苌自文石津缚筏潜渡,取其船。勒引兵自棘津济河,击冰,大破之,尽得其资储,军势复振,遂长驱至邺。刘演保三台以自固,临深、牟穆等复帅其众降于勒。

17　汉大昌文献公刘殷去世。刘殷当丞相,从不冒犯皇帝违反圣旨,但经常就具体的事情进宫规劝,对刘聪补益很多。汉主刘聪每次与大臣们商议政事,刘殷都不表示什么态度,等大臣们离开,刘殷单独留下,为刘聪对所议铺陈发挥再理出头绪,商讨事宜,刘聪从没有不采纳他的建议的。刘殷常常告诫子孙说:"为君主做事应当务求对君主委婉地劝谏。凡人尚且不能当面斥责他的过错,更何况皇帝呢!委婉劝谏的功效,其实与冒犯君主没有什么区别,只是不明说君主的过失,所以是比较好的方法。"刘殷历任侍中、太保、录尚书等职,并被赐予可以佩剑穿鞋上宫殿、朝见天子不用快步行走、乘车进入宫殿等特权。但是刘殷在公卿大臣中,常常恭顺地带有卑谦礼让的神色,所以处在骄纵横暴的国家,能够保全自己的富贵,不损伤自己的美好声名,以长寿善终。

18　汉主刘聪任用河间王刘易为车骑将军,彭城王刘翼为卫将军,共同统领皇宫禁卫军。任用高平王刘悝为征南将军,镇守离石;济南王刘骥为征西将军,建筑西平城居住;魏王刘操为征东将军,镇守蒲子。

19　赵固、王桑从怀县向汉请求接应,汉主刘聪派镇远将军梁伏疵带兵迎接他们。迎接的军队还没有到达时,长史临深、将军年穆带领一万军队反叛投归刘演。赵固随梁伏疵向西边进发,王桑却又带领所属军队向东奔赴青州,赵固就派兵追击,在曲梁杀了王桑。王桑的部将张凤带领残馀部众投归刘演。刘聪让赵固担任荆州刺史,兼河南太守,镇守洛阳。

20　石勒从葛陂向北行进,所经过的地方百姓都坚壁清野,因而没有抢掠到什么东西,军中非常饥饿,出现士卒吃士卒充饥的现象。到达东燕,听说汲郡人向冰聚集了几千人在枋头修筑了营垒,石勒将要渡黄河,又担心遭到向冰的阻击。张宾说:"听说向冰的船只全都放在水中没有抬上岸,应当派遣轻装兵士抄小道去偷袭夺取这些船,用来渡大部军队过黄河,大部军队渡河后,一定能擒获向冰。"秋季,七月,石勒派遣支雄、孔苌从文石津绑扎木筏偷渡,夺取了向冰的船只。石勒率兵从棘津渡黄河,攻打向冰,把向冰打得惨败,得到了向冰的全部物资储备,军队士气重新振作起来,于是长驱直入到达邺城。刘演防守三台以求自己稳固,临深、年穆等人又率领自己的部众向石勒投降。

诸将欲攻三台，张宾曰："演虽弱，众犹数千，三台险固，攻之未易猝拔，舍而去之，彼将自溃。方今王彭祖、刘越石，公之大敌也，宜先取之，演不足顾也。且天下饥乱，明公虽拥大兵，游行羁旅，人无定志，非所以保万全、制四方也。不若择便地而据之，广聚粮储，西禀平阳以图幽、并，此霸王之业也。邯郸、襄国，形胜之地，请择一而都之。"勒曰："右侯之计是也！"遂进据襄国。

宾复言于勒曰："今吾居此，彭祖、越石所深忌也，恐城堑未固，资储未广，二寇交至。宜亟收野谷，且遣使至平阳，具陈镇此之意。"勒从之，分命诸将攻冀州，郡县壁垒多降，运其谷以输襄国；且表于汉主聪，聪以勒为都督冀、幽、并、营四州诸军事、冀州牧，晋封上党公。

21　刘琨移檄州郡，期以十月会平阳，击汉。琨素奢豪，喜声色。河南徐润以音律得幸于琨，琨以为晋阳令。润骄恣，干预政事。护军令狐盛数以为言，且劝琨杀之，琨不从。润谮盛于琨，琨收盛，杀之。琨母曰："汝不能驾御豪杰以恢远略，而专除胜己，祸必及我。"

盛子泥奔汉，具言虚实。汉主聪大喜，遣河内王粲、中山王曜将兵寇并州，以令狐泥为乡导。琨闻之，东出，收兵于常山及中山，使其将郝诜、张乔将兵拒粲，且遣使求救于代公猗卢。诜、乔俱败死。粲、曜乘虚袭晋阳，太原太守高乔、并州别驾郝聿以晋阳降汉。八月庚戌，琨还救晋阳，不及，帅左右数十骑奔常山。辛亥，粲、曜入晋阳。壬子，令狐泥杀琨父母。

部将们想攻打三台,张宾对石勒说:"刘演虽然兵力微弱,但还有几千军队,三台险峻坚固,攻打不容易很快把它拿下,放弃它而离开,那里将会自己崩溃。现在王浚、刘琨是您的主要敌人,应当先打他们,刘演不值得注意。再说天下饥饿动乱,您虽然拥有强大的军队,但来回行军长期在旅途中,人心不定,这不是控制四方的万全之计。不如选择一个便利的地方占据它,多多聚集储备粮食,尊奉平阳以谋取幽州、并州,这是霸王的功业。邯郸、襄国,都是好地方,请选一个作为都城。"石勒说:"您的计策是对的!"于是进发占据了襄国。

张宾又对石勒说:"现在我们驻扎在这里,是王浚、刘琨深深忌惮的。我担心城墙堑壕还不坚固,物资储备还不充分时,他们两人交相率兵来了。应当迅速收取野外的粮食,并且派使者到平阳,一一说明我们镇守此地的意图。"石勒听取了这个建议,分别命令诸将攻打冀州,那里的郡、县、营垒大多投降,就把这些地方的粮谷运往襄国;并且表奏汉主刘聪,刘聪让石勒担任都督冀、幽、并、营四州诸军事,冀州牧,晋封为上党公。

21 刘琨向各州郡发布檄文,约定十月在平阳会合,攻打汉。刘琨平素奢侈豪华,喜欢音乐女色。河南人徐润因为擅长音律而受到刘琨的宠信,刘琨让他担任晋阳令。徐润骄纵放肆,经常干预政事。护军令狐盛多次对此向刘琨发表看法,并且劝刘琨把他杀了,刘琨不听。结果徐润向刘琨说令狐盛的坏话,刘琨就拘捕了令狐盛,把他杀了。刘琨的母亲说:"你不能组织驾驭英雄豪杰来完成宏大的谋略,而只知一心清除超过自己的人,这带来的灾祸一定会殃及我。"

令狐盛的儿子令狐泥投奔到汉,全部陈说刘琨的虚实情况。汉主刘聪大喜过望,派遣河内王刘粲、中山王刘曜率兵进犯并州,让令狐泥担任向导。刘琨听说后,向东在常山及中山聚集军队,派部将郝诜、张乔带兵阻击刘粲,并且派使者向代公拓跋猗卢请求救援。郝诜、张乔都兵败而死。刘粲、刘曜乘虚袭击晋阳,太原太守高乔、并州别驾郝聿献出晋阳向汉投降。八月庚戌(初一),刘琨返回来救晋阳,没来得及,只好带领左右随从几十人骑马逃奔常山。辛亥(初二),刘粲、刘曜进入晋阳。壬子(初三),令狐泥把刘琨的父母都杀了。

粲、曜送尚书卢志、侍中许遐、太子右卫率崔玮于平阳。聪复以曜为车骑大将军，以前将军刘丰为并州刺史，镇晋阳。九月，聪以卢志为太弟太师，崔玮为太傅，许遐为太保，高乔、令狐泥皆为武卫将军。

22　己卯，汉卫尉梁芬奔长安。

23　辛巳，贾疋等奉秦王业为皇太子，建行台于长安，登坛告类，建宗庙、社稷，大赦。以阎鼎为太子詹事，总摄百揆；加贾疋征西大将军，以秦州刺史、南阳王保为大司马。命司空荀藩督摄远近，光禄大夫荀组领司隶校尉、行豫州刺史，与藩共保开封。

24　秦州刺史裴苞据险以拒凉州兵，张寔、宋配等击破之，苞奔柔凶坞。

25　冬，十月，汉主聪封其子恒为代王，逞为吴王，朗为颍川王，皋为零陵王，旭为丹阳王，京为蜀王，坦为九江王，晃为临川王；以王育为太保，王彰为太尉，任颛为司徒，马景为司空，朱纪为尚书令，范隆为左仆射，呼延晏为右仆射。

26　代公猗卢遣其子六脩及兄子普根、将军卫雄、范班、箕澹帅众数万为前锋以攻晋阳，猗卢自帅众二十万继之，刘琨收散卒数千为之乡导。六脩与汉中山王曜战于汾东，曜兵败，坠马，中七创。讨虏将军傅虎以马授曜，曜不受，曰："卿当乘以自免，吾创已重，自分死此。"虎泣曰："虎蒙大王识拔至此，常思效命，今其时矣。且汉室初基，天下可无虎，不可无大王也！"乃扶曜上马，驱令渡汾，自还战死。曜入晋阳，夜，与大将军粲、镇北大将军丰掠晋阳之民，逾蒙山而归。十一月，猗卢追之，战于蓝谷，汉兵大败，擒刘丰，斩邢延等三千馀级，伏尸数百里。

刘粲、刘曜把晋朝尚书卢志、侍中许遐、太子右卫率崔玮送到平阳。刘聪又以刘曜担任车骑大将军,以前将军刘丰任并州刺史,镇守晋阳。九月,刘聪任卢志为太弟太师,任崔玮为太傅,许遐为太保,高乔、令狐泥都担任武卫将军。

22 己卯,汉的卫尉梁芬逃奔长安。

23 辛巳(初三),贾疋等尊奉秦王司马业为皇太子,在长安建立行台,登祭坛祭天,设置宗庙、社稷,实行大赦。任阎鼎为太子詹事,代理统领文武百官;任命贾疋为征西大将军,秦州刺史、南阳王司马保为大司马。让司空荀藩督领远近的事务,光禄大夫荀组兼任司隶校尉、豫州刺史,与荀藩共同守卫开封。

24 秦州刺史裴苞占据险要之地来抵御凉州的军队,张寔、宋配等人打败了他,裴苞逃奔柔凶坞。

25 冬季,十月,汉主刘聪封自己的儿子刘恒为代王,刘逞为吴王,刘朗为颍川王,刘皋为零陵王,刘旭为丹阳王,刘京为蜀王,刘坦为九江王,刘晃为临川王;任王育为太保,王彰为太尉,任顗为司徒,马景为司空,朱纪为尚书令,范隆为左仆射,呼延晏为右仆射。

26 代公拓跋猗卢派他的儿子拓跋六脩以及哥哥的儿子拓跋普根、将军卫雄、范班、箕澹带领几万军队作为前锋攻打晋阳,拓跋猗卢自己带领二十万军队跟在后面,刘琨召集了几千逃散的兵士作为拓跋六脩的向导。拓跋六脩与汉中山王刘曜在汾东交战,刘曜的军队失败,他自己也负伤七处,掉下马。讨虏将军傅虎把自己的马交给刘曜,刘曜不接受,说:“你应该骑上它突围,我伤得已经很重,命该丧此。”傅虎哭着说:“我蒙受您的赏识而被提拔到现在的地位,常常想着以自己的生命报效您,现在正是这样的时候了。再说汉的朝廷刚刚建立,天下可以没有傅虎,而不能没有您啊!”于是把刘曜扶上马,赶着马渡过汾水,自己又回去冲杀最后战死。刘曜进入晋阳,夜里与大将军刘粲、镇北大将军刘丰抢劫晋阳的百姓,然后翻过蒙山而撤回。十一月,拓跋猗卢追击他们的军队,在蓝谷交战,又大败汉军,擒获刘丰,杀了邢延等三千多人,尸横几百里。

猗卢因大猎寿阳山,陈阅皮肉,山为之赤。刘琨自营门步入拜谢,固请进军。猗卢曰:"吾不早来,致卿父母见害,诚以相愧。今卿已复州境,吾远来,士马疲弊,且待后举,刘聪未可灭也。"遗琨马、牛、羊各千馀匹,车百乘而还,留其将箕澹、段繁等戍晋阳。

琨徙居阳曲,招集亡散。卢谌为刘粲参军,亡归琨,汉人杀其父志及弟谧、诜。赠傅虎幽州刺史。

27 十二月,汉主聪立皇后张氏,以其父寔为左光禄大夫。

28 彭仲荡之子天护帅群胡攻贾疋,天护阳不胜而走,疋追之,夜坠涧中,天护执而杀之。汉以天护为凉州刺史。众推始平太守麴允领雍州刺史。阎鼎与京兆太守梁综争权,鼎遂杀综。麴允与抚夷护军索綝、冯翊太守梁肃合兵攻鼎,鼎出奔雍,为氏窦首所杀。

29 广平游纶、张豺拥众数万,据苑乡,受王浚假署。石勒遣夔安、支雄等七将攻之,破其外垒。浚遣督护王昌帅诸军及辽西公段疾陆眷、疾陆眷弟匹䃅、文鸯、从弟末柸部众五万攻勒于襄国。

疾陆眷屯于渚阳,勒遣诸将出战,皆为疾陆眷所败。疾陆眷大造攻具,将攻城,勒众甚惧。勒召将佐谋之曰:"今城堑未固,粮储不多,彼众我寡,外无救援,吾欲悉众与之决战,何如?"诸将皆曰:"不如坚守以疲敌,待其退而击之。"张宾、孔苌曰:"鲜卑之种,段氏最为勇悍,而末柸尤甚,其锐卒皆在末柸所。今闻疾陆眷刻日攻北城,其大众远来,战斗连日,谓我孤弱,不敢出战,

拓跋猗卢因胜利而到寿阳山大规模打猎,将猎物的皮、肉摆放在山上观看,山因此而变为红色。刘琨从军营门走进去拜谢拓跋猗卢,坚持请求拓跋猗卢继续进军。拓跋猗卢说:"我没能早来,致使你父母被杀害,心里确实感到惭愧,现在你已收复了并州的辖境,而我远道来此,兵士马匹都已疲惫,暂且等待以后再举事,刘聪不是一下子就能消灭的。"送给刘琨一千多匹马,牛羊各一千多头和一百辆车后回师,把部将箕澹、段繁等留下来戍守晋阳。

刘琨迁徙到阳曲居住,召集流散的人员。卢谌是刘粲的参军,逃跑投奔了刘琨,汉杀了他的父亲卢志以及弟弟卢谧、卢诜。追赠傅虎为幽州刺史。

27 十二月,汉君主刘聪把张氏立为皇后,任命她父亲张寔为左光禄大夫。

28 彭仲荡的儿子彭天护带领胡人们攻打贾疋,彭天护表面上假装失败而退走,贾疋追击,夜里掉到山涧中,彭天护把他抓住杀了。汉让彭天护任凉州刺史。大家推举始平太守麹允兼雍州刺史。阎鼎与京兆太守梁综争夺权力,阎鼎于是杀了梁综。麹允与抚夷护军索綝、冯翊太守梁肃联合兵力攻打阎鼎,阎鼎出奔雍州,被氐人窦首杀死。

29 广平人游纶、张豺拥有几万人,占据苑乡,王浚让他们在那儿暂时代理原官行使职权。石勒派遣夔安、支雄等七个将领攻打他们,攻破了外围的营垒。王浚派遣都护王昌率领各军,以及辽西公段疾陆眷,段疾陆眷的弟弟段匹磾、段文鸯、堂弟段末柸等人的部众五万人到襄国攻打石勒。

段疾陆眷在渚阳驻扎,石勒派多名将领去攻打,都被段疾陆眷打败。段疾陆眷大量制造攻城的器具,打算攻城,石勒的部众都非常惧怕。石勒召集部将参佐等官员商议说:"现在城墙堑壕还不坚固,粮食储备也不多,敌众我寡,外面没有救援,因此我想用全力与他决战,怎么样?"武将们都说:"还不如坚守使敌人疲惫,等待他们退还时再打击他们。"张宾、孔苌说:"鲜卑部落当中,段氏最为骁勇剽悍,而段末柸更加突出,他们的精锐部队都在段末柸那里。今天听说段疾陆眷几天之内就要攻打北城,他的军队从远方来,又连日战斗,认为我们孤独无援兵力微弱,不敢出去交战,

意必懈惰，宜且勿出，示之以怯，凿北城为突门二十余道，俟其来至，列守未定，出其不意，直冲末柸帐，彼必震骇，不暇为计，破之必矣。末柸败，则其馀不攻而溃矣。"勒从之，密为突门。既而疾陆眷攻北城，勒登城望之，见其将士或释仗而寝，乃命孔苌督锐卒自突门出击之，城上鼓噪以助其势。苌攻末柸帐，不能克而退。末柸逐之，入其垒门，为勒众所获，疾陆眷等军皆退走。苌乘胜追击，枕尸三十余里，获铠马五千匹。疾陆眷收其馀众，还屯渚阳。

勒质末柸，遣使求和于疾陆眷，疾陆眷许之。文鸯谏曰："今以末柸一人之故而纵垂亡之虏，得无为王彭祖所怨，招后患乎！"疾陆眷不从，复以铠马金银赂勒，且以末柸三弟为质而请末柸。诸将皆劝勒杀末柸，勒曰："辽西鲜卑健国也，与我素无仇雠，为王浚所使耳。今杀一人而结一国之怨，非计也。归之，必深德我，不复为浚用矣。"乃厚以金帛报之，遣石虎与疾陆眷盟于渚阳，结为兄弟。疾陆眷引归，王昌不能独留，亦引兵还蓟。勒召末柸，与之燕饮，誓为父子，遣还辽西。末柸在涂，日南向而拜者三。由是段氏专心附勒，王浚之势遂衰。

游纶、张豺请降于勒。勒攻信都，杀冀州刺史王象。浚复以邵举行冀州刺史，保信都。

30　是岁大疫。

31　王澄少与兄衍名冠海内，刘琨谓澄曰："卿形虽散朗，而内实动侠，以此处世，难得其死。"及在荆州，悦成都内史王机，谓为己亚，使之内综心膂，外为爪牙。澄屡为杜弢所败，望实俱损，犹傲然自得，无忧惧之意，但与机日夜纵酒博弈，由是上下离心，南平太守应詹屡谏，不听。

斗志一定松懈懒惰,我们最好暂且不出去,让他们觉得我们胆怯,在北城墙凿出二十几条暗道,等待他们来到时,兵阵还没有排列稳定,出其不意,直冲段末柸的军帐,他们一定震惊惧怕而来不及安排对策,打败他们是必定无疑的。段末柸失败了,其他军队就不攻自溃了。"石勒听从了这个计策,秘密设置暗道暗门。不久段疾陆眷攻打北城,石勒登上城墙观望他们的情况,发现他们的武将士卒有的甚至放下兵器躺着,就命令孔苌带领精锐兵士从暗门中突袭,城上擂鼓呐喊助威,孔苌进攻段末柸的军帐,不能攻破便撤退,段末柸追击,进入孔苌的军垒门,被石勒的军队所擒获,段疾陆眷等人的军队都退走。这时孔苌乘胜追击,杀得尸横三十多里,缴获铠甲马匹五千多。段疾陆眷召集剩馀部众,退到渚阳驻扎。

石勒以段末柸为人质,派使者去向段疾陆眷求和,段疾陆眷同意了。段文鸯劝谏说:"现在因为段末柸一人的缘故而把面临灭亡的敌人放跑,该不会被王浚所怨恨,而招来后患吧?"段疾陆眷不听,又用铠甲马匹金银去贿赂石勒,并且用段末柸的三弟做人质而请求换回段末柸。各将领都劝石勒杀了段末柸,石勒说:"辽西鲜卑是强健的国家,与我们向来没有仇,这次是受王浚的指使罢了。现在杀一个人而去与一个国家结怨仇,不是办法。放他回去,他们一定会深深地感念我,不再被王浚所用。"于是用丰厚的金子、布、帛回报他,派石虎去与段疾陆眷在渚阳结盟、拜为兄弟。段疾陆眷带兵回归辽西,王昌没有力量单独留下,也率兵还归蓟州。石勒召来段末柸,与他宴饮,并宣誓结为父子,便让他回辽西。段末柸在路上,每天都朝南三拜。从此段氏一心附从石勒,王浚的势力于是衰败。

游纶、张豺向石勒请求投降。石勒攻打信都,杀冀州刺史王象。王浚又让邵举任冀州刺史,防守信都。

30 这一年,全国大肆流行传染病。

31 王澄年轻时,名声就与哥哥王衍一起名扬海内,刘琨对王澄说:"你外表虽然洒脱清朗,而内心实际易动而侠义,这样来处世,难得好死。"等王澄到荆州,喜欢成都内史王机,认为他仅次于自己,让他对内成为综理事务的心腹臂膀,对外成为得力帮手。王澄多次被杜弢打败,声望与实际都有所减损,但仍是傲然自得,心里没有一点忧虑惧怯,只是与王机日夜纵情喝酒对弈,因此上下都与他不一条心,南平太守应詹多次劝谏,而王澄不听。

澄自出军击杜弢,军于作塘。故山简参军王冲拥众迎应
詹为刺史,詹以冲无赖,弃之,还南平,冲乃自称刺史。澄惧,
使其将杜蕤守江陵,徙治枝陵,寻又奔沓中。别驾郭舒谏曰:
"使君临州虽无异政,然一州人心所系,今西收华容之兵,足
以擒此小丑,奈何自弃,遽为奔亡乎!"澄不从,欲将舒东下。
舒曰:"舒为万里纪纲,不能匡正,令使君奔亡,诚不忍渡江。"
乃留屯沌口。琅邪王睿闻之,召澄为军谘祭酒,以军谘祭酒
周𫖮代之,澄乃赴召。

𫖮始至州,建平流民傅密等叛迎杜弢,弢别将王真袭沔
阳,𫖮狼狈失据。征讨都督王敦遣武昌太守陶侃、寻阳太守
周访、历阳内史甘卓共击弢,敦进屯豫章,为诸军继援。

王澄过诣敦,自以名声素出敦右,犹以旧意侮敦。敦怒,
诬其与杜弢通信,遣壮士扼杀之。王机闻澄死,惧祸,以其父
毅、兄矩皆尝为广州刺史,就敦求广州,敦不许。会广州将温
邵等叛刺史郭讷,迎机为刺史,机遂将奴客门生千馀人入广
州。讷遣兵拒之,将士皆机父兄时部曲,不战迎降,讷乃避
位,以州授之。

32 王如军中饥乏,官军讨之,其党多降。如计穷,遂降
于王敦。

33 镇东军司顾荣、前太子洗马卫玠皆卒。玠,瓘之孙
也,美风神,善清谈;常以为人有不及,可以情恕,非意相干,
可以理遣,故终身不见喜愠之色。

王澄自己出兵攻打杜弢,在作塘驻扎。以前在山简处任参军的王冲聚集部众迎接应詹当刺史,应詹因为王冲不可靠,离开他返回南平,王冲于是自称刺史。王澄惧怯,派自己的部将杜蕤防守江陵,自己把治所迁徙到孱陵,不久又逃奔沓中。别驾郭舒劝谏王澄说:"您到荆州虽然没有特殊的政绩,但仍是一州的人心所寄托的,现在您把华容县的军队从西边调回,完全能够擒获这个小丑,怎么能够自己放弃,仓惶地逃走呢?"王澄不接受,想带着郭舒往东走。郭舒说:"我担任着处理一州纪纲法度的职务,不能够扶正州务,现在您外出逃亡,实在不忍心渡江。"于是就留守在沌口。琅邪王司马睿听说后,就征召王澄担任军谘祭酒,以军谘祭酒周颉代替他原来的职务,王澄于是应召而来。

周颉刚到荆州时,建平的流民傅密等人叛离,去迎接杜弢,杜弢的别将王真袭击沔阳,周颉于是狼狈地失去所守。征讨都督王敦派武昌太守陶侃、寻阳太守周访、历阳内史甘卓一起攻打杜弢,王敦进军到豫章驻扎,作为各支军队的后援。

王澄前去拜访王敦,自认为名声一直在王敦之上,还想按照以往的想法轻侮王敦。这次王敦大怒,诬陷他与杜弢有信使来往,派壮士把王澄掐死。王机听说王澄死了,害怕受牵连,因为自己的父亲王毅、哥哥王矩都曾经当过广州刺史,就到王敦那里请求到广州任职,王敦不允许。正遇到广州的武将温劭等人叛离刺史郭讷,迎接王机去当刺史,王机于是带着家奴、门客一千多人到了广州。郭讷派兵阻击王机,但部将兵士都是王机父亲、哥哥任职时的人马,因而不战却迎上去投降,郭讷于是辞职,把职务交给王机。

32　王如的军中饥饿困乏,官军征讨他们,王如的属下大多投降。王如没有办法,于是向王敦投降。

33　镇东军司顾荣、前太子洗马卫玠都去世了。卫玠是卫瓘的孙子,风韵神气很优美,善于清谈;常常认为别人没有做到的,能够在情理上宽恕,遭人意外的冒犯,也能够用道理来排遣,所以终身都没有表露出高兴或生气的神色。

34 江阳太守张启杀益州刺史王异而代之。启,翼之孙也,寻病卒。三府文武共表涪陵太守向沈行西夷校尉,南保涪陵。

35 南安赤亭羌姚弋仲东徙榆眉,戎、夏襁负随之者数万,自称护羌校尉、雍州刺史、扶风公。

孝愍皇帝上
建兴元年(癸酉,313)

1 春,正月丁丑朔,汉主聪宴群臣于光极殿,使怀帝著青衣行酒。庾珉、王隽等不胜悲愤,因号哭。聪恶之。有告珉等谋以平阳应刘琨者,二月丁未,聪杀珉、隽等故晋臣十馀人,怀帝亦遇害。大赦,复以会稽刘夫人为贵人。

荀崧曰:怀帝天姿清劲,少著英猷,若遇承平,足为守文佳主。而继惠帝扰乱之后,东海专政,故无幽、厉之衅而有流亡之祸矣!

2 乙亥,汉太后张氏卒,谥曰光献。张后不胜哀,丁丑,亦卒,谥曰武孝。

3 己卯,汉定襄忠穆公王彰卒。

4 三月,汉主聪立贵嫔刘娥为皇后,为之起凰仪殿。廷尉陈元达切谏,以为"天生民而树之君,使司牧之,非以兆民之命穷一人之欲也。晋氏失德,大汉受之,苍生引领,庶几息肩。是以光文皇帝身衣大布,居无重茵,后妃不衣锦绮,乘舆马不食粟,爱民故也。陛下践阼以来,已作殿观四十馀所,加之军旅数兴,馈运不息,饥馑、疾疫,死亡相继,而益思营缮,岂为民父母之意乎!今有晋遗类,西据关中,南擅江表;李雄奄有巴、蜀;

34 江阳太守张启杀了益州刺史王异,自己取代了王异的职务。张启是张翼的孙子,不久就病死了。益州三个官府的官员一起表奏涪陵太守向沈担任西夷校尉,到南面守卫涪陵。

35 南安赤亭羌人姚弋仲向东迁徙到榆眉,戎人、汉人携带妻儿老小跟随他的人有几万,姚弋仲自称护羌校尉、雍州刺史、扶风公。

孝愍皇帝上
晋愍帝建兴元年(癸酉,公元313年)

1 春季,正月丁丑朔(初一),汉主刘聪在光极殿宴请群臣,派晋怀帝身穿青衣巡行酌酒劝饮。庾珉、王隽等人不胜悲愤,因此而放声大哭。刘聪讨厌他们。正好有人告发庾珉等人商谋在平阳接应刘琨,二月丁未(初一),刘聪杀庾珉、王隽等原晋朝的大臣十多人,晋怀帝也遇害。刘聪宣布大赦,重新让会稽刘夫人当贵人。

> 荀崧说:怀帝天资清高,年轻时就以英俊、志向远大而著名,如果遇到天下太平,完全能够成为保持礼乐制度的很好的君主。但继惠帝时局势纷乱之后,东海王司马越独揽朝政,所以没有周幽王、周厉王的罪孽而却有流亡的灾祸!

2 乙亥(二十九日),汉太后张氏去世,谥号为光献。张皇后非常悲哀,丁丑,也去世了,谥号为武孝。

3 己卯,汉定襄忠穆公王彰去世。

4 三月,汉君主刘聪把贵嫔刘娥立为皇后,为她建造凤仪殿。廷尉陈元达恳切地劝谏,认为:“天生百姓而为他们树立君主,是让君主管理他们,并不是用千万百姓的生命满足一个人穷奢极欲。晋朝廷无道,大汉受命于天,百姓翘首以待,差不多可以稍加养息。所以光文皇帝刘渊身穿粗布,居住的地方也没有双层的坐垫,皇后妃嫔也不穿绫罗绸缎,拉车的马匹不喂粟谷,这是爱惜百姓的缘故。陛下即位以来,已经建造了四十多处宫殿,加上一再兴兵作战,军粮运输不停,饥馑、疾病流行,造成人们死的死、逃的逃,但您还想大兴土木,这难道是做百姓的父母的想法吗?现在晋朝的残馀还在西边占据着关中地区,南边把持着江东地区;李雄占据着巴蜀地区;

王浚、刘琨窥窬肘腋;石勒、曹嶷贡禀渐疏,陛下释此不忧,乃更为中宫作殿,岂目前之所急乎!昔太宗居治安之世,粟帛流衍,犹爱百金之费,息露台之役。陛下承荒乱之馀,所有之地,不过太宗之二郡,战守之备,非特匈奴、南越而已。而宫室之侈乃至于此,臣所以不敢不冒死而言也。"聪大怒曰:"朕为天子,营一殿,何问汝鼠子乎,乃敢妄言沮众!不杀此鼠子,朕殿不成!"命左右:"曳出斩之!并其妻子同枭首东市,使群鼠共穴!"时聪在逍遥园李中堂,元达先锁腰而入,即以锁锁堂下树,呼曰:"臣所言者,社稷之计,而陛下杀臣。朱云有言:'臣得与龙逢、比干游,足矣!'"左右曳之不能动。

大司徒任颛、光禄大夫朱纪、范隆、骠骑大将军河间王易等叩头出血曰:"元达为先帝所知,受命之初,即引置门下,尽忠竭虑,知无不言。臣等窃禄偷安,每见之未尝不发愧。今所言虽狂直,愿陛下容之。因谏诤而斩列卿,其如后世何!"聪默然。

刘后闻之,密敕左右停刑,手疏上言:"今宫室已备,无烦更营,四海未壹,宜爱民力。廷尉之言,社稷之福也,陛下宜加封赏。而更诛之,四海谓陛下何如哉!夫忠臣进谏者固不顾其身也,而人主拒谏者亦不顾其身也。陛下为妾营殿而杀谏臣,使忠良结舌者由妾,远近怨怒者由妾,公私困弊者由妾,社稷阽危者由妾,天下之罪皆萃于妾,妾何以当之!妾观自古败国丧家,未始不由妇人,心常疾之,不意今日身自为之,使后世视妾由妾之视昔人也!妾诚无面目复奉巾栉,愿赐死此堂,以塞陛下之过!"聪览之变色。

王浚、刘琨窥伺着我们的肘腋之处；石勒、曹嶷贡奉与禀告越来越少，陛下不为这一切担忧，却又在宫廷中建造殿堂，这难道是目前所急需的吗！过去汉文帝处于安定的社会，稻谷布帛十分丰盛，仍然珍惜百金的费用，停止修建露台的劳役。陛下接受的是兵荒马乱的时代，所占有的地方，不过汉文帝时的两个郡，需要征战和防御的，也并不仅仅是匈奴、南越。而皇宫的奢侈却到了这个地步，所以我不敢不冒死来说这几句话。"刘聪勃然大怒说："朕身为天子，建造一个殿堂，为什么要问你这样的鼠辈呢？你竟敢胡说八道扰乱大家的情绪！不杀掉这个鼠辈，朕的殿堂就建不成！"向左右随从发出命令："拖出去杀了！连他的妻、子一起在东市悬首示众，让这群老鼠进到一个墓穴里去！"当时刘聪在逍遥园的李中堂里，陈元达事先拿锁锁住腰进去，进去后便用锁把自己锁在堂下的树上，大声呼喊："我所说的，是为社稷大业考虑，而陛下却要杀掉我。汉朝朱云说：'我能够与龙逄、比干同游，这就满足了！'"随从们拉不动他。

大司徒任颉，光禄大夫朱纪、范隆，骠骑大将军河间王刘易等人一起叩头叩得出血，说："陈元达为先帝刘渊所赏识器重，受命立汉之初，就把他安排在门下，他也一直尽忠竭虑，知无不言。我们这些人都是在职位上苟且偷安，每次见到他时没有不感到惭愧的。今天他所说的话虽然有些狂妄直率，但希望陛下能够宽容他。因为直言劝谏而杀列卿，这让后世怎么办！"刘聪沉默不语。

刘皇后听说后，暗中命令随从们停止对陈元达的刑罚，亲笔写了奏疏给刘聪，说："现在宫室已经齐备，用不着再营建新的，四海还没有统一，应当珍惜百姓的财力。廷尉陈元达的直言是社稷的福气，陛下应该加以赏赐。现在反而要杀他，天下要怎么来评说陛下呢！直言进谏的忠臣固然不顾自己的性命，而拒绝进谏的君主也是不考虑自身的性命。陛下为了给我营建宫殿而杀劝谏的大臣，这样，使忠良之臣缄口不言是因为我，远近都产生怨恨愤怒是因为我，公私两方面的困窘弊害也是因为我，使国家社稷面临危险还是因为我，天下的大罪都集中到我的身上，我怎么能承担得起呢！我观察发现，自古以来造成国破家亡的，没有不从妇人开始。我心里常常为之痛心，想不到今天自己也会这样，使得后世的人看我，就像我看古人一样！我实在没有脸面再伺候您，希望您允许我就死在这个殿堂里，来弥补陛下的过错！"刘聪看完后脸色都变了。

任颙等叩头流涕不已。聪徐曰:"朕比年已来,微得风疾,喜怒过差,不复自制。元达,忠臣也,朕未之察。诸公乃能破首明之,诚得辅弼之义也。朕愧戢于心,何敢忘之!"命颙等冠履就坐,引元达上,以刘氏表示之,曰:"外辅如公,内辅如后,朕复何忧!"赐颙等谷帛各有差,更命逍遥园曰纳贤园,李中堂曰愧贤堂。聪谓元达曰:"卿当畏朕,而反使朕畏卿邪!"

5 西夷校尉向沈卒,众推汶山太守兰维为西夷校尉。维率吏民北出,欲向巴东。成将李恭、费黑邀击,获之。

6 夏,四月丙午,怀帝凶问至长安,皇太子举哀,因加元服。壬申,即皇帝位,大赦,改元。以卫将军梁芬为司徒,雍州刺史麹允为尚书左仆射、录尚书事,京兆太守索綝为尚书右仆射、领吏部、京兆尹。是时长安城中,户不盈百,蒿棘成林;公私有车四乘,百官无章服、印绶,唯桑版署号而已。寻以索綝为卫将军、领太尉,军国之事,悉以委之。

7 汉中山王曜、司隶校尉乔智明寇长安,平西将军赵染帅众赴之,诏麹允屯黄白城以拒之。

8 石勒使石虎攻邺,邺溃,刘演奔廪丘,三台流民皆降于勒。勒以桃豹为魏郡太守以抚之;久之,以石虎代豹镇邺。

初,刘琨用陈留太守焦求为兖州刺史,荀藩又用李述为兖州刺史。述欲攻求,琨召求还。及邺城失守,琨复以刘演为兖州刺史,镇廪丘。前中书侍郎郗鉴,少以清节著名,帅高平千馀家避乱保峄山,琅邪王睿就用鉴为兖州刺史,镇邹山。三人各屯一郡,兖州吏民莫知所从。

任颛等人仍然流着泪不停地叩头。刘聪才慢慢地说道:"朕近年以来,因为中了点风,喜怒超过限度,不能自己控制。陈元达是忠臣,朕却没有看出来。各位能够磕破头让我了解他,确实是深明辅佐之臣的职责。我的惭愧藏在心中,怎么敢忘掉呢!"说着让任颛等人整理好冠带鞋履坐下,又叫陈元达上来,把刘皇后的奏疏给他看,说:"在外有像您这样的人辅佐,在内有像皇后这样人辅佐,我还有什么可忧虑的呢?"赏赐给任颛等人不同数量的稻谷与布帛,把逍遥园改称为纳贤园,李中堂改称为愧贤堂。刘聪对陈元达说:"你本该怕朕,现在反倒使朕怕你了!"

5　西夷校尉向沈去世,大家推举汶山太守兰维为西夷校尉。兰维带领官吏百姓向北进发,想到巴东去。成汉部将李恭、费黑共同攻打,擒获兰维。

6　夏季,四月丙午(初一),晋怀帝被害的凶信传到长安,皇太子举行哀悼,加戴冠冕。壬申(二十七日),即皇帝位,宣布大赦,改年号为建兴。任命卫将军梁芬为司徒,雍州刺史麴允为尚书左仆射、录尚书事,京兆太守索綝为尚书右仆射、兼领吏部、京兆尹。当时长安城中,户不满百家,蒿草荆棘丛生;公室私家的车乘只有四辆,文武百官没有官服、印章绶带,只有授官桑木板和官署名号而已。不久任索綝为卫将军、兼太尉,军政大事,全部委交给索綝。

7　汉中山王刘曜、司隶校尉乔智明进犯长安,平西将军赵染带领军队也赶去参战,晋朝诏令麴允到黄白城去抵御。

8　石勒派石虎攻打邺城,邺城溃败,刘演逃奔廪丘,三台的流民全部向石勒投降。石勒让桃豹担任魏郡太守进行管理。过了一段时间,又让石虎代替桃豹镇守邺城。

当初,刘琨任用陈留太守焦求为兖州刺史,苟藩又任用李述为兖州刺史。李述想攻打焦求,刘琨就把焦求召回来。邺城失守后,刘琨又让刘演任兖州刺史,镇守廪丘。前中书侍郎郗鉴,年轻时就以清高的节操著名,带领高平的一千多户人家到峄山避乱防卫,琅邪王司马睿任用郗鉴为兖州刺史,镇守邹山。这样,李述、刘演、郗鉴三人在一郡之内各守一处,兖州的官吏百姓不知听从谁好。

9 琅邪王睿以前庐江内史华谭为军谘祭酒。谭尝在寿春依周馥。睿谓谭曰:"周祖宣何故反?"谭曰:"周馥虽死,天下尚有直言之士。馥见寇贼滋蔓,欲移都以纾国难,执政不悦,兴兵讨之,馥死未逾时而洛都沦没。若谓之反,不亦诬乎!"睿曰:"馥位为征镇,握强兵,召之不入,危而不持,亦天下之罪人也。"谭曰:"然,危而不持,当与天下共受其责,非但馥也。"

睿参佐多避事自逸,录事参军陈頵言于睿曰:"洛中承平之时,朝士以小心恭恪为凡俗,以偃蹇倨肆为优雅,流风相染,以至败国。今僚属皆承西台馀弊,养望自高,是前车已覆而后车又将寻之也。请自今,临使称疾者,皆免官。"睿不从。三王之诛赵王伦也,制《己亥格》以赏功,自是循而用之。頵上言:"昔赵王篡逆,惠皇失位,三王起兵讨之,故厚赏以怀向义之心。今功无大小,皆以格断,乃至金紫佩士卒之身,符策委仆隶之门,非所以重名器,正纪纲也,请一切停之!"頵出于寒微,数为正论,府中多恶之,出頵为谯郡太守。

10 吴兴太守周玘,宗族强盛,琅邪王睿颇疑惮之。睿左右用事者,多中州亡官失守之士,驾御吴人,吴人颇怨。玘自以失职,又为刁协所轻,耻恚愈甚,乃阴与其党谋诛执政,以诸南士代之。事泄,玘忧愤而卒。将死,谓其子勰曰:"杀我者,诸伧子也;能复之,乃吾子也。"

9　琅邪王司马睿任用前庐江内史华谭为军咨祭酒。华谭曾经在寿春依附于周馥。司马睿对华谭说："周馥为什么反叛？"华谭说："周馥虽然死了，天下仍还有直言之士。周馥看到强盗窃贼越来越多，想迁都来解除困难，当局不高兴，派兵征讨他，结果周馥死了还没有一个时辰，都城洛阳就沦陷了。如果说周馥反叛，不是冤枉吗！"司马睿说："周馥身居征镇戍守地方的军事要职，掌握强大的兵力，朝廷召他而他不入朝，朝廷危险的时候而不能扶助，也算是天下的罪人。"华谭说："是这样，朝廷危险而不能扶助，他应该与全国的将领一起受到责难，不仅仅是周馥一个人。"

司马睿的参佐幕僚大多逃避事务求得自己安逸，录事参军陈頵对司马睿说："洛阳太平安定的时候，朝臣们认为小心谨慎恪守职责的是平庸，认为傲慢放纵是优雅，这种风气相互影响，以致国家败亡。现在您的幕僚属下也都效法继承了洛阳时的弊病，修养名望自以为高，这是前面的车子已经翻了而后面的车子又将重蹈覆辙。请求从今以后，接受职任却又称病不行使职责的，全部免去他们的官职。"司马睿不听。齐王司马冏、成都王司马颖、河间王司马颙三王诛杀赵王司马伦时，制定《己亥格》来奖赏功勋，从此沿袭使用。陈頵上书说："过去赵王司马伦篡权叛逆、惠皇帝失去地位，三王举兵征讨他，因此用丰厚的奖赏来感念响应举义的人心。现在功劳不论大小，都按照《己亥格》来确定奖赏，结果造成本来是丞相等高级官员佩带的金印紫绶挂到了一般士卒的身上，用来调兵遣将的凭信符节、命官授爵的策书送给了仆从隶卒的家门之中，这不是重视国家礼仪制度、匡正法律纲纪的做法，请求把这一切都停下来！"陈頵出身贫寒低贱，多次进行这样义正辞严的议论，王府中大多都厌恶他，于是派陈頵去担任谯郡太守。

10　吴兴太守周玘，宗族很强盛，琅邪王司马睿对他很猜疑忌惮。而司马睿身边任职的，大多是中州地区丢弃官职逃离职守的士人，他们来管理吴地的人，吴人都很怨愤。周玘自己因为失去职位，又被刁协所轻蔑，羞耻愤怒更加强烈，于是就和他的属下密谋杀掉执政的大臣，而以南方人士取代他们。事情泄露，周玘忧愤交加而死。临死时，对他儿子周勰说："杀死我的是那些中州伧子；能够实现我的设想的，就是我的儿子。"

11 石勒攻李恽于上白,斩之。王浚复以薄盛为青州刺史。

12 王浚使枣嵩督诸军屯易水,召段疾陆眷,欲与之共击石勒,疾陆眷不至。浚怒,以重币赂拓跋猗卢,并檄慕容廆等共讨疾陆眷。猗卢遣右贤王六脩将兵会之,为疾陆眷所败。廆遣慕容翰攻段氏,取徒河、新城,至阳乐,闻六脩败而还,翰因留镇徒河,壁青山。

初,中国士民避乱者,多北依王浚,浚不能存抚,又政法不立,士民往往复去之。段氏兄弟专尚武勇,不礼士大夫。唯慕容廆政事修明,爱重人物,故士民多归之。廆举其英俊,随才授任,以河东裴嶷、北平阳耽、庐江黄泓、代郡鲁昌为谋主,广平游邃、北海逄羡、北平西方虔、西河宋奭及封抽、裴开为股肱,平原宋该、安定皇甫岌、岌弟真、兰陵缪恺、昌黎刘斌及封奕、封裕典机要。裕,抽之子也。

裴嶷清方有干略,为昌黎太守,兄武为玄菟太守。武卒,嶷与武子开以其丧归,过廆,廆敬礼之,及去,厚加资送。行及辽西,道不通,嶷欲还就廆。开曰:"乡里在南,奈何北行!且等为流寓,段氏强,慕容氏弱,何必去此而就彼也!"嶷曰:"中国丧乱,今往就之,是相帅而入虎口也。且道远,何由可达!若俟其清通,又非岁月可冀。今欲求托足之地,岂可不慎择其人。汝观诸段,岂有远略,且能待国士乎!慕容公修行仁义,有霸王之志,加以国丰民安,今往从之,高可以立功名,下可以庇宗族,汝何疑焉!"开乃从之。既至,

11　石勒在上白攻打李恽,把他杀了。王浚又任命薄盛为青州刺史。

12　王浚派枣嵩督领各军在易水驻扎,召段疾陆眷,想与他一起攻打石勒,段疾陆眷不来。王浚发怒,用重金贿赂拓跋猗卢,并向慕容廆等人传发檄文,要共同讨伐段疾陆眷。拓跋猗卢派右贤王拓跋六脩带领军队去与王浚会合,结果被段疾陆眷打败。慕容廆派慕容翰去攻打段氏,攻取了徒河、新城,到达阳乐,听说拓跋六脩失败,慕容翰因此留在徒河镇守,在青山建立营垒。

当初,躲避战乱的中原士人百姓,大多向北依附王浚,王浚却不能体恤安抚,又加上行政法律都没有建立,所以士人、百姓又都离开了他。而段氏兄弟只知武夫之勇,不能用礼义对待士大夫。只有慕容廆政事整饬清明,爱惜重视人才,所以士人、百姓都大多投奔他。慕容廆选拔其中的英俊人才,按照他们的才能安排职任,让河东人裴嶷、北平人阳耽、庐江人黄泓、代郡人鲁昌担任主要谋臣,让广平人游邃、北海人逢羡、北平人西方虔,西河人宋奭以及封抽,裴开作为重要臣僚,让平原人宋该、安定人皇甫岌、皇甫岌的弟弟皇甫真、兰陵人缪恺、昌黎人刘斌以及封奕、封裕等人掌管机要枢密事务。封裕是封抽的儿子。

裴嶷清廉公正,有办事的才能和谋略,曾任晋昌黎太守,兄裴武任玄菟太守。裴武去世,裴嶷与裴武的儿子裴开送丧回故乡,在经过慕容廆那里时,慕容廆恭敬而待之以礼,离开时,送给他们丰厚的资财。走到辽西,道路不通,裴嶷想回去投奔慕容廆。裴开说:“故乡在南方,怎么能向北走呢!再说同样是流离失所寄人篱下,段氏强大,慕容氏微弱,何必离开这里而到慕容廆那里去呢?”裴嶷说:“中原处于死丧战乱中,现在去中原,是一起投入虎口。再说道路遥远,怎么才能到达呢!如果等待中原清明畅通,又不是可以按年月期待的。现在想找一个寄托立足的地方,怎么能不谨慎地选择人。你看段氏几兄弟,难道有远大的谋略吗,能够很好地对待士人吗!慕容公修养德行,有仁义,有实现霸王之业的志向,加上他国富民安,现在去跟随他,向高处可以建立功名,对下可以庇护宗族,你还有什么可怀疑的!”裴开于是听从了叔父裴嶷的安排。到了以后,

廆大喜。阳耽清直沉敏，为辽西太守，慕容翰破段氏于阳乐，获之，廆礼而用之。游邃、逢羡、宋奭，皆尝为昌黎太守，与黄泓俱避地于蓟，后归廆。王浚屡以手书召邃兄畅，畅欲赴之，邃曰："彭祖刑政不修，华、戎离叛，以邃度之，必不能久，兄且磐桓以俟之。"畅曰："彭祖忍而多疑，顷者流民北来，命所在追杀之。今手书殷勤，我稽留不往，将累及卿。且乱世宗族宜分，以冀遗种。"邃从之，卒与浚俱没。宋该与平原杜群、刘翔先依王浚，又依段氏，皆以为不足托，帅诸流寓同归于廆。东夷校尉崔毖请皇甫岌为长史，卑辞说谕，终莫能致；廆招之，岌与弟真即时俱至。辽东张统据乐浪、带方二郡，与高句丽王乙弗利相攻，连年不解。乐浪王遵说统帅其民千馀家归廆，廆为之置乐浪郡，以统为太守，遵参军事。

13　王如馀党涪陵李运、巴西王建等自襄阳将三千馀家入汉中，梁州刺史张光遣参军晋邈将兵拒之。邈受运、建略，劝光纳其降，光从之，使居成固。既而邈见运、建及其徒多珍宝，欲尽取之，复说光曰："运、建之徒，不修农事，专治器仗，其意难测，不如悉掩杀之，不然，必为乱。"光又从之。五月，邈将兵攻运、建，杀之。建婿杨虎收馀众击光，屯于厄水；光遣其子孟苌讨之，不能克。

14　壬辰，以琅邪王睿为左丞相、大都督，督陕东诸军事；南阳王保为右丞相、大都督，督陕西诸军事。诏曰："今当扫除鲸鲵，奉迎梓宫。令幽、并两州勒卒三十万直造平阳，右丞相宜帅秦、凉、梁、雍之师三十万径诣长安，左丞相帅所领精兵二十万径造洛阳，同赴大期，克成元勋。"

慕容廆非常高兴。阳耽清廉耿直沉毅机敏,任辽西太守,慕容翰在阳乐打败段氏时,抓获阳耽,慕容廆待之以礼而任用他。游邃、逄羡、宋奭,都曾经担任昌黎太守,与黄泓一起都在蓟地避乱,后来才投奔慕容廆。王浚多次用亲笔信征召游邃的哥哥游畅,游畅想应召前往,游邃说:"王浚不整饬刑法政务,华人、戎人都叛离了他,依我推测,他一定不能长久,哥哥你暂且逗留一段时间等等看。"游畅说:"王浚残忍而多疑,近来流民往北而来,他命令部下追杀他们。现在亲笔写信态度殷勤,我停留在这儿不去,将要牵累你。再说乱世当中,宗族应当分开,以期望留下宗族的后代。"游邃这才同意了,但不久游畅与王浚一起都死了。宋该与平原人杜群、刘翔都是先依靠王浚,转而又依靠段氏,认为他们都不值得寄托,而带领各流亡的家族一起归附了慕容廆。东夷校尉崔毖请皇甫岌担任长史,用谦恭的态度劝说,终究没有能把皇甫岌召来。而慕容廆招呼他们,皇甫岌与弟弟皇甫真当时就一起到了。辽东张统占据乐浪、带方两郡,与高句丽王乙弗利交战,连年不断。乐浪人王遵劝说张统带领所辖百姓一千多家投奔慕容廆,慕容廆为他设置乐浪郡,让张统任太守,王遵任参军。

13　王如的残馀部众涪陵人李运、巴西人王建等人从襄阳带领三千多户人家进入汉中地区,梁州刺史张光派参军晋邈带兵阻止。晋邈接受了李运、王建的贿赂,劝张光接纳他们的投降,张光同意了,让他们居住在成固。不久晋邈发现李运、王建及其部众有很多珍宝,想全部拿过来,就又对张光说:"李运、王建的部众们,不进行农业生产,而专门制造兵器,他们的意图很难预料,不如乘其不备把他们全部杀了,不然,他们一定会作乱。"张光又听从了他。五月,晋邈带兵攻打李运、王建,把他们杀了。王建的女婿杨虎收拾起剩馀的部众攻打张光,驻扎在厄水,张光派他儿子张孟苌讨伐他们,但不能取胜。

14　壬辰(十八日),朝廷以琅邪王司马睿担任左丞相、大都督,督陕东诸军事;以南阳王司马保任右丞相、大都督,督陕西诸军事。诏书说:"现在应当扫除像刘聪那样的大鱼,奉迎怀帝的灵柩。命令幽、并两州带领三十万兵直接进兵平阳,右丞相应当率领秦州、凉州、梁州、雍州的军队三十万人直接到长安,左丞相率领所属的二十万精锐兵士直接到洛阳,共同奔赴约定的大业,完成伟大的功勋。"

15 汉中山王曜屯蒲坂。

16 石勒使孔苌击定陵,杀田徽。薄盛率所部降勒,山东郡县,相继为勒所取。汉主聪以勒为侍中、征东大将军。乌桓亦叛王浚,潜附于勒。

17 六月,刘琨与代公猗卢会于陉北,谋击汉。秋,七月,琨进据蓝谷,猗卢遣拓跋普根屯于北屈。琨遣监军韩据自西河而南,将攻西平。汉主聪遣大将军粲等拒琨,骠骑将军易等拒普根,荡晋将军兰阳等助守西平。琨等闻之,引兵还。聪使诸军仍屯所在,为进取之计。

18 帝遣殿中都尉刘蜀诏左丞相睿以时进军,与乘舆会于中原。八月,癸亥,蜀至建康,睿辞以方平定江东,未暇北伐。以镇东长史刁协为丞相左长史,从事中郎彭城刘隗为司直,邵陵内史广陵戴邈为军谘祭酒,参军丹阳张闿为从事中郎,尚书郎颍川锺雅为记室参军,谯国桓宣为舍人,豫章熊远为主簿,会稽孔愉为掾。刘隗雅习文史,善伺候睿意,故睿特亲爱之。

熊远上书,以为:"军兴以来,处事不用律令,竞作新意,临事立制,朝作夕改,至于主者不敢任法,每辄关谘,非为政之体也。愚谓凡为驳议者,皆当引律令、经传,不得直以情言,无所依准,以亏旧典。若开塞随宜,权道制物,此是人君之所得行,非臣子所宜专用也。"睿以时方多事,不能从。

初,范阳祖逖,少有大志,与刘琨俱为司州主簿,同寝,中夜闻鸡鸣,蹴琨觉曰:"此非恶声也!"因起舞。及渡江,左丞相睿以为军谘祭酒。逖居京口,纠合骁健,言于睿曰:"晋室之乱,非上无道而下怨叛也,由宗室争权,自相鱼肉,遂使戎狄乘隙,毒流中土。

15　汉中山王刘曜在蒲坂屯兵。

16　石勒派孔苌攻打定陵,杀了田徽。薄盛带领所属军队向石勒投降,崤山以东的各个郡县,相继被石勒占取。汉主刘聪任命石勒为侍中、征东大将军。乌桓人也叛离了王浚,暗中归附于石勒。

17　六月,刘琨与代公拓跋猗卢在陉北会合,商议攻汉。秋季,七月,刘琨进发占据蓝谷,拓跋猗卢派遣拓跋普根驻扎在北屈。刘琨派遣监军韩据从西河往南,打算攻打西平。汉主刘聪派遣大将军刘粲等人阻击刘琨,骠骑将军刘易等人阻击拓跋普根,荡晋将军兰阳等人协助守卫西平。刘琨等人听说后,带兵回师。刘聪让各支军队仍驻扎在原地,作为进取的安排。

18　愍帝派遣殿中都尉刘蜀诏令左丞相司马睿按时进军,与皇帝的乘舆在中原相会。八月癸亥(二十日),刘蜀到达建康,司马睿推辞说,刚刚平定江东地区,没有馀暇北伐。司马睿让镇东长史刁协任丞相左长史,从事中郎彭城人刘隗任司直,邵陵内史广陵人戴邈任军谘祭酒,参军丹阳人张闿任从事中郎,尚书郎颍川人锺雅任记室参军,谯国人桓宣任舍人,豫章人熊远任主簿,会稽人孔愉任掾。刘隗平素熟习文史,善于体察司马睿的心意,所以司马睿特别亲近宠爱他。

熊远上书,认为:"兴兵以来,处理事务不依照法令,各官署都竞相自作主张,遇事临时建立制度,但朝令夕改,又导致主事的人不敢承担责任,每当决断时都要报告请示,这不是执政的法度。我认为凡是对决策提出异议的,都应该引用法令和经传典籍,不得简单地用情理来论说,没有一定的标准作依据从而损害原有的典制。如果放任让大家都按照自认为合适的措施行事,都用权宜变通的方法处理事务,这是君主所能够做的,而不是臣下所应当独自使用的。"司马睿因为当时事情很多,没有能够同意。

当初,范阳人祖逖,年轻时就有大志向,曾与刘琨一起担任司州的主簿,与刘琨同寝,夜半时听到鸡鸣,他踢醒刘琨,说:"这不是令人厌恶的声音!"就起床舞剑。渡江以后,左丞相司马睿让他担任军谘祭酒。祖逖住在京口,聚集起骁勇强健的壮士,对司马睿说:"晋朝的变乱,不是因为君主无道而使臣下怨恨叛乱,而是皇亲宗室之间争夺权力,自相残杀,这样就使戎狄之人钻了空子,祸害遍及中原。

今遗民既遭残贼,人思自奋,大王诚能命将出师,使如逖者统之以复中原,郡国豪杰,必有望风响应者矣!"睿素无北伐之志,以逖为奋威将军、豫州刺史,给千人廪,布三千匹,不给铠仗,使自召募。逖将其部曲百馀家渡江,中流,击楫而誓曰:"祖逖不能清中原而复济者,有如大江!"遂屯淮阴,起冶铸兵,募得二千馀人而后进。

19 胡亢性猜忌,杀其骁将数人。杜曾惧,潜引王冲之兵使攻亢。亢悉精兵出拒之,城中空虚,曾因杀亢而并其众。

20 周𫖮屯浔水城,为杜弢所困。陶侃使明威将军朱伺救之,弢退保泠口。侃曰:"弢必步向武昌。"乃自径道还郡以待之,弢果来攻。侃使朱伺逆击,大破之,弢遁归长沙。周𫖮出浔水投王敦于豫章,敦留之。陶侃使参军王贡告捷于敦,敦曰:"若无陶侯,便失荆州矣!"乃表侃为荆州刺史,屯沔江。左丞相睿召周𫖮,复以为军谘祭酒。

21 初,氐王杨茂搜之子难敌,遣养子贩易于梁州,私卖良人子一人,张光鞭杀之。难敌怨曰:"使君初来,大荒之后,兵民之命仰我氐活,氐有小罪,不能贳也?"及光与杨虎相攻,各求救于茂搜,茂搜遣难敌救光。难敌求货于光,光不与。杨虎厚赂难敌,且曰:"流民珍货,悉在光所,今伐我,不如伐光。"难敌大喜。光与虎战,使张孟苌居前,难敌继后。难敌与虎夹击孟苌,大破之,孟苌及其弟援皆死。光婴城自守。九月,光愤激成疾,僚属劝光退据魏兴。光按剑曰:"吾受国重任,不能讨贼,今得死如登仙,何谓退也!"声绝而卒。州人推其少子迈领州事,又与氐战没,众推始平太守胡子序领梁州。

现在晋朝的遗民遭到摧残伤害后,大家都想着自强奋发,大王您确实能够派遣将领率兵出师,使像我一样的人统领军队来光复中原,各地的英雄豪杰,一定会有闻风响应的人!"司马睿一直没有北伐的志向,他听了祖逖的话以后,就任命祖逖为奋威将军、豫州刺史,仅仅拨给他千人的口粮,三千匹布,不供给兵器,让祖逖自己想办法募集。祖逖带领自己私家的军队共一百多户人家渡过长江,在江中敲打着船桨发誓说:"祖逖如果不能使中原清明而光复成功,就像大江一样有去无回!"于是到淮阴驻扎,建造熔炉冶炼浇铸兵器,又招募了两千多人然后继续前进。

19   胡亢性格猜忌多疑,因此杀了自己的骁勇部将多人。杜曾感到恐惧,暗自勾结王冲的军队让他们攻打胡亢。胡亢出动全部精锐部队阻击王冲,而城中空虚,杜曾趁机杀了胡亢,接管了他的部众。

20   周颛屯兵浔水城,被杜弢围困。陶侃派明威将军朱伺前去救援,杜弢就退到泠口防卫。陶侃说:"杜弢一定会移兵武昌。"就从近路回到郡中等待杜弢,杜弢果然来进攻了。陶侃派朱伺迎头痛击,大败杜弢,杜弢自己逃回长沙。周颛离开浔水到豫章投奔王敦,王敦留下了他。陶侃派参军王贡向王敦报捷,王敦说:"如果没有陶侯,就要失去荆州了!"于是表奏陶侃任荆州刺史,驻扎在沔江。左丞相司马睿征召周颛,又让他担任军谘祭酒。

21   当初,氐人的大王杨茂搜的儿子杨难敌,派养子到梁州贩卖交易,私自买了良人的一个孩子,张光用鞭刑把这养子杀了。杨难敌怨恨地说:"您刚刚来此,经过大荒年以后,军队百姓的性命都需要仰仗氐人才能生存,氐人有小罪过,难道不能宽恕吗?"等到张光与杨虎交战时,双方都向杨茂搜求救,杨茂搜派杨难敌去救张光。杨难敌向张光索求货物,但张光不给。而杨虎却丰厚地贿赂杨难敌,并且说:"流民的珍贵货物,都在张光处,现在征伐我,不如征伐张光。"杨难敌非常高兴。张光与杨虎交战,派张孟苌打前阵,杨难敌当后援。结果杨难敌与杨虎夹攻张孟苌,大败张孟苌,张孟苌与弟张援都死了。张光只好环城防守。九月,张光因愤怒激动而得病;僚属劝张光退到魏兴据守,张光按着剑说:"我接受了国家的重任,不能讨伐贼寇,今天死了如同登仙,为什么说撤退呢!"说完就死了。州里的人们推举他的小儿子张迈代行州刺史的职务,结果又与氐人交战而死,大家又推举始平太守胡子序兼行梁州刺史的职务。

22 苟藩薨于开封。

23 汉中山王曜、赵染攻麴允于黄白城，允累战皆败；诏以索綝为征东大将军，将兵助允。

24 王贡自王敦所还，至竟陵，矫陶侃之命，以杜曾为前锋大都督，击王冲，斩之，悉降其众。侃召曾，曾不至。贡恐以矫命获罪，遂与曾反击侃。冬，十月，侃兵大败，仅以身免。敦表侃以白衣领职。侃复帅周访等进击杜曾，大破之，敦乃奏复侃官。

25 汉赵染谓中山王曜曰："麴允率大众在外，长安空虚，可袭也。"曜使染帅精骑五千袭长安，庚寅夜，入外城。帝奔射雁楼。染焚龙尾及诸营，杀掠千馀人。辛卯旦，退屯逍遥园。壬辰，将军麴鉴自阿城帅众五千救长安。癸巳，染引还，鉴追之，与曜遇于零武，鉴兵大败。

26 杨虎、杨难敌急攻梁州，胡子序弃城走，难敌自称刺史。

27 汉中山王曜恃胜而不设备，十一月，麴允引兵袭之，汉兵大败，杀其冠军将军乔智明。曜引归平阳。

28 王浚以其父字处道，自谓应"当涂高"之谶，谋称尊号。前勃海太守刘亮、北海太守王抟、司空掾高柔切谏，浚皆杀之。燕国霍原，志节清高，屡辞征辟，浚以尊号事问之，原不答。浚诬原与群盗通，杀而枭其首。于是士民骇怨，而浚矜豪日甚，不亲政事，所任皆苛刻小人，枣嵩、朱硕，贪横尤甚。北州谣曰："府中赫赫，朱丘伯；十囊、五囊，入枣郎。"调发殷烦，下不堪命，多叛入鲜卑。从事韩咸监护柳城，盛称慕容廆能接纳士民，欲以讽浚，浚怒，杀之。

22　荀藩在开封去世。

23　汉中山王刘曜、赵染在黄白城攻打麴允，麴允多次出战都失败了。朝廷诏令任索綝为征东大将军，带兵去援助麴允。

24　王贡从王敦处回来，到竟陵，假称陶侃的命令，任命杜曾为前锋大都督，攻打王冲，把王冲杀了，使王冲的部众全部归降。陶侃征召杜曾，杜曾不来。王贡害怕因为假称陶侃的命令而获罪，就与杜曾反叛攻打陶侃。冬季，十月，陶侃的军队大败，陶侃仅仅逃脱了性命。王敦表奏陶侃以布衣百姓的身份兼任现在职务，将功赎罪。陶侃又带领周访等人进攻杜弢，杜弢大败，王敦于是表奏恢复陶侃的职务。

25　汉赵染对中山王刘曜说："麴允率领大军在外面，长安空虚，可以袭击。"刘曜让赵染率领五千精锐骑兵袭击长安，庚寅夜，攻入外城。愍帝奔往射雁楼。赵染焚烧了龙尾以及各营帐，杀死抢掠一千多人。辛卯（二十日）早晨，赵染退到逍遥园驻扎。壬辰（二十一日），将军麴鉴从阿城率领五千人救长安。癸巳（二十二日），赵染带兵回师，麴鉴追击赵染，与刘曜在零武相遇，麴鉴的军队大败。

26　杨虎、杨难敌紧急攻打梁州，胡子序弃城逃走，杨难敌自称刺史。

27　汉中山王刘曜倚仗胜利而不设防备，十一月，麴允带兵袭击刘曜，汉兵大败，麴允杀了汉冠军将军乔智明。刘曜带兵返回平阳。

28　王浚根据他父亲的字处道，自认为应验了"当涂高"的谶语，图谋称帝。前勃海太守刘亮、北海太守王抟，司空掾高柔恳切地劝谏，王浚把他们都杀了。燕国人霍原，志气节操清明高洁，多次辞去王浚的任命，王浚又以称帝的事问他，霍原不回答。王浚就诬陷霍原与强盗们勾结，杀了霍原并悬首示众。这样士人、百姓都很震骇怨恨，而王浚骄纵狂妄越来越厉害，不闻政事，所任用的人都是苛刻的小人，枣嵩、朱硕贪婪骄横更为突出。北州有民谣说："府中赫赫，朱丘伯；十囊、五囊，入枣郎。"调遣征发非常频繁，下面不堪忍受，大多叛离投奔鲜卑。从事韩咸守护柳城，盛赞慕容廆能够接纳士人、百姓，想来讽喻王浚，王浚发怒，把他杀了。

　　浚始者唯恃鲜卑、乌桓以为强，既而皆叛之。加以蝗旱连年，兵势益弱。石勒欲袭之，未知虚实，将遣使觇之，参佐请用羊祜、陆抗故事，致书于浚。勒以问张宾，宾曰："浚名为晋臣，实欲废晋自立，但患四海英雄莫之从耳，其欲得将军，犹项羽之欲得韩信也。将军威振天下，今卑辞厚礼，折节事之，犹惧不信，况为羊、陆之亢敌乎！夫谋人而使人觉其情，难以得志矣。"勒曰："善！"十二月，勒遣舍人王子春、董肇多赍珍宝，奉表于浚曰："勒本小胡，遭世饥乱，流离屯厄，窜命冀州，窃相保聚以救性命。今晋祚沦夷，中原无主，殿下州乡贵望，四海所宗，为帝王者，非公复谁！勒所以捐躯起兵，诛讨暴乱者，正为殿下驱除尔。伏愿陛〔殿〕下应天顺人，早登皇祚。勒奉戴殿下如天地父母，殿下察勒微心，亦当视之如子也。"又遗枣嵩书，厚赂之。

　　浚以段疾陆眷新叛，士民多弃己去，闻勒欲附之，甚喜，谓子春曰："石公一时豪杰，据有赵、魏，乃欲称藩于孤，其可信乎？"子春曰："石将军才力强盛，诚如圣旨。但以殿下中州贵望，威行夷、夏，自古胡人为辅佐名臣则有矣，未有为帝王者也。石将军非恶帝王不为而让于殿下，顾以帝王自有历数，非智力之所取，虽强取之，必不为天人之所与故也。项羽虽强，终为汉有。石将军之比殿下，犹阴精之与太阳，是以远鉴前事，归身殿下，此乃石将军之明识所以远过于人也，殿下又何怪乎！"浚大悦，封子春、肇皆为列侯，遣使报聘，以厚币酬之。

王浚开始只是因为倚仗着鲜卑人、乌桓人而强大,但不久鲜卑、乌桓都叛离了他。加上连年蝗灾、旱灾,军队势力更加衰弱。石勒想袭击王浚,但不知他的虚实,打算派使者去侦察,参佐请石勒效法羊祜、陆抗以交邻之礼对待敌方的前例给王浚去信。石勒因此问张宾,张宾说:"王浚名义上是晋朝的大臣,实际上想废掉晋朝自立为帝,只是怕四海的英雄无人相从罢了,他想得到将军您,就像项羽想得到韩信一样。将军威震天下,现在用谦恭的言辞丰厚的礼物,降低身份去对待他,还怕他不信,何况是羊、陆那样势均力敌呢?图谋他人却又使其能够察觉真情,就难以达到目的。"石勒说:"好!"十二月,石勒派遣舍人王子春、董肇带上很多珍宝,给王浚奉表说:"我本来是小小的胡人,遭到饥饿变乱的时局,四处流浪屯守在困厄之地,流窜到冀州,想互相聚集保卫来挽救自己的性命。现在晋朝皇室沦灭,中原无主,殿下是州乡尊贵的名门望族,四海都尊崇,做帝王的人,不是您还有谁!石勒所以冒死起兵,诛讨凶暴作乱的人,正是为殿下驱除这些强寇妄贼罢了。希望殿下能够应天顺从民意,尽快登上皇位。石勒我尊奉拥戴殿下就像尊奉天地父母一样,殿下体察我的心意,也应该把我当作儿子一样看待呀!"又给枣嵩去信,并用厚重的礼物贿赂他。

　　王浚因为段疾陆眷刚刚叛离,士人、百姓又大多离开了自己,听到石勒想来归附自己,大喜过望,对王子春说:"石公是当世豪杰,占据有赵、魏地区,却想做我的藩属,这能是真的吗?"王子春说:"石将军才能力量都很强盛,确实如您所说。只是因为殿下是中州的尊贵的名门望族,威势达于夷人、华人地区,自古以来有胡人作为辅佐君主的名臣的情况,而没有做帝王的人。石将军不是厌恶帝王的地位而辞让给殿下,只是顾虑因为帝王自有天道气数,不是仅靠才智力量所能取得的,即使强行取得帝位,也一定不被上天与人们所承认的缘故。项羽虽然强大,但天下终究为汉朝所有。石将军与殿下相比,就像月亮之于太阳,所以鉴于历史情况,才投身于殿下,这是石将军远见卓识所以远远超过他人的地方,殿下有什么可奇怪的呢?"王浚听后非常高兴,把王子春、董肇都封为侯,派使者报告这个聘任,并用重金酬谢他们。

游纶兄统,为浚司马,镇范阳,遣使私附于勒,勒斩其使以送浚。浚虽不罪统,益信勒为忠诚,无复疑矣。

29 是岁,左丞相睿遣世子绍镇广陵,以丞相掾蔡谟为参军。谟,克之子也。

30 汉中山王曜围河南尹魏浚于石梁,兖州刺史刘演、河内太守郭默遣兵救之,曜分兵逆战于河北,败之。浚夜走,获而杀之。

31 代公猗卢城盛乐以为北都,治故平城为南都;又作新平城于㶟水之阳,使右贤王六脩镇之,统领南部。

游纶的哥哥游统,担任王浚的司马,镇守范阳,派使者暗自依附于石勒,石勒杀了他的使者并送给王浚。王浚虽然没有以罪罚游统,却更加相信石勒的忠诚,不再怀疑。

29 这一年,左丞相司马睿派长子司马绍镇守广陵,让丞相掾蔡谟担任参军。蔡谟是蔡克的儿子。

30 汉中山王刘曜在石梁包围了河南尹魏浚,兖州刺史刘演、河内太守郭默派兵救援魏浚,刘曜分兵在河北迎战,打败了他们。魏浚连夜逃走,刘曜抓获后把他杀了。

31 代公拓跋猗卢在盛乐县筑城作为北都,把旧平城作为南都;又在灅水的北面建新平城,派右贤王拓跋六脩镇守,总管南部地区事务。

卷第八十九　晋纪十一

起甲戌(314)尽丙子(316)凡三年

孝愍皇帝下

建兴二年(甲戌,314)

1　春,正月辛未,有如日陨于地,又有三日相承,出西方而东行。

2　丁丑,大赦。

3　有流星出牵牛,入紫微,光烛地,坠于平阳北,化为肉,长三十步,广二十七步。汉主聪恶之,以问公卿。陈元达以为"女宠太盛,亡国之征"。聪曰:"此阴阳之理,何关人事!"聪后刘氏贤明,聪所为不道,刘氏每规正之。己丑,刘氏卒,谥曰武宣。自是嬖宠竞进,后宫无序矣。

4　聪置丞相等七公;又置辅汉等十六大将军,各配兵二千,以诸子为之;又置左右司隶,各领户二十馀万,万户置一内史;单于左右辅,各主六夷十万落,万落置一都尉;左、右选曹尚书,并典选举。自司隶以下六官,皆位亚仆射。以其子粲为丞相、领大将军、录尚书事,进封晋王。江都王延年录尚书六条事,汝阴王景为太师,王育为太傅,任颛为太保,马景为大司徒,朱纪为大司空,中山王曜为大司马。

5　壬辰,王子春等及王浚使者至襄国,石勒匿其劲卒、精甲,羸师虚府以示之,北面拜使者而受书。浚遗勒麈尾,勒阳不敢执,悬之于壁,朝夕拜之,曰:"我不得见王公,见其所赐,如见公也。"复遣董肇奉表于浚,期以三月中旬亲诣幽州奉上尊号;亦修笺于枣嵩,求并州牧、广平公。

孝愍皇帝下

晋愍帝建兴二年(甲戌,公元 314 年)

1　春季,正月辛未(初一),有个像太阳似的东西陨落到地下,又接连出现三个太阳,从西方朝东行。

2　丁丑(初七),宣布大赦。

3　有流星从牵牛星处出来,进入紫微星座,星光照亮了地面,后坠落在平阳以北,变成肉,长三十步,宽二十七步。汉主刘聪对此感到厌恶,就询问公卿大臣。陈元达认为是"后宫女宠太多,亡国的征兆"。刘聪说:"这是天象日月运转的道理,与人事有什么相关!"刘聪的皇后刘氏很贤惠明达,刘聪做得不符合道理,刘氏每次都规劝让他改正。己丑(十九日),刘氏去世,谥号为武宣。从此刘聪的宠女爱姬竞相争宠,后宫中失去了秩序。

4　刘聪设置了丞相等七公;又设置辅汉等十六大将军,各配备两千兵士,让他的儿子们来担任;又设置左、右司隶,各辖领二十多万户,每万户设一个内史;又设置单于左右辅,各统领胡、羯、鲜卑、氐、羌、乌丸等六类共十万帐落,每一万帐落设一个都尉;设置左、右选曹尚书,共同负责选举事务。从司隶以下的六个官职,地位都仅次于仆射。让自己的儿子刘粲担任丞相、兼大将军、录尚书事,晋封为晋王。以江都王刘延年担任录尚书六条事,让汝阴王刘景任太师,王育任太傅,任颛任太保,马景任大司徒,朱纪任大司空,中山王刘曜任大司马。

5　壬辰(二十二日),王子春和王浚的使者到达襄国,石勒把他强壮的兵士、精锐的兵器都藏起来,用老弱残兵空虚的府帐给使者看,郑重地向北拜会使者接受王浚的信。王浚送给石勒标志风雅的麈尾,石勒假装不敢拿在手上,而把麈尾悬挂在墙壁上,早晨晚上都恭敬地向它叩拜,说:"我不能见到王公,见他所赐的物品,就像见到他一样。"又派遣董肇向王浚奉交奏表,约定三月中旬亲自到幽州尊奉王浚为帝;又给枣嵩写信,请求担任并州牧、广平公。

勒问浚之政事于王子春,子春曰:"幽州去岁大水,人不粒食,浚积粟百万,不能赈赡,刑政苛酷,赋役殷烦,忠贤内离,夷狄外叛。人皆知其将亡,而浚意气自若,曾无惧心,方更置立台阁,布列百官,自谓汉高、魏武不足比也。"勒抚几笑曰:"王彭祖真可擒也。"浚使者还蓟,具言:"石勒形势寡弱,款诚无二。"浚大悦,益骄怠,不复设备。

6　杨虎掠汉中吏民以奔成,梁州人张咸等起兵逐杨难敌。难敌去,咸以其地归成,于是汉嘉、涪陵、汉中之地皆为成有。成主雄以李凤为梁州刺史,任回为宁州刺史,李恭为荆州刺史。

雄虚己好贤,随才授任,命太傅骧养民于内,李凤等招怀于外,刑政宽简,狱无滞囚。兴学校,置史官。其赋,民男丁岁谷三斛,女丁半之,疾病又半之;户调绢不过数丈,绵数两。事少役希,民多富实,新附者皆给复除。是时天下大乱,而蜀独无事,年谷屡熟,乃至闾门不闭,路不拾遗。汉嘉夷王冲归、朱提审炤、建宁爨量皆归之。巴郡尝告急,云有晋兵。雄曰:"吾常忧琅邪微弱,遂为石勒所灭,以为耿耿,不图乃能举兵,使人欣然。"然雄朝无仪品,爵位滥溢;吏无禄秩,取给于民;军无部伍,号令不肃;此其所短也。

7　二月壬寅,以张轨为太尉、凉州牧,封西平郡公;王浚为大司马、都督幽冀诸军事;荀组为司空、领尚书左仆射兼司隶校尉,行留台事;刘琨为大将军、都督并州诸军事。朝廷以张轨老病,拜其子寔为副刺史。

石勒向王子春询问王浚的政事,王子春说:"幽州去年发大水,百姓无粮可吃,而王浚囤积了一百多万粟谷,却不赈济灾民,刑罚政令苛刻残酷,赋税劳役征发频繁,忠臣贤士从他身边离开,夷人、狄人也在外面叛离。人人都知道他将要灭亡,而王浚毫无察觉,若无其事,一点没有惧祸之意,刚刚又重新设置官署,安排文武百官,自以为汉高祖、魏武帝都无法与自己相比。"石勒按着几案笑着说:"王浚确实能够抓到了。"王浚派的使者返回蓟城,都说:"石勒目前兵力阵势衰弱,忠诚而无二心。"王浚非常高兴,更加骄纵懈怠,不再安排防务。

6　杨虎掳掠汉中的官吏、百姓投奔成汉,梁州人张咸等起兵赶走了杨难敌。杨难敌离开,张咸把这块地盘送给成汉,这样汉嘉、涪陵、汉中等地,都被成汉所占有。成汉主李雄任李凤为梁州刺史,任回为宁州刺史,李恭为荆州刺史。

李雄虚心而喜欢贤能,按照人的才能安排他们职任,让太傅李骧在内管理教化百姓,李凤在外招抚怀柔,刑法政令宽大简明,监狱中没有长期不定罪的囚犯。兴办学校,设置史官。成汉的赋税、百姓中成年男子每年每人交纳三斛稻谷,成年女子减半,病人再减半;每户的赋仅仅几丈绢,几两棉。事情少劳役很少征发,百姓大多很富裕,新归附的人都免除徭役。当时天下大乱,而只有蜀地无事,一年稻谷几熟,以至于夜不闭户,路不拾遗。汉嘉的夷人首领冲归、朱提的审焜、建宁的爨量都去投靠成汉。巴郡曾经告急,说出现晋朝军队。李雄说:"我常常忧虑晋琅邪王势力微弱,很快会被石勒消灭,对此深感忧虑,没有想到他们还能进行军事行动,这使人感到高兴。"但是,李雄朝廷中没有礼仪和品秩,爵位过于冗滥;官吏也没有俸禄的等级,向百姓索取给养;军队也没有队伍建制,号令不够严肃;这些是成汉所欠缺的。

7　二月壬寅(初二),晋朝任张轨为太尉、凉州牧,封为平西郡公;任王浚为大司马,都督幽、冀两州诸军事;任荀组为司空、尚书左仆射兼司隶校尉、行留台事;任刘琨为大将军、都督并州诸军事。朝廷因为张轨年老有病,任命他儿子担任副刺史。

8 石勒纂严,将袭王浚,而犹豫未发。张宾曰:"夫袭人者,当出其不意。今军严经日而不行,岂非畏刘琨及鲜卑、乌桓为吾后患乎?"勒曰:"然。为之奈何?"宾曰:"彼三方智勇无及将军者,将军虽远出,彼必不敢动,且彼未谓将军便能悬军千里取幽州也。轻军往返,不出二旬,藉使彼虽有心,比其谋议出师,吾已还矣。且刘琨、王浚,虽同名晋臣,实为仇敌。若修笺于琨,送质请和,琨必喜我之服而快浚之亡,终不救浚而袭我也。用兵贵神速,勿后时也。"勒曰:"吾所未了,右侯已了之,吾复何疑!"

遂以火宵行,至柏人,杀主簿游纶,以其兄统在范阳,恐泄军谋故也。遣使奉笺送质于刘琨,自陈罪恶,请讨浚以自效。琨大喜,移檄州郡,称:"己与猗卢方议讨勒,勒走伏无地,求拔幽都以赎罪。今便当遣六脩南袭平阳,除僭伪之逆类,降知死之逋羯,顺天副民,翼奉皇家,斯乃曩年积诚灵祐之所致也!"

三月,勒军达易水,王浚督护孙纬驰遣白浚,将勒兵拒之,游统禁之。浚将佐皆曰:"胡贪而无信,必有诡计,请击之。"浚怒曰:"石公来,正欲奉戴我耳,敢言击者斩!"众不敢复言。浚设飨以待之。壬申,勒晨至蓟,叱门者开门;犹疑有伏兵,先驱牛羊数千头,声言上礼,实欲塞诸街巷。浚始惧,或坐或起。勒既入城,纵兵大掠,浚左右请御之,浚犹不许。勒升其听事,浚乃走出堂皇,勒众执之。勒召浚妻,与之并坐,执浚立于前。浚骂曰:

8　石勒集结军备,将要袭击王浚,但犹豫不决没有发兵。张宾说:"袭击敌人,应该出其不意。现在军队严装整治一整天还不出发,莫非是害怕刘琨以及鲜卑人、乌桓人成为我们的后患吗?"石勒说:"是的。怎么办呢?"张宾说:"他们三个方面才智和胆略没有比得上将军您的,将军即使远征,他们也一定不敢妄动,再说他们不知道将军能够孤军深入千里之外而夺取幽州。轻装的军队往返,超不过二十天,假如他们真的有这个想法,等他们商议后出师,我们已经回来了。再说刘琨、王浚,虽然他们名义上同属晋朝的大臣,实际上却是仇敌。如果我们给刘琨去信,送去人质求和,刘琨一定为我们的顺服而高兴,对王浚的灭亡而称快,最终不会为救王浚而袭击我们。用兵贵在神速,不要拖延时间。"石勒说:"我所没有了却的,右侯已决断,我还有什么可迟疑的!"

于是举火把连夜行军,到达柏人县,杀主簿游纶,这是因为他哥哥游统在范阳,害怕他泄露军情的缘故。又派遣使者拿着信笺给刘琨送去人质,自己述列罪恶,请求以讨伐王浚来报效刘琨。刘琨大喜过望,向州郡传布檄文,声称:"我与拓跋猗卢正商议讨伐石勒,石勒走投无路,请求用攻克幽州来赎罪。现在应乘便派拓跋六脩向南袭击平阳,清除伪逆皇帝刘聪,降服知死的逃亡羯人石勒,顺应天意使百姓安定,辅助尊奉皇室,这是多年一直积累的诚心请神灵庇佑的结果!"

三月,石勒的军队到达易水,王浚的督护孙纬急速派人告诉王浚,将要指挥军队阻击石勒,游统制止这个行动。王浚的将领参佐都说:"胡人贪婪不讲信用,一定有诡计,请攻打石勒。"王浚发怒说:"石公来,正是要尊奉拥戴我,有敢说攻打的人,杀!"大家都不敢再说。王浚安排宴会准备接待石勒。壬申(初三),石勒早晨到蓟城,呵叱守门卫士开门;开门后石勒怀疑有埋伏的军队,就先驱赶几千头牛羊进城,声称是给王浚奉上礼物,实际上想用牛羊堵塞住街巷。王浚这才有些恐惧,坐立不安。石勒入城后,纵兵抢掠,王浚身边的官员请示防御石勒,王浚还不允许。石勒登上中庭,王浚于是走出殿堂,石勒的部众抓住了他。石勒召来王浚的妻子,与她并排坐着,押着王浚站在前面。王浚骂道:

"胡奴调乃公,何凶逆如此!"勒曰:"公位冠元台,手握强兵,坐观本朝倾覆,曾不救援,乃欲自尊为天子,非凶逆乎!又委任奸贪,残虐百姓,贼害忠良,毒遍燕土,此谁之罪也!"使其将王洛生以五百骑送浚于襄国。浚自投于水,束而出之,斩于襄国市。

勒杀浚麾下精兵万人。浚将佐争诣军门谢罪,馈赂交错;前尚书裴宪、从事中郎荀绰独不至,勒召而让之曰:"王浚暴虐,孤讨而诛之,诸人皆来庆谢,二君独与之同恶,将何以逃其戮乎!"对曰:"宪等世仕晋朝,荷其荣禄,浚虽凶粗,犹是晋之藩臣,故宪等从之,不敢有贰。明公苟不修德义,专事威刑,则宪等死自其分,又何逃乎?请就死。"不拜而出。勒召而谢之,待以客礼。绰,勖之孙也。勒数朱硕、枣嵩等以纳贿乱政,为幽州患,责游统以不忠所事,皆斩之。籍浚将佐、亲戚家赀皆至巨万,惟裴宪、荀绰止有书百馀帙,盐米各十馀斛而已。勒曰:"吾不喜得幽州,喜得二子。"以宪为从事中郎,绰为参军。分遣流民,各还乡里。勒停蓟二日,焚浚宫殿,以故尚书燕国刘翰行幽州刺史,戍蓟,置守宰而还。孙纬遮击之,勒仅而得免。

勒至襄国,遣使奉王浚首献捷于汉;汉以勒为大都督、督陕东诸军事、骠骑大将军、东单于,增封十二郡;勒固辞,受二郡而已。

刘琨请兵于拓跋猗卢以击汉,会猗卢所部杂胡万馀家谋应石勒,猗卢悉诛之,不果赴琨约。琨知石勒无降意,乃大惧,上表曰:"东北八州,勒灭其七,先朝所授,存者惟臣。勒据襄国,与臣隔山,朝发夕至,城坞骇惧,虽怀忠愤,力不从愿耳!"

"胡奴调戏父亲,为什么这样凶恶叛逆!"石勒说:"您地位高于所有大臣,掌握着强大的军队,却坐视朝廷倾覆,竟不去救援,还想尊自己为天子,难道不是凶恶叛逆吗!又任用奸诈贪婪的小人,残酷虐待百姓,杀死迫害忠良,祸害遍及整个燕土,这是谁的罪呀!"石勒派他的将领王洛生用五百骑兵把王浚押送到襄国。王浚自己投水,兵士们把他捆绑住拉出,在襄国的街市上把他杀了。

石勒杀了王浚指挥下的一万精锐兵士。王浚的部将参佐争相到军门请罪,馈赠贿赂随处可见;只有前尚书裴宪、从事中郎荀绰没有到,石勒把他们召来斥责说:"王浚残暴凶虐,我讨伐而诛杀他,大家都来庆贺谢罪,二君偏偏要与他一同作恶,将怎么逃脱杀戮呢?"他们回答说:"我们几代为晋朝做官,承受着晋朝给予的光荣与俸禄,王浚虽然凶暴粗俗,但仍然是晋朝的藩镇大臣,所以我们跟随他,不敢有二心。您如果不讲究德义,专靠威势刑罚,那么我们死也是自己的本分,又为什么要逃脱呢?请让我们赴死。"说完不拜辞而昂然出去。石勒又召他们进来辞谢,用待客之礼对待他们。荀绰是荀勖的孙子。石勒历数朱硕、枣嵩等人收受贿赂搞乱政事,是幽州的祸患,斥责游统任职不忠,把他们都杀了。查抄没收王浚的部将参佐、亲戚的巨额家产,唯独裴宪、荀绰仅有几百套书,盐、米各有十几斛而已。石勒说:"我并不因为取得幽州而高兴,而是为得到你们两人感到高兴。"任裴宪为从事中郎、荀绰为参军。分别遣送流民,让他们各自回到故乡。石勒在蓟城停留了两天,焚烧了王浚的宫殿,以前尚书燕国人刘翰担任幽州刺史,戍守蓟城,安排了郡县长官后回师。孙纬出兵阻击,石勒刚刚得以逃脱。

石勒回到襄国,派遣使者带着王浚首级向汉报捷;汉任石勒为大都督、都督陕东诸军事、骠骑大将军、东单于,增封十二个郡;石勒坚持推辞,仅仅接受了两个郡罢了。

刘琨向拓跋猗卢请求军队来攻打汉,正遇到拓跋猗卢所辖的一万多家成分复杂的胡人密谋接应石勒,拓跋猗卢把他们全部杀了,没有赶赴与刘琨所约的行动。刘琨得知石勒没有投降的意思,非常害怕,上奏表说:"东北地区八个州,石勒消灭了其中七个,以前晋朝所安排的州牧,只有我留存下来。石勒占据襄国,与我仅隔一座山,早晨出兵晚上就能到达,各个城堡都震骇惊恐,虽然心怀忠诚与仇恨,但是也力不从心呀!"

　　刘翰不欲从石勒,乃归段匹磾,匹磾遂据蓟城。王浚从事中郎阳裕,耽之兄子也,逃奔令支,依段疾陆眷。会稽朱左车、鲁国孔纂、泰山胡毋翼自蓟逃奔昌黎,依慕容廆。是时中国流民归廆者数万家,廆以冀州人为冀阳郡,豫州人为成周郡,青州人为营丘郡,并州人为唐国郡。

　　9　初,王浚以邵续为乐陵太守,屯厌次。浚败,续附于石勒,勒以续子乂为督护。浚所署勃海太守东莱刘胤弃郡依续,谓续曰:“凡立大功,必杖大义。君,晋之忠臣,奈何从贼以自污乎!”会段匹磾以书邀续同归左丞相睿,续从之。其人皆曰:“今弃勒归匹磾,其如乂何?”续泣曰:“我岂得顾子而为叛臣哉!”杀异议者数人。勒闻之,杀乂。续遣刘胤使江东,睿以胤为参军,以续为平原太守。石勒遣兵围续,匹磾使其弟文鸯救之,勒引去。

　　10　襄国大饥,谷二升直银一斤,肉一斤直银一两。

　　11　杜弢将王真袭陶侃于林障,侃奔滠中。周访救侃,击弢兵,破之。

　　12　夏,五月,西平武穆公张轨寝疾,遗令:“文武将佐,务安百姓,上思报国,下以宁家。”己丑,轨薨;长史张玺等表世子寔摄父位。

　　13　汉中山王曜、赵染寇长安。六月,曜屯渭汭,染屯新丰,索綝将兵出拒之。染有轻綝之色,长史鲁徽曰:“晋之君臣,自知强弱不敌,将致死于我,不可轻也。”染曰:“以司马模之强,吾取之如拉朽;索綝小竖,岂能污吾马蹄、刀刃邪!”晨,帅轻骑数百逆之,曰:“要当获綝而后食。”綝与战于城西,染兵败而归。悔曰:“吾不用鲁徽之言以至此,何面目见之!”先命斩徽,徽曰:“将军愚愎以取败,乃复忌前害胜,诛忠良以逞忿,犹有天地,将军其得死于枕席乎?”诏加索綝骠骑大将军、尚书左仆射、录尚书,承制行事。

刘翰不想附从石勒,于是投靠段匹磾,段匹磾于是便占据了蓟城。王浚的从事中郎阳裕是阳耽哥哥的儿子,逃奔到令支县,依附于段疾陆眷。会稽人朱左车、鲁国人孔纂、泰山人胡毋翼等从蓟城逃奔昌黎,依附于慕容廆。当时中原投奔慕容廆的流民有几万家,慕容廆为冀州人设置冀阳郡,豫州人设置成周郡,青州人设置营丘郡,并州人设置唐国郡。

9　当初,王浚以邵续任乐陵太守,驻扎在厌次县。王浚失败,邵续依附于石勒,石勒以邵续的儿子邵乂任督护。王浚所管辖的勃海太守东莱人刘胤弃职投奔邵续,对邵续说:"凡是建立大功,一定要依仗大义。您是晋朝的忠臣,为什么顺从贼寇玷污自己呢!"正好段匹磾来信邀请邵续一同投靠左丞相司马睿,邵续同意了这个邀请。他手下的人都说:"现在离弃石勒而投靠段匹磾,那邵乂怎么办?"邵续哭着说:"我难道能为顾惜儿子而做叛臣吗?"杀了几个持异议的人。石勒听说后,杀了邵乂。邵续派遣刘胤作为使者到江东,司马睿让刘胤担任参军,任邵续为平原太守。石勒派兵包围邵续,段匹磾派他弟弟段文鸯救援邵续,石勒带兵离去。

10　襄国饥荒严重,两升谷子价值一斤银子,一斤肉价值一两银子。

11　杜弢带领王真到林障袭击陶侃,陶侃逃奔滠中。周访救援陶侃,打败了杜弢的军队。

12　夏季,五月,西平武穆公张轨病危,下达遗令:"文武官员,一定要使百姓安定,一方面报国,一方面宁家。"己丑(二十日),张轨去世;长史张玺等人表奏张轨的长子张寔代理他父亲的职务。

13　汉中山王刘曜、赵染进犯长安。六月,刘曜在渭汭驻扎,赵染在新丰驻扎,索綝带兵出去阻击。赵染有轻视索綝的表现,长史鲁徽说:"晋朝的君主大臣,自己知道力量悬殊不是对手,将与我们拼命,不能够轻视。"赵染说:"司马模那么强大,我打败他如同摧枯拉朽;索綝这小子,难道还能弄脏我的马蹄、刀刃吗?"早晨,率领几百轻骑兵迎着索綝的军队而去,说:"抓到索綝以后再吃饭。"索綝与赵染在新丰城西交战,赵染兵败而归。赵染懊悔地说:"我不听鲁徽的话以致失败,有什么脸面见他!"就命令杀掉鲁徽,鲁徽说:"将军您愚鲁刚愎所以失败,却又忌恨残害在您前面胜过您的人,诛杀忠良以发泄愤恨,还有天地可鉴,您难道能寿终正寝吗?"朝廷诏令任命索綝为骠骑大将军、尚书左仆射、录尚书事,奉制书行事。

曜、染复与将军殷凯帅众数万向长安,麴允逆战于冯翊,允败,收兵。夜,袭凯营,凯败死。曜乃还攻河内太守郭默于怀,列三屯围之。默食尽,送妻子为质,请籴于曜;籴毕,复婴城固守。曜怒,沉默妻子于河而攻之。默欲投李矩于新郑,矩使其甥郭诵迎之,兵少,不敢进。会刘琨遣参军张肇帅鲜卑五百馀骑诣长安,道阻不通,还,过矩营,矩说肇,使击汉兵。汉兵望见鲜卑,不战而走,默遂率众归矩。汉主聪召曜还屯蒲坂。

14 秋,赵染攻北地,麴允拒之,染中弩而死。

15 石勒始命州郡阅实户口,户出帛二匹,谷二斛。

16 冬,十月,以张寔为都督凉州诸军事、凉州刺史、西平公。

17 十一月,汉主聪以晋王粲为相国、大单于,总百揆。粲少有俊才,自为宰相,骄奢专恣,远贤亲佞,严刻愎谏,国人始恶之。

18 周勰以其父遗言,因吴人之怨,谋作乱;使吴兴功曹徐馥矫称叔父丞相从事中郎札之命,收合徒众,以讨王导、刁协,豪杰翕然附之,孙晧族人弼亦起兵于广德以应之。

三年(乙亥,315)

1 春,正月,徐馥杀吴兴太守袁琇,有众数千,欲奉周札为主。札闻之,大惊,以告义兴太守孔侃。勰知札意不同,不敢发。馥党惧,攻馥,杀之;孙弼亦死。札子续亦聚众应馥,左丞相睿议发兵讨之。王导曰:“今少发兵则不足以平寇,多发兵则根本空虚。续族弟黄门侍郎莚,忠果有谋,请独使莚往,足以诛续。”

刘曜、赵染又与将军殷凯率领几万军队进发长安,麹允在冯翊迎战,结果麹允失败,收兵。夜里,袭击殷凯军营,殷凯失败而死。刘曜于是回师到怀县攻打河内太守郭默,分列成三路包围他。郭默粮食吃完了,就把妻儿送到刘曜那里当人质,请求在刘曜处买粮;买完粮食,郭默又关闭四周城门固守。刘曜发怒,把郭默的妻儿沉到河中而攻打郭默。郭默想到新郑投奔李矩,李矩派自己的外甥郭诵去迎接郭默,结果兵少而不敢向前。这时刘琨派遣参军张肇带领五百多鲜卑骑兵到长安,因道路不通,正往回走,路过李矩的军营,李矩劝说张肇,让他攻打汉军。结果,汉军远远看到鲜卑骑兵,不战而走,这样郭默便率众归了李矩。汉主刘聪召刘曜回到蒲坂驻扎。

14 秋季,赵染攻打北地,遭到麹允阻击,赵染身中弩箭而死。

15 石勒开始命令所据各州郡核实户口,每户征收两匹帛、两斛谷。

16 冬季,十月,朝廷任张寔为都督凉州诸军事、凉州刺史、西平公。

17 十一月,汉主刘聪任晋王刘粲为相国、大单于,总领文武百官。刘粲年轻时有杰出的才能,但自从当了宰相后,骄纵奢侈独断专行,疏远贤能亲近奸诈机巧的人,严厉苛刻,一意孤行不听规劝,开始遭到国人的憎恶。

18 周勰根据他父亲的遗言,利用吴地士人的怨恨,密谋叛乱;他派吴兴功曹徐馥假称叔父丞相从事中郎周札的命令,收揽聚合部众,来讨伐王导、刁协,江南豪杰纷纷前来归附他,孙晧的族人孙弼也在广德起兵响应他。

晋愍帝建兴三年(乙亥,公元315年)

1 春季,正月,徐馥杀吴兴太守袁琇,拥有几千人,想尊奉周札为首领。周札听说后,非常惊恐,把这事告诉了义兴太守孔侃。周勰知道周札的想法不同,不敢贸然举事。徐馥的部众害怕,就攻打徐馥,把他杀了,孙弼也被杀死。周札的儿子周续也聚集部众响应徐馥,左丞相司马睿商议发兵讨伐他。王导说:"现在派兵少了不足以平定敌寇,派兵多了会使得我们根基空虚。周续的族弟黄门侍郎周莚,忠诚果敢有谋略,请派周莚独自带兵前往,完全能够诛杀周续。"

睿从之。莚昼夜兼行,至郡,将入,遇续于门,谓续曰:"当与君共诣孔府君,有所论。"续不肯入,莚牵逼与俱。坐定,莚谓孔侃曰:"府君何以置贼在坐?"续衣中常置刀,即操刀逼莚,莚叱郡传教吴曾格杀之。莚因欲诛飏,札不听,委罪于从兄邵而诛之。莚不归家省母,遂长驱而去,母狼狈追之。睿以札为吴兴太守,莚为太子右卫率。以周氏吴之豪望,故不穷治,抚飏如旧。

2 诏平东将军宋哲屯华阴。

3 成主雄立后任氏。

4 二月丙子,以琅邪王睿为丞相、大都督、督中外诸军事,南阳王保为相国,荀组为太尉、领豫州牧,刘琨为司空、都督并、冀、幽三州诸军事。琨辞司空,不受。

5 南阳王模之败也,都尉陈安往归世子保于秦州,保命安将千馀人讨叛羌,宠待甚厚。保将张春疾之,潜安,云有异志,请除之,保不许;春辄伏刺客以刺安。安被创,驰还陇城,遣使诣保,贡献不绝。

6 诏进拓跋猗卢爵为代王,置官属,食代、常山二郡。猗卢请并州从事雁门莫含于刘琨,琨遣之。含不欲行,琨曰:"以并州单弱,吾之不材而能自存于胡、羯之间者,代王之力也。吾倾身竭赀,以长子为质而奉之者,庶几为朝廷雪大耻也。卿欲为忠臣,奈何惜共事之小诚而忘徇国之大节乎!往事代王,为之腹心,乃一州之所赖也。"含遂行。猗卢甚重之,常与参大计。

司马睿采纳了这个建议。周莚日夜兼程,到了郡城,正要进去,在城门遇到周续,就对周续说:"正要与您一起去拜会府君孔侃,有话要说。"周续不肯进去,周莚拉着逼迫他一起去。进去坐定后,周莚对孔侃说:"您为什么安排乱贼坐下?"周续的衣服里常常藏着刀,随即拿起刀逼临周莚,周莚喝令郡传教吴曾杀了周续。周莚便想去诛杀周勰,周札不同意,就将罪名加到堂兄周邵身上,把他杀了。周莚不回家看望母亲,就直接离开了,他的母亲跌跌撞撞地追赶他。司马睿让周札任吴兴太守,周莚任太子右卫率。因为周氏是吴地的豪门望族,所以并不深究,并像以前一样抚慰周勰。

2　朝廷诏令平东将军宋哲驻扎在华阴。

3　成汉君主李雄把任氏立为皇后。

4　二月丙子(十二日),朝廷任琅邪王司马睿为丞相、大都督、都督中外诸军事,任南阳王司马保为相国,荀组为太尉、兼豫州牧,任刘琨为司空、都督并、幽、冀三州诸军事。刘琨推辞司空的职务,不接受。

5　南阳王司马模失败后,都尉陈安把司马模的长子司马保送回秦州,司马保命令陈安率领一千多兵士讨伐叛乱的羌人,对陈安的宠信待遇很深重。司马保的部将张春嫉妒陈安,就诬陷陈安,说陈安有异心,请司马保除掉他,司马保不同意;张春就埋伏了刺客刺杀陈安。陈安被刺伤,纵马驰骋回陇城,派使者到司马保那里,并不断地给司马保进贡献礼。

6　朝廷诏令进封拓跋猗卢的爵位为代王,设置安排属官,以代郡、常山两郡作为封邑。拓跋猗卢向刘琨要并州从事雁门人莫含,刘琨派遣莫含前往。莫含不想走,刘琨说:"靠着并州的势单力薄,我不才却仍能够在胡人、羯人之间生存,完全是倚靠代王的力量。我之所以一心竭尽财产,并拿长子作为人质而对待代王,就是希望也许能够为朝廷洗雪大耻。你想当忠臣,为什么顾惜能够在一起共事的小小忠诚而忘记为国献身的大节呢?去为代王做事,成为他的心腹,这是全州所依赖的呀。"莫含于是走了。拓跋猗卢非常重用莫含,常常让他参与制订大计。

猗卢用法严,国人犯法者,或举部就诛,老幼相携而行;人问:"何之?"曰:"往就死。"无一人敢逃匿者。

7 王敦遣陶侃、甘卓等讨杜弢,前后数十战,弢将士多死,乃请降于丞相睿,睿不许。弢遗南平太守应詹书,自陈昔与詹"共讨乐乡,本同休戚。后在湘中,惧死求生,遂相结聚。倪以旧交之情,为明枉直,使得输诚盟府,厕列义徒,或北清中原,或西取李雄,以赎前愆,虽死之日,犹生之年也!"詹为启呈其书,且言:"弢,益州秀才,素有清望,为乡人所逼。今悔恶归善,宜命使抚纳,以息江、湘之民!"睿乃使前南海太守王运受弢降,赦其反逆之罪,以弢为巴东监军。弢既受命,诸将犹攻之不已。弢不胜愤怒,遂杀运复反,遣其将杜弘、张彦杀临川内史谢摛,遂陷豫章。三月,周访击彦,斩之,弘奔临贺。

8 汉大赦,改元建元。

9 雨血于汉东宫延明殿,太弟乂恶之,以问太傅崔玮、太保许遐。玮、遐说乂曰:"主上往日以殿下为太弟者,欲以安众心耳;其志在晋王久矣,王公已下莫不希旨附之。今复以晋王为相国,羽仪威重,逾于东宫,万机之事,无不由之,诸王皆置营兵以为羽翼,事势已去;殿下非徒不得立也,朝夕且有不测之危,不如早为之计。今四卫精兵不减五千,相国轻佻,正烦一刺客耳。大将军无日不出,其营可袭而取;馀王并幼,固易夺也。苟殿下有意,二万精兵指顾可得,鼓行入云龙门,宿卫之士,孰不倒戈以迎殿下者!大司马不虑

拓跋猗卢用法严峻,国人中有犯法的,有时整个部落被处死,这个部落就老幼互相搀扶着前往。有人问:"去哪儿?"回答说:"去接受死刑。"没有一人敢逃跑躲藏。

7 王敦派遣陶侃、甘卓等人讨伐杜弢,前后进行了几十次战斗,杜弢的官兵大多战死,就向丞相司马睿请求投降,司马睿不同意。杜弢给南平太守应詹去信,自述过去与应詹"共同讨伐乐乡,本来同喜同愁。后来在湘中,畏死求生,这才聚众。假如能够以过去交往的情分,为我说明是非曲直,使我能够向司马睿的盟府尽效忠诚,参加列入举义的人们当中,或者北伐清理中原,或者西征攻取李雄,来赎我以前犯的罪过,即使是死的日子,也像是再生之年!"应詹替他呈交了这封信,并且说:"杜弢是益州的秀才,一直享有很好的名望,被乡里人所逼迫才聚众叛乱。现在悔恶从善,应当派使者去安抚接受他投降,以使江、湘地区的百姓安定!"司马睿就派前南海太守王运去接受杜弢投降,赦免了杜弢的叛逆罪行,并任杜弢为巴东监军。但杜弢投降接受任命后,各将领却仍然不停地攻打他。杜弢非常愤怒,于是杀了王运重新反叛,派他的部将杜弘、张彦杀了临川内史谢摛,攻陷了豫章。三月,周访攻打张彦,把他杀了,杜弘逃往临贺。

8 汉实行大赦,改年号为建元。

9 汉东宫延明殿降下血雨,太弟刘乂对此很厌恶,询问太傅崔玮、太保许遐。崔玮、许遐对刘乂说:"皇上过去让殿下担任太弟是想安定人心罢了;他要让晋王刘粲当皇位继承人的想法已经很久了,王公以下的官员没有谁不迎合他的旨意。现在又让晋王担任相国,仪仗威严庄重,超过了殿下的东宫,国务军政大事,没有不由他决定的,另外亲王们也都安置营兵作为羽翼,殿下继承皇位的趋势已经没有了;殿下非但不能够继承皇位,而且早晚还有不测的危险,不如尽快安排对策。现在皇宫的禁卫有五千人以上的精锐兵士,相国刘粲轻佻,正可以烦劳一个刺客解决。大将军刘敷没有一天不出去,他的军营可以袭击夺取;剩下的亲王都年幼容易解决。如果殿下有心,那么两万精锐兵士举手之间便可完成,擂鼓走入云龙门,禁卫的兵士,谁能不倒戈来欢迎殿下!不必忧虑大司马刘曜

其为异也。"义弗从。东宫舍人荀裕告玮、遏劝义谋反,汉主聪收玮、遏于诏狱,假以他事杀之。使冠威将军卜抽将兵监守东宫,禁义不听朝会。义忧惧不知所为,上表乞为庶人,并除诸子之封,褒美晋王,请以为嗣。抽抑而弗通。

10　汉青州刺史曹嶷尽得齐、鲁间郡县,自镇临淄,有众十馀万,临河置戍。石勒表称:"嶷有专据东方之志,请讨之。"汉主聪恐勒灭嶷,不可复制,弗许。

聪纳中护军靳准二女月光、月华,立月光为上皇后,刘贵妃为左皇后,月华为右皇后。左司隶陈元达极谏,以为"并立三后,非礼也"。聪不悦,以元达为右光禄大夫,外示优崇,实夺其权。于是太尉范隆等皆请以位让元达,聪乃复以元达为御史大夫,仪同三司。月光有秽行,元达奏之,聪不得已废之,月光惭恚自杀,聪恨元达。

11　夏,四月,大赦。

12　六月,盗发汉霸、杜二陵及薄太后陵,得金帛甚多;诏收其馀以实内府。

13　辛巳,大赦。

14　汉大司马曜攻上党,八月癸亥,败刘琨之众于襄垣。曜欲进攻阳曲,汉主聪遣使谓之曰:"长安未平,宜以为先。"曜乃远屯蒲坂。

15　陶侃与杜弢相攻,弢使王贡出挑战,侃遥谓之曰:"杜弢为益州小吏,盗用库钱,父死不奔丧。卿本佳人,何为随之?天下宁有白头贼邪?"贡初横脚马上,闻侃言,敛容下脚。侃知可动,复遣使谕之,截发为信,贡遂降于侃。弢众溃,遁走,道死。侃与南平太守应詹进克长沙,湘州悉平。

会有异常举动。"刘义不同意。东宫舍人荀裕告发崔玮、许遐劝说刘义谋反,汉主刘聪把崔玮、许遐拘捕关入专设的监狱,并安上其他罪名杀了。派冠威将军卜抽带兵监视守卫东宫,软禁刘义不许他参加朝会。刘义忧愤恐惧不知所措,上表请求贬为庶人,并把儿子们的封爵也全部免去,褒扬赞美晋王刘粲,请求以刘粲为继承人。但卜抽压住没有上报。

10 汉青州刺史曹嶷夺取了齐、鲁地区的全部郡县,自己镇守临淄,有十多万军队,沿黄河安排戍守。石勒上奏表说:"曹嶷有独据东方的想法,请去征讨他。"汉主刘聪担心石勒消灭了曹嶷,不能再控制石勒,因此不同意。

刘聪娶中护军靳准的两个女儿靳月光、靳月华,把靳月光立为上皇后,把刘贵妃立为左皇后,把靳月华立为右皇后。左司隶陈元达极力劝谏,认为"并立三个皇后,不符合礼"。刘聪很不高兴,让陈元达任右光禄大夫,表面上表示优待提高陈元达的地位,实际上是剥夺他的权力。这样,太尉范隆等人都请求以自己的职位让给陈元达,刘聪才又任陈元达为御史大夫,仪同三司。靳月光行为不端,陈元达奏报了这个情况,刘聪不得已废黜了她,靳月光羞惭愤恨而自杀,刘聪对陈元达也怀恨在心。

11 夏季,四月,晋朝宣布大赦。

12 六月,有盗贼掘开汉霸陵、杜陵以及薄太后陵,得到很多金帛;诏令把剩下的金帛拿回来充实皇宫仓库。

13 辛巳(十九日),宣布大赦。

14 汉大司马刘曜攻打上党,八月癸亥(初二),在襄垣打败刘琨的军队。刘曜想进攻阳曲,汉主刘聪派使者对他说:"长安还没有平定,应当把攻长安放在前面。"刘曜就回到蒲坂驻扎。

15 陶侃与杜弢互相攻打,杜弢派王贡出去挑战,陶侃远远地对王贡说:"杜弢是益州的小官吏,盗用州库中的钱,他父亲死了也不去奔丧。你本来是好人,为什么要跟随他?天下难道有能够白头到老的贼寇吗?"王贡当初把脚横在马上,听了陶侃的话,面容变严肃,把脚放下来。陶侃知道可以使他动心,就又派遣使者告谕他,并割下头发作为信物,王贡于是向陶侃投降。杜弢的军队溃散逃走,他自己也死在路上。陶侃与南平太守应詹进军攻克长沙,湘州全部平定。

丞相睿承制赦其所部,进王敦镇东大将军,加都督江扬荆湘交广六州诸军事、江州刺史。敦始自选置刺史以下,浸益骄横。

初,王如之降也,敦从弟棱爱如骁勇,请敦配己麾下。敦曰:"此辈险悍难畜,汝性狷急,不能容养,更成祸端。"棱固请,乃与之。棱置左右,甚加宠遇。如数与敦诸将角射争斗,棱杖之,如深以为耻。及敦潜畜异志,棱每谏之。敦怒其异己,密使人激如令杀棱。如因闲宴,请剑舞为欢,棱许之。如舞剑渐前,棱恶而呵之,如直前杀棱。敦闻之,阳惊,亦捕如诛之。

16 初,朝廷闻张光死,以侍中第五猗为安南将军,监荆梁益宁四州诸军事、荆州刺史,自武关出。杜曾迎猗于襄阳,为兄子娶猗女,遂聚兵万人,与猗分据汉、沔。

陶侃既破杜弢,乘胜进击曾,有轻曾之志。司马鲁恬谏曰:"凡战,当先料其将。今使君诸将,无及曾者,未易可逼也。"侃不从,进围曾于石城。曾军多骑兵,密开门突侃陈,出其后,反击之,侃兵死者数百人。曾将趋顺阳,下马拜侃,告辞而去。

时荀崧都督荆州江北诸军事,屯宛,曾引兵围之。崧兵少食尽,欲求救于故吏襄城太守石览。崧小女灌,年十三,帅勇士数十人,逾城突围夜出,且战且前,遂达览所;又为崧书,求救于南中郎将周访。访遣子抚帅兵三千,与览共救崧,曾乃遁去。

丞相司马睿按照皇帝的旨意宽赦他的部下,提升王敦为镇东大将军,加授都督江、扬、荆、湘、交、广六州诸军事、江州刺史。王敦开始自己选择安排刺史以下的官职,逐渐地更加骄纵蛮横。

当初,王如投降后,王敦的堂弟王稜珍惜王如的骁勇,请王敦把他安排在自己麾下,王敦说:"这类人奸险蛮悍难以教养,你的性情急躁,不能宽容地对待他,反而成了祸患的根子。"王稜坚持请求,也就安排给了他。王稜把王如安排在自己身边,特别加以宠信。王如多次与王敦的部将们比试射箭及膂力,而王稜就用棍杖打他,王如深以为耻。等到王敦暗自产生对晋朝的异心时,王稜经常劝谏。王敦对王稜与自己有不一致的想法感到愤怒,就秘密派人去激王如让他杀掉王稜。王如趁着宴会空闲,请求舞剑助兴,王稜同意了。王如舞剑逐渐靠到王稜面前,王稜发怒而呵斥他,王如径直向前刺杀了王稜。王敦听说后,佯装震惊,也就逮捕王如并把他杀了。

16 当初,朝廷听说张光死了,就命侍中第五猗担任安南将军,监荆、梁、益、宁四州诸军事,荆州刺史,从武关出行。杜曾到襄阳迎接第五猗,并为哥哥的儿子娶了第五猗的女儿,于是聚集了军队一万人,与第五猗分别占据汉水、沔水地区。

陶侃打败杜弢后,乘胜进军攻打杜曾,有轻视杜曾的想法。司马鲁恬劝谏说:"凡是战斗,应当先了解双方的将领。现在您的部将,没有比得上杜曾的,不能轻视认为可以逼迫他。"陶侃不接受劝谏,进兵把杜曾包围在石城中。杜曾的军队骑兵多,偷偷打开城门用骑兵突破陶侃的兵阵,又从陶侃军队的背后,反攻陶侃,陶侃的军队死了几百人。杜曾将要到顺阳去,于是下马拜陶侃,告辞而离去。

当时荀崧任都督荆州江北诸军事,驻守宛城,杜曾带领军队包围了他。荀崧兵少粮尽,想向以前的部下襄城太守石览求救。荀崧的小女儿荀灌,十三岁,带领几十个勇士,夜里越过城墙突围出去,边战边向前,终于到达石览处;又替荀崧写信,向南中郎将周访求救。周访派儿子周抚带领三千兵士,与石览一起救援荀崧,杜曾这才逃走。

　　曾复致笺于崧,求讨丹水贼以自效,崧许之。陶侃遗崧书曰:"杜曾凶狡,所谓'鸱枭食母之物',此人不死,州土未宁,足下当识吾言!"崧以宛中兵少,藉曾为外援,不从。曾复帅流亡二千馀人围襄阳,数日,不克而还。

　　17　王敦嬖人吴兴钱凤,疾陶侃之功,屡毁之。侃将还江陵,欲诣敦自陈。朱伺及安定皇甫方回谏曰:"公入必不出。"侃不从。既至,敦留侃不遣,左转广州刺史,以其从弟丞相军谘祭酒廙为荆州刺史。荆州将吏郑攀、马隽等诣敦,上书留侃,敦怒,不许。攀等以侃始灭大贼,而更被黜,众情愤惋;又以廙忌戾难事,遂帅其徒三千人屯涢口,西迎杜曾。廙为攀等所袭,奔于江安。杜曾与攀等北迎第五猗以拒廙。廙督诸军讨曾,复为曾所败。敦意攀承侃风旨,被甲持矛将杀侃,出而复还者数四。侃正色曰:"使君雄断,当裁天下,何此不决乎?"因起如厕。谘议参军梅陶、长史陈颁言于敦曰:"周访与侃亲姻,如左右手,安有断人左手而右手不应者乎?"敦意解,乃设盛馔以饯之,侃便夜发,敦引其子瞻为参军。

　　初,交州刺史顾秘卒,州人以秘子寿领州事。帐下督梁硕起兵攻寿,杀之,硕遂专制交州。王机自以盗据广州,恐王敦讨之,更求交州。会杜弘诣机降,敦欲因机以讨硕,乃以降杜弘为机功,转交州刺史。机至郁林,硕迎前刺史脩则子湛行州事

杜曾又给荀崧去信,请求讨伐丹水县的贼寇来报效,荀崧同意
了他。陶侃给荀崧去信说:"杜曾凶恶狡猾,人们说'鸱鸮是吃自己
母亲的动物',这个人就是这样,他不死,荆州的土地就不会安宁,
您应该记住我的话!"但荀崧因为宛城军中兵少,想借杜曾的力量
作为外援,所以没有采纳。杜曾又带领流亡的两千馀人包围襄阳,
连续几天,没有攻下来就回师了。

　　17　王敦所宠信的吴兴人钱凤,嫉妒陶侃的功劳,多次诋毁陶
侃。陶侃将要回江陵,想到王敦那儿去陈说解释。朱伺和安定人
皇甫方回劝谏说:"您去了以后就会出不来了。"陶侃不听。到了以
后,王敦果然扣留住陶侃不放,后来王敦让他降职担任广州刺史,
而派自己的堂弟丞相军谘祭酒王廙任荆州刺史。荆州的武将官吏
郑攀、马隽等拜访王敦,给王敦上书,挽留陶侃,王敦发怒,不同意。
郑攀等人因为陶侃刚刚消灭了大贼寇,却反而被贬黜,大家群情激
愤;又因为王廙猜忌暴戾难以为他办事,郑攀于是率领部众三千人
到浔口驻扎,向西迎接杜曾。王廙遭到郑攀等人的袭击,投奔到江
安县。杜曾与郑攀等人又向北迎接第五猗来抵御王廙。王廙督率
各支军队讨伐杜曾,又被杜曾打败。王敦猜测郑攀是接受了陶侃
暗中劝告的旨意,就身披铠甲手持长矛将要杀陶侃,把陶侃押出来
又带进去,来回四次。陶侃表情严肃地说:"您雄才大略善于决断,
应该能够决断天下的大事,为什么这样犹豫不决呢?"说完就站起
来向厕所走去。谘议参军梅陶、长史陈颂对王敦说:"周访与陶侃
是姻亲,就像左右手,哪里有截断人的左手而他的右手没有反应的
呢?"王敦于是放弃了猜测,就安排丰盛的宴席为陶侃饯行,陶侃便
连夜出发,王敦提拔他的儿子陶瞻担任参军。

　　当初,交州刺史顾秘去世,州里的人们让顾秘的儿子顾寿代理州
政事务。帐下督梁硕起兵攻打顾寿,把他杀了,梁硕于是独自控制了
交州。王机认为自己是窃据广州,担心王敦讨伐他,就向王敦请求
改到交州任职。正遇到杜弘到王机这里投降,王敦想借用王机的力
量来讨伐梁硕,就把收降杜弘当作王机的功劳,让他转任交州刺史。
王机到达郁林,梁硕却迎来前刺史脩则的儿子脩湛担任交州刺史,

以拒之。机不得进,乃更与杜弘及广州将温邵、交州秀才刘沈谋复还据广州。陶侃至始兴,州人皆言宜观察形势,不可轻进;侃不听,直至广州,诸郡县皆已迎机矣。杜弘遣使伪降,侃知其谋,进击弘,破之,遂执刘沈于小桂。遣督护许高讨王机,走之。机病死于道,高掘其尸,斩之。诸将皆请乘胜击温邵,侃笑曰:"吾威名已著,何事遣兵?但一函纸自定耳。"乃下书谕之。邵惧而走,追获于始兴。杜弘诣王敦降,广州遂平。

侃在广州无事,辄朝运百甓于斋外,暮运于斋内。人问其故,答曰:"吾方致力中原,过尔优逸,恐不堪事,故自劳耳。"

王敦以杜弘为将,宠任之。

18 九月,汉主聪使大鸿胪赐石勒弓矢,策命勒为陕东伯,得专征伐,拜刺史、将军、守宰,封列侯,岁尽集上。

19 汉大司马曜寇北地,诏以麹允为大都督、骠骑将军以御之。冬,十月,以索綝为尚书仆射、都督宫城诸军事。曜进拔冯翊,太守梁肃奔万年。曜转寇上郡。麹允去黄白城,军于灵武,以兵弱,不敢进。

帝屡征兵于丞相保,保左右皆曰:"蝮蛇螫手,壮士断腕。今胡寇方盛,且宜断陇道以观其变。"从事中郎裴诜曰:"今蛇已螫头,头可断乎?"保乃以镇军将军胡崧行前锋都督,须诸军集乃发。麹允欲奉帝往就保,索綝曰:"保得天子,必逞其私志。"乃止。于是自长安以西,不复贡奉朝廷,百官饥乏,采稆以自存。

以抗拒王机。王机不能进去,就又与杜弘以及广州武将温邵、交州秀才刘沈谋划再回去占据广州。陶侃到达始兴,州里的人都说应当观察形势,不能轻率前进;陶侃不听,直接到达广州,但广州所辖的各郡县都已经迎奉了王机。杜弘派使者假装投降,陶侃知道了他的阴谋,上前攻打杜弘,把他打败了,在小桂抓获刘沈。又派遣督护许高讨伐王机,赶跑了王机。王机在路上病死,许高挖出他的尸体砍下首级。部将们都请求乘胜攻打温邵,陶侃笑着说:"我已经显示了威名,还用得着派兵吗?只需一纸信函自然就平定了。"就给温邵去信告谕。温邵因恐惧而逃跑,陶侃的军队在始兴追上并抓获了温邵。杜弘也向王敦投降,广州于是平定。

陶侃在广州没有什么事情可做,就每天早晨把一百块砖搬到屋外,黄昏时又搬回到屋斋里。有人问他其中的缘故,陶侃回答说:"我正致力于收复中原,现在的生活过于悠闲安逸,我担心那时不能够承担工作,所以自己活动活动罢了。"

王敦让杜弘做部将,十分信任地用他。

18 九月,汉君主刘聪派遣大鸿胪给石勒赏赐弓箭,用策书封石勒为陕东伯,可以独立自行征战讨伐,任命刺史、将军、郡守县令,分封列侯,到年底时再集中上报。

19 汉大司马刘曜进犯北地郡,晋朝诏令命麴允担任大都督、骠骑将军,抵御刘曜。冬季,十月,晋朝以索綝担任尚书左仆射、都督宫城诸军事。刘曜进军攻取了冯翊,太守梁肃逃奔到万年县。刘曜转而进犯上郡。麴允离开黄白城,到灵武驻军,因为兵力微弱,不敢贸然前进。

愍帝多次向丞相司马保征召军队,司马保身边的官员都说:"被蝮蛇咬了手,壮士便截断手腕防止蛇毒蔓延。现在胡人贼寇士气正盛,应当暂时截断陇地的道路来观察事态的变化。"从事中郎裴诜说:"现在蛇已经咬头,头难道也能截断吗?"司马保这才以镇军将军胡崧为前锋都督,等各军集中后再进发。麴允想护送愍帝到司马保那里,索綝说:"司马保得到了天子,一定会放纵他自己的私心。"于是就没有动。这样长安以西的地区,不再进贡尊奉朝廷,朝廷中的文武百官都饥饿困乏,靠采集野生的谷子来生存。

20　凉州军士张冰得玺，文曰"皇帝行玺"，献于张寔，僚属皆贺。寔曰："是非人臣所得留。"遣使归于长安。

四年(丙子，316)

1　春，正月，司徒梁芬议追尊吴王晏，右仆射索綝等引魏明帝诏以为不可；乃赠太保，谥曰孝。

2　汉中常侍王沈、宣怀、中宫仆射郭猗等，皆宠幸用事。汉主聪游宴后宫，或三日不醒，或百日不出；自去冬不视朝，政事一委相国粲，唯杀生、除拜乃使沈等入白之。沈等多不白，而自以其私意决之，故勋旧或不叙，而奸佞小人有数日至二千石者。军旅岁起，将士无钱帛之赏，而后宫之家，赐及僮仆，动至数千万。沈等车服、第舍逾于诸王，子弟中表为守令者三十馀人，皆贪残为民害。靳准阿宗诏事之。

郭猗与准皆有怨于太弟义，猗谓相国粲曰："殿下光文帝之世孙，主上之嫡子，四海莫不属心，奈何欲以天下与太弟乎？且臣闻太弟与大将军谋因三月上巳大宴作乱，事成，许以主上为太上皇，大将军为皇太子，又许卫军为大单于。三王处不疑之地，并握重兵，以此举事，无不成者。然二王贪一时之利，不顾父兄，事成之后，主上岂有全理！殿下兄弟，固不待言；东宫、相国、单于，当在武陵兄弟，何肯与人也！今祸期甚迫，宜早图之。

20 凉州军士张冰拾得一方印玺,印文是"皇帝行玺",献给了张寔,僚属们都来祝贺。张寔说:"这不是做臣下的所能留存的。"派使者送到长安。

晋愍帝建兴四年(丙子,公元 316 年)

1 春季,正月,司徒梁芬提议追封吴王司马晏尊号,右仆射索綝等人引用魏明帝的诏书为例,认为不能这样;于是追赠为太保,谥号为孝。

2 汉中常侍王沈、宣怀、中宫仆射郭猗等人,都受到恩宠信任而掌权。汉君主刘聪到后宫游玩宴乐,有时三天不醒,有时一百天都不出后宫;从去年冬天开始不察视朝政,政事全部委交给相国刘粲,只有需判定大臣的生死或升降时才让王沈等人进宫报告。而王沈等人多数情况都不报告,而是以自己的想法去决断,所以使得有些建立过功勋的旧臣不被任用,而有些奸诈、谄谀的小人却几天之内就提升到两千石俸禄的高官。连年兴兵征战,武将兵士没有一点钱、帛之类的奖赏,而后宫国戚,给仆人侍僮的赏赐,一赏便是几千几万。王沈等人的车乘服饰、府第的规格都超过了亲王们,王沈等人的子弟以及表亲担任郡守县令的有三十多人,而且都贪婪残忍成为百姓的祸害。靳准则以全宗族来阿谀奉承地对待王沈等人。

郭猗与靳准都和太弟刘义有仇怨,郭猗对相国刘粲说:"殿下是光文帝刘渊的长孙,皇上的嫡子,四海没有谁不把心寄托在您身上,为什么却想把天下传给太弟呢?况且我听说太弟刘义与大将军刘骥密谋趁三月上巳日宴会之机发动叛乱,事情成功,应允以皇上为太上皇,大将军刘骥为皇太子,又应允卫将军刘劢为大单于。三王都处于不被猜疑的地位,并且掌握着重兵,靠这条件来成就大事,没有不成功的。但是两王贪图一时的小利,不顾忌父亲、哥哥,他们一旦得逞,皇上怎么有能够保全的道理!殿下兄弟,自然更不用说了。这样,东宫、相国、单于这些地位,将属于刘义的儿子刘武陵兄弟,怎么肯让给别人呢?现在离出现灾祸的日子已经非常紧迫,应当尽快谋划这件事。

臣屡言于主上，主上笃于友爱，以臣刀锯之馀，终不之信，愿殿下勿泄，密表其状。殿下傥不信臣，可召大将军从事中郎王皮、卫军司马刘惇，假之恩意，许其归首以问之，必可知也。"粲许之。猗密谓皮、惇曰："二王逆状，主上及相国具知之矣，卿同之乎？"二人惊曰："无之。"猗曰："兹事已决，吾怜卿亲旧并见族耳！"因歔欷流涕。二人大惧，叩头求哀。猗曰："吾为卿计，卿能用之乎？相国问卿，卿但云'有之'；若责卿不先启，卿即云：'臣诚负死罪，然仰惟主上宽仁，殿下敦睦，苟言不见信，则陷于诬谮不测之诛，故不敢言也。'"皮、惇许诺。粲召问之，二人至不同时，而其辞若一，粲以为信然。

靳准复说粲曰："殿下宜自居东宫以领相国，使天下早有所系。今道路之言，皆云大将军、卫将军欲奉太弟为变，期以季春。若使太弟得天下，殿下无容足之地矣。"粲曰："为之奈何？"准曰："人告太弟为变，主上必不信，宜缓东宫之禁，使宾客得往来；太弟雅好待士，必不以此为嫌，轻薄小人不能无迎合太弟之意为之谋者。然后下官为殿下露表其罪，殿下收其宾客与太弟交通者考问之，狱辞既具，则主上无不信之理也。"粲乃令卜抽引兵去东宫。

少府陈休、左卫将军卜崇，为人清直，素恶沈等，虽在公座，未尝与语，沈等深疾之。侍中卜幹谓休、崇曰："王沈等势力足以回天地，卿辈自料亲贤孰与窦武、陈蕃？"休、崇曰："吾辈年逾五十，职位已崇，唯欠一死耳！死于忠义，乃为得所；安能俯首低眉以事阉竖乎！去矣卜公，勿复有言！"

我多次对皇上说起这件事,可皇上真诚地爱重亲情,因为我是刑馀的宦官,终究不能让他相信,希望殿下不要泄露今天的谈话,秘密地表奏刘义谋反的情况。殿下如果不相信我,可以召来大将军从事中郎王皮、卫军司马刘惇,给他们以恩德,允许他们自首,再向他们询问,就一定会了解了。"刘粲同意了。郭猗暗自对王皮、刘惇说:"两王谋反的情况,皇上与相国刘粲都知道了,你们参与了吗?"两人惊骇地说:"没有。"郭猗说:"这件事已决定了处理办法,我只是怜悯你们的亲戚朋友都要被灭族罢了!"说完抽泣着流泪。两人大为恐惧,连忙磕头哀求。郭猗说:"我替你们考虑,你们能采用吗? 相国如果问你们,你们只说'有此事';如果相国斥责你们不事先启奏,你们就说:'我们的确身负死罪,但是我们只考虑皇上宽厚仁爱,殿下也宽厚温和,如果我们说了而不被相信,就会遭到诬陷挑拨的罪名而被处死,所以不敢说了。'"王皮、刘惇答应了。刘粲召他们询问,两人来的时间不同,但所说的话相同,刘粲就认为刘义谋反是真的了。

靳准又对刘粲说:"殿下应当自己到东宫做皇位继承人,兼任相国,使天下早一点有所寄托。现在街谈巷议,都说大将军、卫将军想尊奉太弟进行变乱,时间约定为春季三月。如果让太弟得到了天下,那么殿下将没有立足之地了。"刘粲说:"怎么办呢?"靳准说:"有人报告太弟要变乱,皇上一定不会相信。应当放开对东宫的监视禁戒,使宾客能够往来出入;太弟高雅喜欢接待士人,一定不怀疑解禁有什么问题,轻薄的小人中不可能没有迎合太弟的心意而为他谋划的。这样以后我替殿下表奏太弟的罪行,殿下把太弟的宾客和与太弟有来往的人拘捕审问,有了狱案的供词以后,那皇上就没有不相信的道理。"刘粲于是命令负责监视禁戒东宫的卜抽带兵离开东宫。

少府陈休、左卫将军卜崇,为人清高正直,平素就憎恶王沈等人,即使在公事场合,也未曾说过话,王沈等人深深地忌恨他们。侍中卜幹对陈休、卜崇说:"王沈等人的势力完全可以翻天覆地,你们自己料想一下谁有东汉窦武那样与皇帝的亲近关系,谁有东汉陈蕃那样的贤能?"陈休、卜崇说:"我们已年过五十,职任地位已经很高了,只缺一死罢了! 为忠义而死,死得其所;怎么能俯首低眉为阉宦做事呢! 走吧卜公,不要再说了!"

二月，汉主聪出临上秋阁，命收陈休、卜崇及特进綦毋达、太中大夫公师彧、尚书王琰、田歆、大司农朱诞并诛之，皆宦官所恶也。卜幹泣谏曰："陛下方侧席求贤，而一旦戮卿大夫七人，皆国之忠良，无乃不可乎！藉使休等有罪，陛下不下之有司，暴明其状，天下何从知之？诏尚在臣所，未敢宣露，愿陛下熟思之！"因叩头流血。王沈叱幹曰："卜侍中欲拒诏乎！"聪拂衣而入，免幹为庶人。

太宰河间王易、大将军勃海王敷、御史大夫陈元达、金紫光禄大夫西河王延等皆诣阙表谏曰："王沈等矫弄诏旨，欺诬日月，内诏陛下，外佞相国，威权之重，侔于人主，多树奸党，毒流海内。知休等忠臣，为国尽节，恐发其奸状，故巧为诬陷。陛下不察，遽加极刑，痛彻天地，贤愚伤惧。今遗晋未殄，巴、蜀不宾，石勒谋据赵、魏，曹嶷欲王全齐，陛下心腹四支，何处无患！乃复以沈等助乱，诛巫咸，戮扁鹊，臣恐遂成膏肓之疾，后虽救之，不可及已。请免沈等官，付有司治罪。"聪以表示沈等，笑曰："群儿为元达所引，遂成痴也。"沈等顿首泣曰："臣等小人，过蒙陛下识拔，得洒扫闺阁，而王公、朝士疾臣等如仇，又深恨陛下。愿以臣等膏鼎镬，则朝廷自然雍穆矣。"聪曰："此等狂言常然，卿何足恨乎？"聪问沈等于相国粲，粲盛称沈等忠清；聪悦，封沈等为列侯。

二月,汉主刘聪从后宫来到上秋阁,命令拘捕陈休、卜崇和特进綦毋达、太中大夫公师彧、尚书王琰、田歆、大司农朱诞,一起杀了他们,这些人都是宦官所忌恨的。卜幹哭着劝谏刘聪说:"陛下正恭敬地召求贤能之士,却一个早晨杀戮七个卿大夫,他们都是国家的忠良,恐怕不可以吧? 即使陈休等人有罪,陛下不把他们下送到有关部门,让他们的罪状暴露清楚,天下从哪儿了解呢? 诏令还在我那里,没有敢宣布让大家知道,希望陛下能够仔细想一想!"说完磕头磕得流了血。王沈呵叱卜幹说:"卜侍中想抗拒诏令吗?"刘聪甩着衣袖走进去,罢免卜幹的官职贬为庶人。

　　太宰河间王刘易、大将军勃海王刘敷、御史大夫陈元达、金紫光禄大夫西河人王延等人都到皇宫上奏表劝谏说:"王沈等人假做圣旨,欺天瞒日,在宫内谄媚陛下,在宫外讨好相国,威势之盛权力之大可以与君主相比,还培养了很多奸佞党羽,危害遍及海内。他们知道陈休等人是忠臣,始终不渝地为国家尽心尽力,因此害怕陈休等忠臣们揭露他们的奸恶罪行,所以才巧诈地对陈休等进行诬蔑陷害。而陛下不仅没有察觉,还仓促地对忠臣处以极刑,天地也要为之痛心,社会上下都为之悲痛心惊。现在残留的晋朝还没有消灭,巴、蜀也不来朝见,石勒图谋占据赵、魏地区,曹嶷想在齐地称王,陛下的心腹四肢,哪一处没有忧患呢! 却还宠信王沈等人再来增加惑乱,诛杀神巫巫咸,杀戮神医扁鹊,我们担心这样会病入膏肓,成为不治之症,以后即使想抢救,也来不及了。请求免除王沈等人的官职,交付有关部门治罪。"刘聪把这份奏表给王沈等人看,并笑道:"这群小子被陈元达带着,也都成了痴呆的人了。"王沈等人磕头哭着说:"我们这些小人,承蒙陛下错爱提拔,能够为陛下扫洒闺阁,而王公、朝臣嫉恨我们如同仇敌,又对陛下深感遗憾。愿陛下把我们放到鼎沸的油锅中,那么朝廷自然平和静穆了。"刘聪说:"这样的狂言乱语是很平常的。你们哪里值得痛恨呢?"刘聪向相国刘粲问王沈等人怎么样,刘粲非常称赞王沈等人忠心清廉;刘聪高兴了,把王沈等人封为列侯。

太宰易又诣阙上疏极谏,聪大怒,手坏其疏。三月,易忿恚而卒。易素忠直,陈元达倚之为援,得尽谏诤。及卒,元达哭之恸,曰:"'人之云亡,邦国殄瘁。'吾既不复能言,安用默默苟生乎!"归而自杀。

3 初,代王猗卢爱其少子比延,欲以为嗣,使长子六脩出居新平城,而黜其母。六脩有骏马,日行五百里,猗卢夺之,以与比延。六脩来朝,猗卢使拜比延,六脩不从。猗卢乃坐比延于其步辇,使人导从出游。六脩望见,以为猗卢,伏谒路左;至,乃比延,六脩惭怒而去。猗卢召之不至,大怒,帅众讨之,为六脩所败。猗卢微服逃民间,有贱妇人识之,遂为六脩所弑。拓跋普根先守外境,闻难来赴,攻六脩,灭之。

普根代立,国中大乱,新旧猜嫌,迭相诛灭。左将军卫雄、信义将军箕澹,久佐猗卢,为众所附,谋归刘琨,乃言于众曰:"闻旧人忌新人悍战,欲尽杀之,将奈何?"晋人及乌桓皆惊惧,曰:"死生随二将军!"乃与琨质子遵帅晋人及乌桓三万家、马牛羊十万头归于琨。琨大喜,亲诣平城抚纳之,琨兵由是复振。

夏,四月,普根卒。其子始生,普根母惟氏立之。

4 张寔下令:所部吏民有能举其过者,赏以布帛羊米。贼曹佐高昌隗瑾曰:"今明公为政,事无巨细,皆自决之,或兴师发令,府朝不知;万一违失,谤无所分。群下畏威,受成而已。如此,虽赏之千金,终不敢言也。谓宜少损聪明,凡百政事,皆延访群下,使各尽所怀,然后采而行之,则嘉言自至,何必赏也!"寔悦,从之;增瑾位三等。

太宰刘易又到皇宫上奏疏极力劝谏，刘聪大为愤怒，撕碎了这份奏疏。三月，刘易愤怒而死。刘易一向忠心率直，陈元达依靠他为后援，才得以尽心劝谏。等刘易去世后，陈元达哭得非常悲痛。说："《诗经》云：'贤人死亡，国家必将窘困。'我既然不能再尽言了，还用得着沉默不语苟且偷生吗？"回去后便自杀了。

3　当初，代王拓跋猗卢偏爱小儿子拓跋比延，想让他作为继承人，便让长子拓跋六脩出去居住在新平城，并废黜了他的母亲。拓跋六脩有骏马，能日行五百里，拓跋猗卢便把马要过来送给拓跋比延。拓跋六脩来朝见，拓跋猗卢让他给拓跋比延行礼，拓跋六脩不答应。拓跋猗卢于是让拓跋比延乘坐自己的辇乘，派人当先导和随从，出去巡游。拓跋六脩远远看见，还以为是拓跋猗卢，便在路边伏首拜谒；近前一看，原来是拓跋比延，拓跋六脩羞惭愤怒地扬长而去。拓跋猗卢宣召他而不来，勃然大怒，率领军队讨伐拓跋六脩，结果被拓跋六脩打败。拓跋猗卢穿上百姓的衣服逃到百姓中，有一个贫贱的妇人认出了他，于是被拓跋六脩杀了。拓跋普根原先在外面镇守，听说后便来赴难，攻打拓跋六脩，把他消灭了。

拓跋普根代立为首领，国中大乱，部落中新人与旧人互相猜忌，不断互相残杀。左将军卫雄、信义将军箕澹，很久以来一直辅佐拓跋猗卢，因此被大家依附，就谋划投奔刘琨，于是对大家说："听说旧人忌恨新人强悍善战，想把新人全部杀掉，怎么办好呢？"晋人与乌桓人都震惊惧怕，说："生死都跟随着两位将军！"于是与刘琨派在这儿当作人质的儿子刘遵率领晋人以及乌桓人三万家、十万头马牛羊去归附刘琨。刘琨非常高兴，亲自到平城抚慰接纳他们，刘琨的军队从此又振作起来。

夏季，四月，拓跋普根去世。他的儿子刚刚出世，拓跋普根的母亲惟氏把拓跋普根的儿子立为首领。

4　张寔下达命令：所属的官吏、百姓有能指出自己过错的，奖赏给布帛羊米。贼曹佐高昌人隗瑾说："现在您处理政事，事无巨细，都是自己来决断，有时兴师发布命令，州府的其他官员都不知道；万一有什么失误，无人代其受责。下级官吏们畏惧您的权威，都服从您的成命罢了。像这样，即使赏赐千金，终究也还是不敢说。我认为应当稍微减少一点儿您的聪明，凡是各种政事，都拿到下级官员中去访求意见，使他们把心里所想的都说出来，然后采纳推行，有益的建议自然会来，何必赏赐呢！"张寔高兴，采纳了这个建议；给隗瑾提升了三级。

　　寔遣将军王该帅步骑五千入援长安,且送诸郡贡计。诏拜寔都督陕西诸军事,以寔弟茂为秦州刺史。

　　5　石勒使石虎攻刘演于廪丘,幽州刺史段匹磾使其弟文鸯救之;虎拔廪丘,演奔文鸯军,虎获演弟启以归。

　　6　宁州刺史王逊,严猛喜诛杀。五月,平夷太守雷炤、平乐太守董霸帅三千馀家叛,降于成。

　　7　六月丁巳朔,日有食之。

　　8　秋,七月,汉大司马曜围北地太守麹昌,大都督麹允将步骑三万救之。曜绕城纵火,烟起蔽天,使反间绐允曰:“郡城已陷,往无及也!”众惧而溃,曜追败允于磻石谷,允奔还灵武,曜遂取北地。

　　允性仁厚,无威断,喜以爵位悦人。新平太守竺恢、始平太守杨像、扶风太守竺爽、安定太守焦嵩,皆领征、镇,杖节,加侍中、常侍;村坞主帅,小者犹假银青将军之号;然恩不及下,故诸将骄恣而士卒离怨。关中危乱,允告急于焦嵩,嵩素侮允,曰:“须允困,当救之。”

　　曜进至泾阳,渭北诸城悉溃。曜获建威将军鲁充、散骑常侍梁纬、少府皇甫阳。曜素闻充贤,募生致之,既见,赐之酒曰:“吾得子,天下不足定也!”充曰:“身为晋将,国家丧败,不敢求生。若蒙公恩,速死为幸。”曜曰:“义士也。”赐之剑,令自杀。梁纬妻辛氏,美色,曜召见,将妻之,辛氏大哭曰:“妾夫已死,义不独生,且一妇人而事二夫,明公又安用之?”曜曰:“贞女也。”亦听自杀,皆以礼葬之。

张寔派遣将军王该率领五千步兵、骑兵支援长安,并且送去郡县贡品清单。朝廷诏令任命张寔为都督陕西诸军事,命张寔的弟弟张茂任秦州刺史。

5　石勒派石虎到廪丘攻打刘演,幽州刺史段匹磾派他弟弟段文鸯救援刘演;石虎攻克了廪丘,刘演逃奔到段文鸯的军中,石虎抓获了刘演的弟弟刘启后就回去了。

6　宁州刺史王逊,严厉凶猛喜好杀人。五月,平夷太守雷炤、平乐太守董霸,带领三千多人家叛离,向成汉投降。

7　六月丁巳朔(初一),出现日食。

8　秋季,七月,汉大司马刘曜围攻北地太守麴昌,大都督麴允率领三万步兵骑兵前去救援。刘曜环绕着城墙纵火,浓烟滚滚遮蔽天日,派奸细造谣欺骗麴允说:"郡城已陷落,赶去也来不及了!"部众们听后惊惧不已,四处溃散,刘曜追击,在磻石谷打败麴允,麴允逃回灵武,刘曜于是占取了北地。

麴允性情仁慈宽厚,没有威严也不果断,喜欢拿爵位去取悦于人。新平太守竺恢、始平太守杨像、扶风太守竺爽、安定太守焦嵩,都兼任征、镇将军,具有掌握符节的资格,并担任侍中、常侍;村堡的首领,小的也都让他们佩带银印、青绶,加将军的名号。但是恩惠却不施及下层兵士,所以造成将领们骄横放纵而士卒离心怨恨。关中危险变乱,麴允向焦嵩告急,焦嵩向来对麴允很轻慢,说:"必须麴允困窘,才去救他。"

刘曜进发泾水以北地区,渭水以北各城全部溃败。刘曜抓获建威将军鲁充、散骑常侍梁纬、少府皇甫阳。刘曜平素听说鲁充贤能,就让把他活着带来,见面时,赐给他酒说:"我得到了您,安定天下就不成问题了!"鲁充说:"我身为晋朝将军,国家沦丧失败不敢求生。如果能蒙受您的恩德,就请让我快点死为幸。"刘曜说:"真是义士。"赐给他剑,让他自杀。梁纬的妻子辛氏,容貌美丽,刘曜召见她,打算娶她为妻,辛氏大哭说:"我的丈夫已死,从道义上讲我不能自己活下去,再说一个妇人侍奉两个丈夫,您又怎么能接受呢?"刘曜说:"真是贞女。"也听任她自杀,把鲁充与辛氏都按照礼制安葬了。

资治通鉴　3588

9　汉主聪立故张后侍婢樊氏为上皇后，三后之外，佩皇后玺绶者复有七人。嬖宠用事，刑赏紊乱。大将军敷数涕泣切谏，聪怒曰："汝欲乃公速死邪？何以朝夕生来哭人！"敷忧愤，发病卒。

河东平阳大蝗，民流殍者什五六。石勒遣其将石越帅骑二万屯并州，招纳流民，民归之者二十万户。聪遣使让勒，勒不受命，潜与曹嶷相结。

10　八月，汉大司马曜逼长安。

11　九月，汉主宴群臣于光极殿，引见太弟乂。乂容貌憔悴，鬓发苍然，涕泣陈谢，聪亦为之恸哭；乃纵酒极欢，待之如初。

12　焦嵩、竺恢、宋哲皆引兵救长安，散骑常侍华辑监京兆、冯翊、弘农、上洛四郡兵，屯霸上，皆畏汉兵强，不敢进。相国保遣胡崧将兵入援，击汉大司马曜于灵台，破之。崧恐国威复振则麹、索势盛，乃帅城西诸郡兵屯渭北不进，遂还槐里。

曜攻陷长安外城，麹允、索綝退保小城以自固。内外断绝，城中饥甚，米斗直金二两，人相食，死者太半，亡逃不可制，唯凉州义众千人，守死不移。太仓有曲数十饼，麹允屑之为粥以供帝，既而亦尽。冬，十一月，帝泣谓允曰："今穷厄如此，外无救援，当忍耻出降，以活士民。"因叹曰："误我事者，麹、索二公也！"使侍中宗敞送降笺于曜。索綝潜留敞，使其子说曜曰："今城中食犹足支一年，未易克也，若许綝以仪同、万户郡公者，请以城降。"曜斩而送之，曰："帝王之师，以义行也。孤将兵十五年，未尝以诡计败人，必穷兵极势，然后取之。今索綝所言如此，天下之恶一也，辄相为戮。若兵食审未尽者，便可勉强固守；如其粮竭兵微，亦宜早寤天命。"

9　汉主刘聪把已故张皇后的侍从婢女樊氏立为上皇后,三个皇后之外,佩戴皇后玺印绶带的还有七个人。朝廷中宠信的小人掌权,刑罚奖赏混乱不堪。大将军刘敷多次哭着恳切地劝谏,刘聪说:"你想让父亲我尽快死呀?为什么早晚活生生地哭人!"刘敷忧虑激愤,得病去世。

河东平阳遭受严重蝗灾,百姓流亡或饿死的有十之五六。石勒派他的部将石越率领两万骑兵到并州驻扎,招纳流民,投奔他的百姓有二十万户。刘聪派遣使者责备石勒,而石勒不服从,暗自与曹嶷相勾结。

10　八月,汉大司马刘曜进逼长安。

11　九月,汉君主在光极殿宴请群臣,召见太弟刘义。刘义容貌憔悴,鬓须头发都白了,哭着道歉,刘聪也因此痛哭;于是开怀饮酒极尽欢畅,对待刘义就像最初时一样。

12　焦嵩、竺恢、宋哲都带兵救援长安,散骑常侍华辑监督京兆、冯翊、弘农、上洛四个郡的军队,驻扎在霸上,但都畏惧汉兵的强大不敢前进。相国司马保派遣胡崧带兵前去援救,在灵台攻打汉大司马刘曜,打败了他。胡崧担心国威重新振作,使得麹允、索綝的势力变强,就带领城西各郡军队驻扎在渭水以北地区不前进,随后回师槐里。

刘曜攻陷长安外城,麹允、索綝退到小城自守。内外断绝了联系,城中非常饥饿,一斗米值二两金子,人吃人,城里人死了的过半,兵士逃亡不能禁止,只有凉州义兵几千人,誓死不动。京城粮食仓库有几十个麦饼,麹允把饼弄碎做成粥来供愍帝食用,不久也吃光了。冬季,十一月,愍帝哭着对麹允说:"现在这样穷困,外无救援,应该忍受耻辱出去投降,使士人、百姓能够生存下来。"说完又感叹说:"耽误我的事业的,是麹允、索綝二公!"派侍中宗敞给刘曜送交投降书。索綝暗自留住宗敞,又派他的儿子去对刘曜说:"现在城中的粮食还足够维持一年,是不容易攻克的,如果应允封索綝为仪同、万户郡公,那就请求献城投降。"刘曜把他杀了送回尸首,说:"帝王之师,按照道义行事。我带兵十五年,从来没有靠诡计去打败敌人,一定是竭尽全部兵力打到底,然后占取该地。现在按索綝所说的这样,那就是天下厌恶统一,应该互相攻杀。如果军队、粮食确实没有用完,就可以尽力坚守;但如果军粮用尽兵势微弱,你们也就应该早点明白上天的旨意。"

　　甲午，宗敞至曜营。乙未，帝乘羊车，肉袒、衔璧、舆榇出东门降。群臣号泣，攀车执帝手，帝亦悲不自胜。御史中丞冯翊吉朗叹曰：“吾智不能谋，勇不能死，何忍君臣相随，北面事贼虏乎！”乃自杀。曜焚榇受璧，使宗敞奉帝还宫。丁酉，迁帝及公卿以下于其营。辛丑，送至平阳。壬寅，汉主聪临光极殿，帝稽首于前。麹允伏地恸哭，扶不能起，聪怒，囚之，允自杀。聪以帝为光禄大夫，封怀安侯。以大司马曜为假黄钺、大都督、督陕西诸军事、太宰，封秦王。大赦，改元麟嘉。以麹允忠烈，赠车骑将军，谥节愍侯。以索綝不忠，斩于都市。尚书梁允、侍中梁濬等及诸郡守皆为曜所杀，华辑奔南山。

　　干宝论曰：昔高祖宣皇帝，以雄才硕量，应时而起，性深阻有若城府，而能宽绰以容纳；行数术以御物，而知人善采拔。于是百姓与能，大象始构。世宗承基，太祖继业，咸黜异图，用融前烈。至于世祖，遂享皇极，仁以厚下，俭以足用，和而不弛，宽而能断，掩唐、虞之旧域，班正朔于八荒，于时有“天下无穷人”之谚，虽太平未洽，亦足以明民乐其生矣。

　　武皇既崩，山陵未干而变难继起。宗子无维城之助，师尹无具瞻之贵，朝为伊、周，夕成桀、跖；国政迭移于乱人，禁兵外散于四方，方岳无钩石之镇，关门无结草之固。戎、羯称制，二帝失尊，何哉？树立失权，托付非才，四维不张而苟且之政多也。

甲午(初十),宗敞到刘曜的兵营。乙未(十一日),愍帝谦恭地乘着羊车,袒露着臂膀、口含玉璧,用车拉着棺材从东门出去投降,群臣放声大哭,登车去拉愍帝的手,愍帝也悲痛万分不能自己。御史中丞冯翊人吉朗感叹说:"我的才智不能为国家出谋划策,勇力也不能为国家战死,怎么能忍心君臣相随,向贼寇低头称臣呢?"说完就自杀了。刘曜焚烧了愍帝所带的棺材,接受了他口含的玉璧,派宗敞侍奉着愍帝返回宫中。丁酉(十三日),刘曜把愍帝以及公卿大臣们迁到自己的兵营中。辛丑(十七日),把他们送到平阳。壬寅(十八日),汉君主刘聪来到光极殿,愍帝向前行稽首礼。麹允趴伏在地下痛哭,扶不起来,刘聪发怒,把他囚禁起来,麹允自杀。刘聪让愍帝任光禄大夫,封为怀安侯。以大司马刘曜担任假黄钺、大都督、都督陕西诸军事、太宰,封为秦王。宣布大赦,改年号为麟嘉。根据麹允的忠心刚烈,追赠为车骑将军,谥号为节愍侯。又根据索綝的不忠,在都市把他杀了。尚书梁允、侍中梁濬等人以及各郡太守都被刘曜所杀,华辑逃奔南山。

干宝评论说:过去高祖宣皇帝司马懿,靠着他的雄才大略,顺应时势而崛起,性格深沉内向如同城府一样,但能用博大的胸怀宽容他人;使用算计权术驾驭人才,知人善任。于是百姓一致相信他的才能,晋朝的法度规模开始构建。世宗司马师承续了司马懿开创的基础,太祖司马昭继承了先辈事业,他们都粉碎了来自内部的阴谋,使前人建立的事业更加辉煌灿烂。到世祖司马炎,便登上了皇帝的宝座,他仁爱宽厚地对待百姓,节俭而保证用度,雍和而不放任,宽容而能够决断,统治遍及唐尧虞舜当年的疆域,所颁布的新历法延及遥远的边陲地区,当时出现了"天下无穷人"的民谣,即使还没有完全太平,也完全能够表明百姓安居乐业了。

武皇司马炎去世后,陵墓的泥土还没有干而变乱灾难连续发生。宗室的子弟没有帮助辅佐皇城,职位最高的大臣没有让百姓瞻仰的高贵形象,早晨是商朝的伊尹、周朝的周公,晚上就成了凶暴的桀和盗跖;国家政务屡次落入为乱之人的手中,禁卫军队分散在四面八方,地方上没有坚如磐石的镇守一方的人才,关隘城门还没有茅屋坚固。戎人、羯人称帝,怀帝、愍帝失去尊严,为什么呢?大权旁落,国政交给了没有才能的庸人,礼义廉耻四维没有确立而苟且维持的政务太多。

夫基广则难倾，根深则难拔，理节则不乱，胶结则不迁。昔之有天下者所以能长久，用此道也。周自后稷爱民，十六王而武始君之，其积基树本，如此其固。今晋之兴也，其创基立本，固异于先代矣。加以朝寡纯德之人，乡乏不贰之老，风俗淫僻，耻尚失所。学者以庄、老为宗而黜《六经》，谈者以虚荡为辨而贱名检，行身者以放浊为通而狭节信，进仕者以苟得为贵而鄙居正，当官者以望空为高而笑勤恪。是以刘颂屡言治道，傅咸每纠邪正，皆谓之俗吏；其倚杖虚旷，依阿无心者，皆名重海内。若夫文王日昃不暇食，仲山甫夙夜匪懈者，盖共嗤黜以为灰尘矣！由是毁誉乱于善恶之实，情愿奔于货欲之涂。选者为人择官，官者为身择利，世族贵戚之子弟，陵迈超越，不拘资次。悠悠风尘，皆奔竞之士；列官千百，无让贤之举。子真著《崇让》而莫之省，子雅制九班而不得用。其妇女不知女工，任情而动，有逆于舅姑，有杀戮妾媵，父兄弗之罪也，天下莫之非也。礼法刑政，于此大坏，"国之将亡，本必先颠"，其此之谓乎！

基础广大就难以倾倒，根基很深就难以拔出，政务有条不紊就不会混乱，人心牢固地结连在一起就不可动摇。过去拥有天下的人所以能够长治久安，就是这个道理。周朝从后稷开始爱护百姓，经过十六代后到周武王才成为君主，他们积累的基础，树立的根本，是这样的坚固。今天晋朝兴起，开创基业树立根本，已经与古代不同。加上朝廷中缺少纯正有德的人，乡野也缺乏不重犯同样错误的乡老，风俗靡淫怪僻，什么是羞耻，什么应当崇尚，都失去了标准。学习的人以庄子、老子的学说为宗旨而废黜《六经》，谈论的人以虚无放纵为明理而轻蔑礼教和谦逊，修身的人以放纵随意为通达而瞧不起节操信用，求官的人以能够用不正当的手段得到官职为高贵而鄙视遵循正道，当官的以不分是非不问政务为崇高而耻笑勤于政事恪守职责。所以刘颂屡次论说治世的道理，傅咸常常上书矫正错误，都被称为庸俗的官吏；但那些倚仗虚无旷废职守，依靠迎合放达恣意妄为的人，却都声名显赫于海内。像那周文王理政从早晨忙到下午都顾不上吃饭，周朝仲山甫做事昼夜不懈怠，都被嗤笑贬低认为是灰尘一样！从此在毁誉方面混淆了善恶的事实，感情和邪恶都投入到追逐财物私欲的路上。选官的人因人而不是因职来选择官员，当官的人为自己选择利益，世家豪族皇亲贵戚的子弟凌迈超越过正常的途径，不管资历和次序。悠悠人世，全都是追逐名利的士人；朝廷百官，没有举贤让能的行为。刘寔著《崇让论》提倡举贤让能却无人顾及，刘颂制定考核官员的九班之制却不能得到采用。妇女不懂得纺织、刺绣等女工，随心所欲，抗拒舅姑、杀戮姬妾婢女，而其父兄却不以为罪，天下也无人非议。礼制法度刑罚政令，因此受到严重破坏，"国家将要灭亡，根本一定会先颠倒"，说的大概就是这种情况吧！

故观阮籍之行而觉礼教崩弛之所由,察庚纯、贾充之争而见师尹之多僻,考平吴之功而知将帅之不让,思郭钦之谋而寤戎狄之有衅,览傅玄、刘毅之言而得百官之邪,核傅咸之奏、《钱神》之论而睹宠赂之彰。民风国势,既已如此,虽以中庸之才、守文之主治之,犹惧致乱,况我惠帝以放荡之德临之哉!怀帝承乱即位,羁以强臣;愍帝奔播之后,徒守虚名。天下之势既去,非命世之雄材,不能复取之矣!

13 石勒围乐平太守韩据于坫城,据请救于刘琨。琨新得拓跋猗卢之众,欲因其锐气以讨勒。箕澹、卫雄谏曰:"此虽晋民,久沦异域,未习明公之恩信,恐其难用。不若且内收鲜卑之馀谷,外抄胡贼之牛羊,闭关守险,务农息兵,待其服化感义,然后用之,则功无不济矣。"琨不从,悉发其众,命澹帅步骑二万为前驱,琨屯广牧,为之声援。

石勒闻澹至,将逆击之。或曰:"澹士马精强,其锋不可当,不若且引兵避之,深沟高垒以挫其锐,必获万全。"勒曰:"澹兵虽众,远来疲弊,号令不齐,何精强之有?今寇敌垂至,何可舍去?大军一动,岂易中还!若澹乘我之退而逼之,顾逃溃不暇,焉得深沟高垒乎!此自亡之道也。"立斩言者。以孔苌为前锋都督,令三军:"后出者斩!"勒据险要,设疑兵于山上,前设二伏,出轻骑与澹战,阳为不胜而走。澹纵兵追之,入伏中。勒前后夹击澹军,大破之,获铠马万计。澹、雄帅骑千馀奔代郡,韩据弃城走,并土震骇。

所以观察阮籍的行为而能发现礼制名教崩溃松弛的原因，察视庾纯和贾充之间的纷争而可以发现担任百官之长的大臣大多行为不端，考察平定东吴时互相争功而知道将帅的不谦让，思考郭钦的计谋而能感到戎人狄人要挑起事端，观览傅玄、刘毅的言论而能了解百官中的奸邪之事，核查傅咸的奏议以及《钱神论》而能看到宠幸贿赂公然进行的情形。百姓的风气、国家的趋势，既然已是这样，即使是中等平常的才能、只知守成的君主来治理，也还怕导致祸乱，更何况我朝惠帝用放任纵情的行为方式来管理国家呢？怀帝在变乱的时局下登上帝位，受到势力强大的权臣的控制；愍帝即位于朝廷奔波流亡之后，徒具虚名。晋朝的天下大势已去，如果没有一代称雄的治世雄才，就不能再取得天下了！

　　13　石勒在坫城围攻乐平太守韩据，韩据向刘琨请求救援。刘琨刚刚得到拓跋猗卢的军队，想靠着这支军队的锐气来讨伐石勒。箕澹、卫雄劝谏说："这些人虽然是晋朝的百姓，但长时间沦落在异族地区，不了解您的恩德信义，恐怕他们难以使用。不如暂且在内收取鲜卑人的剩馀谷物，在外抢夺胡人贼寇的牛羊，关闭关卡守住险要之地，开展农业生产，停止军事行动，等待拓跋猗卢的军队受到信义的教化感召，然后使用他们，那么功业没有不完成的。"刘琨不接受，把这些人全部调遣出去，命令箕澹率领两万步兵骑兵作为前锋，刘琨驻扎在广牧，为他们声援。

　　石勒听说箕澹到了，将要阻击箕澹。有人说："箕澹兵士战马精悍强壮，势不可当，不如暂且带兵避其锋芒，修筑深沟高墙来使他们的锐气受挫，这样一定能够获得全面胜利。"石勒说："箕澹的军队人数虽然很多，但从远方开来，兵士疲惫，号令还不能统一，有什么精悍强壮？现在敌人来临，怎么能舍弃离开？大军一旦行动，哪里容易中途回师！如果箕澹乘我撤退之机而攻逼，溃逃都顾不上，哪里能挖深沟垒高墙呢！这是消灭自己的方法。"当即斩杀了说话的人。以孔苌任前锋都督、命令三军："滞后出击者，斩！"石勒占据险要之地，在山上，设置诱敌的兵马，前面安排两支军队埋伏，派出轻骑兵与箕澹交战，假装不能取胜而退逃。箕澹放开军队追击，进入埋伏中。石勒前后夹击箕澹的军队，大败箕澹，缴获铠甲、战马数以万计。箕澹、卫雄率领一千多骑兵逃奔代郡，韩据弃城逃跑，并州土地为之震惊恐惧。

14　十二月乙卯朔，日有食之。

15　司空长史李弘以并州降石勒。刘琨进退失据，不知所为，段匹磾遣信邀之，己未，琨帅众从飞狐奔蓟。匹磾见琨，甚相亲重，与之结婚，约为兄弟。勒分徙阳曲、乐平民于襄国，置守宰而还。

孔苌攻箕澹于代郡，杀之。

苌等攻贼帅马严、冯睹，久而不克。司、冀、并、兖流民数万户在辽西，迭相招引，民不安业。勒问计于濮阳侯张宾，宾曰："严、睹本非公之深仇，流民皆有恋本之志，今班师振旅，选良牧守使招怀之，则幽、冀之寇可不日而清，辽西流民将相帅而至矣。"勒乃召苌等归，以武遂令李回为易北督护，兼高阳太守。马严士卒素服回威德，多叛严归之，严惧而出走，赴水死。冯睹帅其众降。回徙居易京，流民归之者相继于道。勒喜，封回为弋阳子，增张宾邑千户，进位前将军；宾固辞不受。

16　丞相睿闻长安不守，出师露次，躬擐甲胄，移檄四方，刻日北征。以漕运稽期，斩督运令史淳于伯。刑者以刀拭柱，血逆流上，至柱末二丈馀而下，观者咸以为冤。丞相司直刘隗上言："伯罪不至死，请免从事中郎周莚等官。"于是右将军王导等上疏引咎，请解职。睿曰："政刑失中，皆吾暗塞所致。"一无所问。

隗性刚评，当时名士多被弹劾，睿率皆容贷，由是众怨皆归之。南中郎将王含，敦之兄也，以族强位显，骄傲自恣，一请参佐及守长至二十许人，多非其才。隗劾奏含，文致甚苦，事虽被寝，而王氏深忌疾之。

14 十二月乙卯朔(初一),发生日食。

15 司空长史李弘率并州向石勒投降。这样刘琨失去据点进退两难,不知所措,段匹磾派使者邀请他,己未(初五),刘琨率领部众从飞狐奔往蓟城。段匹磾见了刘琨,非常亲近敬重,与他联姻,并结拜为兄弟。石勒分别迁徙阳曲、乐平的百姓到襄国,安排了郡守县令等地方长官而回师。

孔苌到代郡攻打箕澹,杀了他。

孔苌等人又攻打强盗首领马严、冯睹,很久攻不下来。司、冀、并、兖四州的数万户流民在辽西,多次互相招引,百姓不能安居乐业。石勒向濮阳侯张宾询问计策,张宾说:"马严、冯睹本来与您没有深仇,流民们都有思恋故乡的想法。现在调动军队回师,选择安排优秀的地方长官让他们招抚安慰他们,那么幽州、冀州的强盗用不了几天就能够肃清,辽西流民将会互相携带着而来了。"石勒于是宣召孔苌等人回来,以武遂县令李回担任易北督护,兼高阳太守。马严的兵卒一直佩服李回的威严恩德,大多叛离马严而投奔李回,马严恐惧而出逃,投水而死。冯睹率领他的部众投降。李回迁徙到易京居住,跟随他的流民不绝于道。石勒高兴,封李回为弋阳子,给张宾增加一千户的封邑,并升为前将军,张宾坚持推辞而不接受。

16 丞相司马睿听说长安失守,带军队出去露宿野外,亲自穿上铠甲,向各地发布檄文,限定日期北伐。因为水道运粮耽误了日期,杀督运史淳于伯。行刑的人用刀擦拭柱子,血逆流而上,一直到两丈多的柱子末端才流下。观看的人都认为淳于伯冤枉。丞相司直刘隗上言道:"淳于伯罪不至死,请免除从事中郎周莚等人的官职。"于是右将军王导等人上奏疏承认错误,请求免除职务。司马睿说:"政令刑罚失当,都是我糊涂昏昧造成的。"他没有把一个人问罪。

刘隗性格刚烈不徇私情,当时的名士多被他弹劾,但司马睿总是加以宽容,因此大家都把怨恨集中到刘隗身上。南中郎将王含是王敦的哥哥,因为家族势强而地位显赫,骄傲放纵,一次请求安排参佐以及郡守县令等官职就达二十人左右,而且大多不称职。刘隗弹劾王含,罗织罪名,事情虽然被压了下来,而王氏家族对他深怀忌恨。

17　丞相睿以邵续为冀州刺史。续女婿广平刘遐聚众河、济之间，睿以遐为平原内史。

18　托跋普根之子又卒，国人立其从父郁律。